LES POILS

Du même auteur

Essais et documents

Monstres et phénomènes. Éditions parisiennes.
Le Suicide, De Socrate à Montherlant. Éditions Simoën.
Le Suicide collectif. Éditions Simoën.
Enfin! La société telle qu'on la rêve. Illustrations de Siné. Éditions Encre.
Les Monstres humains. Éditions Tchou.
Les Nains. Des hommes différents. Éditions Encre.
De la musique et des secrets pour les plantes. Éditions Tchou/Sand.
Duels. Histoire des combats singuliers. Éditions Sand.
Tueurs à gages. Éditions Hachette.
Histoire du Télex. Éditions Sand.
Les Halles de Paris (coauteur René Fallet). Éditions Duculot.
Le Dossier du suicide. Éditions Tallandier, Historia.
Histoire militaire du pigeon voyageur. 2G éditions.
Peines de mort. Histoire et techniques des exécutions capitales. Le cherche midi.
Suicides. Histoire, techniques et bizarreries. Le cherche midi.
Les Animaux-soldats. Histoire militaire des animaux. Le cherche midi.
Histoire des excréments. Bizarreries sociales. Le cherche midi.
Les Enfants esclaves. L'enfer quotidien de 300 milllions d'enfants. Le cherche midi.
Les Mouches. Le pire ennemi de l'homme. Le cherche midi.
Les Cannibales. Histoire et bizarreries de l'anthropophagie. Le cherche midi.
Les Seins. Encyclopédie historique et bizarre des gorges, mamelles, poitrine, pis et autres tétons. Le cherche midi.

Ouvrages d'art

L'Art du papier-monnaie. Éditions du Pont-Neuf.
Cuba: Histoire d'un pays à travers sa monnaie. Éditions Sand.
Le Trompe-l'œil contemporain. Éditions Sand/Mengès.
Annuaire international des œuvres d'art volées. Éditions Mengès-Irdima.
L'Art du collage. Éditions Dessain et Tolra.

Guides

Dis-moi comment tu te parfumes. Éditions du Pont-Neuf.
Les Secrets de Garcimore. Éditions Gallimard.
L'Album de mon chien. Éditions Nathan.
L'Album de mon chat. Éditions Nathan.
Guide mondial des casinos. Éditions Sand.

Biographies

Travolta. Éditions Tchou/RTL.
Macias. Éditions Encre.
Brel. Le livre du souvenir. Éditions Sand/Tchou.
Brassens. Le livre du souvenir. Éditions Sand/Tchou.
Callas. De l'enfer à l'Olympe. Éditions Sand/Tchou, le cherche-midi.

Martin Monestier

LES POILS
HISTOIRES ET BIZARRERIES DES CHEVEUX, DES TOISONS, DES COIFFEURS, DES MOUSTACHES, DES BARBES, DES CHAUVES, DES RASÉS, DES ALBINOS, DES HIRSUTES, DES VELUS ET AUTRES POILANTS TRICHOSÉS

Collection « Documents »

le cherche midi
23, rue du Cherche-Midi 75006 Paris

REMERCIEMENTS

Parmi les personnes qui ont précieusement contribué à l'élaboration et à l'enrichissement de cet ouvrage, l'auteur remercie particulièrement le professeur Jacques Frexinos, le docteur Samy Martin, M. Ignace Dalle, directeur de la Documentation de l'AFP, Michel Martin Roland de l'AFP Marseille, Erik Spelt, chef de département de la Société Philips, M. Pierre Férioli, dont les œuvres peintes et spécialement créées pour cet ouvrage enrichissent tant l'iconographie, Mme Vernet de la Bibliothèque de Médecine de Toulouse, et Mme Doby, qui nous a fait parvenir les travaux irremplaçables de son époux, le Professeur J.M. Doby, aujourd'hui disparu, et qui reste un des grands spécialistes mondiaux en parasitologie.

L'auteur remercie les amateurs passionnés, les spécialistes de toutes disciplines, français ou étrangers, qui lui ont signalé ou communiqué des informations et des documents indispensables à l'enrichissement de son étude. Les études et statistiques liées aux comportements ont été réalisées par TNS, SECODIP.

L'auteur réaffirme son sentiment de gratitude à toutes les personnes qui, à un titre ou à un autre, ont répondu à ses sollicitations, notamment : Mmes Mireille Sueur, Maggie Louis, Odette Pisanti, Aziadé Vénus, Stéphanie Chevrel, Andrée Chaulot, Annette Messager, Marion Chopineau, Christine Thébault, Évelyne Mesquida, Maître Marie-Joseph Bouvet, Françoise Corbinati, Stéphanie Martin, Linda Pinto, Céline Habert, Caroline Marie-Appoline, Isabelle Brisson, Clémence Hérisey, et MM. Jacques Dessange, Jean Vendôme, Patrick Lefur, Julien Chatelin, Jacques Pérez, Jean Cohen-Boulakia, Nicolas Cerdan, Michel Desangles, Dimitri Korniloff, Jean-Michel Castel, Carl Van Esner, Louis Dalmas, le docteur Pascal Reganne, du Centre Sabouraud, le docteur Pierre Lembèye, MM. Jean-Charles Zonzini et Yves Deschamps de Publicis-Constellation ; Thierry Bigo de la Société OCB ; et monsieur Alcyde Rioche, auteur du document de couverture ; M. Gilles Dyan, directeur d'Opera-Gallery-Paris-New York.

L'iconographie rassemblée et mise en page par l'auteur provient de collections privées ou publiques, des archives d'artistes, d'agences de presse ou d'illustration, et de la propre collection de l'auteur.

© le cherche midi, 2002.
Vous pouvez consulter notre catalogue général et l'annonce
de nos prochaines parutions sur notre site Internet :
cherche-midi.com

Sommaire

1. **Le poil** 9
   Un ami du genre humain

2. **Les métiers du poil** 13
   Guerre et paix chez les virtuoses du rasoir

3. **Les cheveux** 29
   De la tige à l'usine biologique

4. **Coups de peigne dans l'histoire de la coiffure** 37
   De la coutume sociale à l'esprit de caste

5. **Dictionnaire succinct des coiffures historiques** 59
   Remarquables arrangements des poils

6. **Le panthéon des coiffeurs** 67
   Des petits dieux aux géants industriels

7. **Radio merlan** 73
   Confidences et bavardages des Figaro

8. **La fuite des poils** 77
   Calvitie et alopécie chez les chauves

9. **Barbes et moustaches** 89
   Histoire, mode et psychologie de la pilosité faciale

10. **Une répartition qui peut faire du tort** 115
    Poils au corps !

11. **Le poil contestataire** 139
    Du ressentiment à la révolution

12. **Poils et religiosité** 149
    Des moines tondus aux dieux barbus

13. **Poils et sociabilité** 159
    Les rites capillaires, jouissifs et funèbres

14. **Les crânes rasés** 167
    Tontes militaires, pénales, concentrationnaires et expiatoires

15. **La chromatique des poils** 175
    Idées reçues sur les rousses et conflit séculaire entre blondes et brunes

16. L'odeur des poils **197**
   Du lait caillé à la langouste trop cuite

17. Soins et entretien des poils **205**
   Graissage, ratissage, nettoyage, parfumage, lavage

18. Poils, arrachage et épilation **211**
   Vers une égalité des sexes

19. La guerre des poils **217**
   De la coquille d'huître au rasoir électrique

20. Les faux poils **227**
   Trafic et industrie des perruques, postiches et autres moumoutes

21. Les collectionneurs de poils **243**
   Chapardeurs ou chasseurs

22. Le fétichisme du poil **249**
   Joies et tourments des fétichistes et autres psychopathes

23. Le poil « passe à table » **265**
   Auxiliaire du policier et de l'historien

24. Poils et justice **271**
   De l'exécution à l'évasion

25. Le poil et ses locataires **275**
   Poux, morpions et champignons

26. Les femmes à barbe **289**
   « Grossesse, ménopause, chasteté, émotion font pousser les poils au menton »

27. Lucifer et Darwin **301**
   Un duel indécis

28. Poils et magie **315**
   Porphéties, sortilèges, superstitions et envoûtements

29. Objets en cheveux **321**
   De la natte amoureuse à la mèche funéraire

30. Poils et création **325**
   Considérations pileuses et approches velues des arts et des lettres

31. Poils sur les langues **341**
   Aphorismes, maximes, proverbes, sentences, adages, axiomes et autres pensées

32. Poils et définition **345**
   Petit dictionnaire succinct touchant à la pilosité

33. Ils l'ont dit **349**
   Quelques citations propres à vous faire briller en société

Pour Donia, mon épouse :

*« Plus j'avance en âge et plus je me confirme
dans ma conviction qu'en toutes choses,
dans la peinture des scènes extérieures du monde,
l'imagination des hommes est toujours restée
en dessous de la réalité. »*

François Guizot, 1864

Reconstitution par F. Blaschte de l'homo sapiens néandertalien vivant vers 70 000 ans avant notre ère. Coll. Nat. D.R.

1
Le poil
Un ami du genre humain

Caïn conduisant son groupe. Huile de F. Cormon, 1880. D.R.

Il existe quantité d'ouvrages sur la chevelure et l'art de la coiffure. Mais une étude sérieuse et un peu approfondie concernant « les poils » faisait cruellement défaut. Nous espérons que cette première approche, de tendance exhaustive et légèrement sentimentale, suscitera quelques vocations et poussera des férus d'ethnologie pileuse à parcourir le monde pour en rapporter des observations propres à donner des rondeurs à un splendide sujet toujours scandaleusement maigrichon, malgré ce présent ouvrage. Les manques sont flagrants. Il n'existe, par exemple, aucun travail d'approche sur les « poils dans la marine portugaise au début du XIXe siècle ». Pas plus que d'études comparées et raisonnées entre les poils des Bretons du Finistère et ceux des Khmers Rouges.

Il y a matière à travaux de l'esprit et du jugement propres à réjouir les plus blasés. L'observation des poils offre en effet, dans la plupart des cas, une image précise des individus. Elle autorise une approche de leur propreté, de leur hygiène, de leur imaginaire, de leurs préoccupations, de leurs frustrations, de leurs complexes, de leur humeur, de leur état de santé, mais aussi de leur niveau de distinction, d'éducation, ou encore de leur attitude vis-à-vis du sport, de l'art, de l'amour et de la sexualité.

Si le cheval est la plus noble conquête de l'homme et le chien son plus fidèle ami, le poil est sans conteste son plus utile moyen de communication. « Les poils parlent une langue à qui sait les entendre et racontent les dispositions morales et psychiques de chacun pour qui sait observer », peut-on lire dans *De la proportion des traits* édité par la Bibliothèque des Dames en 1764.

Consacrer un ouvrage aux poils, c'est d'abord répondre à la question : « Qu'est-ce qu'un poil ? » Un poil est un phanère, c'est-à-dire une production épidermique, visible, qui se montre en dehors de la peau des mammifères, dont il est une des caractéristiques. Toutefois, le corps des mammifères n'en est pas couvert uniformément et, selon les cas, les poils les recouvrent en entier ou seulement en partie.

Les poils répondent à bien des types : ils peuvent être longs, courts, raides, agglutinés, laineux, etc. Mais quel que soit leur type, ils sont essentiellement destinés au camouflage du chasseur, à la protection des intempéries, à celle du froid et de la chaleur, à la reconnaissance entre partenaires, à la dissimulation aux prédateurs, etc. Certains poils, comme ceux du groin du porc, de la membrane interdigitale de la chauve-souris, de la moustache des félins sont tactiles et facilitent la perception et les impressions du toucher. Chez d'autres mammifères, la pilosité est nulle, comme c'est le cas des cétacés ou de certaines races de chiens appelés chiens nus.

Chez l'homme, mammifère évolué, la pilosité est réduite, mais il n'est pas pour autant le « singe nu » popularisé par l'auteur britannique Desmond Morris. L'homme adulte ne possède aucun poil tactile, il est vrai, mais il possède plus de poils différents que les grands singes anthropomorphes qui, dans la nature, lui sont le plus proches. Chimpanzés, gorilles, orangs-outangs, gibbons, par exemple, sont comme l'homme dépourvus de queue et très proches de lui génétiquement, mais ils sont privés de barbe et de moustache, spécificité véritablement humaine.

Homme poilu. Australien du Sud. Coll. part. D.R.

L'univers secret du poil

Pour beaucoup d'érudits et de scientifiques, les poils humains, qu'il s'agisse de ceux de la tête, du pubis ou des poils follets du corps, sont des vestiges de l'évolution humaine, des reliquats de notre mutation et la preuve historique de la proximité « frontalière » entre l'homme et l'animal.

À l'origine, les poils humains auraient donc servi de protection contre le froid et le soleil comme chez tous les animaux. Depuis, l'espèce humaine a évolué, les poils sont tombés, mais certains conservent leur ancestrale fonction protectrice. Sur la tête, par exemple, ils continuent de protéger le contenu du crâne de la pluie, du froid et de la chaleur. Les poils du nez empêchent les substances étrangères de pénétrer pendant l'inspiration. Les cils évitent que les poussières n'atteignent et n'irritent l'œil et les sourcils font obstacle à la transpiration frontale. Les poils du pubis et des aisselles accueillent les glandes apocrines responsables de la sueur grasse, indispensable au maintien de la température du corps. Ce n'est pas un hasard si les poils conservés par l'homme se trouvent aux emplacements les moins exposés à l'air : les aisselles, l'aine. En retenant plus longtemps la sueur, les poils permettent un refroidissement plus efficace du corps. En absorbant et en conservant la sueur, ils ralentissent l'évaporation et jouent un rôle d'anti-déshydratation.

Pour les biologistes, les poils constitueraient également un réservoir de secours pour l'épiderme. Selon Bruno Bernard, responsable du groupe de recherche sur la biologie du cheveu chez L'Oréal, « ce serait grâce à la présence de cellules pluripotentes ou cellules souches présentes dans le follicule pileux que notre peau pourrait cicatriser et resterait intacte ».

Le poil n'est pas seulement objet permanent d'études et de recherches, il représente aussi un univers secret et passionnant pour les spécialistes des sciences humaines, les sociologues, les ethnologues, les médecins, les psychiatres, les sexologues et autres spécialistes, mais aussi pour les philosophes, les historiens, les théologiens, les artistes, les policiers et, bien sûr, pour tous les curieux de l'histoire des hommes. Chaque discipline a sa manière de faire « parler » le poil.

Quelles que soient les époques et les civilisations, le poil a joué un rôle crucial tant sur le plan individuel que collectif. En mariant constamment entre eux le frivole, l'intime, la superstition, la religiosité, le spirituel, la sexologie, la politique, la mode et, bien sûr, d'autres disciplines de l'esprit et du comportement, les poils sont à l'origine d'un inextricable foisonnement de superstitions, de croyances, de tabous. Les poils, depuis le temps des dieux de l'Olympe, n'ont cessé d'incarner symboliquement pour l'homme la force vitale sans cesse régénérée et pour la femme l'attribut majeur dans les jeux de la séduction et de l'amour.

du développement corporel. Il précise : « Les poils sont un indice optique qui localise les organes de l'accouplement reproducteur [...] Ils déclenchent la convoitise des congénères et par voie de conséquence d'éventuels comportements subséquents. » Autrement dit le coït.

Les poils sont disséminés sur tout le corps humain, excepté dans cinq zones où ils ne poussent strictement jamais : la plante des pieds, les paumes des mains et le dos des dernières phalanges, le gland de la verge et l'intérieur de la vulve.

Hommes, femmes et enfants présentent deux sortes de poils : ceux facilement localisables par leur amas caractéristique sur des parties précises du corps, et les poils dits duvet, miniatures et disséminés sur tout le tégument qui représente chez un individu adulte une surface de 1,5 à 2 mètres carrés.

5 millions de poils chez l'homme

En la matière, la nature ne s'est pas montrée équitable. Si on naît en moyenne avec 5 millions de follicules pileux répartis sur tout le corps, certaines personnes adultes sont glabres alors que d'autres offrent une véritable toison. Les origines ethniques, l'hérédité et les modifications hormonales influent sur le nombre de poils portés par un individu.

Une autre différence intervient au niveau du genre, car chez les hommes et les femmes, la pilosité commune se limite au pubis, aux aisselles, à la tête et à une « couverture » plus ou moins accentuée des avant-bras et des jambes. Souvent vigoureuse chez l'homme, la pilosité s'étend aux cuisses, aux bras, à la face dorsale des mains et des pieds, à la région thoracique, à la ligne médiane abdominale, sans oublier bien sûr la lèvre supérieure, les joues et le menton. Et dans une majorité des cas avec l'avancée en âge sur les épaules et le haut du dos.

La femme échappe, sauf pathologie, à ces développements pileux masculins. Mais il n'est pas rare de trouver chez elle quelques poils inesthétiques autour du mamelon, ainsi qu'un discret duvet sur la lèvre supérieure et des ébauches de favoris. Après la ménopause, l'âge venant, elle offre assez couramment autour de la bouche et sur le menton de légères ébauches de moustache et de barbe caractérisées par quelques poils gros et longs.

Âge des premiers poils

Avant d'évoquer l'apparition des premiers poils corporels, il convient de bien différencier deux termes souvent confondus qui sont « puberté » et « nubilité », deux états à l'impact certain sur la « vie des poils », si ce n'est que l'un concerne la physiologie et l'autre une étape sociale et culturelle.

• *La nubilité*

« Elle marque le temps où l'on est devenu apte à contracter mariage aux termes des lois qui régissent en la matière. » Cet âge est généralement dans les pays occidentaux de 15 ans pour les filles et de 18 ans pour les garçons. Dans cette tranche d'âge, les jeunes filles nubiles sont également pubères. Mais cet âge du mariage peut être religieusement abaissé à 9 ou 10 ans, comme c'est le cas dans certaines régions du monde. Dans ce cas, la jeune mariée est nubile, mais généralement pas pubère.

Une ascendance animale par Charles Le Brun. D.R.

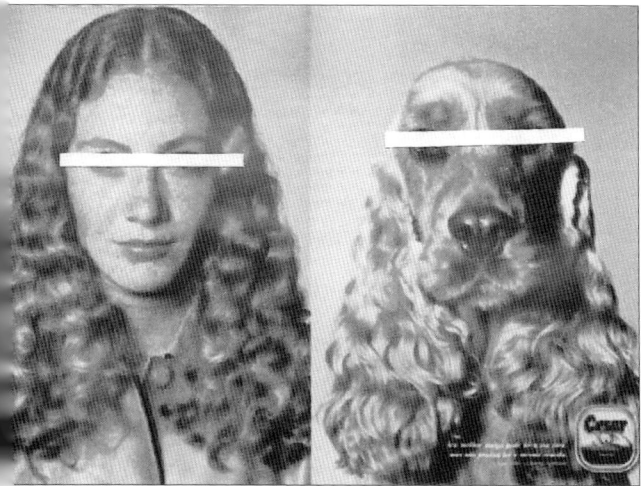

« Hommage à Darwin ». Une similitude frappante. D.R.

L'importance des poils dans la sexualité est considérable. Ou du moins considérée comme telle par les sexologues qui y voient à la fois un « identifiant » et un « stimulant ». Le docteur Gérard Swang évoque à leur sujet « un codage inné dans le cerveau des instincts ». C'est-à-dire que les amas pileux du corps humain sont des indices optiques. Selon ce praticien, les poils sont tout autant des critères de maturité indiquant la nubilité, donc la fécondité, que le signe de l'accomplissement

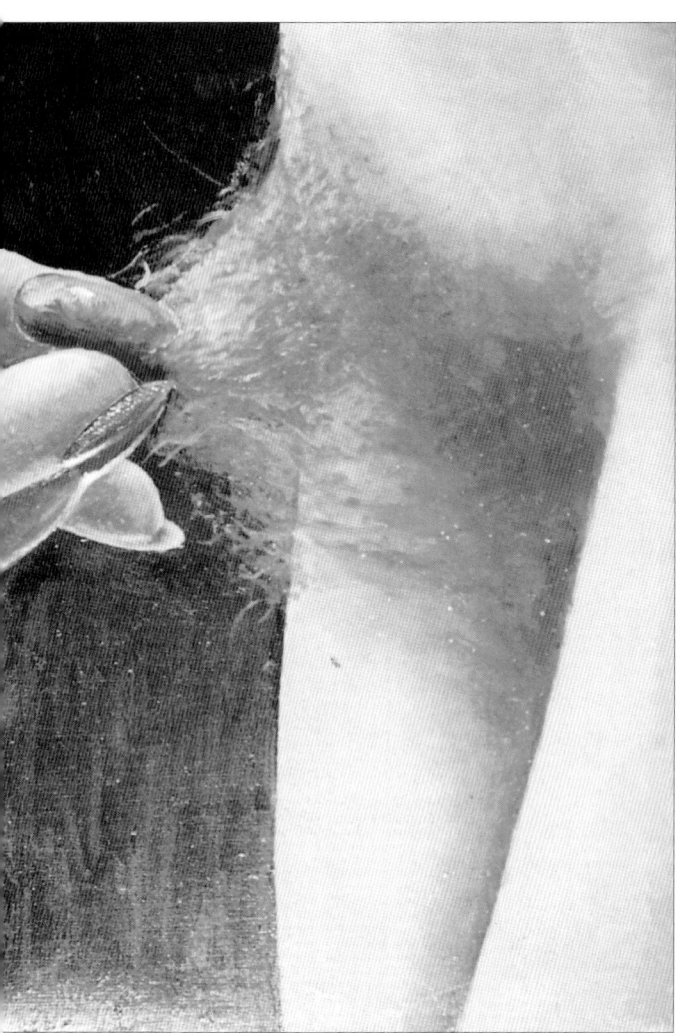

Développement pileux à la puberté. Huile de Pierre Ferioli. Coll. part. D.R.

• *La puberté*

« Elle désigne le temps voulu par la nature pour être apte à la reproduction. » C'est-à-dire chez les filles la maturation et la chute du premier ovule et chez les garçons la première apparition des spermatozoïdes dans le liquide séminal. « La puberté est commandée par le cerveau qui produit des hormones de déclenchement. L'hypothalamus stimule l'hypophyse qui, à son tour, agit sur les ovaires et les testicules » nous explique Judith Mac Kay, haut conseiller auprès de l'OMS.

La puberté entraîne d'importantes modifications psychologiques et physiologiques, générales ou locales. Parmi les modifications pubertaires les plus évidentes prend place le développement conséquent de la pilosité autour des organes génitaux. Chez les garçons, simultanément à la mue de la voix, les poils apparaissent sous les aisselles. Ils précèdent de peu le dernier stade de développement des testicules et l'apparition d'une pilosité entourant la racine de la verge.

Chez les filles, tandis que les hanches s'élargissent et que la poitrine se forme, les poils apparaissent sur le pubis et les grandes lèvres, généralement quelques semaines avant la venue des premières règles, et sous les aisselles quelques semaines après.

• *Question d'âge !*

Il est intéressant de noter que l'âge de la puberté n'est pas semblable chez toute l'espèce humaine. Chez certains adolescents, le processus est achevé à l'âge même où il commence chez d'autres. La puberté diffère selon les sociétés. Aux extrêmes, on peut citer l'apparition des menstrues et des poils génitaux vers l'âge de 10 ans chez les Mélano-Africains et seulement vers l'âge de 18 ans chez les Lapons. En Asie, en Afrique, en Amérique du Sud, les garçons sont pubères entre 10 et 12 ans et les filles entre 8 et 10 ans. Dans la partie la plus septentrionale de la Russie et de la Suède, entre 15 et 17 ans pour les garçons et 13 et 15 ans pour les filles. Dans les climats tempérés, en Europe de l'Ouest, par exemple, la tendance générale démontre un significatif abaissement de l'âge de la puberté qui survient deux ans plus tôt qu'il y a cent ans. En Grande-Bretagne, la pilosité qui se situait vers 15 ou 16 ans en 1890 intervient aujourd'hui vers 13 ou 14 ans pour les garçons et vers 12 ou 13 ans pour les filles.

Les poils : une perfection de la nature

Des études précises concernant l'apparition des poils ont été menées ces dernières années par des équipes britanniques. Il en résulte qu'en Europe, la pilosité des aisselles débute vers 12-14 ans chez les filles et 12-15 ans chez les garçons ; la pilosité pubienne commence vers 10-12 ans et devient abondante et bouclée entre 11 et 14 ans chez les filles et entre 13 et 15 ans chez les garçons, c'est-à-dire à l'époque où les tout premiers poils font timidement leur apparition sur le visage.

Une puberté trop jeune était encore regardée au XIXe siècle comme une cause de faiblesse, « parce que les forces vitales éprouvent alors une dérivation trop précoce ». Quant à ceux parmi les jeunes adolescents qui se désespèrent d'une puberté trop tardive, qu'ils se consolent en relisant les *Commentaires* de César : « Les Germains se réjouissaient du retard des poils, ils le regardaient comme favorable au développement des forces... la nature donnant ainsi plus de perfection à son ouvrage. »

Family Romance par Charles Ray, 1993. D.R.

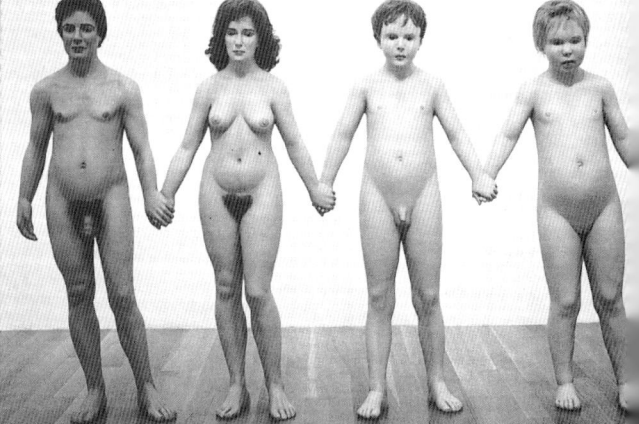

2
Les métiers du poil
Guerre et paix chez les virtuoses du rasoir

Coiffeurs de rue en Iran. Doc Corbis-Sygma. M. Jodice.

Un grand nombre de métiers ont été habilités au cours de l'Histoire à « traiter le poil ». Métiers qui se sont souvent côtoyés et ont été, selon les époques et les lieux, tantôt compétiteurs, tantôt associés. Certains se sont substitués à d'autres ou s'y sont confondus, mais tous ont connu des périodes de dominance, puis d'obscurité, pour finalement disparaître ou s'affirmer au gré des modes, des édits et des règlements.

Les barbiers

On considère généralement les barbiers comme les premiers ancêtres des coiffeurs et leur existence est attestée depuis les temps les plus reculés puisqu'on en trouve déjà trace dans l'Égypte pharaonique, comme le montrent quelques bas-reliefs ou fresques funéraires et comme le mentionnent des papyrus.

Les barbiers égyptiens sont attachés à de riches et puissants personnages ou bien exercent leur métier à domicile, de façon indépendante, n'hésitant pas à faire du porte-à-porte pour proposer leurs services. La *Satire des métiers* écrite par le scribe Khâti vers 2 000 ans avant J.-C. laisse penser que la profession de barbier itinérant est bien ingrate : « Le barbier rase jusqu'aux limites du soir ; il se déplace dans son secteur et va de rue en rue cherchant qui raser [...]. » Les barbiers égyptiens rasent les crânes et les visages, mais prodiguent aussi des soins au cuir chevelu, aux barbes, aux moustaches, aux cils, aux sourcils et autres poils du corps qu'ils rasent ou épilent partiellement ou en totalité, selon les époques.

Les historiens situent les premières boutiques de barbier, au sens moderne du terme, à Athènes en Grèce, vers le Ve siècle avant J.-C. Théophraste, le philosophe grec du IVe siècle, disciple d'Aristote, les décrit comme des ateliers importants où s'active un personnel nombreux et spécialisé. Ces échoppes sont nombreuses et très fréquentées. On s'y rend non seulement pour se faire couper les cheveux ou tailler la barbe, mais aussi pour l'entretien des mains et des pieds. Tous les territoires soumis à l'influence grecque connaissent des barbiers professionnels. C'est d'ailleurs de la Sicile grecque, vers le milieu du IVe siècle avant J.-C., qu'arrivent les premiers barbiers introduits à Rome où ils prennent le nom générique de « tonsor ». Ils y auraient été amenés par un certain Ticinius Menus qui pour cela inscrit son nom dans l'Histoire.

Les barbiers entrent si bien dans la vie quotidienne des Romains que de nombreux auteurs y font longuement allusion. Grâce aux *Épigrammes* de Martial, par exemple, on connaît des tonsors célèbres de Rome tels Eutrapelos, Pantagathus ou Cennamus, tous virtuoses du rasoir qui surent acquérir honneur et fortune.

À Rome comme ailleurs, les barbiers de l'Antiquité ne sont pas tous du même niveau. Certains proposent leurs services à la plèbe, en plein air, aux carrefours des quartiers populaires ou au fond de quelque taverne. D'autres travaillent à domicile uniquement, et les familles les plus en vue ont généralement leur barbier privé à demeure, souvent, un esclave affranchi qui a la charge de raser tous les membres de la famille et les invités de passage. Dans les familles les plus puissantes, ces barbiers-là ont aussi leur barbier attitré, un esclave de basse condition. Enfin, existent à Rome les « tonstrina », boutiques de barbier, souvent luxueusement aménagées, fréquentées par les patriciens.

Comme leurs homologues grecs, les tonsors romains doivent aussi bien couper les cheveux que raser et tailler la barbe, épiler les poils disgracieux, remplir les fonctions de manucure et pédicure, mais également savoir pratiquer les saignées et poser des cheveux postiches. Ovide, dans son *Art d'aimer*, écrit combien il est nécessaire pour tous ceux qui veulent plaire aux femmes que cheveux et barbes soient taillés par les mains expertes d'un tonsor renommé. Les spécialistes de l'Antiquité s'accordent pour penser que les barbiers du temps de la République puis de l'Empire étaient réunis au sein d'une communauté de métiers qui subsista au moins jusqu'au Ve siècle de notre ère.

Les traces du métier se perdent dans le haut Moyen Âge, mais l'on sait qu'au tout début du XIIIe siècle, les barbiers pratiquent encore de façon itinérante alors que depuis un siècle, en Italie et en Angleterre, ils exercent principalement en boutique. Il faut attendre la fin du XIIIe siècle pour que les barbiers tiennent enfin échoppe en France.

Se faire raser entre rapidement dans les mœurs. En 1292, on relève à Paris 151 barbiers déclarés, sans compter les nombreux autres attachés au service des familles nobles ou aux personnages importants et qui sont considérés comme appartenant au personnel de maison. L'esprit de corps ne tarde pas à se manifester et les barbiers obtiennent assez facilement le privilège de se réunir en corporation. Toutefois, contrairement à ce qui est généralement affirmé, leur profession ne se trouve pas encore mentionnée dans le fameux *Livre des métiers* de 1268 du prévôt de Paris, Étienne Boileau. Il faut attendre 1301 pour qu'il en soit fait précisément mention, et encore l'est-elle sous la dénomination de « barbier chirurgien ».

Les barbiers chirurgiens

À l'origine, il est expressément défendu aux barbiers d'exercer autre chose que la simple barberie. Mais peu à peu, avec le temps, ils élargissent cette simple activité et s'autorisent à exercer d'autres actes sans que personne ne s'y oppose. Ainsi, arrachent-ils les dents, pratiquent-ils les saignées et pansent-ils les blessures. Il arrive un temps où la profession affiche une certaine importance en raison de cet exercice de la petite

Malheur aux barbiers

Plusieurs barbiers et chirurgiens barbiers ont acquis assez de célébrité pour figurer dans les livres d'Histoire. On peut citer Calmet Candillon, premier barbier de Charles VII ; Jean Boudet, premier barbier de Louis XIII ; ou encore Pierre Le Blanc, premier barbier de Louis XIV. Certains autres réussirent grâce à leur talent et à leur sens de la courtisanerie et de l'intrigue à accéder à de très hautes positions. Mais tous ceux qui, parmi eux, voulurent se mêler de politique, connurent des fins tragiques.

Thalamus : *Ce barbier attaché à Néron dut s'empoisonner sur ordre après avoir donné des avis contraires à ceux de son maître sur une question de politique intérieure.*

Pierre de la Brosse : *Après avoir été le barbier de saint Louis, il gagna les faveurs de son fils Philippe III dit le Hardi qui, devenu roi, le garda auprès de lui. Se mêlant aux intrigues de Cour, il se fit de très nombreux ennemis. Il aurait même tenté de nuire à la reine, Marie de Brabant. On trouva une lettre qui causa sa fin. Vraie ou fausse, elle attestait de son intelligence avec l'ennemi espagnol. Il fut pendu en 1276 pour crime de trahison, laissant derrière lui une réputation d'homme obséquieux et malfaisant.*

Olivier Necker : *Certainement le barbier le plus connu de toute l'histoire de France. Né dans les Flandres, il entra au service de Louis XI comme valet de chambre barbier en 1469. Le roi en fit son confident et son homme à tout faire. Il se montrait arrogant, cruel, avide et prévaricateur et, très vite, à la Cour comme à la ville, on l'affubla des surnoms de « le diable » ou « le mauvais ».*

Il fut anobli par Louis XI qui changea son nom de Necker en Le Daim, lui donna des terres et le fit comte de Meulan, premier gentilhomme de sa chambre et gouverneur de Saint-Quentin. Il aurait été chargé d'annoncer à Louis XI sa fin prochaine. Celui-ci, très attaché à son « barbier », eut encore la préoccupation, à l'article de la mort, de le recommander à son fils, futur Charles VIII. Mais la haine qu'Olivier Le Daim avait accumulée contre lui était trop forte. Traduit devant le Parlement, il fut condamné et pendu en 1484.

Un « tonsor » en plein travail. Gravure 1856. Coll. part. D.R.

chirurgie, et au Moyen Âge, les barbiers s'attribuent tout simplement le titre de barbiers chirurgiens.

Le peuple les nomme « chirurgiens en robe courte » pour les différencier des « chirurgiens en robe longue », c'est-à-dire de ceux qui sont formés par l'Académie et ont fait une étude spéciale de leur art.

De façon prévisible, ce chevauchement de compétences va être la source d'un interminable conflit ponctué de procès innombrables. Aucun n'assainira la situation qui va rester sans issue jusqu'à la fin du XVIIe siècle, c'est-à-dire tant que les deux professions se pratiqueront dans l'imprécision. Toutefois, afin d'éviter que des ignorants exercent le dangereux métier de chirurgien, le prévôt Étienne Boileau établit un jury de six membres à qui appartiennent la police et la surveillance de l'activité chirurgicale.

Au début du XIVe siècle, les barbiers chirurgiens semblent l'emporter et les documents d'époque les montrent pratiquant légalement la médecine et la chirurgie élémentaire. Un premier statut leur est accordé par Charles V en 1371 et un arrêt confirme ces privilèges en 1383. Ce qui, bien sûr, ne fait qu'envenimer la rivalité entre les deux professions. Les arrêts du Parlement se succèdent sans grand effet. Celui de 1424 porte toutefois un coup très rude aux chirurgiens en robe longue. Les barbiers chirurgiens sont autorisés à se prévaloir officiellement de ce titre qui, jusqu'alors, était de fait usurpé. L'arrêt précise : « Ils se pourraient entremettre de curer et guérir clous, bosses, abcès, brûlures, plaies ouvertes en cas de péril et aussi autrement [...]. »

Trois ans plus tard, en 1427, un nouveau statut en 22 articles reconnaît : « Les barbiers chirurgiens du royaume ont le droit de s'assembler en confrérie. » Pour l'essentiel, le cadre de la profession est fixé et ne subira guère de changement sensible avant la fin du XVIIe siècle.

La corporation est soumise à la juridiction du « barbier du roi » qui a dans la maison royale le rang important de valet de chambre. Le prévôt met à sa disposition le sergent du Châtelet pour l'exécution de ses jugements. Il en sera ainsi jusqu'à la Révolution. Les chirurgiens en « robe longue », de plus en plus amers, déposent plainte sur plainte auprès du Parlement qui, à trois reprises, en 1444, 1461 et 1499, confirme les barbiers chirurgiens dans leurs droits. Ceux qui tiennent boutique en ville se signalent par une enseigne arborant un ou deux plats à barbe nommés à l'époque « bassins ». Pour attirer la clientèle, ils apposent sur la devanture de leurs échoppes des accroches du genre : « Entrez, vous dont la barbe sortira belle et majestueuse de mes mains », « Entrez ici, vous dont les cheveux incultes partent en désordre », etc.

D'autres insistent plutôt sur l'aspect chirurgical de leur activité : « Entrez, vous que dévora le feu des ulcères et de la gale », ou encore « Entrez ici, sur vos blessures et vos plaies je verserai des sucs et appliquerai des plantes salutaires ».

D'autres ne se contentent pas d'exploiter le « poil » et la chirurgie. Catherine Lebas et Annie Jacques, dans leur *Coiffure de France* reproduisent la réclame d'un barbier chirurgien de province qui s'autorise à adjoindre à son activité classique toutes celles non réglementées en profession : « Isaac Macaire, barbier chirurgien, perruquier, clerc de la paroisse, maistre d'école, maréchal et accoucheur, rase pour un sou, coupe les cheveux pour deux sous. Poudre et panache par-dessus le marché les jeunes demoiselles joliment élevées. Allume les lampes pour l'armée et par quartier. Apprend aux jeunes gentilshommes leur langue mère de la manière la plus propre. Apprend le plain-chant et à ferrer les chevaux de main de maître. Fait aussi les bottes et les souliers, enseigne le hautbois et la guimbarde, coupe les cors, soigne et met les vésicatoires au plus bas prix. Donne les lavements et les purges à un sou pièce, enseigne au logis le cotillon et autres danses et va en ville. Vend en gros et en détail la parfumerie dans toutes ses branches. Vend toutes sortes de papeterie, linge, pains d'épices, brosses à frotter, souricières, fils d'arcal, racines cordicales, pommes de terre, salsifis et autres légumes. »

En 1603, sous le règne de Henri IV, puis en 1611 durant la minorité de Louis XIII, le Parlement de Paris confirme la position de premier barbier officiant à la Cour comme chef légal de tous les barbiers du royaume, ainsi que l'appellation officielle de « maître barbier chirurgien ».

Les chirurgiens en robe longue sont ulcérés et ils le seront plus encore lorsqu'en 1613, il est un temps question de les réunir aux barbiers dans une même corporation. En 1655, Louis XIV tente d'apaiser ce différend chronique par une sorte de « contrat d'entente » soumis à la surveillance de la faculté de médecine. Le résultat est à l'inverse de celui escompté, les rivalités se manifestent plus fortes que jamais et les procédures pénales sont plus nombreuses encore.

Le roi décide de régler définitivement ce récurrent problème de chevauchement des compétences. Longuement préparé, son édit de 1673 va enfin mettre un terme à plusieurs siècles de discordes professionnelles. Mais cette fois à l'avantage des chirurgiens en « robe longue » dont la profession est déclarée libérale. Les barbiers, eux, se voient associés aux perruquiers

Scène de rue avec boutique de barbier au centre.
« Livre du gouvernement des princes ». Miniature XVᵉ siècle. Détail. D.R.

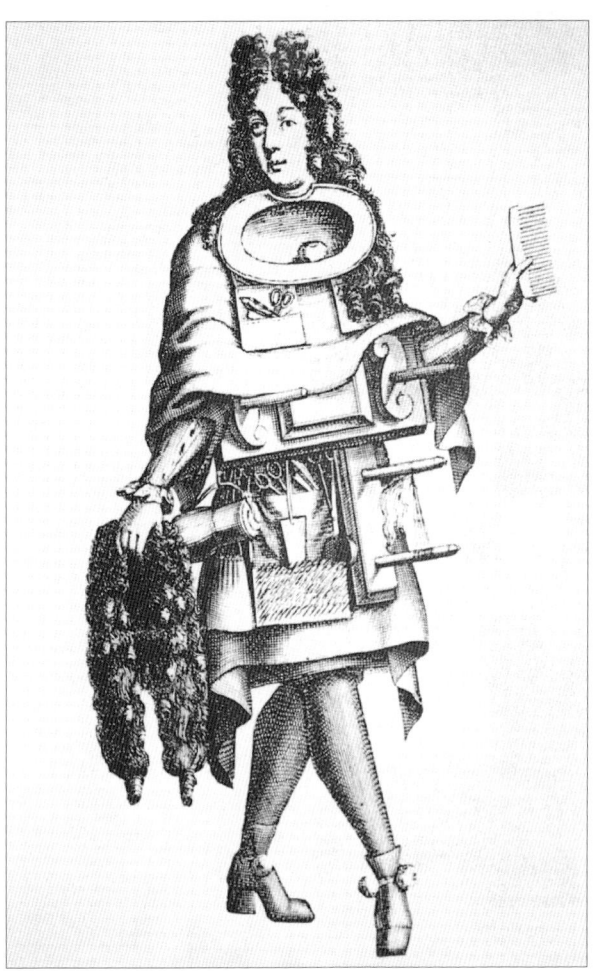

Figure symbolique du barbier-coiffeur-perruquier.
Estampe XVIIᵉ. Coll. part. D.R.

Des perruquiers célèbres

Tout comme les barbiers du Moyen Âge, les perruquiers des XVIIᵉ et XVIIIᵉ siècles fréquentent les allées du pouvoir.

On peut citer parmi les plus fameux Pascal Pelé, Jordanis, Vincent, La Rose... Il faut aussi nommer Beaumont, Briache, Roussel, tous habiles posticheurs. Beaucoup ont associé leur nom à des avancées techniques qui touchent à l'art de fabriquer les perruques. Souchard et sa vessie de porc ; Leguet et son tricot chevelu ; Michalon et sa toile chevelue ; Caron et son tricot capillaire en soie ; Decoux et son calot chevelu ; Ervais et ses frisures à la royale ; et, bien sûr, Binet, le créateur des énormes perruques « in folio » rendues fameuses par Louis XIV. Ce perruquier est à l'origine d'une série d'expressions populaires désignant les allures et les expressions du visage : « Faire une drôle de binette », avoir « une binette déconfite » ou encore « changer de binette ».

Certains, parmi ces perruquiers, surent assurer leur promotion sociale et conforter leur fortune. Significatifs d'une telle ascension, les destins croisés des deux frères Quentin, Jean et François, qui devinrent l'un et l'autre perruquiers de Louis XIV.

« L'aîné, François, débuta comme tenancier d'une étuve puis d'une boutique de barberie » nous dit Saint-Simon. Par talent et intrigue, il remplace auprès du roi, en 1670, l'ancien barbier valet de chambre René Leblanc lorsqu'il se démet de sa charge. En 1691, âgé de plus de 50 ans, il achète le marquisat de Champcenetz et, tout fier de son titre, épouse une jeunette de 20 ans à qui il fait trois enfants : un fils à qui il lègue sa charge et deux filles qu'il marie à deux gentilshommes de très bonne noblesse.

Son frère Jean prend une place dans l'Histoire pour avoir imaginé un nouveau procédé de fabrication de perruque. Il est l'inventeur de la « tresse perruquière » qui renforce considérablement la tenue des faux cheveux sur la calotte. Grâce à Colbert et au roi, son invention fut reconnue par la corporation des barbiers perruquiers, ce qui détermina sa fortune. Il put acquérir les terres et le titre de seigneur haut justicier de Villiers-sur-Orge. Il s'y retira après avoir épousé la première femme de chambre de la Dauphine.

Échoppe de barbier au Moyen Âge. Musée des Beaux-Arts de Dijon. D.R.

Boutique de barbier. Gravure XIXe siècle. Coll. part. D.R.

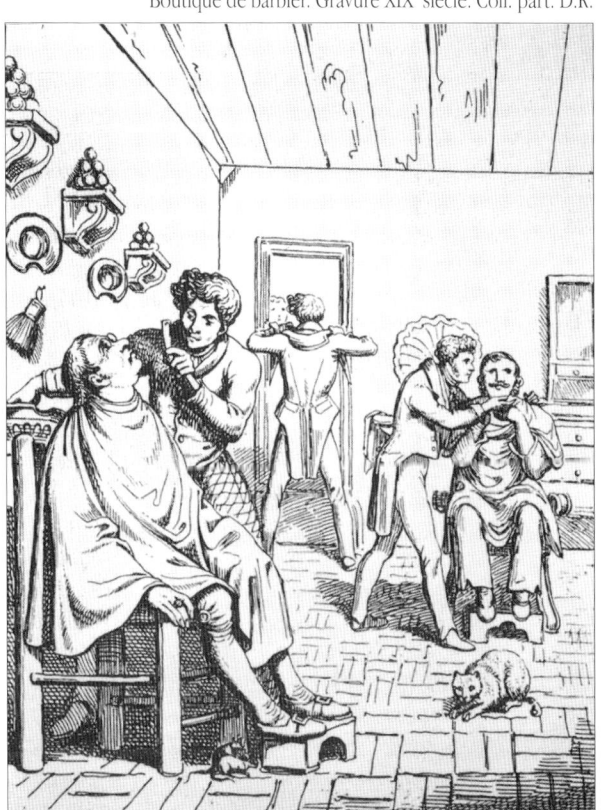

> **La grossesse des coiffeuses**
>
> *Une étude menée en Suède montre que les enfants de femmes travaillant dans des salons de coiffure ont 10 % de chance de plus que la population témoin d'avoir une taille inférieure à la moyenne à la naissance. Ils sont également 30 % plus enclins à comporter des malformations physiques majeures, en particulier cardiaques. Les chercheurs ont observé plus de 2 400 nouveau-nés et suspectent les produits chimiques utilisés dans les sprays fixants, les permanentes et les colorations. Ils conseillent vivement, en absence d'informations supplémentaires, aux coiffeuses enceintes de porter en permanence une paire de gants pendant leur grossesse.*
>
> (Le Figaro, juillet 2002)

et aux étuvistes, et la corporation ainsi créée érigée en maîtrise et convertie en offices héréditaires vendus au profit du Trésor royal. Louis XIV crée immédiatement 650 de ces charges dont 200 à Paris à un prix exorbitant, qui trouvent toutes preneur. Désormais éloignés des activités chirurgicales, les barbiers prennent le nom de « barbiers barbants » et en sont réduits à traiter les cheveux, raser les barbes, devant de surcroît faire face aux ambitions des perruquiers auxquels ils sont statutairement associés.

Les avatars puis les statuts accordés aux barbiers dans les autres pays européens sont sensiblement les mêmes. Pendant très longtemps, ils exercent comme en France sur un très large domaine de compétence et aux traitements des poils ajoutent eux aussi la chirurgie et la dentisterie. Il n'est pas rare non plus de les voir à bord des navires espagnols ou portugais remplir la fonction de médecin de bord avant la lettre.

En Angleterre, Édouard IV, par son édit de 1461, délivre les premiers statuts de la profession. Plusieurs articles confirment l'obligation de pratiques hygiéniques et sanitaires déjà, il est vrai, tacitement observées.

En Italie, l'Université collégiale des coiffeurs et barbiers est créée à Rome en 1440. Leur statut confirme leurs prérogatives de chirurgiens, et il ne s'agit pas comme en France de petite chirurgie. Il n'est pas rare de voir des barbiers chirurgiens romains pratiquer l'amputation d'un membre. Bien qu'il s'agisse d'une profession typiquement masculine, la profession de barbier chirurgien connaît en Italie l'intrusion de quelques femmes. Le grand prosateur italien du XIVe siècle Boccace y fait allusion dans son *Décaméron* en évoquant péjorativement les « barbières », comme Biancofiore et ses semblables, ennemies de l'humanité.

En Espagne, les petites boutiques des barbiers sont traditionnellement peintes en vert clair barré de bandes jaunes. Le barbier espagnol est, comme partout en Europe, habilité à pratiquer les saignées et pour cela il est souvent dénommé « sangrador ». Encore au XVIIIe siècle, il s'octroie le titre pompeux de « professeur approuvé de chirurgie ». Il est vrai qu'entre deux barbes ou deux coups de peigne, il lui arrive de faire office d'accoucheur ou d'arracheur de dent.

Les barbiers polonais, les *tzirulnick*, ou les barbiers russes, les *malchik*, se mêlent eux aussi de chirurgie.

Les chirurgiens barbiers

Si les barbiers chirurgiens s'exercent à la chirurgie, les chirurgiens ont en revanche le droit de « faire le poil ». C'est là un des arguments avancés par les barbiers pour justifier leur pratique de la petite chirurgie.

En France, ce fut Pitard, médecin personnel de Louis IX puis de Philippe Le Bel qui, aidé de l'Italien Lanfrani, organisa au XIIIe siècle le premier Collège des chirurgiens. La chirurgie, avec des praticiens tels qu'Ambroise Paré et ses suiveurs éclaire la médecine de ses lumières, mais soulève aussi bien des jalousies au point que les « médecins » parviennent pendant près d'un demi-siècle à faire rejeter de l'université la chirurgie en tant que discipline autonome.

Vers le milieu du XVIIe siècle, elle connaît un renouveau. Au début de la décennie 1670, Louis XIV réorganise l'enseignement de l'École royale de chirurgie du Jardin des Plantes. Un peu plus tard est créée l'École de chirurgie qui deviendra célèbre au XVIIIe siècle sous le nom de Collège des chirurgiens ou Collège de Saint-Cosme, en raison de sa proximité avec l'église du même nom, au coin de la rue de la Harpe et de la rue Saint-André-des-Arts. L'arrêt royal de 1743 conserve aux chirurgiens le « droit de faire le poil », mais leur interdit formellement le commerce des cheveux.

Cette même année, le fisc royal recense à Paris 40 chirurgiens de Saint-Cosme en robe longue, qui font la barbe et autant qui manient le rasoir de « façon privilégiée », c'est-à-dire sans payer d'impôt ni de charge, car déclarés comme employés à demeure par de puissantes et riches familles et assimilés de fait à leur domesticité.

Les barbiers barbants

L'édit royal de 1673, qui met un terme à l'âpre et séculaire rivalité entre barbiers chirurgiens et chirurgiens impose dès lors une distinction précise entre toutes les corporations touchant aux soins du corps.

De cette disposition est née une « nouvelle espèce » de barbier, le « barbier barbant » qui n'a droit qu'aux seuls soins des poils. Ceux des barbiers qui veulent continuer à pratiquer la petite chirurgie le peuvent à condition d'obtenir une maîtrise par l'étude du grec, du latin et de l'anatomie. L'accès à cette maîtrise est très difficile, l'apprentissage bien long et les matières bien complexes pour des individus surtout habitués à faire le poil.

La plupart des barbiers chirurgiens, découragés, renoncent et deviennent des barbiers barbants avec interdiction formelle d'exercer toute pratique chirurgicale, aussi minime soit-elle, sous peine de lourdes amendes et d'emprisonnement. Dans les villes, les boutiques des barbiers barbants deviennent reconnaissables à leurs enseignes qui portent des plats à barbe blancs tandis que les barbiers chirurgiens conservent les bassins jaunes.

Les barbiers résistent avec obstination à l'édit de 1673 et avec un certain succès à la concurrence de leurs rivaux chirurgiens barbiers, perruquiers, parfumeurs, coiffeurs, etc. Ne faut-il pas encore soigner les barbes et les moustaches et accorder les cheveux masculins au goût du jour ? En province, en revanche, on recensera jusqu'au milieu du XVIIIe siècle de nombreux barbiers dépourvus de maîtrise et s'obstinant à pratiquer la petite chirurgie sans que cela leur soit reproché.

Les barbiers étuvistes ou étuveurs

Au Moyen Âge, on pouvait trouver des étuves, nom ancien des établissements de bains, dans toutes les principales villes européennes. Elles étaient tenues par des baigneurs étuvistes dont la corporation est l'une des plus anciennes, ainsi qu'en témoigne le registre de la Taille de Paris de 1292. Elle est même mentionnée précédemment, vers 1268, dans le *Livre des métiers* du prévôt Étienne Boileau qui précise qu'il en existe « 29 à Paris seule ».

L'usage autorise depuis longtemps les maîtres étuveurs à raser leurs clients lorsqu'en 1438, ils sont rattachés à la corporation des barbiers et qu'ils passent ainsi sous leur juridiction. Dès lors, leur statut s'en trouve modifié et ils doivent choisir entre deux possibilités : soit ils accèdent au rang de « barbier chirurgien étuviste » en répondant aux conditions de moralité exigées et en suivant les enseignements et exercices nécessaires au droit d'exercer cette profession, soit ils demeurent simples « barbiers étuvistes » avec « le devoir de raser sans faire autre chose à aucune personne aux étuves [...] ». Dans tous les cas, les barbiers étuvistes sont nommés par le premier barbier du roi après serment devant le procureur du Châtelet.

Chambrière coiffant sa maîtresse. Gravure. Coll. part. D.R.

En 1673, les deux communautés de « barbiers barbants » et de « barbiers chirurgiens étuvistes » seront confondues en une seule qui, comme toutes les autres corporations, disparaîtra au moment de la Révolution. Entre-temps, cette corporation se sera bien développée puisqu'en 1706, elle regroupe déjà dans la seule capitale plus de 450 maîtres. Chiffre qui va encore s'accroître de 200 charges au cours de la décennie suivante. En 1718, pour des raisons restées mystérieuses, un arrêt oblige les barbiers étuvistes à se distinguer des autres barbiers par une devanture spécifique.

Les barbiers maujoints

La corporation des barbiers étuvistes comprenait une spécificité de métier qui consistait à raser le « maujoint », c'est-à-dire le « mal joint » comme l'on désigne alors le sexe de la femme. Les spécialistes du rasage de la pilosité au niveau génital prirent le nom de barbiers maujoints.

Ce fut une pratique courante pour l'homme comme pour la femme durant le Moyen Âge et jusqu'au début du XVIIe siècle de se faire raser en raison des proliférations des différentes vermines de corps, et plus particulièrement des morpions. Le célèbre naturaliste et voyageur italien Ulisse Aldrovandi écrit dans sa fameuse *Encyclopédie d'histoire naturelle,* publiée à partir de 1599, que les « poux de pubis » infectent pratiquement toutes les prostituées d'Europe qui tâchent de s'en préserver en se rasant régulièrement. En fait, les chroniques le disent, les « poux sauvages » envahissent intimement toutes les couches de la société : barbes, paupières, poitrine, pubis et périnée comme se nomme la région comprise entre l'anus et les parties sexuelles : « Il faut raser tous les poils et ce sont les barbiers d'étuves qui s'en chargent [...]. »

Le rasage des parties génitales par les barbiers spécialistes est soumis à des règlements et des contrôles très stricts. Ce type de rasage se pratique partout en Europe et même en Asie, puisqu'en 1712, le médecin japonais Ryoan Terashimi en recommande la pratique par des professionnels à ses concitoyens pour mieux lutter contre la vermine.

L'existence des barbiers maujoints est par ailleurs attestée par de nombreux textes littéraires et poèmes qui y font directement allusion : Henri de Bord, au milieu du XVe siècle, écrit : « Cons barbus rebondis et noirs aux étuves sont rasés et lavés [...]. » Un demi-siècle plus tard, au début du XVIe siècle, Clément Marot plaint la profession dans son « Rondeau des barbiers » : « [...] Vous irez besogner chaudement en quelques étuves et là gaillardement tondre Maujoint ou raser Priape. Pauvres barbiers ! » Christian Bord confirme dans un texte licencieux : « Je suis fort bon barbier d'étuve pour raser et tondre maujoints. » Un dernier exemple avec le *Pantagruel* de Rabelais. Dans son délire, Épisterme se croit revenu des enfers et affirme y avoir vu « le pape Calixte qui y était barbier de maujoint ».

Les chambrières et atourneuses

Tandis que les barbiers sont chargés de raser et de coiffer les hommes, les femmes doivent s'accommoder pour l'arrangement de la chevelure d'une chambrière, ou plus exactement d'une « chambrière », sorte de femme de service affectée à la chambre des dames et dont le rôle consiste à les aider dans certaines de leurs intimités.

À partir du XIe siècle, les coiffures féminines commencent à se sophistiquer et l'arrangement des longues chevelures exige des mains expertes et professionnelles. Il n'est pas encore question de « coiffeurs pour dames », mais dans les maisons nobles, les chambrières finissent par en acquérir la fonction.

Dès le XIVe siècle, certaines chambrières se spécialisent dans l'art de la coiffure, au point qu'on va les désigner sous le nom spécifique d'« atourneresses » ou atourneuses.

Dès le début du XVe siècle, la profession semble s'exercer librement puisqu'on voit des personnes indépendantes être appelées à l'occasion de bals, de mariages ou de banquets pour exercer leur art de la coiffure. Vers le milieu de ce siècle, nobles et bourgeoises ont systématiquement recours aux services de ces chambrières atourneuses devenues de fait des coiffeuses, profession qui va véritablement se développer vers la fin du XVIe siècle avec la mode des postiches et des chevelures découvertes.

Les barbiers perruquiers

L'usage des perruques est plus fréquent au Moyen Âge et les quelques perruquiers qui existent sont en fait des barbiers spécialisés dans la pose de mèches postiches. Ils exercent plus généralement leur talent sur les têtes nobles et princières.

Vers le milieu du XVIe siècle, les perruques et postiches devenant à la mode chez les femmes, le nombre de perruquiers, fabricants et vendeurs de perruques se multiplie et, en 1616, ils sont assez nombreux pour se rassembler en une association et obtenir leur premier règlement général. Au milieu du XVIIe siècle, la vogue sans précédent des perruques pour hommes va augmenter très sensiblement leur nombre. Ce succès engendre la convoitise des barbiers.

En 1673, les perruquiers sont rattachés à la corporation des « barbiers barbants » et « barbiers étuvistes ». On les désigne dès lors sous le vocable de « barbiers perruquiers ». L'article 28 de leur nouveau statut de 1673 leur permet de vendre dans leur boutique, comme barbiers barbants, des poudres ou essences pour nettoyer les dents, des pommades, des savonnettes, des essences pour se laver les mains et, d'une façon générale, « tout ce qui tient à l'ornement, la propreté et la netteté du corps humain ». Mais, surtout, « sa Majesté leur permet de vendre, de négocier des cheveux tant en gros qu'en détail ».

À la fin du XVIIe siècle, la corporation des barbiers perruquiers est sans conteste l'une des plus riches de Paris. Fabrication et vente de perruques sont devenues une industrie nationale. La production s'exporte dans toute l'Europe. La profession est non seulement extrêmement lucrative, mais facteur d'honorabilité puisqu'elle a été inscrite dans la première classe de la hiérarchie des métiers instaurée par l'édit royal de 1691.

L'État entend recevoir retour de cette vogue extraordinaire des perruques et de la haute rentabilité de ce commerce. Aussi, impose-t-il pour ouvrir boutique de perruquier le paiement d'une taxe de 2 000 livres, c'est-à-dire l'équivalent de cinq années de bénéfice moyen. En 1730, l'achat du privilège des barbiers perruquiers montera jusqu'à 3 500 livres pour atteindre 6 500 livres en 1772.

En 1718, durant la minorité de Louis XV, le Régent accorde un nouveau statut en 69 articles aux barbiers perruquiers. Ces

> **Défense des coiffeurs**
>
> Lors d'un énième procès qui opposa, vers 1765, les barbiers perruquiers aux coiffeurs pour dames, maître Bigot de la Boussière fit une longue plaidoirie en faveur de ces derniers, qui reste fameuse aujourd'hui encore. Son but : conserver leur liberté aux coiffeurs et empêcher qu'ils ne soient forcés d'entrer dans la puissante communauté des barbiers perruquiers qui réclamaient leur assimilation.
>
> « Il faut faire une très grande différence entre le métier de barbier perruquier et le talent des coiffeurs pour dames » prévient d'emblée maître Bigot. « Le premier appartient aux arts mécaniques et les seconds aux arts libéraux. » Après avoir rappelé que les coiffeurs ne se veulent ni poètes, ni peintres, ni statuaires, mais sont de fait, par leur talent « propres à donner des grâces à la beauté que chantent les poètes », l'avocat s'engage dans un long argumentaire sur le fond, le tréfonds et les apparences du métier.
>
> « Les détails que notre art embrasse se multiplient à l'infini. Un front plus ou moins grand, un visage plus ou moins rond demandent des traitements différents. Partout, il faut embellir la nature ou réparer ses disgrâces. C'est ici l'art du peintre, il faut connaître les nuances, l'usage du clair obscur et la distribution des ombres pour donner plus de vie au teint et plus d'expression aux grâces [...]. »
>
> « L'art de coiffer la prude, de laisser percer les prétentions sans les annoncer, celui d'afficher la coquette et de faire de la mère la sœur aînée de la fille, d'assortir le genre aux affections de l'âme, qu'il faut parfois deviner, au désir de plaire qui se manifeste, à la vivacité qui ne veut pas qu'on lui résiste [...] L'art d'établir des nouveautés, de seconder le caprice quelquefois, tout cela demande une intelligence qui n'est pas commune et un tact pour lequel il faut en quelque sorte être né ! L'art de coiffer les dames est donc un art qui tient du génie et par conséquent un art libéral et libre. »
>
> Malgré ce volcan d'éloquence, le Parlement rendit deux nouveaux arrêts en juillet 1768 et en janvier 1769 qui obligèrent les coiffeurs à entrer dans la communauté des métiers de barbiers perruquiers.

derniers obtiennent notamment le monopole de la vente des cheveux. Sous le règne du « Bien-Aimé », la manie perruquière s'accentue plus encore. Quoique supplantés par les coiffeurs et les coiffeuses dans le cœur des dames de la Cour, les perruquiers ont l'exclusivité de la fabrication des postiches pour les deux sexes, ce qui suffit pour assurer leur prospérité à une époque où tous, du domestique au notaire, du cocher au marquis portent perruque poudrée et frisée.

Dans l'édition de 1759 du *Dictionnaire universel de commerce, d'art et de métiers* de Jacques Savary, les maîtres perruquiers sont 714 à exercer dans Paris. En 1780, ils auraient été 900. En fait, la capitale en compte 2 000 de plus qui « exercent en lieux privilégiés » comme l'on dit de ceux qui sont rattachés à une noble maison de façon plus ou moins exclusive.

Les perruquiers tiennent plus que jamais le haut du pavé parmi les métiers d'artisanat, et beaucoup se montrent d'une rare insolence avec leurs clients sous prétexte qu'ils « touchent la tête des grands de la Cour ». Beaucoup y ajoutent une suffisance sans cesse alimentée par la haute estime qu'ils ont d'eux-mêmes. André Charles, perruquier très connu à Paris sous le nom de maître André, s'avise d'écrire en 1760 une tragédie en vers qu'il envoie à Voltaire, accompagnée d'une lettre dans laquelle il appelle le philosophe « mon cher confrère ». Voltaire s'amusa de cette confraternité déclarée et donna une réponse restée fameuse : une lettre de quatre pages ne renfermant qu'un simple conseil mille fois répété : « Faites des perruques, maître André, des perruques, des perruques, des perruques, etc., etc. »

Il est vrai qu'à l'autre bout de l'échelle sociale perruquière se tiennent les boutiques véritablement sordides des « perruquiers en vieux » qui ne sont autorisés qu'à faire des raccommodages et à revendre les vieilles perruques qu'ils rapiècent. Leurs échoppes sont obligatoirement peintes en blanc et c'est là que se fournissent en postiches de crin les ouvriers et les domestiques.

Les boutiques des perruquiers « en vogue » sont à peine plus avenantes. On les reconnaît à leur enseigne de bassins blancs, alors que celle des barbiers chirurgiens offre des bassins jaunes. Louis Sébastien Mercier donne en 1783, dans son *Tableau de Paris*, la description d'une de ces boutiques très achalandées et dotées d'un nombreux personnel : « Imaginez tout ce que la malpropreté peut assembler de plus sale. Son trône est au milieu de cette boutique où vont se rendre ceux qui veulent être propres [...] Plancher et solives sont imprégnés d'une poudre épaisse. Les araignées tombent mortes de leur longue toile blanche, étouffées en l'air par le volcan éternel de la poudrière [...] Tout à côté, voyez un visage barbouillé de l'écume de savon. »

« Plus loin, un peigne à longues dents qui ne peut entrer dans une crinière épaisse. On la couvre bientôt de poudre, et voilà un accommodage. Quatre garçons perruquiers, blêmes et blancs, dont on ne distingue plus les traits prennent tour à tour le peigne, le rasoir et la houppe [...]

« Des tresseuses qui font rouler des paquets de cheveux entre leurs doigts et à travers des cardes aux peignes de fer ont quelque chose de plus dégoûtant encore que les garçons perruquiers. Elles semblent pommadées sous leur linge jauni. Leurs jupes sont crasseuses comme leurs mains. Elles semblent avoir fait un divorce éternel avec la blanchisserie [...] :

« La matinée du dimanche suffit à peine aux gens qui viennent se faire plâtrer les cheveux [...]. Les poudrés sortent de dessous la hampe avec un masque blanc sur le visage [...]. »

En 1789, Mirabeau dont les perruques sont célèbres et que l'on dit « l'homme le mieux frisé de l'Assemblée », reçoit une

> ## « Je hais les coiffeurs ! »
>
> L'humoriste Pierre Desproges, qualifié par un admirateur de « malpolitologue correct qui jongle avec le féroce et la vulgarité, le non-sens et la provocation », a lancé un cri du cœur qui a dû briser bien des cœurs de coiffeurs, interloqués par tant de haine : « De tout mon cœur, de toute mon âme, de toutes mes forces, je hais les coiffeurs. »
>
> Et d'argumenter sur cette profession de parasite, au même titre que les poux, qui s'habillent en cosmonaute pour couper des cheveux ; sur ces Brummell de bal disco qui vous gerbent dans le cou leur philosophie banlieusarde inspirée par la hausse du dollar, l'anus du pape ou le déclin de l'Occident. « Moi, je me fais couper les cheveux par la mère de mes enfants ou par les enfants de ma mère ou par la mère des enfants de n'importe quel con qui a des ciseaux qui coupent. Je ne mets jamais les pieds, et encore moins la tête, chez les coiffeurs puisque je vous dis que je hais les coiffeurs. D'ailleurs j'ai horreur qu'on me tripote la tête par-derrière en me racontant des conneries dans le dos. J'ai horreur qu'un gommeux à gourmette me chahute le cuir chevelu avec ses grosses papattes embagousées aux ongles éclatants de vulgarité manucurolée. »
>
> Et de conclure sur ces « néo-romantiques de mes deux, incapables de résoudre la problématique posée par la raie du cul et la raie du crâne ».

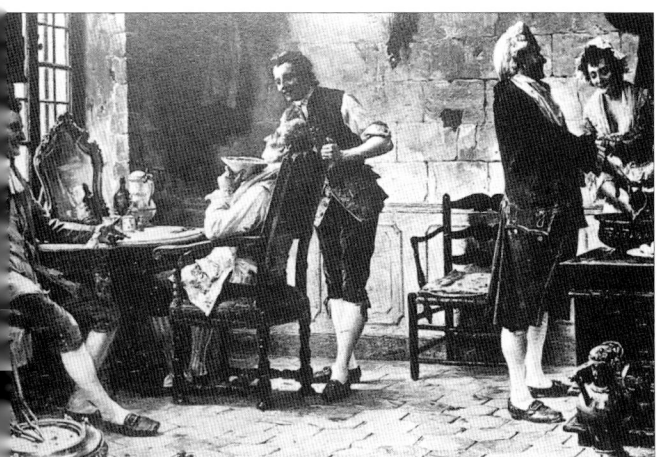

Boutique de barbier au XVIIIe siècle, par G. Weiss. Coll. part. D.R.

Les femmes savaient aussi manier le rasoir pour leur mari. B.N. D.R.

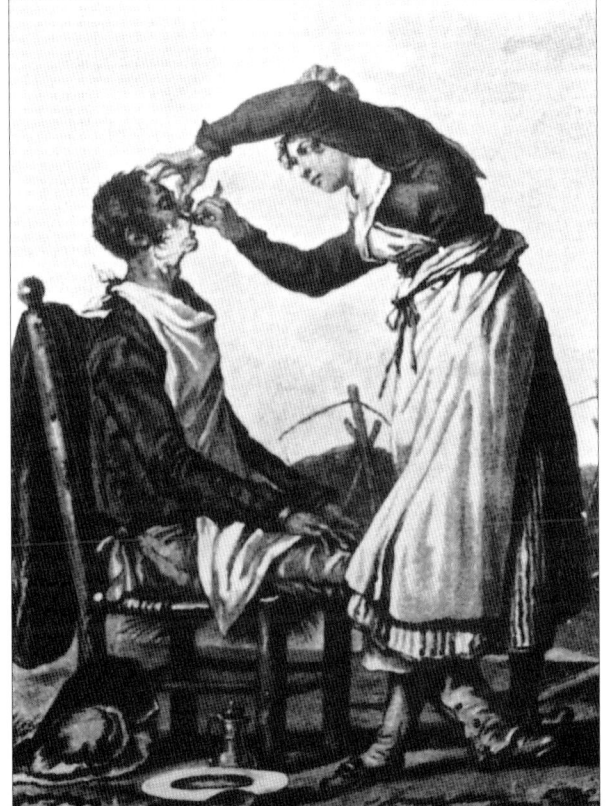

supplique directement liée à cette élégance : « Monseigneur, les maîtres perruquiers de France, au nombre de 2 000 et plus, viennent se plaindre d'un nouvel abus. Ils supplient les députés de continuer à porter perruques. » Vaine prière. En dix ans, de 1789 à 1799, les perruquiers auront perdu leurs principales activités : la fabrication et l'entretien quotidien des perruques dont la mode a presque totalement disparu. Il leur reste la taille des barbes et les coupes de cheveux, activités très peu rémunératrices. L'histoire des artisans perruquiers est terminée, celle des coiffeurs commence.

Coiffeuses et coiffeurs

La profession de « coiffeur en cheveux » ne débute réellement qu'au début du XVIIe siècle avec la mode des chevelures apparentes. Le nom de coiffeur va être donné à ceux qui « exercent l'art de disposer les cheveux en harmonie avec la physionomie ». Cette nouvelle et spécifique activité capillaire va progresser rapidement, d'une part dans le sillage de la mode masculine des perruquiers et, d'autre part, en raison de la complexité et de la sophistication sans cesse grandissantes des coiffures féminines qui exigent des mains expertes.

Madame de Villermont, dans ses Mémoires, donne une période précise à la naissance de cette profession : « C'est aux environs de 1635, écrit-elle, que l'art de la coiffure s'affirma publiquement, en plein soleil de la civilisation moderne, par l'apparition des premiers coiffeurs. »

Jusqu'à la fin du règne de Louis XIII, nous l'avons signalé, les professions de barbier barbant, barbier chirurgien et barbier étuviste réunissent officiellement toutes les opérations auxquelles peuvent donner lieu chevelure et barbe masculines. Les femmes de condition quant à elles sont coiffées depuis longtemps, nous l'avons vu également, par leurs servantes de chambre, les fameuses chambrières. Ce sont elles qui, peu à peu, s'émancipent, deviennent indépendantes, sous le nom d'« atourneuses » puis de « coiffeuses » et emportent les faveurs de la clientèle féminine aristocratique et bourgeoise.

Certaines de ces « coiffeuses » atteignent une grande réputation. On peut citer la Baransay, la Jeanneton, la Bariton, la Martin et quantité d'autres qui travaillent sans avoir acquis de

Destins croisés

Ils ont tous eu la même chance au départ. Celle de pouvoir, grâce aux sacrifices et aux privations de leurs parents, devenir et rester un honnête et apprécié technicien du poil. Mais emportés par des rêves obscurs et des chimères nées de lectures inappropriées, ils ont jeté au loin clientèle aimante, peignes, tondeuses et bigoudis pour vivre un destin incertain. Ont-ils eu tort ?

- ***Le chanteur :*** *Peter, le chanteur du duo Peter et Sloane des années 1980 et n° 1 au Top 50 pendant dix-sept semaines avec « Besoin de toi, envie de rien », a commencé dans la vie comme coiffeur pour dames.*
- ***L'animateur télé :*** *Pascal Sevran, le polyvalent artiste, chanteur, écrivain et animateur à succès d'une émission télévisuelle quotidienne qui lui a valu les palmes de la notoriété, a eu comme premier public la clientèle d'un salon de coiffure pour dames.*
- ***Le politicien :*** *René Chauvin est le premier coiffeur de l'Histoire à avoir abandonné le fauteuil pivotant du raseur pour le siège éjectable de député. Il fut élu, en 1884 député de la Seine sous l'étiquette « Parti ouvrier français ».*
- ***Le gangster :*** *Al Capone, un des plus célèbres gangsters américains des années 1930, retenu par l'histoire du crime comme l'organisateur du « massacre de la Saint-Valentin » et comme le roi de l'alcool sous la prohibition, avait un père coiffeur. À peine débarqué du cargo qui l'amène de Sicile, le père Capone trouve une place de commis coiffeur pour son fils Alphonse. Six mois plus tard, celui-ci lâche le balai pour la mitraillette. Il a 16 ans.*
- ***Le comédien :*** *Fabrice Lucchini est un acteur apprécié des Français qui envient sa phénoménale mémoire qui l'autorise à délivrer vingt-cinq citations non vérifiables à l'heure. Toujours en représentation, même lorsqu'il descend de scène, ce comédien fétiche des médias a rodé son numéro « poilant » ou « rasoir », selon les avis, dans la boutique d'un coiffeur pour dames.*
- ***La fileuse :*** *Geneviève Joubert est la seule coiffeuse au monde à avoir troqué le séchoir à cheveux contre un rouet. Depuis 1986, elle tisse les poils de chiens envoyés par des maîtres désespérés par la mort de leur compagnon favori pour en faire des pulls ou des vestes. « Grâce à cela, on peut continuer à caresser son chien même lorsqu'il est enterré », dit-elle. Renseignements pratiques : « Les chiens muent deux fois par an et perdent, pour ceux de la taille d'un berger allemand, environ 350 grammes de poils à chaque fois. En un peu plus d'un an, on peut recueillir la matière première nécessaire à la confection d'une veste [...]. »*
- ***Le chanteur comédien :*** *Yves Montand, titulaire d'un CAP de coiffure, a débuté dans la vie comme apprenti coiffeur dans le salon que tenait sa sœur à Marseille.*

charge ni obtenu de maîtrise. Ce qui finira par poser problème. Ainsi, en 1667 puis en 1668, le Parlement est saisi par les maîtres barbiers perruquiers qui réclament le droit officiel pour leur corporation « de pratiquer la coiffure pour dames ». Le Parlement accède à cette revendication et, les coiffeuses n'ayant aucune existence légale, leur en accorde de surcroît le droit exclusif.

La résistance des coiffeuses est vive. Leur principale objection aux arrêts du Parlement est que jusqu'alors aucun homme n'a jamais pu s'introduire dans les salons, les ruelles et les boudoirs des dames. Et il n'est pas imaginable qu'ils puissent le faire car « il est impensable que des mains masculines touchent, "profaner" dit l'Église, les cheveux et la tête des dames ». L'argument est de poids puisque les coiffeuses continueront à exercer leur profession en toute lumière, mais également en toute illégalité jusqu'à la Révolution.

Lorsque par son édit de 1673, Louis XIV institutionnalise par de nouveaux statuts les corporations du corps et des soins, il ne réserve à aucune le droit exclusif de coiffer. C'est de cette omission, volontaire ou non, que la profession de coiffeur va pouvoir se distinguer. Les coiffeurs réclament devant le Parlement ce droit exclusif de coiffage, ce qui leur est reconnu, alors qu'il a déjà été accordé aux barbiers perruquiers devenus pour certains barbiers coiffeurs. À la fin du XVIIe siècle, la situation est des plus confuses.

D'un côté, les barbiers perruquiers qui travaillent les cheveux mais ne font qu'entretenir et coiffer les perruques pour

Barbier tonkinois. XIXe siècle. Gravure. Coll. part. D.R.

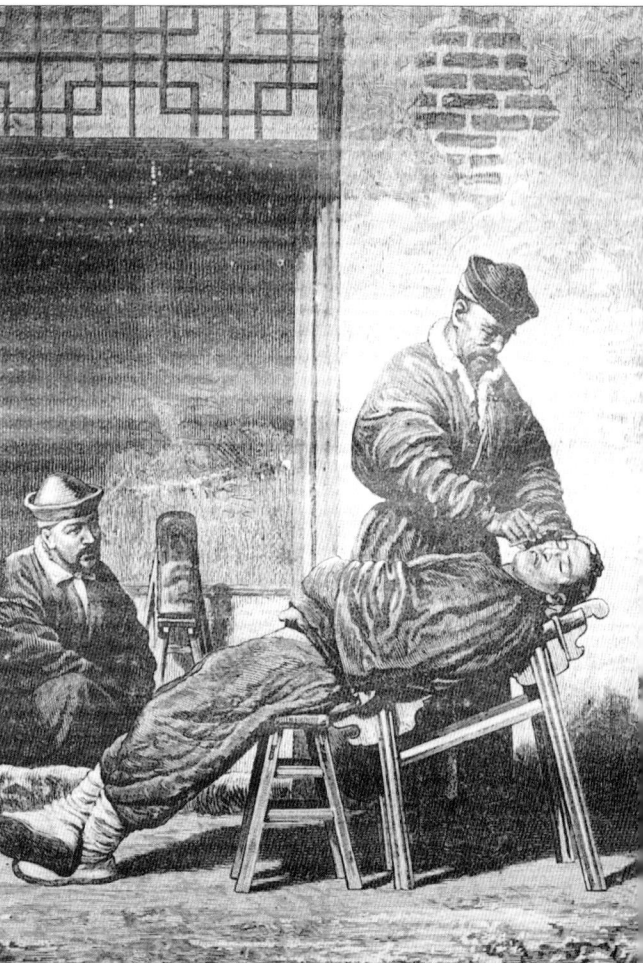

hommes ; d'un autre, les barbiers coiffeurs qui revendiquent ce qu'ils ont obtenu en 1667 et 1668, à savoir le droit exclusif de coiffer les dames ; et enfin, les coiffeurs et les coiffeuses qui continuent à exercer par « privilège », c'est-à-dire sans titre, sans maîtrise, sans paiement de taxe ni impôt, sur la seule déclaration de riches et puissantes clientes, assurant leur attachement à leur domesticité.

Le tout premier barbier perruquier à avoir bravé la morale et les mœurs en s'introduisant dans le boudoir d'une dame est un nommé Champagne. Grâce à la protection de la duchesse de Nevers qui s'est entichée de lui, il devient un des grands génies de la coiffure pour dames. Avec lui commence la grande lignée des coiffeurs hommes, sorte de dynastie courtisane et galante qui finira avec le grand Léonard, sous Marie-Antoinette. Après Champagne, les coiffeuses semblent un temps reconquérir leur suprématie, mais dès la fin du règne de Louis XIV, et surtout sous celui de Louis XV, les coiffeurs masculins prédominent définitivement sur leurs consœurs qui, peu à peu, disparaissent. « On préférait les hommes comme ayant plus d'adresse et d'invention » écrit Jules Joseph Quicherat dans son *Histoire du costume* publiée en 1875.

Favoris de la Cour, outrageusement gâtés par la noblesse et la haute bourgeoisie parisienne, les coiffeurs du XVIIIe siècle acquièrent souvent une renommée européenne. Leur fatuité les fait se rendre en carrosse et équipage chez leurs clientes qu'ils coiffent en habit, l'épée au côté, dont ils ont obtenu le port en 1674.

Curieusement, le métier de coiffeur reste « libre », toujours sans aucune maîtrise exigée. Ils peuvent s'installer où bon leur semble, pratiquer comme ils l'entendent et ils ne s'en privent guère. Aussi, un nouveau conflit éclate-t-il entre eux et les maîtres barbiers perruquiers. En 1743, une ordonnance de Louis XV tente de les réunir au sein d'une même corporation. Les uns comme les autres, qui se haïssent et se jalousent, s'opposent vivement à cette union corporative.

En 1755, une guerre s'allume entre toutes les communautés de métier touchant aux poils : conflit entre barbiers et perruquiers, entre perruquiers et coiffeurs, entre coiffeurs pour hommes et coiffeurs pour dames, etc. Les barbiers perruquiers engagent contre les coiffeurs pour dames plusieurs procès et le Parlement multiplie les arrêts en leur faveur. Ceux de 1762 et 1763, par exemple, leur confirment le droit exclusif du commerce des cheveux et de la coiffure. Les coiffeurs pour dames, au nombre de 1 200 à Paris, n'en ont cure et les procédures se multiplient. En 1767, un arrêt du Grand Conseil du Roi enjoint à toutes les professions demeurées « libres », notamment les coiffeurs, de se réunir en communauté de métiers. Ces derniers s'y refusent absolument et, en 1768 et 1769, dans une procédure engagée devant le Parlement de Paris, ils plaident la très grande différence entre le rustre métier de barbier perruquier et celui, élégant et talentueux, de coiffeur pour dames. Les juges du Parlement semblent sensibles à cet argument puisqu'ils rendent deux arrêts donnant gain de cause aux coiffeurs qui, dès lors, restent « libres » une dizaine d'années encore.

Réseaux et franchises

À partir de la décennie 1970, se mettent en place un peu partout dans le monde des chaînes de salons de coiffure « franchisés ». On entend par là qu'un « grand » de la coiffure, moyennant des royalties fixes ou variables négociées à l'avance, autorise un coiffeur indépendant à utiliser pour un ou plusieurs établissements son concept de boutique, son enseigne, sa renommée, son image publicitaire, ses techniques et son savoir-faire, ainsi que son organisation commerciale. Dans certains cas, il peut également imposer l'utilisation et la vente exclusive de sa gamme de produits.

On cite généralement comme précurseur en la matière Jacques Dessange qui céda ses premières franchises dans les années 1950. Selon Bernard Sagon, son directeur du développement, l'entreprise Dessange est une des toutes premières dans son secteur d'activité, avec 700 salons franchisés à travers le monde, dont plus de 300 en France, générant un chiffre d'affaires annuel de plus de 600 millions d'euros.

Il existe aujourd'hui quantité de réseaux nationaux et internationaux de salons de coiffure franchisés. En France, tous les grands coiffeurs de renom ont adopté la formule. On peut citer Jean-Louis David, Jean Claude Biguine, Saint-Algue, Mod's Hair, Vog Coiffure, Franck Provost. Le nombre de ces réseaux franchisés est très élevé.

La seule Fédération européenne des franchises en recensait au milieu des années 1990 près de 2 500 toutes tailles confondues. On compte 250 réseaux franchisés aux Pays-Bas, 300 en Angleterre, 460 en Allemagne, etc. Aux États-Unis, existent plus de 2 000 réseaux franchisés regroupant plus de 250 000 salons.

Les franchisés revendiquaient dans la décennie 1990 près de 20 % du chiffre d'affaires global de la profession, estimé à cette époque à 3 milliards et demi d'euros. D'autres statistiques contestent ce chiffre et affirment que le chiffre d'affaires des franchises n'a jamais dépassé les 10 % du montant global de la coiffure. On peut en douter, car personne ne peut nier que les salons traditionnels subissent de plus en plus la concurrence organisée et efficace des salons franchisés.

Certains de ces réseaux se sont hautement spécialisés, comme par exemple le réseau « Vert tendre », chaîne de salons de coiffure pour enfants. Même idée de réseau ciblé avec la chaîne « Blue Jean » dont les salons sont spécialement conçus pour une clientèle d'adolescents.

Enfin, on se doit de citer l'organisation de Philippe Bose, leader de la coiffure à domicile, qui emploie 2 600 coiffeurs et génère un chiffre d'affaires annuel de 35 millions d'euros. On l'a compris, la « coiffure de papa » a vécu !

En 1777, une ordonnance de Louis XVI enjoint à nouveau aux coiffeurs de s'agréger à la communauté des barbiers perruquiers, déjà vieille de plusieurs siècles. Cette fois-ci, les coiffeurs ne peuvent résister car cette décision inspirée par le Trésor royal prend appui sur la création de 600 offices de coiffure pour dames.

En 1791, la suppression du système des charges et des corporations va mettre tous les métiers sur un pied d'égalité professionnelle. En ce temps-là, l'immense majorité de la population féminine ignore encore les soins de coiffure. Mais peu à peu, à partir du Directoire, les professions de coiffeur pour dames et de coiffeur pour hommes vont s'affirmer.

La première moitié du XIXe siècle connaît une série de profondes mutations sociales. Le développement de la presse et de la publicité comme un plus grand respect des règles d'hygiène du corps y participent et entraînent une démocratisation de la clientèle des coiffeurs. En 1815, on compte près de 1 100 coiffeurs et perruquiers à Paris. En 1840, la capitale en recense 4 000. En 1850, presque toutes les villes de France, grandes ou petites, ont leurs salons de coiffure et, en 1860, le ratio national est de un coiffeur pour 3 600 habitants, sans compter les milliers de barbiers de village qui continueront jusque vers 1950, c'est-à-dire pendant presque un siècle encore, à opérer dans les arrière-salles des cafés ou des épiceries locales, quand ce n'est pas en plein air au gré des comices agricoles et des foires à bestiaux.

En 1890, les statistiques générales de France annoncent que celle-ci compte un peu plus de 7 300 salons de coiffure dont environ un tiers à Paris. Décompte exemptant lui aussi les barbiers opérant en province. Les coiffeurs et les fabricants de postiches représentent, à la fin du XIXe siècle, 47 700 personnes dont 24 500 patrons et 23 200 employés.

En 1911, le grand recensement des métiers avance le chiffre de 53 200 coiffeurs et coiffeuses, répartis entre 28 200 patrons et 25 000 employés qui, à cette époque, prennent le nom de garçons coiffeurs. La veille de la déclaration de guerre, il existe à Paris un salon de coiffure pour 400 habitants, mais le ratio national est tombé à un salon pour 14 000 habitants.

Au lendemain de la Première Guerre mondiale, vers 1920, la profession de coiffeur comprend 55 700 membres. Population professionnelle qui passe à 61 000 en 1926 et à 125 000 en 1936. Quant au nombre des salons de coiffure, il est passé de 14 000 en 1921 à environ 30 000 en 1936, dont environ 5 000 salons pour dames, les deux sexes ne fréquentant pas encore les mêmes établissements.

En 1946, à l'immédiate sortie du second conflit mondial, l'ensemble des salons de coiffure français emploie 167 000 personnes réparties en 50 000 patrons et artisans, 95 000 garçons coiffeurs et 22 000 apprentis. La clientèle ne cesse de s'élargir et de se démocratiser. Le nombre des salons de coiffure qui s'était stabilisé au cours des années 1950 se multiplie soudainement pendant la décennie suivante. En 1965, on en compte 65 000, soit près du double d'avant la guerre.

En 2001, la France retrouve le chiffre de 1936, avec une population de 125 000 professionnels dont 80 % de femmes.

La coiffure est devenue pour la plupart des femmes un des éléments essentiels de l'apparence, ce qui se traduit par une

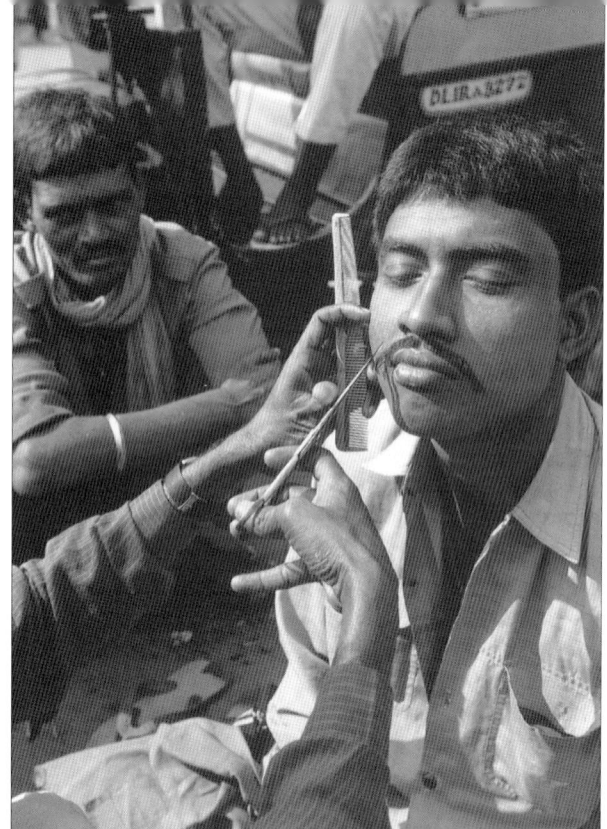

Taillage de barbe. Pakistan. Corbis-Sygma. Jeremy Horner.

diminution des salons pour hommes et une augmentation des salons pour femmes qui, de 22 000 dans les années 1970 passent à 30 000 au début des années 1990. En 1995, les salons pour femmes représentent 56 % de la totalité des établissements, les salons pour hommes 22 % et les salons mixtes un taux similaire.

Une autre raison de la régression du nombre des coiffeurs pour hommes tient à la commercialisation du rasoir mécanique individuel puis à l'invention, dans les années 1930, du rasoir électrique. Alors qu'au XIXe siècle et encore au début du XXe, les coiffeurs barbiers fidélisent une clientèle quasi quotidienne, la seconde moitié du XXe siècle voit le rasage devenir un acte simple à réaliser chez soi. Dès lors, ils doivent restreindre leur activité au seul traitement des cheveux.

Entre 1955 et 1975, les dépenses que les femmes consacrent en soins cosmétiques et à leur entretien beauté ont doublé. À la fin de la décennie 1970, les soins de la chevelure apparaissent à la majorité des femmes comme indispensables. Une enquête statistique réalisée à l'époque indique que sur 20 millions de femmes âgées de plus de 16 ans, 16,4 millions vont au moins une fois chez le coiffeur dans l'année. Vingt ans plus tard, en 1995, les femmes françaises font en moyenne six visites par an chez leur coiffeur.

On estime à plus de dix millions le nombre des coiffeurs professionnels qui exercent aujourd'hui dans le monde. Artisans ou « artistes capillaires », ils pratiquent leur métier comme autrefois, dans des conditions très diverses qui vont du fauteuil ambulant à la modeste échoppe, du coiffeur à domicile aux luxueux palais de la coiffure où les figaros des temps modernes ne se contentent pas de coiffer les mèches, mais « soignent », « personnalisent » et « sculptent » les chevelures.

Poils : progrès et syndicalisme

L'histoire de la coiffure et des coiffeurs est si riche en personnages, événements, rebondissements, luttes ouvrières, progrès sociaux, inventions scientifiques que la résumer est déjà la trahir. Toutefois, un ouvrage sur les poils ne saurait se passer de quelques dates clés.

1791 : Abolition du système des corporations. Commencement du règne de l'entreprise individuelle. Tout citoyen devient libre de devenir coiffeur.

1804 : Première création d'agence de placement payante pour coiffeurs et perruquiers.

1819 : Création de la toute première école de coiffure. Naissance de la Société de secours mutuel des coiffeurs et des industries rattachées, société dite Saint-Louis, qui ne recevra son enregistrement préfectoral qu'en... 1853.

1820 : Premier concours de coiffure organisé en France.

1833 : Première tentative de « retraite vieillesse » fondée par un groupe de patrons coiffeurs.

1834 : Ouverture à Paris de la première école de coiffure sous le nom de « Académie de coiffure ».

1836 : Parution du premier journal spécifiquement destiné aux coiffeurs, véritable mensuel professionnel qui délivre des notices techniques sur les coiffures.

1851 : La loi dite de Février introduit une réglementation concernant le travail des enfants dans la profession de coiffeur.

1864 : Première grève de l'histoire de la coiffure. Les garçons coiffeurs parisiens obtiennent un jour de repos hebdomadaire.

1867 : Grève des ouvriers coiffeurs qui réclament des journées de travail ne dépassant pas 13 heures par jour. Échec du mouvement.

1870 : Création en Suisse du premier regroupement professionnel sous le nom de Société vaudoise des maîtres coiffeurs.

1874 : Création à Paris de la première Chambre syndicale des ouvriers coiffeurs.

1875 : Création à Paris de la Chambre syndicale du patronat de la coiffure.

1880 : Mise au point d'un fer à friser révolutionnaire par le coiffeur Marcel : « L'ondulation Marcel », révolution thermo-artistico-économique, va bouleverser le monde de la coiffure.

1885 : Création de la Fraternelle, première association de secours mutuel. Création du Syndicat ouvrier des coiffeurs de Paris.

1888 : Énorme manifestation de rue des coiffeurs contre les bureaux de placement avec intervention policière. Création de la Fédération nationale des coiffeurs de France.

1889 : La Chambre syndicale crée à Paris une « école de coiffure pour dames ». Première tentative de rassemblement de tous les organismes professionnels de France liés à la coiffure au sein d'une seule fédération.

1891 : Création en Hollande du premier regroupement professionnel sous le nom de Société néerlandaise des maîtres coiffeurs. Création à Paris d'une cour supérieure de coiffure pour hommes. Création de la Ligue nationale pour la suppression des bureaux de placement. (Ils ne seront fermés qu'en 1904 et rendus gratuits qu'en 1918.)

1892 : Une charte de la profession précise que le maître coiffeur « doit se conduire en bon père de famille, surveiller la conduite et les mœurs de son ou de ses apprentis ».

1894 : Création de la Fédération nationale des ouvriers coiffeurs. Signature d'une convention qui diminue la journée de travail à 14 heures, mais sans limites le samedi et les jours de fête. Une demi-journée de repos hebdomadaire est accordée.

1895 : Pierre Chauvin, sacré « Premier Ouvrier de France », est élu député de la Seine et devient ainsi le premier coiffeur à rentrer à la Chambre des députés.

1898 : Création à Londres de la Société corporative des maîtres coiffeurs.

1900 : Le Congrès de Paris de la Fédération nationale des ouvriers coiffeurs limite la journée de travail des ouvriers coiffeurs à 11 heures par jour au lieu de 14 ou 15 heures.

1903 : La société berlinoise Schwarzkopf, fondée en 1898, met au point le premier shampooing en poudre.

1904 : Fermeture des boutiques de coiffure à 21 heures sur tout le territoire français.

1905 : Création de la première association sportive des coiffeurs.

1906 : Manifestation monstre des coiffeurs qui réclament la journée de huit heures. Huit cents d'entre eux sont arrêtés par la police sur ordre de Clemenceau.

1907 : Un jeune ingénieur chimiste, Eugène Schueller, fonde la Société française de teinture inoffensive qui deviendra la société L'Oréal. Création de l'Union intersyndicale des syndicats patronaux des coiffeurs de Paris et des départements limitrophes. Les ouvriers coiffeurs obtiennent une journée de repos hebdomadaire.

1908 : Création de « l'orphelinat des coiffeurs de France ». Spectaculaire invention de Karl Nestlé, « l'indéfrisable perpétuelle à chaud », recourant au chauffage électrique.

1909 : Fondation de la Fédération nationale des syndicats patronaux et de l'Union athlétique de la coiffure. La Chambre des députés vote la journée de huit heures pour les ouvriers coiffeurs.

1910 : Fusion de toutes les chambres syndicales de France au sein de l'Union fédérale des syndicats patronaux des coiffeurs de France et des colonies. Création de l'Union internationale des ouvriers barbiers d'Amérique, avec d'emblée plus de 37 000 membres.

1911 : Fondation de la Société des patrons coiffeurs de dames du Grand Berlin. Création à Paris du Sporting Club de la coiffure.

1914 : Création du Secours aux Orphelins de la guerre des coiffeurs du département de la Seine.
1919 : Création d'un premier Certificat d'aptitude de coiffure. Invention par Gaston et Félix Boudon du premier appareil français pour faire des permanentes.
1924 : Création du concours du Meilleur ouvrier de France.
1925 : Ouverture à Parmont de la première maison de retraite pour anciens coiffeurs.
1930 : Instauration du premier Brevet professionnel d'État, mais la première cession d'examen n'aura lieu qu'en 1935.
1931 : Instauration d'un Certificat d'aptitude professionnelle d'État.
1932 : Fondation de l'Internationale des coiffeurs de dames. Aux U.S.A., Speakman dépose un brevet protégeant son invention, la « permanente tiède ».
1934 : Invention par la société Perma du premier appareil indéfrisable sans fil.
1935 : Première cession d'examen pour l'obtention d'un Brevet professionnel. Lancement de Dop, le tout premier shampooing de grande consommation à base de sulfate d'alcool gras.
1936 : Comme les autres ouvriers, les coiffeurs obtiennent la semaine de 40 heures et deux semaines de congés payés.
1939 : Une enquête démontre que les tarifs sont si bas que la vie des coiffeurs est miséreuse et que beaucoup ne mangent pas toujours à leur faim.
1942 : Fondation par l'État du premier centre gratuit d'apprentissage de la coiffure.
1945 : La Fédération nationale des Maîtres et artisans coiffeurs rassemble désormais tous les syndicats patronaux. Dépôt par la société L'Oréal d'un brevet pour un nouveau procédé de « permanente froide ».
1946 : Création d'une Confédération internationale regroupant 42 pays et tendant à établir « un marché international de la coiffure ».
1947 : Fondation du Syndicat de la Haute coiffure masculine.
1948 : Instauration du Comité de propagande de la coiffure.
1949 : Une caisse nationale de retraite spécifique à la profession de coiffeur est instaurée par l'État.
1950 : Lancement sur le marché des premières teintures éclaircissantes grand public.
1952 : Lancement de la première coloration directe. « Régé Color » fait exploser le marché de la coloration traditionnelle.
1963 : La Fédération nationale crée un régime de retraite obligatoire pour tous les ouvriers coiffeurs. Création d'un Brevet de maîtrise qui se situe entre le CAP et le BP, et plus particulièrement destiné aux permanentistes et aux coloristes.
1968 : Création de l'Union sociale ouvrière de la coiffure.
1970 : Mise au point de la première mousse colorante en aérosol par la firme Schwarzkopf.
1982 : Première directive européenne concernant les coiffeurs avec la mise au point d'un système d'équivalence des diplômes entre États membres donnant la possibilité aux titulaires de brevets professionnels de s'installer dans n'importe quel pays membre de la Communauté.
1993 : 15 000 jeunes candidats se présentent pour obtenir le Certificat d'aptitude professionnelle : 7 000 sont reçus, ce qui les autorise à devenir gérant ou patron d'un salon de coiffure.
2002 : À l'initiative de leur fédération, les patrons coiffeurs venus de toute la France manifestent à Paris pour réclamer un abaissement de la TVA. Tout au long de la marche à travers la capitale, les manifestants répandent des kilos de cheveux récupérés dans leurs salons.

Les hommes poilus : des quotients intellectuels supérieurs

Le vendredi 12 juillet 1996, l'AFP, inconsciente du mal qu'elle va provoquer dans le petit monde déjà si inquiet des imberbes, des glabres et des alopéciques congénitaux, fait état des conclusions du huitième congrès de l'Association des Psychiatres européens qui s'est tenue à Londres. « Les hommes poilus sont plus intelligents que les autres et il y a plus de torses velus chez les intellectuels que chez les manuels. » Cette sensationnelle nouvelle a pour origine vingt-deux années de recherches menées par le docteur américain Aikara Kydy Alias, du Centre de santé mentale de Chester dans l'Illinois. Ces longues études sur le lien entre la pilosité et l'intelligence lui ont permis d'aboutir à certaines constatations, douloureuses pour toute une partie de la population.

Alors que 10 % de la population mâle américaine est « très poilue », le taux monte à 45 % chez les étudiants en médecine et les apprentis ingénieurs. Même chose chez 117 membres de l'Institut Mensa, qui réunit des surdoués disposant d'un QI supérieur à 140, explique le docteur Alias, faisant un sort à la croyance populaire qui associe primitivité et pilosité. Croyance née du fait que les agriculteurs ou les ouvriers du bâtiment se mettent plus souvent torse nu que les autres, ajoute-t-il encore.

Enfin, il donne comme exemple de sa théorie quelques fameux poilus réputés pour leur intelligence tels que Robin Williams et Peter Sellers, le joueur d'échecs Gary Kasparov et le savant Charles Darwin. Mais sa thèse souffre d'exceptions comme le glabre Albert Einstein.

Homme sauvage.
XIVe siècle. Bronze.
Cologne. D.R.

Enseigne de coiffeur sénégalais, 2002. Coll. part. D.R.

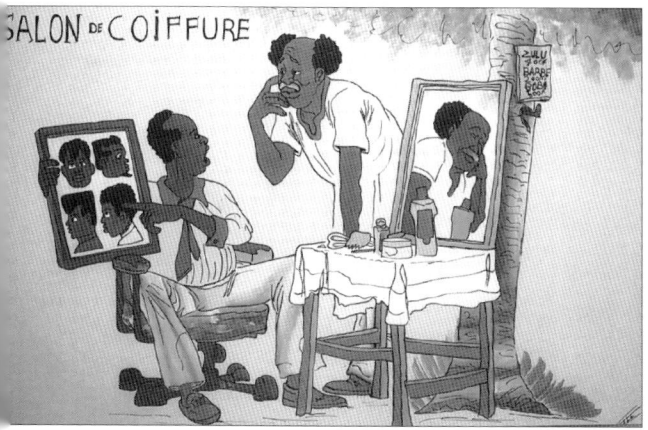

Enseigne de coiffeur sénégalais, 2002. Coll. part. D.R.

Pape Dià, dans sa boutique « sous un arbre », avenue Peytaim à Dakar.
Photo Caroline Marie-Appoline.

C'est étonnant !

• *La première pesée*
Fils de David, Absalon mourut d'un « coup de grâce » que lui asséna Joab alors que sa longue chevelure l'avait laissé suspendu aux branches d'un arbre. Toutes les fois qu'Absalon se faisait couper les cheveux, dit l'Écriture, on lui en ôtait le poids de 200 sicles, c'est-à-dire 100 onces romaines, soit 2 800 grammes. Samuel parle d'une chevelure de 200 sicles, Joseph de 5 mines et Épiphane de 125 sicles.
Un savant nommé Lepelletier dit et démontra qu'il s'agissait là de plaisanteries. Selon ses calculs la première pesée de la chevelure de toute l'Histoire donna un poids de « 1 livre, 14 onces, 7 gros, 14 grains, 2/21 poids de marc de Paris ».

• *Impériale introspection*
L'empereur Julien, que les historiens de l'Église ont appelé l'Apostat, et dont Voltaire tenta la réhabilitation, s'est exprimé de la sorte dans des notes autobiographiques : « La nature ne m'a fait ni beau ni séduisant, et comme j'ai, au travers du visage, une énorme barbe, vraie forêt pour les bêtes, ne puis ni beaucoup manger, ni beaucoup boire : je craindrais d'avaler des poils, avec mon pain. Quant au baiser, il n'y faut pas songer : mon menton de bouc mettrait en fuite les jolies filles. J'ai la poitrine velue comme celle d'un lion. »

• *Des paillassons et des matelas*
Il a été fait beaucoup d'essais, au XIXe siècle, pour tenter d'utiliser utilement les cheveux d'hommes. On en a fait des matelas, mais on ne pouvait pas dormir dessus à cause de leur extrémité qui pointait à travers la toile. On en a fait des paillassons, des filtres pour les sucres, les sirops et les liqueurs, mais comme ils feutraient mal, on y a renoncé.

• *Accorder ses faveurs*
La faveur est un petit ruban. « Offrir ses faveurs » en parlant de dames qui se laissent aller à l'accouplement peut paraître anachronique si on ignore que l'expression est née d'une des maîtresses de Brantôme, Françoise Babou de la Bourdoiserie, qui s'entortillait les poils de sa toison pubienne, qu'elle avait fort longs, avec des cordons et des rubans de couleur. Elle se présentait ainsi à ses amants. La chose fut prouvée au plus grand nombre lorsque la populace d'Issoire se souleva contre elle, la massacra et put ainsi admirer à loisir ses petites tresses génitales, habillées de petites faveurs.

Femme esquimau du Nord-Alaska dont la chevelure dépasse un mètre cinquante. Corbis-Sygma. Hulton-Deutsch.

3
Les cheveux
De la tige à l'usine biologique

Femme Miao de la province de Guizhou, en Chine, parée de la coiffure traditionnelle. Corbis-Sygma. Keren Su.

À la fin du XIXe siècle, le grand historien John Carteret écrivait : « Lorsqu'on regarde de plus près, il ressort que la chevelure symbolise les forces instinctives et la coiffure l'attitude de l'individu, de la collectivité, de la société à l'égard de ces forces... » La chevelure est considérée depuis les origines de l'histoire des hommes comme la plus belle parure que la nature ou Dieu ait donnée à l'être humain. « Elle couronne avec grâce et majesté sa stature », écrit Paul Gerbod dans son *Histoire de la coiffure*, et il ajoute : « Les diverses manières dont elle est implantée ne donnent-elles pas à chaque visage sa particularité ? »

Aujourd'hui, les cheveux, tout comme les cils et les sourcils, sont des poils qui présentent un intérêt particulier du fait de leur assujettissement par les modes et les normes esthétiques. Plus que jamais les chevelures sont un attrait majeur du corps féminin et les femmes qui s'en servent pour attirer des partenaires leur prodiguent des soins constants. Des soins qui diffèrent de moins en moins selon les générations et les continents. Sur ce terrain, la mondialisation fait également son œuvre. À New York, Paris, Londres, Tokyo ou Dakar, des millions de teen-agers se donnent un même look avec des coupes de cheveux libres, longues, courtes, en pétard, ébouriffées, selon un modèle imposé par une « idole » qui évolue à un autre bout de la planète.

PLANTATION ET RYTHME DE VIE

Les cheveux ne diffèrent pas essentiellement des autres poils. Structurellement parlant et vus au microscope, pas ou peu de différence entre eux. Leur spécificité propre est surtout biologique et réside dans leurs cycles de pousse. Les phases de croissance des poils sont plus courtes que celles des cheveux et ils poussent principalement à l'âge de la puberté alors que les cheveux poussent dès la naissance.

Avant même, puisque les humains connaissent une pilosité fœtale, évolution cyclique qui débute entre le cinquième et le sixième mois de la grossesse, avec une première chute au septième mois. Évolution cyclique qui se poursuivra après une deuxième chute, postnatale celle-là et pendant toute la vie.

L'épaisseur d'un cheveu, c'est-à-dire son diamètre, varie de 0,05 à 0,12 millimètre. C'est ce diamètre qui établit ce que l'on nomme « l'indice de section », c'est-à-dire le quotient du plus petit dénominateur et du plus grand. Ce qui nous amène aux spécificités moyennes suivantes : 40 à 60 chez les Noirs, 60 à 80 chez les Blancs et 80 à 100 chez les Jaunes. L'indice de forme, quant à lui, autorise une autre classification en prenant en considération la forme du cheveu, révélée par une coupe. Cette forme, déterminée par le follicule pileux, est plus ou moins « ovalaire » et se décline à travers trois types spécifiques.

• *Les cheveux cylindriques.* Ils sont dits mongoloïdes. Leur section ronde détermine des chevelures plates, épaisses, lisses et droites, spécifiques des Asiatiques. Le record d'épaisseur est tenu par les Vietnamiens suivis de très près par les Amérindiens et les Esquimaux.

• *Les cheveux elliptiques.* Ils sont dits europoïdes et plus communément caucasiens. Leur section ovale engendre des chevelures fines et ondulées, plus ou moins bouclées, que l'on trouve non seulement en Europe, mais aussi en Australie, aux États-Unis et chez certaines populations polynésiennes.

• *Les cheveux aplatis.* Ils sont dits négroïdes et se caractérisent par une section très plate engendrant une chevelure plus ou moins crêpée, quelquefois frisée à l'extrême, c'est-à-dire roulée sur elle-même en spirales serrées. Ces chevelures sont particulières aux peuples et ethnies africains. Selon les laboratoires de L'Oréal, on sait depuis peu que les cheveux africains n'ont pas la même répartition de lipides, ce qui expliquerait que leur consistance soit sèche au toucher.

• **La pousse des cheveux**

Les cheveux africains poussent nettement moins vite que ceux des Caucasiens qui, eux, évoluent un peu moins vite que les cheveux asiatiques. En revanche, la densité capillaire des cheveux caucasiens est plus élevée que celle des cheveux asiatiques et africains.

Le cheveu est vivant, il naît, croît et meurt. On peut difficilement imaginer l'ampleur des phénomènes biologiques à l'œuvre sur une tête. Phénomènes qui participent à l'auto-entretien et à la persistance de la chevelure, processus délicats et complexes que l'on a véritablement commencé à percer et à comprendre au début des années 1950.

Ces derniers siècles, on a souvent dénommé la chevelure « la végétation de la tête ». On doit cette comparaison, mille fois reprise depuis, à Marcello Malpighi, médecin du pape Innocent XII et surtout un des plus grands anatomistes de la fin du XVIIe siècle qui avait délivré cette observation : « Quand on considère un poil ainsi enchâssé dans le petit sac membraneux ou bulbe qui le renferme, on s'imaginerait voir une petite plante qui pousse dans un vase. » Cette métaphore est mal appropriée car, contrairement aux végétaux, les poils ne poussent pas par le haut, mais se développent par le bas, les nouvelles cellules fabriquées sous la peau poussant les anciennes hors du cuir chevelu.

Chacun des follicules pileux des 120 000 cheveux qui constituent une chevelure moyenne, comme nous l'avons déjà signalé, a sa vie propre et autonome. Les follicules sont dits asynchrones, ce qui veut dire que chacun d'eux se manifeste par un cycle d'activité indépendant de trois phases, selon un systématisme qui dure toute une vie. La phase de croissance est dite anagène, la phase de régression, catagène et la phase de repos et de chute, télogène.

• **La phase de croissance**

Durant la phase anagène, le cheveu est fabriqué par le follicule pileux. Il pousse par multiplication cellulaire organisée dans le bulbe pileux. C'est la durée de la phase anagène qui détermine la longueur maximum du poil. Cette phase dure en moyenne trois années, mais peut varier de quelques mois à une dizaine d'années.

Un cheveu en phase anagène croît de 0,3 à 0,5 millimètre par jour, soit une moyenne de 1,5 centimètre par mois. Il pousse plus rapidement chez la femme que chez l'homme et plus rapidement l'été que l'hiver. La pousse est plus rapide entre 15 et 30 ans où elle est maximale, et diminue nettement entre 50 et 60 ans.

• **La phase de régression**

Pendant la phase catagène, dite de « régression » car le follicule pileux ne fabrique plus de cheveux, l'évolution cesse par l'arrêt des divisions cellulaires. Les cellules de la partie profonde du bulbe meurent. Le cheveu cesse de pousser mais reste en place tandis que le follicule pileux commence à se rétracter vers la surface du cuir chevelu.

• **La phase de chute**

La phase télogène est caractérisée par l'absence totale de toute activité cellulaire et l'élimination du cheveu qui se détache du cuir chevelu. Chute souvent accélérée par des facteurs mécaniques tels que le peignage et le lavage des cheveux, leur friction, etc.

Pendant cette période, le bulbe s'est kératinisé et s'est désolidarisé de la papille. Le cheveu mort présente un bulbe plein, sec et atrophié qui peut faire croire à tort que la « racine » morte n'est pas susceptible de remplacement. En fait, après une période de latence qui varie de quelques semaines à quelques mois selon les individus, le follicule pileux redescend

Coiffeur pour dame... Gravure XVIIᵉ siècle. Détail. Coll. part. D.R.

dans sa position initiale et commence alors une nouvelle phase anagène. Une nouvelle pousse se manifeste et le cycle de trois phases se renouvelle.

En règle générale, la perte des cheveux varie selon les saisons, augmentant vers la fin de l'été et au début de l'automne et diminuant à la fin de l'hiver et au début du printemps.

Très schématiquement, on admet que chez l'adulte, 85 à 90 % des cheveux d'un individu sont en phase de croissance d'une durée de deux à six ans et plus, tandis que 10 à 15 % sont en phase de régression et de chute. Bien évidemment, ces proportions de cheveux qui poussent et de cheveux qui tombent varient selon les individus, leur âge et leur sexe, mais aussi en fonction de l'environnement, de la pollution et de l'entretien de la chevelure. Il est dans l'ordre des choses qu'une personne perde quotidiennement entre 50 et 100 cheveux, soit 18 000 à 36 000 cheveux par an, ce qui équivaut à un quart de la totalité d'une chevelure moyenne.

Si l'on comptabilise de façon théorique la pousse moyenne de l'intégralité d'une même chevelure, on arrive à une pousse mensuelle de 1,2 à 1,8 kilomètre, soit une pousse annuelle de 14,5 à 21 km. Ces chiffres plus que tout autre élément illustrent l'incroyable activité cellulaire qui se perpétue sans interruption au niveau du cuir chevelu. Trois facteurs exercent une influence fondamentale sur la croissance des cheveux. Le premier est alimentaire. Les cheveux ont besoin d'acides aminés soufrés, indispensables à la synthèse de la kératine, et de sels minéraux indispensables à la synthèse des pigments mélaniques. Le deuxième facteur est hormonal. Les œstrogènes, hormones féminines, favorisent la croissance, et les androgènes, hormones mâles, règlent la pilosité. Le troisième facteur influent est d'ordre psychologique. Le surmenage, le stress permanent, les émotions trop fortes et trop répétées ont une influence directe sur la croissance pileuse.

STRUCTURE DU CHEVEU

Le cheveu est constitué de deux parties principales : la tige ou fibre capillaire et la racine ou follicule pileux. La première a une structure morte ; la seconde, invisible, incluse à 3 ou 4 millimètres de profondeur dans le cuir chevelu, est vivante. Il n'existe aucune relation entre les follicules pileux, chaque racine est totalement indépendante de ses voisines et constitue une identité unique, avec un centre d'activité autonome. C'est pourquoi chaque cheveu croît à une vitesse différente et tombe indépendamment du voisin.

• La racine

La racine, ou follicule pileux, abrite la partie vivante du cheveu. Constituée de nombreux éléments, elle est le siège d'une intense activité biochimique et métabolique. C'est la continuelle synthèse du follicule pileux qui régit la pousse du cheveu, assurant ainsi le développement et la croissance de la tige.

De la profondeur vers la surface, on trouve différents compartiments :

- *La papille dermique :* Masse ovoïde de cellules conjonctives riches en nerfs et en capillaires qui régissent les dimensions du follicule pileux et celles de la tige pilaire. Elle est susceptible de subir les influences du système nerveux d'où parfois la répercussion sur les cheveux de certains stress.

- *Le bulbe pileux :* C'est une zone de prolifération du follicule pileux, avec en son centre la papille dermique et les mélanocytes autour des gaines épithéliales interne et externe.

Au fond du bulbe, on trouve deux types de cellules : les kératinocytes et les mélanocytes. Dans la partie supérieure du bulbe, ces cellules commencent à se différencier pour former les deux gaines épithéliales, externe et interne, qui enserrent le follicule pileux et la tige pilaire avant sa sortie du cuir chevelu. C'est dans la zone profonde du bulbe que les mélanocytes vont synthétiser le pigment appelé mélanine et le transférer à la tige pilaire qui va pousser pigmentée. La tige pilaire se forme au centre du follicule pileux par la maturation des kératinocytes qui vont très rapidement synthétiser les kératines et se durcir, perdre leur activité biologique et mourir. Annexée au follicule pileux, la glande sébacée se présente seule et le plus souvent en groupe de deux, trois ou plus. Ces cellules volumineuses apparaissent comme des sacs bourrés de matière. La rupture de ces cellules produit une substance grasse, le sébum, qui arrive à la surface de la peau et lubrifie les cheveux.

C'est également dans la racine que se tient le muscle horripilateur qui hérisse le poil.

• La tige

La tige ou fibre capillaire est plus ou moins longue et épaisse selon les régions. Elle est la partie visible du cheveu. Elle se présente sous la forme d'un long cylindre constitué par des cellules kératinisées, analogues à celles des ongles, et plus ou moins ovalisées selon les types humains. Cette fibre capillaire est constituée de trois parties concentriques. À l'extérieur, la « caticule » ; au centre, la « moelle » et entre les deux, le « cortex ».

- *La caticule* : Cette enveloppe extérieure est composée de cellules cornées, les écailles de kératine. Disposées à la manière des tuiles mécaniques d'un toit, elles se recouvrent partiellement les unes les autres, assemblage rendu possible par leur nature de cellules plates et rectangulaires. Elles mesurent 50 à 70 microns de longueur ; 5 à 10 microns de largeur et 0,5 à 1 micron d'épaisseur. Le recouvrement mutuel des « écailles » est orienté de la racine vers la pointe du cheveu. C'est pourquoi tout peignage doit se pratiquer depuis le cuir chevelu vers l'extrémité libre. C'est en brossant les cheveux à contresens que les coiffeurs obtiennent l'effet crêpage, très dommageable pour les cheveux.

C'est bien sûr de l'état de l'ensemble des écailles, c'est-à-dire de la caticule, que dépend l'état extérieur du cheveu. En bon état, il est doux, brillant, facile à peigner. En mauvais état, il est terne, sec et rêche, ses « écailles » sont abîmées, ébréchées ou arrachées. Il arrive qu'elles aient totalement disparu à la pointe des cheveux, laissant apparaître le « cortex » qui, privé de protection, éclate et forme ce que l'on appelle les « cheveux fourchus ».

- *Le cortex* : Sous les « écailles » superposées de la caticule se situe le cortex. Cette seconde partie concentrique et qui entoure la «moelle» représente 90 % du poids total des cheveux. Constituant la majeure partie des cheveux, c'est lui qui leur confère leurs principales propriétés physiques et mécaniques. Son diamètre est de 45 à 90 microns et ses cellules dites conticules, emplies elles aussi de kératine, sont scellées entre elles par un ciment intercellulaire. Ce sont les cellules du cortex qui abritent la mélanine donnant aux cheveux leur couleur.

- *La moelle* : Centre du cheveu, entourée par le cortex, la moelle se tient sous l'aspect d'un canal constitué d'un matériau protéinique enserrant des poches d'air. Souvent intermittente dans la longueur totale du cheveu, voire même totalement absente, elle n'a pas grande importance dans sa survie. Elle est d'ailleurs absente dans les simples duvets pileux.

PROPRIÉTÉS SPÉCIFIQUES DU CHEVEU

• **Propriété électrique**

Des cheveux frottés ou réchauffés notamment par temps sec libèrent des charges d'électricité statique. La capacité des cheveux à s'électriser dépend de leur état de santé, tout autant que du degré d'humidité de l'air.

• **Propriété de plasticité**

Les cheveux conservent pendant un certain temps la transformation qui leur a été imposée. C'est sur cette faculté que jouent par exemple le brushing, la mise en plis, le fer à friser, les rouleaux, etc.

• **Propriété hydrophilique**

Les cheveux sont perméables à la vapeur d'eau. En bon état, un cheveu peut absorber l'équivalent de 30 % de son

Les trois sœurs Haren, par Belle Johnson, 1892. Massillon Museum. D.R.

propre poids par infiltration des molécules d'eau entre les chaînes peptidiques. Cette absorption fait fortement varier son diamètre, jusqu'à 10 à 15 % de plus, et le fait s'allonger très légèrement.

• **Propriété hygrométrique**

Les cheveux sont modifiés dans leur élasticité, c'est-à-dire qu'ils s'allongent ou se raccourcissent en fonction du taux d'humidité de l'air.

• **Propriété horripilatoire**

Chaque cheveu est pourvu à la base de son bulbe de deux filets musculaires qui, en se rétractant sous certaines excitations, le font se hérisser. C'est le cas, par exemple, lors d'une sensation d'horreur ou d'une grande peur.

• **Propriété d'imputrescibilité**

Les cheveux, contrairement aux autres corps organiques, ne rentrent pas en décomposition lorsqu'ils ont cessé de vivre. Le phénomène de putréfaction, de corruption ou de pourrissement leur est inconnu. L'observation des momies prouve que cette imputrescibilité est réelle pendant des siècles.

• **Propriété de solidité**

Les cheveux offrent une remarquable solidité. Les chimistes du laboratoire de recherche de L'Oréal la définissent en disant :

Mystique indien Saddho. Corbis-Sygma. Craig Lovell.

« Il est impossible d'écraser un cheveu même avec un marteau. » Pour ces scientifiques, la solidité du cheveu tient essentiellement à son organisation, une structure composite comparable à celle d'un câble ou d'un filin torsadé.

• **Propriété d'élasticité**

Un cheveu peut s'allonger considérablement par étirement mécanique. Soumis en laboratoire à cette épreuve, de façon lente et régulière, il peut s'allonger avant de céder, selon son diamètre et sa géométrie, de 20 à 45 %. Les cheveux négroïdes ne s'allongent que de 30 à 35 % et les cheveux mongoloïdes jusqu'à 55 à 60 %, ce qui confirme là encore la grande fragilité des cheveux africains et la robustesse des cheveux asiatiques.

Une incroyable résistance

Sa structure physique et ses propriétés chimiques confèrent au cheveu une remarquable résistance. Théoriquement, une chevelure moyenne de 120 000 cheveux peut supporter sans rompre une traction de plus de dix tonnes. À ce niveau de charge, c'est le cuir chevelu qui est arraché sans que la chevelure ait cédé.

Les artistes qui effectuent dans les cirques et les music-halls des numéros de voltige aérienne, suspendus entre ciel et terre par leur seule chevelure, évoluent donc en toute sécurité : le risque de rupture est même inenvisageable. Un seul cheveu sain peut supporter un poids de 100 grammes avant de rompre ; 200 cheveux peuvent soulever 4 à 5 kg ; et 2 000 cheveux, c'est-à-dire ceux correspondant à seulement quelques centimètres carrés du cuir chevelu peuvent supporter facilement une traction de 35 à 40 kg.

Bien sûr, la charge de rupture varie selon les types humains. Le cheveu d'un Africain supporte moins de poids que celui d'un Européen : 40 à 60 grammes au lieu de 100 grammes environ. Mais les cheveux d'un Asiatique, avec 150 grammes de charge possible, supportent moitié plus que ceux d'un Européen.

La résistance d'un cheveu est également liée à l'état de santé. Un cheveu qui supporte un poids de 100 grammes avant de rompre cassera entre 50 et 90 grammes s'il est en état d'anémie et rompra sous une traction de 30 à 50 grammes en état de sensibilisation après un traitement médicamenteux ou une agression de type différent.

Explication

D'où le cheveu tire-t-il pareille résistance ? Il la tient de la kératine, substance fondamentale de sa structure. Cette protéine fibraire et extrêmement complexe constitue l'essentiel de la tige capillaire. Présente dans les écailles extérieures de la gaine de protection, elle l'est également dans le cortex. Elle assure la résistance aux agents agressifs, mécaniques et chimiques.

Les chaînes peptidiques de la kératine, dites alpha ou bêta, sont toujours allongées dans le sens de l'axe du cheveu et selon deux configurations : structure en plissé ou en hélice plus ou moins torsadée.

L'organisation de la fibre capillaire est, comme nous l'avons déjà évoqué, comparable à celle d'un faisceau de câbles enroulés sur eux-mêmes et qui, à la manière d'un filin, lui assurent son incroyable solidité.

La cellule dite **corticale** est une cellule allongée et parce qu'elle se présente comme un faisceau de minuscules cales, est dite macrofibrille.

• La **macrofibrille**, unité structurale, est constituée de très nombreux éléments étroitement enchâssés dans un ciment inter-fibrillaire. Ce sont les microfibrilles qu'on évalue à un million environ par cheveu.

• Chacune de ces **macrofibrilles** est une structure cylindrique regroupant 11 protofibrilles rassemblées dans une structure tubulaire.

• Chacune de ces **protofibrilles** est formée par deux ou trois chaînes peptidiques, c'est-à-dire deux ou trois brins élémentaires étroitement associés entre eux et qui se présentent sous la forme d'une corde torsadée. Chaque cheveu est constitué d'environ 40 millions de ces brins élémentaires.

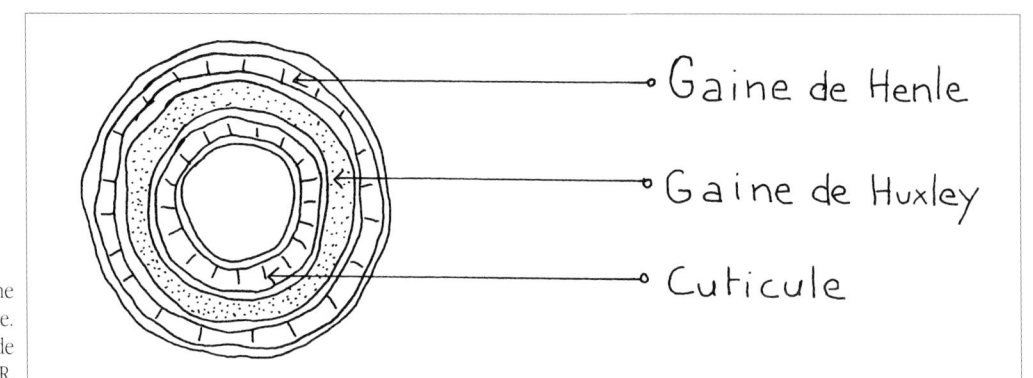

Coupe de la gaine épithéliale interne. Dessin de Charlotte Cohen. D.R.

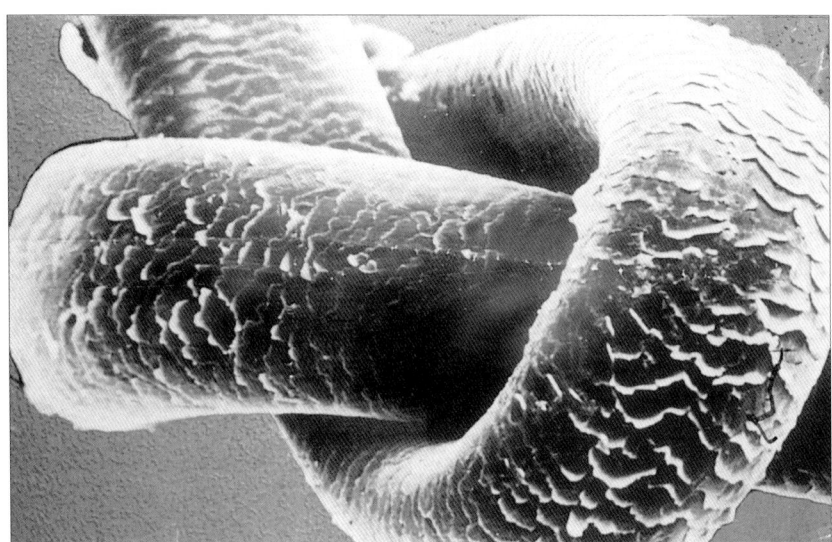

Photographie de poil grossi 400 fois. Document L'Oréal. D.R.

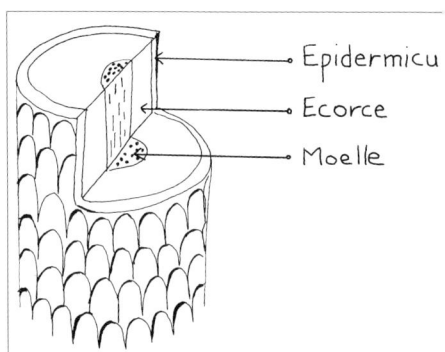

Structure du poil. Dessin de Charlotte Cohen. D.R.

Ultrastructure de la tige pilaire. Dessin Charlotte Cohen. D.R.

Histologie du follicule pilo-sébacé. D.R.

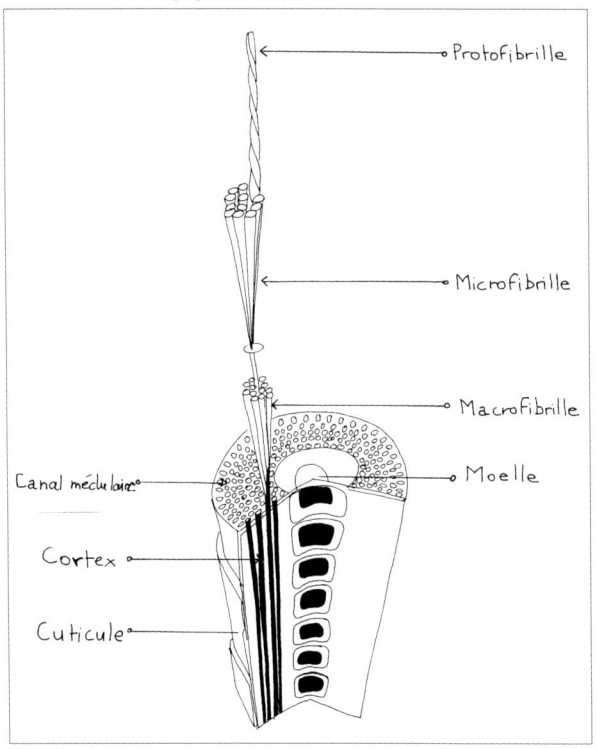

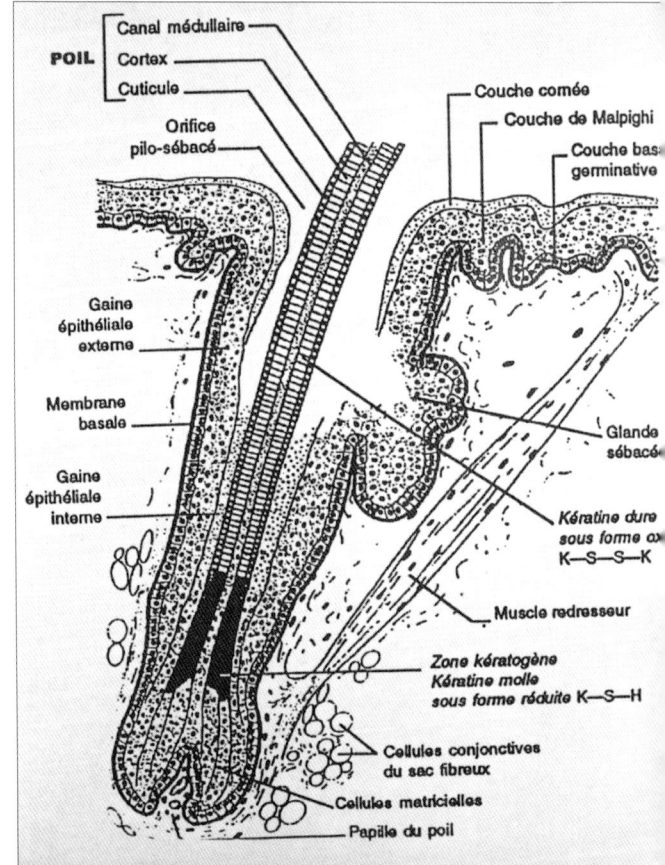

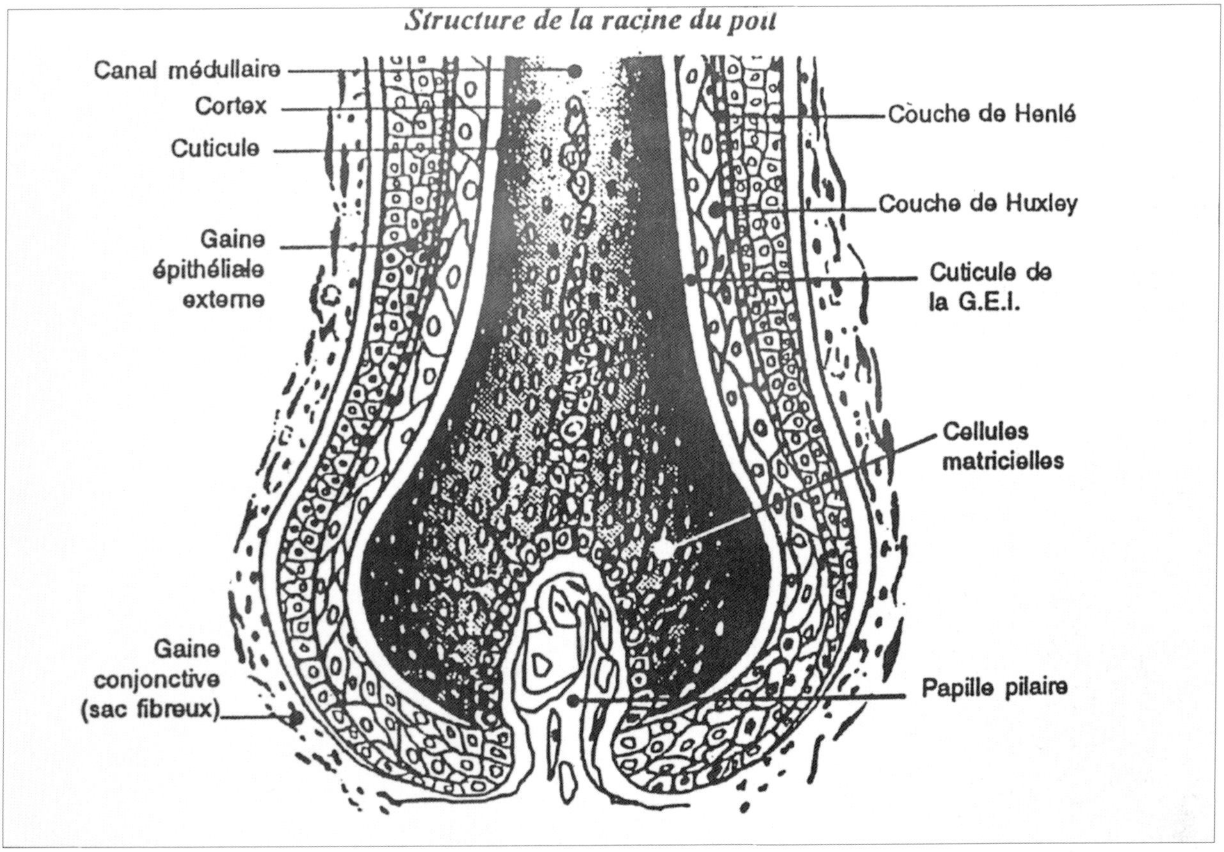

Structure de la racine du poil. D.R.

Photographie de cheveux grossis 400 fois. Document L'Oréal. D.R.

Sainte Marie Madeleine, par Erhart Gregor. Vers 1540. Montage photo. D.R.

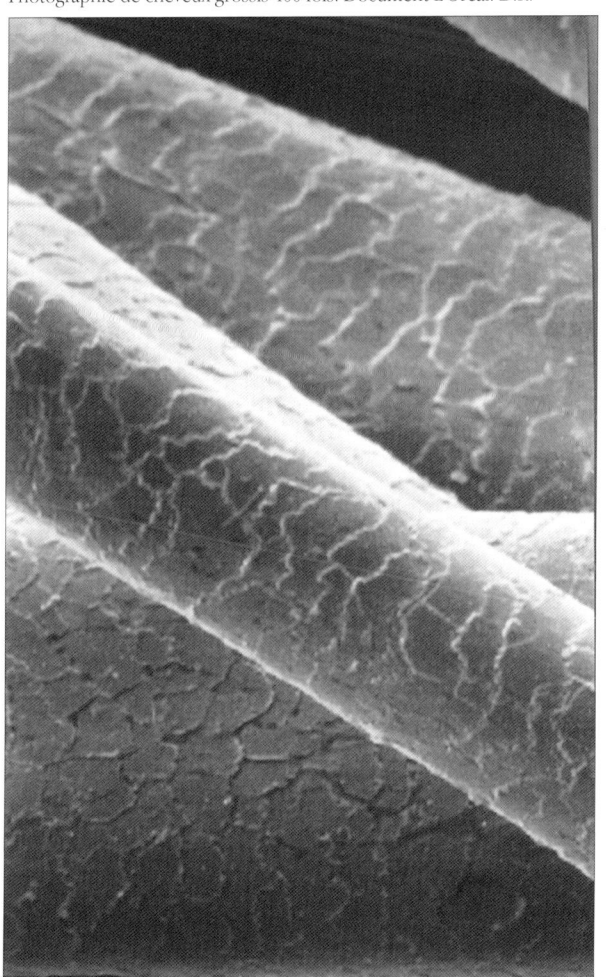

Mademoiselle E. Morsell de Clarenton aux USA, vers 1926. Corbis-Sygma. Underwood.

4
Coups de peigne dans l'histoire de la coiffure
De la coutume sociale à l'esprit de caste

« *Roi Mage* ». Retable d'Ortemberg. Détail. Vers 1420. Landes Museum. D.R.

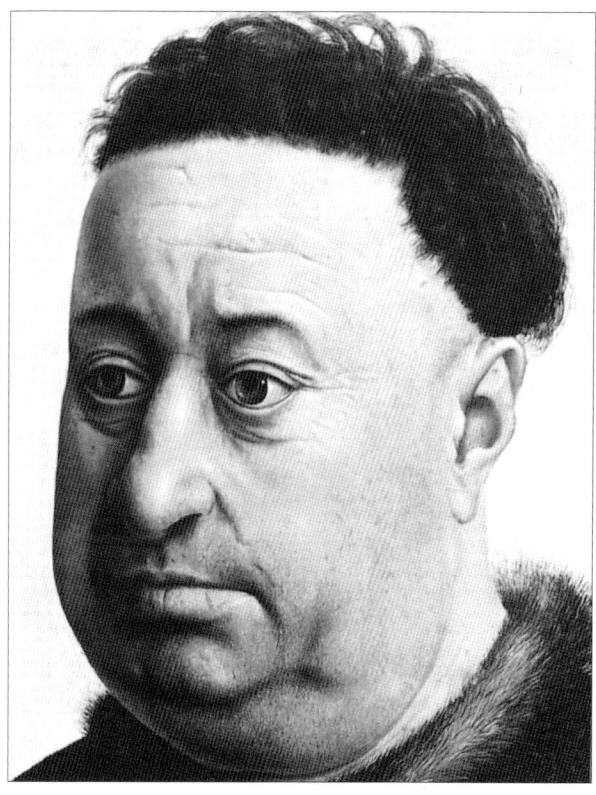

Portrait de Robert de Masmines. Robert Campin. Vers 1425. D.R.

L'humain a toujours été fasciné par sa propre image et l'on sait que, depuis l'époque primitive jusqu'à nos jours, sa chevelure l'a toujours particulièrement préoccupé. Il n'est pas question de développer ici une véritable histoire de la coiffure, sujet qui nécessiterait un ou plusieurs volumes. De surcroît, un tel développement historique a été maintes fois réalisé. Nous proposons seulement la mise en lumière des avatars et triomphes successifs subis par les chevelures féminine et masculine au cours de l'Histoire.

Chevelures qui n'ont cessé d'être coupées, taillées, bouclées, frangées, frisées, teintées à seule fin de répondre à des coutumes sociales, à l'esprit de caste, aux impératifs politiques, au goût du jour, à l'imitation, bref à tout un ensemble de motifs érigés en diktat et que l'on appelle « la mode ».

Terrible mode dont Montaigne disait : « Elle appartient à la société des femmes qui en guident les mœurs et forment les goûts. » Et, ajoutait-il, « c'est l'envie de plaire plus que les autres qui établit les parures et c'est l'envie de plaire plus que soi-même qui établit les modes. Et à force de se rendre l'esprit frivole, les femmes en augmentent sans cesse les branches de ses commerces. »

La coiffure et ses modes ont inspiré bien des formules dont certaines percutantes : « Modifications esthétiques périodiques imposées par un petit groupe de rapaces diurnes », ou encore :

« C'est l'abandon du sens critique et de la personnalité. » Dans le même esprit, cette approche marketing de Jean Cohen Boulakia : « La mode capillaire, c'est un viol permanent et ridicule de la personnalité physique autant qu'un procédé érigé en "système de vente". » Thomas Glynn y voyait « un désir de plaire aux mâles, d'attirer l'attention en essayant d'être mieux que les autres femelles ou, à défaut, d'être originale pour surprendre ». On est loin des mots employés par La Bruyère pour signifier à peu près la même idée : « On considère comme mode qui fait la tête des femmes, la base d'un édifice à plusieurs étages dont l'ordre et la structure changent selon leurs caprices. » Et cette définition cruelle et pertinente dont nous n'avons, hélas, pu retrouver l'auteur : « La mode est un phénomène comparable à la mutation en biologie, c'est-à-dire qu'elle produit régulièrement des monstruosités. »

Depuis le XIXe siècle, une idée imprègne l'imagerie populaire, celle d'hommes et de femmes de la préhistoire plus proches de la bestialité que de l'humain et portant d'immenses chevelures hirsutes. Opinion encore largement partagée aujourd'hui, s'appuyant sur de maigres indices, peintures rupestres, dessins grossiers et quelques amulettes qui semblent en effet accréditer les crinières ébouriffées. Mais d'autres découvertes archéologiques et paléontologiques plus récentes et nombreuses viennent fortement nuancer ces affirmations. La fameuse Dame de Brassempouy, découverte dans les Landes et âgée de plus de vingt mille ans, porte une coiffure qui rappelle certaines coiffures africaines contemporaines. Il en est de même pour plusieurs autres Vénus paléolithiques découvertes en Italie, en Ukraine ou en Autriche. D'autres statuettes datées de 5 000 à 2 000 ans avant J.-C. représentant des déesses mères, des divinités de la fécondité et de l'amour portent elles aussi des coiffures très « contemporaines ». Dans le Hoggar, sur la paroi d'une grotte du Tassili, figure une représentation de femme datant de 4 000 ans avant J.-C. dont le chignon est très semblable à ceux que nous connaissons aujourd'hui dans certaines régions d'Afrique. En Italie, des fouilles récentes ont livré des statuettes féminines préhistoriques coiffées de façon très similaire à celle des femmes grecques de l'époque archaïque. On pourrait multiplier les exemples qui, tous, démontreraient que dès le début de l'histoire humaine, les cheveux ont fait l'objet d'une grande considération.

Il en est ainsi dans toutes les sociétés de la lointaine Antiquité chez qui la chevelure a souvent une signification précise. On sait par exemple que chez les Chaldéens, la coiffure des femmes obéissait à une hiérarchie sociale. Les statues découvertes et rapportées par Sarzec démontrent que certaines classes se rasaient entièrement le crâne alors que les guerriers et les nobles conservaient leur chevelure. Chez les Assyriens, les cheveux et les barbes, très fournis, sont soigneusement bouclés et étagés au fer à friser comme on peut le constater sur les nombreux bas-reliefs et sculptures qui sont remontés jusqu'à nous. Il en est de même chez les Babyloniens. Chez les Mèdes des plateaux iraniens, chevelure et barbe frisées sont tout aussi à l'honneur. Les Thraces, les Daces, les Gètes enfin soumis par Trajan, continuent de porter des cheveux mi-longs rassemblés sous un bonnet. Les Parthes, réduits par Auguste après une indépendance de cinq siècles, portent des cheveux courts et le visage rasé. Quelques indices archéologiques laissent penser que Phéniciens et Carthaginois portaient des chevelures ondulées, flottant sur les épaules ou torsadées. Chez les Égyptiens de l'époque pharaonique, on se rase la tête et si les esclaves, les gens du peuple et les petits vont nu-tête, dans les classes aristocratiques hommes et femmes se couvrent le crâne avec une perruque.

L'art de la coiffure chez l'Hébreu est caractérisé par les interdits religieux. Porter des cheveux longs est impératif et dans tous les cas la « loi divine » défend de les couper autour des tempes. Ceci étant, cheveux et barbes font l'objet de soins réguliers, et les hommes comme les femmes ont des coiffures élaborées et luxuriantes. La fréquentation d'un barbier ou d'un coiffeur est la marque certaine de son rang social. Sous la domination romaine, la haute société hébraïque utilise sans retenue postiches, teintures, parfums et onguents divers, et beaucoup d'hommes se font teindre les cheveux et la barbe, à l'exemple d'Hérode le Grand. Quant aux jeunes femmes, par tradition, elles mêlent aux tresses de leurs cheveux des colliers de perles, de corail, et des petites plaques d'or ou d'argent.

Les fouilles archéologiques ont mis à jour des dizaines de milliers de statues, de vases, de monnaies frappées, de bas-reliefs et autres œuvres d'art qui apportent les témoignages les plus précis sur l'art de la coiffure dans la Grèce antique et qui démontrent que les femmes comme les hommes accordent un intérêt soutenu à leur chevelure. Boucles, touffes, tresses, chignons, mèches flottantes, agrémentés de rubans, de fleurs, d'épingles et de bijoux précieux... les Grecs savaient arranger leurs cheveux avec art et fantaisie. Une femme repérée sur une fresque datant du IVe siècle avant J.-C. montre une coiffure si élégante et si recherchée que les archéologues, à l'époque de sa

---

À un cheveu près !

- **Proserpine :** *Les Anciens pensaient qu'aucun homme ne mourrait avant que Proserpine, la reine des Enfers, ne lui ait arraché un cheveu.*
- **Iris :** *On sait que l'un des emplois importants d'Iris était d'aller couper le cheveu fatal des femmes vouées à la mort. C'est à elle que Junon demanda d'enlever à Didon le* flavum crinen.
- **Alceste :** *Fille aînée de Pélias et femme d'Admète, roi de Phérès, Alceste meurt lorsque Mercure lui coupe le cheveu de la Vie.*
- **Laure :** *Elle mourut de la peste en 1348. Pétrarque, fou d'amour pour cette femme, écrivit sur un manuscrit de Virgile une brève oraison funèbre dans laquelle il dit qu'elle disparut parce que la mort lui avait arraché les cheveux d'or qui la rattachaient à la vie.*
- **Atropos :** *Nommée Décima chez les Romains, Atropos est l'aînée des trois sœurs qui filent, dévident et tranchent le fil de l'existence et que les mythologies grecque et romaine connaissent sous le nom des « Trois Parques ». On dit souvent qu'Atropos, déesse infernale, « tranche le cheveu de l'existence ».*

découverte, la surnommèrent « la Parisienne », nom qui la désigne aujourd'hui encore.

À l'époque homérique, qui s'étend du XIIe au VIIIe siècle avant J.-C., les Grecs prodiguent à leur chevelure des soins constants, et l'épithète « à la belle chevelure » est très souvent reprise par Homère à propos de ses héros et héroïnes. Dans *L'Iliade*, par exemple, Hector adresse des reproches à Pâris qui montre un intérêt excessif envers « sa belle chevelure ». À l'époque archaïque, entre le VIIIe et le VIe siècle avant J.-C., hommes et femmes continuent de porter des cheveux longs. Ils sont souvent arrangés sur le front en mèches bouclées et symétriquement disposées, tandis qu'ils sont torsadés sur la nuque. À Athènes, beaucoup d'hommes se singularisent par une coiffure dite *kröbulos* qui consiste en une touffe de cheveux relevée sur le devant de la tête et soutenue par un bandeau. En Grèce classique, à partir du Ve siècle avant J.-C., les chevelures deviennent plutôt courtes et bouclées. Les marbres antiques montrent des coiffures très raffinées portées par les deux sexes. Il est vrai qu'on observe des différences marquantes entre les cités qui privilégient chacune leurs propres variétés d'arrangement de boucles, d'ondulations, de tresses, correspondant à leur idéal esthétique. Les femmes de Sparte, par exemple, ont des goûts capillaires très sobres à l'opposé des Athéniennes qui affichent un goût exagéré pour des coiffures très sophistiquées nécessitant l'emploi de teintures et de postiches. Autre exemple de cette diversité, les hommes et les femmes de Syracuse. Ils portent un temps les cheveux lisses maintenus par un simple bandeau enserrant la tête à hauteur du front, puis ils en viennent à faire bouffer les cheveux en forme de coque derrière la tête et, plus tard encore, à les rassembler en un chignon natté.

Les conseils d'un expert

Publius Ovidius Naso, poète latin du temps d'Auguste, plus connu sous le nom d'Ovide, auteur de l'Art d'aimer, *qui serait plutôt « l'art de séduire », rapporte spirituellement l'art du libertinage :*

« Les mains de la coiffeuse augmentent la beauté ou la retirent. Il est plusieurs manières d'arranger les cheveux ; une femme doit choisir celle qui lui sied le mieux et avant tout consulter son miroir. Un visage allongé demande des cheveux séparés sur le front et sans aucun ornement : telle était la coiffure de Laodamie. Les relever en un petit chignon au-dessus du front, de manière à dégager les oreilles, voilà ce que veut une figure ronde. Telle jeune femme laissera flotter ses cheveux sur ses épaules, semblable à toi, Phœbus harmonieux lorsque ta main saisit ta lyre. Une autre les noue par-derrière comme le fait habituellement Diane, lorsque, la tunique courte et relevée, elle poursuit le gibier effrayé. Des cheveux bouffants et libres conviennent à l'une, l'autre les resserrera en dents et en boucles. Il faut à celle-là l'ornement d'un peigne de Cyllène : celle-ci veut des ondulations semblables aux flots de la mer. »

Après les guerres médiques qui les opposent aux Perses, les Grecs semblent opter pour une certaine épuration capillaire. Les hommes se mettent à porter des coiffures courtes et les femmes à relever leurs cheveux au-dessus du front, tout en laissant pendre de longues mèches sur leur nuque. Les coiffures des femmes grecques dans ce que l'on appelle la période de décadence, à partir du IVe siècle avant J.-C., semblent revenir à un haut degré de sophistication. On peut s'en convaincre au regard des multitudes de statuettes, plusieurs milliers, découvertes à Tanagra, ancienne ville de l'arrondissement de Thèbes.

À la même période, les Romains sont chevelus et barbus. Toutefois, durant les deux siècles qui précèdent l'ère chrétienne, les Romains des classes supérieures de la société vont porter les cheveux courts. En ce temps-là, on va distinguer deux Gaules : la « Gallia Togata », c'est-à-dire la « Gaule en toge », principalement la Narbonnaise romanisée depuis 118 avant J.-C., et la « Gallia Comata », c'est-à-dire la « Gaule chevelue » composée de provinces septentrionales, la Celtique, la Belgique, dont César viendra difficilement à bout en 51 avant J.-C. Au Ier siècle avant J.-C., à l'époque de Cicéron, les Romains portent toujours les cheveux courts et le visage glabre. Les femmes, elles, affichent une coiffure simple, presque austère ; les cheveux sont relevés sur le sommet de la tête et y forment un chignon rond. Dès le début de l'Empire fondé par Auguste en 29 avant J.-C., les femmes abandonnent assez rapidement ce type de coiffure et, sous l'influence de la Grèce et de l'Orient, se laissent séduire par des arrangements beaucoup plus élaborés. Les modèles sont si nombreux et varient si vite que le poète Ovide affirme ne plus pouvoir les décrire, ni même les énumérer. Beaucoup d'érudits pensent que ce fut Messaline, l'épouse de l'empereur Claude, qui lança à Rome, au début du Ier siècle, la mode des coiffures très frisées et très élaborées. Toujours est-il qu'à partir de cette époque, boucles, frisures, pommades, teintures, perruques sont utilisées sans retenue pour composer de savantes coiffures.

Quant à la mode masculine, c'est seulement au cours du IIe siècle qu'elle évolue réellement avec la réintroduction progressive du port des cheveux longs et de la barbe. Cette tendance s'est déjà timidement manifestée à la fin du Ier siècle avec l'empereur Trajan qui possède une chevelure belle et épaisse qu'il a mi-longue. Il y porte un tel intérêt que le peuple l'a surnommé « Crinitus », c'est-à-dire « le chevelu », et beaucoup se mettent à suivre son exemple. Sous le règne d'Hadrien, qui lui succède, les cheveux deviennent plus longs encore et commence l'habitude de les confier aux soins d'un « coiffeur ». Durant le Bas-Empire, on en revient à des chevelures et à des barbes taillées assez courtes, notamment dans la Gaule romaine où les femmes optent pour des coiffures beaucoup plus simples qu'à Rome. Généralement, une natte entoure la tête, ou bien les cheveux sont rassemblés en chignon ou en rouleaux sur la nuque.

Dans la Rome décadente, les modes barbares des envahisseurs ne sont pas sans influence. Surtout au IVe siècle de notre ère où les populations « chevelues et barbues » qui se sont soumises ou alliées à Rome reçoivent le droit d'émigrer et de s'installer à l'intérieur des frontières de l'Empire. On voit même, affirment les chroniques latines, « de jeunes Romains élégants

Dame égyptienne portant une longue perruque d'apparat. D.R.

Barbe et chevelure frisées d'un noble mésopotamien. Musée de Bagdad. D.R.

tenter d'imposer à tous la longue chevelure lâchée sur les épaules et le port des vêtements de fourrure ». Il est vrai que dans le monde dit barbare de l'époque la majorité des peuples portent les cheveux longs qui flottent librement sur les épaules ou pendent en longues nattes tressées. Sans les citer tous, on peut évoquer la quasi-totalité des peuples germains qui soignent particulièrement leur chevelure, souvent teinte en roux ou en rouge, et qui la laissent généralement totalement libre et pendante. Chez les Alamans, de beaux et longs cheveux sont signe de richesse et de puissance et une de leurs lois prévoit de fortes peines pour celui qui couperait les cheveux d'un homme libre. Les Ostrogoths portent de longs cheveux tressés à l'arrière de la tête et de chaque côté du visage et affichent sur le front une mèche crêpée, relevée en forme de toupet. Les Angles, les Saxons, qui envahirent l'« île de Bretagne », laissèrent pousser leurs cheveux sans retenue jusqu'à afficher orgueilleusement une chevelure abondante.

Tentatives ratées

Il fut tenté à quelques reprises au cours de l'Histoire d'imposer la mode des crânes rasés, mais sans résultat.

L'une de ces tentatives fut le fait de Philippe III le Bon, au XVe siècle. Père de Charles le Téméraire, ce roi est un personnage considérable à son époque. Il se fait d'ailleurs appeler « Grand duc d'Occident », en considération de ses initiatives qui, il est vrai, sont nombreuses et de valeur, comme la fondation de l'université de Dôle, par exemple. Son décret de 1462 fut toutefois très fortement contesté. Ayant perdu une partie de sa chevelure à la suite d'une maladie, il imposa à la Cour et aux bourgeois de ses États la mode des cheveux rasés. « Ce devint un crime dans ses États que de paraître autrement qu'avec la tête tondue », rapportent les chroniques bourguignonnes.

Une autre tentative de lancer la mode des crânes rasés est narrée par le jurisconsulte Étienne Pasquier qui rapporte de façon anecdotique comment le jour des Rois, François Ier, qui se battait à coups de boules de neige avec plusieurs « grands du royaume » reçut un reste de bûche, jeté par mégarde et qui le blessa à la tête.

Il écrit : « Il ne porta plus longs cheveux après qu'il fut blessé fortuitement à la tête par le capitaine de Lorges, sieur de Montgomery [...] Sur son exemple, les princes premièrement, puis les gentilshommes, et finalement tous ses sujets, se voulurent former [...] Je dis presque tous parce que après avoir porté les cheveux extraordinairement courts, plusieurs particuliers se rasèrent même entièrement la tête [...]. » Ce qui fit écrire, de façon inexacte, à plusieurs chroniqueurs de Cour : « Et ce fut la cause de la suppression presque totale des cheveux en France. »

Au milieu du Vᵉ siècle, les Huns conduits par Attila, le « fléau de Dieu », montrent eux aussi moustaches et longues crinières en désordre. Les Francs, quant à eux, rasent leur nuque, mais laissent pousser leurs cheveux et les relèvent au sommet du crâne en bouquet, façon que l'on retrouve chez plusieurs peuples d'Asie. Leurs rois, en revanche, les laissent tomber librement sur les épaules par privilège emblématique de leur pouvoir et de leur autorité royale. Le premier de ces « rois chevelus », comme les nomment des historiens tels que Michelet ou Thierry, fut Clodion, petit chef franc qui s'empara d'une partie du nord-ouest de la Gaule, nous dit Grégoire de Tours, avant d'être battu par les Hellènes au milieu du Vᵉ siècle. Le qualificatif de « roi chevelu » sera porté par tous les rois mérovingiens, jusqu'au dernier d'entre eux au VIIIᵉ siècle. « Une chevelure épaisse à l'époque mérovingienne est non seulement un signe de virilité et de royauté, mais il s'attache à elle une dimension mystique, ou plutôt une forme de superstition issue des plus anciennes traditions "barbares" », écrit Paul Gerbod dans son *Histoire de la coiffure*. Si l'on en croit de nombreux écrivains latins, les Francs considèrent un homme rasé et tondu comme un mutilé, un homme humilié et réduit à une condition inférieure. Une chevelure abondante distingue les hommes libres des esclaves et des populations « romanisées ». Un prince qui aurait été tondu dans sa jeunesse ne peut plus jamais prétendre à la royauté ni même à une simple chefferie. Successeurs des souverains mérovingiens, les « rois fainéants » conservent la longue chevelure, symbole de noblesse et de pouvoir politique, dont ils sont de fait dépossédés.

Au début du VIᵉ siècle, dans l'Empire d'Orient, sous le règne de Justinien, hommes et femmes accordent des soins attentifs à leur système pileux et utilisent parfums et onguents. Beaucoup de jeunes nobles laissent pousser leurs cheveux le plus long possible et les font boucler ou tresser. Les femmes arborent elles aussi des chevelures abondantes, souvent partagées par une raie médiane et retenues sur la nuque par des peignes ou des bandeaux, quelquefois rassemblées en chignon. L'influence de cet Orient byzantin s'exercera un temps sur l'Italie et même sur la cour carolingienne de Charlemagne à Aix-la-Chapelle. Il existe fort peu de représentations de cet empereur d'Occident qui lui soient contemporaines, mais assez pour constater que la longue barbe qu'on lui prête ordinairement est une pure fantaisie. Charlemagne aurait porté les cheveux assez courts, comme on peut le constater sur divers sceaux, monnaies ou statuettes. En revanche, il y arbore de très belles et fortes moustaches.

Il est difficile de retracer l'histoire de la coiffure au Moyen Âge, mais l'on sait par les chroniques qu'il est d'usage dans la société médiévale, quel que soit son sexe, de ne pas paraître nu-tête en public, à l'extérieur comme à l'intérieur. Seules les jeunes filles, semble-t-il, sont autorisées jusqu'au mariage à porter des chevelures flottantes. Tradition qui, pense-t-on, se veut signe de virginité et qui est confirmée par le fait que les reines de France étaient conduites à l'autel cheveux épars jusqu'au milieu du XVIᵉ siècle.

Pendant toute la période médiévale, les cours royales et princières d'Europe donnent le ton aux modes qui restent généralement conformes à la tradition chrétienne. C'est-à-dire des coiffures sans cheveux trop apparents pour les femmes avec souvent un front rendu plus large par l'épilation. Il arrive qu'une mèche ménagée en boucle se distingue au sommet de la tête, mais la plupart du temps elle est remplacée par un arceau de velours noir. Cette tendance générale subit évidemment telle ou telle spécificité selon l'époque et les lieux. Au XIᵉ siècle, par exemple, les femmes se coiffent en bandeau avec de longues mèches ondulées tombant sur les seins, l'ensemble étant généralement en partie caché par un voile. Les hommes ont les cheveux courts et des visages majoritairement glabres, même si nombreux sont ceux qui portent la moustache. Vers le milieu du siècle, les chevelures masculines s'allongent et les barbes et les boucles semblent revenir en force. Le pape Grégoire VII, au Concile de Rouen de 1096, interdit aux laïcs les cheveux longs sous peine de se voir interdire l'entrée des églises. Vaine menace, les cheveux longs résistent. Une chose est certaine, Hugues Capet proclamé roi en 927 et qui ouvrit la troisième lignée des rois de France est barbu et a des cheveux longs comme tous les premiers rois capétiens. Plusieurs d'entre eux conservèrent encore ces ornements au cours des XIIᵉ et XIIIᵉ siècles.

Isabeau de Bavière invente le hennin

À la fin du XIIᵉ siècle, et au début du suivant, les cheveux sont roulés sur le front et laissés longs sur les tempes et la nuque. Mais assez rapidement, le rouleau frontal est abandonné au profit de mèches plates. Il faudra attendre la fin du XIIIᵉ siècle pour que la coiffure masculine raccourcisse sensiblement. Quant aux femmes en ce XIIIᵉ siècle, elles semblent tout d'abord priser les longues nattes, mais elles les délaissent assez vite au profit des chignons qui tirent tous les cheveux vers l'arrière de la tête. Au siècle suivant, les nattes féminines font leur réapparition. Elles sont coiffées en truffeaux, c'est-à-dire relevées à la verticale, ou coiffées en templettes, c'est-à-dire roulées sur les tempes. Puis on les verra ramenées sur le front, tandis qu'à l'arrière du crâne la masse des cheveux est enserrée dans une ganse de velours. Les hommes portent des cheveux relativement courts qui cachent les oreilles et tombent en frange sur le front.

Dès le début du XVᵉ siècle, la coiffure masculine raccourcit plus encore. On se rase les tempes et la nuque, et se généralise une coiffure au bol, taillée à deux ou trois centimètres au-dessus des oreilles, parfaitement circulaire que l'on nomme « à l'écuelle » et qui ne sera abandonnée que vers 1480 pour un retour à une coiffure mi-longue avec frange. En dépit des foudres de l'Église, la fin du XIVᵉ siècle et la première moitié du XVᵉ ont atteint en Europe des sommets d'extravagance. Notamment en France sous les règnes de Charles VI et Charles VII. Aux nattes, jusqu'alors élément primordial de la coiffure féminine, va par exemple succéder la vogue d'une haute coiffure dite « à l'hennin ». Il s'agit d'une cornette de tissu armaturée et agrémentée d'ornements divers. On en attribue l'invention à Isabeau de Bavière, épouse de Charles VI qui, aux dires de certaines chroniques, aurait perdu presque tous ses cheveux. Il est vrai que cet énorme édifice cachait entièrement le crâne et la chevelure et mettait le front en exergue. Les cheveux qui s'y montraient ainsi que sur les tempes ou les oreilles étaient impitoyablement rasés ou épilés. Les formes des hennins furent extrêmement variées durant le demi-siècle que dura sa vogue.

Femme coiffée avec cornette par R. Van der Weyden. Vers 1435. Musée de Berlin. D.R.

Isabeau de Bavière coiffée du hennin. XIVe siècle. Coll. part. D.R.

Adolescent perruqué. Détail. Huile sur toile de J.-B. Chardin. 1741 Fondation P.G. Martigny. D.R.

Il semble même que cette folie fut encore plus appréciée en Angleterre et dans le Saint-Empire germanique qu'en France. À la cour de Bourgogne, vers le milieu du XVe siècle, on porte des hennins à deux cornes qui, contrairement à ceux à une corne du reste de l'Europe, laissent apercevoir de part et d'autre des tempes les cheveux nattés et roulés. Certaines grandes dames tenteront, sans véritable succès, d'imposer le hennin à deux cornes à la cour de France. Précisons que la coiffure à hennin, qui disparaît avec Charles VII, est réservée à la noblesse. Les femmes de la bourgeoisie portent des coiffes dites « chaperons » ou « aumuses » tandis que celles du peuple portent les cheveux longs noués ou tressés, cachés selon les saisons par une petite coiffe de linge ou un capuchon, d'après les préceptes de l'Église.

Après la mort de Charles VII, en 1461, la cour de Louis XI ne semble pas encline au développement de la coquetterie. Les cheveux des hommes et des femmes sont taillés mi-longs et placés sous des coiffes dont ils dépassent. Cette amorce de liberté capillaire ne dure guère et pendant le dernier quart du XVe siècle et le début du XVIe, sous les règnes de Charles VIII et de Louis XII, la chevelure féminine se cache à nouveau, comme nous le dit le chroniqueur et poète Olivier de La Marche (1426-1502) : « Les beaux cheveux, peignés hautement d'un blanc ruban les conviendra lier et les coucher sur le chef, tellement que les cheveux n'apparent nullement. » Quant aux hommes, ils portent les cheveux plus longs, coupés au carré, avec une frange, dans une sorte de retour au classicisme médiéval.

Entre 1483 et 1515, c'est-à-dire sous les règnes successifs de Charles VIII et Louis XII, les hommes portent les cheveux longs taillés à la hauteur du cou. L'influence de l'Antiquité gréco-latine, qui caractérise la Renaissance, se manifeste en matière de mode et de coiffure tout autant qu'en celle des arts et des lettres. L'influence des modèles antiques va provoquer chez les hommes un raccourcissement spectaculaire des coiffures. Dès l'arrivée au pouvoir de François Ier, ceux-ci se mettent à porter les cheveux taillés à la gréco-romaine, coupés court, voire très court, jusqu'à laisser apparaître la forme du crâne. Concomitamment, le port de la barbe et des moustaches se répand rapidement. « Ce fut en l'an 1521, écrit Pasquier dans son septième livre de ses *Recherches* que les têtes chevelues cessèrent d'être estimées en France. » Et, poursuit-il, dans son jeune âge, n'étaient tondus que les moines et les nouveau-nés. Les femmes françaises au début du XVIe siècle portent encore le scoffion ou escoffion qui dégage les tempes et le front mais ne laisse apparaître que des bordures de cheveux plus ou moins ondulés alors que depuis plus d'un siècle, les Italiennes portent de façon courante leur chevelure blonde éparse sur les épaules ou relevée en tresses sur la tête. Les femmes françaises imitent enfin les Italiennes, voire même les Espagnoles. Les chaperons, les toques et autres coiffures en tissu diminuent d'ampleur. On prend l'habitude de montrer de plus en plus ses cheveux tandis que les coiffures deviennent plus sobres, plus naturelles. On raccourcit les mèches autour du visage pour en faciliter l'organisation, mais on laisse les cheveux dans toute leur longueur sur la nuque pour le chignon.

À partir de 1535, les coiffures en cheveux dominent largement. On montre sa chevelure, comme en témoignent les innombrables portraits de femmes de l'époque. Catherine de Médicis, la femme d'Henri II, lance la mode de l'artifet, sorte de petit bonnet posé en avant sur le front. Parallèlement, la mode des résilles se développe car elle permet de garder la chevelure dans la forme que lui donne l'escoffion tout en montrant ses cheveux. Sous Henri II, les coiffures des dames remontent et les cheveux sont disposés en rouleaux frisés appelés bibons en référence au petit chien à poils longs et ondulants obtenu par le croisement du barbet et de l'épagneul. Les hommes, eux, portent les cheveux sensiblement plus longs que sous François Ier.

La seconde moitié du XVIe siècle est, sur le plan de la coiffure, une période importante. Les Français commencent à se décolorer les cheveux à l'exemple des Vénitiens. Apparaît également l'usage de la poudre qui permet de changer de couleur de cheveux en les « cendrant ». Et pour que « tienne » cette poudre, on imagine de la fixer en « poissant ses cheveux par un empois ou un mucilage ». Le port des perruques et postiches pour femmes devient très à la mode. Marguerite de France, fille de Catherine de Médicis et sœur de trois rois, immortalisée par Alexandre Dumas sous le nom de la Reine Margot, entretient sa

Portrait par P. di Cosimo. « Simoneta Vespucci ». Vers 1518. Musée Condé. Chantilly. D.R.

Portrait par S. Botticelli, détail. Vers 1485. Musée de Berlin. D.R.

réputation de « beauté sublime » ou « surnaturelle » en se coiffant de mille manières différentes et en changeant sans cesse de couleur de cheveux. Elle possède plus de 80 perruques et fait régulièrement tondre ses petits pages pour la fabrication de ses perruques blondes. Brantôme, évoquant cette seconde moitié du XVIe siècle, écrit : « La cour de Catherine de Médicis reste un vrai paradis terrestre et une vraie école de beauté, l'ornement de la France. »

À partir de 1560, à l'avènement de Charles IX, les coiffures féminines se mettent à évoluer. On continue à coiffer les cheveux en arrière, mais on les gonfle ou on les frise sur les tempes. Une autre mode veut, au contraire, qu'ils soient crêpés sur le sommet du crâne et tirés sur les côtés. Ces différentes compositions se nomment coiffure en « raquette », en « cœur », en « pomme » etc. Pour maintenir certaines d'entre elles, on doit utiliser des arcelets, sorte de petite carcasse métallique sur laquelle on dispose les bandeaux de cheveux. On lit dans *Histoire des modes* que les cheveux n'osèrent néanmoins descendre plus bas que le milieu du cou. Le même auteur affirme que ce sont Henri III et ses mignons qui ramenèrent le goût des Français pour les cheveux frisés. En fait, la chevelure des mignons est effectivement crêpée, courte et même considérée comme virile pendant un temps. Mais la mode des cheveux plus longs gagna la Cour et si l'on continue de relever ses cheveux, c'est par coquetterie, pour laisser voir les oreilles découvertes auxquelles sont suspendus perles et diamants. Beaucoup s'indignent de cette mode efféminée, comme le fait par exemple Montaigne dans ses *Essais*. Ou encore les autorités ecclésiastiques qui, à l'issue du Concile provincial de Tours, en 1583, dénoncent « ces coiffures d'homme qui sentent la femme débauchée ».

À la fin du XVIe siècle, la mode féminine « offre des têtes délicieuses et d'exquises coiffures » affirme un chroniqueur du temps. L'accession au trône d'Henri IV, en 1589, sonne l'abandon pour les hommes des grandes fraises empesées et l'adoption d'un certain retour au naturel avec un style plus viril, signalé par des barbes et des moustaches conquérantes. Un retour à une certaine simplicité qui n'exclut cependant pas chez les femmes mille expressions de la coquetterie et du raffinement. Face à un roi qui va laisser dans l'Histoire une réputation de laisser-aller et même de saleté repoussante, les femmes de la Cour n'en ont que plus de mérite. Elles sont lasses des cheveux tirés en hauteur que l'on porte depuis un demi-siècle. La reine Marie de Médicis est une des premières à abandonner ce type de coiffure à arcelet pour montrer ses cheveux frisés encadrer naturellement son visage. Elle est imitée par beaucoup de dames de la Cour et de nombreuses femmes de la bourgeoisie. Mais de nombreuses autres, il est vrai, gardent le port des arcelets à l'instar de Gabrielle d'Estrées, la favorite royale. La raison en est que ces grandes coiffures en hauteur permettent qu'on les orne de nombreux bijoux. Mais l'excès devient tel que Sully tente de freiner cette débauche de luxe. Il demande au roi de « faire défendre de porter perles ou diamants excepté aux filles de joie et aux filous ». Horrifiées d'être assimilées à des prostituées, les femmes de la Cour harcèlent le bon roi de suppliques. Finalement, de guerre lasse et à la grande désapprobation de Sully, il les abandonne effectivement à leur goût immodéré pour les vaniteuses parures capillaires.

Après les débordements de la cour d'Henri IV, celle de Louis XIII, à ses débuts, offre une relative simplicité qui n'exclut cependant pas un style de vie raffiné. Lorsqu'en 1615, le jeune Louis XIII épouse Anne d'Autriche, les beaux cheveux clairs de la jeune mariée font l'admiration de tous. En 1620, les femmes portent des cheveux coiffés en pyramide. Ils sont crêpés, frisés et dressés sur un moule, retenus par de grosses épingles éventuellement ornées de pierres précieuses, mode lancée auparavant par Marie de Médicis. Très vite, la jeune reine abandonne l'usage de la poudre et des teintures, exemple immédiatement suivi par une majorité de courtisans. Elle sera également suivie, lorsqu'en 1640, elle inaugure une coiffure mi-longue, mi-frisée que l'Histoire va retenir sous le nom de « coiffure à la bouffonne » en raison des « désobligeances et des gros rires » qu'elle engendre dans un premier temps. Les cheveux sont séparés en trois parties. La première forme sur le sommet de la tête un chignon rond tandis que sur le front, des cheveux courts et plats forment une frange. De chaque côté du visage, la chevelure tombe en mèches tire-bouchon, épaisses et frisées. Cette coiffure, qui entoure joliment le visage, va connaître durant de longues années à la Cour comme à la ville un énorme succès et se décliner en nombreuses variantes, avec quantité de modifications de détails.

En 1643, alors qu'Anne d'Autriche assure la régence de son fils Louis XIV, la coiffure à la bouffonne est encore une coupe à la mode et va le demeurer une vingtaine d'années encore. C'est d'elle que va naître, en 1660, la célèbre « coiffure hurluberlu » dont la mode va durer plus de dix ans et dont Madame de Sévigné, dans une lettre à sa fille datée de 1671, écrit : « Elle a une certaine médiocrité qui m'a charmée. » Et elle la lui recommande : « Cette coiffure est faite justement pour votre visage. Vous serez comme un ange [...]. » Quant aux hommes, après avoir porté pendant ces dernières décennies des cheveux courts, ils se mettent à préférer les coiffures mi-longues et bouclées. En ce début du XVIIe siècle, vers 1610, ils adoptent la « coiffure à la comète » en prenant pour modèle le jeune roi qui a de très beaux cheveux mi-longs, frisés naturellement et qu'il porte sur les côtés, séparés par une raie médiane ; ils pendent sur la nuque en une queue flottante. Une queue que les courtisans trouvent de bon ton de ramener par-devant, sur une des deux épaules, lorsque la longueur de leurs cheveux le leur permet.

On se pose souvent la question de savoir comment et pourquoi se répandit l'usage invétéré des perruques à partir du règne de Louis XIII. La même réponse nous est donnée par deux auteurs de référence, l'abbé Jean-Baptiste Thiers dans son *Histoire des perruques*, publié en 1690, et Frédéric Nicolai dans ses *Recherches historiques sur l'usage des cheveux postiches* publié en 1809. Pour ces deux érudits, Louis XIII, à partir de 1620, commence à perdre des cheveux et, en 1629, « il ne fait point de difficulté pour couvrir sa tête de cheveux postiches [...] Et cet exemple du monarque fut peu à peu suivi par les personnes de tous ses États [...]. »

Sitôt libérée de la régence d'Anne d'Autriche, la cour de France va se montrer très vite soucieuse des problèmes de protocole de parures et de mode. Domaines dans lesquels les diverses favorites qui vont se succéder auprès du roi vont exercer de véritables diktats. Deux coiffures vont surtout marquer le règne du Roi-Soleil. La coiffure à la hurluberlu vers 1671, déjà évoquée, et la coiffure à la Fontanges vers 1680. La première, créée par la coiffeuse de Cour « la Martin », est lancée par la duchesse de Nevers. Il s'agit d'une interprétation de la « coiffure à la bouffonne » avec de nouvelles dispositions de boucles serrées sur la tête. Cette coupe va se perpétuer sous le règne suivant et être adoptée par toutes les nations européennes pour qui la mode française est un modèle à suivre. On peut en admirer de belles représentations dans les œuvres d'Antoine Watteau puis de François Boucher. En dépit de sa modernité, la « hurluberlu » va être détrônée par la « coiffure à la Fontanges » ; toutes les chroniques de l'époque assurent qu'elle devint à la mode en un jour.

La jeune duchesse Marie-Angélique de Fontanges, alors à peine âgée de 19 ans, est la favorite en titre du roi qu'elle accompagne ce jour-là à la chasse en forêt de Fontainebleau. Les boucles blondes auraient été dérangées par les branches d'un buisson où elle aurait suivi le roi, affirment les uns. Seulement par le vent disent les autres. Toujours est-il que la jeune duchesse attacha ses mèches rebelles au-dessus du front avec un ruban ou peut-être avec sa jarretière comme le soutient la petite histoire. Cette improvisation plut beaucoup au roi qui manifesta à haute voix son admiration. Toutes les dames de la Cour imitèrent la jeune favorite. Et comme la grande bourgeoisie parisienne s'efforçait de copier cette Cour brillante, et la noblesse de province d'imiter la vie parisienne, c'est toute la France qui se coiffa à la Fontanges. Puis toute l'Europe. Cette vogue dura trente ans, mais connut mille arrangements, interprétations, modifications.

De la plus grande simplicité à son origine, elle passa à la plus extrême sophistication, s'étoffant surtout en hauteur avec toutes sortes de boucles en vrais ou faux cheveux. Sur le dessus, bonnet de gaze, dentelles, baptiste, mousseline, tuyaux en éventail et plissés, tout un ensemble qui ne peut être soutenu sans une armature métallique. Sur le devant se piquent

Coiffeur à l'œuvre dans un boudoir de femme au XVIIe siècle, par S. Freudeberg. Gravure. D.R.

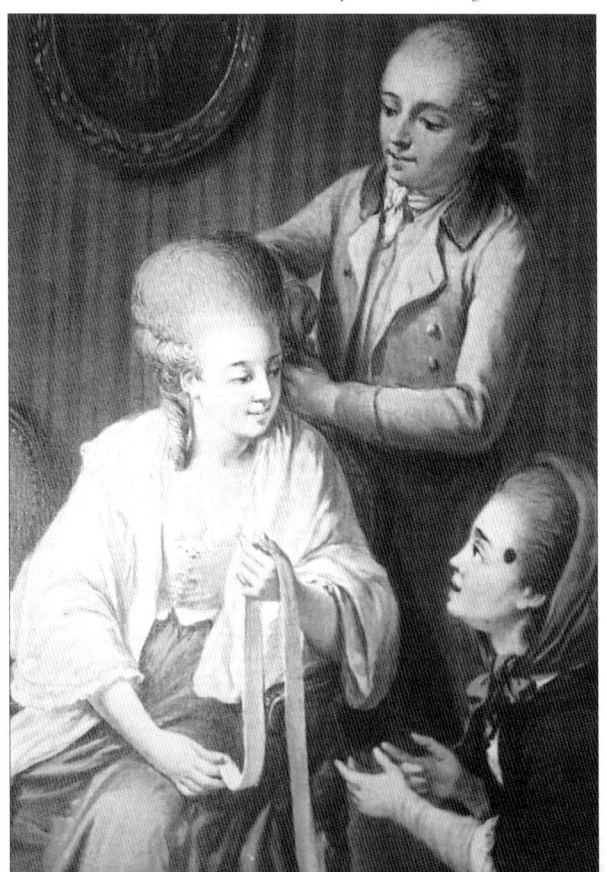

les ornements les plus divers tandis qu'à l'arrière pendent de longues anglaises. Le mémorialiste Saint-Simon ne se gêne guère pour vilipender cette coiffure devenue si ridicule : « C'est un bâtiment de fils d'archal, de rubans, de cheveux de toutes sortes, d'affiquets de plus de dix pouces de haut (plus de 65 cm) qui met le visage au milieu du corps [...] Pour peu qu'elles remuent, le bâtiment tremble et menace de ruine. L'incommodité est extrême [...]. » La formule « visage au milieu du corps » sera paraphrasée par Montesquieu qui écrira à propos de cette même coiffure à la Fontanges : « Leur hauteur immense mettait leur visage au milieu d'elles-mêmes. » Le trait est à peine exagéré. Une femme à cette époque est considérée comme grande et bien faite à partir de 1,62 m, taille qu'elle dépasse rarement. Une coiffure de 60 à 65 cm de haut, comme il est d'usage, représente donc plus d'un tiers de la taille normale d'une élégante.

Selon les formes adoptées, le nombre d'anglaises, de boucles, et la hauteur de l'édifice, la coiffure à la Fontanges porte plus d'une cinquantaine d'appellations : à la duchesse, à la tête à tête, à la mousquetaire, au dixième ciel, au firmament, etc. En 1695, la coiffure à la Fontanges acquiert une complexité si invraisemblable, avec des amas de pierreries, de perles, d'épingles, de diamants, de dentelles, de rubans et autres parures que les prédicateurs en chaire n'ont pas de mots assez durs dans leurs sermons pour fustiger cette mode caricaturale et les femmes qui s'y livrent. En 1696, un ecclésiastique de quelque notoriété, l'abbé de Varretz, publie un recueil intitulé *Traité contre l'exagération des coiffures*. Il y rappelle que la mode va contre la nature, que la chevelure ne doit pas être un étendard de vanité et que les coquettes oublient les principes de modestie et de morale chrétienne. Saint-Simon nous dit que le roi lui-même est excédé et déclare souvent ne plus « souffrir ce genre de coiffure ». Vers la fin de son règne, les coiffures à la Fontanges tendent à être moins hautes et les cheveux naturels peuvent de nouveau revenir à la mode, même si bien des femmes lui restent fidèles quitte à se coiffer un peu plus simplement. Hors de France, on porte également la Fontanges, ce qui démontre une fois encore l'influence de la cour de France dans la mode européenne.

C'est en 1713, deux ans avant la mort du roi, que la Fontanges disparaît tout à fait. Cette célèbre coiffure était née en un jour, elle mourra de même, après que deux aristocrates anglaises vinrent, comme cela se pratiquait, assister au souper du roi. Saint-Simon rapporte l'événement : « La petitesse de leur coiffure provoqua un brouhaha extraordinaire. Lorsque le roi fit son apparition, il déclara que si les femmes de France étaient raisonnables, elles ne se coifferaient jamais autrement que ces deux dames [...] Le lendemain matin, à la messe du roi, une partie des dames de la Cour avaient supprimé des étages à leur Fontanges. Et comme le roi leur en fit compliment, il n'en fallut pas plus pour faire passer cette mode aux autres dames de la Cour. » Le mémorialiste note avec ironie que les pyramides tombèrent avec une rapidité étonnante, et « le même jour, de l'extrémité du haut, les femmes se jetèrent dans l'extrémité du bas [...] ». La ville suivit l'exemple de la Cour et les provinces celui de la ville. Les hommes quant à eux portèrent perruque durant tout le règne de Louis XIV. Mais lorsque le souverain mourut, on dit à la Cour « que les perruques devaient le suivre dans son cercueil ». Leur poids et leur volume étaient devenus tels que tous, hormis les gens de robe, en étaient las et pensaient s'en séparer. Ce que beaucoup firent au cours de la Régence de la minorité de Louis XV, en se coiffant avec leurs propres cheveux.

Mais la mode continua d'exercer son diktat. Les cheveux de devant se doivent d'être relevés en toupet et frisés ainsi que ceux qui garnissent les tempes. La partie arrière de la chevelure est rassemblée dans une bourse, sorte de petit sac en taffetas, ou attachée en catogan, c'est-à-dire nouée en queue de cheval. Les techniques de frisure mises au point par les perruquiers sont naturellement tout à fait adaptées aux chevelures naturelles.

Au début de la Régence, les cercles élégants lancent des coiffures basses et plates dites « petites têtes ». Les cheveux sont coupés court et bouclés sur le devant, légèrement poudrés et ramenés derrière par un petit chignon vertical, dit « perdu », qui laisse la nuque dégagée et qui est quelquefois recouvert d'un petit bonnet de dentelle et de gaze. Les favorites de Louis XV, et en particulier la Pompadour, seront longtemps fidèles à cette coupe. Dans un texte daté de 1731, on peut lire : « On porte les cheveux fort courts et il ne faut pas que l'un d'eux dépasse l'autre [...] Il semble même que les cheveux de la nuque puissent être coupés [...]. »

Vers 1750, une nouvelle tendance se dessine. Les cheveux, au lieu d'être courts et bouclés, sont lisses, tirés puis relevés au-dessus de la tête et crêpés pour constituer une sorte de proéminence qui porte le nom de « tapé », tandis que derrière la tête, les cheveux forment une longue coque lisse qui tombe bas sur la nuque. Ces coiffures, selon le nombre et la disposition

Femme du peuple coiffant sa fille. Gravure. Coll. part. D.R.

« Prête-moi ton peigne. »

Déjà au Ve siècle avant J.-C., les coiffeurs grecs se servaient de peignes à une ou deux rangées en os, en corne, mais également en bronze. Autant dire que cet instrument de coiffure existe depuis l'aube de la civilisation.

Son emploi se retrouve sur tous les continents et on en a fréquemment découvert, avec quantité d'autres objets de toilette, dans les tombes funéraires d'un grand nombre de civilisations du passé. Presque toutes, aussi bien en Asie qu'en Afrique ou en Europe, ont considéré cet usage comme une pratique de sociabilité entre individus. S'aider à se coiffer, à s'épouiller a souvent été un signe de confiance entre membres d'un même clan ou d'une même famille. Le peignage a également été une marque d'alliance entre voisins, et à l'échelle du couple, plus souvent encore, une pratique amoureuse.

Parce que symboliquement très chargé, le peigne était le plus souvent richement décoré de signes de reconnaissance de dimension religieuse, ésotérique, et souvent magique. En Inde, en Amazonie, au Japon, en Russie, il a été longtemps considéré au même titre que la chevelure comme un intermédiaire possible entre les humains et les forces surnaturelles.

En dehors de tout contexte symbolique, les peignes ont toujours été les pièces maîtresses des somptueux nécessaires de toilette d'autrefois. Les inventaires gardent la description de celui d'Henri III. Il était constitué d'un étui à peigne en bois d'ébène, garni de trois peignes de tailles différentes, d'une brosse à nettoyer lesdits peignes, d'une paire de ciseaux, d'un miroir, le tout habillé d'or fin et taillé à la mauresque, serrés de rubans et de turquoises enchâssées dans l'or.

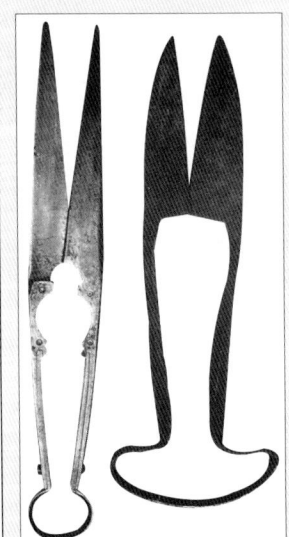

Ciseaux antiques. Coll. part. D.R.

Peigne africain rudimentaire en bois. XIXe siècle. D.R.

des papillotes qu'on y met, portent différents noms. On connaît la « coiffure à la culbute », à « la tête de mouton », à « la mirliton », et cent autres. L'usage de se couvrir la tête n'a cependant pas entièrement disparu et on utilise encore pour ce faire des petits bonnets de dentelle ou de gaze. Après la découverte des ruines d'Herculanum et de Pompéi, en 1764, la mode gréco-romaine revient et naissent alors des coiffures masculines, entre autres, inspirées des fresques murales mises à jour. Un vaste toupet bien crêpé, bien bombé, haut de quatre à cinq pouces et couvrant entièrement le dessus de la tête prend le nom de « toupet à la grecque ». Toutefois, le port des cheveux longs n'a pas entièrement disparu et les grands seigneurs s'en parent volontiers lors des cérémonies publiques ainsi que certains corps de métier, notamment les magistrats, dans l'exercice de leurs fonctions.

Les coiffures relativement basses jusqu'alors s'élèvent de nouveau à partir des années 1750 pour atteindre très vite des hauteurs vertigineuses. Ce sont les fameuses « coiffures en pouf », créations « étranges, insensées et monstrueuses » pour les uns, « monuments d'architecture savante » pour les autres. Ces structures capillaires pyramidales sont constituées de tout un ensemble hétéroclite : crin, coussins et poufs, faux cheveux, parements, rubans, aunes de gaze, forêts d'épingles, plumes, fleurs, personnages et animaux réduits, et autres ornements divers et originaux, le tout maintenu par des pommades collantes et des mètres de fil de fer. Un inventeur se signale par une « coiffure mécanique » munie de ressorts, qui permet de réduire la hauteur de l'édifice lorsque l'on a une porte à franchir.

La mode capillaire vers la fin du règne de Louis le Bien-Aimé semble de plus en plus liée aux événements du jour. Et tout est événement. Même le plus anodin donne l'occasion d'inventer un nouveau décor de coiffure. Le rythme des nouvelles créations est inimaginable. Il en est de même sous Louis XVI, dont toute la Cour conserve la mode des coiffures en pouf, allant même jusqu'à la pousser à son paroxysme à la plus grande joie des caricaturistes et des pamphlétaires. Les estampes satiriques montrent des coiffeurs juchés au sommet de hautes échelles pour atteindre les dernières boucles de leur cliente.

La gent masculine, elle, est plutôt sage, se contentant de perpétuer la mode des perruques de dimensions acceptables. Edmond de Goncourt, évoquant cette fin du XVIIIe siècle, écrira : « Imaginez cette mode (féminine). Le prodigieux pot-pourri de toutes les modes du XVIIIe siècle, travaillées, renouvelées sans cesse, raffinées, perfectionnées, maniées, remaniées tous les mois, toutes les semaines, tous les jours, presque à chaque heure, par l'imagination de six cents coiffeurs de femme. » La nouveauté résidant non pas fondamentalement dans une véritable création, mais plutôt dans les accessoires que l'on dispose dans la chevelure, et qui font plus que jamais songer à un véritable décor de théâtre. Décors qui, comme sous le règne précédent, sont liés à l'actualité comme l'écrit si bien Edmond de Goncourt : « Ce qui vole dans l'air, ce qui se passe à terre, l'événement, le grand homme de l'instant, le ridicule courant, le succès d'un animal, d'une pièce, d'une chanson, la guerre dont on parle, la curiosité à laquelle on va, l'éclair ou le rien qui occupe une société comme un enfant, tout crée ou

Extravagante coiffure du XVIIIe siècle. Gravure. Coll. part. D.R.

« Pouf aux sentiments », vers 1780. Gravure. Coll. part. D.R.

baptise une coiffure [...] » Ainsi, par exemple, connaît-on les coiffures dites à « la corne d'abondance », au « chien couchant », à « la crue de la Seine », à « la Caisse d'Escompte ». En 1775, la coiffure au « Barbier de Séville », en 1784, à « la Figaro », en 1783 à « la montgolfière ». Le compositeur Gluck, surnommé le Michel-Ange de la musique, fut à lui seul à l'origine de nombreuses coiffures dont celles dites à « l'Iphigénie » et à « l'Eurydice », après que ses œuvres furent créées à l'Opéra de Paris. Sous Louis XVI, le décor devient ingénu et champêtre, et les chevelures se couvrent de bottes de paille, de légumes, de bergères et de moutons. Ce sont plusieurs centaines de ces compositions capillaires qui sont créées entre 1770 et 1789.

Dans cette société raffinée mais qui ne suit aucune règle d'hygiène, il n'est pas d'usage de se laver les cheveux, seulement de les brosser. Les coiffures monstrueuses abritent quantité d'insectes et de parasites. Élégants et élégantes se grattent à longueur de journée à l'aide d'une longue baguette terminée par un doigt onglé en argent ou en or. Louis Sébastien Mercier est d'avis que ces « coiffures à démangeaison » sont aussi source de terribles maux. Selon lui, « elles provoquent des troubles oculaires, l'inflammation du cuir chevelu, la chute des cheveux, des douleurs dentaires et des maux d'oreille [...] ». Les principaux responsables de ces échafaudages hallucinants sont des coiffeurs en renom dont toute la Cour s'arrache les services à prix d'or. Le grand Léonard, pourtant à l'origine de ces extravagances, écrira dans ses Mémoires publiés sous la Monarchie de Juillet : « Jamais jusqu'alors on avait osé placer sur une tête une telle ménagerie, un tel salmigondis des trois règnes [...]. »

Une fois en place, on ne touchait plus à ces extraordinaires arrangements très coûteux et laborieusement réalisés. Les femmes ainsi coiffées dormaient assises dans leur lit, la tête enveloppée de mousseline destinée à protéger l'édifice. Le plus souvent, il s'agissait d'une sorte de filet d'argent pour écarter les souris qui pullulaient dans toutes les habitations, sans exception. Couramment, les dames posaient des souricières sur leurs oreillers. Malgré ces précautions, les rongeurs profitaient de l'assoupissement de ces dames pour pénétrer leur coiffure et y nicher, friands qu'ils étaient des laines, des graisses et des pommades, qui en faisaient un véritable garde-manger. À ce désagrément très courant, s'en joignaient deux autres : les parasites qui grouillaient à l'intérieur de ces coiffures et l'odeur pestilentielle qui s'en dégageait.

Avec la Révolution, les chevelures s'aplatissent à nouveau. C'est le retour à la simplicité qui, en matière de mode et de coiffure, respecte les directives exprimées par le gouvernement révolutionnaire. La Convention, qui va abolir la royauté, proclamer la République, condamner à mort Louis XVI et organiser la Terreur, juge utile de délibérer sur la coiffure dès 1792. Considérant qu'il s'agit d'un symbole visible et manifeste de l'Ancien Régime, elle interdit le port de la perruque au nom de « l'égalité des apparences ». Interdiction à laquelle résisteront quelques irréductibles, dont Robespierre, qui ne se sépara de sa « perruque poudrée Ancien Régime » que pour monter sur l'échafaud en 1794. La majorité des hommes prend l'habitude de porter des cheveux plats, dans leur couleur naturelle. Ceux qui les gardent mi-longs les attachent derrière la tête. Chez les femmes, hormis les « poissardes » et les « tricoteuses », qui s'en tiennent à des chevelures courtes, raides et plates, on porte des cheveux flous et légèrement bouclés, maintenus à l'arrière de la tête par un catogan. Certaines tentent malgré tout de garder dans leur coiffure un peu de grâce et d'élégance. Pour ne prêter le flanc à la moindre suspicion anti-révolutionnaire, les femmes donnent à leur coiffure des noms « politiquement corrects » en relation avec l'air du temps. On porte des coiffures à l'ingénue, à la bataille, à la Nation, à la citoyenne, à la Bastille, etc.

Lorsqu'en 1794 s'achève la Grande Terreur montagnarde, un vent de liberté semble souffler sur la société française. La plupart des hommes se sont convertis à la coiffure dite à la Titus, c'est-à-dire courte, parfois très courte, à l'imitation des bustes grecs et romains avec dans certains cas quelques mèches flottantes ou plaquées sur le front ou les tempes. La coiffure à la Titus offre une liberté jusque-là inconnue. Elle va connaître un engouement extraordinaire et sa mode va durer plus de deux décennies. Adoptée par les deux sexes, elle va être déclinée de cent façons par des coiffeurs qui ne cessent de chercher leurs références dans l'Antiquité. Les femmes se coiffent à la Sabine, à la Cléopâtre ou à la Plotine, du nom de l'épouse de Trajan élevée au rang de déesse. Les événements contemporains sont une fois encore mis en exergue par les coiffures nouvelles. En 1795, par exemple, la coiffure à la hollandaise, qui fait fureur, célèbre la victoire des armées républicaines commandées par Pichegru aux Pays-Bas.

Bien sûr, une partie de la France hait ces coiffures courtes révolutionnaires. Notamment les Chouans, comme l'on nomme la paysannerie royaliste rejointe par une partie de la noblesse dans les départements de l'Ouest, Bretagne, Normandie, Vendée entre autres, qui ont pris les armes en 1793 contre la première République française. Les Chouans portent les cheveux longs ou mi-longs encadrant librement le visage ou tressés sur les tempes. S'opposent également aux cheveux à la Titus républicains les Muscadins, les Incroyables et autres Merveilleux qui portent cheveux longs ou perruques blondes pour afficher leurs idées royalistes. Les émigrés qui reviennent en France en grand nombre à partir de 1800 vont de même conserver la perruque, la coiffure à la Titus étant considérée comme un des odieux symboles révolutionnaires. Sans être royalistes ou contre-révolutionnaires, beaucoup d'hommes, satisfaits pour eux-mêmes de la coupe courte, regrettent que les femmes se soient emparées des coiffures à la Titus et déclarent publiquement « être bien contrits de voir tant de jolies femmes sacrifier imprudemment leur belle chevelure ». Certaines interprétations capillaires les exaspèrent même, comme par exemple la Titus porc-épic dont les mèches très courtes sont tenues droites sur la tête par l'emploi de gomme, de pommade et d'huile. Cette désapprobation des hommes n'est pas sans peser sur le retour des perruques et des postiches pour femmes que l'on croyait avoir été balayés par la Révolution. Elles resurgissent dans un dernier soubresaut sous le nom révélateur de « cache folie ». Elles sont portées par les femmes dans les grandes occasions officielles pour dissimuler leur courte coupe trop souvent taxée de masculine.

Sous le Consulat, entre 1799 et 1804, la toilette et la parure sont plus que jamais une préoccupation majeure des femmes à la mode. La vogue des cheveux courts à la Titus subsiste mais elle est sujette à de très nombreuses interprétations qui autorisent une chevelure un peu plus longue, plus facile à travailler. De cette époque, on peut citer les coiffures dites à la Psyché, à la Pyramide, à la Ninon. Au début de la décennie 1800, les coiffures à l'antique dominent toujours. Une édition du *Journal de Paris,* datée de 1801, rapporte de façon caricaturale le discours d'un coiffeur à un nouveau client : « Monsieur, je vois ce qu'il vous faut. C'est un mélange de Titus, de Caracalla, d'Alcibiade [...] Demain, je fais de votre chevelure un chef-d'œuvre [...] Je vous donnerai du Juvénal, du Tibère et un peu de Titus, alors ce sera parfait. » Malgré tout, les hommes sont fidèles à la coupe à la Titus et les femmes tout autant si l'on en croit un journal de l'époque : « Sur dix mille femmes, à peine dix gardent les cheveux longs, et encore les cachent-elles sous des perruques à cheveux courts [...]. »

Femme coiffant son enfant. Vers 1820. Gravure. Coll. part. D.R.

Tandis que Bonaparte se fait nommer consul à vie en 1802, partisans et adversaires de la coupe à la Titus s'opposent toujours, et il en est encore ainsi après l'instauration de l'Empire en 1804. À l'exception des femmes de la paysannerie qui portent les cheveux longs, la grande majorité des hommes et des femmes continue à privilégier les coupes courtes. « Par souci d'imiter les Romains, avance un érudit, mais pour les hommes, aussi en raison du prestige des militaires astreints à une coupe assez stricte. » Il est vrai que depuis la Révolution, la coiffure militaire s'est simplifiée. Les soldats de toutes les armes, à l'exception des hussards, doivent théoriquement porter courts les cheveux que, précédemment, ils portaient longs et fixaient ou nouaient de mille façons. L'empereur lui-même y souscrit. Pour ses grognards de la Vieille Garde, il est toujours le « petit tondu » d'après la campagne d'Italie. Mais il est vrai aussi que tous ne l'imitent pas. La majorité des hommes de cette Vieille Garde justement porte les cheveux longs, attachés en queue et poudrés. Mais tous les officiers se sont convertis à la Titus.

Pendant tout l'Empire, la mode masculine est sobre et courte, souvent bouclée, bien qu'à partir de 1808, il est vrai, on note une tendance à l'allongement de la chevelure et au port des favoris. À la même époque, les têtes à la Titus sont toujours de mode pour les femmes. Les cheveux sont souvent hauts d'à peine trois doigts, mais ornés de peignes, de fleurs et de bandeaux. Dans les cérémonies, les bals, les réceptions officielles, le goût des longues chevelures se fait sentir. Les coiffeurs de femme s'enrichissent de nattes postiches, tout en continuant à imiter les coiffures antiques, avec des ornements de diamants, de corail, d'ivoire et de bijoux précieux. L'ex-impératrice Joséphine et la nouvelle, Marie-Louise, toutes deux coiffées par

Duplan, lancent un moment la mode des petits chignons ornés de fleurs. L'engouement des élégantes est relatif. À la fin de l'Empire, en 1815, le succès d'une pièce de théâtre noie la capitale sous une vague de chinoiseries qui touchent aussi la chevelure. Toutes les élégantes veulent ressembler à des Chinoises. Elles tirent leurs cheveux de tous côtés et les rassemblent au sommet du crâne.

Après la chute de l'Empire, le retour de la monarchie se caractérise pour les hommes comme pour les femmes par l'abandon de toute référence à l'antique. C'en est fini des coupes courtes si appréciées sous l'Empire. Au diable les coiffures à la Titus, à la Brutus, à la Caracalla, à la Pompée, etc. Désormais les cheveux longs, socialement proscrits depuis le Directoire, sont de mode. Une nouvelle vague d'émigrés, de retour après la défaite de Waterloo et la restauration des Bourbons, incite certains à vouloir relancer la mode des perruques. La tentative reste vaine. D'après Gabriel d'Èze et Armand Marcel, auteurs de *Histoire des coiffures des femmes en France*, publié vers 1886, « la coiffure des femmes durant les premières années de la Restauration se caractérise par des touffes bouclées d'anglaises qui encadrent les tempes et garnissent l'ouverture de la petite capote qui est le chapeau typique de l'époque. Le reste de la chevelure est massé en chignon à l'arrière de la tête, le tout retenu par des peignes [...] ». Sur le plan de la mode, la Restauration est avant tout caractérisée par une vogue nouvelle, celle des coiffures féminines à coques. Les coques sont de grandes boucles de cheveux relevées au sommet de la tête et travaillées en forme de nœud ou de grand rouleau dans le but de donner aux coiffures beaucoup plus d'ampleur et de hauteur. Les coques, généralement au nombre de trois ou quatre, mais quelquefois plus, se superposent ou se disposent sur un même plan en éventail. C'est surtout à partir de 1825 que les hautes coiffures en coques, extrêmement compliquées à réaliser, s'échafaudent dans les milieux élégants non seulement français mais européens. Un chroniqueur parisien de l'époque décrit une de ces créations typiques : « C'est à la fois sur les côtés une masse de cheveux en boucles épaisses et sur le haut de la tête quatre ou cinq coques, des nattes, des diadèmes de tresses et des nœuds de rubans, juchés au milieu de tout cela. Une femme modeste ne s'en tire pas à moins de deux fausses queues, de deux paires d'anglaises et de quelques mèches pendantes à fixer sur les côtés avec des peignes. »

Les coiffures autorisent toutes les fantaisies. À Paris, selon les humeurs à la mode, la créativité des coiffeurs, les circonstances de l'actualité, les coupes se nomment à la péruvienne, à la polonaise, à la macédoine, à la lionne, à la Figaro, etc. Une courte période met très en vogue les chevelures converties en décors floraux qui ne sont pas sans rappeler « les poufs aux sentiments » sous les règnes de Louis XV et de Louis XVI. En 1826, par exemple, la coiffure à l'étrusque couvre la tête de lilas et de gerbes d'avoine. Telle autre de groseilles en or et en argent avec une épée en or déposée sur des glands de chêne en argent, becquetées par des oiseaux de paradis. La plupart de ces coiffures extravagantes sont de surcroît agrémentées de grandes plumes d'aigrette, d'autruche ou de héron.

À la fin de la Restauration, vers 1828, les pyramidales coiffures en coque sont devenues si hautes que les caricaturistes les comparent à des échafaudages. Bien que ces fragiles édifices soient soutenus par une carcasse en laiton habilement dissimulée et souvent haute de six pouces ou plus, ils sont des plus instables. Dans les bals de la Cour, nombreuses sont les femmes qui restent assises de peur de voir s'effondrer leur décor capillaire.

Au-delà de 1830, sous la monarchie de Juillet, les extravagantes coiffures à coques semblent se raréfier. La tendance générale est à l'abaissement et les nouvelles créations sont sensiblement plus simples. Le goût se manifeste pour un retour au passé et on porte des coiffures historiques. On traite les chevelures, dit-on alors, « dans le goût médiéval ou Renaissance ». On se coiffe à « la Diane de Poitiers », à « la belle Ferronnière », à « la Marguerite de Bourgogne », à « la Catherine de Médicis » etc. L'engouement pour le Grand Siècle va aussi faire naître des coiffures dites à « la Maintenon », à « la Fontanges », à « la Lavallière » etc. Chaque coiffeur entend honorer sa création en s'appropriant la notoriété d'un personnage illustre de l'Ancien Régime. Il s'agit avant tout de « flatter » la Monarchie. Cependant, les coiffures à coque n'ont pas disparu. Elles ne « menacent plus le ciel » et sont adaptées au goût du jour grâce à de nombreux compromis avec d'autres coiffures dans le vent.

Naissance des coiffures romantiques

Le règne de Louis-Philippe est marqué par la mode des bandeaux qui autorisent les fameuses « coiffures à turban » dont on a vu déjà quelques apparitions à la fin du Premier Empire. Ces bandeaux sont le plus souvent associés à des coiffures en tire-bouchon ou à l'anglaise qui encadrent le visage. Ils sont savamment utilisés drapés et plissés de mille manières et coupés dans des étoffes précieuses tel le cachemire. Perles, peignes en ivoire et en corail, diadèmes et guirlandes florales sont couramment utilisés pour personnaliser la coiffure et la rendre originale. Les compositions se nomment à « la Prospérine » lorsque la chevelure est parée de fleurs des champs, à « la Léda » lorsqu'elle utilise des plumes de cygne, ou à « la Drusique » lorsqu'elle est décorée de feuilles de chêne, etc. Comme à cette époque le goût va volontiers vers l'orientalisme, ces coiffures à turban prennent aussi très volontiers des noms évocateurs tels que à « la turque », à « l'asiatique », à « la Bayadère », à « la Marco Polo », à « l'égyptienne », etc.

La vie mondaine continue d'influencer les maîtres capillaires. À la suite du succès à l'Opéra de Paris de l'œuvre de Halévy, *La Juive*, une coiffure de ce nom connut un relatif engouement chez les élégantes parisiennes. Le fait est à souligner car il s'agit d'un des très rares cas historiques, sinon le seul, où un personnage juif est à l'origine d'une mode chez les aristocrates européens. Malgré leur variété de noms, il faut admettre que les coiffures à turban sont presque toutes similaires. À partir de 1850, les bandeaux bouffants disparaissent progressivement, vaincus par le succès grandissant des frisures et des touffes... Les chignons restent fort épais, renforcés éventuellement par des postiches et placés haut sur la nuque. Pour les hommes la monarchie de Juillet confirme la prépondérance des chevelures assez courtes, frisées au petit fer, séparées par une raie. La seule fantaisie consiste à relever les cheveux en toupet sur le devant de la tête, fameux toupet louis-philippard adopté par la noblesse et la bourgeoisie françaises, très vite imitées par les milieux élégants de toutes les capitales européennes. Dans les milieux populaires parisien et provincial, on porte couramment la barbe et la moustache devenues d'un coup très prisées. Vers la fin de la décennie 1830, une réaction se dessine contre les cheveux masculins frisés au petit fer, procédé couramment utilisé depuis que les chevelures se sont allongées et se présentent ondulées et flottantes plutôt que frisées et plaquées.

À cheval sur la Restauration et la Monarchie de Juillet, le célèbre mouvement romantique va connaître un certain succès parmi les artistes et toute une jeunesse qui y voient comme un défi à ce que l'on nomme la «pensée recommandable». Cette prédominance de la passion sur la raison, comme l'on peut définir le romantisme, débute vers 1820 et progresse jusqu'à son apogée, au début du règne de Louis-Philippe. « En 1822, le fashionable devait offrir au premier coup d'œil un homme malheureux et malade, écrit Chateaubriand. Il devait avoir quelque chose de négligé dans sa personne, les ongles longs, la barbe non pas entière, non pas rasée, mais grandie un moment, par surprise, par oubli, pendant les préoccupations du désespoir ; mèches de cheveux au vent, regard profond, sublime, égaré et fatal, lèvres contractées en dédain de l'espèce humaine [...]. » Une grande partie de la jeunesse adopte ces critères « romantiques ». Des cheveux mi-longs, bouclés, livrés aux caprices du vent, telle est l'imagerie qui s'impose à chaque évocation du romantisme. Ce n'est là qu'une des innombrables variantes. Sur les têtes romantiques des années 1820, par exemple, se dressent des toupets naturels ou postiches, qui contribuent à élever les chevelures plates portées par « les classiques » du moment.

Vers 1828, la coupe romantique consiste en des cheveux rasés sur les tempes, mais très hauts et très longs sur la tête, avec un front totalement apparent. On appelle cette coupe la « coiffure à la Bergani » du nom d'un petit roturier italien dont les « amours romantiques » avec la femme du prince de Galles, héritier du trône d'Angleterre, font scandale. Vers 1830, la coiffure romantique, au contraire, se veut très frisée sur les tempes et ramenée en avant vers les yeux. Au-delà de cette date, on affiche son romantisme en adoptant une « coiffure médiévale » qui va prévaloir de longues années. Les cheveux mi-longs sont séparés par une raie de côté. Barbes et moustaches finissent de composer le visage romantique type de l'époque. Au-delà de 1850, une « mutation » se produit, et la grande majorité des artistes abandonnent la « coupe romantique » pour la coupe en brosse dite à « la Bressant », du nom du célèbre comédien qui en lança la mode.

Entre 1852, création du Second Empire, et la guerre de 1914, la coiffure masculine ne subit que des modifications mineures. Les « têtes d'hommes » sont d'une relative sobriété : cheveux pas trop courts, rejetés en arrière ; la nuque est dégagée. Les cheveux sont légèrement ondulés et séparés par une raie centrale dite anglaise. Dans les années 1860, elle est abandonnée pour une raie à gauche, dite française. Dans un premier temps, les coiffures féminines du Second Empire ne

Casque à sécher les cheveux. 1930. Coll. part. D.R.

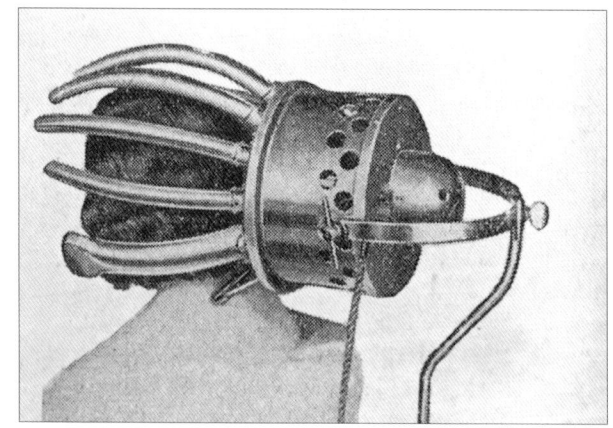

Poils et solidarité

Depuis le début du nouveau millénaire, dans les pays anglo-saxons, hommes, femmes et adolescents se font volontairement raser la tête en public pour récolter des fonds destinés à diverses causes charitables.

Aux États-Unis, ces « rasages de boule » ont le plus souvent lieu dans les lycées, les universités, les hypermarchés, les temples et les églises, comme aux coins des rues, sur des podiums. Opération annoncée chaque fois à grand renfort de publicité.

En Australie, en mars 2002, une telle initiative est venue des forces de l'ordre. Dans tout le pays, des escouades de policiers se firent raser la tête par solidarité avec de jeunes enfants ayant perdu leurs cheveux en raison d'un traitement chimiothérapique. Après chaque tonte, les fonctionnaires des forces publiques faisaient la quête parmi les spectateurs. Ils ont ainsi pu acheter quantité de jeux de divertissement destinés « à faire tenir le coup aux gosses ».

Policiers australiens tous tondus par solidarité. 2002. D.R.

Salon de coiffure parisien en 1958. Corbis-Sygma. Paul Amassy.

rompent pas avec les modes de la Monarchie de Juillet. Nombreuses sont les femmes qui associent bandeaux, boucles en tire-bouchon et chignons tombants. L'année 1853 se signale par un rapide retour à l'Antiquité avec une coiffure très en vogue du nom de « Cérès ». On porte également la coiffure dite à « l'impératrice » qui consiste en un bandeau rentrant dans des boucles. La coiffure à « la Traviata » se compose d'un bandeau bouffant surmonté de pierreries et d'un chignon relevé.

Les bandeaux vont disparaître progressivement et il n'en sera plus question dans la décennie 1860 durant laquelle les femmes vont laisser libre court aux frisures et aux touffes savamment organisées. Les chignons augmentent encore de volume et on les gonfle avec des postiches. Ils se relèvent sur l'arrière du crâne pour dégager complètement la nuque avant d'y retomber en cascade de rouleaux et de boucles. Les frisures de multiples formes et longueurs pendent de chaque côté du visage. Sur le haut du crâne, les femmes élégantes portent une sorte de petite galette de dentelle qui remplace avantageusement la « capote » d'autrefois. Chaque « dame » qui se fait remarquer par une nouvelle façon de rouler ses cheveux, de positionner son chignon et d'en augmenter ou réduire le nombre de rouleaux crée une nouvelle coiffure qui prend son nom. Quelques-unes connaissent une vraie vogue, telle la coiffure à « la Malibran » ou celle nommée « biche des bois » composée d'innombrables frisures et d'un chignon de boucles pendantes. Citons aussi les coiffures à « la princesse Mathilde » et à « la princesse Murat ». Comme toujours, les noms des coupes nouvelles s'inspirent aussi d'événements contemporains. Ainsi on se coiffe à l'africaine, après le succès de Meyerbeer à l'Opéra de Paris.

Alors que les femmes de la noblesse et de la bourgeoisie se font coiffer à domicile comme nous venons de le décrire, toute une nouvelle classe sociale composée d'employées, de vendeuses et d'ouvrières spécialisées commence timidement à se livrer de temps à autre aux mains de coiffeurs de quartier. Dans les zones rurales, on s'en tient aux traditionnels bonnets.

D'autant plus qu'ils servent très souvent à dissimuler les cheveux coupés par quartiers et vendus aux ramasseuses itinérantes des industriels perruquiers. Effectivement, les postiches semblent opérer un retour en force au cours de la décennie 1870. Les coiffures des femmes s'allongent encore et s'alourdissent de faux cheveux. La sophistication est de retour. Les chignons, de plus en plus lourds de postiches, demeurent à la mode. Ils sont souvent composés de fausses nattes torsadées, tandis qu'une ou deux autres nattes forment un diadème sur le devant. Une autre vogue veut que le front soit garni de petits rouleaux ondulés et les cheveux ramenés au sommet de la tête en une grosse coque. Le rédacteur d'une chronique de mode écrit en 1881 : « Autant de têtes, autant de coiffures. Rouleaux, coques, tresses, boucles, tout se porte en ce moment [...] Comble de l'audace, on voit même une coiffure courte et bouclée dite à "l'Aiglon". » Vers 1882, les élégantes abandonnent le port des boucles et des anglaises sur la nuque. Le chignon devient très haut et le cou bien dégagé.

Au seuil de la décennie 1890, réapparaissent des coiffures style Directoire qu'on appelle « néo-grecques ». Elles sont composées de nattes, petites et grandes, relevées au sommet du crâne en un gros chignon qui dégage la nuque. En 1896, la mode évolue vers des coiffures vaporeuses, bouffantes et bouclées, avec chignon. On les dénomme « coiffures franco-russes » par allusion à la visite en France du « Tsar de toutes les Russies ». Ces lourdes coiffures, volumineuses et qui nécessitent quantité de postiches seront abandonnées au début du XXe siècle. La tendance semble pousser vers une simplification des coiffures. C'est en partie une illusion et les coiffures féminines vont connaître de très nombreux changements. En ce qui concerne les hommes, les cheveux sont taillés à « l'anglaise », c'est-à-dire rejetés en arrière, ou à « la Capoul », les cheveux des deux côtés du visage étant au contraire ramenés vers l'avant. Et lorsqu'ils le sont tous, on est coiffé à la « Paulus ». Dans les deux premiers cas, les cheveux sont pommadés et parfois ondulés, et la raie se porte au choix au milieu ou sur le côté. Jusqu'au premier conflit mondial, la coiffure masculine ne se modifiera guère.

En 1903, les chevelures féminines sont naturelles, ondulées et hautes sur les côtés. Un chignon torsadé se fait voir sur le haut de la nuque, souvent accompagné d'une frange au front. En 1905, la vogue des chevelures ondulées est telle que naît une profession en amont des coiffeurs, celle d'« ondulateurs » qui, à partir de 1908, pratiquent l'« ondulation perpétuelle », c'est-à-dire électrique. En 1910, une certaine désaffection pour l'ondulation entraîne un retour du goût pour les turbans. D'une façon générale, à cette époque, les coiffures féminines chichiteuses, surmontées de chapeaux souvent énormes et dont le port est obligatoire en toute circonstance, n'autorisent aucune activité physique. Elles sont surtout signe de l'appartenance à une caste dirigeante, noble ou bourgeoise.

Les temps changent et en 1912, un des noms de la coiffure parisienne, le très célèbre Antoine, le déclare tout net : « Les nouvelles activités des dames, loisirs de plein air, tennis, vélo, automobile, bord de mer impliquent des vêtements près du corps et demandent des têtes petites aux lignes nettes et non plus des chevelures énormes [...]. » Beaucoup de femmes ont déjà agi en conséquence. On les appelle « les audacieuses ». Elles appartiennent plus généralement au monde de la bohème, des arts, des lettres et surtout de la scène. Elles ont commencé à se couper les cheveux dès 1910. Un des plus fameux exemples nous est donné par une des plus célèbres comédiennes de l'époque, Ève de Cavalière. Colette Willy, elle aussi, porte déjà ce qu'elle appelle « une tête ronde et jolie » qu'elle prête à son fameux personnage de Claudine. À la veille de la guerre, une danseuse de renom, Caryathis, la future Mme Jouhandeau, fait sensation en sacrifiant publiquement sa splendide chevelure. Coco Chanel fera de même en 1917. Ces coupes courtes matérialisent chez les femmes un vif désir de changement de statut social, aussi se répandent-elles de plus en plus. L'enrôlement de très nombreuses femmes dans l'industrie de guerre va accélérer cette tendance, d'autant plus que lorsque l'on travaille sur une machine-outil, les cheveux courts sont une mesure indispensable de sécurité. De surcroît, les nombreuses infirmières qui débarquent en France en 1917 avec le corps expéditionnaire américain sont des exemples très séduisants avec leurs coupes courtes et crêpelées.

La guerre terminée, un constat s'impose : les cheveux courts, considérés au début du siècle comme une lubie lancée par quelques marginales, ont gagné les femmes de la bonne société avant de séduire celles des milieux modestes. Cet engouement contagieux n'est pas sans provoquer des polémiques, notamment à propos des nuques rasées, considérées comme particulièrement scandaleuses. En 1923, le grand coiffeur créateur René Rambaud écrit : « Le triomphe des coupes courtes est certain parce qu'elles ont derrière elles la troupe la plus décidée, la plus volontaire, la plus enthousiaste, la plus ardente, la plus audacieuse, la plus téméraire... la jeunesse ! » Ce à quoi la rédaction du journal Le Temps répond : « Les cheveux courts devenus symboles d'un soi-disant féminisme ne sont en fait qu'une masculinisation laquelle a pour but d'effacer le plus possible les différences entre les deux sexes [...]. » Un autre magazine entérine les faits : « Il est vrai que la mode est aux cheveux courts et que toutes les femmes s'y mettent [...]. » Dans les colonnes d'un mensuel, le rédacteur s'emporte : « Vive les femmes au type garçon ! et même garçonne ! C'est la femme du jour ! » Et encore : « Les cheveux courts vont de pair avec le nouveau style de vie [...] C'est désormais une nécessité durable [...]. » Lorsque Victor Margueritte publie en 1922 son célèbre roman La Garçonne, la polémique redouble. Cette héroïne aux cheveux courts scandalise. Plus de vingt

Jeunes élégants. Vers 1830. Estampe de C. Philippon. Coll. part. D.R.

traductions et une adaptation cinématographique ne préservent pas l'auteur de plusieurs condamnations, notamment pour pornographie et atteinte aux bonnes mœurs et à la morale. La portée de l'ouvrage est considérable : chaque femme qui se fait couper les cheveux courts à la garçonne doit s'attendre à être accusée, ou au minimum soupçonnée de quantité de travers et de déviances, saphisme, recours aux paradis artificiels, féminisme et activisme en faveur de l'égalité des sexes, etc. Les plupart des pays européens sont contaminés par cette mode garçonne, novatrice et provocatrice qui symbolise l'indépendance du sexe faible. Désormais, la chevelure n'est plus considérée par les femmes comme un moyen de séduction essentiel. En 1925, un sondage paru dans le *Journal du Temps* affirme qu'en France et en Grande-Bretagne, à peine 10 % des femmes ont conservé leurs cheveux longs. Dans le monde occidental, le « désastre » s'est étendu à plusieurs dizaines de millions de têtes, dont dix millions pour les seuls États-Unis où Greta Garbo et Louise Brooks, pour ne citer qu'elles, font figure de modèles à suivre.

Cette même année 1925, la « coupe à la garçonne » appelée également « coupe des petites têtes » connaît la consécration à la Grande Exposition des Arts Décoratifs. Elle y est déclinée sous deux variantes : cheveux courts flous et ondulés ou cheveux courts ramenés en arrière et gominés. Certains créateurs y introduiront une frange au niveau des yeux. À partir de 1927, la courte chevelure des femmes ne provoque plus en France aucune réaction véritablement hostile. Il n'en est pas de même ailleurs en Europe. En Angleterre, par exemple, l'affrontement sur le sujet reste rude, car s'y mêlent non seulement la bonne

---

Les coiffeurs martyrisés

Toutes les coiffeuses contemporaines ont eu un jour ou l'autre à se plaindre de clientes capricieuses et méprisantes. Quelquefois même insultantes dans leurs paroles et dans leurs gestes. La chose n'est pas nouvelle. Déjà au début de l'ère chrétienne, le grande poète latin Ovide, l'ami de Virgile et d'Horace, nous informe de l'odieuse attitude de certaines femmes qui injurient et maltraitent leur « tonstrices » : Elles ne sont pas à l'abri de piqûres d'épingle ou des coups violents donnés par une matrone en colère à cause d'une boucle mal ajustée [...]. »

Et Ovide délivre son sentiment intime qui nous renseigne du même coup sur ce qu'enduraient les coiffeuses : « Je hais les femmes qui leur déchirent la figure avec leurs ongles ou prennent une épingle à cheveux et la leur enfoncent dans le bras. Elle [la coiffeuse] voue aux dieux infernaux la tête de sa maîtresse, tête qu'elle tient entre ses mains ; en même temps, couverte de sang, elle laisse tomber ses larmes sur cette odieuse chevelure. »

L'acteur Rudolph Valentino, idoles des foules. Vers 1910. Coll. part. D.R.

société, mais la plupart des ligues de moralité. En 1930, les coupes courtes perdurent toujours, mais commencent toutefois à perdre de leur engouement. Dernier succès avec la coiffure dite « à trois crans » dans laquelle les cheveux courts ondulés et séparés par une raie tombent en emboîtant une partie du visage.

Entre la fin de la Première Guerre mondiale et la décennie 1930, la coiffure masculine ne subit que des transformations mineures. La majorité des hommes est coiffée comme Rudolph Valentino, première idole des femmes dans le monde entier : coiffure courte ou mi-longue, plaquée, lisse, partagée par une raie médiane, laquée et fixée à l'aide de brillantine ou d'une gomme laquée, la gomina. À partir de 1930, beaucoup d'hommes, jeunes surtout, imitent les coiffures des personnages célèbres. On peut citer la coupe à « la Carpentier » en 1931, ou celle à « l'aviateur » en 1933 qui fait référence à Mermoz. Entre 1920 et 1940, se sera opérée progressivement dans le monde une réelle unification des coiffures masculines courtes observées aussi bien en Russie qu'en Chine et au Japon.

Cette tendance globale n'excède pas, bien sûr, les particularismes. Ainsi, en Europe, dans les milieux artistiques, les hommes portent des cheveux longs, adoptés également par les dandys anglais. En 1932, la mode des cheveux courts pour les femmes semble s'être essoufflée. Dans les milieux élégants, les chevelures s'allongent, ce qui autorise quantité d'arrangements nouveaux. On peut citer la coiffure « en coup de vent », qui cache la nuque et se caractérise par des boucles souples encadrant le visage, ou la coiffure à «la Jeanne d'Arc» en carré lisse, mi-long, avec une frange nette. Crans et rouleaux font peu à peu leur réapparition. À partir de 1935, la majorité des femmes porte des coiffures mi-longues, bouclées, offrant par-derrière des cheveux lâchés ou relevés en gros chignon. À cette époque, deux coupes semblent dominer toutes les autres : la « coiffure page » et sa rivale la « coiffure ange », toutes deux inspirées de la Renaissance. Elles consistent à rouler des cheveux mi-longs à l'intérieur, dans toute l'épaisseur de la chevelure.

À la veille du second conflit mondial, la coiffure la plus en vogue est haute, bouclée, plaquée sur la nuque et souvent agrémentée d'une frange ou d'un rouleau au-dessus du front. De nombreuses femmes y ajoutent un chignon sur la nuque. Quand le conflit éclate, il semble que tout soit permis en matière capillaire, y compris les cheveux longs lisses et raides, dont on a maints exemples dans les films tournés pendant l'Occupation. Dans la France occupée, parmi les quelques coiffures qui s'imposent, une se distingue. Elle reprend le nom et la théorique de la plus célèbre coiffure du XVIIe siècle, « la Fontanges ». Au-dessus du front, les cheveux sont relevés en masse et traités en rouleaux verticaux ou en coques élevées, tandis que des longs cheveux épars et bouclés recouvrent la nuque. Curieusement, sans que l'on en connaisse véritablement la raison, se coiffer à « la Fontanges » sous l'Occupation passe pour être une forme de défi patriotique à l'encontre de l'occupant.

L'après-guerre se signale par la quasi-disparition des chapeaux et, d'une façon générale, des ornements de tête. Un temps, les femmes semblent même se désintéresser de leur chevelure. Elles ont supprimé toutes les sophistications et même abandonné leur obsessionnel crêpage. Toutefois, à partir des années 1950, le progrès des techniques, notamment dans le domaine des teintures et des frisures, va les ramener peu à peu à la fréquentation des coiffeurs. Cette décennie 1950 voit triompher des successions de tendances nouvelles, notamment celle d'un retour des cheveux courts. D'après les nombreux

Trotski et son coiffeur

On ne se détache pas facilement de son coiffeur, et même aux derniers instants d'une vie, il peut manifester sa présence incongrue. En 1783, Mademoiselle Quinault, comédienne célèbre, est allongée sur son lit de mort avec auprès d'elle le curé de Saint-Germain-l'Auxerrois : « Voyez-vous, Monsieur le Curé, lui dit-elle, je veux garder jusqu'au bout mon philosophe et mon coiffeur. » Le philosophe en question était un ami de D'Alembert.

Même préoccupation capillaire chez Léon Trotski qui, après avoir été frappé à coups de piolet par Ramon Mercadez Jackson, est transporté à l'hôpital où on lui coupe les cheveux autour de la blessure. Peu avant d'entrer dans le coma, il dit à sa femme avec qui le matin même il avait parlé de faire venir le coiffeur : « Tu vois, le coiffeur est quand même venu ! »

« grands » de la coiffure consultés, on peut dire que depuis le début des années 1950 jusqu'à nos jours, la coiffure féminine est globalement demeurée fidèle aux cheveux courts, même si très régulièrement se sont introduites pour un temps plus ou moins long des tendances opposées. Ainsi, vers 1952-1953, la coiffure dite « à l'anglaise » ou la ligne « panache » ont fait sensation avec les cheveux longs ramenés de l'arrière vers l'avant et rassemblés au-dessus du front. La coupe « fronde », exactement à la même époque, connaît un succès similaire avec une coupe extrêmement courte, avec crans et mèches encadrant le visage.

La décennie 1950, c'est aussi le succès international des coiffures dites à « la Grace Kelly », cheveux mi-longs, bouclés vers le bas et rassemblés en un petit chignon discret. On aime aussi les coiffures dissymétriques, avec la totalité de la chevelure rejetée d'un seul côté du visage. Depuis la fin des années 1940, beaucoup de jeunes filles et jeunes femmes ont conservé des cheveux longs frangés sur le front et rassemblés en queue de cheval. Le coiffeur Antoine, un des arbitres des élégances, enrage contre cette mode juvénile : « Les cheveux raides et sales des queues de cheval, tout juste bonnes pour les salles de bains. » Il convient dit-il de « revenir de façon urgente à des styles plus conformes au bon goût français et à la féminité […] ». Malgré tout, la mode des cheveux courts progresse irrésistiblement, au point qu'en 1957, un grand nombre de grands couturiers, relayés par une campagne de presse, plaident « le vrai retour des cheveux longs ». La campagne semble porter ses fruits et, effectivement, les cheveux courts reculent sensiblement dans les milieux élégants. Le grand public, lui, ne les abandonnera jamais et continuera à se coiffer très court, comme beaucoup de vedettes populaires, actrices, comédiennes ou chanteuses. Mais dans l'ensemble on peut dire qu'à la fin des années 1950, le métier de coiffeur et les coiffures travaillées retrouvent une bonne partie du prestige passé.

Les évolutions capillaires de l'après-guerre touchent évidemment la gent masculine. Après un siècle de cheveux courts, le style zazou s'empare d'une partie de la jeunesse qui se met à porter ses cheveux longs. Les longues mèches anarchiques deviennent le symbole de la vague existentialiste, mais la coupe dominante reste des cheveux gominés peignés concentriquement et rejetés en arrière.

La décennie 1960 se signale pour les femmes par l'abandon de la permanente au profit du défrisage. Pour la première fois, une majorité d'entre elles préfèrent les cheveux raides aux cheveux frisés. Au milieu de la décennie, les coupes courtes sont battues en brèche par une coupe inventée pour Brigitte Bardot par un des grands de la coiffure, Jacques Dessange. Cette coiffure porte le nom de « coupe choucroute » en raison de l'aspect de son très haut et savant chignon crêpé faussement désordonné. La décennie 60, c'est aussi la mode des cheveux noirs tirés et noués au-dessus de la tête, ou encore des cheveux mi-longs séparés par une raie et renvoyés sur les côtés en deux vagues dissymétriques. Autre succès de l'époque, les coiffures dite « à la lionne » ou « en artichaut » qui se caractérisent par des coupes courtes ébouriffées par crêpage. On ne doit pas oublier le retour des coiffures à « la petite tête », chères à Colette et qui seront remises à la mode par Jean Seberg, Zizi Jeanmaire, et Annie Cordy. En 1968, les cheveux longs ressurgissent pour un temps, épars, jetés sur les épaules ou simplement serrés dans une queue de cheval.

Les années 1970 sont importantes pour l'art de la coiffure. Au début de la décennie, le coiffeur Patrick Alès introduit en France et améliore la technique anglaise du brushing, de « to brush » : brosser. Cette technique permet de sécher les cheveux tout en leur faisant prendre la forme désirée, en associant l'action mécanique de la brosse et celle calorifique du séchoir à main. Plus de crêpage, plus de rouleaux. Les années 1970 sont

Un homme au poil : le dandy

On appelle « dandy » un jeune élégant d'une espèce un peu particulière qui naquit au cours du premier tiers du XIXᵉ siècle. À l'origine, le «dandy» appartient et ne se reproduit que dans la plus haute classe de la société anglaise. Les dandys avaient tendance à se regrouper entre eux et « à fonctionner comme une sorte d'association tacite qui s'attribuait le droit exclusif de donner le ton et de régler la mode en toutes choses », y compris le poil !, décidant de la couleur, de la longueur, de la forme et du style des coiffures.

Le dandysme fut défini en ces termes par son « grand prêtre », Sir George Brummel : « Dans le monde, tout le temps que vous n'avez pas produit d'effet, restez ! Si l'effet est produit, allez-vous en ! »

Selon le sculpteur à la mode Auguste Préault, Alfred de Musset, qu'il surnommait Mademoiselle Byron, fut le seul Français qui ait reflété quelque peu le dandysme britannique.

Le Dandy. Huile de L. Huvey. 1891. Coll. part. D.R.

un temps caractérisées par une tendance unisexe qui va de pair avec le port de vêtements identiques : blue-jeans, blousons pour les filles et les garçons. Mais les coiffures de ces années-là restent sans conteste associées à une idée de naturel et de liberté. Les slogans publicitaires de l'époque vont tous dans ce sens : « Vos cheveux doivent vivre » ou « Plus de fixateur, laissez vos cheveux bouger avec vous ». Dans les ghettos noirs des États-Unis naît le style « afro » avec ses masses de cheveux crêpés en hauteur.

Au cours des années 1980, tandis que les colorations les plus inattendues se banalisent, de nombreuses femmes reviennent un temps aux cheveux longs et aux chignons. Mais ce qui caractérise réellement cette décennie est leur recherche de coiffures simples, élégantes et féminines tout en s'écartant de l'unisexualité qui réapparaît derrière le militantisme des nouvelles croisades féministes. Hommes et femmes s'efforcent ainsi de copier les innovations portées par les stars de Hollywood. Les hommes se coiffent comme Frank Sinatra ou Steve McQueen. En fait, les créations capillaires pour les deux sexes sont si nombreuses que la bible de la profession, *Coiffure de France,* peut écrire : « La coiffure offre mille styles dans lesquels chacun peut trouver le sien [...]. » Les années 1980 sont également marquées par l'apparition du style rasta, coiffure aux cheveux tressés, qui est adopté par de nombreux membres des communautés noires des pays occidentaux, en réponse « aux frères qui renient leurs origines ethniques et culturelles en se faisant défriser et teindre les cheveux à l'occidentale ». La fin de la décennie voit l'apparition du mouvement punk, dont le style de coiffure bariolé et coupé à la huron se veut contestataire, voire révolutionnaire. Le mouvement punk se signale dans tous les pays européens, y compris la Russie.

Les socio-capillarologues donnent la décennie 1990 comme une période de « liberté de style et de coupes multifonctions adaptées à la vie quotidienne ». Le port d'une coiffure pratique et élégante est, il est vrai, devenu le mot d'ordre. Dans cet esprit, la coupe courte et lisse de Lady Di fait un nombre inimaginable d'émules à travers le monde. En fait, tout est accepté et essayé à cette époque : les coiffures basses ou hautes, les styles ébouriffants, les franges, les coupes rondes ou au carré, longues, mi-longues, et même nattées. Et tout cela dans les tons et les coloris les plus divers. On voit même réapparaître les opulentes chevelures ondulées et bouclées incarnées par Farah Fawcett. Cette émulation capillaire cache en fait une constante : la préférence majoritaire des femmes pour les cheveux courts. Un sondage réalisé en France en 1994 est clair sur ce point. Elles recherchent, avouent-elles, « des coiffures bien adaptées au rythme de la vie quotidienne, faciles à recoiffer, simples et décontractées ». Ces mêmes critères sont mis en avant dans tous les sondages réalisés dans les pays où les femmes ne sont pas considérées comme des individus de seconde catégorie et peuvent s'exprimer. On peut même évoquer ce qu'il convient d'appeler « une organisation mondiale de la beauté, car il est de plus en plus évident que partout sur la planète les goûts et les mœurs qui sont liés à l'image du corps sont enclins à s'uniformiser, notamment en ce qui concerne la chevelure. À l'heure actuelle plus que jamais les cheveux courts restent le symbole de la femme moderne, émancipée et dynamique, aussi bien à Tokyo, Londres, Shanghai, qu'à Mexico et Sydney ou Paris ».

Cette uniformisation à grande échelle et sur cinq continents a été rendue possible en raison du regroupement sous forme d'énormes conglomérats internationaux des industries liées aux produits capillaires, du rôle de la communication, notamment publicitaire, des revues de mode, des programmes de télévision adéquats, de la presse people, de l'influence du cinéma et, bien sûr, de la multiplication des congrès internationaux de coiffure et des journaux professionnels édités dans de nombreuses langues. En contrepartie, cette « colonisation du poil » par les mœurs, les techniques et les produits occidentaux a réveillé des « résistances » et a fait resurgir à travers le monde des modes ethniques oubliées ou tombées depuis longtemps en désuétude.

Le troisième millénaire s'ouvre à peine que déjà il s'annonce comme « le siècle du poil ». Du poil maîtrisé, contrôlé, amadoué, domestiqué, mais aussi plus que jamais considéré en tant qu'élément fondamental et privilégié de la représentation de soi-même.

Les pédaleurs de la cave travaillent au poil

Pendant et après la guerre, les populations furent soumises aux rationnements. Mais cette pénurie fut aussi source de bien des prodiges d'ingéniosité. Les journalistes Joan Kron et Lee Miller, qui accompagnaient les troupes américaines en 1944, racontent en 1991, dans le New York Times, *comment le grand coiffeur parisien Gervais résolut son problème énergétique.*

« Il n'y a qu'un seul coiffeur à Paris qui puisse sécher les cheveux de ses clientes. C'est Gervais. Il a imaginé un séchoir branché sur le tuyau d'une chaudière chauffée aux gravats. L'air est soufflé par des ventilateurs actionnés à la cave par des équipes tournantes de jeunes garçons payés pour pédaler sur un tandem fixe. Ils parcourent ainsi 320 kilomètres par jour pour sécher 120 têtes. »

Les pédaleurs de la cave. Dessin. Siné. 1979. Coll. part. D.R.

Quelques-unes des 17 000 coiffures répertoriées, sélectionnées par Larousse pour sa Grande Encyclopédie du XIXe siècle. Photo. M.S.M.

Le travail du chapeau

C'est parce qu'elle est chevelue que la tête occupe une position essentielle dans la « construction » de sa personnalité et de l'image de soi. Depuis l'origine du monde, les ajustements de tête ont été destinés, selon les cas, à mettre en valeur ou, au contraire, à dissimuler cette chevelure. Les ornements utilisés ont été de toutes natures et ont souvent varié en fonction des circonstances et des situations : pouvoir, guerre, séduction, cérémonie religieuse, protection des coups ou des intempéries, etc. Il faudrait un volume entier pour seulement « approcher » de façon sérieuse l'histoire des couvre-chefs. Disons très sommairement que les « têtes » reçoivent des bonnets, des chapeaux et des casques qui sont chacun, selon les cas, des tentatives d'embellissement ou de métamorphose.

On appelle coiffe la lingerie que, durant tout le Moyen Âge, et même au-delà, les femmes portent directement sur la chevelure. D'une façon générale, le nom de coiffe sert à désigner les bonnets qui couvrent complètement la tête. Ce sont ces coiffes enveloppantes du crâne qui sont à l'origine des coiffures monastiques tout en restant portées simultanément par les laïcs. Ainsi, à la fin du XVe siècle et durant tout le XVIe siècle, les femmes portent des coiffes sous leur chapeau.

Préoccupation des élégantes

Le chapeau, au contraire de la coiffe et du bonnet, n'a pas vocation à cacher la chevelure, mais, au contraire, à la valoriser en la complétant. C'est pourquoi cet ajout a tant de formes hétérogènes au service des chignons, des conques, des nattes, des tresses, des cheveux courts ou longs, etc.

La Restauration, par exemple, est une époque où le chapeau règne en maître parmi la gent féminine, si l'on en croit ces lignes écrites par le chroniqueur Octave Cézanne en 1886 : « La très grande préoccupation des élégantes de la Restauration semble avoir été principalement dans la variation de chapeaux entre 1815 et 1830. On compte près de 10 000 formes... Une véritable confusion à en perdre la tête avant même de la coiffer... »

Les chapeaux sont fabriqués en matériaux très divers, en carton, en peluche, en paille, en fer, en osier, en tissu, en fourrure et ils sont très souvent agrémentés de galons, de rubans, d'épingles, de toupets, d'orfèvrerie, de médailles, etc.

Toutes les formes sans exception ont été utilisées pour leur fabrication : triangle, bicorne, aplatie, ronde, hémisphérique, haute, sans bord ou, au contraire, avec de larges ou très larges revers, enroulée ou relevée, en melon, en tromblon, etc.

Le chapeau est sans conteste une parure, mais son port n'est pas neutre. Très longtemps, il a indiqué le rang social, le type d'activité professionnelle et, dans la plupart des corps constitués de l'État, la hiérarchie et la position des individus. Ceci est encore vrai à l'heure actuelle pour l'armée et certaines professions : policiers en tenue, pilotes de ligne, contrôleurs de titres de transport, certains membres du personnel hospitalier et élèves des grandes écoles. L'information par le chapeau passe aussi par le registre de la couleur, comme le démontre parfaitement la pyramide hiérarchique de l'épiscopat catholique romain : les chapeaux noir, rouge, vert, violet et blanc pour le pape affichent spécifiquement la qualité, le rang, le rôle et la fonction des prélats.

Ornements de guerre

Les ornements de tête les plus explicites et les plus employés au cours de l'Histoire sont sans conteste ceux destinés à la guerre. Casques et chapeaux ont des couleurs et des formes selon les grades, les armées et les régiments. On porte des taconnets, des shakos, des talpacks, des bérets, des calots, des casquettes, etc.

Plus intéressants, car directement liés à la chevelure, sont les ornements de tête guerriers, issus de la gent animale et destinés à mettre en valeur un particularisme physique ou moral. Dans l'armée d'invasion de Xérxès, les Éthiopiens orientaux se coiffaient d'une tête de cheval comme le feront plus tard certains peuples celtiques avec des crânes de loup ou des hures de sanglier. Ammien Marcelin précise que le roi de Perse, Sopor Ier, revêt une tête de mouton rehaussée de pierreries et d'or. Les Thraces portent une sorte de casque en forme de turban, confectionné avec des peaux de renard. Les Scythes et de très nombreux autres peuples orientaux portent des coiffures de guerre en cuir de bœuf. Dans les armées de l'Empire romain d'Occident, tous les «signarii» portent des bonnets à poils d'ours. Les oiseaux ne sont pas oubliés et leurs plumes sont partie prenante dans l'ornementation de la coiffure.

Plumes d'autruche chez les Romains, nous dit Pline. Les mandarins chinois, comme les officiers de l'Empire mongol des Indes, préfèrent les plumes de paon, tandis que de nombreuses tribus d'Afrique centrale affichent une prédilection pour les plumes de toucan. Enfin, tout le monde a en mémoire les extraordinaires coiffes de guerre en plumes d'aigle des Indiens des plaines américaines, notamment celles des Sioux, des Cheyennes et des Crews.

L'homme au chapeau. Détail. Huile de Serge Yvanoff. Vers 1939. Coll. part. D.R.

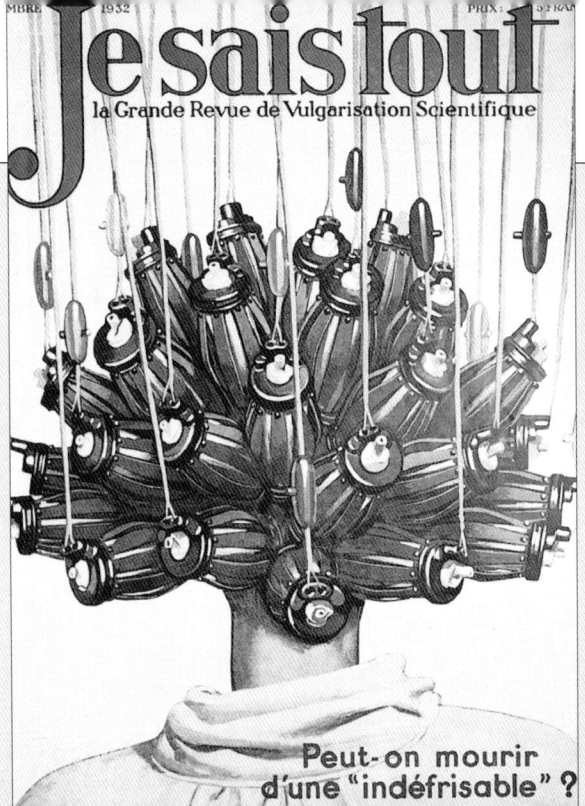

On peut mourir d'une indéfrisable

Depuis les premiers essais à Londres, en 1906, de l'appareil de Charles Nessler « l'indéfrisable électrique », l'invention ne cesse de se perfectionner. Adopté partout dans le monde, l'appareil de Nessler connaît en France bien des déboires. Très répandu, il est encore malgré tout, au milieu des années 1930, l'objet de rumeurs malveillantes qui l'accusent d'être dangereux autant pour le coiffeur que pour la cliente.

Un manuel à l'usage des professionnels publié au début des années 1930 par Gilbert Foan consacre un chapitre entier aux traitements des brûlures, parfois graves, occasionnées par les appareils à permanenter. « De temps à autre, les bigoudis de porcelaine surchauffés provoquent la fonte des gaines de Bakélite et la cliente se retrouve la tête poissée de plastique fondu. Souvent, des fissures microscopiques laissent échapper vapeur et émanations du réactif employé et il s'ensuit des courts-circuits, mais aussi des décharges électriques. Nombreuses sont les femmes qui hésitent à rester collées sur leur siège de peur de l'électrocution ».

L'individu le plus acharné contre les appareils « indéfrisables » est un nommé André Fail, docteur de son état, qui prétend que la seule élévation de température que la femme éprouve au sommet de la tête présente des inconvénients pour la santé. « Le chauffage des mèches roulées sur les bigoudis apporte aux femmes soumises à cet appareil une sensation de lourdeur de tête, quelquefois de véritables douleurs. Elles peuvent avoir des vertiges, de l'insomnie [...] Chez quelques personnes nerveuses et prédisposées, les signes sont plus accentués [...]. » Tous les professionnels de la coiffure s'élèvent contre ce qu'ils considèrent comme des âneries. C'est alors qu'intervient l'histoire d'une petite fille de 13 ans qui meurt environ un mois après avoir été « indéfrisée ». Le coiffeur a essayé sur elle un appareil nouveau qu'il vient d'acheter. L'autopsie diagnostique une méningite. Il n'en faut pas plus pour déchaîner le docteur André Fail, qui fait part à l'Académie de médecine de ses craintes et préconise l'interdiction de ce type de matériel.

Une inflammation des méninges

« L'indéfrisable a contribué chez cette petite fille à l'inflammation des méninges et a créé à leur niveau une zone de moindre résistance où se sont accumulés les microbes. » Considérant le nombre considérable de femmes qui se soumettent aux pratiques de la permanente, il poursuit : « On doit tenir compte des sujets prédisposés, et c'est bien parce qu'aucune précision n'est encore intervenue qu'il serait prudent de déconseiller cette mode aux tuberculeux pulmonaires, aux épileptiques, aux artérioscléreux, aux hypertendus chez qui l'élévation de température risque de favoriser une hémorragie cérébrale. »

À la fin des années 1930, les procédés, les produits et les appareils liés à la permanente à chaud s'affinent et deviennent plus sûrs, rassurant enfin les clientes jusqu'alors justement inquiètes.

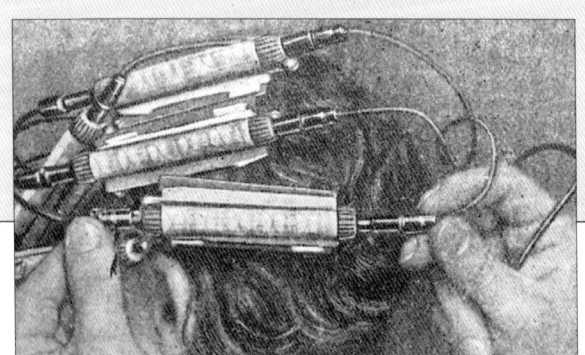

5
Dictionnaire succinct des coiffures historiques
Remarquables arrangements des poils

La chevelure : principale souci de la beauté des femmes. Gravure. XIXe siècle. Coll. part. D.R.

La disposition des cheveux selon une tournure étudiée s'appelle une coiffure. Celle-ci, tant pour les hommes que pour les femmes, s'est montrée tout au long de l'Histoire un des éléments majeurs dans l'art de la séduction. Parure qui renvoie à la beauté et à la sensualité, la coiffure est un élément personnel d'expression, mais la mode peut en faire un facteur d'identification collective grâce à l'imitation généralisée d'un modèle admiré. Pour cela même, les coiffures sont également révélatrices d'une époque. Certaines d'entre elles ont connu de longues vogues, d'autres d'éphémères succès, mais toutes s'inscrivent dans l'histoire des sociétés comme des balises, des repères relatifs à des événements ou à des existences plus ou moins remarquables.

Les centaines d'ouvrages, les dizaines de milliers de publications relatifs à l'histoire des mœurs, du costume, de la parure, de la beauté, de la mode et de la coiffure recensent plusieurs milliers de coupes et d'arrangements capillaires, chacun portant un nom distinctif. Sur le seul critère de leur notoriété historique, nous avons fait une difficile sélection parmi les plus fameuses de ces créations dont l'ensemble s'oppose au misogyne axiome populaire du XIXe siècle qui affirmait : « Les femmes et le cheval doivent être semblables. Tous deux petite tête, bel œil, large front, oreilles courtes et droites, col haut et mince, et crinière épaisse et longue. »

- **Coiffure à la Crobyle (IVᵉ siècle avant J.-C.)**
Cette coiffure masculine d'origine ionienne appelée également Krölubos fut très en vogue surtout à Athènes. Les cheveux étaient relevés en toupet au-dessus du front ou bien rassemblés en chignon placé bas derrière la nuque et fixés par une grande épingle, un cordon ou encore un filet.

- **Coiffure à l'écuelle (XVᵉ siècle)**
Cette coiffure tire son nom d'un petit vase rond et creux. La chevelure taillée très courte, en rond et de façon uniforme donnait l'impression que le crâne était comme chapeauté par une écuelle. Cette coupe originale, virile mais inesthétique montrait les tempes et la nuque rasées et une ligne de coupe au-dessus des oreilles. On la donne généralement comme apparue au début du XVᵉ siècle. En fait, elle était déjà portée dans la seconde moitié du XIVᵉ siècle par nombre de chevaliers. On peut le constater par exemple avec les portraits du connétable de Charles V, le célèbre Bertrand du Guesclin. Au XVᵉ siècle, triomphe la coupe à l'écuelle portée par l'aristocratie, la bourgeoisie et même le peuple. Si elle est raillée par les Anglais et les princes d'au-delà du Rhin, cette coupe est adoptée à partir du milieu du XVᵉ siècle par nombre de chevaliers en Italie et en Espagne, car elle facilite le port du casque. La coupe à l'écuelle a surtout été immortalisée par Jeanne d'Arc et il est mentionné dans les écritures de son procès, comme pièce à charge, « qu'elle a porté cheveux rognés en rond, en genre d'homme ». On donne généralement cette coupe de cheveux comme disparue au XVIᵉ siècle. En fait, elle y survécut et elle est encore portée au XVIIᵉ siècle comme le prouve le portrait d'époque du fastueux et ambitieux procureur général au Parlement de Paris, Nicolas Fouquet.

- **Coiffure en raquette (XVIᵉ siècle)**
On appelle ainsi un arrangement de la chevelure féminine à la mode vers 1580 et dans lequel les cheveux largement relevés et bouclés sur le front et les tempes prenaient la forme d'une raquette. On disait aussi coiffure en « ratepenade », ancien nom des chauves-souris.

- **Coiffure à la bouffonne (XVIIᵉ siècle)**
Elle fut introduite à la cour de France par Anne d'Autriche qui en rapporta la mode de Madrid après son mariage en 1615 avec Louis XIII. Cette coiffure, inspirée de l'Antiquité, fut à nouveau en vogue après la Révolution. Elle se caractérise par une chevelure divisée en deux masses. La première, postérieure, est nouée en torsades rondes fixées autour de la nuque. La seconde est composée de cheveux plus courts encadrant le visage. Ils peuvent être très frisés, presque crépus et, en tout cas, disposés en deux boucles volumineuses appelées bouffons.

- **Coiffure à la hurluberlu (XVIIᵉ siècle)**
Cette curieuse appellation qui vient de l'anglais *hurly-burly* signifiant « tumulte » désigne une coiffure caractérisée par des

« Coupe à l'Écuelle ». Le chancelier Rolin. Détail. 1436. Huile de J. Van Eyck. Louvre. D.R.

cheveux courts coupés de façon inégale. Des mèches courtes et bouclées encadrent le front, et des mèches longues et torsadées à l'anglaise tombent sur la nuque. Cette coiffure due, pense-t-on, à la célèbre coiffeuse « la Martin » fut lancée vers 1679 par Madame de Nevers, comme le confirme Madame de Sévigné dans une lettre adressée à sa fille, la comtesse de Grignan : « La Martin l'a bretaudée [...] Elle avait tous les cheveux coupés sur la tête et frisés naturellement par cent papillotes qui l'ont fait souffrir mort et passion toute la nuit. Cela fait une petite tête de chou ronde sans que rien n'accompagne les côtés. C'est la plus ridicule chose que l'on puisse imaginer [...] Voilà la coiffe hurluberlu, outrée jusqu'à la folie. » Sous les différents noms de coiffure hurlupée, à la « hurlubrelu » puis à la « hurluberlu », cette coupe, qui ne remporte pas tous les suffrages, s'est néanmoins répandue sous différentes variétés, surtout après que la nouvelle favorite du roi, Madame de Montespan, l'eut un temps adoptée.

- **Coiffure à la Fontanges (XVIIᵉ siècle)**
Cette coiffure porte le nom d'une des plus célèbres beautés de la cour de Louis XIV. Maîtresse du souverain, elle mourut à l'âge de 20 ans d'un accouchement difficile. De toute simple dans sa création, la coiffure à la Fontanges devint rapidement très complexe dans ses innombrables variantes. René Aubert, abbé de Vertot, historien et homme de lettres fameux du temps, en a laissé une description : « C'est une espèce d'édifice à plusieurs étages fait de fil de fer sur lequel on place différents morceaux de toile, séparés par des rubans ornés de boucles de cheveux et tout cela distingué par des noms bizarres et si ridicules que notre postérité aura besoin d'un glossaire pour expliquer l'usage des différentes pièces et l'endroit où on les place [...] On pourrait croire qu'il faut pour coiffer les dames pour ainsi dire un serrurier pour dresser la base de ce ridicule édifice [...]. »

Coiffure « Pouf aux sentiments ». XVIIIe siècle. Gravure. Coll. part. D.R.

- **Coiffure à la victime (XVIIIe siècle)**

    La coiffure à la victime connut sa vogue entre 1795 et 1796, au lendemain de la Terreur thermidorienne. Les cheveux plutôt courts offraient une nuque très dégagée, comme en montraient tous les condamnés montant à l'échafaud. Cette coiffure s'agrémente d'un fil ou d'un mince ruban rouge porté autour du cou destiné à symboliser la trace de la lame du « grand rasoir national ».

- **Coiffure à la Chouan (XVIIIe siècle)**

    La coupe à la Chouan fut portée pendant quelques années par les paysans de Normandie, de Bretagne et de Vendée fidèles à la royauté et qui prirent les armes en 1793 contre la Première République française. Les cheveux mi-longs ou longs étaient laissés pendants sur les épaules et quelquefois coupés en frange sur le front. Il arrivait aussi que certains Chouans les nattent sur les côtés comme le faisait un de leurs premiers chefs, Jean Cottereau, celui-là même qui est à l'origine du mot Chouan, contraction du mot « chat-huant ». Il en avait été affublé par ses hommes en regard de son habileté à ne sortir que la nuit, comme cet oiseau nocturne dont il avait de surcroît fait du cri un signe de ralliement.

- **Coiffure à l'enfant (XVIIIe siècle)**

    Cette coiffure imaginée dit-on par le coiffeur Léonard fut lancée par la reine Marie-Antoinette. Il s'agissait d'une coupe courte destinée à pallier ses pertes de cheveux occasionnées par ses grossesses et abîmés par quinze années de durs traitements capillaires exigés par les modes de l'époque. Les cheveux sont coupés à une dizaine de centimètres de longueur tout autour de la tête puis crêpés. Seules deux longues anglaises sont maintenues à l'arrière et pendent dans le cou. Cette coiffure simple mais poudrée fut adoptée un temps par toutes les élégantes de Versailles et de Paris.

- **Coiffure à l'ingénue (XVIIIe siècle)**

    Cette coiffure très à la mode vers 1786 se caractérise par des rangées horizontales de rouleaux de cheveux serrés les uns contre les autres et placés en étage de façon à encadrer le cou et les côtés du visage. Sur le dessus du crâne, les cheveux sont crêpés, tirés en arrière et pendent dans la nuque, droits ou bouclés selon le désir de chacune.

- **Coiffure pouf aux sentiments (XVIIIe siècle)**

    On nomme ainsi des coiffures extrêmement complexes et diversifiées ou plutôt des arrangements extravagants de la chevelure des femmes, qui pouvaient atteindre des hauteurs extraordinaires et dans lesquels les dames de la Cour faisaient figurer tout ce qui leur tenait à cœur pour une raison ou une autre.

    Tout était prétexte et source d'inspiration pour créer des « coiffures aux sentiments » les plus inédites et sophistiquées possibles : l'amour, la science, la médecine, la mythologie, la guerre, l'architecture, etc. Chaque femme tendait à personnaliser sa coiffure par des ornements spécifiques : fleurs, fruits, légumes, personnages réduits en cire, monuments miniatures, reproduction de calèches, de forteresses, de villes, etc., l'imagination étant sans limites.

    À la fin du règne de Louis XV, ce type de coiffure se nommait « coiffure aux circonstances ». Sous le règne de Louis XVI, elle prendra le nom de « pouf aux sentiments », le pouf étant un petit coussin posé au centre de la chevelure, caché par les cheveux et des mèches postiches et sur lequel venaient se fixer les divers ornements du décor. En 1772, on recense selon *L'Éloge des coiffeurs adressé aux dames* près de 4 000 coiffures. Parmi celles-ci, d'innombrables modèles de « poufs aux sentiments ». On peut citer le « pouf à l'héroïne d'amour », le « pouf à la noblesse », le « pouf au cerf-volant », le « pouf à la montgolfière » et encore à la Dauphine, à la Tartare, à la Baston, etc. Généralement, la composition des « coiffures aux circonstances » et des « poufs aux sentiments » est liée à un événement qui touche la Cour ou qui, pour une quelconque raison, prend en considération un fait, mineur souvent, qui devient prétexte à une extravagance capillaire. À la mort de Louis XV, en 1774, « les coiffures à la circonstance » consistaient à porter sur la tête un faîte de cyprès et une corne d'abondance posés sur une gerbe de blé. D'autres dames de la Cour portèrent des scènes où figuraient plantes et chèvres.

    Quatre ans plus tard, en 1778, un des poufs en vogue est dit « à la belle poule ». Sur des cheveux très ondulés symbolisant la mer, est posée une maquette de frégate rappelant l'exploit maritime d'un vaisseau français lors d'un accrochage avec la flotte anglaise. En 1783, les chevelures s'ornent de montgolfières en raison de la première ascension en ballon des frères Montgolfier. Le plus souvent, il est vrai, les « poufs aux sentiments » rentrent dans les comportements courtisans. Les exemples sont innombrables. En 1774, par exemple, une grande partie des dames de la Cour se fait confectionner des « poufs à l'inoculation » après que la famille royale s'est fait vacciner contre la variole. Les chevelures s'ornent d'une maquette du soleil, d'un olivier couvert de feuilles et de fruits, d'une massue et d'un serpent, ensemble allégorique symbolisant la vaccination. Autre exemple, quand Marie-Antoinette qui prisait fort ce genre de coiffure se prit d'intérêt pour les jardins potagers, on vit fleurir quantité de « poufs à la jardinière » où figuraient artichauts, choux-fleurs, carottes et bottes de radis.

Courtisanerie encore lors de la deuxième grossesse de la reine qui fut prétexte à d'incroyables coiffures. Les naissances ont d'ailleurs été souvent célébrées par les poufs aux sentiments. Dans les *Mémoires secrets* de Bachaumont dont la rédaction fut poursuivie après sa mort par Mairobert puis par d'Angerville, on peut lire la description de l'incroyable pouf aux sentiments porté en 1773 par la duchesse de Chartres pour sublimer son état de grossesse, alors qu'elle porte le futur Louis-Philippe : « Au fond de la chevelure était assise une femme dans un fauteuil tenant un nouveau-né. À droite de la composition, un perroquet, oiseau fétiche de la duchesse, tenant une cerise. À gauche se tient un petit nègre, visage d'un de ses serviteurs qu'elle affectionne beaucoup. Le surplus était chargé d'une touffe de cheveux du duc de Penthièvre, son père, du duc de Chartres, son mari, et du duc d'Orléans, son beau-père. »

Les poufs aux sentiments furent en vogue pendant plus de quinze ans, et ils en vinrent à posséder une sorte de langage codé. Les femmes légères, cherchant l'aventure ou ouvertes aux discours amoureux jonchaient leur tête de papillons. Les femmes qui voulaient entretenir une réputation de tendresse mêlaient à leurs cheveux des essaims d'amours. Quant aux mélancoliques et aux affligées, elles n'hésitaient pas à orner leur chevelure de sarcophages et d'urnes funéraires. Hormis l'aspect esthétique, les inconvénients d'une telle coiffure sont évidents et multiples. Il fallait souvent plus d'une journée à plusieurs coiffeurs pour la réaliser. Souvent créée la veille de la fête ou de la cérémonie, celles qui en étaient affublées devaient dormir dans un fauteuil pour ne pas l'endommager.

• Coiffure à la Titus (XIXᵉ siècle)

Il s'agit d'une coupe qui laisse les cheveux aussi courts devant que derrière, comme on peut le voir sur les statues antiques du règne de l'empereur romain Titus, surnommé « délices du genre humain » par ses contemporains. L'origine du succès en France de cette coupe est différente selon les auteurs du temps. Pour les uns, elle viendrait de Bonaparte qui, parti en 1796 pour la campagne d'Italie avec les cheveux longs, rentra avec les cheveux si courts que ses soldats le surnommèrent « le petit tondu ». D'autres auteurs affirment que la coupe Titus serait née de l'emprisonnement sous la Terreur de Madame Tallien, la fameuse Thérésa Cabarrus, célèbre égérie sous le Directoire, la Notre-Dame de saint Thermidor des Muscadins. Épouse du conventionnel Tallien, elle aurait utilisé ses cheveux, mèche par mèche, pour faire passer à son mari un billet quotidien. Libérée après Thermidor, elle aurait dû égaliser sa chevelure, lançant ainsi la mode des cheveux très courts.

Il semble en fait que la véritable origine de la coiffure à la Titus soit due au fameux comédien François Joseph Talma. Après avoir porté sur scène une perruque courte imaginée par le coiffeur Dupin pour interpréter un rôle du répertoire classique, il l'aurait conservée à la ville. Sa notoriété aurait alors suffi pour lancer la mode des cheveux courts qui se substituera

« Coiffure à la Titus ». Huile de P. N. Guérin. Louvre. D.R.

très vite à une véritable coupe à la perruque. La coiffure à la Titus connaît une vogue extraordinaire aussi bien auprès des hommes que des femmes. Ce succès va déclencher de longues et violentes polémiques sur le thème : « Une telle coiffure est-elle convenable pour une femme ? » Pendant des années, le monde de la coiffure et celui des élégantes va en être électrisé.

Les arguments des « titusards » tiennent tout entiers dans le plaidoyer de Palette, célèbre coiffeur pour dames, qui écrit en 1810 : « La Titus débarrasse les femmes d'un superflu incommode, donne aux têtes une forme agréable, atténue par le flot des boucles les défauts éventuels des tempes trop découvertes et les fronts trop larges [...] Combien de femmes n'ont ni les traits fins et réguliers, ni certains jeux de physionomie [...] La Titus en donne à celles qui en sont dépourvues. Combien de personnes ont le malheur d'être nées avec des traits défectueux ou ravagés par la petite vérole, qui deviennent très supportables par la Titus [...] Elle arrête le temps et remplace tous les ornements [...] C'est le triomphe du naturel [...] » Le plaidoyer est habile, mais pas assez pour désarmer les anti-titusards pas dépourvus eux non plus d'argumentation. Pour ceux-là, la Titus équivaut à la disparition de « l'ornement enchanteur des femmes », de cet ornement qui en premier attire les hommages. « Les têtes tondues des femmes sans cheveux sont comme une rose effeuillée » ; « Comment les femmes peuvent-elles faire une mode de ce qui était autrefois une punition infamante » ; « Peut-on voir sans dégoût ces têtes d'hommes, ces têtes de Romains sur des corps de femmes », interroge l'auteur d'un pamphlet intitulé « Anti-Titus. Remarques critiques ». Beaucoup d'anti-Titus mettent en avant l'argument traditionnel d'une incontournable nature féminine : « Une femme coiffée à la Titus est

« Coiffure en coques ». D.R.

mutilée, imparfaite, dépourvue du moindre charme [...] Comment peut-on contrarier ainsi la nature en donnant aux femmes un air mâle ? »

En 1813 la question engendre encore de forts partis pris : « Est-il possible que les yeux s'accoutument à ne voir aucune différence dans la coiffure des deux sexes ? La réponse est non ! » Le célèbre docteur Akerlio, anti-titusard déclaré, préfère l'ironie : « Les cheveux semblent menacer le ciel et cependant, de la racine à la cime, ces nains insurgés ne comptent qu'un pouce de hauteur. Les têtes ainsi coiffées sont à l'image d'un porc-épic. » Et, conclut-il, dans une question propre à soulever la réflexion des titusardes les plus engagées : « Quel gage donner à un amant ? Que peut-il faire d'une croche de cheveux d'un pouce de long ? [...] »

• **Coiffure à la Bergami (XIXe siècle)**

Cette coiffure masculine fut en vogue à partir de 1820, sous le règne de Louis XVIII, et le demeura tout au long de celui de Charles X. Elle se caractérise par un toupet frisé qui s'élève au-dessus de la tête, tandis que les cheveux sont très aplatis sur les tempes. Cette coupe tire son nom d'un personnage, Bertolamo Bergami qui fut considéré comme l'archétype du héros dans les milieux romantiques européens. Maréchal des logis d'un régiment italien, l'homme entre en 1814 au service de la princesse Caroline de Brunswick, épouse du prince de Galles. De favori, le bel Italien devient l'amant de la princesse après qu'il a bu par hasard un verre de vin empoisonné destiné à la princesse et qu'il a manqué en mourir. Rétabli, il fut enseveli sous les faveurs de toutes natures, devint baron et grand maître de l'ordre du Saint-Sépulcre créé spécialement pour lui. Devenu la risée de toute l'Europe, le Prince de Galles finit enfin par intenter contre son épouse un procès en adultère.

• **Coiffure à la Bressant (XIXe siècle)**

Coiffure très appréciée des hommes, elle fut lancée vers 1845 par Jean-Baptiste François Bressant, un des plus célèbres acteurs du milieu du XIXe siècle qui, dit-on, se montrait tout aussi excellent dans la nouvelle comédie que dans l'ancien répertoire. Contemporain du grand Frédérik Lemaître, Bressant imposa en France la coupe en brosse qui va en très peu de temps étendre sa séduction à toute l'Europe. En Italie, par exemple, la coupe en brosse porte vers 1880 le nom du roi Umberto Ier qui l'a adoptée avec bonheur grâce à ses cheveux durs et épais.

À l'époque, elle est réalisée en utilisant un produit semblable à de la poix et grâce à un accessoire cylindrique en bois et en crin similaire à une brosse ; on le faisait rouler sur la tête du client dans le sens contraire à l'implantation de manière à ce que tous les cheveux se dressent face aux ciseaux qui alors intervenaient. En cherchant à l'adapter aux cheveux fins, on créa une coiffure légèrement plus longue : les cheveux toujours droits étaient coupés en arrondi.

• **Coiffure en coques (XIXe siècle)**

Il s'agit de hautes coiffures contemporaines de la Restauration et caractérisées par des cheveux formant deux à quatre gros rouleaux superposés ou disposés en éventail sur le dessus de la tête. Ces coiffures très volumineuses nécessitaient des carcasses en fil de fer ou de laiton destinées à maintenir l'édifice capillaire qui réclamait également l'usage d'un grand nombre de postiches.

La comtesse d'Agoult, célèbre sous son nom d'auteur masculin, Daniel Stern, et dont le salon était, entre 1825 et 1830, le rendez-vous de toutes les célébrités du temps, donne la description d'une des multiples « coiffures en coques » qu'elle porte à la Cour : « Coiffure haute et raide selon le goût du temps et celui de la dauphine, elle est formée de plusieurs boucles en coques énormes, très avancées sur le devant de la tête et d'où retombent en arrière de riches "barbes en blondes". Ces coques de cheveux sont surmontées d'un panache en plume d'autruche. Sur le front, que cachent en partie deux touffes symétriques de cheveux frisés, reposent lourdement en manière de diadème des fleurs et des épis de diamants. » Ces coiffures sont extrêmement complexes à réaliser et un journal de mode de 1886 affirme « qu'une femme ne s'en tire pas à moins de sept peignes à cheveux pour tenir l'échafaudage, boucles de front, tresses de dessus et de derrière, et le grand peigne de parade, clef de voûte de l'édifice ».

• **Coiffure à la Malibran (XIXe siècle)**

Fille d'un très célèbre chanteur, Maria Félicidad Garcia, devenue Malibran par mariage, fut certainement la plus fameuse cantatrice du XIXe siècle. Elle lança vers 1835 la coiffure qui porte son nom et qu'elle affectionnait particulièrement. Elle se compose de deux demi-bandeaux lisses, rapprochés par un bracelet dont l'agrafe sert d'ornement au milieu du front. Le reste de la chevelure, légèrement ondulé et embelli par un haut peigne, laisse voir le bout des oreilles et se perd derrière la tête. La Malibran mourut en pleine gloire des suites d'une chute de cheval, et cette mort prématurée inspira à Alfred de Musset sa fameuse pièce *Les Stances de la Malibran*.

• **Coiffure à la Sévigné (XIXᵉ siècle)**

Si l'on en croit le *Petit courrier des dames*, cette coiffure en vogue vers 1823 se caractérise par une rangée de boucles sur le front et deux autres qui encadrent le visage en « s'élargissant en cul de pigeon ». Dans ces boucles « viennent s'entrelacer des rangs de perles, mais aussi des rubans, des guirlandes de gaze bouillonnante agrémentées de plumes de couleur et de forme diverses [...] ».

• **Coiffure à la bohème (XIXᵉ siècle)**

Coiffure préférée vers 1850 des artistes et des anarchistes. Les cheveux très longs sont laissés parfaitement libres. Certains optent pour une raie médiane, d'autres rejettent la totalité de leurs cheveux en arrière. La coiffure à la bohème avec raie centrale et cheveux en éventail de part et d'autre était réputée très difficile à porter.

• **Coiffure à la chinoise (XIXᵉ siècle)**

Cette coiffure fut portée à partir de 1815, à la fin du Premier Empire. La conception en est fort simple : tous les cheveux sont fortement tirés en arrière, notamment au niveau des tempes, puis tordus au sommet du crâne en forme de cône tronqué. La mode en aurait été lancée à la suite du considérable succès obtenu par un opéra comique intitulé *Le Laboureur chinois*. Le grand coiffeur René Rambaud, dans son ouvrage *Les Fugitifs* publié en 1947, donne une autre origine à cette coiffure. Elle serait due à un mouvement d'humeur d'une célèbre actrice, Mademoiselle Spinelly, vedette du Théâtre des Variétés. Ce jour-là, la comédienne est arrivée très en retard pour son entrée sur scène. Dans sa loge, sur sa table de toilette sont disposées toutes les pièces de postiches dont sa coiffure est composée. Tout à coup, furieuse, hors d'elle, elle arrache un postiche déjà posé, le jette contre le mur et hurle au coiffeur qu'elle en a assez de tous ces trucs : « Au comble de l'énervement, elle prend son démê-loir et en moins de temps qu'il n'en faut pour le dire, elle peigne ses cheveux de l'avant vers l'arrière, et des oreilles et de la nuque vers le sommet. Elle les plaque sur la tête et tourbillonne les longueurs en un chignon hâtif qu'elle épingle au sommet [...] Ce fut dans la salle une folle ovation [...]. » La coiffure à la chinoise sera remise quelque temps au goût du jour vers 1912.

• **Coiffure à la Ferronnière (XIXᵉ siècle)**

Les cheveux tirés sur le crâne et séparés par une raie centrale sont tenus par un ruban ou une chaîne généralement ornés d'un bijou et qui enserre la tête au niveau du front. Cette coiffure, portée vers 1835, tire son nom de la Belle Ferronnière, l'une des maîtresses de François Iᵉʳ et épouse d'un avocat au Parlement nommé Ferron. Cette femme, dont la beauté fut immortalisée par Léonard de Vinci avec son célèbre portrait, eut la première l'idée de fixer au milieu du front un bijou maintenu par un mince lacet de soie pour masquer une vilaine marque de naissance.

• **Coiffure à la Galatée (XIXᵉ siècle)**

Cet arrangement des cheveux apprécié vers 1820 devint à la mode après que le peintre Giraudet Triason eut déclenché l'enthousiasme des critiques et du public l'année précédente avec sa célèbre toile *Pygmalion et Galatée*. Les cheveux sont bouclés et massés sur le sommet du crâne, tandis qu'un turban laisse dépasser sur le front, les tempes et la nuque des mèches artistiquement torsadées.

• **Coiffure à la hérisson (XIXᵉ siècle)**

Ainsi nommait-on vers 1800 une coupe de cheveux très courte qui connut un certain engouement auprès des femmes. Toute la chevelure était travaillée en petites mèches frisées et pommadées fixées droites sur le dessus du crâne et plaquées sur le front et les deux côtés du visage.

• **Coiffure à la Capoul (XIXᵉ siècle)**

Cette coiffure masculine fut lancée en 1879 par le célèbre chanteur toulousain Joseph Amédée Victor Capoul, qui s'était fait connaître également pour son élégance alors qu'il se produisait avec succès à Paris sur les scènes de l'Opéra Comique et du Théâtre Lyrique avant sa nomination comme directeur du Conservatoire de New York. La coupe à la Capoul comportait une raie au milieu de la tête tandis que les deux côtés du front étaient dégagés et que son milieu, au contraire, était recouvert par deux espèces de petits bandeaux de cheveux.

• **La coiffure à la Cérès (XIXᵉ siècle)**

Cet arrangement de la chevelure féminine, porté vers 1852, se caractérise par une couronne de cheveux nattés au-dessus du

Portrait de Cecilia Gallesani. Coiffure à la Ferronnière. Huile de Léonard de Vinci. Musée Narodorve. D.R.

« Coiffure choucroute » créée par Jacques Dessange pour Brigitte Bardot. Doc. Dessange. D.R.

Coiffure avec anglaises.
Portrait par Voet Ferdinand. Petit Palais. D.R.

front et à qui on donna le nom de la déesse de la Moisson en raison des efforts portés à l'époque sur la culture des céréales. Malgré l'engouement qu'elle suscita, cette coiffure fut en butte à de nombreux sarcasmes, dont ceux du brillant et original écrivain journaliste Alphonse Karr. Collaborateur du *Figaro*, il en fit une description ironique : « Aujourd'hui, on a imaginé une coiffure qui exige deux mètres de cheveux. Bien sûr, tout le monde a deux mètres de cheveux. Cette coiffure, appelée je crois à la Cérès et qui consiste à se faire une couronne de ses cheveux nattés, exige des cheveux longs et abondants [...] Il faut les laisser pousser [...] Ce n'est pas sans étonnement que l'on voit un jour des femmes avoir à peine assez de cheveux pour la plus humble coiffure, en avoir suffisamment le lendemain pour cette coiffure luxuriante [...]. »

• **Coiffure choucroute (XXᵉ siècle)**

Cette coiffure au nom « charcuto-alsacien » fut créée en 1958 par le grand coiffeur Jacques Dessange et lancée la même année par Brigitte Bardot. La tête est couronnée par une «choucroute», c'est-à-dire une masse de cheveux très crêpée et structurée en hauteur. Quelquefois à des altitudes si impressionnantes qu'on pourrait se croire revenu aux coiffures à poufs des années 1780.

Celle-ci est réalisée en enroulant les mèches de la chevelure autour de bigoudis qui sont ensuite séchés sous un casque. Puis on « monte la choucroute » en vaporisant généreusement les cheveux de laque destinée à faire tenir l'assemblage. Sous le nom de « coiffure champignon » moins vulgaire que « coupe choucroute », cette coiffure va faire le tour du monde et être adoptée par de nombreuses vedettes de l'écran.

• **Coiffure artichaut (XXᵉ siècle)**

Cette coupe se signale par une succession de plans superposés, composés de rangées de boucles s'imbriquant les unes dans les autres et rappelant la structure d'un artichaut. La nuque comme le front sont dégagés. Les capillaro-historiens s'opposent quant à l'origine de cette coiffure. Certains la disent créée en 1960 par Antoine pour Elizabeth Taylor, d'autres affirment qu'elle fut « inventée » en 1962 par les sœurs Carita qui « recommandaient de la porter avec des cheveux clairs ».

• **Coiffure « Hair 89 » (XXᵉ siècle)**

Coiffure de circonstance, née en 1989 de la célébration du bicentenaire de la Révolution. Il s'agit d'une coupe au carré dont le volume en hauteur est agrémenté de mèches diversement colorées dont certaines tombent sur le front dans un désordre très étudié.

• **Coiffure à la Paulus (XXᵉ siècle)**

Il s'agit d'une coupe courte masculine dans laquelle tous les cheveux sont ramenés en avant. Elle est peut-être la seule coiffure à se référer simultanément à deux origines. Elle fut imaginée et portée par Paulus, le célèbre acteur athénien du temps de Périclès et ensuite lancée, vers 1913, par un second Paulus, célèbre acteur du début du siècle qui y ajouta une raie centrale ou de côté selon le goût.

• **Coiffure à l'anglaise (XXᵉ siècle)**

Cette coupe pour homme est exactement l'inverse de la coupe à la Paulus. Elle projette toute la chevelure non plus en avant, mais en arrière, et découvre totalement le front. Les cheveux sont quelquefois ondulés, pommadés, mais toujours séparés en deux par une raie centrale. Cette coiffure courte ou demi-longue connut une vogue durable dès 1910.

• **Coiffures en coupe-chou (XXᵉ siècle)**

Ces coiffures qui triomphent au début des années 1960 s'inspirent directement de quelques créations en vogue au XVIᵉ siècle, notamment de la « coiffure Marie Stuart » et de la « coiffure Médicis ». Les variantes modernes s'appellent « courrier du cœur », « fossette » ou encore « chouchou ». Toutes offrent un mouvement gonflant, « auréolant » le visage et qui rappelle la structure du chou. Selon les cas, les cheveux cachent ou non les oreilles. Le plus généralement, ils s'arrêtent légèrement au-dessus et dans aucun cas ne doivent descendre plus bas que le menton.

• **Coiffures à la garçonne (XXᵉ siècle)**

« Garçonne » est le nom donné à certaines femmes qui, après la Première Guerre mondiale, vers 1920 et jusqu'en 1925, se firent couper les cheveux, mirent des talons plats et s'efforcèrent de dissimuler leur ligne féminine, notamment les seins et les fesses. Cette masculinisation volontaire se focalisa surtout sur la coupe de cheveux courte ou très courte qui connut une vogue considérable à travers toute l'Europe. Succès auquel l'ouvrage de Victor Margueritte *La Garçonne* publié en 1922 n'est pas étranger. La coiffure à la garçonne connaît des quantités de variantes dont le point commun reste bien évidemment la petitesse des cheveux. Ceux-ci sont tantôt ondulés, tantôt droits et lisses, tombant ou renvoyés en arrière, ou encore découvrant ou non les oreilles ou la nuque, frisés ou gominés, etc. Toutes les possibilités seront déclinées.

• **Coiffure à la page (XXᵉ siècle)**

Cette coiffure signée en 1932 par le coiffeur Guillaume est très proche de la « coiffure à l'ange » de René Rambaud lancée deux ans auparavant. Toutes deux ont été inspirées par la coiffure des anges et des pages de la peinture italienne du XVᵉ siècle, dont Paris venait d'abriter une grande exposition. Ces coupes se caractérisent par des cheveux lisses, mi-longs, rejetés en arrière sur le dessus du crâne.

• **Coiffure à la banane (XXᵉ siècle)**

On appelle « banane » une grande mèche horizontale qui, sur le front, tend vers le bas avant de repartir sur le côté ou sur l'arrière en dessinant une sorte de grosse boucle fixée par de la gomina. Cette coiffure très recherchée pendant toute la décennie 1960, appelée aussi « queue de canard », fut popularisée à travers le monde par l'idole de toute une génération, Elvis Presley. La coiffure à la banane sera portée par tous les rockers de la planète à un moment ou à un autre de leur carrière, y compris par Johnny Hallyday ou les Beatles à leurs débuts.

• **Coiffures afro, rasta, punk, hippie, beatnik, etc.**

Chacune de ces coiffures, qui offrent de véritables et uniques particularismes, sont traitées dans le chapitre « Poils, opinions et contestations » pour la raison qu'elles furent imaginées sans aucun souci de mode ou d'élégance, mais comme étendards d'une contestation sociale ou comme signe de rejet d'une société exécrée.

Coiffure à l'Ange inventée par R. Rambaud. Coll. part. D.R.

Coiffure à la garçonne. Louise Brooks. Coll. part. D.R.

6
Le panthéon des coiffeurs
Des petits dieux aux géants industriels

Jacques Dessange en 2001, restituant à Sheila les couettes qu'il lui a coupées vingt-cinq ans auparavant. Photo J. Dessange. D.R.

Parmi les innombrables coiffeurs qui se sont distingués, un certain nombre ont marqué l'Histoire de leur empreinte. Impossible, bien sûr, de les citer tous, et l'évocation de seulement quelques-uns des plus illustres est une injustice.

ALEXANDRE : Audace et collection

Né à Saint-Tropez en 1922, Alexandre fait son apprentissage dans les salons de coiffure tropéziens, puis parisiens, avant d'ouvrir son propre établissement capillaire. Très vite, le salon d'Alexandre devient le rendez-vous d'un très grand nombre de personnalités parmi les plus en vue. Il est à l'origine d'innombrables audaces dont la fameuse coiffure courte de Zizi Jeanmaire qu'elle conservera toute sa vie. Coiffeur de plusieurs cours princières, ses créations sont souvent mises en exergue par la presse. Lié à la vie mondaine et à la jet-set internationale, Alexandre se signale également par son goût pour l'Histoire. À la fin de sa vie, il est à la tête d'un ensemble unique sur le thème de la coiffure : bijoux, peintures, dessins, sculptures et surtout objets en cheveux dont il a su rassembler la plus grande collection au monde.

ANTOINE : Retour à la case départ

Antek Ciesplikinsky a moins de 14 ans lorsqu'il commence son apprentissage, en 1898, chez son oncle coiffeur à Lodz en Pologne. À 17 ans, en 1901, il débarque à Paris, francise son nom en Antoine et entre comme commis chez le perruquier Decoux. Après avoir œuvré chez différents coiffeurs, il ouvre son propre salon au début des années 1920 et devient rapidement une personnalité du Tout-Paris. Dans les années 1930, gratifié du surnom de « magicien du peigne », Antoine a aussi une réputation internationale. Ses créations font sensation. Il est le seul, dès 1910, à accepter de faire aux femmes des coupes de cheveux courts. C'est lui qui coiffe à la garçonne Ève de Lavallière. Il crée des coiffures pour Sarah Bernhardt, Joséphine Baker, Coco Chanel et cent autres personnalités. C'est lui qui inventa la célèbre frange de Claudette Colbert ou qui confectionna pour Cécile Sorel sa célèbre perruque en cristal. Parmi ses titres de gloire, on doit à Antoine d'avoir lancé les rinçages colorés et d'avoir imposé la mode des coiffures laquées.

En 1968, il se retire du métier et retourne vivre dans son pays natal où il meurt en 1976, laissant derrière lui un immense empire commercial constitué de salons de coiffure disséminés en Europe et aux États-Unis, ainsi qu'une chaîne de fabrication et de commercialisation de produits cosmétiques, d'instruments de coiffure et d'objets de chevelure. Souvent accusé de vanité, Antoine écrivit ses Mémoires sous le titre *Comment j'ai coiffé le monde entier*.

ARMAND : Le sens des affaires !

Armand commence sa carrière comme « coiffeur portraitiste » et, à ce titre, s'attache au duc d'Orléans et au marquis de La Fayette. Il fit sa réputation grâce aux fameuses coupes courtes à la Titus dont il devint l'un des maîtres. On lui doit également d'avoir ouvert sous le Directoire le premier salon de coiffure un peu élégant de Paris.

BERTRAND : Un bosseur !

Sous l'Empire, puis sous la Restauration, Bertrand fut considéré comme un des coiffeurs les plus adroits et les plus inventifs. Spécialiste des coiffures à l'Antique, il passait des heures au Louvre pour étudier les chevelures des statues. Pour les mêmes raisons, il fréquentait assidûment la Bibliothèque impériale afin de s'inspirer des gravures et mieux faire revivre les belles compositions de l'Antiquité.

Son nom reste surtout attaché à une marotte, cette passion exclusive qu'il se découvrit pour le célèbre médecin et phrénologue allemand Franz Jouf-Gall, qui croyait à l'existence d'une relation absolue entre les formes du crâne d'un individu et ses facultés. Fort de cette conviction, Bertrand se mit à réaliser sur la tête des dames des bosses en cheveux : bosse de la pudeur, bosse de la modestie, bosse de l'humanité, bosse de la rancune, bosse des mathématiques, etc.

Bertrand se singularise également en devenant un spécialiste de la raie, car disait-il : « Seul un véritable artiste peut séparer les cheveux sur le crâne. » Ainsi traçait-il toutes sortes de « routes capillaires », droites, obliques, en zigzag, etc., chacune de ses raies portant un nom distinctif : « route de Strasbourg », de « Varenne », de « chez moi », ou encore « route de Coblence », très appréciée par les émigrés rentrant en France au début de la Restauration.

CARITA : Les siamoises de la mode

Nom porté par deux sœurs d'origine catalane, Maria et Rosy. Elles ouvrent leur premier salon de coiffure à Toulouse, leur ville natale, avant de « monter » à Paris. Ambitieuses, pleines d'énergie, les sœurs Carita travaillent chez différents maîtres parisiens, dont Louis Gervais, avant d'ouvrir leur propre salon rue Saint-Honoré et de rendre leur adresse mondialement connue. On retient surtout que ce sont elles qui lancèrent au milieu des années 1960 la mode des perruques de couleurs puis celle des chignons à l'espagnol. Elles firent également revivre les coiffures à l'anglaise et à coques. Elles créèrent un institut de beauté et une école d'esthéticiennes qu'elles dirigèrent parallèlement à leur salon jusqu'à leur disparition survenue respectivement en 1978 et 1982. Maria et Rosy Carita ne revendiquaient qu'un seul titre de gloire : « Nous avons ouvert la profession aux femmes [...] Avant nous, elles n'étaient jamais considérées comme de grands coiffeurs [...]. »

CARON et CELLIER : C'est pas lui, c'est moi !

Deux célèbres maîtres coiffeurs qui se rendirent plus célèbres encore par le violent différend qui les amena jusque devant les tribunaux et qui se référait à la paternité d'une invention : la « raie de chair ». Il s'agissait d'un réel progrès innovateur apporté aux perruques et qui donnait l'impression de laisser voir à l'emplacement de la raie la vraie peau du crâne. L'affaire ne fut jamais réellement tranchée.

CHAMPAGNE : Pétillant et séducteur

Ce coiffeur perruquier, contemporain de Louis XIII puis de Louis XIV, fut le premier « coiffeur homme » à être introduit pour coiffer dans un boudoir de femme. Il le fut grâce à la protection de Madame de Nevers. Après avoir œuvré un temps à la cour de France, il passa en Pologne et en Suède où il devint le coiffeur de la reine Christine avec qui il revint briller à nouveau à Paris, en 1654. Son renom était immense et dû autant à son talent de coiffeur qu'à ses bonnes fortunes galantes. Celles-ci faisaient tant de bruit que le jeune Louis XIV avait demandé à rencontrer un tel séducteur. Afin qu'il ne lui manque aucune gloire, le théâtre du Marais reçut l'autorisation de jouer une comédie en un acte d'un certain Boucher intitulée *Champagne le coiffeur* !

Possesseur par intrigue d'une charge de « secrétaire du roi », Champagne fut tué par des brigands sur une route du Midi. Assassiné par ses ennemis, murmurait-on. Il en avait effectivement beaucoup. Son contemporain Tallemant des Réaux le traite dans ses *Historiettes* de « Faquin par son adresse à coiffer et à se faire valoir, à se faire rechercher et caresser par toutes les femmes ». Et, constate-t-il : « C'est la faiblesse des femmes qui le rendit insupportable [...]. »

CHAPIRON : Le physiognomoniste

Coiffeur de renom sous la Monarchie de Juillet, il s'imposa comme le grand spécialiste des coupes masculines. Il prêchait que l'homme de l'art, avant de saisir son rasoir ou ses ciseaux, doit d'abord observer la forme de la tête, l'expression des traits et même la taille pour n'agir qu'en fonction de ces différents paramètres. Avec les hommes grands, par exemple, à la figure allongée, les cheveux doivent être assez longs, coupés à la hauteur de la bouche et onduler à la mode médiévale. Il avait ainsi une coiffure standard pour chaque forme de visage.

CROISAT : « Le Napoléon de la coiffure »

Cet élève de Caron perpétua, au XIXe siècle, la tradition des coiffeurs artistes du siècle précédent. C'est Croisat qui imagine les carcasses de fil de fer, appelées « girafes » par référence à la première apparition de cet animal à Paris, en 1827. Ces girafes servent à soutenir les hautes coiffures avec coques qui ont assuré sa célébrité dans l'Europe entière, jusqu'à lui valoir le surnom de « Napoléon de la coiffure ».

Croisat est à l'origine de nombreuses initiatives heureuses. En 1833, par exemple, il fonde la seconde Académie de coiffure. La première, ouverte par Legros en 1768, a disparu depuis bien longtemps. Auteur de livres à succès tels que *Méthode de coiffure* ou *Théorie de l'art de coiffer*, il se signale, en 1838, par une innovation qui sera reprise par d'autres un siècle plus tard : il fait des créations en public et fait défiler ses mannequins en musique. Le coiffeur Croisat répétait sans cesse : « Il n'y a de mode qu'à Paris, et c'est de là que viennent tous les modèles de coiffure dont s'empare le monde élégant sur Terre. »

DARGÉ : Fatuité et opportunisme

Dargé, souvent nommé Dagé dans les chroniques, est surtout connu pour avoir coiffé un grand nombre de favorites de Louis XV dont la duchesse de Châteauroux grâce à laquelle il s'est imposé à la Cour où il devint le protégé de la belle-fille du roi, la dauphine. Madame de Pompadour eut un temps recours à son service alors qu'elle était favorite en titre. À croire qu'elle n'était guère rancunière car Dargé avait fait jaser toute la Cour en refusant dans un premier temps de la coiffer, nous dit Madame de Villermont, « parce qu'il ne la trouvait pas assez noble ».

DESSANGE : Le précurseur

Jacques Dessange est considéré par beaucoup comme celui qui, dans les années 1950, a sorti la profession de son sommeil et de ses combats d'arrière-garde.

À l'âge où les garçons jouent aux billes, le petit Jacques assure la corvée d'eau quotidienne pour remplir la citerne du salon de coiffure de son père, à Sousesme, en Sologne. À 13 ans, il coupe les cheveux et fait la barbe selon les principes de son géniteur : « Caresser le visage du client comme une abeille butine une fleur. »

En 1945, il « monte » à Paris et débute chez Jules, le salon où les députés viennent se faire couper les cheveux. C'est l'époque où il court les cent mètres en moins de douze secondes et vend *L'Humanité* à la porte de Montreuil.

Sa carrière prend son envol lorsqu'il entre dans le plus célèbre salon de Paris, celui de Louis Gervais, rue de Bassano. Au début de la décennie 1950, il est un des coiffeurs les plus connus de Paris. Il est temps de s'installer à son compte. Ce qu'il fait en 1954 à l'âge de 29 ans en achetant pour une véritable fortune l'institut Rousse avenue Franklin-Roosevelt qui va très vite accueillir les femmes les plus célèbres de la jet-set internationale. Dessange est sollicité par le cinéma et la presse, ce qui fait davantage encore monter sa renommée.

En 1955, il ouvre sa première filiale et ne va dès lors cesser de s'agrandir jusqu'aux six cents franchises que compte aujourd'hui son entreprise. Entre 1965 et 1970, il crée les perruques Box, salons consacrés à la seule vente et pose de perruques. En 1970, il invente la Maillecolor qui permet de décolorer les blondes. En 1984, il inaugure la permanente papillote avec des bigoudis ronds, carrés, ovales ou triangulaires. Il invente le « capillustro », ancêtre du Babylis, et, en 1992, lance sa propre ligne capillaire. C'est la première fois qu'un coiffeur cautionne une ligne de produits vendue en grande distribution. Succès mondial !

Jacques Dessange aura surtout été le premier, dès 1954, à intéresser les coiffeurs de son salon au chiffre d'affaires en leur reversant un pourcentage. Toute la profession l'imitera. À l'origine de bien d'autres innovations ou inventions, Jacques Dessange est resté durant toute sa carrière fidèle à deux devises : « La star du salon, c'est la femme » et « Ce que je fais, tout le monde peut le faire ! »

DUPLAN : Sur tous les plans

Il s'impose sous le Premier Empire comme un des bons spécialistes des coiffures à l'antique. Il se fit un nom pour avoir coiffé les deux impératrices. Il eut la charge pendant des années de la chevelure de Joséphine de Beauharnais, arbitre des élégances consulaires ou impériales. Puis il devint le coiffeur attitré de l'impératrice Marie-Louise qui le remplaçait souvent, il

Nouveau type d'ondulation permanentée inventé par J. Dessange.

Portrait de J. Dessange.

est vrai, par le coiffeur Frédérick, grand spécialiste de la pose des diadèmes dont le port plaisait particulièrement à Napoléon. Lorsque l'on demandait à Duplan ce que devait être une jolie coiffure, il répondait de façon à ne jamais contrarier le propre avis de son interlocuteur : « La coiffure doit être à la fois énergique, poétique, tragique, comique, mélancolique, ossianique, romanesque et pittoresque. » Souvent, devant la perplexité de son auditoire, il ajoutait : « Il doit régner dans la coiffure de la négligence, de l'abandon, du laisser-aller et un je-ne-sais-quoi à la belle ordonnance. »

FRISON : Point de départ

Coiffeur de renom du XVIIIe siècle qui disait alors « briller à la Cour comme à la ville », il mérite d'être nommé dans la mesure où on le donne généralement comme celui qui ouvrit l'ère des « grands coiffeurs » de cour.

Lames et rasoirs : structure du marché

Période 1999-2000	Part de marché Volume	Part de marché Valeur
Lames et rasoirs	100,0	100,0
Lames	*53,5*	*73,8*
masculines	*51,4*	*70,0*
féminines	*2,1*	*3,8*
Anciens systèmes	*27,7*	*21,5*
fixes	*11,4*	*10,6*
pivotantes	*10,1*	*8,9*
double tranchant	*6,2*	*2,1*
Nouveaux systèmes	*25,4*	*52,0*
Rasoirs jetables	*45,5*	*20,3*
masculins	*42,3*	*18,4*
féminins	*3,2*	*2,0*
Rasoirs système	*1,0*	*5,9*

On n'hésitait pas à couper une tête pour conserver une belle chevelure. Vers 1895. Coll. part.

GODEFROY : L'aventurier

Alexandre François Godefroy commence la coiffure à l'âge de 12 ans chez le barbier de son village natal. À 16 ans, il est coiffeur à Rouen. Plus tard, il s'en va exercer son art à Jersey et à Londres avant de rentrer à Paris et œuvrer chez Normandin, un des plus grands coiffeurs de l'époque. En 1879, il tente sa chance aux États-Unis où il connaît un grand succès. En 1906, alors que ses affaires n'ont jamais été aussi brillantes, il décide d'introduire au Mexique l'art de la coiffure et des perruques. Il s'installe à Mexico et y fonde un établissement conforme à ses vœux. Godefroy surnommé le « coiffeur aventurier » passa à la postérité surtout en raison de ses passionnants Mémoires publiés en 1933 sous le titre *Mémoires de Godefroy, coiffeur inventeur français*.

GUILLAUME : Champion du monde

Né en Corse en 1903, Guillaume commence sa vie professionnelle comme dessinateur industriel, ce qui pour ses biographes n'est pas sans développer chez lui le goût des lignes et des volumes. Par passion, il devient professeur de coiffure et se fait connaître en remportant, en 1928, le championnat du monde de la permanente. Il aime s'identifier aux grands artistes, peintres et sculpteurs et il ouvre aux États-Unis un prestigieux salon qui sert de cadre à de nombreuses expositions d'art contemporain. Les artistes lui rendent bien la considération qu'il leur manifeste et créent souvent pour lui des lignes de coiffure nouvelles. Ainsi firent, par exemple, Jean-Gabriel Domergue, Jean Cocteau ou Gruaut le célèbre affichiste. Guillaume est le fondateur du Syndicat de la Haute coiffure et il fut longtemps président de l'Association internationale des Coiffeurs de dames.

HARDY : Et haut-le-cœur

Georges Hardy est né au tout début du XXe siècle et il entre dans la coiffure dès l'âge de 12 ans. À la fin des années 1940, il est devenu un coiffeur de très bonne réputation, et, au début de la décennie 1950, il met au point une technique inédite qui le fait véritablement entrer dans l'histoire de la coiffure : la « coupe au rasoir ». « Elle permet de styliser les cheveux en les sculptant autour du visage », disait-il. On doit retenir de Hardy qu'il fut le premier à associer systématiquement à ses coups de rasoir le « bombage », réalisé au séchoir à main et destiné à donner du volume. Il fit campagne pour la vulgarisation des colorations et des décolorations, mais surtout fut le tout premier à imposer le lavage des cheveux avant chaque coupe, certaines chevelures provoquant jusqu'alors de véritables haut-le-cœur aux praticiens.

HIPPOLYTE : Le petit dieu

Tandis que le coiffeur Harmand, créateur de la « coupe à l'enfant » est surnommé « le professeur », les élégantes de la Restauration surnomment Hippolyte « Le Dieu ». Il est notamment l'inventeur du « foulard écossais », un turban inédit très en vogue sous l'Empire. Il est également le créateur du « peigne Caroline » ainsi nommé en hommage à la protectrice Marie-Caroline, duchesse de Berry, une des personnalités les plus marquantes de l'époque.

M. LEFÈVRE : Au service de la nature

M. Lefèvre est incontestablement un des maîtres de la coiffure de la seconde moitié du XVIIIe siècle. L'Histoire a surtout retenu son nom comme le coiffeur attitré de Diderot et comme l'auteur d'un des tout premiers traités sur l'art de coiffer, publié en 1774 sous le titre *Traité des principes de l'art de la coiffure des dames*. Son ouvrage suivant publié en 1783 s'intitulait *Art de la coiffure des dames*. Lefèvre fut l'un des rares coiffeurs à plaider la discrétion en disant : « Lorsqu'on est admis aux mystères de la toilette des dames, on doit faire un pacte avec ses yeux et avec sa langue. »

Toutefois, comme tous les maîtres de la coiffure de l'époque, Lefèvre qui roule en carrosse et porte l'épée, est terriblement vaniteux. Il va jusqu'à prétendre que l'art de la coiffure est supérieur à tous les autres : « Supérieur à la peinture, supérieur à la sculpture, car pour ceux-là, il faut des modèles pour diriger l'imagination et les mains [...] Peintres et sculpteurs emploient ou copient l'art du coiffeur. Il est un fait qu'ils ne peuvent s'en passer [...] L'art du coiffeur a l'avantage sur les deux autres à ce qu'il travaille à orner la nature, sur la nature elle-même [...] L'art de la coiffure embellit la beauté vivante [...]. »

LE GROS : Étouffé par la foule

Destin inouï que celui de cet ancien cuisinier qui abandonna l'art de la table pour celui de la coiffure. Il devint très rapidement célèbre jusqu'à connaître un succès considérable après avoir succédé à Dargé et coiffé Madame de Pompadour. Certains historiens le donnent comme le vrai créateur des gigantesques coiffures en cheveux très en vogue vers la fin du règne de Louis XV. Il coiffa les plus grandes dames de son temps et consolida sa réputation avec la publication, en 1765, de son ouvrage *L'art de coiffer les dames* qui connut un succès considérable et est considéré comme le tout premier manuel sur la question.

On doit également à Le Gros l'ouverture, en 1768, de la première école professionnelle baptisée « Académie de coiffure » et dont le cycle d'études pratique et théorique durait trois ans. Nombre de ses élèves alimentèrent en maîtres coiffeurs les cours européennes. Le Gros connut une fin tragique en mourant étouffé à la suite d'un mouvement de foule provoqué par l'accident qui attrista les fêtes du mariage du Dauphin et de Marie-Antoinette.

LÉONARD : Une affaire de fuite

Léonard Autier est un des plus célèbres coiffeurs de l'Histoire. Lorsqu'en 1779, celui qu'on appelle déjà le « grand Léonard » supplante Larseneur et lui succède comme valet de chambre coiffeur de Marie-Antoinette, il est déjà fameux pour avoir été le coiffeur particulier de la Du Barry au temps où elle régnait sur le corps et l'esprit de Louis XV. Auprès de la reine de France, Léonard va créer des coiffures savantes et devenir un des grands spécialistes des fameuses «coiffures aux sentiments», si en vogue à la Cour. Il lance les modes les plus excentriques, les plus folles, les plus provocantes avec un égal succès. Les dames de la Cour admirent surtout « son art de poser le chiffon », c'est-à-dire de réussir à employer plus de quinze mètres de gaze dans une même chevelure. Léonard, qui a fait entrer son frère Jean-François comme second coiffeur de la reine, a acquis une fortune considérable. Il manque la perdre pour avoir voulu « offrir une scène digne d'elle » à une actrice en renom qu'il vient d'épouser. Cette scène, c'est celle du théâtre Monsieur, futur Opéra Comique. Associé avec le grand violoniste italien Viotti, il en a acheté les droits d'exploitation la veille de la Révolution. Honoré de la confiance de Louis XVI, il est envoyé par celui-ci, en 1791, comme courrier auprès du marquis François de Bouillé qui a préparé la fuite du roi, pour le prévenir de la date choisie.

Certains ont voulu le rendre responsable de l'échec de cette tentative de fuite et disent qu'il aurait été guillotiné en même temps que Chénier en thermidor an II. En réalité, c'est son frère Jean-François qui est monté sur l'échafaud. Léonard est avec Bouillé et Choiseul à Pont-de-Sommervielle à attendre en vain le carrosse royal arrêté à Varennes. Face à cet échec, il s'exile en Russie et revient en France en 1814. Mais trop âgé pour reprendre son activité de coiffeur, il vivra jusqu'à sa mort, en 1819, grâce à la charge de Commissaire général des pompes funèbres que lui a octroyée le comte d'Artois.

MARCEL : « Allez vous faire onduler ! »

Né en 1852 à Chavigny, Marcel Gâteau commence à 14 ans sa carrière de modeste coiffeur chez le barbier de son village. À 18 ans, il décide de tenter sa chance à Paris où il ouvre une modeste boutique de coiffure pour dames. Au début des années 1880, il met au point une technique révolutionnaire sous le nom d'« ondulation Marcel » qui va assurer sa gloire et sa fortune en moins de quinze ans. À cette époque, toutes les femmes portent des coiffures bouclées, crantées, frisées ou ondulées, et pour ce faire, les coiffeurs n'ont à leur service que leur seul fer à friser traditionnel. La géniale invention de Marcel tient tout entière dans un nouveau type de fer à friser à deux branches, l'une ronde, l'autre creuse, en forme de gouttière. Les deux s'emboîtent en saisissant la mèche. Ce fer dont l'inventeur gardera le secret jusqu'à sa retraite autorise un nouveau travail de la chevelure, des types nouveaux d'ondulation, plus faciles, plus légers et surtout plus tenaces. Quantité de femmes se font « onduler » chez Marcel tout en restant fidèles à leurs coiffeurs. Une nouvelle profession est née, « l'ondulateur », qui précède l'intervention de l'artiste capillaire.

Marcel provoque critique et jalousie. Alors qu'une ondulation traditionnelle se paie 15 francs de l'époque chez ses confrères, Marcel fait payer la sienne 500 francs. Et le Tout-Paris se donne rendez-vous chez lui, de la belle Otéro à la princesse de Fürstenberg. Beaucoup affirment que ses tarifs prohibitifs furent une excellente idée marketing qui ne fut pas étrangère à sa réputation.

MICHALON : Tout plus gros !

Cet homme de l'art se rendit célèbre sous le Premier Empire en étant le premier à avoir une idée toute bête : celle d'abandonner les petits ciseaux effilés, alors seuls en usage, pour en utiliser des grands. De même, il fut le premier à préférer les très gros fers à friser qui, disait-il, « imitent beaucoup mieux la frisure naturelle ». Après l'Empire, il conserve intacte sa notoriété et, entre 1815 et 1830, il continue toujours de coiffer les plus célèbres têtes de Paris. L'Histoire le retient également pour avoir été le premier coiffeur à présenter en vitrine de son salon des coiffures sur des têtes en cire.

NESSLER : Le « branché » !

Tous les coiffeurs du début du XXe siècle cherchent des méthodes pour prolonger la durée des coiffures. La solution va venir d'un jeune émigré allemand vivant à Londres, Charles Nessler, inventeur d'une « ondulation permanente » qui associe la chaleur électrique à un produit chimique. La première démonstration publique eut lieu en 1906 après qu'eut paru dans les journaux professionnels une annonce ainsi rédigée : « Charles Nessler invite ses collègues à venir le soir du 8 octobre examiner chez lui une ondulation obtenue par son nouveau procédé, lequel résiste à l'eau, au shampooing et à toutes les influences atmosphériques. » Cette offre devait faire beaucoup de bruit en Angleterre comme à l'étranger. D'après les chroniques de l'époque, « la patiente se trouve hérissée et reliée à une inquiétante gerbe de fils électriques qui chauffent les bigoudis métalliques à 100° ». L'inventeur procède de la manière suivante :
- Chaque mèche de cheveu est attachée à sa base et humidifiée avec un liquide ammoniacal puis enroulée très serré sur un petit tube métallique conducteur.
- Cet enroulage est enveloppé avec un morceau de flanelle trempé dans une solution, puis gainé dans un papier d'emballage.
- Enfin le tout est longuement chauffé par des fers renouvelés à chaque minute.
- Lorsque toutes les mèches sont refroidies on les délivre, on lave la tête, on démêle et la frisure subsiste.

En 1909, l'inventeur fait une démonstration publique à Paris, mais les clientes ont peur de l'électricité et peu abandonnent l'ondulation traditionnelle au fer à friser.

Après maints déboires, il part, en 1914, pour les États-Unis. Son invention va y connaître le succès et ses affaires si bien prospérer que dix ans plus tard son entreprise emploie 500 personnes, vend aux coiffeurs 2 600 appareils à friser par an et gère 15 000 clientes, ensemble qui génère deux millions de dollars de chiffre d'affaires annuel.

PETIT : L'imitateur d'araignée

Auguste Petit est déjà reconnu comme coiffeur de talent lorsqu'en 1890, il lance la résille, sorte de filet dont on enveloppe les cheveux longs et qu'il commercialise sous le nom classique d'« invisible » et celui inattendu d'« arachnéen » en référence aux araignées, tisseuses de « résille ».

RAMBAUD : Le retour

René Rambaud est une des grandes figures de la coiffure française. Il devint célèbre dès 1925 pour une coupe ondulée à la garçonne. Adepte pour les femmes des coiffures floues, seyantes et bouclées, il est un des premiers à comprendre les apports des techniques nouvelles que sont en leur temps le séchoir électrique et la permanente dont il améliora le procédé de Nessler « en inventant de faire suivre l'indéfrisable d'un shampooing et d'une mise en plis ».

René Rambaud se dévoua corps et âme à sa profession et fut à l'origine de nombreuses initiatives. Il œuvra par exemple en 1935 aux côtés de la Fédération nationale pour l'établissement d'un brevet professionnel. On le retrouve dix ans plus tard président d'honneur de la Confédération internationale de la coiffure, regroupant 42 pays, et initiateur des championnats d'Europe et du monde de la coiffure. Ce fut également un créateur à qui l'on doit les coupes modernes « à la Fontanges », « à l'ange » qui connurent un succès notable. C'est avec René Rambaud, dit-on, que s'est ouverte en quelque sorte l'ère de la coiffure démocratique, « celle qui tient plus longtemps, qui demande moins de temps et qui coûte moins d'argent ».

TISSOT : Le figaro philosophe

Il fut un des coiffeurs en vogue dans la seconde moitié du XVIIIe siècle. Sa notoriété, Tissot la doit en grande partie à son essai *De la nature des cheveux et de l'art de coiffer* qui connut un grand succès de librairie, bien qu'il s'avère curieux sur de nombreux points. Il y plaide par exemple que les coiffeurs sont des plus utiles à l'État car « c'est au coiffeur que la Cour doit son principal ornement : des têtes brillantes et bien coiffées [...] ». Tissot assure également que l'art de coiffeur soude les couples et évite les divorces, « ce qui ne manque pas, par répercussion, d'accroître la population ».

Il explique longuement que l'art de coiffer donne à une même dame plusieurs physionomies, ce qui, selon ce figaro, « empêche les maris volages à la recherche de variations de succomber à la lassitude d'une même tête et du coup les retient à la maison ».

VIDAL-SASSOON : Le libérateur de mèches

Alors que la grande majorité des coiffeurs de son époque privilégient le style artificiel et statique, notamment avec l'emploi systématique, ou presque, de postiches, Vidal-Sassoon révolutionne le monde capillaire avec sa technique dite « Wash'n Wear Hair ».

Il ouvrit son premier salon à Londres en 1955. Au moment où les femmes veulent encore des coiffures qui tiennent, Vidal-Sassoon insiste au contraire sur la liberté de mouvement de la chevelure qu'il libère des laques et autres fixateurs.

En 1963, Mary Quant lui demande de créer une coiffure pour accompagner la mode mini-jupe qu'elle vient de créer. Il répond à la couturière : « Je vais couper les cheveux comme vous coupez les tissus, sans chichis, sans ornements. Je veux une ligne simple, souple, nette. » Sa création fit le tour du monde et les « unes » des organes de presse internationaux. On lui doit également les coupes fameuses dites « asymétriques » et « à cinq points ».

VILLARET : Le publiciste

On doit citer ce coiffeur attitré du roi et de la reine de Bavière pour avoir bâti, dans la première moitié du XIXe siècle, sa notoriété sur deux promesses qu'il diffusait par encarts publicitaires. Il y promettait, d'une part, le vrai « moyen de se préserver des cheveux blancs » et, d'autre part, « le moyen hygiénique de se débarrasser de ses cheveux roux ».

7
Radio Merlan
Confidences et bavardages des figaros

Chez le barbier-coiffeur. Vers 1920. Dessin de Phebem. D.R.

La réputation de bavardage, de « bavardinage » disait Madame de Sévigné, des barbiers, coiffeurs et autres « maîtres du poil » remonte aux temps archaïques puisque cette propension au bavardage des virtuoses du rasoir et du peigne est déjà stigmatisée par la mythologie grecque avec l'histoire de Midas. Souverain de Phrygie, ce roi célèbre pour ses richesses, s'est vu affublé d'oreilles d'âne par Apollon, vexé qu'il n'ait pas voté pour lui dans un concours de lyre et de flûte. Midas cache ses grandes oreilles sous sa tiare ou à l'aide d'un bonnet phrygien. Mais aucune dissimulation ne tient face à son barbier. Aussi, le roi a-t-il exigé de lui le serment d'un secret inviolable. Mais avec le temps, le barbier ne peut résister à sa nature et ne peut plus tenir le secret. Il imagine le lâcher dans un trou creusé en terre. Effectivement, il l'y dépose en murmurant : « Midas a des oreilles d'âne. » Mais du trou recomblé commencent à pousser des roseaux qui, agités par le vent, répètent sans cesse alentour le secret : « Midas a des oreilles d'âne », si bien que très vite la nouvelle se répand à travers toute la Phrygie. Midas se tua de confusion et de rage et, depuis, les barbiers puis les coiffeurs sont devenus le stéréotype du bavard incontinent et impertinent. Déjà, Plutarque rapporte une anecdote qui va dans ce sens. Le roi de Judée Archelaos, fils d'Hérode le cruel, reprochait couramment à son barbier ses bavardages. Un jour que celui-ci lui demandait : « Comment, Sire, vous plaît-il que je fasse votre barbe aujourd'hui ? », Archelaos lui répondit : « Sans mot dire ! »

Cette réputation de verbiage incontrôlé est affirmée par de nombreux autres auteurs grecs et latins. Au temps d'Alexandre, au IVe siècle avant J.-C., les salons de coiffure sont déjà cités

« Préparation » d'une mariée. Vers 1915.
Gravure. Coll. part. D.R.

Femme à sa toilette : préparation d'une coiffure à la Fontanges. XIXe siècle.
Gravure. D.R.

comme des lieux d'intrigues et de commérage. Il en est de même à Rome où les échoppes des « tonsors » sont données par Horace, Juvénal, Perse ou Sénèque comme des lieux de rendez-vous d'oisifs qui y viennent prendre ou délivrer les nouvelles du jour. Durant tout le Moyen Âge, puis la Renaissance, il est de notoriété publique que tous les commérages passent par les boutiques des barbiers. On s'y rend souvent uniquement pour se tenir au courant des dernières nouvelles locales. L'on sait aussi qu'il vaut mieux ne jamais confier aux barbiers un secret, dit un proverbe, car « leurs promesses sont encore moins crédibles que celles d'un Gascon [...] ».

Louis Sébastien Mercier, dans son *Tableau de Paris* publié entre 1781 et 1790, évoque beaucoup les barbiers et les perruquiers coiffeurs. De ces derniers, il dit « qu'ils avalent chaque jour au moins quatre onces de poudre tellement ils aiment babiller [...] ». Il en est de même dans toutes les échoppes et boutiques d'Europe qui toutes connaissent les expressions : « on s'est rasé toute la soirée », ou « cette soirée était barbante » ou encore « ce type est un raseur », toutes en référence au barbier et qui rappellent littéralement qu'on a été soûlé par les mots et des conversations abrutissantes. En France comme à l'étranger, certains coiffeurs tentèrent de combattre cette vilaine

Pas de bla-bla !

Mécontentes de leur coiffure, les Romaines de haut rang se déchaînaient contre leurs esclaves coiffeuses, jusqu'à les frapper à coups de miroir ou de fouet. Juvénal décrit une de ces scènes courantes : « La pauvre Psecas est en train de la coiffer. Or, voilà que cette boucle est trop haute. Pourquoi cela ? Vlan, le nerf de bœuf punit sans délai ce forfait d'un frison manqué. » Le satirique Martial raconte une scène identique : « Une boucle, une seule, était fautive. Une épingle mal fixée n'avait pas tenu. Ce crime a été châtié avec le miroir qui l'a révélé, et Plecousa, la "tressante", s'est affaissée sur le coup, immolée à cette terrible chevelure. » Ovide, on l'a vu, stigmatise lui aussi cette conduite.

image, notamment P. Villaret. Dans *L'Art de se coiffer*, publié en 1825, il recommande à ses confrères « d'avoir les mains propres, l'haleine pure et saine, de toujours vouloir se perfectionner et surtout de faire preuve de la plus grande discrétion. Tout entendre, tout voir, mais aussitôt tout oublier ce qu'on a vu et entendu. On doit parler aussi peu que possible, ne jamais aborder la politique, ne jamais servir d'intermédiaire dans une intrigue galante. Mais faire savoir à l'occasion qu'on n'ignore rien de ce qui est relatif à l'entretien des cheveux et aux soins qu'exige la tête ».

Pourquoi donc de si admirables conseils ne sont-ils jamais suivis d'effet, surtout lorsqu'il s'agit de coiffeurs pour dames ? Cela tiendrait à la nature même de la « clientèle féminine » et les raisons en seraient, selon les psycho-capillaristes, d'ordre physico-psychique, voire psychosomatique.

Les cheveux sont considérés par les femmes comme un de leurs biens les plus précieux dont la perte est irréparable. Parallèlement, elles se montrent chroniquement insatisfaites de leur chevelure qu'elles trouvent toujours trop frisée, trop raide, trop courte, trop plate, trop rousse, etc., et elles en tirent très souvent des sentiments d'infériorité, voire des mini complexes. Leurs coiffeurs sont là pour les sortir de cet état de disgrâce autoproclamé et, mieux, les empêcher d'y tomber. Pour cela,

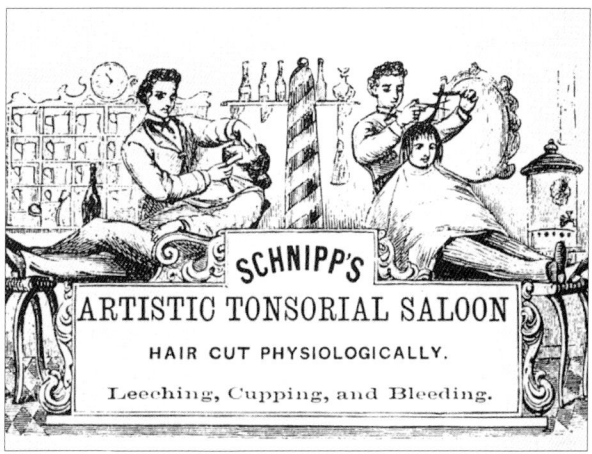

Enseigne d'un barbier-coiffeur new-yorkais. Vers 1930. Coll. part. D.R.

deux armes à leur disposition : les mains et les mots. Qui n'a jamais ressenti une sensation de bien-être, voire de douce torpeur relaxante l'envahir peu à peu lorsqu'il confie sa tête aux mains de son coiffeur ? Ce contact crée une véritable « intimité libératoire » qui induit une communication verbale. On a largement constaté l'influence de la chevelure sur le psychisme. Ainsi on sait qu'une femme fraîchement sortie des mains de son coiffeur présente une certaine tendance à l'euphorie qui peut déjà se signaler par des fluctuations d'humeur au cours des soins capillaires. La seule sensation d'un avantage esthétique que va lui procurer sa très prochaine coiffure impeccable lui fait apparaître la vie sous un jour plaisant, ce qui là encore la pousse à la conversation. Ce que ne récuse aucun coiffeur. Quels que soient leur réputation et leur talent, tous assument leur rôle de cancanier et de bonimenteur qui leur octroie une véritable place dans la vie de chacune de leurs clientes. Les nombreux coiffeurs interrogés affirment que dans leur grande majorité, les femmes qu'ils coiffent recherchent et alimentent un dialogue avec eux. Elles les appellent par leur prénom, souvent les tutoient et les placent dans un rôle de confident. « Il s'agit, dit un coiffeur opérant dans un grand salon de la rive droite d'une véritable complicité. Nous les touchons physiquement pendant plusieurs heures. En manipulant leurs cheveux nous participons à la mise en exergue de leur séduction. Nous entrons comme un proche dans leur intimité et elles nous veulent dans ce rôle de confident [...]. »

« Le silence, c'est l'ennemi ! »

Un autre célèbre coiffeur pose la question : « Quelle femme voudrait d'un coiffeur discret, muet, cachottier, introverti, voire taciturne ? Le silence dans notre métier, c'est l'ennemi ! Nous participons en quelque sorte à la vie mondaine parisienne. » La plupart des coiffeurs interrogés sur le thème conviennent que beaucoup de commérages, de rumeurs, de confidences indiscrètes, de méchantes vérités ou de mensonges hilarants passent par les salons de coiffure avant d'aller s'égayer à travers la ville. Un jeune praticien d'un salon très mondain nous confirme : « C'est surtout après qu'on leur a lavé la tête qu'elles allument "radio merlan". » Et, conclut-il en signe d'avertissement : « Qui veut que je garde son secret ne s'assoit pas dans mon fauteuil. »

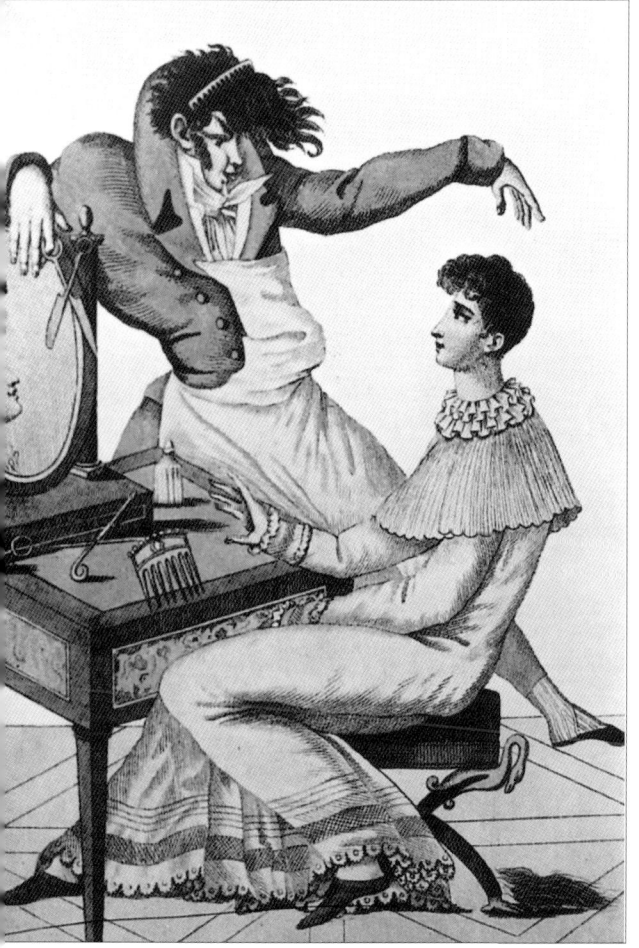

La femme et son coiffeur. Gravure. Vers 1800. Coll. part. D.R.

De quoi parlions-nous ?

Nicolas Restif de La Bretonne, à la toute fin du XVIIIe siècle, écrivait que les boutiques de raserie étaient des bureaux de nouvelles et d'esprit. « On y passe la journée du samedi et la moitié du dimanche et en attendant son tour, on parle nouvelles du jour, politique, littérature. »

Aujourd'hui encore, les salons de coiffure restent un lieu important de la vie sociale. On y recueille confidences et indiscrétions. Dans les salons pour hommes, le schéma est à peu près toujours le même. Après quelques considérations sur le temps et leur état de santé respectif, client et coiffeur échangent des commentaires enflammés sur le dernier match de football ou l'inattendue victoire d'Épinard II dans la dernière.

Après quoi, généralement, la conversation dérive vers l'incurie de l'administration, la corruption du monde politique, le laxisme de la justice et les scandaleux gaspillages de la gestion publique, sans oublier la désespérante jeunesse d'aujourd'hui.

Dans les salons féminins « à la mode », qui se sont multipliés depuis les années 1960, le légendaire bavardage ancestral a pris une dimension inouïe, inconnue jusqu'alors et qui offre une étonnante grille de sujets. Comme dans les salons masculins, les premiers échanges portent sur la « saison », « on ne sait plus comment s'habiller ». C'est généralement pendant le shampooing que le dialogue entre la dame et son coiffeur se met « en bouche » peut-on dire. Il en découle un chapelet de « brèves de lavage », ensemble de cancans acides ou féroces, mais toujours délivrés sur le ton qu'il convient à une personne parfaitement éduquée, et entrecoupés de la part du capillariste de quelques inquiétudes de mise : « C'est pas trop chaud, madame Michu ? », « C'est pas trop froid, madame Riflard ? » Ce à quoi la dame répond, en tutoyant l'opérateur et en l'appelant par son prénom : « C'est parfait, mon petit Roger. »

Sur le fauteuil, la dame, après s'être fixée quelques secondes dans la glace, envisage un court instant de changer de coiffure : « Qu'est-ce que vous en pensez, mon petit Benoît ? » Après quoi, elle se plaint dans l'ordre, de sa bonne qui l'a quittée sans préavis et de ses « un à deux kilos superflus » attrapés lors de son séjour chez les « Boulboules ». Immédiatement, son coiffeur la rassure en lui citant le cas de cette malheureuse Mme Untel : ça, c'est une vraie grosse qui vient de terminer sa énième cure d'amaigrissement sans perdre un gramme. La conversation dérive en toute logique sur « différentes anatomies » fréquentant le salon : « Mme Chose ? Mais elle a cinq ans de plus que ce qu'elle avoue [...] Et Mme Truc, elle s'est fait remonter les seins mais elle mourrait plutôt que de l'avouer ! » Introduction parfaite pour parler du « lifting » raté de Mme Truc : « Vous savez, celle qui a quitté son mari ruiné ! » Peu à peu, on approche du cœur du sujet : « Machine est avec machin, vous ne le saviez pas ! » Introduction parfaite pour énumérer les infortunes conjugales de la dernière quinzaine. « Mon Dieu, que ces conversations font du bien ! »

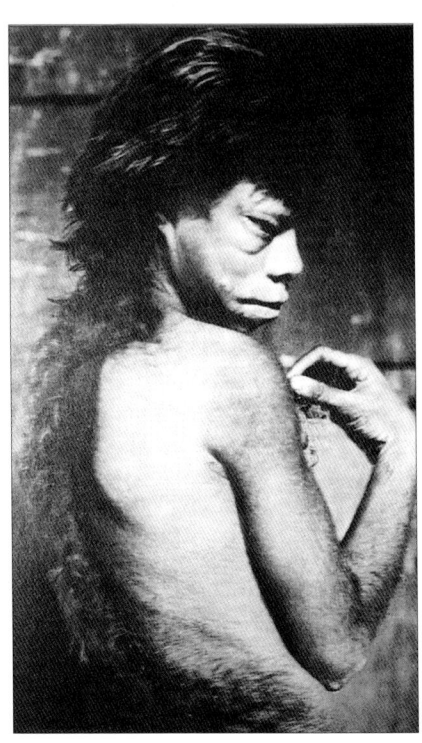

Retour vers l'animalité ancestrale.
Coll. part. D.R.

Un torse poilu. H. Hoseinstein. Corbis-Sygma. D.R.

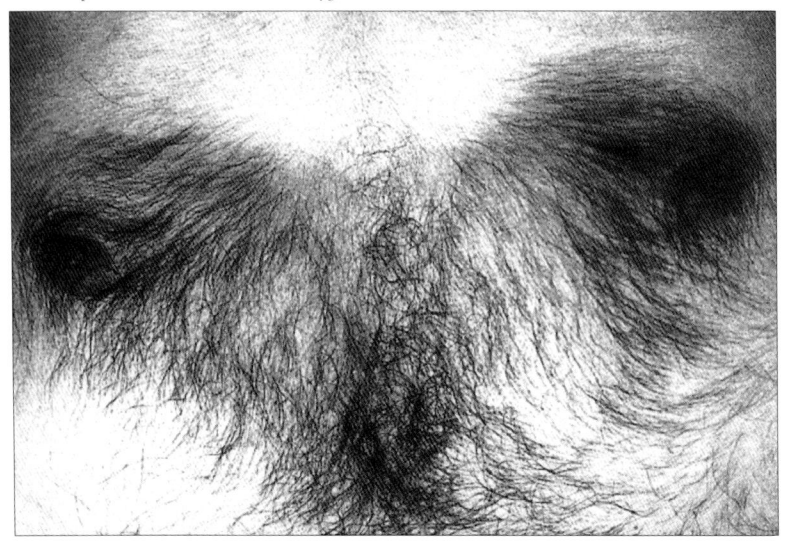

8
La fuite des poils
Calvitie et alopécie chez les chauves

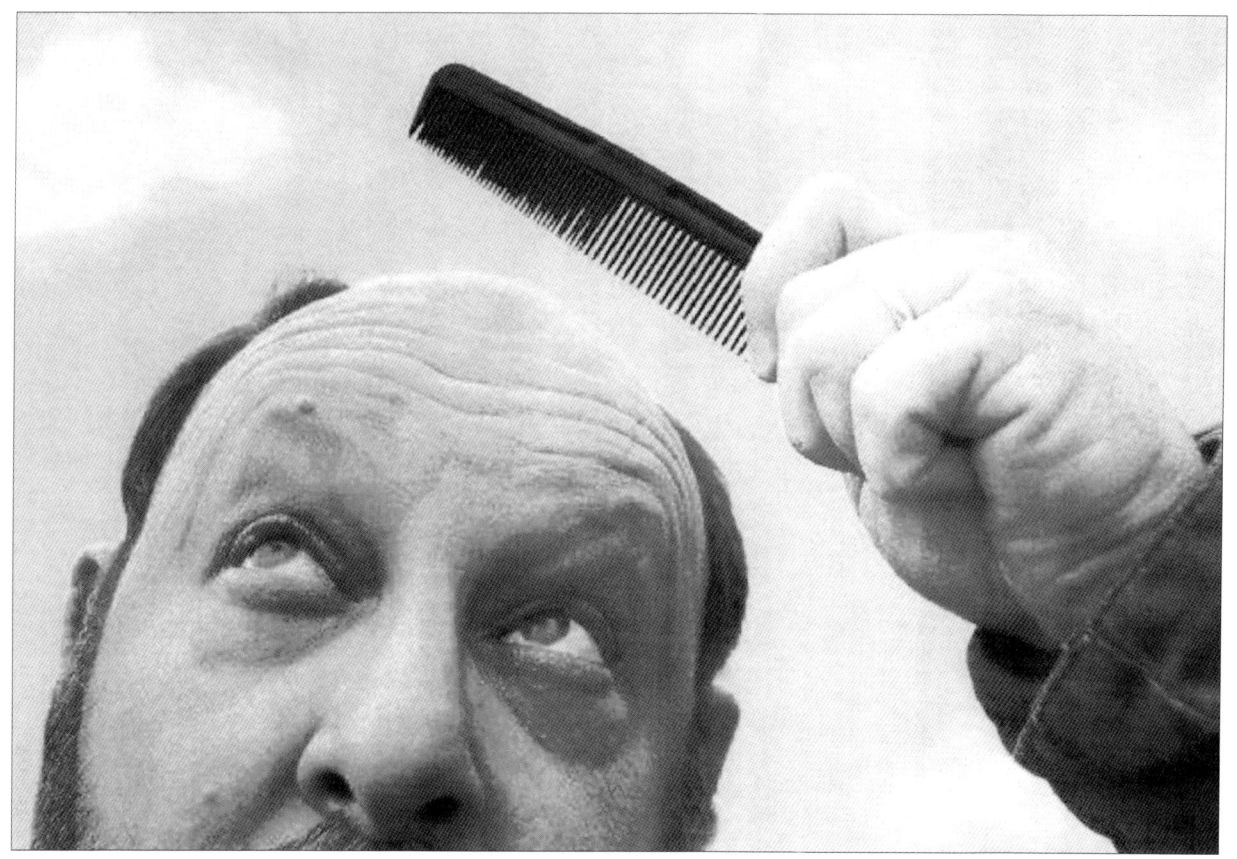

L'inexorable chute... Le peigne ne ment jamais ! Photo C. D. Pringle. Corbis-Sygma.

Dans l'histoire du genre humain, la chevelure n'a jamais cessé d'être considérée par le plus grand nombre comme un ornement parmi les plus précieux dont la perte est irréparable. Voilà pourquoi quantité de chauves considèrent les rasés et les tondus volontaires comme des simples d'esprit.

LES CHAUVES

Selon une récente enquête menée aux États-Unis, 25 % des hommes chevelus interrogés préfèrent perdre cinq années de leur existence plutôt que de devenir chauves. Une autre étude prouve que dans ce pays les individus au physique avantageux gagnent 12 % de plus que les autres. En Europe, ce sont plus de 20 millions d'hommes qui se plaignent amèrement de perdre leurs cheveux, dont 4 des 14 millions de Français qui ont entre 20 et 25 ans. Sur ces 4 millions d'hommes, 150 000 consultent un médecin ; 1,2 million prétendent que cela leur est égal ; et les autres, c'est-à-dire la majorité, font semblant de ne s'apercevoir de rien et souffrent en silence.

L'étude Harris Medical International, menée en 1999 auprès de 1 146 hommes âgés de 20 à 50 ans, a enregistré un « retentissement au niveau de l'amour-propre et de l'image de soi » dans presque 30 % des cas. Autre constatation, un homme sur trois, à partir de l'âge de 30 ans, a le sentiment de perdre ses cheveux.

Une autre étude américaine, également de 1999, connue sous le nom d'étude EMNID a déterminé que : un homme sur deux qui perd ses cheveux pense que les hommes qui ont des cheveux sont mieux acceptés par la société ; un homme sur trois pense que les autres le trouvent plus vieux qu'il n'est ; un homme sur quatre a du mal à accepter sa calvitie ; et un sur cinq reconnaît qu'il aurait davantage confiance en lui avec des cheveux.

La calvitie est le regrettable résultat d'un processus de perte de cheveux nommé « alopécie » qui touche indifféremment la femme et l'homme, ce dernier étant toutefois terriblement plus frappé que la première. Parmi les nombreuses raisons réelles ou imaginaires qu'on a attribuées à l'origine de la calvitie, certaines ont traversé les siècles. À la fin du XIXe siècle, les meilleurs spécialistes donnaient à la calvitie de nombreuses causes dont quelques-unes assez originales, telles que les travaux de l'esprit et de l'intelligence, les veillées trop prolongées, la masturbation trop répétée, les grandes douleurs et grands chagrins et, surtout, les excès amoureux. L'idée d'un pont entre la perte des cheveux et la sexualité a toujours été très prisée par la science médicale au point que déjà au XVIIIe siècle, elle affirmait que la calvitie se développait simultanément à une vie sexuelle intense.

Croyance si avérée dans l'esprit collectif que très nombreuses sont les femmes aujourd'hui encore qui soutiennent que les chauves sont les amants les plus ardents. En réalité, elles répètent à l'envi une idée reçue qui, généralement, ne s'appuie jamais sur une expérience personnelle. En revanche, des études scientifiques réalisées sur le thème « Femme, calvitie et sexualité » démontrent que les femmes se répartissent en deux groupes : celles qui n'ont pas encore couché avec un chauve, et celles qui ont déjà couché avec des chauves. Les premières se partagent en deux sous-groupes : un premier hostile à tout rapport avec des chauves, et un second sans idées préconçues. Quant au groupe de celles qui ont déjà « goûté du chauve », elles sont unanimes à déclarer : « Au lit, chevelu et non-chevelu, c'est pareil. » Encore une belle légende qui s'envole !

« Dans les années 1950-1960, nous rappelle l'éditeur d'art Patrick Amsellem, on disait qu'il y avait trois sortes d'hommes : celui qui a ses cheveux et qui les garde ; celui qui perd ses cheveux et se lamente ; et celui qui perd ses cheveux et s'en moque car comme le dit le dicton populaire : "Pas de cheveux, bonne queue." Aujourd'hui, paradoxalement, les chauves vivent la perte de leurs cheveux à l'encontre de cette réputation... comme une atteinte grave à leur virilité. »

Au début du XIXe siècle, une autre raison de la perte des cheveux largement partagée par la population fut lancée par un célèbre médecin, le docteur naturaliste Marie-Auguste Broussonet. Il soutenait que la fameuse coupe de cheveux courte à la Titus ralentissait la circulation sanguine, diminuait la chaleur de la tête et, par voie de conséquence, la transpiration crânienne, ce qui provoquait irrémédiablement une calvitie précoce accompagnée de troubles oculaires et auditifs.

Un siècle plus tard, un peu avant le début du premier conflit mondial, la presse médicale et hygiénique lance un cri d'alarme, non pas contre les « titusards », mais contre une gent microbienne et contagieuse enfin découverte et responsable des calvities chez l'homme : « Ce n'est pas sans raison que la nature a orné notre

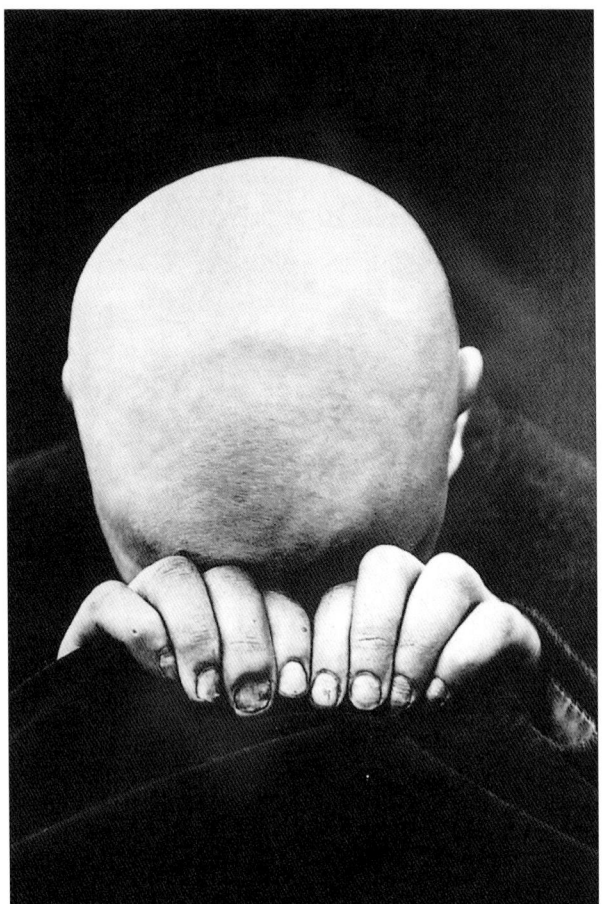

Des chauves se lamentent tandis que d'autres...

tête d'une chevelure [...] Ces cheveux ont pour mission de protéger le cuir chevelu contre l'invasion des microbes venus de l'extérieur [...] Lorsqu'ils arrivent à notre peau, ils pénètrent dans les portes du cuir chevelu et y déclenchent des maladies, la teigne, la pelade et la calvitie. » Et le bon docteur de pleurer le bon vieux temps : « Au temps des Mérovingiens, il n'y avait presque pas d'hommes chauves car la mode était aux cheveux longs. Le microbe de la calvitie ne pouvait arriver jusqu'à la peau. La calvitie est catogène, ne l'oubliez pas ! »

Aujourd'hui, les raisons, les causes, les effets liés à la chute des cheveux sont sériés dans une considérable nomenclature qui répond à tous les diagnostics possibles. Ainsi, les alopécies selon leurs critères d'apparence et de développement sont-elles dites : physiologique, morbide, congénitale, acquise, diffuse, totale, aiguë, héréditaire, sénile, directe, indirecte, cicatricielle, prématurée, de traction, chimique, bactérienne, virale, parasitaire, mécanique, infectieuse, tumorale, traumatique, universelle, etc.

On le voit, les atteintes aux cheveux et aux poils sont de types innombrables qui les font tomber progressivement ou par poignées, de façon générale, partielle, temporaire ou définitive. Impossible donc de développer ici les innombrables « pourquoi et comment » qui président à la chute des cheveux et nous nous contenterons de citer quelques causes démontrant l'extrême sensibilité des cheveux à des facteurs inattendus.

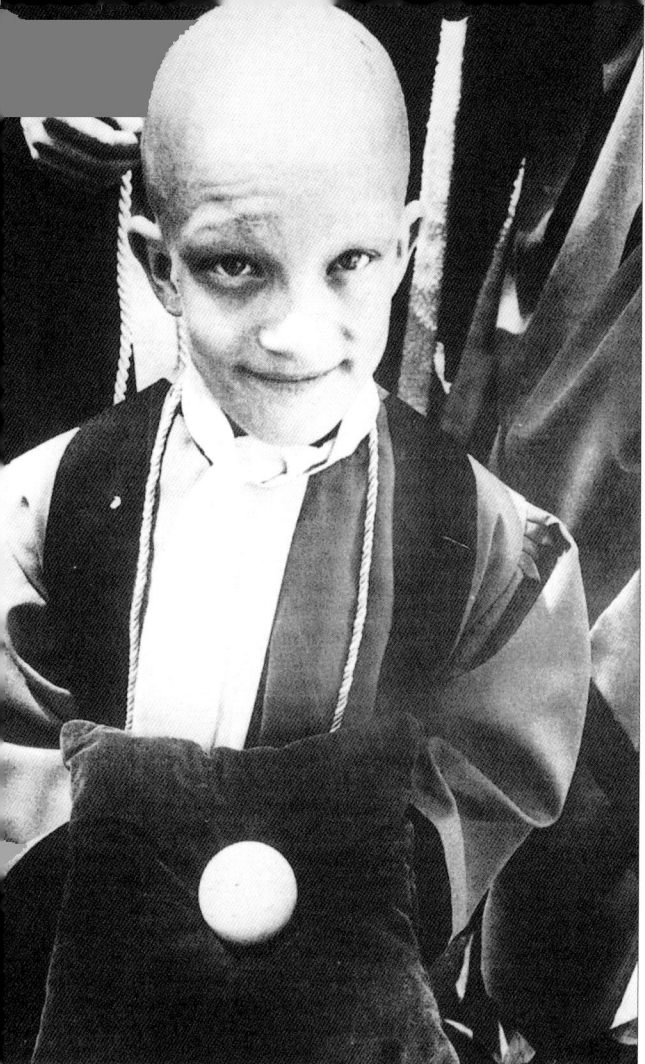

... se réunissent entre eux au sein de clubs sublimant la calvitie précoce. D.R.

Ainsi, est-il courant de perdre ses cheveux après une agression infectieuse s'accompagnant de fortes fièvres, parmi lesquelles on peut citer : la grippe, la fièvre typhoïde, la syphilis secondaire, la rougeole, la variole, la scarlatine, la phtisie pulmonaire, le typhus, la chlorose, l'anémie et bien d'autres.

L'alopécie peut naître également de causes chimiques et médicamenteuses, lorsque sont absorbées par exemple des préparations contenant du thallium ou de l'arsenic, mais aussi un grand nombre de médicaments utilisés dans les chimiothérapies cancéreuses. Même effet de chute de cheveux avec l'absorption de certains médicaments psychotropes, antiépileptiques, anticoagulants, hormonaux, anti-infectieux, etc.

Peuvent aussi déclencher des alopécies les pilules contraceptives, les accouchements, les avortements, les anesthésies générales, les cures d'amaigrissement trop radicales, les régimes alimentaires mal équilibrés. La cause peut être également endocrinienne, comme un mauvais fonctionnement de la thyroïde, l'insuffisance surrénale, la spasmophilie, l'anémie lente, etc.

Souvent sources d'alopécie importante, un grand nombre de maladies dites décalvantes telles que les psoriasis, les pityriasis, les eczémas, l'herpès tonsurant, les teignes faveuses, les impétigos, les lupus, les pelades, etc. Et, bien sûr, de nombreuses maladies parasitaires parmi lesquelles il convient de citer les trichophyties, du nom d'un champignon, et les prurits ulcérants provoqués par les poux et les morpions.

Font également tomber les cheveux certains types de coiffure, tels que les queues de cheval, les tresses, les nattes, trop serrées et qui engendrent une traction trop forte de la chevelure.

Citons encore les brûlures, les inflammations, les traumatismes physiques, le stress psychologique, les chocs émotionnels et les abus d'alcool.

On pourrait être perturbé par la lecture de cette avalanche de maladies et d'avatars qui s'attaquent à la chevelure des hommes et des femmes. En fait, il n'y a pas lieu de s'inquiéter outre mesure car la plupart de ces troubles sont réversibles. De surcroît, lorsque l'alopécie est considérée comme irréversible, dans 90 % des cas non pathologiques et non accidentels, il s'agit d'une perte de cheveux liée à un facteur génétique et hormonal. D'où son nom d'alopécie androgénétique. Celle-ci frappe 95 % des hommes qui perdent ou ont perdu leurs cheveux : on la nomme couramment calvitie.

Classée parmi les pathologies bénignes, l'alopécie androgénique masculine a pourtant des répercussions importantes au niveau de la qualité de vie des hommes qui en sont atteints. Cette situation qui attaque sérieusement l'apparence physique n'est pas toujours facile à accepter, d'autant plus qu'elle est souvent interprétée comme le début du vieillissement. La perte des cheveux affecte non seulement l'apparence physique, mais peut entraîner l'inquiétude, voire l'angoisse, et créer un stress psychique. De nombreuses études ont établi un lien entre la chute des cheveux et le manque d'estime de soi, le sentiment de perte du pouvoir de séduction et l'introversion.

Les facteurs génétiques et héréditaires de la calvitie font que l'alopécie se manifeste souvent dès la sortie de la puberté, entre 17 et 20 ans, et se poursuit régulièrement jusqu'à la calvitie complète. Elle peut débuter, évoluer et atteindre son stade ultime en moins de dix ans, ce qui explique que l'on peut rencontrer « des chauves » de moins de 30 ans. Plus l'alopécie commence tôt et plus la calvitie sera sévère.

Un homme a d'autant plus de chance de développer une alopécie androgénétique qu'il existe des calvities de cette nature dans ses antécédents familiaux. Dans 80 % des cas, on constate une hérédité et une transmission père/fils, mais l'on sait que l'hérédité maternelle doit elle aussi être prise en considération.

Comme nous l'avons signalé plus haut, l'aspect héréditaire de l'alopécie va de pair avec son facteur hormonal. Aristote l'avait déjà remarqué, les jeunes garçons et les eunuques ne sont jamais chauves. Il avait ainsi établi, vingt-quatre siècles auparavant, l'existence d'un lien entre la sécrétion d'hormones mâles et la perte des cheveux. Aujourd'hui, l'on sait que c'est la trop grande sensibilité des follicules pileux aux hormones masculines ou androgènes qui fait naître la calvitie. Le processus est extrêmement complexe. Il nous a été ainsi résumé par le docteur Jean-Pierre Bouhanna du Centre de traitement du cheveu Sabouraud. Disons que la transformation du principal androgène, la testostérone en DHT, la dihydrotestostérone, dérègle l'horloge capillaire en raccourcissant la phase de croissance des cheveux. Le scénario est immuable. Sous l'influence de la DHT, les follicules pileux se multiplient de plus en plus vite et finissent par se miniaturiser. Ce qui se traduit par un

Calotte réfrigérante pour chauves

L'usage de porter sur la tête une calotte réfrigérée fut longtemps pratiqué en Europe à partir du XVIIIe siècle et jusqu'à la Première Guerre mondiale. On se servait de cette calotte pour tenter de faire repousser les cheveux sur les crânes chauves. D'autres praticiens l'utilisaient pour préserver leurs patients de la surdité.

Cette calotte était constituée d'un tube flexible dont les anses agglutinées sur elles-mêmes enveloppaient tout le crâne avec, en amont, un réservoir de glaçons et, en aval, un baquet de réception destiné à recevoir l'eau écoulée.

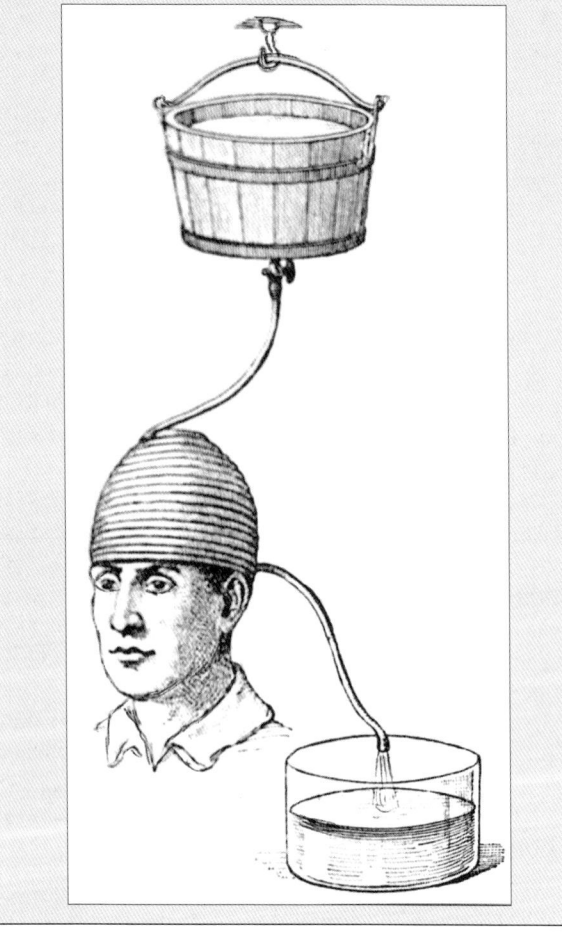

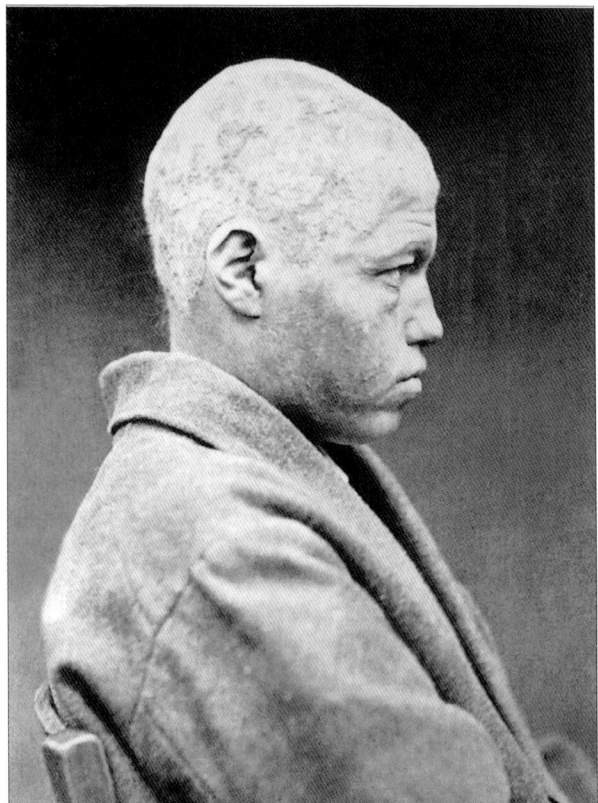

Homme dont la chevelure est parasitée par un champignon jaunâtre. Hôpital Saint-Louis. D.R.

ralentissement de plus en plus marqué du cycle de croissance qui, de trois ans en moyenne, se réduit à quelques mois. Le rythme de pousse et de chute s'accélère. Les follicules s'atrophient progressivement et produisent des cheveux de plus en plus fins, bientôt remplacés par un duvet qui finalement disparaît lui aussi. C'est la calvitie qui, progressivement, s'installe irrémédiablement selon un schéma caractéristique.

Chez l'homme, elle commence par un recul de la ligne frontale d'implantation des cheveux, puis, ou simultanément, par le creusement bitemporal, communément appelé « golfe », sur les deux côtés supérieurs du visage. Très vite, on observe également la chute des cheveux sur le sommet du vertex et sur l'occiput. Les zones dégarnies s'agrandissent, se rejoignent et le

Évolution d'une pelade myxœdémateuse. Coll. part. D.R.

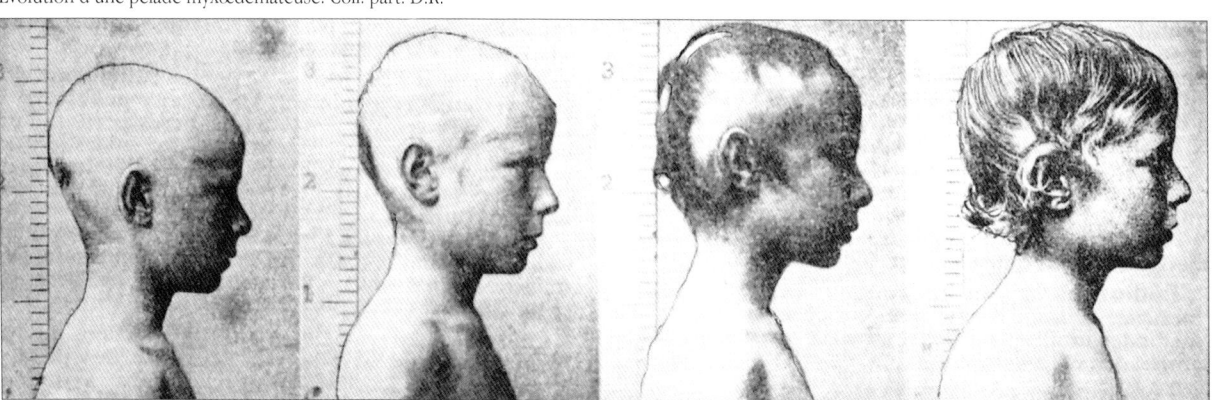

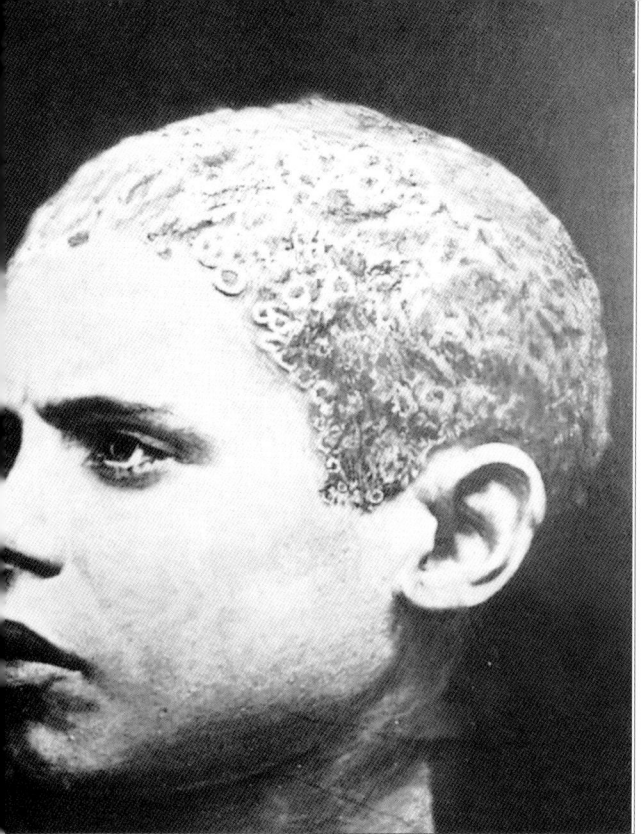

Jeune garçon atteint par une teigne du cuir chevelu.
Hôpital Saint-Louis. D.R.

sommet du crâne devient chauve envers et contre tout. En revanche, les cheveux restent denses aux tempes et forment autour du crâne une espèce de demi-couronne qui va d'une oreille à l'autre et qui ne tombe jamais.

Le recul de la ligne bitemporale d'implantation des cheveux est quasi permanent après la puberté et il est observé chez près de 96 % des sujets masculins de type occidental. Globalement, un tiers des hommes de race blanche de 18 à 49 ans développe une alopécie d'intensité modérée ou sévère avec une prévalence qui augmente avec l'âge. Selon les dernières études, l'alopécie androgénique touche 12 à 25 % des 18-29 ans ; 38 à 49 % des 30-39 ans et 43 à 53 % des 40-49 ans.

LA CALVITIE CHEZ LA FEMME

L'alopécie androgénique de la femme est très différente d'aspect de celle de l'homme. À quelques exceptions près, la femme ne connaît pas de calvitie de type masculin et ne devient jamais complètement chauve. Il est toutefois estimé que 40 à 50 % des femmes blanches occidentales sont victimes de perte de cheveux avant d'être ménopausées. Cette perte se fait de façon très progressive et se manifeste par une raréfaction diffuse des cheveux sur le dessus de la tête. Une bande circulaire pileuse de densité normale continue cependant d'entourer cette région et la frange frontale est généralement, elle aussi, préservée. Toutefois, avec l'âge, le dessus de la tête peut se dégrader gravement et même devenir chauve après la ménopause. L'alopécie peut frapper d'autres régions du corps, comme par exemple la zone génitale. On recense souvent des cas de femmes n'ayant aucun poil dans cette région du corps.

LE POIL ET LE CERVEAU

Il y a quelques décennies, le psychologue américain Cash avait démontré les effets psychosociologiques de la perte des cheveux chez l'homme. Il fut un des premiers à affirmer que le stress quotidien, les perturbations répétées, le sentiment d'insécurité, les chocs émotionnels ont un rôle de déstabilisation des enchaînements harmonieux du cerveau, ce qui, par voie de conséquence, influe grandement sur la vie des cheveux et provoque souvent leur chute.

Au Centre Sabouraud, à l'hôpital Saint-Louis à Paris, un des plus grands centres européens consacrés au traitement des alopécies diverses, la majorité des patients ont entre 25 et 35 ans. Lorsqu'on les interroge sur ce qui les gêne le plus dans le fait de perdre leurs cheveux, la principale réponse est que « la perte de leurs cheveux les vieillit ». Et presque un homme sur deux qui consulte avoue ressentir une interférence entre la chute de ses cheveux et son état psychologique. Constatations corroborées par le professeur Daniel Pomey-Rey, dermatologue et psychiatre à l'hôpital Saint-Louis. Dans une interview accordée au *Figaro Magazine* en 2000, il explique comment certains sujets ont tendance à projeter sur leurs cheveux leur tendance intrinsèque à l'anxiété, à la dépression : « Nous arrivons ici à la frontière de la psychopathologie. Car le cheveu est bien à mi-chemin entre nature et culture, entre peau et vêtement : en tant que parure, il délimite un visible et un caché, dichotomie fondamentale dans notre essence la plus intime. Et l'on peut dire que les rapports entre le psychisme et les cheveux se rencontrent en fait dans tous les aspects de chutes capillaires [...]. »

C'est déjà ce que prétendait au XVIIe siècle l'érudit Frédérik Nicolaï lorsqu'il écrivait à propos de l'abbé Barbier de La Rivière : « Il se pourrait que le chagrin qu'il ressent de se voir frustré par les mesures du rusé cardinal Mazarin du chapeau de cardinal, que le roi de France lui avait fait espérer, ait causé sa calvitie. »

Le facteur psychosomatique est, par exemple, tout à fait établi dans l'affection de la pelade qui peut prendre des formes très sévères et occasionner la chute de plus de la moitié de la chevelure. Cette affection à gravité variable est plus fréquente qu'on ne le croit puisqu'elle se situe au niveau du psoriasis et touche 2 à 5 % des consultations en dermatologie. La pelade

---

Encore une arnaque !

Le mercredi 25 juin 2002, la presse nationale se fait l'écho de la mise en vente en pharmacie, à disposition des chauves, d'un casque miracle censé faire repousser les cheveux grâce à l'émission d'un champ électromagnétique dont les ondes favoriseraient la réparation des cellules du cuir chevelu. Ce casque doit se porter 30 minutes, trois fois par semaine, durant au moins huit mois.

Le temps en somme de se consoler d'avoir payé presque 800 euros (5 248 F) un attrape-couillon.

survient, disent les spécialistes, sur un terrain psychologique très souvent morbide. Ainsi, d'après les plus récentes observations, la pelade se déclare comme une suite immédiate d'un deuil ou d'un violent traumatisme psychologique. Et, d'après les tests de « projection de l'existence », dans 80 % des cas de pelade, il y avait dépression latente avant la chute des cheveux.

SÉGRÉGATION À L'EMPLOI POUR LES CHAUVES

Les chauves n'auraient pas la tête de l'emploi. Voilà une toute récente constatation qui devrait fort inquiéter une bonne partie des deux millions et quelques de Français à la recherche d'un emploi. Sans compter les chômeurs chauves des autres nationalités européennes que nous joignons à l'émotion légitimement née des études menées en Allemagne par le professeur Bernd Tisher du Centre de recherche sur la Santé TNS-EMNID.

Ce scientifique de très haut niveau s'est attaché à mettre en évidence pour la première fois et par l'expérimentation rigoureuse l'influence de la perte des cheveux sur la vie professionnelle. Perdre ses cheveux, on le sait depuis longtemps, peut modifier son amour-propre, la perception que l'on a de soi, mais aussi et surtout sa relation aux autres, notamment dans sa vie professionnelle. Encore fallait-il le prouver. Voilà qui est fait et qui aboutit à une terrible conclusion : « Etre chauve diminue considérablement les chances de se réinsérer dans le monde du travail. »

L'expérience a été menée comme suit. Les six candidats qui se sont prêtés aux tests ont présenté chacun deux curriculum vitæ identiques, l'un avec photo les représentant « avec cheveux » et l'autre avec photo « sans cheveux ». Il s'agissait de pourvoir à des postes de contrôleur de projet et d'attaché de clientèle. Des douze curriculum vitæ identiques, 558 copies ont été tirées et envoyées à 98 responsables du recrutement du secteur tertiaire, banque, assurance, etc. Chacun de ces responsables en a reçu six par courrier, trois C.V. de candidats avec cheveux et trois sans cheveux.

Les résultats furent édifiants : 41 % des candidats chevelus ont été retenus pour un entretien, contre seulement 27 % présentant une calvitie. De même, seulement 36 % des chauves ont été perçus comme dotés d'un physique agréable, contre 58 % des candidats chevelus. Plus grave, en ce qui concerne l'évaluation, notée sur une échelle de 1 à 5, et portant sur des qualités telles que « capable, dynamique, aimable, plaisant, etc. », seulement 29 % des chauves furent crédités positivement contre 49 % des chevelus. Selon les auteurs de l'enquête, « l'apparence du candidat n'était prise en compte que pour 33 %, le facteur le plus important (53 %) restant leur expérience professionnelle ».

Selon le professeur Bernd Tisher, « à aucun moment, les recruteurs n'auraient eu conscience de l'impact de la calvitie sur leur choix et leurs notations ». Consolation tout de même pour les chauves : si la note d'appréciation globale qui leur a été donnée par les recruteurs allemands est inférieure à celle qui a été délivrée aux chevelus, aucune différence significative n'a en revanche été constatée en matière de sérieux, de confiance et d'intelligence...

Laissons la conclusion à Isabelle Brisson qui, dans *Le Figaro*, concluait son article en évoquant l'étude du professeur Tisher et sa « résonance » sur les déplumés de l'ANPE : « Sous peine de tomber comme un cheveu sur la soupe, peut-être serait-il utile de leur recommander de porter une perruque pour chercher du travail. »

C... ET FIER DE L'ÊTRE

Certains chauves sont fiers de leur calvitie et vont jusqu'à la célébrer. Les exemples historiques concernant de tels éloges sont très nombreux, à commencer par Socrate qui se consolait de son dégarnissement capillaire en estimant que « l'herbe ne

---

On peut se renseigner !

L'homme qui perd ses cheveux se lamente beaucoup. Une étude américaine de 1999 a répertorié ses épanchements préférés. Dans l'ordre, il se plaint de préférence :
– à son épouse : **35 %** des cas ;
– à des membres de sa famille : **27 %** des cas ;
– à des amis proches : **26 %** des cas ;
– à son coiffeur : **15 %** des cas ;
– à son médecin généraliste : **5 %** des cas.
• Avant de consulter les médecins spécialistes, l'homme atteint d'alopécie s'informe autour de lui sur les traitements anti chute possibles. Ses sources d'information sont :
– des articles de presse : **60 %** des cas ;
– son coiffeur : **18 %** des cas ;
– sa famille : **13 %** des cas ;
– ses collègues de bureau et amis : **10 %** des cas ;
– son pharmacien : **8 %** des cas ;

– son épouse : **5 %** des cas ;
– son médecin généraliste : **5 %** des cas.
Après enquêtes et informations, le candidat involontaire à la calvitie ne rencontre un dermatologue que dans **23 %** des cas.
• Quand on interroge les hommes qui perdent leurs cheveux, sur ce qu'ils attendent d'un traitement anti-chute, les réponses se répartissent comme suit :
– un arrêt de la chute : **35 %** ;
– une repousse des cheveux : **33 %** ;
– une amélioration non précisée : **32 %** ;
– préfèrent un traitement par voie orale : **70 %** ;
– sont prêts à utiliser une lotion une fois par jour : **75 %** ;
– sont prêts à utiliser une lotion deux fois par jour : **45 %** ;
– sont prêts à dépenser plus de 53 euros (350 F) par mois pour leur traitement : **85 %**.

pousse pas dans les rues actives ». À la fin du IXᵉ siècle, un moine du nom d'Hugbalde s'attacha à célébrer en vers la calvitie de ses contemporains et notamment celle de son souverain et maître séculier « Charles II, le Chauve » : « La nudité de la partie supérieure de la tête, écrit-il, indique que le fond du cœur doit se trouver à découvert et sans voile aux yeux de Dieu, dont la Providence aperçoit les desseins et les actions les plus cachés. »

La plus convaincante célébration des chauves avait été rédigée cinq siècles plus tôt par Synésios de Cyrène sous le titre *L'Éloge de la calvitie*. C'est une réponse à *L'Éloge de la chevelure* écrit au Iᵉʳ siècle par le rhéteur et philosophe grec Dion Chrysostome, autrement dit Dion Bouche d'Or.

Dans son ouvrage, Synésios raconte comment, l'âge venant, il perd ses cheveux par poignées. Il se lamente un temps jusqu'au moment où il décide de cesser ses lamentations, lui qui n'a à déplorer pour tout malheur que la perte de ses cheveux. Et il choisit de retrouver le bonheur en démontrant de manière irréfutable que le « chauve est supérieur au chevelu en tous points ». Démonstration qui ne manque pas d'humour et de mordant : « J'exposerai des pensées chauves de tout superflu : Mon discours prouvera que les chauves ont moins de raisons que quiconque d'avoir honte [...]. » Puis il argumente : « D'abord : le chauve ne perd pas son temps à se coiffer, et c'est autant de gagné pour l'étude et pour la chasse. Et pourquoi

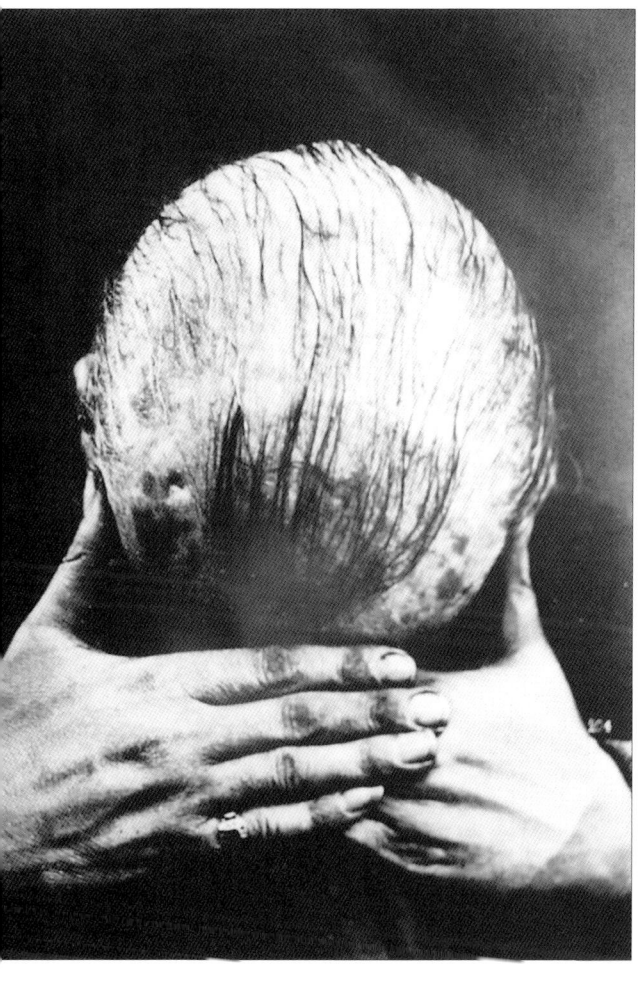

Alopécie syphilitique dite en clairière. Hôpital Saint-Louis. D.R.

Les moines condamnés aux enfers gardent leur tonsure pour l'éternité. Coll. part. D.R.

Ne montez pas à l'échelle !

On mesure la chute des cheveux et les élargissements des zones qui se « désertifient » selon des tropismes de comparaison appelés « échelles ». Pour les hommes, on utilise les échelles dites de Hamilton-Norwood ou de Bouhanna.

Les pertes capillaires mesurées montrent bien que les parties de la tête se dégarnissant démarrent aux golfes frontaux pour gagner ensuite le sommet du crâne.

Chez les femmes, dont la chute des cheveux est évaluée le plus communément selon l'échelle de Ludwig, c'est le sommet de la tête qui se dégarnit en premier pour gagner ensuite l'arrière du front.

Ces classifications sont utilisées dans le cadre d'études épidémiologiques ou pour le suivi à long terme d'un patient.

Calvitie et arrêt du cœur

Une étude publiée le 24 janvier 2000 dans Archives of International Medicine *à Washington affirme que la calvitie révèle un risque d'affection cardiaque. Cette enquête réalisée par les chercheurs de la faculté de médecine de Harvard et menée par le professeur Paulo Lotufo a pris en considération, sur une période de onze ans, le cas de 20 071 patients, âgés de 40 à 84 ans. Les données recueillies démontrent que :*
- *La calvitie est un indicateur de risque pour les maladies coronariennes. Ce risque augmente avec l'importance de la perte de cheveux. Les hommes qui ont une sévère calvitie sur le sommet du crâne ont 36 % de plus de risque coronarien que les autres individus. Mais ce risque descend à 32 % pour une calvitie moyenne et à 23 % pour une calvitie légère.*
- *Une calvitie au-dessus du front augmente les risques coronariens de 9 %.*
- *Les hommes qui souffrent de calvitie sur le sommet du crâne et d'une hypertension artérielle ont pour leur part 79 % de plus de risques d'affections cardiaques par rapport aux hommes qui n'ont pas de pertes de cheveux.*
- *Les hommes qui souffrent d'une calvitie avec un taux de cholestérol trop élevé ont 33 % de plus de risques que les autres de pâtir de maladies cardiaques.*

rougir d'avoir une tête si lisse si elle abrite autant d'idées que celle des héros ? » Et, affirme-t-il solennellement : « L'espèce humaine est d'autant plus éloignée de l'espèce animale qu'elle est moins velue. L'homme étant le plus saint de tous les êtres vivants, les plus saints d'entre les hommes sont donc ceux qui ont obtenu la faveur de perdre leurs cheveux, et le chauve pourrait bien être le plus divin des êtres vivants sur terre. »

L'objectif déclaré de Synésios était de rendre honteux les chevelus qui, disait-il, « sont trop admirés au détriment des chauves qui jouissent d'une meilleure santé. Savez-vous pourquoi ? Parce que les chauves sont des sages et que les chevelus sont des débauchés ». Le combat de Synésios n'aura pas été vain. Exactement mille cinq cents ans plus tard, en 1920, des « hommes chauves et fiers de l'être » se regroupent en clubs et associations militantes, décidés à faire savoir au monde à quel point leur état de dénuement crânien les satisfait. À partir des années 1950, de tels regroupements se multiplient et éclosent dans presque tous les pays européens et aux États-Unis. Certains ne regroupent qu'une dizaine de membres, d'autres sont forts de plusieurs centaines telle l'Association internationale des chauves fondée en France en 1989 et qui accueille depuis quantité de « dépoilés du vortex » de toutes nationalités. Belges, Allemands et Hollandais se disent attirés par la convivialité et l'entraide qui règnent au sein de l'association française.

Progression des calvities selon l'échelle de Norwood-Hamilton (modifiée).
Dessin de Charlotte Cohen. D.R.

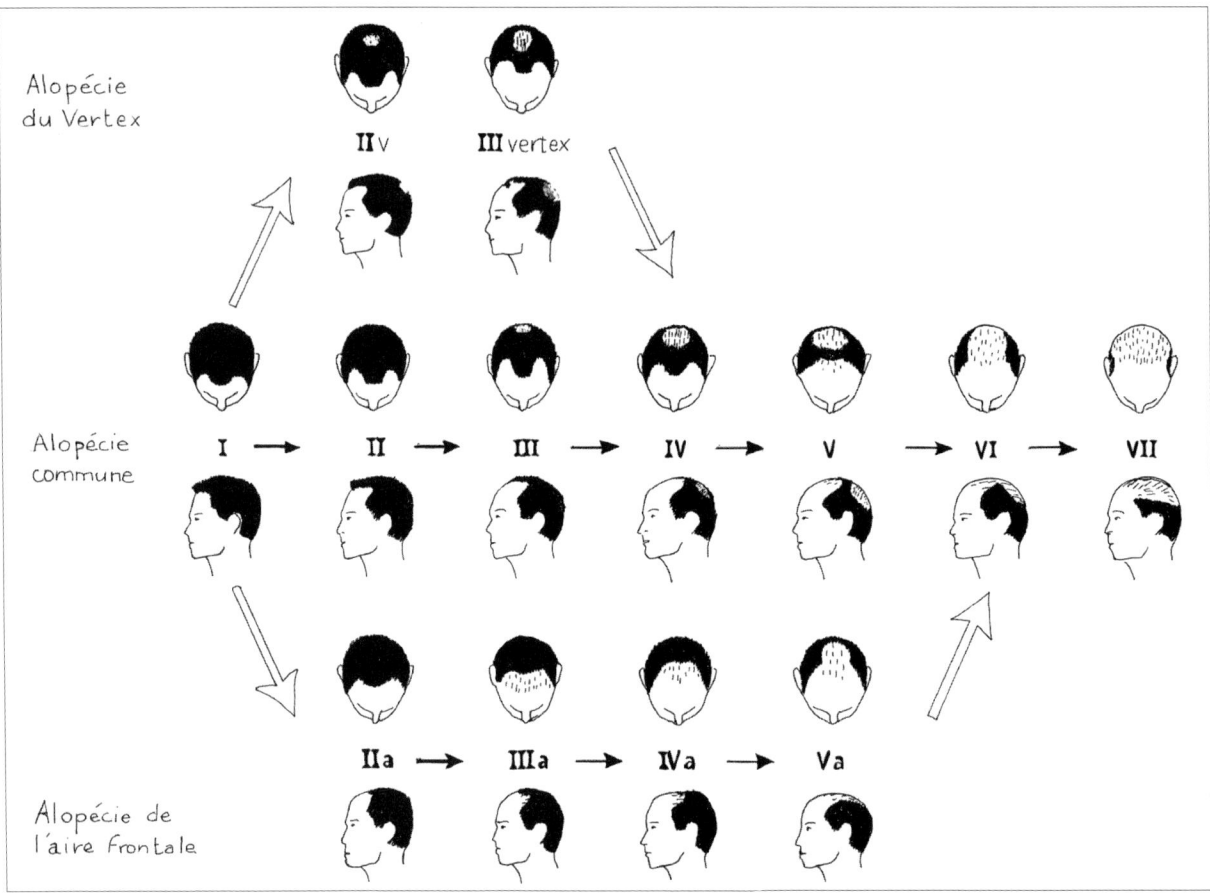

Chaque année, au mois de mai, les nouveaux adhérents sont affidés à l'association selon un rituel immuable. Tout commence par un « défilé échevelé des calvities de tout poil » à travers les rues de la ville de Fontainebleau. En tête du cortège, les « novices » qui ont juste la tonsure ; suivent les « chauves couronnés », c'est-à-dire ceux qui ont le crâne lisse et, enfin, ferment la marche les « chauves intégraux » totalement dégarnis comme leur nom l'indique. Tous portent crânement leur calvitie jusqu'au lieu où se tient le « serment chauvique ». Les nouveaux adhérents, la main droite posée sur une boule de billard, prennent le solennel engagement de ne rien tenter pour modifier en quoi que ce soit la « coiffure » que leur a donnée Dame Nature. Le président de l'A.I.C., Henri Braye, chauve depuis l'âge de 17 ans, est chargé de clôturer la cérémonie. À son signal, tous les chauves crient la belle devise de l'association : « Que nos crânes reluisent et réfléchissent ! »

Soyons honnête, plus nombreux sont les chauves insensibles à la logique de Synésios, qui vivent très mal la perte de leurs cheveux et qui souhaitent tout faire pour freiner ce processus naturel. Depuis la nuit des temps, ceux-là, avides d'espoir, rêvent à un médicament miracle qui regarnirait leur crâne. Depuis le breuvage utilisé par Néfertiti, les remèdes anti-chute n'ont cessé de préoccuper les esprits. Le professeur A. Macalister de Cambridge a traduit une ordonnance égyptienne vieille de six mille ans, imaginée pour soigner les pertes capillaires de la mère du second pharaon de la première dynastie. Il s'agit d'une mixture à base de patte de chien pour une partie, de fruits de palmier dattier pour une autre, et de sabot d'âne pour une troisième.

Au Ve siècle avant J.-C., Hippocrate, le père de la médecine imagine un onguent constitué d'un mélange d'opium, de racines de raifort et de fiente de pigeon. Plusieurs siècles plus tard, Cléopâtre tentera de regarnir le crâne de César en y appliquant un remède à base de souris carbonisée, de dents de chevaux pilées, de graisse d'ours et de moelle de cerf. Deux mille ans plus tard, en 1998, des experts, après avoir reconstitué la mixture, déclarent qu'« elle pourrait s'avérer efficace ».

Sautons les siècles passés, chacun d'eux offrant quantité de compositions, élixirs, onguents, pommades, huiles, à épandre, à étaler, à respirer ou à avaler, qui n'ont qu'un seul et même but : conserver ou retrouver ses cheveux.

Il est courant que l'emploi de ces mixtures soit associé à la magie, ce qui en certifie l'efficacité. Certaines pratiques se révèlent très curieuses. Mircea Eliade, citée par Yvonne Deslandes et Monique de Fontanes, rapporte par exemple un usage roumain de cette nature, encore utilisé au XIXe siècle et destiné à conserver sa chevelure : « Le Vendredi Saint, les filles vont avec une vieille au Jardin des Miséricordes cueillir des herbes et de la mandragore. Elles boivent de l'eau-de-vie et dansent nues jusqu'à l'aube. On fait bouillir les herbes trempées préalablement dans de l'eau bénite, tout en récitant les formules magiques de danse. Elles se lavent ensuite la tête avec cette eau qui a des propriétés merveilleuses. »

À la même époque, à Paris, on ne jure que par la pommade anti-calvitie du célèbre docteur Dupuytren. Comme toutes ses concurrentes moins connues, elle contient divers extraits ou toniques astringents tels que l'huile de ricin et de croton, de l'alcool, des essences aromatiques, du tanin, de l'acide gallique, du sulfate de quinine et de la fameuse cantharidine dont il faut plus d'un kilo d'insectes pour obtenir seulement cinq grammes.

Depuis le début des années 1950, il a été commercialisé à destination du grand public et à grand renfort de publicité quantité de produits sous toutes les formes possibles destinés à lutter contre l'alopécie. Les industriels exploitant ces produits jurent à chaque mise sur le marché « qu'il s'agit cette fois d'une véritable révolution, aboutissement logique de vingt ou trente années de recherche ». Un exemple de ce type d'annonces nous est donné par le Phytoaxil, dont les encarts publicitaires affirment, en 1998, que les chercheurs d'Alès Groupe ont mis au point « le premier produit à vraiment agir et préserver le capital cheveux ». Puis l'annonce fixait comme « certains » des résultats dès le 56e jour de traitement. Autre garantie assurée, le volume de pousse supplémentaire : 17,5 %.

Plus démonstratif encore du charlatanisme qui entoure très souvent le marketing lié à la repousse ou la conservation des cheveux, « l'affaire Phytopharm », du nom de l'important laboratoire de biotechnologie britannique qui, en janvier 2001, s'apprêtait à doubler son chiffre d'affaires annuel grâce aux chauves en lançant une toute nouvelle crème miracle, la P.45. On attend les derniers tests pour commencer la commercialisation. On est confiant. Très confiant même, puisque depuis un an déjà circule un bruit affirmant que certains courtiers de la City au crâne dégarni ont rajeuni à vue d'œil après avoir

Les animaux aussi

On observe une alopécie congénitale chez les animaux. Une espèce de chien, originaire de Chine, mais élevée maintenant au Mexique et aux États-Unis se distingue par son alopécie congénitale. On a remarqué également ce phénomène, parfois, chez les chevaux, le bétail et les autres chiens. Heusner a vu un pigeon, sans plume, qui engendra une femelle qui, à son tour, transmit cette caractéristique à deux de ses petits.

Race de chien sans poil dit « chien nu ». Photo M.M. D.R.

accepté de participer aux tests de cette nouvelle crème anti-chauves dont le principal ingrédient actif est une mystérieuse plante africaine.

Le 19 janvier, les résultats attendus arrivent enfin. Sur 69 hommes ayant participé aux essais, seule la moitié a utilisé la crème miracle, et les 35 autres un placebo sous forme d'une crème hydratante ordinaire. Patatras ! Ils ne sont que 20 % parmi ceux qui se sont massés régulièrement le crâne avec la crème P.45 à constater que leurs cheveux ont repoussé. Et ils sont presque le double, 38 %, à affirmer que leur chevelure a repoussé alors qu'ils n'ont utilisé que le placebo. Cette affaire de crème de perlimpinpin va coûter très cher au laboratoire britannique, dont les actions perdent 15 % à la Bourse sitôt le résultat du test connu. Selon le directeur général de Phytopharm, Richard Dixey, sa crème P.45 est très efficace. Quant au succès de la crème ordinaire placebo, « il est dû à des facteurs psychologiques et non pas à une quelconque vertu ».

La plupart des produits anti-chute, tout comme les lotions cosmétiques du même nom, n'ont jamais fait la preuve de leur efficacité dans l'alopécie androgénique. Ils sont toutefois d'un emploi agréable et, pour certains, améliorent l'aspect cosmétique des cheveux.

Selon les scientifiques du Centre du traitement du cheveu Sabouraud, seuls deux médicaments ont une efficacité scientifique prouvée, le minoxédil et le finostéride. Le premier est administré en application locale, le second sous forme de comprimés. « Le résultat escompté est une petite repousse dans un tiers des cas, une stabilisation de la calvitie dans un deuxième tiers et aucun effet sur le dernier tiers des patients. »

Curieusement, on retrouve avec les possibles, mais rares, effets secondaires du finostéride l'éternelle connexion « cheveux-sexualité ». En effet, la liste des effets indésirables comprend la diminution de la libido, des troubles de l'érection et des douleurs des testicules. En cas d'interruption du médicament, ces troubles disparaissent assez vite.

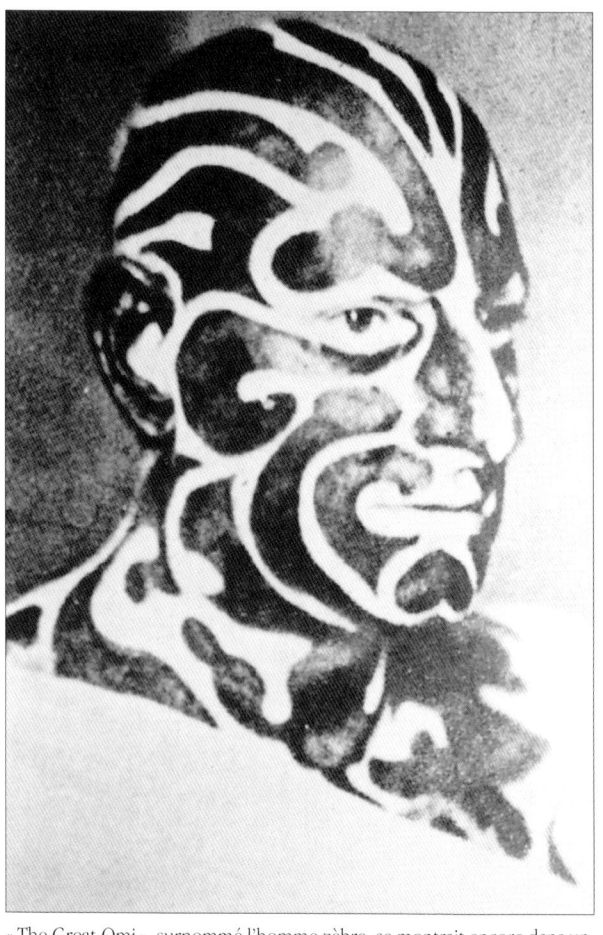

« The Great-Omi », surnommé l'homme-zèbre, se montrait encore dans un cirque de phénomènes en 1946. Coll. part. D.R.

Individu tatoué sur tout le corps, y compris sur la surface complète de son crâne chauve. Coll. part. D.R.

Owen Bels, avec une tête de Christ tatouée sur le crâne, est un des très rares tatoués offrant un sujet religieux. Coll. part. D.R.

Dupont et Dupont : la preuve vivante

Une étude clinique a été menée chez neuf paires de vrais jumeaux afin d'observer les effets et l'efficacité de « Propécia », médicament des laboratoires Merck Sharp et Dohm, destiné à lutter contre l'alopécie androgénique masculine au stade peu développé. Des jumeaux de cinq pays européens ont pris part à cette étude qui fait suite aux premiers essais cliniques préliminaires américains menés pendant cinq ans sur 3 200 patients avec 90 % de succès.

Les jumeaux offrent à l'évidence un terrain de recherche particulièrement intéressant car, comme le rappelle le docteur Dow Stough, chercheur international sur Propécia, « les vrais jumeaux partagent les mêmes gènes, ils constituent donc une population idéale pour conduire des études rigoureuses dans les affections génétiques, dont l'alopécie androgénique ».

De surcroît, comme les jumeaux ont un aspect physique identique, les participants à l'étude peuvent se rendre compte de façon évidente des éventuelles différences qui naissent, au terme d'un certain temps, entre celui qui suit le traitement et celui qui utilise le placebo.

Après douze mois de traitement, les résultats cliniques ont démontré que 100 % des jumeaux ayant suivi le traitement par Propécia ne présentaient plus de perte de cheveux dans la région frontale, et 75 % montraient une diminution ou un arrêt de la perte des cheveux sur la partie supérieure du crâne. Enfin, près de 45 % d'entre eux présentaient une nette amélioration de l'aspect général de la chevelure.

Depuis son homologation par la FDA en 1998, 53 pays utilisent Propécia. Dans le monde, près de deux millions d'hommes se soignent actuellement avec ce médicament dont près de 500 000 en Europe. Environ 75 % des hommes actuellement traités par Propécia reconnaissent qu'ils ont déjà essayé d'autres produits, tous décevants.

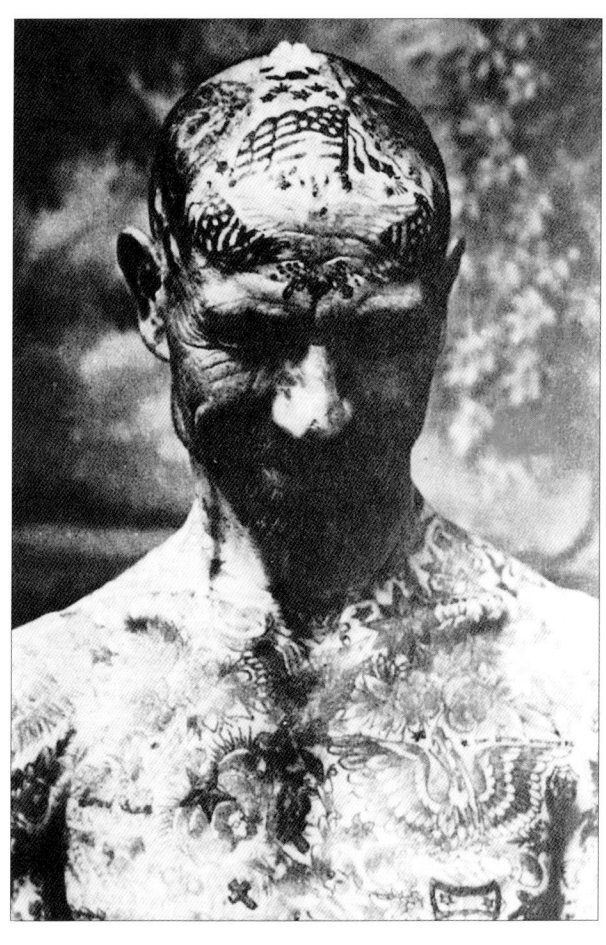

LES MICROGREFFES

Le chirurgien Jacques Okuda fut le premier, en 1939, à décrire la technique d'allogreffe des cheveux, mais elle ne sera réellement appliquée régulièrement qu'à la fin des années 1950. Il faut encore attendre dix ans pour que les techniques de lambeaux apparaissent. Quant à la technique de réduction avec mise en place de ballonnets expandeurs gonflables, elle n'apparaît qu'au début des années 1980. Depuis le début des années 1990, la tendance est d'utiliser de plus en plus couramment des mini ou microgreffes pour couvrir les zones alopéciques ou pour découper des bandelettes donneuses d'unités folliculaires.

Les microgreffes sont très appréciées pour leur résultat esthétique, très naturel, et la rapidité de réimplantation. Actuellement, un bon chirurgien dermatologue réimplante en une seule séance, sous anesthésie locale, 1 000 à 3 000 cheveux. Il faut entre 1 000 et 1 500 cheveux implantés pour couvrir un front dégarni ; 2 000 à 2 500 cheveux pour redensifier une tonsure et 5 000 à 6 000 cheveux pour contrer une importante calvitie.

Des unités de 1 à 4 cheveux

Le dernier congrès international sur la chirurgie du cuir chevelu, qui s'est tenu à Washington en 1998, a fait le point sur les derniers progrès techniques. On peut lire dans le document final qu'à l'heure actuelle, « il est possible de prélever sous anesthésie locale dans la zone donneuse occipitale, de 1 000 à 3 000 cheveux en une séance, en ne laissant qu'une discrète cicatrice linéaire horizontale [...] Pour obtenir une densification naturelle des calvities de l'homme, le principe technique qui a fait la quasi-unanimité est la transplantation "d'unités folliculaires" de 1 à 4 cheveux. »

La transplantation de microgreffes (1 à 2 cheveux) et de minigreffes (3 à 4 cheveux) a été améliorée par l'utilisation d'instruments jetables permettant une perforation du site receveur adaptée à chaque type de greffes. Ce procédé de microgreffes permet d'apporter une chevelure sur de grandes surfaces chauves. Deux heures après une transplantation de 1 000 à 3 000 cheveux, le patient peut rentrer chez lui, faire un shampooing dès le lendemain et reprendre ses activités professionnelles.

Une découverte française

Tout est possible, jusqu'à la greffe d'un seul poil ou cheveu, ce qui peut être le recours exigé pour l'épaississement de sourcils trop peu fournis. Par sa minutie, la technique chirurgicale des minigreffes peut répondre à 95 % des cas d'alopécies.

Le succès des microgreffes n'a pas rendu caduque, loin de là, la technique traditionnelle dite du lambeau que décrit ainsi le docteur Jean-Pierre Bouhanna : « Sur le côté de la tête, au niveau de la couronne, on saisit une bande de cuir chevelu d'environ 3 centimètres de large sur 12-15 centimètres de long. Le chirurgien fait subir à ce lambeau une petite rotation (sans le détacher complètement de son pôle d'origine, afin qu'il puisse conserver toute sa vitalité) et l'insère à l'endroit glabre, sur le dessus avant du crâne en général [...]. »

Salon de coiffure au Tonkin. Vers 1930. Coll. part. D.R.

Salon de coiffure à New York. Vers 1930.
Journal des Voyages. Coll. Larousse. D.R.

D'autres praticiens s'en tiennent à la technique par « réduction de tonsure ». Pour réduire la zone chauve, on réalise un rapprochement progressif des plages chevelues périphériques qui seront jointes entre elles par sutures. Il faut souvent recommencer la même opération plusieurs fois de suite pour parfaire le résultat.

Une découverte française, propre à réjouir tous les chauves de la planète, est publiée par la presse en janvier 2002. L'équipe de Yann Barradon, un des meilleurs spécialistes mondiaux des cellules dites kératinocytes, a réussi à identifier et isoler des cellules souches qui, dans la peau, sont capables de régénérer l'épiderme, les glandes sébacées et les poils. Les perspectives d'utilisation sont innombrables : tous les grands brûlés, bien sûr ; pour comprendre les niveaux de cancers de la peau ; traiter les pertes de poils et guérir les calvities, surtout !

Terminons ce chapitre sur les chauves avec deux vérités. La première est réconfortante : « Les greffes de cheveux peuvent se pratiquer à tous les stades de perte capillaire, que l'on soit jeune ou moins jeune, homme ou femme. » La seconde est un avertissement : « Un homme ne doit pas tomber dans la calvophobie, car cette crainte morbide de perdre ses cheveux peut provoquer un infarctus ou conduire au suicide. »

Quant aux vrais traditionalistes, ils peuvent, bien sûr, soigner la perte de leurs cheveux avec des décoctions du passé qui non seulement ont fait leurs preuves aux dires des dames romaines, mais sont amusantes à préparer :
- Sangsues macérées 60 jours dans un vase de plomb avec du vinaigre.
- Un hérisson brûlé entier puis pilé avec de la graisse d'ours et étalé sur le crâne avec une plume de coq.
- Quelques têtes de rats, du fiel et de la fiente de divers oiseaux mélangés à de l'ellébore.

Dernières nouvelles du front

Les voies de recherche s'intéressent à traiter ou à guérir l'alopécie androgénique par différents procédés :

• **Redémarrage du follicule :**
Le clonage capillaire : il s'agit de cultures de follicules pileux présentant un cycle pilaire normal qui seraient implantés dans les zones touchées par l'alopécie. Des travaux permettant de ré-enclencher un follicule pileux en sommeil depuis parfois vingt ans sont également en cours.

• **Recherche des coupables :**
Les gènes : des recherches sont en cours pour découvrir les gènes en cause dans la chute des cheveux. On sait qu'ils sont multiples.

• **Pas un poil :**
En janvier 1998, des chercheurs américains de l'université de Columbia de New York et des chercheurs pakistanais de l'université Quaid-Iazam d'Islamabad ont identifié un gène associé à l'une des formes les plus extrêmes de calvitie, d'origine héréditaire, et connue sous le nom savant d'« alopécia universalle ». Cette forme d'alopécie se traduit par la perte totale des cheveux et de la pilosité sur l'ensemble du corps.

Cette forme de dénuement pileux décrite depuis l'Antiquité frappe aujourd'hui environ 7 à 8 millions de personnes à travers le monde dont 2,5 millions d'Américains.

Au cours de leurs travaux, les chercheurs se sont aperçus que tous les membres d'une famille frappés par ce type d'affection étaient porteurs d'une mutation d'un gène, dont un équivalent chez la souris avait déjà été identifié comme responsable de la perte des poils. Constatation qui pourrait constituer une piste intéressante pour le développement de nouveaux traitements.

9
Barbes et moustaches
Histoire, mode et psychologie de la pilosité faciale

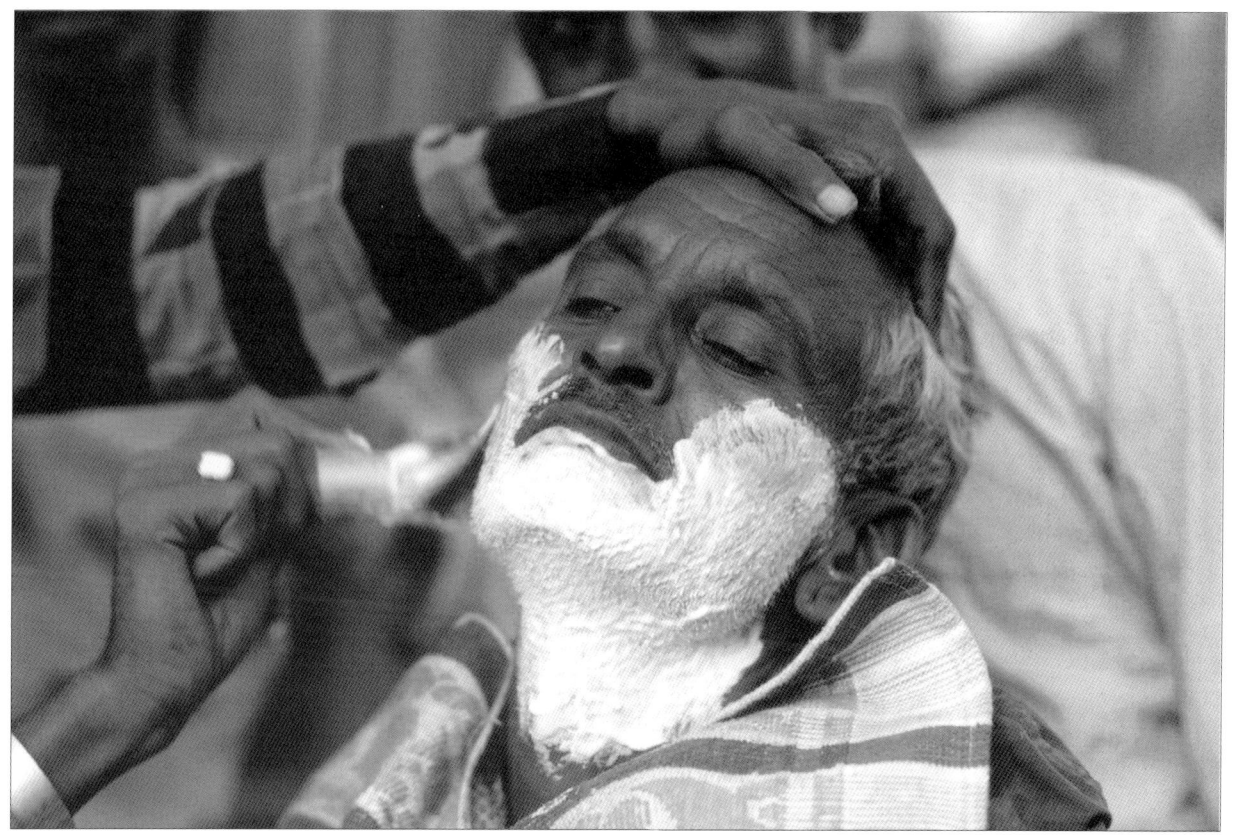

Indien se prêtant à son rasage quotidien. Province du Pushtar. Corbis-Sygma. Jeffrey Rotman.

Le mot « barbe », dérivé du latin *barba* désigne l'ensemble des poils qui poussent sur le visage humain, plus précisément sur la lèvre supérieure et la lèvre inférieure, sur le menton et les joues. Lorsque cette pilosité est réduite à une seule ou deux de ces surfaces de pousse, elle prend un nom particulier et le vocabulaire ne manque pas de fantaisie pour désigner ces différences. Présente sur la seule lèvre supérieure, la barbe devient moustache ; maintenue uniquement sur les joues, elle prend le nom de favoris ; circonscrite au menton, elle se réduit selon son importance à une barbichette, un bouc ou une mouche. Autant de termes souvent confondus les uns avec les autres alors qu'ils désignent des configurations pileuses tout à fait précises.

Barbe et moustache sont des ornements consentis aux hommes et, effectivement, le caractère et le charme du visage leur doivent beaucoup. Elles « s'ajustent » ou non à la physionomie générale et modifient l'expression du visage. Ainsi, les candidats à ces ornements doivent-ils dans un premier temps laisser le système pileux pousser sans restriction afin d'évaluer la qualité et l'implantation des poils. Ils peuvent ensuite choisir au mieux la « coupe » la plus adaptée à leur morphologie faciale, raser certaines parties, en désépaissir telle autre, etc.

Les nageoires

Ainsi désigne-t-on ce qui deviendra plus tard des favoris. Il s'agit d'une bande pileuse que l'on laisse pousser sur la joue, de chaque côté du visage. Les nageoires furent mises à la mode sous le Premier Empire. Maréchaux, généraux, officiers les portaient couramment, considérant qu'elles ajoutaient une

Exemple de favoris dans le portrait peint par Girodet en 1834.
Coll. Bonnat. Musée de Bayonne. D.R.

Schubert, 1797-1828, affectionnait les « pattes de lapin ».
Coll. part. D.R.

note virile supplémentaire au visage glabre et même au port de la moustache. L'usage voulait qu'on les porte noires ou brun foncé, même si la chevelure était blonde.

Les favoris

À l'origine, le mot désigne la touffe de cheveux que les élégantes des XVIIe et XVIIIe siècles laissaient pendre sur le côté de leur visage. À partir du XIXe siècle, les favoris se posent en complément des nageoires et « poussent » sur les joues masculines. Entre 1830 et 1850, la mode s'en répand grâce au petit monde des dandys parisiens. Ils se portent avec une coiffure plutôt courte, bouclée de préférence, et agrémentée d'un toupet.

Vers 1850, les favoris se portent plus épais et plus fournis que par le passé. À partir de 1880, leur déclin commence, même si de nombreux représentants des nouvelles générations leur demeurent encore fidèles. À partir de 1900, ils ne survivront plus que sous des formes abâtardies, comme on peut les voir sur les joues des maîtres d'hôtel des grandes maisons bourgeoises.

Les rouflaquettes

Ce sont des mèches de cheveux collées sur les tempes auxquelles on a donné une forme de virgule. Les rouflaquettes ont été autrefois à la mode dans la très haute société, mais, à partir de 1875, elles deviennent synonymes de « favoris » et sont adoptées en même temps que la casquette à pont par les délinquants et notamment les souteneurs.

Les pattes

Il s'agit de favoris courts, souvent nommés « pattes de lapin », qui sont censés dépasser l'oreille verticalement. À partir de 1920, les pattes connurent de nombreuses variantes, furent coupées droites ou en biais, s'arrêtant quelquefois au niveau de l'oreille et se terminant pointues, effilées, arrondies, plates ou gonflées selon qu'elles étaient à la « toréador », à la « cocher » et, plus tard, à la « James Dean ».

Les côtelettes

On appelle ainsi, au XIXe siècle, des favoris qui ont effectivement la forme d'une côtelette d'agneau, partie charnue et ronde sur le bas de la joue, et « l'os redressé » en direction de la tempe. Surtout portées par la bourgeoisie fréquentant les théâtres, le mot fut adopté par l'argot du métier. Ainsi, « manger des côtelettes » en vint à signifier pour les théâtreuses avoir un amant qui subvient à ses besoins, et pour les directeurs de théâtre « être comblé d'applaudissements ».

La barbette

Ainsi désignait-on autrefois une petite barbe taillée très courte.

La barchiche

Nom donné à une barbe peu fournie et plus spécifiquement encore à une touffe de barbe isolée qu'on laisse croître au menton.

Ensemble moustache-rouflaquettes porté par l'empereur d'Autriche François-Joseph. Coll. part. D.R.

Fameuses rouflaquettes-côtelettes de Johann Strauss, 1825-1899. Coll. part. D.R.

Triple portrait de Richelieu par Ph. de Champaigne. Vers 1642. National Gallery. D.R.

La barbichette
Mot très souvent employé dans la langue populaire, « je te tiens, tu me tiens par la barbichette », ayant la même signification que « barbiche », mais n'appartenant pas au vocabulaire français.

Le bouc
On appelle « bouc » un tronçon de barbe qu'un homme porte sous le menton, le reste du visage étant rasé. Le bouc peut être plus ou moins long et pointu en son extrémité, et il n'est pas rare qu'il passe sous la mâchoire inférieure en direction du cou.

La mouche
Cet insecte sert à désigner par analogie visuelle la petite touffe de poils qu'on laisse croître au-dessous de la lèvre inférieure. Elle est toujours moins longue que « l'impériale » qui désigne une véritable barbe et avec laquelle elle est souvent confondue.

Le collier
Cercle de barbe plus ou moins large qui entoure le visage en partant d'une tempe pour rejoindre la seconde, en poussant sous ou sur la pointe du menton. Barbe rendue célèbre par Cavour, Stendhal, et plus récemment Robert Hue, qui s'inspire du collier lincolnien auquel s'attache une charmante historiette. C'est parce qu'une petite fille le lui demanda très gentiment dans une lettre qu'Abraham Lincoln, alors candidat à la présidence, se laissa pousser la barbe en collier. Cette petite fille, qui s'appelait Grace Bedell, lui expliqua tout simplement « qu'il avait plus de chance d'être élu s'il se laissait pousser la barbe, car il avait l'air vraiment très dur ».

Le petit collier
On nomme également « émir » cette configuration pileuse qui voit les poils courts encadrer la bouche en passant par le menton et en laissant les joues totalement lisses.

La moustache

Selon les encyclopédistes, le mot moustache viendrait de l'italien *mostaccio*, lui-même issu du bas grec *mustaki*, formé sur le mot grec ancien *mustax* ou *mystax*, c'est-à-dire lèvre supérieure. Il désignait jadis les boucles de cheveux attachés par un ruban que les hommes et les femmes laissaient pendre sur le côté gauche, puis sur les deux côtés du visage. Cette mode débuta sous le règne de Louis XIII, se poursuivit sous celui de Louis XIV, disparut sous la Régence de la minorité de Louis XV, tandis qu'elle se perpétuait dans différentes régions d'Europe dont l'Irlande et la Flandre.

La « moustache » fut initiée à la Cour vers 1640 par Henri de Lorraine, comte d'Harcourt, qui attacha à la sienne – car à l'époque on n'en portait encore qu'une – une grande perle, ce qui le fit surnommer « le cadet à la perle ». On appelle aussi cette boucle unique et pendante « cadenette » parce que Honoré de Cadenet, duc de Chaulnes, en possédait une qui faisait l'admiration de la Cour.

La moustache en vint assez vite à désigner la seule partie de la barbe qui croît au-dessus de la lèvre supérieure. Pas plus que le port de la barbe au menton, la moustache n'est véritablement tombée en désuétude et, périodiquement, tout au long de l'Histoire, elle n'a cessé d'apparaître et de disparaître, connaissant des fortunes très diverses. Tantôt, elle a représenté les sommets de la créativité artistique, comme celle de Salvador Dalí, les sommets de la nuisance et du mal, comme celles de Hitler et de Staline, ou encore le stigmate du patriotisme et de la résistance, comme celle du Tigre Clemenceau. Pendant longtemps, l'image du « latin lover », propagée par Hollywood à travers le monde s'accompagna immanquablement d'une fine moustache noire. Elle a aussi été l'incarnation du droit. Les justiciers, dont Zorro est l'archétype, sont moustachus. À travers le gendarme ou le juge, la moustache n'a cessé de représenter l'autorité, tout comme elle a continuellement été l'attribut stéréotype du traître. En fait, la moustache apparaît dès que l'homme laisse libre cours à sa passion.

Hitler et sa fameuse moustache carrée. 1938. Berlin. Coll. part. D.R.

Moustache en croc portée par le philosophe Nietzsche. D.R.

Les différents types de moustaches à la mode vers 1895.
Coll. part. D.R. Larousse

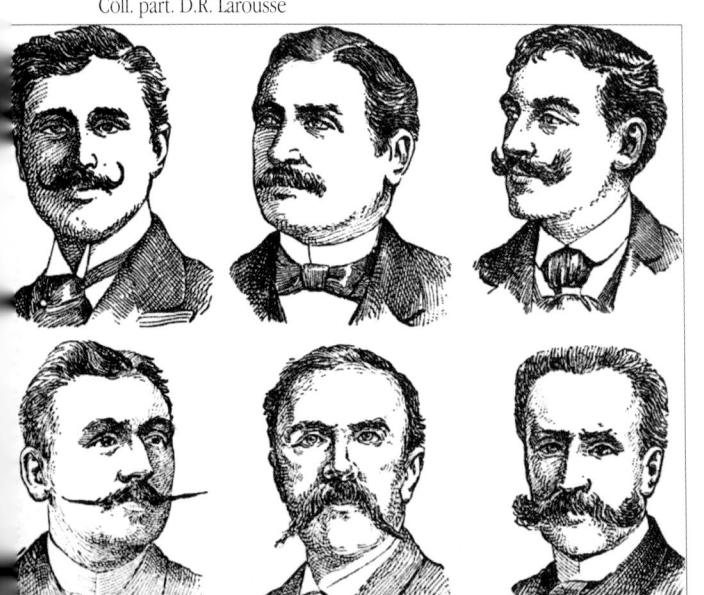

Staline, une moustache qui a fait trembler le monde. Musée de l'Histoire. D.R.

Arafat, la moustache la plus clairsemée du Moyen-Orient. D.R.

« C'est pas croyable ! »

Pointes en l'air ou la guerre !
Robert Sabatier affirme dans son Dictionnaire de la mort que si les Tartares firent la guerre aux Perses et aux Chinois, c'est parce qu'ils laissaient pendre leur moustache au lieu de la retrousser.

• La barbe porte-bonheur d'Henri IV
Après la prise de la Bastille, les révolutionnaires détériorèrent les tombeaux des rois de France à Saint-Denis. Ils mirent à jour le cadavre d'Henri IV, bien conservé avec sa barbe toute blanche. Un soldat admiratif en coupa une mèche en déclarant qu'il était comme lui soldat français. Il colla les poils du roi sur sa lèvre supérieure et affirma que désormais il était sûr de vaincre et de marcher vers la victoire.

• Le peintre de l'actualité archéologique
Gustave Courbet, au milieu du XIXe siècle, qualifiait d'« assyrienne » sa longue barbe inspirée, disait-il, par les vestiges archéologiques nouvellement mis à jour sur le site de Ninive, face à l'actuelle ville de Mossoul, sur la rive gauche du Tigre.

• Les raseurs de cadavres
On lisait encore sur les enseignes de certains coiffeurs barbiers du XIXe siècle : « Opère après décès. » Il y avait alors dans chaque paroisse un homme de l'art dont la spécialité était de faire la barbe des morts. Le professeur Le Bray raconte qu'à Perronas, dans l'Ain, « le vieux Flem savait d'après le bruit du rasoir sur les poils si le trépassé était ou non en état de grâce pour paraître dans l'autre monde ».

• Imprévoyance
En 1839, le bruit court que la fin du monde est proche. Tout en rasant Victor Hugo, son barbier lui exprime ses craintes : « Le monde va finir le 2 janvier. Les bêtes mourront, et le 4, ce sera le tour des hommes. »
« Vous m'effrayez, répondit Victor Hugo, qui va me raser le 3 ? »

La moustache change l'homme. Huile de Ron English. Doc. Opera-Gallery. Paris, New York, Singapour.

Anthropométrie de la barbe

Avec 120 poils au centimètre carré sur le menton et au-dessus de la lèvre, et 80 poils au centimètre carré sur les joues, chaque homme adulte dispose en moyenne pour « se faire une barbe » à sa convenance de 6 000 à 25 000 poils sur le visage, qui, comme les cheveux, poussent plus vite l'été que l'hiver.

L'affaire est d'importance pour tous car ceux qui refusent d'arborer une barbe consacrent autant de temps à en supprimer chaque jour les traces naissantes que ceux qui en arborent une et doivent chaque jour également en circonscrire harmonieusement la pousse. La dernière étude statistique disponible, réalisée en Angleterre en 1997, affirme qu'en moyenne, un homme occidental consacre dix minutes par jour à sa pilosité faciale. Si l'on considère qu'il a commencé à l'âge de 18 ans, à 70 ans, il aura consacré à cet exercice quotidien 3 163 heures de son existence, soit environ 132 jours et nuits ininterrompus.

Cette statistique ne tient pas compte de ceux, peu nombreux il est vrai, qui abandonnent leur barbe à une pousse libre et sauvage et en arrivent à porter une espèce de toison hirsute et souvent douteuse. Entre ceux-là et les maniaco-méticuleux qui la peignent et la taillent au cordeau toutes les six heures, exécutant au rasoir ou aux ciseaux tout poil faisant preuve d'indépendance, tous les états de la barbe sont possibles.

Tous les types humains, à quelques exceptions près, sont barbus. Ils affichent toutefois des différences sensibles entre eux. Les Blancs offrent les barbes les plus fournies, alors que chez les Jaunes, elles sont assez rares et que chez les Noirs, elles se montrent claires et frisées. Il s'agit bien sûr de tendances et de nombreux contre-exemples viennent contredire cette généralité. Les Noirs mélanésiens, par exemple, ont souvent des barbes aussi abondantes que celles des Européens.

Différents types de barbes à la mode vers 1895. Coll. part. D.R. Larousse.
1. Barbe longue - 2. Barbe carrée - 3. Barbe à pointe - 4. Royale - 5. Mouche - 6. Favoris - 7. Barbe en éventail - 8. Barbe à la Souvarov - 9. Impériale - 10. Fer à cheval - 11. Collier - 12. Favoris dits *côtelettes* - 13. Barbe à deux pointes - 14. Barbiche - 15. Favoris dits *pattes de lapin* - 16. Bouc.

Saint Jérôme. Huile d'Antonio de Perreda.
Vers 1643. Madrid. D.R.

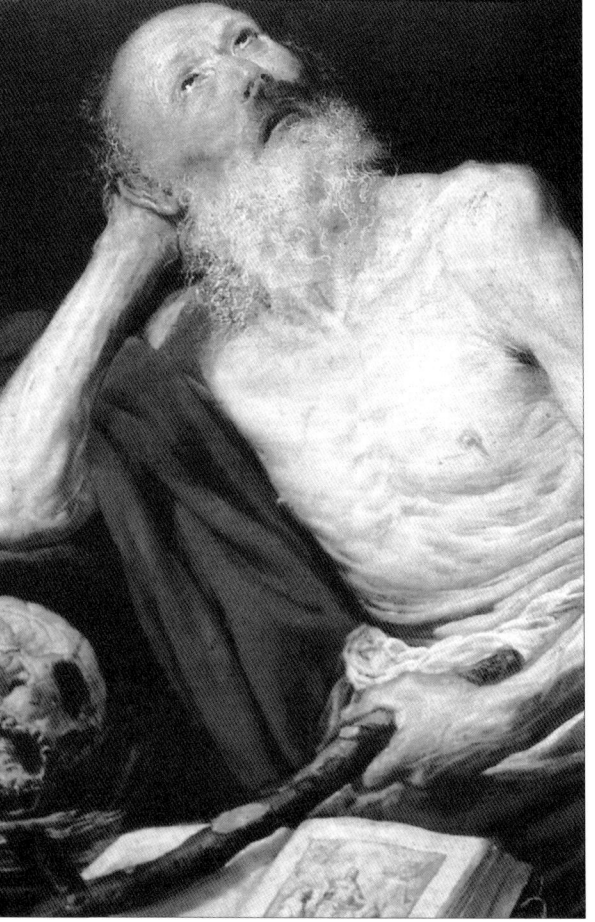

Galilée à sa table de travail.
Gravure. Coll. part. D.R.

Les discours de la barbe

La barbe offre un nombre important de justifications, de significations et de symboles qui ont fort peu varié au cours de l'Histoire. Aujourd'hui encore, elle peut être la volonté d'afficher la virilité, la sagesse, le savoir, la rigueur morale. Elle peut être le signe d'appartenance à un groupe distinct, signifier une revendication, une position politique, une volonté révolutionnaire, une croyance en des dieux. Elle peut aussi vouloir masquer une faiblesse caractérielle, psychologique ou physique. On se cache derrière sa barbe, disent les psychologues et les psychiatres.

Insigne des patriarches, des dieux puissants, y compris chrétiens, la barbe est aussi un universel symbole de protection paternelle. En fait, la barbe peut exprimer toutes les attitudes mentales, y compris négatives tel le renoncement, par exemple. Ainsi, en 2002, Philippe Seguin, homme politique de premier plan, annonce-t-il son retrait de toute responsabilité politique, y compris l'abandon de son mandat de maire d'Épinal qu'il assume depuis des décennies... et se laisse pousser la barbe !

Autre exemple, le vice-président américain Al Gore s'est laissé pousser barbe et moustaches. Immédiatement, les médias américains se sont interrogés sur le « sens » de cette pilosité nouvelle, se demandant si elle ne signalait pas la fin de ses ambitions présidentielles. Aucun candidat barbu n'a gagné l'élection présidentielle depuis Rutherford B. Hayes en 1877.

Le port de la barbe répond à de si nombreux facteurs psychologiques que, peu à peu, s'est instaurée, surtout à partir du XIXe siècle, une pseudo-science dite physiognomonique qui connut un certain succès. Elle assurait pouvoir, à la seule appréciation des poils faciaux, diagnostiquer tempéraments et caractères.

• Une barbe bien rangée et fournie indique un homme doté d'un bon naturel, d'un tempérament raisonnable et d'une grande faculté d'adaptation à tout problème.
• Une barbe longue et frisée désigne un homme étourdi avec tous les avatars que cela peut engendrer.
• Une barbe mal disposée et trop claire est un indice formel d'une tendance à l'homosexualité, etc.

Barbe, savoir, sagesse et respect

Depuis toujours, les barbes agrémentent les visages des patriarches hébreux, grecs, romains et chrétiens. Elles se portent également chez les « gens de savoir », alchimistes, savants, théologiens, musiciens, mathématiciens et philosophes. Ces derniers, en Inde et en Chine, prennent soin de leur barbe comme d'une représentation symbolique de leur sagesse et de leur savoir. Chez les Grecs, la barbe fut abandonnée au temps d'Alexandre, mais les philosophes de profession la conservèrent comme ornement essentiel de la gravité philosophique. De là le dicton : « La barbe ne fait pas le philosophe. »

Saint Onufre. Huile de Francisco Collantes. Vers 1540. Madrid. D.R.

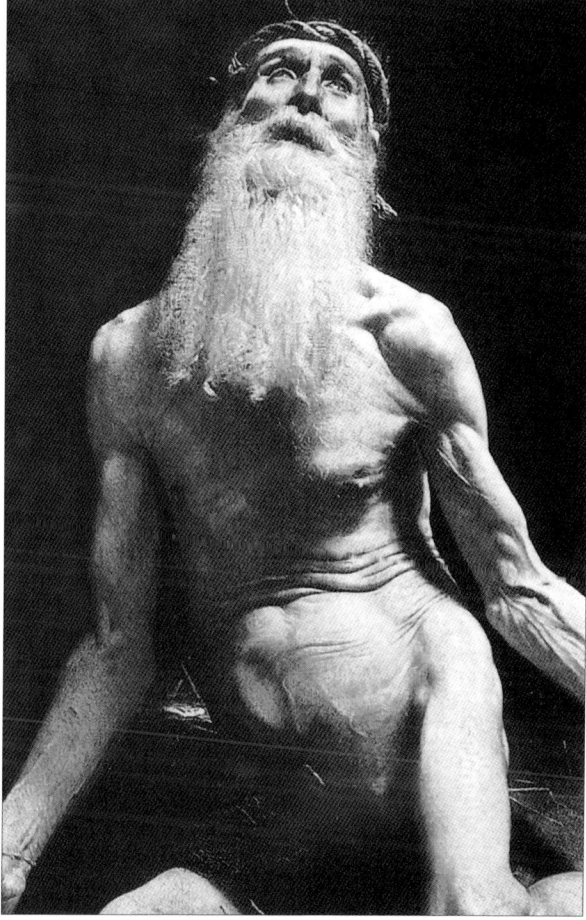

Job implorant le Seigneur. 1922. Huile de L. Bonnat. Musée de Bayonne. D.R.

Mais le philosophe « doit faire » de la barbe. Écrivain latin du IIe siècle, Lucien évoque le cas d'un érudit de son temps qui aspirait à une chaire de philosophie et qui fut regardé comme incapable d'y accéder parce qu'il avait la barbe trop courte. Même processus de pensée chez le pape Jules II, monté le visage glabre en 1503 sur le trône pontifical et qui, immédiatement, se laisse pousser la barbe parce que, dit-il, « j'inspirerai un plus grand respect au peuple ». Pour la même raison avouée, des papes tels Paul V, au début du XVIIe siècle, ou Urbain VII, à la fin du XVIe, porteront de longues barbes. À Paris, évoquant le retour de la barbe, un chroniqueur de la fin du XVIe siècle écrit : « À la Sorbonne, même les docteurs qui naguère l'avaient vilipendée se trouvèrent trop heureux d'implorer son recours pour se faire respecter. »

Le cas de Charlemagne est plus significatif encore. Parce qu'il est conquérant, législateur, rénovateur de la civilisation, créateur d'une vraie administration, et qu'il fait ouvrir des écoles dans les cathédrales et les monastères, le créateur de la dynastie des Carolingiens est affublé par l'imagerie populaire d'une sagesse extrême et donc d'une grande barbe blanche. Il s'inscrira même dans l'Histoire comme l'empereur à « la barbe fleurie », alors qu'au contraire, il s'est toujours opposé au port de la barbe pour lui-même et pour ses sujets.

Jusqu'à l'époque moderne, l'atteinte à la barbe d'un érudit n'a cessé d'être considérée comme un crime. D'après plusieurs

Portrait du roi René. Miniature. Vers 1420. Barbe à deux pointes. D.R.

Portrait du Titien. Autoportrait.
Vers 1572. Gemaldegalerie. D.R.

Portrait de Darwin, le maître de la théorie de l'évolution.
Coll. part. D.R.

Henri VIII. Détail. Par Hans Holbein le Jeune. Lugano. D.R.

Portrait d'Holzschuher. Huile d'A. Dürer. Vers 1526. Musée de Berlin. D.R.

Belles barbe et moustaches d'un ascète hindou.
Corbis-Sygma. Lindsey Hebbert.

législations pénales du passé, notamment en Allemagne, arracher des poils ou couper la barbe d'un savant était une insulte grave très sévèrement réprimée.

À la toute fin du XVIIe siècle, un article publié dans le *Mercure galant*, la fameuse publication périodique de Donneau de Visé, affirme une fois encore que la barbe est un symbole de grandeur et de sagesse : « Il est judicieux de penser que la barbe, qui n'est propre qu'à l'homme, est l'indice de la virilité et lui donne la préséance dans son espèce. Elle ajoute au visage une grâce de plus, et lui prête un air grave qui le fait paraître plein de sagesse [...] En un mot, il n'est pas surprenant que les habitants de l'île de Chypre aient représenté Vénus avec de la barbe... »

Barbe, honneur et parole

Chez plusieurs peuples d'Orient, affirmaient des voyageurs des XIIIe et XVe siècles, les serments les plus sacrés étaient portés sur la barbe de l'assermenté. On sait peu qu'il en était de même en Gaule entre le Ve et le VIIe siècle, sous domination franque. La portée symbolique des barbes était telle que les alliances, par exemple, se contractaient par le simple attouchement de la barbe.

Celle de Clovis donna lieu à une aventure dont l'Histoire a conservé le souvenir. Il avait envoyé à Alaric, roi des Wisigoths, dont il recherchait l'alliance, des ambassadeurs pour l'inviter à venir lui toucher la barbe. Non seulement Alaric refusa la proposition d'alliance, mais il commit l'imprudence de maltraiter les ambassadeurs du roi franc en leur tirant la barbe pour se moquer de leur coutume. Indigné, Clovis prit les armes et tous ses barons firent serment de ne point se tailler la barbe, qu'ils portaient fort courte, avant d'avoir vengé l'injure. Vœu

Barbe, moustache et vaillance

La barbe a tout au long des siècles été considérée comme le plus bel ornement de l'homme de guerre, le gage de sa valeur. Ainsi, les quelques périodes où cet ornement lui fut interdit n'en sont que plus remarquables et s'inscrivent dans l'Histoire comme des hiatus.

Les Grecs avaient une grande estime pour la barbe jusqu'au jour, disent certaines chroniques, où Alexandre le Grand, qui se disait fils de Jupiter et ne pouvait prétendre à une aussi belle barbe que son divin et prétendu père, fit raser tous les Macédoniens. Accordons plus de crédit à Plutarque qui raconte incidemment dans sa *Vie de Thésée* qu'« Alexandre fit raser ses soldats de peur que leurs ennemis ne trouvent un avantage en les saisissant par la barbe lors des combats corps à corps ».

Durant toute l'Antiquité, on trouve des recommandations du même genre. On peut ainsi voir un bas-relief qui illustre le propos et qui montre un combattant assyrien tirant la tête en arrière de son adversaire en le tenant par la barbe alors que, de l'autre main, il se prépare à l'égorger.

Au début du XVIIIe siècle, Charles XII de Suède excita contre lui la révolte des janissaires turcs de sa garde par la seule menace de leur faire couper la barbe. Son principal ennemi, le tsar de Russie Pierre le Grand fut lui aussi « barbicide ». Il provoqua la révolte chez ses plus fidèles boyards en leur ordonnant de couper leurs immenses barbes. Cette mesure draconienne avait pour objectif d'occidentaliser une population et une Cour qu'il considérait alors comme trop asiatiques et barbares. Des serfs aux boyards, il fallut que tous s'exécutent et cette vexation fut considérée par tous les Russes comme tendant à la ruine du pays et de la religion. On traita Pierre le Grand de tyran, de païen et plusieurs vieux courtisans qui s'étaient fait raser conservèrent précieusement leur longue barbe pour être enterrés avec.

Un autre tsar, Nicolas Ier, qui monta sur le trône en 1796 et mena campagne contre les Turcs, mécontenta fort ses sujets par des réglementations contre leurs barbes. Cependant, par tradition, il laissa les officiers généraux ainsi que sa gendarmerie et ses cosaques du Don et de l'Oural porter des favoris et des moustaches. Chez ses adversaires turcs, en revanche, tous les combattants, officiers et hommes de troupe portaient des barbes ou des moustaches et très souvent les deux.

Les moustaches ont toujours été à l'honneur dans les armées, et les témoignages à cet égard sont innombrables. Gabriella Lamantia cite dans son ouvrage *Les Barbes* les fameux Mémoirs d'Ernest Wurmbrand, officier supérieur dans les troupes austro-hongroises. Ces lignes écrites alors qu'il n'était qu'un « lieutenant déchaîné » reflètent tout à fait l'état d'esprit des militaires au milieu du XIXe siècle : « Notre colonel tenait beaucoup à ce que sa troupe fût toujours parfaite. À la parade, chaque homme devait porter une longue paire de moustaches noires, parfaitement lisses ; elles devaient être noires même si à l'origine elles étaient châtain clair, rousses ou blondes. Pour augmenter leur longueur, on les tressait avec des poils de chats. Moi-même, je portais avec orgueil une paire de longues moustaches faites davantage de poils de chats que des miens. »

Les « méchants » ont toujours de grandes barbes. Gravure. Coll. part. D.R.

qui ne fut point illusoire. Les Wisigoths furent battus et Alaric tué des propres mains de Clovis à la bataille de Vouillé en 507.

Pendant longtemps, un homme d'honneur non seulement n'eut qu'une parole, mais paya ses dettes. Et s'il est barbu ses poils parlent pour lui, car sa barbe est la plus sûre des hypothèques. En effet, le respect que l'on manifeste envers cet attribut pileux est tel que les prêteurs s'engagent sans réticence aucune ni billet de reconnaissance à condition que l'emprunteur leur remette des poils de barbe ou de moustache. Les chroniques affirment qu'on ne connaît aucun cas d'emprunteur n'ayant pas acquitté sa dette à échéance.

Ce sont surtout les Portugais des XVIe et XVIIe siècles qui usèrent de « l'emprunt garanti sur poils ». Un exemple parfait de cette pratique nous est décrit dans *La Vie de Jean de Castro*. L'auteur, Jacynto Freyre d'Andrade, connu comme le plus grand chroniqueur de voyage du XVIIe siècle et pour avoir expiré en 1657 dans les bras de saint François Xavier, écrit comment, pris financièrement de court, il se résolut à couper sa moustache et à l'envoyer à la Chambre de Goa, accompagnée de ces lignes adressées à « l'abbé des subsides » : « J'ai un pressant besoin d'argent, je vous prie, en conséquence, de me prêter 20 000 écus pour lesquels je ne puis vous donner comme gage que ma propre moustache que je vous envoie. »

Barbe typique de boyard russe. Gravure. Coll. part. D.R.

À maintes reprises, en France comme dans les autres pays européens, l'État a réglementé le port de la barbe dans l'armée. Prenons l'exemple de la gendarmerie, chez qui la pilosité du visage a toujours été une tradition. Entre 1830, date de la création de la Monarchie de Juillet, et le milieu des années 1880, ce corps a reçu une bonne quinzaine de directives ministérielles.

Certains textes, telles les directives ministérielles d'août 1836 et de juillet 1866, interdisent le port de la barbe et de la moustache aux gendarmes. Entre 1832 et 1836, entre 1841 et 1866 et entre 1914 et 1933, d'autres textes les leur imposèrent. Il faut attendre 1933 pour que le port de la moustache devienne durablement facultatif.

Actuellement, les textes en vigueur, relatifs à la discipline générale des armées, autorisent le port de la barbe et de la moustache malgré un certain nombre de restrictions que chaque chef de corps a possibilité d'imposer. Il peut, par exemple, déclarer la barbe inadéquate à l'emploi de certains équipements, tels que les masques à gaz ou les tenues antiatomiques. De même, il peut interdire le port de la barbe ou des moustaches pour des questions d'hygiène ou les imposer de longueur raisonnable et de coupe correcte.

Le gradé qui désire se laisser pousser la barbe ou la moustache doit obligatoirement le faire « lors d'une absence de durée suffisante pendant laquelle il n'a pas à revêtir l'uniforme [...] Les pattes seront obligatoirement discrètes, de faible épaisseur et ne peuvent descendre au-dessous de la moitié de l'oreille... »

Aujourd'hui, hormis quelques corps spécifiques tels celui de la gendarmerie que nous venons d'évoquer et celui des sapeurs de la Légion, la barbe et la moustache ne sont pas appréciées outre mesure dans le milieu militaire. Ni dans le milieu de la police en tenue où la légère et fine moustache est le maximum toléré. Rappelons que dans les années 1960, André Mayer défraya la chronique parce qu'il était le seul des 20 000 gardiens de la paix de Paris à porter la barbe. « En dépit des pressions de ses supérieurs, il refuse catégoriquement de la raser. Finalement, après bien des palabres, et surtout en l'absence d'une réglementation, les instances dirigeantes de la police reconnurent son droit élémentaire, précisant toutefois que sa barbe devra être bien entretenue et ne donner prise à aucune moquerie. »

La pilosité faciale des membres de la police varie selon les pays considérés. À l'heure actuelle, la moustache est massivement portée par les carabiniers italiens, et les aspirants policiers sont très nombreux à se laisser pousser la moustache au moment de s'enrôler comme preuve de leur engagement moral et du courage qu'ils entendent démontrer dans l'exercice de leur mission.

Barbe et séduction

La barbe est-elle aux yeux des femmes fondamentalement repoussante ou, au contraire, considérée comme un des attributs majeurs de la séduction masculine ? À cette question, la gent féminine s'est toujours séparée en deux camps adverses, l'un et l'autre tout aussi convaincus. Pour les unes, la barbe déclenche un véritable sentiment de rejet, voire de dégoût, et pour les autres, au contraire, elle est très attrayante et se révèle une arme dans les jeux de la séduction. Raspoutine et Landru sont deux exemples historiques de grands séducteurs chez qui, selon leurs propres aveux, la barbe a puissamment contribué à favoriser la plupart de leurs nombreuses conquêtes.

En remontant plus encore dans le temps, les chroniques rapportent les confidences de nombreuses femmes ayant finalement succombé aux assauts amoureux d'un homme en raison du pouvoir attractif de sa barbe. Un illustre exemple met en scène Éléonore d'Aquitaine qui jamais ne cacha son penchant prononcé pour les barbes. Elle fut du voyage lorsque son époux Louis VII, sur la sollicitation de saint Bernard, partit en croisade en 1145 pour « expier le crime qu'il a commis en ravageant la Champagne ».

Selon l'historien Eugène Dulac, voici ce qui arriva : « Tandis que Saladin triomphait des efforts de Louis VII, par son génie et sa valeur, la magnifique barbe du sultan subjugua le cœur de la reine. Double exploit [...] » Battu et cocu, le pauvre Louis VII revint en France où le clergé lui ordonna de se couper la barbe afin d'apaiser Dieu irrité des batailles perdues. Le roi de France se soumit à cette injonction imbécile et l'historien précise : « Éléonore, qui avait encore présente à la mémoire la magnifique barbe du sultan Saladin, imagina mille railleries sur son menton rasé » et déclara « qu'elle avait épousé un roi et ne voulait pas d'un enfant de chœur pour mari [...] ». Fatigué de tant de tracasseries, le roi demanda le divorce et l'obtint. « Mais l'amour d'Éléonore pour les barbes n'avait pas cessé. Elle choisit pour second époux le comte d'Anjou qui en possédait une remarquable. »

Comme quoi les petites causes peuvent engendrer de grands événements, cet amour d'Éléonore pour les barbes allait être à l'origine des guerres qui, durant trois siècles, opposèrent la France et l'Angleterre. Le comte d'Anjou, qui monta plus tard sur le trône d'Angleterre, avait réuni à la Grande-Bretagne les deux provinces françaises qu'il possédait par sa femme. Les Anglais choisirent ce prétexte pour faire envahir et ravager la France.

On a longtemps répandu l'idée que la barbe est chez l'homme signe de promesses amoureuses. Au XVIIIᵉ siècle, on disait : « Regardez les peuples d'Amérique et surtout les Péruviens, ils sont très peu vaillants dans les combats amoureux, tandis que les Turcs, qui de tout temps ont attaché une grande importance à cet ornement masculin, ont mérité, dans les annales de l'amour, une réputation herculéenne. »

S'il est vrai que de nombreux séducteurs furent barbus, tout aussi grand est le nombre de ceux dont le visage était glabre. On peut citer le plus grand d'entre eux, Casanova.

La place de la barbe dans la séduction n'a jamais cessé d'être âprement débattue tout au long du XIXᵉ siècle, et il en fut ainsi jusqu'à la grande guerre de 1914-1918. Durant toute cette époque, un homme distingué ou occupant une position sociale se devait d'être barbu.

Vers 1845, un « docteur de la barbe » publie un texte qui va quelque temps alimenter les conversations de la gentry parisienne. D'après lui, l'amour des femmes pour la barbe vient du fait qu'elles ne sont pas maîtresses de leur goût mais qu'elles répondent à un penchant génétique. « Elles ont presque toutes une sorte d'instinct inné qui les porte, par caprice ou sympathie, à aimer les barbus. Leur nature est d'être incompréhensibles et inexplicables sur ce point. »

Complètement opposées à ces assertions sont les femmes qui, tout au contraire, repoussent la barbe jusqu'à la phobie. Ce symptôme psychopathologique se nomme « pogonophobie ». Plus rare, moins connue que la phobie des araignées et des serpents, la phobie des poils peut rester inexprimée ou s'afficher et dans certains cas rendre inenvisageable le moindre rapport, le moindre échange verbal avec un barbu.

Beaucoup d'auteurs, savants, érudits et « bons pasteurs » se sont élevés contre le port de la barbe de leurs contemporains, employant tantôt des arguments hygiéniques, tantôt philosophiques. Mais un seul a abordé ce thème à travers la statistique. Le docteur André Tavel, qui exerçait au tout début du XXᵉ siècle, reconnaissait que de nombreux barbus avaient su se faire aimer, mais, ajoutait-il, « combien de femmes les ont épousés, ces barbus, sans avoir jamais eu l'occasion de voir leur visage glabre. De là sont nées bien des déceptions. » Et de délivrer son étude, la première du genre :
• Seules 30 % des femmes de barbus se disent satisfaites de la barbe de leur mari.
• Environ 10 % des femmes n'ont pas d'avis sur la barbe de leur mari.
• Près de 65 % des maris barbus finissent un jour ou l'autre par raser momentanément ou définitivement leur barbe sous la pression de leur épouse.
• Environ 20 % des femmes se disent satisfaites de ce rasage conforme à leurs vœux.
• Environ 10 % des femmes restent dubitatives car n'ayant jamais connu leur mari « dépoilé », elles ne savent que penser devant cet « étrange » visage inconnu.
• Près de 73 % des maris dociles qui ont rasé leur barbe à la demande de leur épouse regrettent cette soumission, car plus de la moitié des femmes concernées avoue « les trouver plus laids qu'auparavant ». Ce qui, selon le docteur Tavel, « participe à introduire dans le couple des relations glaciales, sinon franchement hostiles ».

Gulbenkian, surnommé « Monsieur 5 % ». L'homme le plus riche du monde dans les années 60. Doc. Hôtel Eden Roc. D.R.

Barbe, moustache et baisers

En fait, ce que les femmes reprochent le plus aux barbes masculines, c'est de rendre les baisers difficiles, voire repoussants pour beaucoup d'entre elles. Toutefois, les témoignages sur le sujet sont paradoxaux. La barbe, non ! la moustache, oui !

Déjà au XVIᵉ siècle, on fait sans cesse remarquer « combien la moustache rend le baiser agréable ». Trois siècles plus tard, Guy de Maupassant, résumant l'opinion d'un grand nombre de femmes de son époque, fait dire à son héroïne : « Je n'aime pas beaucoup la barbe qui donne presque toujours un air négligé, mais la moustache, oh ! la moustache, elle est indispensable à une physionomie virile [...] Vraiment, un homme sans moustache n'est pas un homme ! »

Grand expert en matière de sensibilité féminine, Maupassant délivre les sensations d'une épouse très sensible à la caresse de la moustache dans l'enivrant moment du baiser. Elle écrit à une de ses amies : « Oh ! Ma chère, ne te laisse jamais embrasser par un homme sans moustaches ; ses baisers n'ont aucun goût, aucun, aucun ! Cela n'a plus ce charme, ce moelleux et ce... poivre, oui, ce poivre du vrai baiser. La moustache en est le piment. Figure-toi qu'on t'applique sur la lèvre un parchemin sec... ou humide. Voilà la caresse de l'homme rasé. Elle n'en vaut plus la peine assurément.

« D'où vient donc la séduction de la moustache, me diras-tu ? Le sais-je ? D'abord, elle chatouille d'une façon délicieuse. On la sent avant la bouche et elle vous fait passer dans tout le

Le révolutionnaire barbu le plus célèbre de l'histoire contemporaine : Le « Che ». Doc. bibl. La Havane. D.R.

corps, jusqu'au bout des pieds, un frisson charmant. C'est elle qui caresse, qui fait frémir et tressaillir la peau, qui donne aux nerfs cette vibration exquise qui fait pousser ce petit "ah" comme si on avait grand froid [...]

« Et puis encore... vraiment, je n'ose plus. Un mari qui vous aime, mais là, tout à fait, sait trouver un tas de petits coins où cacher des baisers, des petits coins dont on ne s'aviserait pas toute seule. Eh bien ! sans moustaches, ces baisers-là perdent aussi beaucoup de leur goût, sans compter qu'ils deviennent presque inconvenants ! [...] »

Aujourd'hui encore, certaines femmes affirment que le baiser d'un monsieur moustachu est autrement plus ensorcelant que celui d'un homme glabre. Il serait source d'émotion et de stimulations sensuelles. Très au fait de la question, Gabriella Lamantia, dans son ouvrage sur la barbe, publié en Italie en 1987, rappelle que « cet ornement est un véritable petit radar, émetteur efficace, permettant le transit d'une quantité de messages amoureux ». Mais elle prévient surtout les femmes qui se laisseraient tenter par les enlacements d'un « moustachu » qu'il existe deux espèces de moustaches offrant des sensations différentes.

Et Gabriella Lamantia de nous décrire précisément ces deux types. « Les premières (moustaches), plus grossières au contact, sont celles de l'homme dynamique et sportif, soigné mais sans excès, concret sans être prosaïque. Mais leur possesseur doit choisir des partenaires dont la peau n'est pas trop irritable s'il veut éviter quelques problèmes épineux [...]

« Le contact est certainement moins difficile avec les secondes dont les poils légèrement incurvés vers l'intérieur sont agréables, presque soyeux et s'affaissent sous la moindre pression en un accueil délicieux. Ce coussin délicat, assorti à une barbe touffue et un peu rêche peut susciter les désirs sensuels d'une femme. »

Quelle que soit leur nature, l'auteur prévient ses lectrices que les moustaches peuvent « parfois créer un petit hiatus dans la synchronie des lèvres qui s'unissent, car elles constituent une sorte de barrière naturelle difficile à contourner. Mais l'obstacle surmonté, la moustache donne au baiser une saveur pleine de promesses ».

Barbe et virilité

La barbe passe dans l'univers masculin pour un signe de virilité, aussi les jeunes adolescents impubères guettent-ils avec impatience le moment où apparaîtra ce cachet distinctif de leur qualité de mâle. Ce moment venu, le très jeune garçon porte tout son orgueil sur les ridicules poils naissants de son menton, et il passe des heures à scruter le miroir pour suivre la lente progression du duvet qui commence à parsemer timidement ses joues et sa lèvre supérieure. Après la puberté, une étape décisive est franchie, celle qui rend enfin possible le rasage et qui pousse les adolescents, encore souvent boutonneux, à comparer entre eux leur pilosité nouvelle. Une puérile hiérarchie virile s'installe entre ces compétiteurs, entre ceux qui se rasent une fois par semaine et ceux qui sacrifient déjà au rituel un jour sur deux, voire tous les jours... comme papa !

Si la barbe s'est imposée au cours de l'Histoire comme l'attribut majeur de la virilité, c'est par opposition à l'eunuque chez qui les poils, notamment ceux de la barbe, ne se développent pas. Avoir de la barbe, c'est afficher clairement que l'on est un homme véritable, c'est-à-dire « couillu ». C'est une des raisons pour lesquelles la « barbe » a souvent été recommandable aux yeux des femmes. Elles savent qu'il n'a jamais existé d'hommes barbus parmi les gardiens mutilés des sérails, pas plus que parmi les castrats chanteurs.

On attribue l'origine de la castration à Sémiramis, reine légendaire de Babylone, qui aurait par ce procédé écarté au profit de sa descendance les mâles des familles rivales. Pour les historiens, il semblerait que ce soit les Hittites qui aient été les premiers à l'exercer 2 000 ans avant J.-C. La pratique va se répandre relativement vite à travers la planète.

En Europe, la castration fut toujours assurée par des chirurgiens barbiers ou par des médecins, alors qu'en Asie, principalement en Égypte et en Chine, cette spécialité était entretenue par certaines familles qui s'en transmettaient les secrets de génération en génération.

Il existe deux grandes familles d'eunuques : ceux qui sont castrés avant la puberté et ceux qui le sont après, les répercussions sur la pilosité se manifestant différemment selon un cas ou l'autre. Cette pilosité est également plus ou moins assujettie aux différents modes de castration : ablation du seul pénis, ablation des seuls testicules ou ablation totale. Chez les Romains, on nommait les eunuques « spadones » quand ils étaient privés de testicules, « thilbiae » quand leurs testicules avaient été bistournés ou écrasés, et « thlasiae » quand ils avaient subi la section des vaisseaux spermatiques. Saint Jérôme et Juvénal disent que tous étaient très prisés des dames romaines auxquelles ils pouvaient se livrer sans risque de grossesse. De plus, leur impossibilité à éjaculer en faisait des partenaires érotiques remarquables.

Lorsque les ablations, partielles ou totales, sont réalisées après la puberté, les sujets voient leurs mamelles pousser, la graisse les enrober, et les cheveux et les poils subsister mais en maigre quantité. Le premier signe de vieillissement chez ces eunuques sera la chute de tous leurs poils et en premier lieu ceux des aisselles et du pubis.

Lorsque la castration est opérée avant la puberté, elle se caractérise par la non-apparition des caractères virils, des épaules étroites, un bassin large, une figure poupine et surtout une peau plus douce sur laquelle le système pileux est pour ainsi dire inexistant bien que cheveux et cils persistent généralement. L'exemple typique d'une castration partielle nécessairement réalisée avant la puberté nous est donné par les fameux castrats des opéras italiens, qui, du début du XVIe siècle à la fin du XVIIIe siècle, soulevèrent l'admiration de l'Europe entière.

Encore en 1875, les coptes d'Égypte fabriquaient des eunuques pour les harems de la Cour de Constantinople. En 1896, le docteur Cuiran rapporte qu'il a rencontré en Inde des faiseurs d'eunuques imberbes qui vendaient leurs talents pour une somme aujourd'hui équivalente à 9 euros. Rappelons également que jusqu'en 1908, ce sont deux eunuques, An Tekaï et Li-Lien Yong qui, derrière l'impératrice Tz'U-Hsi, dirigeaient de fait l'immense empire chinois.

Joseph Antoine Dulaure, futur député du Puy-de-Dôme à la Convention et futur ministre de l'Instruction publique sous le gouvernement des « Cinq Cents », ne laissa pas la barbe échapper à ses puissantes réflexions. Ainsi, écrit-il :
• « La barbe fut en honneur chez toutes les nations. Les peuples à qui la nature refuse constamment cette marque caractéristique tels les Lapons et les Japonais, ont le menton imberbe qui fit longtemps douter qu'ils étaient des hommes. »
• « Les Chinois regardent les Européens comme les premiers peuples du monde à cause de l'abondance de leurs barbes. »
• « C'est avilir l'homme que de lui enlever la marque la plus apparente de sa virilité. C'est le comble de la dérision et du ridicule que de prétendre qu'il lui sied bien de ressembler à une femme, à un enfant, à un eunuque. »

Avoir de la barbe, c'est dans l'Antiquité non seulement afficher sa virilité, sa capacité à honorer les femmes, mais indiquer aussi qu'on est de ceux qui se refusent aux amours pédérastiques. Effectivement, homosexuels et pédérastes aimaient s'entourer d'adolescents émasculés. À ceux-là on tranchait tout simplement l'appareil génital, pénis et testicules. On appelait ces hommes réservés au plaisir des amours masculines « castrats » chez les Romains ou « delicati » en Orient, et plus particulièrement à Byzance. On évoqua bien des raisons à ce goût singulier : la religion, la philosophie, l'esthétique. Les auteurs romains et grecs relatent que la pédérastie fut une des grandes causes de mutilation volontaire en Grèce chez les successeurs d'Alexandre ou à Rome sous l'Empire. Tous ces Anciens pensaient conserver plus longtemps la « fraîcheur » de la jeunesse aux adolescents en les « coupant » et les faire ainsi approcher davantage de la nature féminine.

> ### Billot et barbe
>
> • *Dernière recommandation*
> *Le chancelier Thomas More, théologien et philosophe, fut exécuté le 6 mai 1535. Il avait sa tête sur le billot lorsqu'il dégagea sa barbe et son menton et dit au bourreau : « Coupe ma tête, mais pas ma barbe. Ce serait pitié que soit coupé ce qui n'a jamais commis de trahison. » Puis il ajouta : « J'ai le cou très court. Prends garde de ne pas frapper à côté ! »*
>
> • *Dernière volonté*
> *En 1627, le* Mercure français *rapporte les derniers moments du plus terrible duelliste de son temps, le comte de Bouteville, François de Montmorency, condamné à l'âge de 28 ans par ordre du cardinal de Richelieu. L'exécuteur lui coupa les cheveux, mais quand il porta la main sur sa moustache, qu'il avait grande et fort belle, il se rebiffa. L'évêque de Nantes, qui l'assistait, lui dit : « Mon fils, il ne faut plus penser à ce monde, et je vois bien que vous y pensez. » L'aide-bourreau, un novice, intervint : « Tenez-vous bien, monsieur le Comte, c'est la première fois que cela m'arrive. » Ce à quoi le bouillant bretteur répliqua : « Et moi, imbécile, crois-tu que c'est la seconde ? » Tout rentra dans l'ordre quand Bouteville reçut l'assurance d'être décapité avec sa moustache. Ce qui fut fait dans la minute.*

Héliogabale entretenait des eunuques, et sous l'Empire on voyait beaucoup de jeunes Romains se faire castrer pour satisfaire leurs amants en s'identifiant de cette façon au sexe opposé. On prétend que Héliogabale lui-même, qui était d'origine syrienne, se serait fait émasculer pour sacrifier sa virilité à la déesse Cybèle, divinité orientale, alors vénérée à Rome.

Il faudra attendre le règne des empereurs chrétiens Constantin et Justinien pour que la castration soit interdite sur les territoires soumis à Rome.

Aujourd'hui, la castration volontaire est couramment pratiquée par de nombreux homosexuels qui, loin de se limiter au seul désir de porter des vêtements féminins, souhaitent ardemment devenir une femme. Chemin difficile dont la première étape commence toujours, à l'aide de traitements hormonaux, par la suppression du système pileux facial, la barbe et la moustache étant les attributs majeurs de la masculinité.

À l'heure actuelle, dans de nombreux pays à travers le monde, l'idée populaire la plus partagée veut que la barbe « donne à la physionomie de l'homme un caractère de force et de gravité, tandis que son absence imprime souvent au visage un air efféminé, tout à fait de mauvais augure [...] ».

Barbe et dissimulation

Porter la barbe peut aussi être une tentative plus ou moins réussie de corriger une figure ingrate. Effectivement, elle peut être un moyen technique pour dissimuler un travers ou un avatar physique tel qu'un bec-de-lièvre, une bouche épaisse, des lèvres trop minces, des dents gâtées ou tout simplement un

Georges Galler de Berlin. L'homme aux moustaches de 70 cm. Vers 1930. Bettmann. Corbis-Sygma.

Très belle paire de moustaches. 1996. David Bentley. Corbis-Sygma.

menton fuyant ou, au contraire, prognathe. Ou encore cacher des cicatrices mal venues. Ce fut le cas, par exemple, pour l'empereur Hadrien. Au IIe siècle de notre ère, il relança le port de la barbe à Rome, puis dans l'Empire pour masquer ses affreuses cicatrices. De même, François Ier, en 1521, remit un temps à la mode l'usage de la barbe pour pouvoir cacher une méchante cicatrice au visage.

À l'heure actuelle, les poils continuent de servir de masque. Le docteur Samy Martin, praticien d'expérience et de savoir, a constaté avec nombre de ses confrères chirurgiens-dentistes que barbes et moustaches servent de plus en plus souvent aujourd'hui à tenter de dissimuler des bouches gravement édentées.

Enfin, selon certains praticiens, la barbe aurait une autre utilité que l'ornement ou le « cache-misère », « elle serait utile aux personnes vivant au grand air. Elle protégerait contre les affections dentaires, celles de la gorge et du larynx. Enfin, elle arrête au passage les grosses particules qui sont susceptibles de pénétrer les voies respiratoires ».

Barbe, moustache et civilisation

Depuis le début de l'histoire du monde, les hommes ont pris en grande considération leur pilosité faciale jusqu'à en faire un des ornements les plus caractéristiques de l'espèce humaine. Il est vrai aussi que les barbes et les moustaches eurent des alternances d'engouement et de détestation, disparaissant et réapparaissant au gré des vagues et des tempêtes de l'Histoire.

Relents symboliques des vieilles croyances mythologiques ou religieuses tout autant que des caprices de la mode, barbes et moustaches se sont montrées au cours des millénaires sous les aspects les plus divers et, aujourd'hui encore, elles font l'objet d'attentions, bonnes et mauvaises.

Bien évidemment, lorsqu'on parle de mode, de manie, d'engouement, de disparition ou de retour de la barbe ou des moustaches, il s'agit d'une tendance générale. Et celle-ci est gouvernée par les seules classes dirigeantes et aisées. Le petit peuple, lui, ne peut suivre que ce qu'il lui est possible... souvent rien ! Lorsqu'on dit que sous les règnes de Charles VIII et de Louis XII, les Français ne portaient pas la barbe, on entend par là les classes dirigeantes, car il serait étonnant que les 25 % de mendiants qui peuplaient Paris à cette époque se rasassent tous les matins.

D'une façon générale, les nations d'Orient portaient la barbe. On peut citer pour mémoire les Chaldéens, les Assyriens, les Hébreux, les Hittites, les Babyloniens, les Moabites, les Ammonites, les Pélasges, les Étrusques, les Goths, les Lombards, les Tartares, les Perses, les Chinois, etc. Et, bien sûr, les Arabes qui se distinguent entre tous par le profond respect qu'ils attachent à la leur. Il fut chez eux une longue période durant laquelle les enfants qui saluaient leur père et les femmes leur mari lui baisaient la barbe ; et quand des amis voulaient se témoigner de la considération, ils la baisaient des deux côtés.

Tous les peuples, soyons juste, n'ont pas aimé la barbe. Les Huns, par exemple, l'avaient en aversion, disent les historiens, et ils se faisaient des scarifications au visage pour l'empêcher de

L'affreux baiser du barbu !

Ce n'est pas pour rien qu'on appelle « barbe » les moisissures qui se produisent avec le temps dans certaines substances alimentaires : pain, fruits, fromages. C'est que la barbe humaine est souvent repoussante. Du moins est-ce l'avis d'une majorité de femmes qui refusent absolument d'être embrassées par un barbu.

Premier contact moustachu de l'histoire du cinéma. 1896. Film *The kiss*. D.R.

Parmi celles interrogées sur le sujet :
- 65 % fondent leur refus sur l'hygiène, la propreté et l'odeur.
- 25 % sur l'esthétisme repoussant de la pilosité faciale.
- 10 % sur le fait que la barbe implique une idée de vieillesse, de baba cool ou de préretraite.

Parmi les commentaires entendus :
- « Ils se servent de leur barbe pour cacher leurs dents cariées. »
- « Ces types-là ont des idées "rouges", c'est des communistes ! »
- « On voit dans leur barbe ce qu'ils ont mangé dans la semaine. »
- « Ces types-là, ils se cramponnent à des images. »
- « J'en ai connu un, il foutait partout des poils perdus ».

Et puis il y a ce qui ne se voit pas. Le grand hygiéniste français Raymond Vilain leur donne raison à toutes en désignant la barbe comme « *un véritable lieu d'embuscade pour les micro-organismes qui la colonisent* ».

---

croître. Même refus de la barbe chez les Javanais et certaines tribus philippines, qui, jusqu'au début du XXᵉ siècle, avaient coutume de porter suspendues à leur cou des petites pinces à épiler en argent.

Vers 3 500 ans avant J.-C., l'Égypte pharaonique a pratiqué le rasage intégral à des fins hygiéniques et esthétiques, et la barbe, bien sûr, n'échappait pas au rasoir. Les Égyptiens paraissent avoir été le premier peuple à se raser scrupuleusement le visage. La Bible raconte que lorsque Joseph est appelé à comparaître devant le pharaon pour interpréter les songes du monarque, « il prend soin de se raser avant de se rendre au palais ».

Par la suite, sous diverses influences – certains historiens évoquent celle des Hébreux –, la barbe prend valeur de distinction suprême. Toutefois, la barbe naturelle continue à être rarement portée et on lui substitue une barbe artificielle qui symbolise le rang et la qualité de celui qui la porte. Ainsi, le pharaon se montre-t-il, lors de cérémonies officielles, avec une barbe postiche longue, étroite, légèrement recourbée et à extrémité carrée qui a pour nom « doua-our » et qui symbolise ses deux puissances : la politique et la virile.

Ce postiche se différencie de celui porté par la majorité des dieux, dont Osiris, qui a pour nom « khebesout », il est légèrement recourbé et se termine en boucle à l'extrémité.

Les Grecs portèrent la barbe durant toute la période archaïque. Porter des cheveux longs et une barbe bien effilée est le privilège de la noblesse et de la caste des guerriers. Tels sont les combattants sous les murs de Troie à l'époque homérique du XIIᵉ au VIIIᵉ siècle avant J.-C. Aucun ne porte de moustache, laquelle, si on en croit Homère, n'apparaît qu'à l'époque classique, vers le Vᵉ siècle avant J.-C.

En fait, la Grèce classique offre bien des variantes, et chaque cité – mini-État – a son particularisme face à la barbe. À Athènes, les plus raffinés des citoyens se rasent la lèvre inférieure pour dégager légèrement le menton. À Sparte, célèbre pour ses mœurs austères, on méprise les hommes rasés, signe de féminité, et le « Tribunal des anciens » de la cité condamne les citoyens accusés de lâcheté à ne se raser qu'une seule joue pendant une période qui se veut proportionnelle à la gravité de la faute. Quant aux Macédoniens, ils commencent à se raser dès le début du IVᵉ siècle avant J.-C., sous le règne de Philippe Iᵉʳ. Avec son fils et successeur, l'habitude du rasage va se répandre à travers toute l'Europe, n'épargnant que les barbes des érudits et des philosophes.

Cet usage va se poursuivre jusqu'au règne de Justinien, au début du VIᵉ siècle, époque à laquelle les longues barbes redeviennent à la mode. Mode qui s'affirma lorsque le siège de l'empire d'Orient fut établi à Constantinople. À partir d'Héraclius, qui monte sur le trône en 575, la barbe longue devient l'ornement caractéristique auquel on reconnaît les empereurs grecs. Les longues barbes restent de mise jusqu'à la prise de

Constantinople par les Turcs, en 1453. Dès lors, les longues barbes masculines de l'Empire ottoman vont remplacer les barbes chrétiennes dans cette région du monde.

Aaron Hill, dans sa description de l'Empire ottoman, écrit que les Turcs laissent croître en liberté leur barbe dont ils ont le plus grand soin et qu'ils considèrent la perte de cet ornement comme une marque d'esclavage et de servilité. Les Perses, tombés sous leur joug, n'en continuent pas moins leurs habitudes, nous dit l'auteur, à savoir : « Ne jamais se raser la lèvre supérieure, mais couper la barbe par le menton, selon toutes sortes de formes variées, que peut leur suggérer leur fantaisie. »

À Rome, l'usage général de porter la barbe subsiste jusqu'au Ve siècle avant J.-C. Le savant polygraphe du Ier siècle avant J.-C. Varron, auteur de *De Re Rustica* et, peu après lui, Pline dans son *Histoire naturelle*, vont jusqu'à donner une date précise à ce changement d'habitude : « Les Romains ne commencèrent à se couper la barbe qu'à partir de l'an de Rome 454. » Une aussi précise datation laisse circonspect. Comment imaginer qu'une population abandonne aussi soudainement une habitude ancestrale aussi ancrée que celle de porter la barbe ? À moins d'un événement considérable, mais nous n'en avons trouvé aucun à cette date précise, si ce n'est un décret qui accorde le droit aux plébéiens d'entrer par mariage dans les familles patriciennes. Une hypothèse plausible autorise à penser que le rasage de la barbe aurait donc été considéré par le peuple comme le signe extérieur d'une promotion sociale réalisée ou espérée.

Dans un autre texte, Pline dit que l'usage de se raser vint lorsque « la mollesse et les usages des Grecs furent très sensibles dans Rome où ils s'étaient répandus à l'instar d'une épidémie. Ce qui engendra de vives réactions chez certains patriciens ». Pline cite un certain Ticunius Menas qui introduisit dans Rome une troupe de 40 coupeurs de barbe qu'il fit venir de Sicile. Leur nom de « tensors » semble indiquer qu'ils employaient des ciseaux.

Le célèbre général romain Marcellus Claudius, mort en 208 avant J.-C., célèbre pour ses victoires sur les Carthaginois et la prise de Syracuse en 212 avant J.-C., défendue par les inventions d'Archimède, inscrit également son nom comme le premier grand dignitaire romain passé à la postérité le visage glabre. On sait que pendant la deuxième guerre Punique, entre 219 et 201 avant J.-C., la pratique du rasage du visage est déjà répandue chez les Romains. Au milieu du IIe siècle avant J.-C., beaucoup imitent Publius Cornelius Scipio Aemilianus, surnommé le « second Africain » et dont le renom vient autant de sa destruction de Carthage qu'il réduisit en cendres que pour avoir été un des premiers à se raser la barbe tous les jours.

À l'époque de Cicéron, au Ier siècle avant J.-C., beaucoup de Romains font de même. Cependant, il est admis que jusqu'à l'âge de 40 ans, les hommes de guerre arborent, s'ils le désirent, une toute petite barbe coupée courte. En revanche, ils la laissent pousser lorsqu'ils portent le deuil. Au cours du siècle suivant, la barbe semble réellement tomber en désuétude, même si certains hauts personnages semblent avoir quelques difficultés à y renoncer. Ainsi, Octave, le premier des douze César, et qui reçut du Sénat le nom d'Auguste, ne se résigne-t-il à raser la sienne qu'à l'âge de 25 ans. Immortalisé dans la force de l'âge, son statuaire ne le représente que barbu.

Au cours du Ier siècle de notre ère, le visage glabre s'impose toujours comme la norme, mais beaucoup de Romains abandonnent le rasage pour l'épilation. Et ce d'autant plus que l'exemple vient de haut. Ainsi, l'empereur Marcus Silvius Othon, ancien compagnon de plaisir de Néron, s'arrache-t-il régulièrement et patiemment chaque poil de barbe, puis calme les irritations qui en résultent par une application de pain trempé dans du lait.

Julien « l'ennemi de la barbe »

Barbe et moustache ne semblent plus qu'un lointain souvenir et une ineptie laissée aux Barbares germains et aux peuples efféminés de l'Orient, lorsqu'en 117, Hadrien, successeur de Trajan, s'assoit sur le trône des César. Parce que, semble-t-il, il a quelques imperfections à cacher, il en relance la mode. Très vite, l'usage des barbes et des moustaches se répand de nouveau dans toutes les couches de la société et leur port reste constant jusqu'au règne de Septime Sévère, achevé au tout début du IIIe siècle.

Lorsque Constantin le Grand, en 305, devient maître de tout l'Empire, il fonde sur l'emplacement de la colonne grecque de Byzance une grande ville qui prend le nom de Constantinople et en fait le siège de son gouvernement. Il inaugure à son tour une nouvelle période imberbe pour l'Empire.

Lorsque son successeur et neveu Julien devient empereur, après avoir été proclamé par ses soldats à Lutèce, en 361, il fait une nouvelle fois marche arrière et déploie beaucoup d'efforts pour rendre à la barbe « la préférence et l'estime auxquelles, pense-t-il, elle a droit ! »

Bien qu'élevé dans le christianisme, Julien abjure cette religion, ce qui lui vaut le surnom d'Apostat. Il se livre aux sciences occultes et à la vénération de Mithra, divinité orientale au culte très austère issu d'un mélange des religions perse et syrienne. Sa barbe, qu'il porte à la manière des philosophes, est si longue qu'au surnom d'Apostat, les chrétiens d'Orient lui accolent celui de « capra » signifiant « chèvre ». En réponse aux attaques des chrétiens d'Antioche qui raillent ses mœurs rigides, son allure et, en particulier, sa barbe, Julien répond par un pamphlet auquel il donne le nom de « Misopogon », qui signifie « ennemi de la barbe » et dans lequel il oppose sa sévérité de comportement aux mœurs dissolues de ses adversaires.

Cette histoire de barbe aurait entraîné sans nul doute la persécution générale des chrétiens si Julien n'avait trouvé la mort lors d'une expédition contre les Perses.

Les Gaulois, comme presque tous les peuples celtes dont les territoires s'étendaient jusqu'au Danube, se rasent le menton et les joues, ne laissant croître que de splendides et épaisses moustaches qu'ils portent fort longues. Au moment de la conquête romaine, certaines peuplades gauloises se laissent pousser la barbe sous les moustaches pour se différencier plus encore des envahisseurs qui n'en portent pas. Certains chefs gaulois en arrivent à tresser avec les poils de leur barbe des fils d'or et d'autres parsemés de perles. Mais, vaincus les uns après les autres, les peuples gaulois subissent à tour de rôle l'influence de l'occupant et, peu avant la chute de l'Empire, la plupart des Gaulois se rasent ou ne portent que la moustache.

Impossible de passer en revue l'art capillaire chez tous les peuples germains qui précipiteront la chute de l'Empire, mais la plupart portent la barbe. Les Lombards, par exemple, tirent leur nom de la contraction de « longue » et de « barbe ». Chez les Ostrogoths, on peut raisonnablement penser que la barbe se portait à l'image de celle arborée par leur souverain Théodore le Grand lorsqu'il devint roi d'Italie en 493. Il porte une barbe très courte au menton et deux favoris qui remontent jusqu'à la tempe. La chronique de Grégoire de Tours dit que « ce prince a coutume de se faire raser les moustaches tous les jours, et un barbier vigilant arrache avec un soin minutieux tous les poils qui croissent sur le reste de son visage... »

Les Francs, qui envahirent la Gaule aux IIIe et IVe siècles, portaient la moustache tombante, à l'instar de nombreux autres peuples germains. L'on sait grâce à la découverte à Tournai du cachet du roi Childéric, fils de Mérovée et père de Clovis, que ce prince, enterré en 480, ne portait pas de barbe et que cette mode n'existait plus, du moins pour les rois et les seigneurs.

C'est Clovis, fondateur de la monarchie franque, qui, après avoir réuni sous son autorité toutes les tribus, va rétablir l'usage de porter la barbe, mais courte, « de façon à conserver au visage une expression sévère ». Sa conversion au catholicisme n'est peut-être pas tout à fait étrangère à ce rétablissement, car depuis le siècle précédent, les docteurs de l'Église sont formels lorsqu'ils s'adressent aux populations : « Tu ne détruiras pas les poils de ta barbe, tu ne changeras pas l'expression naturelle de ton visage et tu resteras tel que Dieu t'a créé. »

On a précédemment évoqué le serment de Clovis et de ses barons de ne point couper leur barbe avant de réduire Alaric et ses Wisigoths. Ce qui fut fait au tout début du VIe siècle. Après quoi, les Francs en revinrent à leurs barbes courtes. Peu à peu, une nouvelle manière de porter la barbe fait son apparition à la Cour de France. Les poils du menton se taillent en pointe, comme une sorte de petit bouc et des favoris encadrent le visage.

Quand le VIIe siècle s'engage, tout le monde porte la barbe longue et naturelle ; sauf les prélats, les prêtres et les moines qui continuent à la tailler.

Au VIIIe siècle, qui voit les rois fainéants se reposer en sybarites sur le trône de France, les longues barbes auraient subsisté. Éginhard et quelques autres chroniqueurs de l'époque parlent de barbes longues et tombantes en évoquant ces princes. On peut en douter car aucun des rois fainéants n'atteignit l'âge de 30 ans, et à cet âge, on ne peut posséder une « barbe longue et tombante » et, par surcroît, les portraits du temps montrent, au contraire, qu'ils entretenaient la mode des Barbes courtes et taillées. En ce VIIIe siècle, de nouveaux barbares venus du Nord, les Normands et les Vikings, apparaissent aussi sur les côtes de la Gaule carolingienne. Ils portent d'étonnantes moustaches, longues et en pointe.

Devenu roi de France en 768, puis couronné empereur en 800, Charlemagne n'aime pas les visages barbus. Il en est même un adversaire acharné et use de toute son autorité pour la faire disparaître du visage de ses sujets. Il accorda, par exemple, une relative indépendance aux Bénéventins, sous le pouvoir du duc de Grimoalde, à condition que celui-ci oblige ses sujets lombards à se raser le visage. En revanche, Charlemagne rend aux moustaches leur antique splendeur. « Débarrassées de la barbe qui les offusque, elles s'étendent des deux côtés du menton. Elles se taillent en pointe, s'allongent considérablement et descendent bientôt jusqu'à la poitrine. »

C'est ainsi qu'est représenté Charles le Chauve dans la plupart des portraits qu'on fit de lui à cette époque. L'incommodité de ces moustaches ne tarda pas à se faire sentir. On trancha alors leur pointe et on les rendit carrées. Puis, peu à peu, elles perdirent plus encore de longueur jusqu'à pouvoir tenir horizontales. La moitié du IXe siècle est à peine écoulée que le port des moustaches est abandonné. Exemple de contradiction bizarre. Tandis que les gens du monde renonçaient à leur barbe, les gens d'Église jugèrent à propos de cultiver la leur. Cette innovation fut même un sujet important de dispute entre l'Église grecque et l'Église latine. Les prêtres d'Orient, qui se rasaient le visage, trouvèrent mauvais que les prêtres occidentaux abandonnent cette coutume antique. Photius, patriarche de Constantinople, lança en 858 une bulle d'excommunication contre le pape Nicolas pour le punir de n'avoir pas forcé les prêtres d'Occident à se raser le visage. Il est intéressant de savoir que Photius était eunuque : alors on ne s'étonne plus que la barbe ait excité sa colère. Du reste, les foudres qu'il lança ne produisirent pas grand effet.

Même les moines...

Vers le commencement du Xe siècle, on voit refleurir la mode des visages barbus. La barbe du roi Robert le Pieux est relevée par tous les historiens. Elle est très longue et toute blanche disent-ils. Les jours de bataille, il la met hors de son armure afin que les soldats puissent mieux le reconnaître dans la mêlée. Elle doit être pour eux un point de ralliement dans le combat.

Sous le règne d'Henri Ier, qui, en 1031, succède à son père Robert le Pieu, cheveux, moustaches et barbes sont taillés. Les premiers sont aplatis et coupés circulairement aux oreilles, les deuxièmes sont tombantes et les troisièmes longues et pointues.

Guillaume le Conquérant, duc de Normandie, un des plus fameux personnages du XIe siècle, fut aussi un des ennemis les plus déclarés de la barbe. Lorsque celui qu'on surnomme le « bâtard », parce qu'il est le fils naturel de Robert le Magnifique et d'Arletta, une fille de tanneur, envahit l'Angleterre, les habitants de la grande île lui apparaissent comme « des hommes d'une grande laideur, avec les cheveux et la barbe très longs, sales et en haillons, mais disposant d'armes redoutables ». Après avoir battu et tué Harold à la bataille d'Hastings, en 1066, il se fait couronner à Londres.

Guillaume inaugure son règne par un décret qui instaure le rasage obligatoire. Il voulait, disait-il, effacer la différence qu'une vingtaine de poils peut établir entre ses anciens et ses nouveaux sujets. De là sans doute l'adage qui dit que « les Normands sont brevetés de la fortune pour faire la barbe aux Anglais ». Son fils Henri Ier poursuivit cette œuvre civilisatrice en donnant l'exemple. À plusieurs reprises, dans différentes provinces du royaume, il se fit raser en public par l'archevêque local déguisé en barbier pour la circonstance.

Il faudra attendre plusieurs siècles pour que la barbe retrouve les faveurs des hommes de la Cour d'Élisabeth I. Grégoire VII fut aussi, dans le XIe siècle, un ennemi juré des mentons barbus. Nous le présentons à la postérité pour faire le pendant de l'eunuque Photius.

Quand débute le XIIe siècle, la barbe règne encore en France, mais a déjà perdu de sa considération. Cependant, Louis VI le Batailleur, en 1108, monte barbu sur le trône, ce qui n'est pas le cas de son successeur Louis VII le Jeune. Les Croisades ont introduit en Occident deux usages orientaux opposés, le rasage complet et la « barbe à la grecque ». Le premier va l'emporter et, au milieu du siècle, les barbes ont presque disparu tandis que les moustaches en brosse sont conservées encore quelque temps.

En Italie, le doge de Venise, Domenico Michiel interdit tout bonnement, en 1128, le port de la barbe par décret et ceux qui y contreviennent sont condamnés au pilori. À la fin du XIIe siècle, dans plusieurs pays d'Europe dont la France, barbes et moustaches semblent définitivement condamnées. Tout le monde se rase, y compris les moines et le clergé. Seuls les paysans et les pèlerins conservent leur pilosité faciale.

Le siècle qui suit voit régner des rois aux noms évocateurs. Philippe Auguste, Louis VIII le Lion, saint Louis, Philippe le Hardi, Philippe le Bel. Un siècle qui s'écoule tout entier sans que personne ne se hasarde à relancer la mode des barbes et des moustaches. Les Chevaliers du Temple eux-mêmes ont dû sacrifier les leurs à l'occasion du procès qui leur est fait vers 1292.

La barbe refait toutefois une apparition remarquée au XIVe siècle avec Philippe de Valois dont les courtisans s'empressent d'imiter l'engouement. Mais à la mort du souverain, la barbe perd son protecteur et tous commencent d'abord par la négliger, puis par la supprimer tout à fait. Charles V et Charles VI n'auront pas de barbe.

Signalons pour l'anecdote une escroquerie à la barbe, peut-être la première de l'Histoire. En 1392, arriva à Paris la « barbe la plus vaste, la plus prodigieuse qui ait existé de mémoire d'homme » disait la chronique. L'orgueilleux possesseur en était le soi-disant patriarche de Constantinople. Les badauds ne se fatiguaient pas d'applaudir un si bel ornement. Aussi, la déception fut grande lorsque l'on apprit que le patriarche de Constantinople, qui venait de quitter le royaume comblé de présents et d'honneurs, était un imposteur au titre et à la barbe artificiels.

Le XVe siècle fut une époque sans barbe. Charles VII, Louis XI, Charles VIII et Louis XII sont des souverains qui se rasent le visage. Mais tout va changer au siècle suivant, notamment avec un événement considérable, la conversion du clergé au port de la barbe, proscrite par l'Église depuis plusieurs siècles.

Alors que le visage rasé est devenu un signe distinctif d'élégance et de raffinement, le pape Jules II, monté sur le trône pontifical en 1503, laisse croître sa barbe pour donner plus de « majesté à sa personne ». Il est immédiatement imité par les cardinaux, les évêques, les prêtres et les moines de tous ordres.

Chez les laïcs, la conversion est un peu plus longue, mais tout aussi spectaculaire et triomphante. Charles Quint, François Ier, Henri VIII et tous les autres princes et souverains d'Europe font un retour à la barbe, immédiatement suivis par leurs courtisans respectifs. « La barbe, ayant reconquis la possession du visage, se prêta avec une complaisance infinie à tous les goûts divers de ses partisans. Non seulement les palais des rois, les abbayes et la Sorbonne offrirent leurs hommages protecteurs. » Ces barbes qui apparaissent sur les visages les plus célèbres prennent toutes les formes : en collier, en pointe, mince, fournie, pointue, carrée, ronde, en éventail, en queue d'hirondelle. Grâce à des cires parfumées et à des gommes spéciales, on peut aussi leur donner des formes extraordinaires.

Les élégants barbus prennent grand soin de cet ornement. Tous les soirs, de peur qu'il ne s'abîme, il est lavé, peigné, mastiqué et renfermé dans un petit sac protecteur appelé « bigotelle ».

Toutefois, malgré cette brillante renaissance, la barbe doit subir de grandes contradictions de la part des parlementaires et du clergé. Jules II est mort depuis plusieurs décennies et la barbe est redevenue affaire de religion. La quasi-totalité des casuistes et des théologiens s'efforce de la rendre à nouveau odieuse. Le discours prend parmi la population et même une certaine bourgeoisie de province. Ainsi, vers 1550, Henri II doit intercéder en faveur d'un de ses oncles, évêque de son état, qui s'est fortement fait contester par les ouailles de son diocèse à cause de sa barbe.

Un devoir pour tous les hommes

Depuis le règne de François Ier, les abbés de cour et les prélats coquets sont très nombreux à porter la barbe longue. Si nombreux même qu'un certain Pierrus Valerianus compose à leur intention un *Éloge de la barbe des prêtres*, ouvrage qu'il dédie au « gris barbu » qu'est le cardinal de Médicis. Les adversaires de la barbe n'obtiennent guère de succès convaincant. Leur plus grande victoire est d'avoir obtenu, en 1564, « qu'il soit interdit aux membres du clergé de friser leur barbe ».

Beaucoup d'auteurs du temps se moquent de cette « bataille des barbes ». L'un d'eux, Gentien Hervet fait imprimer à Lyon en 1546 trois discours sur la barbe. « Dans le premier, il s'efforce de prouver que c'est un devoir pour tous les hommes de laisser croître leur barbe. Dans le deuxième, il établit avec beaucoup d'adresse la proposition contraire. Et, dans le troisième, il démontre que tout homme est libre de raser ou de laisser croître sa barbe à son gré. »

La mode opta pour le troisième discours et la barbe fut, selon les goûts, accueillie par les uns et repoussée par les autres. En Angleterre, en revanche, la barbe devint un privilège de caste après que la reine Élisabeth I eut institué une forte taxe sur son port. Vers 1580, en Angleterre comme en France, la grande mode est de porter des barbes blondes et rien n'est considéré comme plus séduisant que d'avoir les cheveux noirs ou brun foncé et la barbe blanche. Dans toute l'Europe, la réhabilitation de la barbe a entraîné celle de la moustache à laquelle on apporte tout autant de soin et d'invention. Henri III se rase les joues et ne porte que la moustache ainsi qu'une mouche au menton. Tous les seigneurs de la Cour vont s'empresser de l'imiter. En France comme dans tous les autres pays européens, les hommes agrémentent leur visage de mille façons, avec des barbes dites à la turque, à l'espagnole, ou encore en « garde de poignard », et en bien d'autres formes. Souvent, au lieu de demeurer tombantes comme autrefois, la coquetterie les retrousse ou, comble de l'élégance, on tâche de leur imprimer une position horizontale.

Sous le règne d'Henri IV, la barbe reste très en vogue. Le roi donne à la sienne une forme carrée, mais ses courtisans la portent de manières et de formes originales. Les noms des coupes sont significatifs sur ce point : barbe à queue arrondie, barbe en satyre, barbe en feuille d'artichaut, etc. Mais les jours des barbes sont comptés et leur mode commence à disparaître avec l'assassinat d'Henri IV. Le « Béarnais » paraît avoir été le dernier roi barbu de l'Histoire de France. Commence dès lors le règne exclusif de la moustache portée dans un premier temps droite et bien taillée, puis élégamment relevée.

Dès qu'il eut du poil au visage, Louis XIII le fit raser, et tous les courtisans firent de même. La disgrâce de la barbe fut si rapide qu'un chroniqueur écrit : « Ceux qui conservèrent encore un temps leur barbe longue furent en quelque sorte comme des étrangers dans leur patrie. En les voyant, on était tenté de croire qu'ils arrivaient d'un pays lointain... » C'est ainsi que le grand Sully, consulté politiquement par le nouveau souverain entouré de ses jeunes courtisans, se fit moquer de sa barbe. Ce à quoi le grand ministre dit à très haute voix au roi : « Sire, lorsque votre père, de glorieuse mémoire, me faisait l'honneur de me consulter sur ses grandes et importantes affaires, au préalable, il faisait sortir les bouffons et baladins de cour. »

En fait, la barbe sous Louis XIII ne disparaît pas entièrement car il est conservé sur le menton un petit bouquet de poils qu'on appelle une « royale », mais qui se réduira à sa plus simple expression, une « mouche » sous le règne suivant. La tendance est générale. À la même époque, vers 1630, en Angleterre, Charles Ier fait abolir la barbe tandis qu'en Italie, elle est déjà réduite à une sorte de petit bouc pointu.

Les visages glabres de la noblesse ne manquent pas de frapper le tsar Pierre le Grand lors de ses longs périples en Europe au temps de Louis XIV. De retour en Russie, le monarque se met en tête d'occidentaliser son pays et pour cela il impose à ses sujets de se raser le visage. Cette contrainte est extrêmement mal reçue par les Russes. Qu'ils soient boyards ou moujiks, tous portent des moustaches et de longues et somptueuses barbes qui leur pendent jusqu'à la poitrine. En revanche, ils ont les cheveux courts, les cheveux longs étant portés par les popes et les moines qui entendent ainsi se différencier des laïcs.

La résistance des Russes au diktat capillaire de Pierre le Grand est si forte qu'on peut craindre un moment pour son trône. Terriblement croyant, le peuple russe tout entier considère la barbe comme un signe de sainteté et de dévotion et ce d'autant que les popes de l'Église orthodoxe en affirment le port obligatoire pour accéder au « Paradis ». Les moujiks firent de la barbe un emblème de résistance. Ils seront les seuls, en 1728, à être de nouveau autorisés à porter la barbe. Ils laissent à l'aristocratie et à la bourgeoisie le « mauvais » privilège du visage glabre auquel tout manquement se solde par une taxe de 100 roubles.

À la même époque, dans l'empire ottoman, les Turcs se rasent les cheveux et la barbe, mais laissent pousser de splendides moustaches auxquelles ils accordent des soins particuliers. Au Japon, rapportent les Jésuites hollandais, les hommes se rasent la barbe et le haut du crâne, laissant sur les tempes et sur la nuque des cheveux longs qu'ils relèvent avec un ruban. Ils fixent cet agencement avec une pommade qui rend les cheveux luisants et les maintiennent en une masse compacte de forme quadrangulaire. Il arrive que quelques vénérables vieillards arborent une petite barbe en pointe ou une légère moustache blanche.

À la fin du règne de Louis XIV, on ne porte plus ni « royales » ni moustaches car à force d'en diminuer sans cesse le volume, on a fini par les rendre imperceptibles puis par les faire disparaître. Comme l'écrit un chroniqueur, « on ne les rencontre plus que sous le nez des Suisses et des grenadiers ».

Sous le règne de Louis XV, on assiste à quelques tentatives de retour de la barbe. C'est en vain. Le règne du « Bien-Aimé » est, comme le précédent, un règne de visages glabres. Deux ans avant la mort du roi, en 1772, voilà que l'on reparle de la barbe, mais les « barbicides » veillent et, pour prévenir toute résurrection, ils font venir de Rome le rappel de sa proscription. Seuls

Pierre le Grand faisait couper les barbes de tous ceux qui voulaient entrer dans Moscou. Gravure. Coll. part. D.R.

les frères chartreux y échappent et pour de mystérieuses raisons, on leur tolère de porter de longues barbes.

Sous Louis XVI, le rasoir fonctionne sans interruption, les visages sont lisses, mais il s'en trouve encore pour le regretter. Louis Antoine de Caraccioli, par exemple, écrit dans son très célèbre *Dictionnaire critique* : « Barbes et moustaches étaient autrefois le fonds de l'homme et maintenant il est donné d'avoir un visage efféminé. »

Sous la Révolution on préconise le rasage intégral et l'on en vient à « raser gratis » selon le langage des sans-culottes, puis du petit peuple qui identifient les nobles et les contre-révolutionnaires à « de sombres poils mal venus sur la peau vierge et tricolore de la France nouvelle ». Pour cela même, la guillotine prend le nom de « grand rasoir national ».

La barbe va reconquérir toute sa splendeur au XIXe siècle. Le processus se réalise peu à peu. Sous le Premier Empire, la moustache est proscrite dans les armées, mais tolérée sur le visage des soldats d'élite. Plus généralement, les hommes de l'Empire ont la lèvre supérieure et le menton rasés ; seules les joues portent de longs favoris dont certains s'allongent jusqu'à la commissure des lèvres.

À la veille des journées révolutionnaires de juillet 1830, les dandys font sortir les moustaches des casernes et les remettent en vogue sous une forme droite et fine, assorties d'une mouche, et quelquefois de favoris devenus l'emblème des libéraux et des carbonari.

Après les « Trois Glorieuses », les Français peuvent donner libre cours au plaisir de porter moustache, barbe et favoris comme ils l'entendent. Vont successivement apparaître les modes des barbes à la saint-simonien, les barbes à la Moyen Âge, les barbes circulaires, les barbes à la Charles IX, les barbes à la Ambroise Paré, etc. La mode des favoris dits à l'anglaise est lancée et jusqu'à la fin du règne de Louis-Philippe, en 1848, dans tous les milieux, y compris les plus populaires, citadins ou ruraux. On porte des colliers, des barbes, des favoris et des cheveux mi-longs comme l'attestent quantité de témoignages littéraires et iconographiques. « La barbe plaît à tout le monde et tout le monde fait parade de la porter. Elle se montre sur le visage des princes, sur celui des collégiens et, bien sûr, des militaires. » Mais tous les Français ne sont pas égaux devant la barbe et la moustache. Les lois de la monarchie de Juillet qui survivront encore sous le Second Empire interdisent aux avocats, aux notaires, aux comédiens et aux gens de service de porter barbe ou moustache. Il s'agit de raisons purement hygiéniques lorsqu'il s'agit des gens de maison, mais, au-delà, apparaît bien la volonté de distinguer certains types de professions.

Ce sont les soins apportés au système pileux du visage qui caractérisent la deuxième moitié du XIXe siècle. Sous le Second Empire, la barbe est remplacée par une barbiche effilée dite à l'impériale, qui n'est pas sans rappeler la « royale » portée sous Louis XIII. Mais peu à peu, à partir de 1860, les barbiches s'étoffent, deviennent plus fournies, plus variées, et parfois teintées. On commence à les façonner selon la forme du visage ; un peu pointue pour les visages ronds, un peu déployée vers le bas pour les visages longs, mais dans les deux cas, lustrée au blanc d'œuf au moins deux fois par semaine. Le XIXe siècle est surnommé « le siècle à barbe et à moustache ».

Au début du XXe siècle, au cours de ces quelques années qualifiées de « Belle Époque », un visage d'homme ne se conçoit pas sans moustache ou sans barbe. L'une et l'autre, quelquefois accompagnées de favoris, expriment la virilité à la fois martiale et étudiée. Elles sont l'objet d'attentions quotidiennes, et donnent lieu à de nombreuses variantes. Les moustaches sont tantôt effilées, tantôt pendantes à la gauloise, tantôt « relevées en croc » comme celle de Guillaume II d'Allemagne. Quant aux barbes, la « Belle Époque » les accepte de toutes dimensions et de toutes formes : en pointe, en carré, en fleuve, à deux pointes, etc. Beaucoup d'hommes en tiennent encore pour la barbiche du Second Empire, dite impériale, qui reste très appréciée par les hommes élégants d'un certain âge.

Au cours des « années folles », entre 1920 et 1930, les barbes continuent de fleurir sur les visages masculins avec une certaine diversité, même si les barbes ovales et celles en éventail ou à deux pointes remportent le plus de suffrages.

À partir de 1930, la barbe est soudainement délaissée par les nouvelles générations qui la considèrent « passée de mode ». En revanche, les moustaches perdurent dans des styles variés et largement interprétés par les figaros du moment. Elles sont taillées à l'américaine, à la hongroise, à la russe, à la grognard, à la Guillaume II, à la gauloise, à la française, en « guidon de vélo », en « croc », à la mongole, en « tablier de sapeur », à la « Charlot »,

Franck, le patron du « Recrutement »,
temple parisien du rugby du boulevard de La-Tour-Maubourg. D.R.

etc. C'est l'époque de la femme au foyer que l'imagerie populaire montre couchée, le visage couvert de crème et la tête hérissée de bigoudis. À ses côtés, un mari rond-de-cuir paisiblement endormi, un filet bien tendu sur la tête et sous le nez, une résille à moustache, sorte de bande de toile légèrement profilée, en forme de papillon qui emprisonne sa moustache pour la nuit.

Le déclenchement de la Seconde Guerre mondiale, en 1939, voit surgir en France un nouveau style en même temps que le retour de la barbe : le «style collier». Jusque-là uniquement porté par les marins-pêcheurs et certains artistes peintres, il était considéré comme ridicule par toute une partie de la population. Le collier porté par les jeunes soldats symbolise désormais la virilité, l'amour de la patrie et la résistance à l'ennemi. De surcroît, si l'on en croit les témoignages d'époque, il semble agréé par les femmes notamment dans sa version « petit collier à l'émir ». Le collier s'installe de manière durable chez la gent masculine, non seulement pendant toute la guerre, mais bien au-delà. Ainsi deviendra-t-il, par exemple, à la fin des hostilités, la forme de barbe préférée du corps enseignant. Il en fut de même en Italie où la barbe en collier porte aujourd'hui encore le nom de « barbe à la Cavour » en référence à l'homme d'État du XIXᵉ siècle, grand artisan de l'unité italienne.

Entre les années 1950 et aujourd'hui, barbes et moustaches sont tantôt proscrites, tantôt abandonnées, tantôt accaparées par des groupes. C'est ainsi, par exemple, que, dans les années 1990, barbes et moustaches sont adoptées par les gays californiens, puis britanniques, comme signe distinctif.

Une mode négligée

Un vieux proverbe, signifiant que les actes et les avis doivent être nettement définis et affichés, dit : « Le rasé doit être rasé et le barbu doit être barbu. » Cette vérité populaire va voler en éclats au cours de la décennie 1980 avec la naissance d'une mode nouvelle, la mode « négligence » à la Gainsbourg, qui impose précisément que l'on ne soit ni rasé ni barbu et qu'on s'affiche en toutes circonstances avec une barbe de deux à trois jours. Il s'agit du dernier ajout à la « mode clochard » qui veut que lors de grands et petits événements mondains et médiatiques, on préfère le jean et les baskets au smoking, la chaîne en or à la cravate, le crâne rasé à une chevelure peignée, et les onomatopées au langage articulé. Ensemble actuellement très en vogue chez les éternels étudiants, les publicitaires et journalistes dans le vent, et certains jeunes comédiens français.

Que signifient ces joues et ces mentons continuellement recouverts d'une affreuse barbe naissante ? « Je suis paresseux et je ne me rase que tous les trois jours » ? « Je viens d'être sevré et je me virilise » ? « C'est une façon de vous faire rentrer dans mon intimité » ? ou encore « Moi ! je suis vraiment nature » ? Pas du tout ! C'est une preuve de romantisme, comme nous l'explique un connaisseur : « Un laisser-aller dans la barbe est largement partie prenante du romantisme [...] Le romantique doit offrir au premier coup d'œil l'image d'un homme malheureux [...] Il doit avoir quelque chose de négligé dans sa personne [...] La barbe non pas entière, non pas rasée, mais comme grandie en un moment par surprise, puis oubliée [...] Il doit avoir le regard profond, sublime, égaré, les lèvres contractées en dédain de l'espèce humaine. » Ce « connaisseur si pointu », sans jamais avoir eu l'occasion de regarder les programmes people de la télévision, n'est autre que Chateaubriand décrivant en 1822 les « romantiques préfabriqués ».

Ce qui était exceptionnel au début du XIXᵉ siècle s'est tellement vulgarisé à la fin du XXᵉ, que les industriels ont « segmenté » la population volontairement mal rasée et créé pour elle le « régulateur de barbe » qui tient à la fois du peigne et du rasoir électrique. Il coupe les poils du visage à volonté, avec effet de barbe de un, deux, trois jours ou plus.

Le barbisme

Le 3 janvier 1977, le malheur frappait les barbus d'Argentine. Par décret, le gouvernement ordonnait que les citoyens aient le visage parfaitement glabre pour obtenir un passeport ou une carte d'identité. Dans le cas contraire, la photographie prise par la police et devant figurer sur le document ne serait pas faite et le barbu se trouverait en situation illégale. Cet événement somme toute mineur allait ouvrir une longue série de brimades et de vexations envers les barbus.

Il y avait déjà le racisme et le sexisme. Voici maintenant le « barbisme » (*beardism* en anglais). « Barbisme » n'est pas un néologisme de journaliste mais bien une expression officielle que l'on trouve dans une circulaire du ministère de l'Intérieur britannique qui, selon le *Times* du 5 mars 2001, recommande d'éviter tout « barbisme » dans les entretiens d'embauche de fonctionnaires.

Dans le privé, nulle recommandation de cette nature. Au contraire, la seconde moitié du XXᵉ siècle semble particulièrement pénible pour les barbus. Les organismes de défense des travailleurs, dans tous les pays européens, enregistrent de plus en plus de plaintes d'ouvriers et d'employés renvoyés pour cause de « barbe ».

Une des dernières en date concerne un homme qui a porté plainte en 2001 contre la chaîne de supermarchés britannique Waitrose. L'homme en question avait postulé à un emploi de garçon à la cafétéria. Il avait fait bonne impression, mais le responsable du supermarché avait lié l'obtention du poste à la condition qu'il se rase la barbe. « Les clients n'aiment pas se faire servir par des barbus, c'est anti-hygiénique. » Comme le « barbisme » n'existe pas en tant que délit, le « serveur barbu » dépose plainte pour « discrimination sexuelle. » Ce à quoi le porte-parole de la chaîne Waitrose répond : « Après tout, si une femme à barbe s'était présentée pour le poste, nous l'aurions aussi refusée si elle n'avait pas voulu se raser. »

Quant au tribunal, il reconnut qu'il y avait bien eu discrimination, mais pas sexuelle, et la plainte fut déboutée car « cette discrimination n'est pas contraire à la loi puisque les poils de barbe peuvent effectivement contenir des bactéries dangereuses ».

Histoire de même nature en Allemagne, il y a quelques années, lorsque les pompiers berlinois durent sacrifier leur barbe et leurs favoris sur l'autel de la sécurité. « Des mesures énergiques seront prises en cas d'infraction, les poils empêchant la stricte adhésion aux nouveaux masques respiratoires lors d'opérations de secours », précisa le porte-parole de l'administration.

Deux barbus parmi les 2 600 pompiers berlinois, refusant de sacrifier au rasoir leurs attributs virils, ont porté plainte devant un tribunal qui les a déboutés en première instance. Ils n'eurent pas plus de chance dans la poursuite judiciaire de leur action et ils se résolurent à quitter les pompiers plutôt que de sacrifier au visage glabre.

C'est également une histoire de masque à gaz qui, en septembre 2001, secoue toute la marine canadienne chez qui le port de la barbe est une tradition séculaire datant de l'époque où l'on ne pouvait gaspiller l'eau du bord au rasage de l'équipage.

À l'occasion d'une révision de la politique de sécurité dans la marine, il fut observé que « le port de la barbe pouvait réduire l'efficacité des masques utilisés en cas d'urgence à bord des navires ». En mars 2002, aucune décision n'avait encore été prise et le port de la barbe, comme celui de la moustache, est pour l'instant laissé à la discrétion du chef d'état-major de la Défense canadienne, lequel prône qu'il est urgent de laisser les choses en l'état.

Nouveau coup de théâtre en mars 2000 au sein de l'empire Disney. Après avoir autorisé, en avril 1999, les pantalons à côtes pour les hommes et le vernis à ongles pour les femmes, Mickey Mouse, tout en restant lui-même imberbe, autorise les moustaches sur les visages des employés des parcs d'attractions. Les barbes restent en revanche interdites.

Walt Disney, qui arborait pourtant lui-même une moustache, avait établi l'interdiction des moustaches et barbes en 1957 pour se distinguer des autres parcs d'attractions, au personnel « douteux ».

Quarante-trois ans plus tard, changement de cap. « Une moustache bien taillée est considérée par nos clients comme cohérente avec le look de Disney et les responsables des parcs ont reçu une liste des critères définissant une moustache bien taillée », déclare un porte-parole de Disney.

Selon un sociologue du Massachusetts Institute of Technology (MIT) à Boston, John Van Maanen, cette réforme est la conséquence des difficultés qu'éprouve Disney pour recruter alors que le taux de chômage aux États-Unis est au plus bas.

Barbe, moustache et compétition

Aujourd'hui, le port de la barbe est à peu près libre dans le monde entier et l'intérêt que lui portent les hommes ne s'est pas démenti, aussi est-il compréhensible que certains la considèrent comme un « objet de performances ».

C'est au XIXe siècle que naquirent les premiers « clubs de barbus » et « clubs de moustachus ». Ces regroupements devaient inévitablement déboucher sur des comparaisons, plus ou moins amicales entre les affidés, puis sur des « concours de beauté », véritables compétitions avec un jury élisant le « monsieur bacchante » de la saison et le « champion de la barbouze » de l'année selon des critères de longueur et d'harmonie.

Certains de ces champions du XIXe siècle ont laissé les traces de leurs poils dans maints de ces concours régionaux et nationaux, qui enthousiasmaient un très large public et dont les journaux rendaient largement l'écho, propulsant le lauréat vers une notoriété plus ou moins éphémère. Il arrivait qu'un concurrent vienne de très loin pour se mesurer dans une compétition. Ainsi, au concours de Paris de 1870, Adam Kerpfen, agent des Postes, vint de Chicago. Il arracha un titre avec une barbe de 2,91 mètres.

Son souvenir va être complètement effacé par les performances d'un mouleur aux usines Saint-Jacques de Montluçon,

---

Règlement des championnats du monde

Depuis 1990 et à l'issue des championnats du monde de la pilosité faciale organisés en Suède par Han Hamrin, les concurrents au titre mondial ont la possibilité de concourir dans trois catégories :

- *Catégorie moustache, catégorie favoris et barbichette et catégorie barbe complète.*
- *Chaque catégorie comprend trois séries et les concurrents peuvent choisir de concourir dans celle qui leur convient le mieux.*
- *Le jury vérifie pour chaque barbe ou moustache si les poils poussent de bonne manière et non pas en désordre ou avec des zones « déplumées ».*
- *Il existe une note qui récompense de quelques points supplémentaires l'interaction de la pilosité choisie avec le physique général du concurrent.*
- *Palpage par le jury des moustaches et des barbes afin de détecter toute présence de corps étranger.*

Depuis un certain temps, les Allemands raflent tous les prix. La raison en serait qu'ils boivent beaucoup de bière très riche en vitamine B, essentielle au développement des poils.

Compétition annuelle de la plus belle paire de moustaches. Source inconnue. D.R.

Tableau d'honneur et champions

BARBES
- ***Hans Adam*** : *Sa barbe, mesurée en 1529, atteignait 1,82 m.*
- ***Thalberg*** : *Sa barbe, mesurée en 1560, atteignait 2,24 m.*
- ***Adam Kerpfen*** : *Sa barbe, mesurée à Paris en 1870, atteignait 2,91 m.*
- ***Ignace Hubert de Lilienfield*** : *Sa barbe, mesurée en 1878, dépassait 1,60 m.*
- ***Louis Coulon*** : *Sa barbe, mesurée en 1903, atteignait 3,35 m.*
- ***Jules Dumont*** : *Sa barbe, mesurée en 1902, atteignait 3,65 m.*
- ***José Rouchetti*** : *Sa barbe, mesurée en 1907, atteignait 1,58 m.*
- ***Hans Langseth*** : *Sa barbe, mesurée en 1927, atteignait 5,33 m.*

MOUSTACHES
- ***Kalyan Ranyi-Sain*** : *Ses moustaches mesurées d'une pointe à l'autre en 1976 avaient une longueur de 3,39 m.*
- ***Birger Pellas*** : *Ses moustaches, mesurées en 1987, atteignaient 2,77 m.*
- ***Karna Bheel*** : *Décapité en 1987, ses moustaches mesuraient cette année-là 2,38 m.*
- ***Ted Seddman*** : *Possède actuellement des moustaches de 1,60 m.*
- ***Masariva Din*** : *Moine hindou. Ses moustaches, mesurées en 1962, atteignaient 2,59 m.*

ROUFLAQUETTES
- *Seul dans sa catégorie,* **Wolam Tapley***, fermier dans le Kansas, était chauve mais offrait, en 1910, deux rouflaquettes partant de ses deux joues et mesurant 3,32 m de long.*

Le chevalier Thalberg dont les longues moustaches atteignaient le sol.
Vers 1560. Gravure. Coll. part. D.R.

nommé Louis Coulon. L'homme établit un record national, encore valable aujourd'hui, avec une barbe de 3,35 mètres. Toutefois, des rumeurs persistantes venant de Frelin dans le Nord vont assombrir les dernières années de la vie du brave mouleur. Elles donnent un certain Jules Dumont comme possesseur d'une barbe de 3,65 mètres. Malheureusement, la confrontation déterminante entre le tenant du titre et son challenger n'eut jamais lieu. De toute façon, les deux champions auraient fait « piètre barbe » à côté de leur contemporain, Hans Langseth, norvégien qui, à sa mort en 1927, en lègue une de 5,33 mètres au Smithsonian Institute de Washington où on la contemple encore aujourd'hui.

Dès la fin de la Seconde Guerre mondiale, les clubs de barbus et de moustachus se multiplient dans les pays occidentaux. De nationales, les compétitions deviennent européennes vers la fin des années 1970. Les Belges dominent les épreuves pendant plusieurs années et, en 1982, c'est encore l'un d'eux, d'Anvers, qui remporte le titre européen de la catégorie « moustache tombante » avec un attribut de 1,42 mètre d'une extrémité à l'autre.

Les années 1980 voient les premières épreuves intercontinentales avec des concurrents américains, australiens et argentins. Mais le premier vrai championnat du monde n'a lieu qu'en 1985. L'événement est considérable : 527 candidats venus du monde entier. L'ensemble des épreuves, moustaches et barbes, se déroule à Bergame, en Italie, devant des milliers de spectateurs passionnés et des dizaines de médecins venus du monde entier. Dans une compétition de ce niveau, les membres du jury, baptisés pour l'occasion « maîtres du poil », ne prennent pas uniquement en compte les critères de longueur et de quantité, mais également les facteurs esthétiques.

Dans la catégorie « moustache », les concurrents s'affrontent en choisissant une des cinq épreuves au programme : quatre classiques, qui sont en quelque sorte des figures traditionnelles,

Louis Coulon, dont la barbe atteignait 3,35 m, aimait faire un « nid » pour son chat en l'enroulant sur elle-même contre sa poitrine. Coll. part. D.R.

et une dite libre, qui permet aux concurrents de sortir des sentiers battus et de laisser libre cours à leur imagination quant à la couleur, aux courbes, aux frisures, etc. Les concurrents, très nombreux à s'affronter avec des moustaches d'un mètre de longueur, ne peuvent même pas prétendre approcher du podium et sont très vite éliminés.

Dans la catégorie à « la hongroise », le pressenti, un Scandinave nommé Erik Noker, dont les bacchantes mesurent 2,59 mètres, est finalement battu par un Italien, un certain Marco Mantovani. Dans les autres catégories, à « la chinoise », à « la kaiser », à « la Dali », ce sont encore les Italiens qui dominent. Le favori battu de l'épreuve à « la chinoise », un restaurateur de 43 ans, Giuseppe Scana, explique son échec de la façon suivante : « Il y a quelques années, j'ai sectionné ma moustache gauche en refermant une portière de voiture. Il m'a fallu tout reprendre de zéro. »

Pour les barbus, plusieurs « écoles » étaient en compétition. Les partisans de la barbe « au naturel » ont remporté le titre de justesse, sous les huées des adeptes des trois autres courants dominants : les barbes à « la Garibaldi », à « la turque » et à « la phénicienne », grâce à un électronicien de Milan. Selon l'un des favoris, M. Valerio Rota, la clé du succès réside dans l'épaisseur. « Il faut, a-t-il déclaré, se couper la barbe quand la lune est favorable. »

Ces premiers vrais championnats du monde furent outrageusement dominés par les Italiens qui, il est vrai, disposaient d'un incroyable vivier. Le club italien des « barbus et moustachus » comptait à l'époque 160 sections regroupant quelque 10 000 adhérents.

La suprématie italienne va plus ou moins durer toute la décennie 1990, jusqu'au drame du 20 août 1999, qui la voit s'effondrer au cours du championnat du monde de Ystad, en Suède, face à d'irrésistibles poilus teutons. « Les Allemands ont dominé, car supérieurs en tout. Nous, Suédois et autres nations, n'avions aucune chance pour nous imposer », déclare après les épreuves l'organisateur suédois Kalle Fernholm, président du club suédois des moustachus et barbus. Après six heures d'épreuves, les barbus et moustachus allemands remportèrent sept des neuf catégories de concours, sans compter la prestigieuse catégorie « *Best on show* », enlevée haut la barbe par un Berlinois, Karl Heinz Hille.

À tous ceux pour qui ces lignes auraient déclenché au plus profond d'eux-mêmes l'esprit de compétition pileuse, nous délivrons ces informations on ne peut plus sérieuses issues de savants calculs britanniques : « En poussant en moyenne d'un demi-millimètre par jour, la barbe peut théoriquement atteindre 9 mètres au terme d'une existence réfractaire au rasoir. » Autrement dit, en commençant à 18 ans, on peut envisager le titre européen vers sa quarantième année.

Quelques célèbres barbes de l'Histoire

Les barbes célèbres de l'histoire européenne sont innombrables, aussi n'évoquerons-nous que quelques-unes parmi les plus fameuses, sans nous préoccuper des barbes mythiques telles celles du Père Noël ou de Don Quichotte.

• **Erick le Rouge (Xe siècle)**
Erick ou Eirik est un nom germanique qui signifie « riche en bonheur » et a été porté par différents personnages scandinaves. Erick le Rouge ou Raude est un chef norvégien dont le nom se rattache à la théorie de la découverte de l'Amérique du Nord par les Scandinaves. Vers 982, à la suite d'un meurtre, il quitte son pays, passe en Irlande et de là sur une terre qu'il appela Groenland, c'est-à-dire « pays vert », dont il colonisa la côte orientale avant d'y établir le christianisme. On retient d'Erick le Rouge qu'il avait deux trésors : son fils Leif, le découvreur de Terre-Neuve et son extraordinaire barbe rousse.

• **Guillaume le Roux (1056-1100)**
Second fils de Guillaume de Normandie dit le Conquérant, il battit et tua Malcolm, le roi d'Écosse et acheta la Normandie à son frère aîné Robert. On sait de lui qu'il fit peser sur ses barons et sur le clergé une tyrannie exécrable, qui est peut-être la cause de sa mort mystérieuse au cours d'une partie de chasse.

• **Geoffroy le Barbu (1006-1060)**
Il s'agit de Geoffroy II, duc d'Anjou, dit Martel ou le Barbu. Il succéda à son père, Foulques Nerra, en 1040. Outre sa barbe extraordinaire, on retient surtout de lui ses continuelles batailles contre le comte de Blois à qui il prit quantité de villes dont Tours, Langeais, Chinon et Nantes.

• **Baudouin la Belle Barbe (998-1036)**
Sous ce surnom se cache un des neuf comtes de Flandre, Baudouin IX, fils d'Arnould II. Il conquit par les armes plusieurs places de la basse Lorraine, mais est surtout connu pour avoir institué les fameuses « foires de Flandre ». Il se donnait lui-même parfois le surnom de barbu ou belle barbe dans ses chartes de gouvernement.

• **Frederick Ier Barberousse (1122-1190)**
Frederic Barbarossa, empereur du Saint Empire romain germanique, mourut pendant la troisième Croisade en se noyant dans le Selef, fleuve de Cilicie. Sa barbe flamboyante n'a cessé d'être à l'avant-scène politique et militaire de la chrétienté et il ne fait aucun doute que sa chevelure et son étrange barbe contribuèrent largement à populariser sa légende. Toutefois, personne ne sait à quel moment il fut surnommé « Barberousse ». Peut-être lors de ses premières tentatives de domination de l'Italie.

• **Svend à la Barbe fourchue (960-1014)**
Svend « Tjugeskjoeg » devint roi du Danemark après être rentré au pays et avoir épousé la veuve de l'envahisseur suédois Erick Seguersoll qui l'en avait chassé. Il s'empara alors d'une partie de la Norvège et fit en Angleterre une série d'expéditions qui soumirent aux Danois la plus grande partie du pays.

• **Les frères Barberousse (XVIe siècle)**
Nom donné par les historiens occidentaux à deux frères d'origine grecque. Le premier, Aroudj, se fit pirate et finit par réunir en Méditerranée une flotte de 40 galères qui lui permit de prendre Alger en 1516 et de s'en déclarer souverain à la place de Selem Ibn Tenac. Vainqueur de la flotte chrétienne la même année, il sera battu et tué en 1518 par les troupes de Charles Quint.
Le second des frères, Khayr al-Din, eut une vie tout aussi aventureuse. Surnommé « Oriodant » par les Occidentaux, il succède à son frère sur le trône d'Alger, mais offre la suzeraineté de ses États au sultan Selem Ier, qui le nomme Grand Amiral. Après s'être emparé de Bizerte et de Tunis, que Charles Quint lui reprit, il ravage les côtes d'Italie, se rend à Marseille et se fait l'allié de François Ier. Il meurt à Constantinople en 1546.

• **Barbe Noire (1668-1718)**
Surnom donné au pirate anglais Edward Thatch ou Teach d'Abad. Corsaire au service de la couronne d'Angleterre pendant la guerre de succession d'Espagne, il se fit pirate lors de la paix de 1713, et opéra surtout sur les côtes de la Caroline du Nord et de la Virginie. Il était disait-on « immense, sanguinaire et à moitié fou ». En 1718, on dépêcha contre lui deux sloops commandés par le capitaine Robert Maynard. Après un vif engagement, les pirates eurent le dessous et Teach périt de la main même de Maynard qui accrocha sa tête à l'avant d'un de ses deux navires. Quant au Queen Ann's Revenge, son vaisseau de quarante canons, il gît par quelques mètres de fond à moins de deux miles de la côte, près de Charleston, en Caroline du Sud.

• **Barbe-Bleue**
Personnage à la fois authentique et légendaire, rendu fameux par l'un des contes de Perrault publié en 1697, l'auteur à la fois d'une vieille légende bretonne et de la vie authentique et sanglante d'un autre terrible barbu, le cruel Gilles de Laval, maréchal de Retz, ex-compagnon d'armes de Jeanne d'Arc, exécuté en 1440 pour plusieurs centaines d'assassinats et meurtres d'enfants.

Raspoutine. La barbe de la séduction. D.R.

Landru. La barbe du satyre criminel. D.R.

10
Une répartition qui peut faire du tort

Poils au corps !

Gitane, fière de ses poils sous les aisselles. Corbis-Sygma. David et Peter Turnley.

Le creux de l'aisselle, autrement nommé « gousset », est chez l'homme comme chez la femme une zone de pilosité importante. Les femmes ont généralement ces poils-là assez courts, mais il y a de nombreuses exceptions. Le professeur A.F. Le Double, de Tours, membre de l'école anthropologique de Paris, et « grand chercheur » de poils hypertrichosés, évoque dans un de ses ouvrages une artiste de music-hall parmi les plus connues de Paris dont le système pileux était « d'un blond ardent prononcé ». Il écrit : « Les glandes sudorales de ses aisselles délivraient une sécrétion imbibant de chaque côté les poils des aisselles très épais et dont la plupart mesuraient plus de huit centimètres [...]. » Les poils des aisselles sont implantés selon un ovale deux fois plus long que large et ils forment des petites mèches, quelquefois une seule ou deux grandes mèches, le long desquelles s'écoulent et s'évaporent les abondantes productions locales de sueur. Celles-ci les attaquent, les étirent, les roussissent et, souvent, les frisent légèrement à l'image des poils pubiens. Ces petites toisons sont manifestement utiles disent les physiologistes car elles forment une sorte de paroi de protection entre les deux faces intérieures des plis supérieurs des bras qui sont recouverts d'une peau tendre et fragile.

ÊTRE BELLE !... POILS AUX AISSELLES !

À l'heure actuelle, la grande majorité des femmes occidentales et quelques hommes pourchassent systématiquement les poils aisselliens regardés comme superflus. Contrairement à l'idée reçue, leur suppression n'entrave en rien la sudation. Certaines populations, notamment les femmes allemandes et portugaises, rechignent à cette pratique, ce qui leur vaut une réputation de femmes négligées par toutes celles qui s'y livrent. Il est vrai que l'exhibition de dessous de bras humides, velus et sentant l'aigre n'est pas des plus réjouissantes. Cela dit le rasage des aisselles répond à des motivations plus cérébrales. Il serait, selon les psychologues et les sexologues, un refus d'érotisation d'une zone considérée comme extra-génitale. Effectivement, depuis toujours, les aisselles n'ont jamais cessé d'être regardées comme une cavité troublante, évoquant le pubis des jeunes adolescentes. On trouve déjà cette opinion chez les antiques Hellènes de l'Épire pour qui « l'aisselle tente de simplifier l'organe génital de la femme ». Deux mille cinq cents ans plus tard, les psychiatres ne disent pas autre chose. Le docteur Pierre Lambeye nous confirme : « Se raser les aisselles est une pratique légèrement névrotique tendant à leur ôter une partie de leur aspect génital qui perce incontestablement à travers cette cavité ouverte, moite, pileuse et odorante. » Ce qui passe à l'heure actuelle pour une terrible négligence corporelle est encore la règle à la fin du XIXe siècle. Émile Zola écrit au sujet de Nana qui se montre nue sur les planches du théâtre des Variétés : « Ce sont les poils d'or de ses aisselles autant que ses cuisses de blanche graisse qui mettent les hommes en rut. » Ramener l'odoriférant et poilu creux des bras à l'image des plis inguinaux est chose commune et quantité d'hommes de tous milieux et de toutes natures ont avoué qu'ils s'enivraient en humant les aisselles poilues. Le duc d'Anjou avoua être devenu subitement amoureux après s'est épongé le front avec un linge trempé de la sueur d'aisselles de Marie de Clèves. Agrippa d'Aubigné, tout calviniste qu'il est, évoque avec tendresse dans ses poésies galantes « les pieds fumants et les aisselles surettes ».

À chaque siècle, des hommes d'esprit, grands amateurs de femmes, se sont déclarés en grand nombre « renifleurs d'aisselles » et avouent y avoir trouvé « beauté, réjouissance subtile et grande jubilation ». On peut citer Joris-Karl Huysmans, par exemple, qui revendiquait « d'aimer plus que de raison l'odeur des goussets » car, disait ce littérateur, « leur exquis et divin fumet mérite un culte éperdu ». Citons aussi Saint-John Perse qui avoue dans Amers son émotion face aux fragrances capiteuses et troublantes des aisselles : « Ah ! l'aisselle safranée, tout épice et sel de la terre. » Notons que le poète en vient lui aussi à faire le classique rapprochement entre dessous de bras et zone génitale en écrivant : « [Aisselle] Haut relief de la chair modelée comme une aine... »

Entre la fin du XIXe siècle et le début du suivant, se situe la période qui modifie l'attitude face aux aisselles. La tendance semble s'être d'abord manifestée dans le milieu des danseurs et des théâtreux. L'indignation du peintre Émile Antoine Bayard est restée fameuse. Vers 1880, il est le porte-parole de ceux qui tonnent contre « le répugnant spectacle offert par telle ou telle actrice dont les aisselles sont rasées ». Certaines jeunes filles des classes aisées de la population s'attaquent à leur tour à ce « capiton mousseux » et, en 1902, Antoine Saporta constate le fait dans la Revue des Deux Mondes : « Plus d'une jeune fille, écrit-il, la veille d'un bal, grille à la flamme d'une bougie les poils de ses bras jugés trop touffus à son gré [...] » Un chroniqueur vocifère vers 1905 contre cette « absence scabreuse de la touffe de poils, vivante comme un nid sur une branche ». À la même époque, d'autres se félicitent que beaucoup de femmes résistent à cette mode montante. L. Chaubart écrit dans L'Almanach des viveurs : « Heureusement, grand nombre de femmes sont heureuses de nous montrer la "forêt noire" sans besoin de voyager, rien qu'en levant les bras. » En fait, la tendance est donnée et rien ne pourra la contrarier.

En 1910, Madame de Vandille, auteur à succès de Les Secrets de la beauté est formelle : « En cas de mauvaises odeurs perceptibles, il ne faut pas hésiter à mettre les ciseaux, voire même le rasoir dans cette partie pileuse. » Les femmes qui s'y refusent, encore nombreuses, restent fidèles aux linges humides pour nettoyer les aisselles velues. Lorsque celles-ci sont vraiment puantes, ce qui n'est pas rare en ce temps-là, on utilise la technique du sachet en tissu fin placé au creux des aisselles et maintenu quelques heures en serrant les bras le long du corps. Ce sachet est rempli de différents produits désodorisants et très généralement de poudre de racine d'iris qui, croit-on, a la propriété d'absorber la sueur et de modifier les odeurs. La veille de la Première Guerre mondiale, la quasi-totalité des femmes de la « bonne société » se rasent sous les bras. En 1913, la comtesse Traman, arbitre des élégances, explique à ses lecteurs que cette épilation complète est inspirée par les robes du soir extrêmement décolletées qui laissent voir toutes les épaules.

Une tendresse qui s'accroît...

Contrairement à ce que laisse entendre la presse féminine qui n'en tient que pour le rasage des goussets, très nombreux sont les hommes qui s'avouent attirés par les sueurs et les poils affriolants, humides, qui retiennent les fragrances. « Respirer des poils en sueur est une approche du paradis », nous déclare cet amateur. Et de préciser : « Mettre son nez dans l'aisselle d'une rousse, respirer à pleines narines ses poils couverts de sueur provoque des sensations indescriptibles. » Cette excitation particulière est si partagée qu'une grande firme de cosmétiques britannique étudie actuellement le lancement sur le marché grand public (vers 2004-2005) de la première arme secrète de la conquête sexuelle : un after-shave

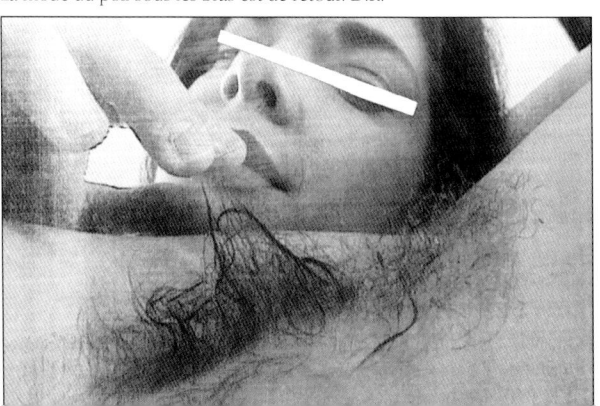

La mode du poil sous les bras est de retour. D.R.

composé de molécules synthétiques imitant la sécrétion naturelle des aisselles. Selon le *Daily Telegraph*, les tests pratiqués depuis 1998 par des scientifiques de New York et de San Francisco sont plus que prometteurs. D'après les premiers résultats, cet after-shave décuple les relations sexuelles de celui qui l'utilise. Au terme des six premiers mois d'expérimentation, 50 % des hommes testés ont affirmé « avoir vu leur tendresse s'accroître parallèlement à l'augmentation de leur activité sexuelle. Ils ont déclaré avoir embrassé davantage et reçu en retour davantage d'affection ». La formule de cet après-rasage à odeur d'aisselles est toujours gardée secrète à l'heure actuelle, sous le nom de code « Athéna Phéromone 10 X », formule qui isole pour la première fois chez l'humain une phéromone particulière. Bien sûr on est encore loin des lépidoptères capables de signaler « leur rut » à plus de huit kilomètres de distance, mais le poil, signal visuel et odoriférant, tente un retour remarqué. Ainsi, en 2001, lors d'une soirée de gala, la plus grande séductrice hollywoodienne, Julia Roberts, provoque l'émoi de toute l'Amérique en exhibant des aisselles velues comme des bacs de fougères. Assiste-t-on en ce début du XXIe siècle à un retour des poils du gousset ? Force est de constater que la pilosité se cache de moins en moins et commence même à apparaître plus ou moins discrètement dans certaines pages des grands magazines et catalogues de mode. Après des décennies de « religion de la peau lisse », se prépare-t-on à jeter aux orties rasoirs et crèmes épilatoires ? Pas encore, mais la tendance se manifeste. Véronique Rheins, directrice de stratégie de marque chez Futur Brand Menu et auteur d'une étude intitulée *La Beauté, fondamentaux et perspectives*, interrogée par la journaliste Delphine Le Goff, déclarait en octobre 2001 : « Cette tendance pileuse est surtout le symptôme d'un nouveau rapport au corps ; plus décomplexé [...] La femme repart à la conquête de sa féminité et la vit de manière très primaire [...] On commence à accepter son corps dans toutes ses manifestations [...]. » Et pour celles, impatientes, qui voudraient sans attendre participer pleinement à cette reconquête des poils, signalons qu'un industriel allemand propose des faux poils pour toutes les parties intimes du corps.

SIGNÉ FURAX... POILS AU THORAX !

La pilosité thoracique commence par une discrète apparition à la fin de l'adolescence pour atteindre toute sa mesure à l'âge adulte. Selon un curieux balancement phénoménologique, la testostérone fait tomber les cheveux et garnit le thorax. Il est vrai que les hommes à la poitrine velue ont souvent le crâne dégarni. Cette pilosité peut recouvrir toute la face antérieure du thorax et avoir des prolongements vers l'épigastre, comme l'on nomme la région abdominale située au-dessus de l'ombilic, et couvrir le creux de l'estomac. Dans sa partie supérieure, elle peut s'étendre aux épaules.

Parmi les personnages historiques les plus velus prend place l'empereur Julien que les historiens de l'Église ont surnommé « l'Apostat ». Il avait la poitrine la plus velue de l'Empire et affirmait lui-même : « Elle est plus velue que celle d'un lion. » Le docteur Escure de la faculté de médecine de Toulouse, qui participait au conseil de révision de la classe de

Homme poilu. Photo. Corbis-Sygma. Ondréa Barbe.

1899, parle d'un soldat fort velu de la poitrine chez qui les poils remontaient sur chaque épaule jusqu'à y former une large épaulette : « Très abondants, ondulés, longs d'une vingtaine de centimètres, de couleur châtain comme sa chevelure, ils tombaient naturellement de chaque côté de ses épaules. L'homme s'amusait à les friser, comme il le faisait de sa moustache. » L'anatomiste allemand Bartels a reproduit dans plusieurs de ses nombreux ouvrages le portrait d'un homme d'une cinquantaine d'années dont, dit-il, « les faces antérieure, postérieure et latérale du thorax étaient recouvertes d'un épais feutrage de poils, dont la limite inférieure ne dépassait pas le niveau de la dernière vertèbre lombaire [...] Le revêtement pileux sous lequel disparaissait le tronc, surtout en arrière, s'étendait du cou jusqu'aux coudes en recouvrant les épaules [...] ». Le professeur A.F. Le Double, de Tours, raconte qu'un de ses patients avait la poitrine recouverte d'un feutrage tellement épais de poils rouge brun, qu'un jour une personne le voyant travailler au plus fort de l'été avec sa chemise ouverte lui demanda pourquoi avec une chaleur pareille il gardait un gilet de laine à même le corps.

Une poitrine masculine poilue fait présumer de l'audace, de la robustesse, de la virilité et de l'ardeur sexuelle de l'homme. « Le vrai mâle est velu », affirme un axiome populaire. Roland de Villeneuve souligne que le cinéma s'est bien gardé d'oublier cet aspect de l'inconscient qu'il érige en fétichisme collectif : « Les poitrines musclées et saillantes qui dans l'effort ou la volupté font se hérisser les poils plaisent d'emblée aux amoureuses. » De nombreux films montrent aux spectatrices moites de plaisir les hypertrichoses thoraciques des « sur mâles ».

Différents sondages réalisés en Europe et aux États-Unis confirment que nombreuses sont les femmes qui recherchent le contact de poitrines velues. La plus appréciée étant celle où les poils sont disposés en fleur de lys renversée, très exactement comme l'a décrite Colette dans l'un de ses romans. Il arrive assez couramment que cette pilosité thoracique soit tout à fait exagérée. Elle n'en demeure pas moins très appréciée par les femmes « attirées par les anthropoïdes », comme le soutiennent quantité de psychanalystes anglo-saxons. « Il existe des dizaines de milliers de cas de femmes rêvant qu'elles sont violées par des grands singes ou par des êtres velus. » L'attrait de certaines femmes pour les bêtes à fourrure est tel qu'aux États-Unis se vend chaque année une incroyable quantité de poils pectoraux postiches prêts à être encollés.

Les hommes ne sont pas les seuls à présenter des hypertrichoses du thorax. Les annales médicales recensent de nombreux cas de femmes dont les aréoles et l'espace inter-mammaire sont recouverts de longs poils noirs. Le docteur Dureau a publié à la fin du XIXe siècle un mémoire consacré à une jeune fille de 19 ans dont tout le thorax était masqué par une fine toison de poils annelés et blonds. Son confrère, le docteur Chaumier, lui, s'attarde sur le cas d'une « jolie brune de 17 ans dont les aréoles des deux seins sont recouvertes de poils nombreux et non frisés d'une longueur de 13 centimètres ». Plus extraordinaire encore cette paysanne de Theil, village du Loir-et-Cher, qui montrait en 1895 une poitrine tellement velue que lorsqu'elle donnait le sein à son enfant, la tête de ce dernier disparaissait presque entièrement dans son pelage épais et frisé.

Une anecdote en forme de fable met en scène au milieu du XIXe siècle un célèbre baryton, P. Perron, connu pour son art tout autant que pour sa poitrine extrêmement velue formant une toison touffue de longs poils bruns et soyeux et qui mourut un jour d'hiver après avoir contrarié la nature. Pour chanter le rôle d'Hamlet chemise ouverte, il se fit raser la poitrine. Il prit froid en sortant du théâtre, contracta une pneumonie, en mourut au bout de quelques jours en maudissant son barbier et Shakespeare.

C'EST SI BEAU... POILS AU DOS !

Le dos peut être chez l'homme comme chez la femme le siège d'une incroyable pilosité qui recouvre d'un pelage épais toute la face arrière du tronc, depuis les épaules jusqu'au bas des fesses. Il en est ainsi de nombreux cas décrits par les auteurs grecs et latins puis par ceux de la Renaissance. Une vieille gravure de la *Chronique de Nuremberg* représente une telle jeune fille. Le traité de *Humana Physionomie* de Porta, édité en 1586, offre le dessin d'un jeune homme qui ressemble à un lion et qui possède une crinière abondante jusqu'au milieu du dos.

Il existe trois sortes de pilosité du dos. La première offre un dos entièrement recouvert de poils, comme les cas décrits par Beagle, Ranke, Neugebaüer et quelques autres qui, tous, évoquent des « dos velus comme une peau de buffle » ou de « jeune veau ». Ou encore comme un ours selon le mot du docteur François Houssay qui écrit en 1912 avoir observé « un chef comptable des chemins de fer, âgé de 39 ans, qui avait le dos fort velu et dont les poils les plus longs atteignaient les cinq centimètres ».

La deuxième pilosité dorsale consiste en une sorte de crinière plus ou moins importante placée sur le haut du dos. La dernière, en une plus ou moins grosse touffe de poils poussant dans le bas du dos et souvent désignée « queue pileuse ». Dans ce dernier cas, il est courant que les poils s'engagent dans le sillon inter-fessier.

La fin du XIXe siècle et le début du XXe accumulent un nombre très important de cas de pilosité dorsale. Il suffit de consulter le *Bulletin de la Société d'anthropologie française* et ses équivalents européens pour s'en convaincre. Les plus grands noms de la science du temps y décrivent chacun leurs cas particuliers. On peut citer parmi les plus fameux les docteurs ou professeurs Ornstein, Dood, Veit, Regnault, Bérillon, Douillet, Giraud, Bernardeau, Atgier, etc. Parmi les cas dits « en crinière », le docteur Louis Dieudonné décrit le cas d'un jeune homme de 18 ans qui présente entre les deux omoplates une large et épaisse touffe de cheveux « assez dense pour qu'on puisse en faire une sorte de tresse descendant verticalement le long de la colonne vertébrale et se terminant par une pointe plus mince dont l'extrémité arrive au pli fessier ». Le docteur Léon Dufour évoque sur un sujet de 22 ans « une touffe de poils ondoyants au niveau des lombaires de plusieurs pouces d'épaisseur et se mettant en mèches comme de véritables cheveux ». Le plus célèbre dos poilu est sans conteste celui de Bella Carter, jeune Américaine dont le cas fut observé et décrit en France en 1895 par les docteurs Neugebaüer et Sultarino. Cette jeune femme de 23 ans, originaire du Michigan, se produisait chez Barnum avant d'entamer une tournée à travers les grandes villes européennes. Après s'être montrée en spectacle au Panoptikum de Berlin, elle

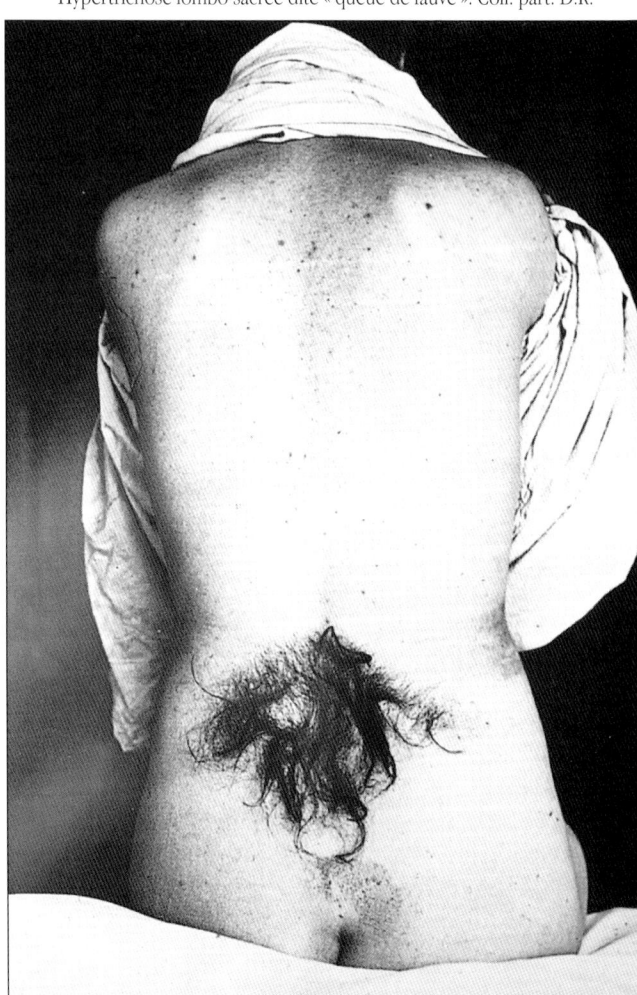

Hypertrichose lombo-sacrée dite « queue de fauve ». Coll. part. D.R.

Femme gorille avec hypertrichose dorsale et jambière dite « en culotte ». Corbis-Sygma. Bettmann.

arrive à Paris où elle obtient un égal succès trois mois durant. Elle présente entre les deux omoplates une crinière rousse, rectiligne comme celle d'un cheval, ce qui lui vaut d'ailleurs son nom de scène : « Bella, la femme jument ». Elle était très fière de cette anomalie qui, à ses yeux, rehaussait ses charmes, et elle portait en général des robes très décolletées dans le dos pour mieux laisser voir ce qu'elle-même appelait « ma deuxième chevelure ».

Non moins étonnants sont les poils du bas du dos. Voltaire évoque dans ses *Questions sur l'Encyclopédie* une femme atteinte de cette hypertrichose lombo-sacrée et il écrit qu'elle « possédait une queue de vache ». Le docteur Douillet rapporte qu'en 1902, il ausculta un soldat de 25 ans, en garnison à Cherbourg, qui possédait au bas des reins une toison dont l'extrémité poussait entre les jambes pour rejoindre par-devant l'ombilic. Les docteurs Giraud, Brocq, Mayet, Pittard et quelques autres décrivirent eux aussi des cas semblables de poils blonds, très fins, de 20 à 25 centimètres de long atteignant ou dépassant là encore le pli interfessier.

MÈCHE OU BOUQUET... POILS AU NEZ !

Les chercheurs et scientifiques britanniques sont les spécialistes mondiaux des statistiques vitales. Grâce à eux, nous savons qu'un enfant arrivé à l'âge de 2 ans a rampé sur quinze kilomètres et qu'à l'âge de 12 ans, il a produit 145 litres de salive. Au crépuscule de sa vie, il n'est pas inutile pour un individu d'apprendre qu'il a passé trois ans et demi à manger, fait 2 580 fois l'amour à raison de onze minutes en moyenne et a stationné six mois aux toilettes. On ne peut pas cerner le genre humain d'aussi près sans s'attarder sur son nez. C'est ce que fit un pool de ces éminents savants qui, en mai 1998, délivra les conclusions de ses passionnants travaux.

Chaque individu consacre dans sa vie deux semaines et demie en moyenne à se couper les poils du nez. L'affaire est d'importance : les poils du nez sont l'unique barrage contre le passage des poussières et des insectes dans les fosses nasales. Au cours de son existence, l'homme en développe une longueur totale de 182 à 185 centimètres. La taille est jugée nécessaire lorsque ces poils nasaux atteignent entre 4 et 8 millimètres de long. Cette différence s'explique par le fait que les nez varient

Rasage libidineux à la clinique

Dans *Gynécologie passionnée*, publié en 1980, J. Borie évoque le « prodigieux utérus » à côté duquel le pénis, « appendice piteux pendouillant hors du corps », fait pâle figure. On ne lui opposera pas Michelet pour qui « l'homme est cerveau et la femme matrice », mais un fait divers démontrant à travers le rasage d'un pubis que le sexe de l'homme possède lui aussi une personnalité et une sensibilité à fleur de peau.

En mai 1991, un tribunal italien dut trancher dans un litige opposant la direction de la clinique San Ambrogio de Milan à une infirmière diplômée de 54 ans, Mme W'Bo, licenciée pour avoir « volontairement provoqué une érection chez deux patients », respectivement âgés de 20 et 60 ans, alors qu'elle leur rasait le pubis avant intervention chirurgicale. Mme W'Bo dépose plainte pour licenciement abusif et accusation absurde. Comment raser au plus près un pénis ? Peut-on le toucher ? À pleine main ? Avec deux doigts ? Aucune directive ni procédure, ni aucun fascicule de « savoir-faire » ne lui a jamais été délivré. La clinique reproche à son ex-employée non seulement le rasage libidineux des deux patients, mais d'avoir « plongé les deux malades et la clinique dans le désagrément en rendant le fait public ». Ce à quoi Mme W'Bo rétorque : « J'ai observé le règlement. Il dit que tous les détails importants concernant l'état des malades doivent être portés à la connaissance de l'équipe chirurgicale. »

Le tribunal de Milan, après la très intéressante audition des deux malades concernés, ordonne la réintégration de Mme W'Bo. La clinique obtempère, mais change la mission de son employée : « Finis les rasages de pubis, vive le torchage des fesses ! »

singulièrement selon les ethnies et offrent, avouons-le, le meilleur et le pire à l'échelle individuelle. Les formes de l'appendice nasal sont innombrables. Un nez peut être camard, rectiligne, aquilin, crochu, convexe, épaté, busqué, anguleux, voire ondulé ou écrasé. Toutes caractéristiques populairement dénommées en pied de marmite, en trompette, en patate, en chou-fleur, en tarin, en bourre pif, etc. Quelle que soit sa forme générale, c'est à l'extrémité extérieure du squelette cartilagineux, c'est-à-dire à la base du nez que poussent les poils, généralement vigoureux, au nombre de vingt à cinquante par narine et bien serrés les uns contre les autres.

Bien évidemment, la nature et la vision de ces deux touffes nasales sont fortement assujetties à la géométrie des narines qui peuvent être plongeantes ou relevées au point de laisser plus ou moins voir une partie non négligeable des deux canaux des fosses nasales. Les poils s'y montrent en mèches ou en bouquet, selon le sens de leur pousse. Certains poussent vers l'extérieur du nez, d'autres se retournent vers l'intérieur des narines. L'ouverture des narines, ovale, ronde, elliptique, effilée, voire même carrée chez certaines « gueules cassées », influence également cette pousse qui, selon les cas, offre des poils fins ou épais, droits ou torves, recroquevillés ou légèrement monte-en-l'air. Certains nous ont confié regretter que les poils du nez, dotés d'une si forte personnalité, apparaissent uniquement chez l'homme adulte. Et bien sûr chez quelques femmes à barbe privilégiées.

Le professeur Félix Régnault décrit dans un de ses innombrables articles consacrés à l'hypertrichose le cas d'un de ses patients obligé de se raser tous les jours une mèche de poils implantée sur le bout de son nez et qui croissait à une vitesse incroyable. Il cite également le cas d'un « homme fort connu » qui possédait une mèche nasale « avec cette curieuse particularité qu'on y voit constamment perler une goutte de sueur ». Le professeur B. Charpy, une des sommités toulousaines du début du XXe siècle, décrit dans une de ses correspondances avec son homologue le professeur A.F. Le Double, de Tours, le cas d'un député du Centre qui a « le bout du nez semé de poils longs, pilosisme à caractère familial car M. X. son cousin a une véritable barbiche au bout du nez [...] ».

Les poils du nez varient en couleur et en nuance comme tous les autres éléments pileux du corps. Ils vont du brun foncé au roux et du gris cendré au blanc. Bien sûr, ils s'accordent plus ou moins bien, chromatiquement parlant, avec la couleur de l'appendice nasal qui les supporte. Selon les lois élémentaires de l'harmonie, on peut affirmer que des poils du nez bruns ou gris foncé sont d'un très joli effet sur un nez violacé par le froid. Selon la loi des contraires, des poils nasaux blancs ou gris clair personnalisent élégamment des nez rougis par le soleil, l'alcool ou le coryza. Certains individus porteurs de poils de nez remarquables les noient malheureusement dans une épaisse moustache qui occupe tout l'interstice entre la lèvre supérieure et le pavillon nasal. C'est souvent le cas chez ceux qui ignorent, méprisent ou négligent le rôle du signal sexuel du nez et de ses poils. Déjà en son temps, Ovide écrivait dans L'Art d'aimer : « La longueur et l'épaisseur de son bout font augurer plaisir de la couche [...]. »

Le nez est un des facteurs importants de l'érotisme. Plusieurs études démontrent que nombreux sont ceux qui

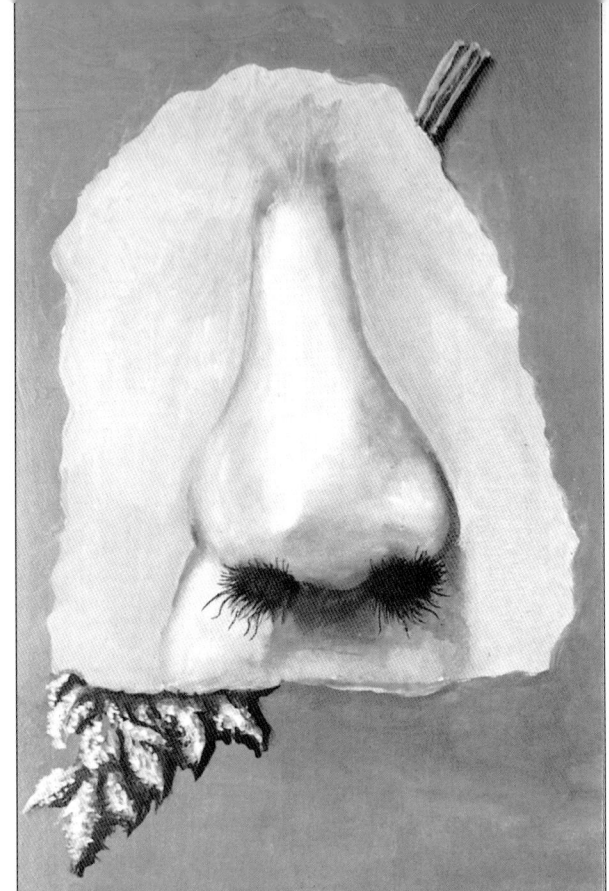

Hypertrichose des narines. Huile de Pierre Ferioli. Coll. part. D.R.

alimentent leur excitation en le frottant sur la toison pubienne de leur partenaire. « Mon nez s'y enfonce comme dans du foin » écrit le poète. L'étroite union entre le nez et l'amour tient bien sûr aux facultés olfactives dont l'extrapolation poétique a fait naître la croyance naïve qu'un grand nez indiquait un grand pénis ou un grand vagin. Déjà en 1623, le poète Jean Auray s'interroge, dans le Banquet des Muses, « si le membre de sa braguette est fait à proportion de son nez ». Il n'hésite pas à évoquer le « nez entre les cuisses » et le « priape entre les yeux ».

De nombreux auteurs ont tenté de démontrer le rapport entre le nez et les fonctions sexuelles. C'est ainsi que l'on prête à de nombreux séducteurs, tous merveilleux amants, de grands nez poilus. On peut citer François Ier, Henri IV, Louis XIV, Tallien, Landru, Raspoutine, Freddy Mercury et quelques dizaines d'autres. Les modernes physiognomonistes attribuent à la longueur du nez non pas une équivalence à la longueur du pénis mais un développement proportionnel de la libido. Donc, une propension aux joies érotiques pour les « grands tarins » et une sorte de paix des sens pour les « petits renifleurs ».

Selon de nombreux psychanalystes et sexologues, il existerait une très frappante analogie entre le nez et le capuchon clitoridien. Ce sont surtout les narines mobiles, grâce à leurs poussières, qui sont prises en considération, surtout si des poils en dépassent. Elles symboliseraient pour l'homme la vulve de la femme. Beaucoup de spécialistes du comportement y voient une des raisons majeures qui poussent un nombre considérable d'hommes à se mettre avec application les doigts dans le nez.

Même le vocabulaire appuie cette thèse : « J'ai fourré deux fois la grosse », écrit Simonin. On fourre une fille et on fourre son doigt dans son nez. L'emploi d'un même verbe pour désigner le

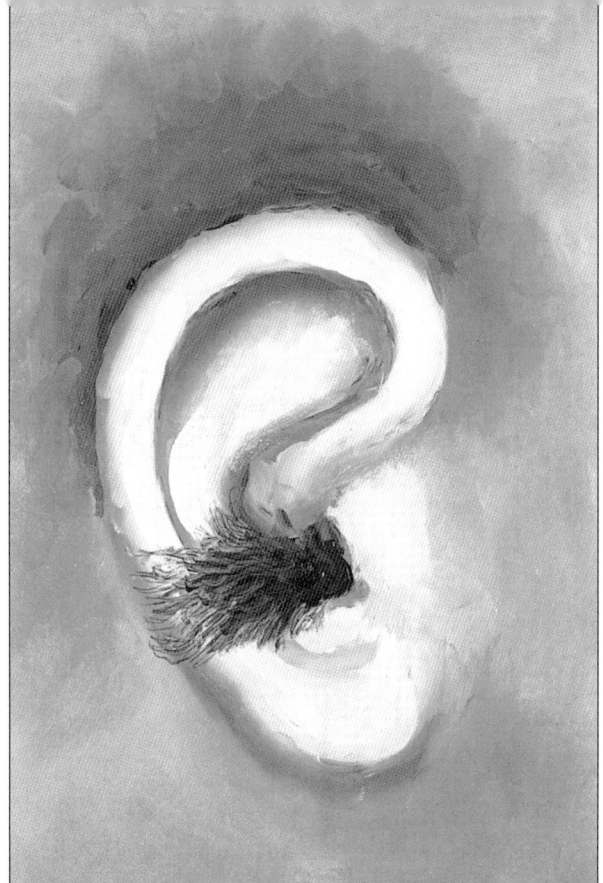

Hypertrichose des oreilles. Huile de Pierre Ferioli. Coll. part. D.R.

C'EST PAREIL !... POILS AUX OREILLES !

L'oreille est un organe à la fois externe et interne extrêmement complexe et qui connaît de multiples variations visibles dues à sa position adhérente ou décollée sur le crâne, sa grandeur, sa largeur, la texture de son cartilage et, bien sûr, sa forme. Celle-ci peut être ronde, carrée, ovale, elliptique, pointue, triangulaire et on la désigne souvent par son caractère. On la dit épanouie, fanée, biscornue.

À la fin du XVIIe siècle, lorsque l'on demanda à Jean-Baptiste de La Salle de décrire une oreille, il répondit : « Un organe toujours prêt chez un Chrétien à écouter avec attention et à recevoir avec soumission les instructions qui regardent la religion et les maximes du Ciel [...]. » Le regard de l'anthropologue sur cet organe est tout autre : « Il apparaît ou disparaît selon le caprice capillaire qui le couvre ou le découvre à volonté [...] Il peut être considéré comme un des degrés majeurs de distinction physique du corps humain [...]. » L'âge avançant, l'oreille est chez la femme comme chez l'homme le siège d'une pilosité plus ou moins remarquable selon les individus. Le rapport entre la largeur et la longueur des oreilles multiplié par le facteur 100 constitue l'indice auriculaire. Il s'avère très faible chez les Jaunes, un peu plus élevé chez les Blancs et élevé chez les Noirs. La question qui en découle est : « L'indice auriculaire a-t-il une incidence sur la pousse des poils dans les oreilles ? »

Les quelques études disponibles sur le sujet semblent répondre positivement à la question si l'on considère les ethnies entre elles, et négativement si l'on considère les personnes individuellement dans chaque ethnie. On peut dire que les poils dans les oreilles sont rares chez les Jaunes et courants chez les Blancs et les Noirs chez qui ils apparaissent presque toujours à partir d'un certain âge, selon un processus physiologique établi. Certaines parties de l'oreille externe, tels l'hélix ou « ourlet » et le lobe se couvrent d'un léger duvet de poils fins, généralement très clairs. Les poils durs, colorés, serrés entre eux et quelquefois très longs poussent au début du conduit auditif cylindrique qui fait suite à la conque. Quelquefois aussi sur l'éminence accentuée qu'est le tragus. Ces zones de pousse sont constituées de tissu fibro-cartilagineux recouvert d'une peau abritant de nombreuses glandes sudoripares et cérumineuses.

L'empoilement des oreilles connaît tous les stades, depuis la petite mèche courte et rebelle jusqu'à la touffe hirsute dont les longs poils peuvent prendre des proportions considérables. Le docteur Lionel Smith Beale, professeur de physiologie et d'anatomie, décrit une femme dont la muqueuse du conduit auditif externe donnait naissance à des poils si longs que dès leur sortie de l'oreille ils tombaient en boucles sur les épaules. Un cas analogue a été décrit, en 1890, par le docteur Bartels, de Berlin, et un autre, en 1904, par le docteur Wilforth de Londres. Ce sont ces cas extrêmes où les poils émergent en bouquet qui ont donné naissance à l'expression « avoir du cresson dans les oreilles ». On peut noter que le mot « cresson » se retrouve pour désigner la pilosité du pubis, ce qui n'est pas hasardeux. En effet, selon un symbolisme érotico-théologique moyenâgeux, l'oreille aurait la forme d'un vagin, ce qui autorisa certains pères de l'Église à prétendre que la Vierge Marie aurait conçu l'enfant Jésus par l'oreille. Rabelais ne fait-il pas naître Gargantua par

coït et le curage nasal n'est donc pas une coïncidence. Notons par surcroît que l'opération « doigt dans le nez » se déroule de préférence dans une voiture, objet mécanique sur lequel, là encore, de nombreux mâles font un transfert sexuel. Le sexologue Stekel va même jusqu'à prétendre que l'individu qui se met les doigts dans son nez « est un onaniste convaincu qui crie à la face du monde qu'il recherche une vulve féminine ».

Une étonnante histoire de nez poilu a été observée par le professeur Benjamin Ball et rapportée par une autre sommité médicale du début du XXe siècle, le professeur Binet Sanglet qui a rassemblé un maximum d'observations et de témoignages sur le sujet. Parmi tous les cas étudiés, celui de ce professeur de dessin d'une trentaine d'années qui éprouvait des sensations voluptueuses à toucher des nez poilus. Il en arriva à placer les parties génitales de la femme dans les narines et dès lors, tous ses dessins tournèrent autour de cette idée. « Il représentait des profils grecs avec des narines si larges et si poilues qu'elles pouvaient servir au coït [...]. » Il fut arrêté et incarcéré à Sainte-Anne après avoir poursuivi de ses assiduités une jeune fille au nez énorme chez qui il avait entrevu son idéal.

Quelques lignes encore sur les poils du nez avec l'évocation d'un champion contemporain, le Turc Mehmet Ozurek, déclaré vainqueur en 1997 et 1998, devant vingt autres candidats, du concours international du plus long nez du monde, avec une longueur certifiée de 8,8 centimètres. M. Ozurek a coupé en public quelques poils de son nez et les a remis à quelques admirateurs collectionneurs qui le sollicitaient.

Terminons avec ce cas réellement très « poilant » signalé dans les conclusions du congrès de 1901 de l'Association des anatomistes français d'un homme obligé de se raser le nez tous les jours pour ne pas le voir se couvrir de poils.

l'oreille de sa mère ? Freud attribuait à l'oreille l'importance d'un organe sexuel. « Il est vrai qu'elle possède des circonvolutions aussi complexes que les volutes du sexe », nous confirme le couple d'érudits Mireille et Jacques Perez, après une décennie d'observations sur le thème. Beaucoup de littérateurs jouent sur cette similitude. Dans son « Ode pour Cécile », J. B. Landry écrit : « Ton sexe est comme une oreille pleine de secret, de plis, de feuilles serrées, qu'un à un il faut ouvrir et déplier [...]. »

L'oreille aurait-elle une connexion directe avec le sexe ? C'est ce que semble croire ce lecteur lyonnais perplexe qui, en 2001, écrit à la rédaction du magazine *Max* pour mettre fin à son désarroi : « Je voudrais savoir pourquoi l'oreille droite de ma copine se bouche juste après que je l'ai fait jouir ? C'est sérieux, j'aimerais vraiment être éclairé. » Selon les sexologues, l'oreille attire dans sa cavité le baiser lingual ainsi que le suçon, la mini-morsure du lobe et de l'hélix. Les « embrasseurs » linguaux auriculaires doivent non seulement affronter des pavillons plus ou moins propres, mais dans de nombreux cas très poilus. Rejetée par beaucoup de femmes, « l'oreille poilue » est aussi capable d'engendrer des attirances irrésistibles. « Les poils dans les oreilles d'un amant sont une volupté merveilleuse de la langue », nous a affirmé une femme adepte du baiser auriculaire.

L'attrait pour les poils des oreilles est tel qu'il peut avoisiner les frontières du pathologique. Les archives d'anthropologie criminelle de tous les pays d'Europe rapportent des cas de cette nature. En France, celui de ce jeune ouvrier de 26 ans est fameux aujourd'hui encore. En 1892, il attira chez lui à deux reprises des femmes âgées, « poilues de la feuille » dira-t-il à l'instruction, pour les tuer afin d'épiler tranquillement leurs oreilles, poil par poil, ce qui lui procura, avoua-t-il, « un intense plaisir sexuel ». À Berlin, au début du XXe siècle, un jeune homosexuel attire chez lui un homme mûr, le tue, et lui épile consciencieusement les oreilles.

Terminons en signalant que les barbiers chinois et indiens perpétuent aujourd'hui une tradition séculaire, celle de terminer la coupe de cheveux par un nettoyage des oreilles et la coupe ou l'épilation des poils qui y poussent. Certains taillent jusqu'aux poils du nez.

FACE ET PILE... POILS AUX CILS !

Les poils qui garnissent les bords libres des paupières s'appellent cils et, plus savamment, « poils palpébraux ». Impeccablement alignés sur trois ou quatre rangées, tels des soldats à la parade, ils sont une caractéristique de l'ordre des primates : « Il n'y a que l'homme et les grands singes qui aient des cils aux deux paupières » avait déjà remarqué Buffon.

Ces poils durs et raides sont en général plus nombreux et plus longs chez la femme que chez l'homme, et chez les deux sexes moins nombreux et plus courts sur la paupière inférieure que sur la supérieure. Leur nombre total varie entre 120 et 150 selon les individus. Parce qu'ils sont regardés comme un des constituants majeurs de la beauté du visage et du charme, la femme accorde souvent aux cils une importance exagérée, persuadée qu'elle est qu'ils donnent au regard une volupté unique. Il est vrai que les cils indiquent souvent le « sexe de l'œil » et que de nombreux sexologues vont jusqu'à considérer

Plantation des cils ou poils palpébraux. Entre 120 et 150 tiges selon les individus. D.R.

l'organe de la vue comme le reflet du sexe. « Les baisers sur les yeux jouent un grand rôle, disent-ils, dans la transposition du bas vers le haut et vont jusqu'à produire l'orgasme. »

L'œil, affirment encore ces psycho-libidologistes, est une ouverture ovale, humide, garnie de poils, qui rappelle fortement l'échancrure verticale du bas-ventre. D'après diverses enquêtes menées auprès de la population occidentale, 68 % de l'attirance sexuelle proviendrait des yeux. La surcharge des cils féminins en fard noir et en postiches, destinés à rendre le regard plus troublant encore auprès du « sexe fort », relève de cette substitution qui tend à fabriquer un œil, piège sexuel, au regard sombre, humide et velu. Les yeux malades, artificiels qui suintent ou qui louchent peuvent aussi représenter pour certains un attrait sexuel. Mais comme le dit le physiologiste, la fonction principale des poils palpébraux n'est pas de séduire, mais de protéger l'œil des courants d'air et de la lumière trop vive, et surtout des poussières.

Bien qu'ils aient une mission commune, tous les cils ne se ressemblent pas. Ils varient non seulement en abondance, mais en longueur et en forme. Le « cilologue » Thomas Glynn a, en 1970, classifié les cils en six catégories principales :
- le type long et recourbé ;
- le type long et droit ;
- le type court et recourbé ;
- le type court et droit ;
- le type long, droit, avec extrémité recourbée ;
- le type court à la courbure convexe.

Parce qu'ils sont rares, les longs cils recourbés font l'objet d'un actif commerce de postiches, surtout de la part des femmes les ayant anormalement rares et courts, et qu'on appelle par dérision des « mongoloïdes ». Réduits également à leur plus simple expression chez les sujets atteints d'albinisme, les cils peuvent en revanche prendre des longueurs si exagérées chez d'autres qu'ils doivent régulièrement les couper.

Une question s'est posée pendant des siècles : les cils tombent-ils ou ne tombent-ils pas ? Le plus célèbre médecin du IIe siècle, le Grec Galien, dont les théories servirent de fondement à toute la médecine du Moyen Âge, affirmait qu'ils ne tombaient jamais, sauf dans les cas d'éléphantiasis et de variole. Il contredisait donc le grand Aristote qui, depuis le IVe siècle avant J.-C., prétendait au contraire que les cils tombaient tout comme les autres poils du corps, et plus particulièrement chez les hommes qui s'adonnaient avec excès aux plaisirs érotiques. Notons pour l'anecdote qu'à la toute fin du XIXe siècle, plusieurs sommités médicales soutenaient encore l'affirmation erronée d'Aristote. Le professeur Le Double, par exemple, écrit : « Aristote avait raison, les cils tombent vite chez les viveurs, même chez ceux qui n'ont pas eu la syphilis. »

Au grand désespoir des femmes, on sait aujourd'hui que les cils peuvent tomber ou se dénaturer à la suite de pathologies diverses. On peut citer la blépharite ciliaire, le trichiasis, curieuse affection caractérisée par le retournement des cils du côté du globe oculaire, ou encore le distriachis, affection non moins curieuse qui présente une rangée supplémentaire de ces poils implantés sur le bord postérieur du cartilage tarse et dirigés en dedans.

ÉPAIS OU GRACILES... POILS AUX SOURCILS !

Le sourcil est la saillie arquée que présente l'os frontal au-dessus des cavités orbitales recouvertes de poils s'étendant au-dessus de l'orbite. Par extension de sens, le sourcil en est venu à désigner l'ensemble des poils qui garnissent cette région supérieure de l'œil.

Généralement, chez toutes les ethnies, les poils des sourcils ont la même couleur que les cheveux, mais sont plus épais et plus raides. Ils sont communément inclinés et couchés à plat les uns sur les autres. Toujours généralement, les sourcils sont plus larges et plus longs chez les bruns que chez les blonds et chez ceux-ci plus que chez les roux. En fait, si l'étendue en largeur et en hauteur de chacun des sourcils varie selon les ethnies, elle varie tout autant en fonction de chaque individu selon son âge et son sexe. Ils sont plus larges et plus abondants chez la femme, mais peuvent acquérir tant de hauteur et d'épaisseur chez les vieillards des deux sexes qu'ils retombent en faucille. On compare souvent les sourcils à une virgule car, dans sa conformation ordinaire, l'extrémité effilée de chacun d'eux, côté tempe, qu'on appelle la « queue », est moins épaisse et moins large que l'extrémité arrondie, côté nez, désignée sous le nom de « tête ».

En fait, les sourcils présentent des différences considérables entre les individus, touchant à leur longueur, leur épaisseur, leur abondance, leur direction, leur implantation, etc. L'impact physionomique est non seulement fonction de ces facteurs, mais de la forme de l'œil, de sa grandeur et de la couleur de l'iris. « Après les yeux, disait Buffon, la partie du visage qui contribue le plus à marquer la physionomie est les sourcils. » Il n'est pas douteux que le rapprochement ou la jonction des sourcils au-dessus du nez donne à la physionomie un air inquiétant. C'est pour cette raison que l'on nomme dans les ateliers d'artistes et les classes des beaux-arts « muscle de la menace » le petit muscle situé dans l'espace inter-sourcilier. Ce nom lui fut donné en 1842 par Benjamin Duchesne, universellement connu pour ses études des émotions et ses travaux qui marquent le début de la neuro-pathologie. Quant à l'augmentation de la hauteur des sourcils, elle imprime à la physionomie un air sérieux, de réflexion ou de recueillement, voire de méditation. Autre cas, celui d'individus dont la partie interne du sourcil est descendante et la partie externe, côté tempe, redressée. Les poils sourciliers forment alors une sorte de S qui rend là encore la physionomie faciale inquiétante.

Au milieu du XIXe siècle, la théorie officiellement acceptée dans toute l'Europe voulait que la forme des sourcils dépende des niveaux et des classes sociales. Le fameux criminologue Lombroso et, après lui, son école enseignaient que la forme et la position des sourcils est un facteur notoire de probabilité des potentiels des individus. Ainsi, la jonction des sourcils sur la ligne médiane constituait un stigmate évident de criminalité. Et de citer le cas du roi de France Philippe IV, surnommé Le Bel ou le Biau, qui, bien que blond, avait des sourcils épais et noirs se rejoignant au-dessus du nez et auquel le bon peuple avait donné le surnom de « faux monnayeur ». Rapprochement également des sourcils chez l'artiste contemporaine Frida Kahlo, comme on peut le constater sur ses nombreux autoportraits.

Plantés de façon archaïque ou ordonnés à l'horizontale, en arc de cercle, en accent circonflexe ou encore penchés dans un sens ou dans l'autre, les sourcils vont de la simple et étroite ligne sombre à la Marlene Dietrich au fourré épineux à la Pompidou ou à la Emmanuelli. Entre les deux, tous les intermédiaires sont possibles.

Les sourcils comme les cils sont censés protéger l'œil avec, par surcroît, une fonction toute spécifique, celle de neutraliser ou de dévier les gouttes de sueur s'écoulant du front. Une autre caractéristique des sourcils tient à leur mobilité. Grâce au muscle sourcilier, ces poils jouent un rôle considérable dans l'expression des sentiments. Les poils sourciliers sont de beaux parleurs, capables d'exprimer tour à tour la menace, la colère, la sévérité, la méchanceté, l'étonnement, la surprise, le mécontentement, le chagrin, etc. Les mimes le savent bien qui utilisent autant leurs sourcils que leurs mains pour créer un élément psychologique ou faire naître une émotion. Certaines conformations naturelles des sourcils sont victimes d'idées reçues, notamment celle qui voit l'espace au-dessus du nez comblé par les deux sourcils qui s'y rejoignent, n'en formant alors plus qu'un seul qui s'étend d'une tempe à l'autre. La suppression de

---

Pénil ou pubis ?

Selon des anatomistes, le «pubis» est la portion antérieure des os iliaques, os pairs formant les hanches et la ceinture pelvienne. Le mot provient du latin « pubes », c'est-à-dire poils filets.

Le pénil qui vient du latin «pectum» signifiant peigne est l'éminence large et arrondie située à l'extrémité inférieure du bas-ventre, au-devant du pubis, au-dessus de la vulve, et qui se couvre de poils à l'âge de la puberté. Dans une vision plus large, cette zone est également nommée mont de Vénus ou éminence sus-pubienne.

Dans le langage courant, le mot pubis a fini par se substituer à celui de pénil.

cet intervalle, appelé « *glabella* » par les Latins, était pour les anciens Grecs et Romains une marque très négative. Aristote y voyait la marque d'une personnalité grave et sérieuse, mais aussi rude et sauvage.

Depuis très longtemps, les sourcils sont pris en considération par les règles esthétiques qui gèrent la beauté des yeux. Les Grecs et les Romains sous l'Antiquité et les peuples orientaux durant toute l'époque médiévale ont pratiqué l'épilation ou le « redéploiement » des sourcils. En France, cette mode se vulgarisa à partir de la Renaissance après avoir été introduite d'Italie. Les fards et les crayons noirs composés de pâtes grasses contenant du noir de fumée, de la terre d'ombre et quelques autres colorants noirs servent à compenser « là où ça manque » comme on dit. L'arrangement des sourcils réclame, sous Louis XV, de la pommade destinée à les rendre brillants. Sous le régime suivant, on continue de les rendre luisants, mais on les peigne afin de les rendre « exactement droits de manière que chaque poil puisse pour ainsi dire être compté ».

Durant la seconde moitié du XIXe siècle, naissent des règles esthétiques très strictes. Les sourcils ne doivent être ni trop rares ni trop abondants et être nettement séparés de chaque côté du nez. Au XXe siècle, la grande majorité des femmes s'épile les sourcils pour domestiquer leur forme et les mettre, disent-elles, « en accord esthétique avec les autres éléments du visage ». Beaucoup vont jusqu'à l'épilation complète afin de redessiner au crayon ou par tatouage définitif un nouveau tracé. Les hommes font de même dans certaines sociétés. Au Japon, par exemple, au début du XXe siècle, 40 % des hommes s'épilent les sourcils. Certains individus ont des absences pathologiques de ces poils, ce qui donne à leur visage une impression d'anormalité. Là encore, crayon noir et tatouage viennent au secours de la nature. Ils peuvent également avoir recours à des postiches « prêts à coller » du meilleur effet.

À la fin de l'âge mature, chez l'homme, les sourcils poussent nettement plus vigoureux, plus touffus et plus longs, tout en changeant de couleur, passant souvent au blanc, au gris clair ou foncé, tandis qu'une pilosité nouvelle apparaît dans les narines et les oreilles. Cette surabondance sourcilière peut se manifester par l'augmentation en largeur d'un ou des deux sourcils, l'augmentation en hauteur d'un ou des deux sourcils, ou encore par leur augmentation simultanée en hauteur et en largeur.

Finissons cette brève approche des sourcils en signalant que l'hypertrichose sourcilière peut être héréditaire. C'est par exemple le cas du célèbre chirurgien français Alfred Armand Marie Velpeau, professeur d'anatomie, de pathologie, de médicine opératoire et de clinique chirurgicale, auteur de nombreux ouvrages de référence. Tous ses parents mâles, ascendants et descendants, avaient comme lui des sourcils touffus et broussailleux.

HARANGUE... POILS À LA LANGUE !

Antoine de Portal, médecin du XIXe siècle, fait référence à la présence de poils sur la langue. Il cite le cas d'un jeune étudiant qui se plaint de dyspepsie et de sensations visqueuses dans la bouche. Il écrit : « La surface de la langue est considérablement velue. Quand il vomit, les poils se détachent mais repoussent par la suite et, à la dernière mensuration, ils mesuraient 2,5 cm. »

En fait, les langues « poilues » appelées villeuses, se caractérisent par une extraordinaire hypertrophie des papilles filiformes qui donnent à la langue un aspect superficiel de chevelure. Chaque papille filiforme, individualisée, peut atteindre un à deux centimètres de longueur, donnant à la langue une apparence de paillasson dont la couleur peut varier du blanc au jaune, du verdâtre au bleuâtre et du brun au noir. « La pathogénie de la langue villeuse est encore obscure, nous dit le docteur Samy Martin, de Menton. Mais on connaît, ajoute-t-il, un certain nombre de facteurs qui peuvent en être à l'origine : les antibiotiques, les corticoïdes, l'utilisation de certains bains de bouche, une mauvaise hygiène buccale, le tabagisme ou encore des troubles gastro-intestinaux. »

TRÈS VILAIN... POILS AUX MAINS !

À partir d'un certain âge, chez les hommes, les poils poussent de façon très apparente sur les premières phalanges des doigts et des orteils, pour en faire ce que l'on nomme des « merguez poilues ». Les poils sur les doigts tiendraient en partie

---

« Je pisse des poils »

« *Quelquefois*, dit Bichat dans son Anatomie générale publiée en 1801, *il se forme des poils à la surface interne des membranes muqueuses. On en a vu dans l'estomac, les intestins et la vessie. Divers auteurs en citent des exemples [...] Moi-même en ai trouvé une douzaine, d'un pouce de long à peu près, implantés à la surface de la vésicule.* »

Lorsque ces poils tombent, leur émission par l'urètre, lorsque c'est possible, prend le nom de « piléमiction ». Elle est signalée depuis Hippocrate par tous les plus grands praticiens de l'Histoire : Galien, Celse, Avicenne, Palmus, Reyer, Cruveilhier, Broca, etc.

Avicenne, au XIe siècle, cite le cas d'une vessie qui délivrait tous les quatre jours des poils et qu'il diagnostiqua comme une « gravelle pileuse ». Il nous dit qu'un consul était affligé depuis des années d'un « pissement de poils qui revenait tous les quatre jours, avec une certaine difficulté à uriner et une telle agitation fébrile qu'il se tenait à peine dans son lit [...] Ses poils qui sortaient d'abord égaux et d'une taille moyenne, de la longueur d'un doigt, devenaient tellement entortillés qu'ils sortaient rarement isolés mais la plupart du temps en boule ».

Interrogé sur la réalité d'un tel cas, un médecin nous dira qu'« il s'agissait peut-être d'un kyste dermique correspondant avec l'appareil urinaire ».

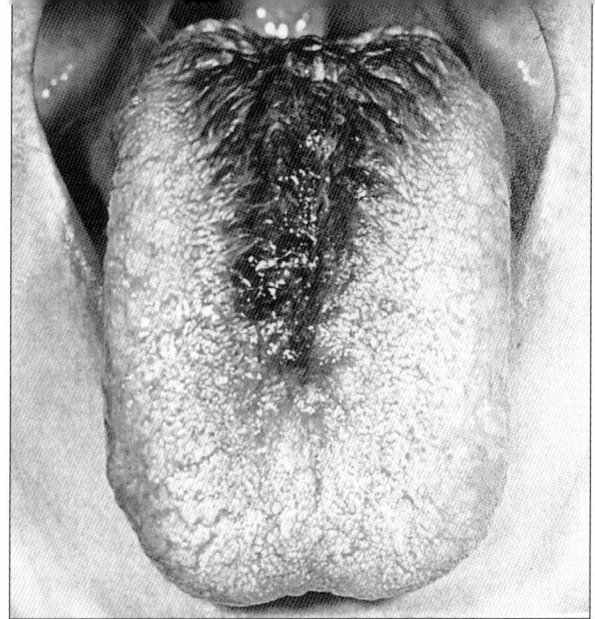 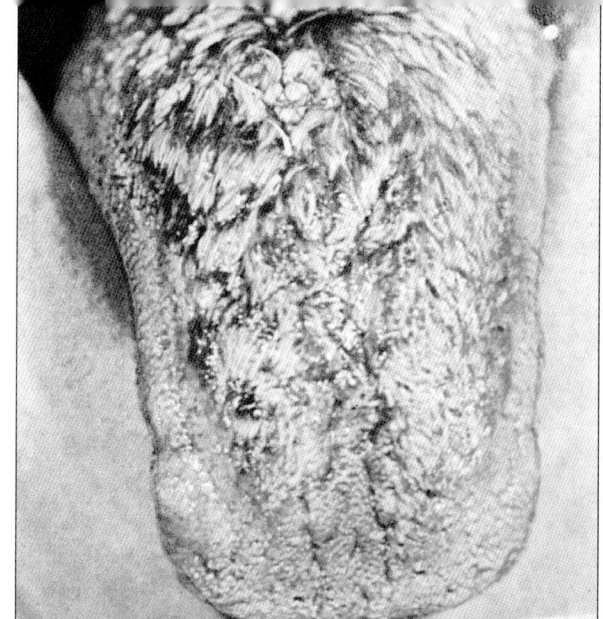

Langues noires dites « vileuses » caractérisées par une extraordinaire hypertrophie des papilles filiformes. Coll. part. D.R.

à l'hérédité, c'est-à-dire à une distinction perfectionnée par des générations. C'est du moins l'avis de la baronne Staff : « Il faut descendre d'une race oisive depuis au moins cinq siècles, dit-elle, pour posséder une main dont l'élégance et la forme aristocratique ne laissent rien à désirer. » Ce que confirme *a contrario* le littérateur M. É. Cavé, qui écrit en 1868 : « Les mains qui font de gros ouvrages sont fort peu aristocratiques. » Quant à A. Caron, auteur d'une encyclopédie de la beauté, publiée à la même époque : « Une main grossière, osseuse, carrée, large, de gros doigts courts et mal faits annoncent une naissance obscure, des inclinations basses, une éducation peu soignée ou des travaux pénibles, une telle main fait fuir ! » Cette fatalité semble avoir frappé Jean Yanne qui trace de lui ce portrait : « J'ai la main tellement poilue que lorsque je la pose sur la table, elle ressemble à une mygale obèse en train de faire la sieste. »

DU DUVET EN PLUS... POILS À L'ANUS !

Selon une grande encyclopédie médicale, « le cul est la partie postérieure de l'homme et des animaux. Il comprend les fesses et le fondement. Au milieu du pli inter-fessier, se trouve un orifice naturel qui s'ouvre et se ferme de façon réflexe au moyen de muscles annulaires nommés sphincters anaux ».

Cet orifice naturel, aboutissement visible du rectum, a été nommé « anus » par les biologistes et « trou du cul » par le bon sens populaire. Le même qui, au XIXe siècle, le surnommait « vidange » ou « soupière ». Longtemps s'est posée la question : « Avoir du poil au cul », qui caractérise une personne courageuse et virile, est-il une simple vue de l'esprit, une supplique séculaire adressée au Ciel ou une affirmation issue d'une observation attentive ? Le poil au cul est une réalité physiologique qui s'observe aussi bien chez l'homme que chez la femme. Poils au culs qui pour la « pornocrate » féministe à succès qu'est Catherine Breillat, sont d'une signification honteuse, « une présence inutile, simplement susceptible de se souiller au passage de la merde ». Inconvénient que personne ne songe à nier et déjà signalé en prose et en quatrains par le poète tarbais contemporain Gérard Lacassagne qui évoque « la sonnerie silencieuse des grelots fessiers des femmes malpropres ». Autre façon, avec André Pieyre de Mandiargues qui constate résigné le vilain résultat de « l'embroussaillement de l'entrefesson ».

À l'heure actuelle, il n'est un mystère pour personne que les poils attaquent l'anus des femmes selon deux stratégies. Dans la première, ils poussent depuis la partie antérieure des grandes lèvres, gagnent la périphérie du périnée qu'ils franchissent en se séparant en deux lisières, avant de se rejoindre à l'arrière de l'anus qu'ils encerclent au plus près. Dans la seconde tactique, plus rare, les poils partent à l'assaut de l'anus en passant par-derrière. C'est souvent une des conséquences de l'hirsutisme fessier. Le docteur Benjamin Ornstein, directeur du service de santé de l'Armée suisse, s'est particulièrement intéressé à cette anomalie pileuse dont il étudia plus de quarante cas à la fin du XIXe siècle. Dans un des mémoires adressés, en 1880, à ses collègues de la Société d'anthropologie de Paris, il se montre précis : « Le pelage des régions fessières de ces femmes descend généralement en broussaille jusqu'à l'anus. Surtout à sa partie inférieure où il forme comme un rempart de poils. » Communication courageuse, mais trop en avance sur l'époque. À Paris, elle déclenche les ricanements, les huées et la condescendance envers ces petits « chercheurs suisses » dont « les femmes sont si spéciales ». Des sommités aussi considérables que Paul Tillaux ou Alfred Richet, deux chirurgiens des hôpitaux de Paris, professeurs d'anatomie et membres de l'Académie de médecine, déclarent péremptoires, en 1880, devant une foule savante rassemblée pour la circonstance : « Les femmes n'ont jamais, au grand jamais, des poils autour de l'anus ! » Consternation au pays du chocolat. Tout un pan de la recherche fondamentale suisse humiliée va se désolidariser de la science expérimentale française pendant presque une décennie.

À Paris, un an après ce coup de tonnerre, le célèbre anatomiste Philibert Constant Sappey, également membre de l'Académie de médecine et de surcroît de l'Académie des sciences approuve la déclaration de ses deux collègues Tillaux et Richet, mais émet une légère restriction dans sa formulation : « La peau et la muqueuse de l'anus sont "presque" continuellement dépourvues de poils dans le sexe féminin. » L'emploi du mot « presque » fait l'effet d'une décharge électrique au sein des groupuscules scientifiques qui travaillent sur les poils du cul et qui sont notamment chargés, dans le ressort de leurs compétences, de la réactualisation permanente des ouvrages de médecine légale. Les éditions de 1894 stipulent toujours que si l'on se trouve face au dépeçage d'un tronc et que l'on s'interroge sur l'appartenance du morceau anatomique, et « s'il possède l'anus, on peut se prononcer sur l'appartenance sexuelle de la victime, féminine ou masculine, en se basant sur la présence ou l'absence de poils au pourtour de l'orifice inférieur du rectum [...] ».

À partir de 1895, la question du poil au cul des dames agite comme jamais le Landerneau médical atteint du virus de la discorde. Les opinions se forment, les partisans se comptent, les écoles s'établissent. Il y a ceux qui en tiennent pour l'anus velu, parce qu'ils l'ont vu ! Et ceux qui les traitent de menteurs parce que « ça n'existe que chez les Suisses ». Le sujet n'admet pas la neutralité. On est prié de choisir son camp. Les chroniques signalent deux duels en province et plusieurs voies de fait provoquées par le sujet dans quelques maisons closes parisiennes. Le climat est délétère, chaque bourgeois interroge en privé son médecin de famille tandis que les étudiants font des chansons sur le thème. Plusieurs parmi les praticiens les plus respectés proposent de trancher définitivement la question par l'expertise et la statistique. Des volontaires se font connaître et établissent un protocole expérimental destiné à répondre à toutes les questions majeures dont deux préoccupantes : « Si les poils apparaissent autour de l'anus des femmes, dans quelle proportion se manifestent-ils ? » et « Si poils au cul il y a, quel est le ratio hommes-femmes ? »

Les relevés statistiques débutent vers la fin de l'année 1895. Les praticiens volontaires ont peu à faire sinon agir avec méthodologie : se pencher, écarter les fesses de la patiente, les relâcher après constatation et transcrire l'observation. Oui : poils, ou non : poils. Premiers poils placés à tant de centimètres de l'anus, longueur, couleur, poils isolés ou en touffe. La première équipe expérimentale est dirigée par un chirurgien de renom, le professeur Delageniers. Elle va travailler plus de deux années et ausculter le fondement intime de 1 427 patientes âgées de 18 à 75 ans. Une seconde équipe dirigée par le docteur François Houssay ausculte elle aussi à tour de bras et tout aussi furtivement les régions anales de 318 femmes venues accoucher dans une maternité parisienne. Enfin, une troisième équipe dirigée par le professeur A.F. Le Double se cantonne à une troisième population spécifique de femmes, « les provinciales atteintes de maladies vénériennes ». Le professeur A.F. Le Double examine personnellement 203 trous du cul dans le service des malades vénériennes de l'hôpital général de Tours. C'est donc au total 1 948 femmes qui sont visuellement auscultées et grâce à qui, désormais, la médecine ne parlera que d'une seule voix : 323 d'entre elles, soit 16 %, avaient du poil de façon conséquente autour de l'orifice anal.

Les conclusions de cette étude unique en son genre et jamais renouvelée ou réactualisée depuis précisaient : « Il convient de remarquer qu'il existe des femmes qui ont des poils dans le sillon inter-fessier, mais sans en avoir autour de l'anus et vice versa [...]. » Et de souligner également que

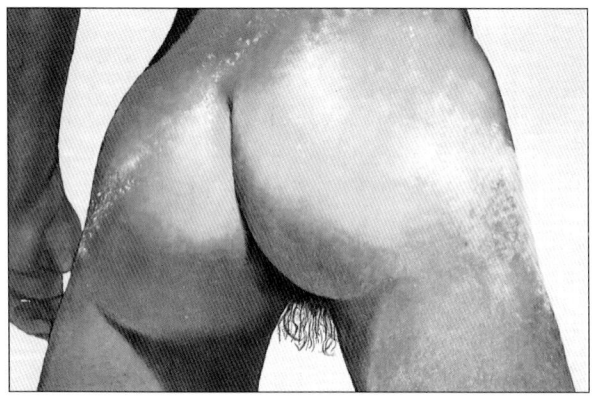

Poils inter-fessiers. Huiles de Pierre Ferioli. Coll. part. D.R.

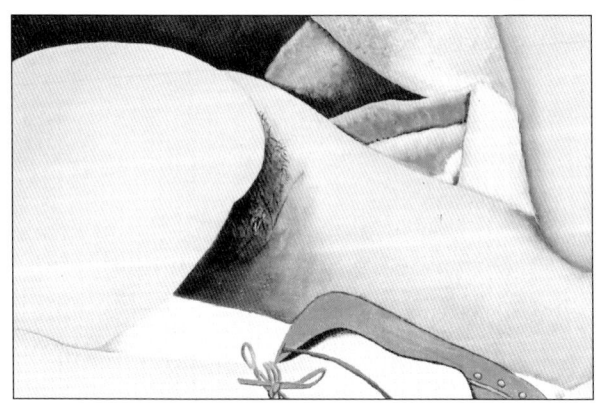

Des poils plus longs que le sexe

« *T'as les poils plus longs que le sexe* » *est une insulte qui connaît des équivalents à peu près dans toutes les langues. Cette humiliante affirmation mettant en doute la virilité de celui à qui elle est lancée approche une certaine réalité physiologique connue sous le nom de « syndrome de Klinefelle » et plus savamment encore sous celui de « orchidodystrophie polygonosomique ».*

Au moment de la puberté, les organes génitaux, au lieu de se développer, gardent un aspect infantile et les caractères sexuels secondaires n'apparaissent pas. Le pénis reste à l'état rudimentaire et les testicules très petits, ne dépassant pas la taille d'un petit pois ou d'un noyau de cerise. Bien sûr, ces individus sont stériles et l'on observe souvent chez eux un certain degré de débilité mentale. Précisons toutefois que même minuscule, leur sexe n'est jamais dépassé en longueur par les poils car ces individus ne développent pour ainsi dire aucune pilosité sexuelle.

« beaucoup de femmes qui ont des appendices pileux autour de l'orifice anal et dans le sillon inter-fessier en ont aussi sur l'une ou l'autre fesse ou sur les deux ». Restaient à débusquer les poils « circum anaux » chez les hommes pour établir le ratio sexuel. Forte de son expérience passée, de la dextérité et du coup d'œil de ses membres, la même équipe parisienne est chargée de ces nouveaux relevés. Ils vont être pratiqués sur 822 individus présentant tous les types et toutes les classes de la société : mariés, célibataires, blancs, noirs, citadins, paysans, jeunes, vieux, mais aussi tuberculeux, blennorragiques, syphilitiques. Les résultats furent cette fois encore très clairs : 21 individus n'avaient pas de poils dans l'immédiat contour de l'anus, 3 n'en avaient pas non plus dans l'espace un peu plus large qui entoure l'anus et un n'avait pas de poils du tout, même pas au pubis. Autrement dit, seuls 3 % environ des sujets considérés n'avaient pas de poils à l'anus. Le rapport final estime que sur les 797 anuso-poilus, 291 avaient des poils du pourtour de l'anus et du pli inter-fessier mesurant 3 centimètres et plus de longueur. Et sur un sujet, ces poils dépassaient les 7 centimètres. C'est à partir de cette époque que l'étoile brune et striée de l'anus, appelée « œillet » par les homosexuels, devint « l'œillet barbu ».

L'ensemble de ces résultats formalisés en 1901 finirent de ridiculiser toutes les anciennes théories, réhabilitèrent dans son honneur et sa science le docteur Benjamin Ornstein de l'Armée suisse et redressèrent une fois pour toutes la base du savoir universel : « Beaucoup de femmes, comme les hommes, ont bien du poil au cul. »

CONCAVES ET CONVEXES... POILS AU SEXE !

On appelle poils génitaux la toison pileuse qui court depuis le bas-ventre jusqu'au pli inter-fessier, en passant par l'organe sexuel proprement dit. Cette pilosité, moelleux édredon, a un rôle non négligeable souvent méconnu, celui de protéger la peau contre les frictions traumatisantes et les échauffements qui peuvent naître de mouvements coïtaux trop fréquents ou trop ardents.

Crépue, raide et courte chez la femme noire, la toison est statistiquement rare et clairsemée chez la femme jaune, voire réduite à un maigre toupet qu'apprécient particulièrement certains amateurs de morphologie pré-pubère. Quant à la femme blanche, sa motte est généralement bien fournie.

Si les femmes africaines et asiatiques ne portent que des poils noirs ou brun foncé, les femmes blanches offrent une riche palette qui va du rare ou très rare poil blond cendré ou doré au noir de jais, en passant par les nuances châtains qui se déclinent à l'infini. Sans oublier les teintes flamboyantes des poils des vraies rousses à peaux laiteuses.

En règle générale, les poils génitaux de la femme sont toujours un peu moins foncés que ceux de sa chevelure, et cette pilosité sexuelle pubienne et labiale forme une touffe qui n'est pas toujours de couleur homogène. Assez souvent les poils sont un peu plus foncés sur le pubis que sur la vulve. Le jeu des couleurs entre la peau, l'organe sexuel et les poils offre des camaïeux et des oppositions qui, déjà à la fin du XVIe siècle, enthousiasmaient l'abbé mémorialiste Brantôme, fin observateur

Hypertrichose pubienne. Barnum Museum. Coll. part. D.R.

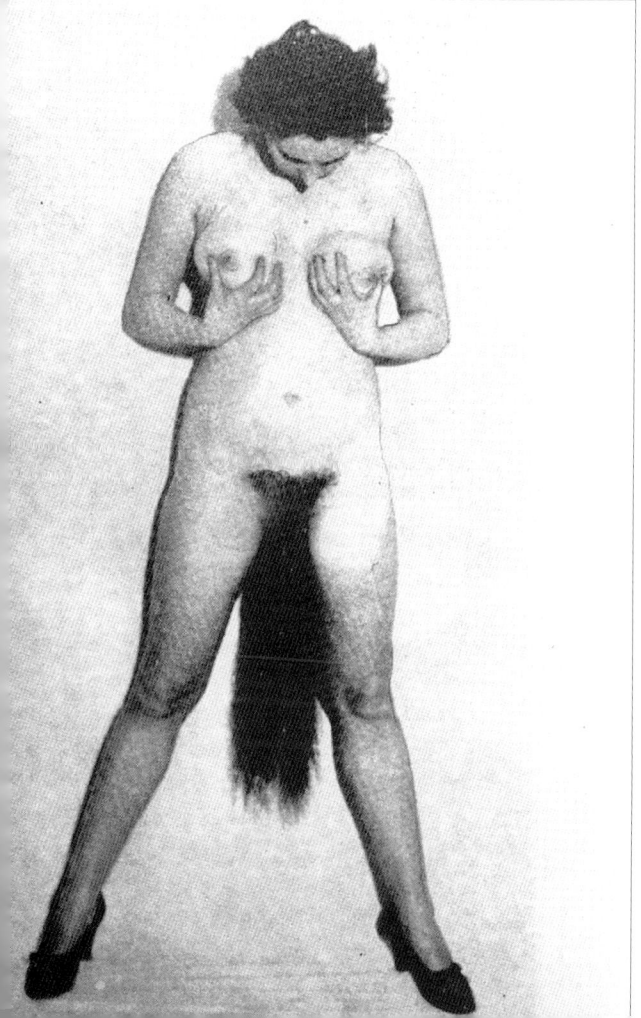

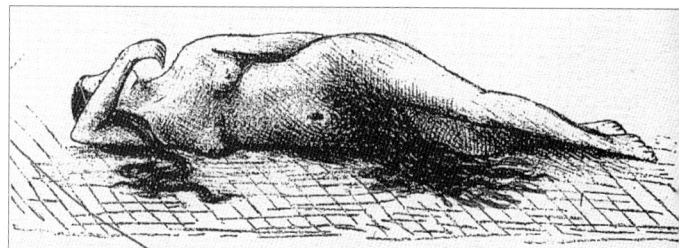

Divers cas d'hypertrichoses pubiennes.

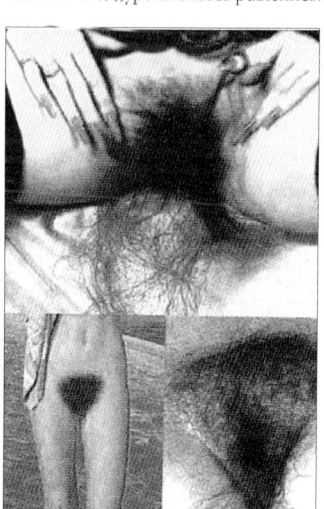
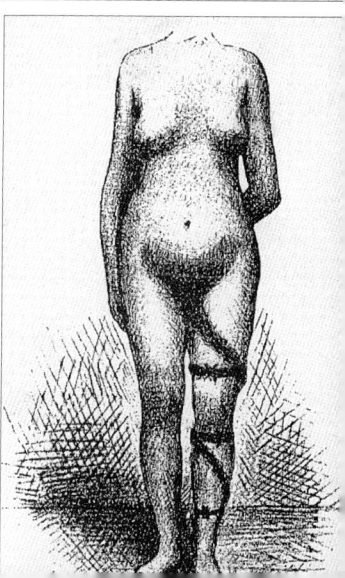

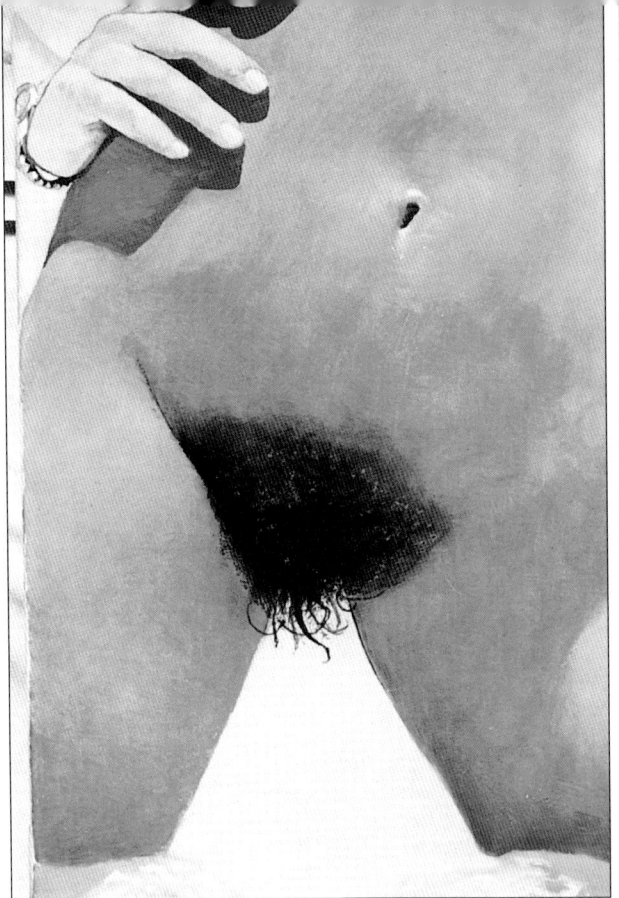
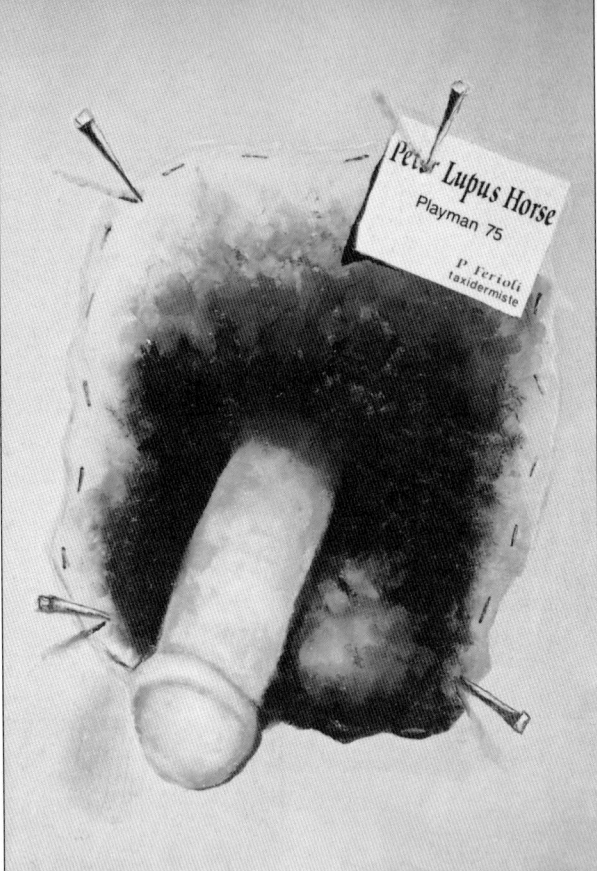

Roméo et Juliette. Huile de Pierre Ferioli. Coll. part. Musée de la Pihaillère. D.R.

de « femmes galantes » : « Elle portait les trois très belles couleurs ordonnées ensemble qui étaient l'incarnat, le blanc et le noir. Car cette "bouche" de là était corail, les poils d'alentour gentiment frisottés, étaient noirs de jais. La peau était blanche comme l'albâtre qui était ombragée de ce poil noir. Cette vue est belle ! » Attirant irrésistiblement le toucher, la toison féminine a pris le nom de petits animaux familiers à fourrure que l'on aime flatter ou caresser de la main. Elle est tantôt le « chat » ou la « chatte » et, plus tendrement, le « minet », le « minou », le « Mirza ». Bien sûr, les maris ou les amants font « minette », « broute-minou » et bricolent le sexe jusqu'à ce qu'il « miaule ».

Un baobab dans la broussaille

Chez l'homme, le pénis est imberbe. Tel un « roi nu », il émerge au milieu d'une pilosité rhombiforme, c'est-à-dire en forme de losange plus ou moins appuyée. Sur son angle supérieur, cette pilosité est le plus ordinairement constituée de poils enroulés sur eux-mêmes en boucles irrégulières qui couvrent le pubis en pointant vers l'ombilic. Sur les côtés, contrairement à la femme, la pilosité dépasse souvent les plis inguinaux et semble vouloir conquérir les faces hautes et internes des cuisses, tandis qu'au centre, une couronne de poils plus droits et un peu plus longs entoure la racine du pénis. Sur le scrotum, comme l'on désigne le petit sac de peau brune qui contient les deux testicules, les poils se raréfient, mais sont généralement les plus longs de toute l'implantation génitale, avec une moyenne de 5 à 8 centimètres sur les hommes adultes. En arrière des bourses, la pilosité se resserre, formant ainsi la pointe postérieure du losange pileux. Elle traverse la zone du périnée et remonte plus ou moins dans le pli inter-fessier jusqu'à dépasser l'anus en l'encerclant.

Le poil : de la moule à l'oursin

« Sous les algues brunes et blondes croisent sur la conque vénusienne les grandes lèvres comme la coquille d'un bivalve suintant sur des chairs délicates [...] » écrit le poète. Plantée dans la toison sombre la vulve a deux grandes lèvres. La moule humide avec sa coquille noire, plutôt triangulaire, a deux vulves égales, bombées, épidermées et à bord frangé qui rappellent incontestablement la fente moite de la femme. D'autant plus que les byssus, situés à l'extrémité et désignés sous le nom de «soie de mer» sont une sorte de poils qui ne sont pas sans rappeler les poils pubiens. Plus concrètement, la « coquille bivalve » prend son nom chez Céline : « Elle la saccadait bien la fente, elle se faisait tremblocher la moule [...] »

Une autre tradition compare le sexe de la femme à celui du hérisson de mer, le délicieux et comestible échinidé servi sur la table des gastronomes sous le nom d'oursin, animal évidé à la région de la bouche et à celle de l'anus. Avec sa pilosité sombre ou rosée et les délices saumurés de ses glandes génitales, l'oursin a inspiré les plus imagées métaphores sexuelles, comme par exemple le cycle menstruel naturel : « Elle a ses oursins » ou « Elle attend ses ours. »

leurs minutieux relevés et observations sexo-topographiques, les uns affirment que la toison est triangulaire, les autres elliptique ou encore ronde ou ovale. En fait, aucun n'a tout à fait raison ni tout à fait tort. Toutes ces figures géométriques peuvent à un titre ou à un autre se disputer l'honneur de désigner le symbole sexuel pileux de la femme. La forme de la pilosité génitale féminine dépend en effet de la zone considérée, de l'angle d'observation et de la position du sujet observé.

Le triangle

Debout, jambes jointes, cuisses serrées, la toison de la femme apparaît triangulaire. Son bord supérieur est horizontal et trace une frontière un peu en dessous du pli de Vénus. La pointe inférieure de ce triangle disparaît entre les cuisses. Selon la morphologie de la femme, la grosseur de ses cuisses, la hauteur de son buste, l'épaisseur de son bas-ventre et quelques autres considérations, ce triangle poilu peut être rectangle isocèle ou équilatéral.

Quoi qu'il en soit, il semble encastré entre les cuisses comme « un coin dans une souche » écrit le sexologue G. Zwang. En bas de la touffe, au centre, comme une bissectrice inachevée, on voit plus ou moins visiblement selon l'embroussaillement pileux les premiers centimètres de la vulve. Celle-ci peut être différemment engagée. Lorsque la fente pénètre franchement dans la région pubienne, elle est dite antérieure. Lorsqu'elle se situe résolument plus bas, entièrement entre les cuisses, elle est dite postérieure. Deux possibilités extrêmes qui ne sont pas sans influence sur l'esthétique de la pilosité. On considère généralement qu'une femme debout doit laisser paraître le dernier tiers supérieur de sa fente.

L'ovale et le rond

Lorsque la femme est allongée sur le dos, les jambes légèrement repliées et les cuisses bien écartées, un regard horizontal fait presque disparaître la pilosité pubienne pour mettre en évidence la pilosité vulvaire qui s'offre alors ronde ou ovale avec, en son centre, de façon plus ou moins prononcée, la fente vulvaire. Le rond ou l'ovale pileux ne franchit habituellement pas les plis inguinaux. Le plus souvent les poils s'arrêtent à quelque distance, laissant une bande glabre entre eux et le pli de l'aine. Le rond ou l'ovale est la forme stylisée universellement répandue, et celle préférée en tout cas des potaches et des bidasses qui, de génération en génération, en font de multiples représentations plus ou moins réussies sur les murs des toilettes.

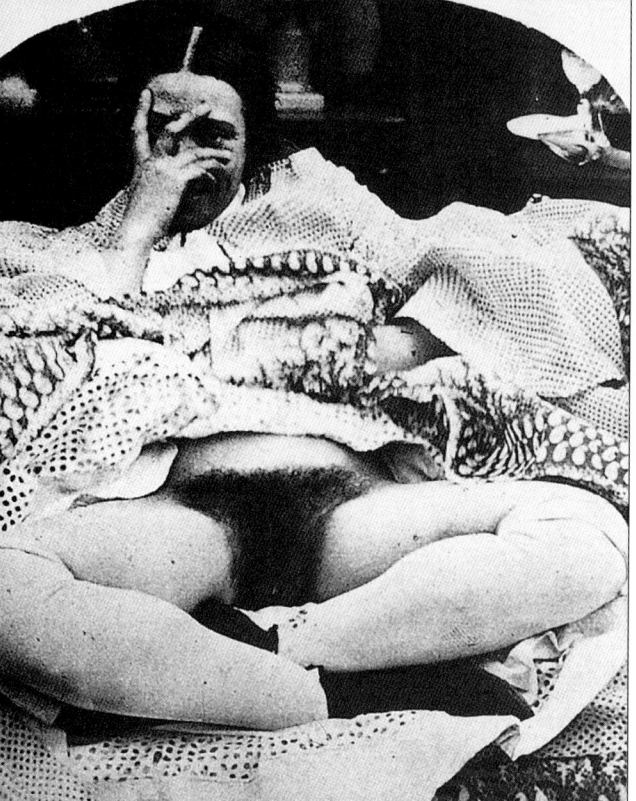

Surdéveloppement du système pileux sexuel, avec débordement velu sur les cuisses et les jambes. Coll. part. D.R.

Des deux côtés de la fente

La pilosité génitale de la femme intéresse les mêmes zones que celles de l'homme, à une différence majeure près toutefois, c'est que le membre de l'homme est imberbe alors que la vulve est poilue. Cette pilosité débute à la hauteur du mont de Vénus, le « pénil » des anatomistes, sorte de légère protubérance harmonieuse située à la jonction de l'extrémité inférieure du bas-ventre et des cuisses. Éminence que le langage courant désigne sous le nom de pubis. La pilosité du pubis déborde vers le bas, couvrant les deux grandes lèvres de la vulve. Puis, depuis les parties postérieures de chacune d'elles, les poils poursuivent leur implantation conquérante en s'engageant dans un faux désordre apparent à travers la zone du périnée. Ils la traversent par les bords en deux colonnes qui finissent souvent, comme chez l'homme, par se rejoindre dans la zone anale.

Signes de piste

Des discussions interminables et passionnées opposent entre eux les vrais amateurs de poils sexuels féminins. Forts de

Le trapèze et autres voltiges

Si l'on observe les parties génitales d'une femme allongée dans la position évoquée précédemment et que l'on pose sur son entrecuisse un regard oblique et légèrement dominant, on constate alors que sa pilosité génitale, qui s'étale du pli de Vénus au périnée, a très souvent la forme d'un trapèze, grande base en haut, petite base en bas. Une lisibilité géométrique formelle de la forêt génitale n'est pas toujours possible. Qu'elle soit très protégée ou très fréquentée, la toison sexuelle peut offrir des densités, des localisations, des surplus ou des absences qui l'écartent résolument des cas cités précédemment. Ainsi, les

Le « vrai barbu » et son vocabulaire

« *Même dévêtue, la femme n'est pas nue car son sexe reste caché* », disait Lubitsch. Effectivement, le regard se heurte à un barrage de poils qui interdit toute vision formelle de l'intimité féminine.

Cette obstruction pileuse exerce depuis toujours une réelle influence sur l'imaginaire masculin au point qu'elle a donné lieu dans le langage populaire et argotique à quantité de surnoms et expressions métaphoriques de natures diverses, certes, mais reflétant toutes une corruption de la vision idyllique de la femme.

• **Expressions se référant par similitude à la végétation :**

La prairie	*Le lichen*	*La meule*
Le sous-bois	*La laitue*	*La crinière du bois*
Le gazon	*L'herbier*	*Le buisson*
La mousse	*L'artichaut*	*Le fourré*
Le cresson	*La broussaille*	*La forêt*
Le persil	*Le mouron*	*La touffe*

• **Expressions se référant à un être vivant, autonome :**

Le hérisson	*Le chat*	*Le minet*
La moule	*La chatte*	*Le mistigri*

• **Expressions se référant au danger :**

Le casse-noisettes	*La caverne*	*La toile d'araignée*
Le marécage	*La chausse-trappe*	*La bête*
Le puits	*La cheminée*	*La paille de fer*

• **Expressions se référant à la saleté :**

Le clapier	*Le piège à mouches*	*Le passage à l'ours*
La serpillière	*Le trou qui pisse*	
La tignasse à ragnagna		

• **Expressions se référant à l'acte sexuel :**

L'asile de nuit	*La boîte à ouvrage*	*L'arrière-boutique*
Le fourre-tout	*Le garage à bites*	*La salle des fêtes*
Le trou à homme	*Le garage à poils*	
Les escalopes feuilletées		

• **Expressions se référant directement au coït tarifé :**

Le capital	*Le gagne-pain*	*La tirelire*

• **Expressions se référant à la pilosité du visage :**

La bouche poilue	*La motte barbue*
Le portefeuille à moustache	*Le barbu*
La barbe à oignon	*Le chignon à morbac*
Le maître barbu	*La crinière du bas*
La frange à braguette	

• Chacun de ces surnoms ou expressions a, bien sûr, une origine particulière. La « *tirelire* », par exemple, est née en 1910, après qu'une Anglaise prénommée Nelly, à la suite d'un pari entre prostituées eut réussi à insérer dans son sexe 84 pièces de 1 shilling.

• La « *forêt* » désigne la pilosité sexuelle de la femme depuis la publication du conte de Perrault *Le Petit Chaperon rouge* qui donna aussi naissance à l'expression « avoir vu le loup », signifiant la défloration d'une jeune fille.

• Certaines origines sont purement sémantiques. En anglais, la « *fente* » devient le masculin de crack qui s'est naturalisé français en « craque » pour engendrer « faire craque craque », avant de donner la gentille et adolescente « craquette », puis sa grande sœur la « cramouille » qui fait allusion à la moiteur du lieu.

• Le vocabulaire ne cesse de s'enrichir. Ainsi, Jean Ferniot dans Pour le rire voit dans les poils du sexe une « savoureuse cressonnière », tandis qu'Audiberti invente une nouvelle marée pileuse, celle du « varech qui vient s'échouer sur la plage blonde du ventre ».

Bien évidemment, tous ces sobriquets du poil se déclinent pour signifier l'acte sexuel, faire l'amour devient :
Ramoner la cheminée ; *Écarter les escalopes* ; *Faire pleurer le poilu* ; *Tremper le tapis* ; *Arroser le gazon* ; *Percer le paillasson* ; *Aller au drapeau* ; *Traverser l'herbier* ; *Embrasser la meule*.

• **Le cunnilingus** a droit lui aussi à ses images subjectives. Toujours en référence aux poils, on dit alors :
Brouter le gazon ; *Mouiller le bourgeon* ; *Soulever le tapis* ; *Exciter le chou de Bruxelles* ; *Faire sourire la greffière* ; *Faire mouiller le bouton* ; *Mettre la langue dans le varech* ; *Faire miauler la chatte* ; *Aller au ruisseau* ; *Faire un shampooing* ; *Scalper le Mohican* ; *Secouer le berlingot*.

---

annales médicales en recensent-elles un grand nombre concernant des sujets n'ayant pas l'ombre d'un poil dans leur région génitale. Le célèbre médecin Jean Riolan, premier médecin de Marie de Médicis, fut un des tout premiers, au XVIIe siècle, à s'intéresser à cette anomalie : « J'ai examiné plusieurs cas de femmes dont le corps était sans poil aucun, depuis l'ombilic jusqu'au plus bas. »

Plus nombreux sont, en revanche, les comptes rendus et publications médicales du XIXe siècle et du début du XXe siècle qui mentionnent des poils génitaux d'une longueur extraordinaire. Dans *Les Éphémérides*, par exemple, il est fait mention d'une femme dont les poils pubiens et vulvaires pendaient comme une longue barbiche jusqu'aux genoux. Entre l'absence totale et la surabondance, existent bien sûr tous les états intermédiaires. Déjà en son temps, Brantôme, sieur de Bourdeille, disserte sur « la luxuriance du pelage génital d'une de ses maîtresses, grande dame de la Cour qui est pelue, velue sur la poitrine, l'estomac et le long de l'échine et garnie en bas comme un sauvage ». Et qui, de surcroît, est « vray comme proverbe », c'est-à-dire « riche et lubrique ». Le docteur Bartels, un des plus fameux scientifiques allemands, anthropologue réputé dans l'Europe entière, se fit, à la fin du XIXe siècle, une spécialité de l'hypertrichose et de l'hirsutisme. Il eut parmi ses clientes l'épouse d'un soldat danois dont les poils génitaux avaient une telle dimension qu'elle en faisait une tresse dont l'extrémité remontait par le pli fessier pour atteindre la ceinture où elle l'attachait. Un autre cas observé et décrit par le même savant met en lumière des poils pubiens, eux aussi d'une longueur étonnante, qui descendaient le long de la jambe, bien en dessous du genou. Un cas identique est rapporté par A. Paulini qui nous dit que la femme, tombée dans une gêne financière, finit par les couper et les vendre à un perruquier qui en fit la seule perruque au monde constituée de poils génitaux. Le docteur Agnès Bleim, qui pratiquait à Berlin vers 1908, rapporte avoir observé chez une femme de 40 ans des poils génitaux de dimensions si considérables qu'elle les enroulait autour de ses cuisses pour qu'ils ne traînent pas à terre.

En France, à la fin du XIXe siècle, vivait à Orléans une jeune et jolie prostituée dont les bas tarifs et le cœur à l'ouvrage étaient particulièrement appréciés de la jeunesse estudiantine de tout le département. Si l'on venait de si loin, c'est que chacun voulait voir et toucher sa pilosité génitale qui descendait en dessous des genoux et sur le haut couvrait tout le ventre. Surnommée par sa clientèle et par la presse « la motte flottante », en raison de ses poils longs et ondulés, elle prit l'habitude, à partir de 1908, de se montrer en public. Le docteur R. Guillon qui la suivait écrit dans ses Mémoires : « Elle défiait n'importe qui de voir les nudités de son ventre et de son sexe tellement elles étaient protégées par ce voile aussi impénétrable qu'original. »

Des poils pubiens à 18 mois

Une longueur aberrante n'est pas la seule anomalie curieuse qui frappe les poils génitaux. Une autre, assez fréquente, est la pousse précoce observée chez les très jeunes enfants. Les publications des nombreuses sociétés savantes et académies scientifiques en délivrent des dizaines de cas, plus étonnants les uns que les autres. Le docteur Dobbertin parle d'une fillette de 24 mois « qui a de grandes lèvres, des poils drus et noirs et un développement considérable des poils pubiens [...] ». Le docteur Kull cite une de ses patientes dont l'enfant de 21 mois est déjà réglée avec seins et mont de Vénus couverts de poils nombreux. Le *Journal of American Association* de 1904 décrit le cas d'une enfant de 18 mois qui a un pubis garni de poils. L'année suivante, c'est le *Deutsch Medical Wochens* qui s'attarde sur le cas d'une petite fille de trois ans et demi : « Réglée depuis l'âge de 7 mois, elle présente un développement marqué des grandes lèvres et des seins, comme une fille de 16 ans. Mais encore des poils auxiliaires et des poils pubiens. Bien plus, elle incline déjà vers l'onanisme [...]. »

Pour la seule période consultée, entre 1880 et 1910, nous avons relevé des cas similaires touchant autant des filles que des garçons, traités et décrits par les docteurs Kamensky, Stein, Diamant, Telesius, Cooke, Bevern, Romkild, Ritchie et quelques autres. Parmi ceux-là, deux concernent des enfants nés avec des poils pubiens et de la barbe. Le premier en Suisse, en 1908, et le second à Venezialo en Hongrie. L'enfant baptisé Stephan Makos ne vécut que quelques jours selon le dire des médecins Dickinson, Oglé et Linier qui, en 1910, firent des communications sur ce cas, publiées dans le *Journal de médecine et de chirurgie pratique*. La dépouille de cet enfant se trouverait toujours à l'heure actuelle dans les réserves du Musée historique de Budapest.

La grande inconnue

Si les poils génitaux signalent de façon frappante la région sexuelle, ils en dissimulent également bien des secrets. Véritable bouclier dur et crépu, ils sont en grande partie à l'origine de la méconnaissance que la plupart des hommes ont du sexe féminin. Deux hommes sur trois, affirment diverses études sur le sujet, ne savent pas décrire ni même dessiner sommairement ou se faire une représentation mentale cohérente du sexe féminin. Les poils, il est vrai, cachent en grande partie l'accès à une machinerie compliquée et originale, un ensemble d'organes externes et internes complexes aux noms mystérieux ou troublants. On peut citer les lèvres, les nymphes, le capuchon, le clitoris, le frein, le vestibule, le col, l'utérus, la fourchette, etc. Inconnus parmi les inconnus, les poils de la vulve méritent une prise en considération particulière qui débute obligatoirement par quelques précisions élémentaires sur cette dernière.

On appelle vulve l'ensemble des parties génitales externes chez la femme, situées sous le pubis et au-dessus du périnée. Les poils poussent sur les grandes lèvres, organes jumeaux des plus caractéristiques qui autorisent de donner au sexe de la femme le nom de fente, faille, fissure, balafre, brèche, raie barbue, termes que l'on retrouve dans presque toutes les langues et leur argot. Les grandes lèvres sont des boursouflures cutanées plus ou moins prononcées qui forment la partie la plus superficielle de la vulve et concourent à lui donner son niveau esthétique. Le passage entre elles deux constitue la première et obligatoire porte d'entrée vers le vagin. Quoique très variable, leur épaisseur est destinée à former une sorte de coussinet protecteur. Bien que leur partie antérieure soit plus large que la postérieure, chacun de ces deux organes souples et maniables a grossièrement l'aspect d'un quartier d'orange et a en moyenne 9 à 10 centimètres de hauteur et 2 à 2,5 centimètres de largeur. Ce sont les deux bords internes plus ou moins partiellement accolés des grandes lèvres qui délimitent la fente vulvaire. Profitons-en pour signaler un point d'esthétisme. Une fente vulvaire qui laisse voir les petites lèvres ou nymphes ne satisfait pas aux critères de beauté vulvaire tels qu'ils ont été définis par Edmond de Chavannes à la fin du XIXe siècle et qui sont toujours admis à l'heure actuelle. Lorsque les grandes lèvres sont bien développées, la vulve fait une saillie notable. Lorsqu'elles sont trop réduites, la vulve devient une simple fente. Entre ces deux typologies extrêmes, on rencontre toutes les formes intermédiaires.

Ces quelques lignes sur la vulve étaient indispensables pour souligner à quel point sa position joue sur sa visibilité et sa pilosité. Les poils qui y poussent viennent atténuer ou renforcer le caractère de chaque fente, lui offrant son originalité. Les variations individuelles sont sans limites et les sexologues affirment qu'il existe autant de pilosités vulvaires que de femmes. Ils vont jusqu'à prétendre que « les femmes se différencient entre elles autant, sinon plus, par leur sexe poilu que par leur visage coiffé ! » Là se tiendrait également le secret des amours étranges et des mariages étonnants. « Pourquoi un homme riche, distingué, intelligent et beau épouse-t-il une femme sans beauté, ni esprit, ni richesse, ni rien de ce qui attire généralement les hommes ?... C'est parce qu'elle a une belle vulve harmonieusement poilue. »

Harmonie et qualité de la touffe

Mais qu'est-ce qu'une vulve harmonieusement poilue ? Dans ce domaine, chaque homme est sensible à une harmonie personnelle qui, de surcroît, varie souvent avec le temps. Disons d'une manière générale qu'une belle végétation pubienne doit être assez longue et touffue pour ombrager les grandes lèvres. Les poils doivent être plus fournis en avant qu'en arrière, mais plus longs et moins abondants que sur le pubis proprement dit. Leur implantation peut occuper une surface variable, sans nuire pour autant à l'esthétisme général. Dans certains cas, ils peuvent occuper toute la surface visible des grandes lèvres et, dans d'autres, ne l'occuper que partiellement sur une bande verticale toujours circonscrite à la fente. L'autre partie de la lèvre offre alors une bande glabre verticale elle aussi, plus ou moins large, et externe, c'est-à-dire du côté de la cuisse. Il faut signaler que les berges de la fente sont constamment ombragées de poils, au moins sur leurs deux tiers les plus hauts. De même, est toujours poilue la mince bande de peau plissée, point de rencontre de chaque grande lèvre qui, en se touchant, délimitent et dessinent la fente.

L'implantation des poils vulvaires n'est pas seule à œuvrer à la personnalité du sexe de la femme. Les caractéristiques de leur « pousse » n'y sont pas non plus étrangères, qui les inclinent à se recourber plus ou moins, tantôt vers l'extérieur, tantôt vers l'intérieur.

Lorsqu'ils poussent vers l'extérieur, les poils pubiens courts s'arrêtent aux limites des grandes lèvres. Plus longs, ils les dépassent comme une épaisse moustache ou deux favoris qui vont caresser les plis des cuisses, scientifiquement nommés zones génico-crurales. Lorsqu'ils s'incurvent vers l'intérieur, il est courant qu'ils franchissent la fente vulvaire et s'entremêlent entre eux au-dessus d'elle, à la façon d'un petit grillage plus ou moins fermé et douillet, selon que les poils sont lisses et soyeux ou, au contraire, drus et rudes. La « pousse » a mille manières. Elle s'observe tantôt en broussaille, en torsades, en cordelettes, tantôt en bouclettes, en frisettes, voire en barbichette. Signalons que beaucoup de poils d'une certaine longueur se mettent à friser sous l'action des sécrétions naturelles et que d'autres doivent leur inclinaison aux continuelles pressions frontales de la culotte ou à celles latérales des cuisses. Il est courant que la touffe libérée de ces oppressions se redresse et se gonfle de façon naturelle en un épais tapis, capable de rejoindre ou de dépasser l'altitude du mont de Vénus. La pousse n'est pas seulement incurvée ou droite, elle se présente aussi en arceau, en mini-cercle, en ligne, en soleil, en crin de cheval, en désordre ou, au contraire, tirée au cordeau. C'est cette physionomie générale qui qualifie le poil génital de triste, gai, conquérant, rebelle ou pauvre.

Nous venons de le démontrer, la pilosité idéale n'existe pas. La plus appréciée des hommes correspond à une toison pas trop épaisse, de poils mi-longs et soyeux ayant une densité suffisante pour bien recouvrir le pubis et la vulve tout en laissant entrevoir la fente vulvaire. L'expression consacrée dit que « la femme porte bien sa fente ». Les poils sont si prépondérants dans l'image que l'on se fait de la vulve, et d'une manière plus générale du système sexuel féminin tout entier, qu'on désigne couramment ce dernier sous des qualificatifs pileux. Cette femme a « une touffe de sapeur », celle-ci a « une crinière de cheval », et telle autre un « vilain barbu » ou une superbe « boîte à moustache ».

À l'approche de la ménopause, les poils génitaux se raréfient considérablement, subsistant plus longtemps et plus nombreux sur le pubis que sur les grandes lèvres. Après la ménopause, la complète cessation de l'activité ovarienne et le ralentissement hormonal portent des coups très durs à l'esthétique sexuelle. On observe même chez certaines femmes âgées une vulve entièrement glabre, impénétrable, fragile, sèche et atrophiée. « Elle a vécu et, seuls vestiges de sa beauté passée, quelques très rares poils plus ou moins blancs s'accrochent encore, tordus et chagrins, mais héroïques tout de même sur ce sexe dévasté qui pend souvent en arrière. » Les poils du périnée et de l'anus sont si près de la vulve qu'ils font partie du lot : « Poils du cul perdus, adieu au barbu », écrit le poète tarbais Gérard Lacassagne qui précise : « Les poils du pubis, quant à eux, rassemblés en petit nombre sur le mont de Vénus, telle une vieille garde tentent une ultime mais inutile résistance. La mitraille du temps finit toujours par les faucher, laissant alors pointer l'os iliaque, tel un monument commémoratif. »

Les avatars des poils

Faisant de l'anthropomorphisme pileux, le sexophile russe Dimitri Korniloff nous dit en souriant : « Ces messieurs les poils sont accrochés de façon périlleuse, mais ils remplissent toujours leur mission avec un mépris absolu des dangers. » Mais de quels dangers s'agit-il donc ? De ceux qui naissent des agressions humides comme les sécrétions vagino-vulvaires, les urines, le sang et, dans une circonstance particulière, en principe régulièrement renouvelée, le sperme.

Si pour l'anatomiste, la vulve est un organe fendu, quadrifolié et velu, pour le physiologiste, c'est également un organe humide. Pour le commun des mortels, cette « terra incognita » inquiète. Un organe qui coule ne semble jamais très sain. D'après le docteur Gérard Zwang, « l'homme imagine mal que l'entrecuisse féminin puisse être naturellement moite et fluent ». Il imagine le plus souvent la vulve gluante et marécageuse, et parce qu'elle humecte régulièrement les poils de ses sécrétions naturelles, il l'affuble de surnoms injurieux nés d'analogies humiliantes. Il évoque la « mouillette », la « fontaine », la « serpillière », la « fente qui pleure », la « cramouille », le « puits », la « tignasse à ragnagna », le « marécage », etc. L'origine de cette « humidité » nous est donnée très précisément par le docteur Gérard Zwang, qui écrit dans son ouvrage : « Le sexe de la femme sécrète en permanence, notamment par ses glandes sébacées et sudoripares, un enduit incolore, gluant protégeant la vulve des infections microbiennes de surface. La sécrétion vulvaire lubrifie l'orifice vaginal et l'ensemble de la fente vulvaire, allant souvent jusqu'à inonder les grandes lèvres et la partie avoisinante des cuisses. » Et le sexologue de préciser que pendant la nuit ces diverses sécrétions utéro-vaginales s'accumulent sur place et fluent à l'extérieur, renforçant l'humidité vulvaire. Le dictionnaire Fayard de sexologie précise : « Le hamac tendu au-devant de la fente vulvaire arrête la majeure partie des sécrétions. Les poils forment mèches sur lesquelles elles s'assèchent, y laissant de minuscules dépôts coagulés [...]. » Quant au dictionnaire médical Larousse, il nous informe que « la quantité journalière sécrétée tant par la vulve que par le vagin est, selon les femmes, de 1 à 2,5 cm³ ».

Bien sûr, l'excitation sexuelle accroît de façon considérable cette production au point que l'on désigne cette manifestation visible sous le terme de « femme mouillée » et, dans certains cas, de « femme fontaine ». Ce particularisme exprime parfaitement le désir physique et a donné naissance à l'expression « en mouiller pour quelqu'un ». Comme l'écrit Jean Genet, « on peut mouiller de l'orteil aux cheveux ». Beaucoup d'écrivains se sont emparés du phénomène et parmi les publications les plus récentes, on peut citer Bertrand Blier : « Elle mouillait pas, elle inondait. Un torrent de sécrétions, il chassait son concil. » « La contraction orgasmique expulse la sécrétion sous la forme d'une modeste rosée et chez certaines femmes sous celle d'un petit jet tiède, voire d'une petite inondation, accréditant ainsi la fausse existence d'une éjaculation féminine », nous informe le docteur Georges Valensin. Des toilettes quotidiennes, matin et soir, sont dans tous les cas indispensables à l'entretien de sa « chevelure pubienne » si on veut la maintenir vierge de toutes traces et odeurs suspectes.

Carte postale coquine. Vers 1900. Coll. part. D.R.

Urine et miction impossible

Les attaques les plus régulières contre les poils proviennent des mictions qui se répètent cinq à dix fois par jour. Les humains utilisent l'organe de l'amour pour expulser leur urine, et beaucoup d'hommes qui regardent leur propre sexe comme une « lance » fière et hardie ne voient dans celui de la femme qu'un « trou poilu qui pisse ». Nombreux sont ceux et celles qui ignorent que la femme possède une «tuyauterie» distincte pour ses mictions. Chez elle, la toux, le fou rire, les sanglots font parfois uriner involontairement quelques gouttes ou plus que récoltent les poils. Lorsqu'elle urine franchement, c'est abondamment, à longs traits et en musique. Déjà au XVIIIe siècle, le médecin allemand Laurent Heister, cité cette fois encore par Gérard Zwang, en a étudié le solfège : « C'est en passant entre les interstices des nymphes ou petites lèvres que l'urine émet un sifflement impressionnant. Ce bruit vient de ce que l'urine en sortant de son canal urinaire va se heurter contre leurs parois et est obligée de se détourner de son chemin [...] Les nymphes donnent alors au jet une direction strictement verticale, parallèle aux membres inférieurs lorsqu'elle pisse debout. Accroupie, les nymphes dirigent le jet en arrière [...] » Et le sexologue de préciser que les nymphes constituent un efficace brise-jet qui dirige le cours de l'urine de telle sorte que les pieds ne se mouillent pas. Mais debout ou assis, les poils « trinquent » et leur fréquente irrigation urinaire nécessite après chaque miction l'essuyage des dernières gouttes. Nombreuses sont les femmes qui omettent cette petite cérémonie ou l'exécutent trop rapidement à main nue, laissant ainsi la rosée urinaire sécher sur les poils et répandre peu à peu avec persistance l'odeur nauséabonde caractéristique du « négligé ».

Qu'un sang impur abreuve ses sillons

Une autre attaque contre les poils, mensuelle celle-là, est menée par les menstrues. « Le sexe palpite comme le cœur », disent les poètes. Et comme lui il saigne, peut-on ajouter. Effectivement, c'est par l'orifice vaginal que s'écoule tous les mois, de façon mécanique, un sang poisseux, parfois malodorant, hautement suspecté d'impureté et regardé avec peur et répugnance. Là encore, il s'accroche en partie aux poils génitaux, sur lesquels il persiste en séchant. Comme toutes les sécrétions sébacées vulvo-vaginales et les urines, le sang menstruel humidifie ou inonde les poils, s'y coagule et y fermente jusqu'à les imprégner en quelques heures d'un bouquet d'odeurs spécifiques des plus désagréables.

Les accumulations de sécrétions humides, connues sous le nom de *smegma*, matière pâteuse, blanchâtre, finissent par enchâsser la base des poils, certaines fois jusqu'au bulbe, en s'accumulant dans tous les replis des organes génitaux externes. Ce processus de fermentation commence dès que la toilette quotidienne des parties intimes est négligée. Il est vrai que certains amateurs de « faisandé » apprécient délicieusement chez la femme le goût macéré de ses organes génitaux. On se doit de citer l'exemple mille fois répété d'Henri IV, ce bon roi qui aimait « les poules au pot » dans tous les sens du terme et qui écrivait à sa maîtresse Gabrielle d'Estrées : « Ne vous lavez plus ma mie, j'arrive ! »

Le poil : le pire ennemi de la fellation, du cunnilingus et autres broute-minous

« J'aimais coller ma bouche à cette source millénaire, chargée d'un sel brûlant, et je buvais, buvais, comme si les soifs de l'âme dussent là s'étancher [...] », écrit le poète R. de Obaldia. Autre procédé tout aussi désaltérant chez Henry Miller : « Je fis passer son cul par-dessus ma tête, comme on élèverait un seau de lait pour étancher une longue soif. Je bus, mâchant ses lèvres et lampait comme un busard [...]. »

Un risque connu

Ces deux publicités littéraires pour ce qu'un homme sur deux considère comme un « régal de gourmet » fait abstraction du rôle négatif du poil dans ce type de délectation nommée cunnilingus, et populairement « broute-minou », « langue au chat » lorsqu'il s'agit d'une femme et « pipe » ou « pompier » lorsque l'homme est en question. Précisons que certains étymologistes voient dans l'origine du mot « pompier » ou « pompelard » une référence à l'extinction du « feu du désir ». Et dans celui de « pipe » un rappel à l'ancienne mesure de capacité en usage dans le commerce des liquides. Quel que soit le nom qu'on lui donne, beaucoup de « fellateurs » et « fellateuses » émettent des réserves sur la fellation et le cunnilingus car, disent-ils, « lorsqu'on embrasse le sexe rien n'est plus malvenu qu'un poil qui se prend entre les dents ».

Risque déjà mis en avant en son temps par Aristote qui, s'adressant autant à son élève Alexandre le Grand qu'à tous ses concitoyens, prévenait : « Avaler un poil procure une douleur persistante qui s'appelle "avoir le poil". »

Près de vingt-cinq siècles plus tard, en décembre 2001, deux figures médiatiques évoquent le sujet sur une chaîne de télévision. À Thierry Ardisson qui lui demande si « elle fait tout en amour », Amanda Lear répond : « Non, il y a des trucs dégueulasses ! » Surprise d'Ardisson : « Ah bon ! Lesquels ? » « Vous savez bien, ces trucs qui laissent des poils entre les dents ! » L'avatar est effectivement courant et symptomatique, étayé par le récent témoignage de cette jeune femme : « L'autre jour, je suis allée voir mon dentiste de famille, dentiste chez qui mes parents m'ont accompagnée durant toute ma prime adolescence. Ce jour-là, je m'assis pour un détartrage. Au cours de ce nettoyage, mon dentiste retira deux poils pubiens qui s'étaient logés entre mes dents. Cette découverte déclencha chez lui un tel fou rire qu'il dut sortir de la salle de soins. Ce jour-là, j'ai voulu mourir ! »

... et à manger

Cunnilingus et fellation présentent un autre risque directement lié aux poils : celui d'être infecté par les poux et les morpions par contact entre le visage et la toison pubienne. Personne n'est à l'abri. L'auteur anglais M. Andrews dans un ouvrage publié en 1976, *La Vie d'un homme telle qu'elle est*, rapporte comment un ambassadeur de sa très gracieuse Majesté eut les cils des deux yeux envahis de morpions.

Selon le médecin accrédité auprès de cette importante ambassade occidentale, « la localisation à cette zone ne pouvait venir que d'un passage direct d'un poil pubien à un cil ». Il y a bien sûr la possibilité de tuer sur-le-champ l'envahisseur en le « croquant » comme le fit Jean Genet en 1983 : « Ma langue se fit plus aiguë, écarta les poils avec beaucoup de délicatesse. Enfin, dans ces herbes, j'eus le bonheur de sentir sur mes papilles le léger relief d'un morbac. »

La mauvaise réputation

C'est bien parce qu'elle est « poilue comme le diable » que la vulve n'a cessé d'être victime d'ostracisme et qu'une grande partie de la population masculine la considère aujourd'hui encore avec des sentiments ambigus, mêlant convoitise et hostilité. La femme, « la femelle de l'homme » selon l'expression des encyclopédistes, a, pendant la majeure partie de l'histoire humaine, été définie comme « n'ayant pas complètement accédé à la dignité humaine ». Les Androniciens, par exemple, dont l'Église fleurissait au XII siècle, prétendaient que sa moitié supérieure était l'œuvre de Dieu et sa moitié inférieure celle du diable. Sa vue porte malheur, elle rend aveugle, et la petite histoire contient plusieurs récits affirmant que des troupes triomphantes ont été mises en fuite par les femmes des vaincus qui ont relevé leurs jupes pour leur opposer leurs « diables barbus ».

Aujourd'hui encore, le sexe poilu des femmes participe à son image mêlée de péché, de scandale, de luxure. « La femme est succion, ventouse humeuse, elle est poix et glu », écrit Simone de Beauvoir dans *Le Deuxième Sexe*. Objet troué, fendu et barbu, la vulve est décrite par Benoîte Groult comme « le péché, la source de tout mal, le trou méprisable, l'étui pour l'organe roi ! » Les fantasmes masculins entretiennent depuis toujours cette terrifiante conception. Les poils ne sont là que pour cacher un piège mortel, une bouche visqueuse toujours à l'affût, avide de membres virils. Le poil, c'est la bête dangereuse. Zola ne s'y trompe pas lorsqu'il écrit au sujet de Nana : « Dans sa croupe et ses cuisses de cavale, dans le renflement charnu, creusé de plis profonds qui donnent au sexe le voile troublant de leur ombre, il y avait la bête. »

L'appareil génital de la femme a toujours été l'objet d'analogies avec la bouche. Association qui va jusqu'à l'emploi de termes scientifiques identiques tels les « lèvres » par exemple. Comme la bouche, le sexe féminin est creux, humide et il salive. Magritte s'y réfère lorsque, dans sa toile *Le Viol*, il montre une belle toison pubienne dorée, occupant la place de la bouche. D'autres artistes contemporains n'ont pas hésité non plus à matérialiser cette équivoque bouche-vulve. On peut citer par exemple Michel Desimon ou le génial Pierre Ferioli, suivis par quelques concepteurs publicitaires.

Témoignages

Interrogés sur le rôle du poil dans le cunnilingus ou la fellation, divers amateurs éclairés par une longue expérience nous ont délivré leurs conclusions.

- **Jean-Michel, journaliste**

« Très sincèrement, je préfère les blondes. Elles ont des poils plus fins qui tiennent mieux à la peau. Les brunes, c'est un calvaire, les poils rentrent dans la gorge, on en avale beaucoup. Et c'est dur à avaler. »

- **Dimitri, cadre dirigeant dans une multinationale**

« Les avaler ou les recracher, il faut choisir. Tousser, cracher, ça tue l'ambiance. Moi, j'ai un truc pour pas cracher, je mets un verre d'eau sur la table de nuit et ça passe bien. Et on peut toujours choisir : boire ou cracher. »

- **Jean, chef d'entreprise**

« On avale des poils, c'est certain. Un poil qui s'accroche à la luette, ça gratte, ça fait tousser. C'est très désagréable. C'est très sensible une gorge ! »

- **Carl, chef d'entreprise**

« On est obligé de tenir compte des poils dans ce type de comportement sexuel. Ils sont là, et c'est comme ça. Il y en a qui aiment et d'autres pas. Personnellement, j'aime surtout ceux de l'inter-fessier. Ils sont plus doux et se détachent plus difficilement. »

Carte postale coquine. Vers 1900. Coll. part. D.R.

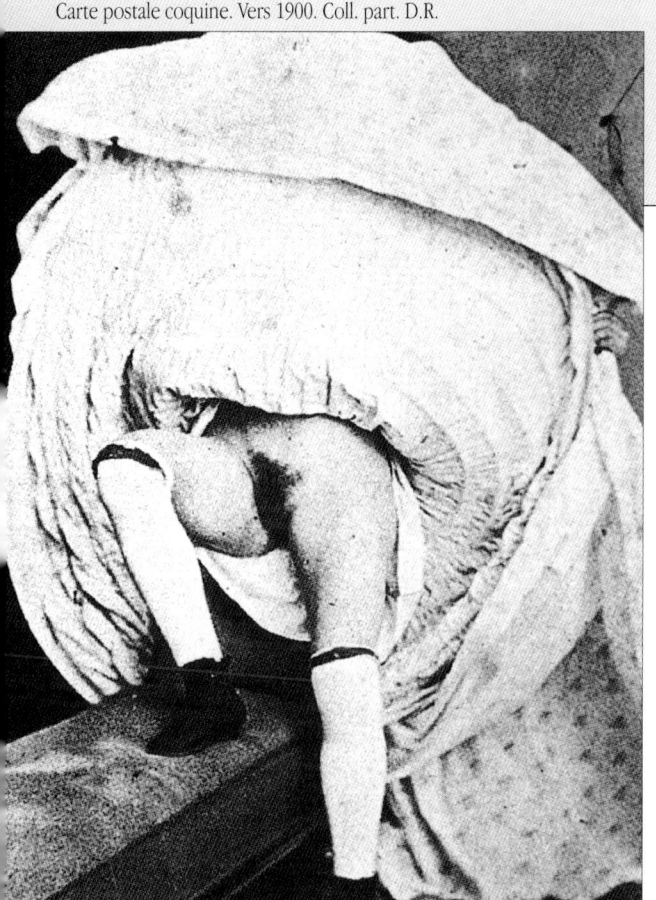

La jeune génération a une approche un peu différente. Pour cet étudiant de 22 ans, le problème est simple à résoudre : « Les mecs devraient demander à leur copine de se raser. Comme ça, ils verraient mieux ce qu'ils font et ça leur éviterait de bouffer du poil. »

Un sondage publié en décembre 2001 par le magazine Playboy affirme qu'aux USA, 33 % des hommes et 50 % des femmes se sont rasé le pubis pour des raisons sexuelles.

Opération qui ne fait pas l'unanimité, si l'on en croit ce jeune électricien parisien : *« C'est des conneries ! Deux jours après le rasage, ça repousse déjà. Ma femme l'a fait une fois, elle a eu la chatte déguisée en papier de verre, du n° 5 qui vous écorche la tronche, le nez surtout... Si le mec s'acharne, il devient écarlate. »*

Des solutions

Les filles ont bien sûr leur avis sur la question, telle cette jeune institutrice auxiliaire : *« Un sexe rasé peut vous apporter un truc en plus, la barbe de trois jours de votre partenaire. Elle chatouille de façon excitante. Mais attention, s'il y va trop fort, ça gratte, ça pique et ça casse tout. »*

En 1997, un magazine allemand, dans un numéro consacré au comportement sexuel des Teutons, affirmait : *« Les hommes, en général, ont peur des poils sexuels féminins et dans 90 % des cas, ils préfèrent "grimper que lécher". »* Voilà qui nous ramène directement à la poésie et nous autorise à conclure avec Théophile Gautier : *« Il faut attendre une vacance et se tenir au bord du con, sa racine à la main pour la planter au moment où la place est libre. »*

En littérature, les exemples sont également très nombreux, aussi nous contenterons-nous de citer Georges Bataille qui, dans son roman *L'Œil* imagine une héroïne à la passion morbide pour tout ce qui rappelle le globe oculaire. Elle en vient à arracher l'œil d'un prêtre pour le manger. Elle ne le porte pas à la bouche, mais le pousse dans son sexe poilu pour le « dévorer sexuellement ».

Certains hommes donnent au vagin une denture qui mutile et émascule, d'autant plus dangereuse qu'elle se dissimule derrière la barbe et la moustache comme « la bouche d'en haut ». C'est ce fantasme mandicatoire qui a accolé au sexe féminin les expressions populaires et argotiques de « dentier barbu », « cresson mortel », « chevelure qui mord » et, plus explicite encore, « tronçonneuse poilue ».

Concluons ces quelques lignes sur les poils génitaux avec une pensée pour les poils de l'arrière-garde, les planqués de l'inter-fessier, les oubliés de l'œillet, ceux dont on ne parle jamais, « sentinelles » pudiques et imperturbables des périphéries de l'anus, et que rien ne fait jamais reculer, ni les vents, ni les marées, ni les torchages.

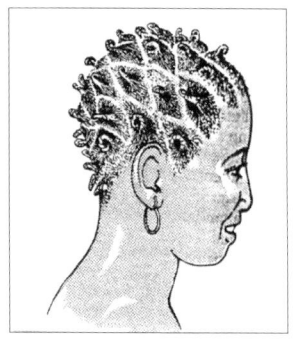

Coiffure en « écailles ». Mali.
D'après Baduel. D.R.

Coiffure « fond de cuvette ». Mali.
D'après Baduel. D.R.

Étonnant travail de coiffure traditionnelle. Photo Corbis-Sygma. Peter Guttman.

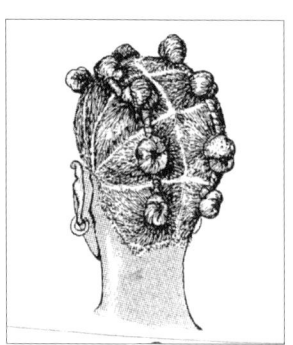

Coiffure en « pompons ». Sénégal.
D'après Baduel. D.R.

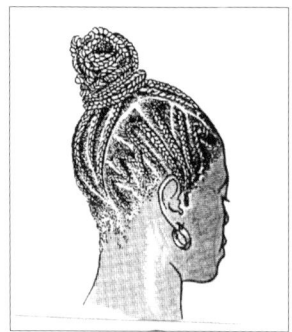

Coiffure en nattes. Mali.
D'après Dilby Yao. D.R.

Coiffure en nattes. Côte d'Ivoire.
D'après Dilby Yao. D.R.

Tous menteurs... poils au cœur !

*I*l est des noms à retenir tels ceux d'Amatius Lusitanus, Antonius Muretus, Valerius Maximus et Fortunius Lecetus qui, tous, jurèrent sur ce qu'ils avaient de plus précieux avoir observé des cœurs velus.

Pendant des siècles, on va dire aveuglément que les artistes et les lettrés ont le cœur très gros, et les guerriers courageux le cœur dur comme un roc. Et les uns comme les autres le cœur garni de poils.

Pline lui-même rapporte qu'Aristomène, héros messénien du VIIe siècle avant J.-C., qui lutta contre la domination des Spartiates dont il fit grand carnage, fut fait prisonnier par les Lacédémoniens qui lui ouvrirent la poitrine et lui « arrachèrent le cœur qu'ils trouvèrent velu ». Dans l'Antiquité il est courant d'attribuer un cœur velu aux hommes courageux. Plutarque rappelle qu'Aristote, dans son Traité des choses, affirme qu'un Barbare scia en deux le cœur poilu de Léonidas.

La croyance persiste encore au XVIe siècle où l'on voit un philosophe italien, ami de François Ier, le très érudit Rhodiginus Riccheri dit Cœlius soutenir que le philosophe Hermogène avait un cœur remarquable par sa taille et son hirsutisme. Un siècle et demi plus tard, un des plus célèbres médecins européens, le Hollandais Isbrand Diemerbroeck soutient encore dans un écrit publié vers 1695 que chez un homme énergique, tenace, inaccessible à la peur, le cœur s'hypertrophie, change de couleur et devient poilu.

Le poil en chiffres... et en vrac !

- **17 500** : C'est la surface moyenne en centimètres de la peau d'un adulte.
- **500 000** : C'est le nombre de poils qui constituent un système pileux humain, cheveux compris.
- **1 000 000** : C'est le nombre de poils portés par certains hommes très velus.
- **5 000 000** : C'est le chiffre que peuvent atteindre certaines pilosités d'hommes ou de femmes affligés d'hirsutisme ou d'hypertrichose généralisée.
- **3** : Seules trois régions du corps humain sont totalement dépourvues de poils : la paume de la main, le dessus de la dernière phalange, la plante des pieds.
- **5** : C'est le nombre de régions ou organes du corps humain où la production de poils est particulièrement fournie et constante : le sommet du crâne, le visage, les deux aisselles et la région génitale.
- **13** : C'est le nombre de zones du visage sur lesquelles poussent les poils faciaux : les deux joues, le menton, les quatre cils, les deux sourcils, le dessus des lèvres, le nez, les deux oreilles.
- **700** : C'est le nombre moyen de poils par sourcil.
- **320** : C'est le nombre de cils moyen par individu ; 80 par paupière.
- **6 000** : C'est le nombre moyen de poils qu'abritent les aisselles.
- **7 000** : C'est le nombre moyen de poils d'un pubis.
- **20 000** : C'est le nombre de poils que peut offrir une zone génitale très poilue.
- **130 000** : C'est le nombre de cheveux qui composent la chevelure ordinaire d'un adulte.
- **110** : C'est le nombre moyen de poils qui poussent dans les deux oreilles d'un homme passé un certain âge.
- **50** : C'est le pourcentage d'étirement possible d'un cheveu mouillé.
- **30** : C'est le pourcentage d'étirement possible d'un cheveu sec.
- **2** : C'est le pourcentage de cheveux malingres d'une même chevelure, signe d'un système pileux déréglé.
- **5** : C'est le rapport anagène-télogène idéal.
- **3** : C'est le pourcentage de cheveux en phase de chute à partir duquel on peut parler d'alopécie.
- **750** : C'est le nombre moyen de cheveux au cm^2 des blonds.
- **620** : C'est le nombre moyen de cheveux au cm^2 des bruns et des châtains.
- **500** : C'est le nombre moyen de cheveux au cm^2 des roux.
- **2** : C'est le nombre de pics saisonniers qui voient un accroissement de la pousse des cheveux.
- **6** : C'est la longueur moyenne en centimètres d'un poil pubien.
- **5** : C'est la longueur moyenne en centimètres d'un poil d'aisselle.
- **12** : C'est l'âge moyen en France où apparaît la pilosité sexuelle et corporelle de l'adolescent.
- **70** : C'est la longueur moyenne possible en centimètres d'un cheveu d'homme.

Femme à sa toilette se rasant les aisselles. Huile de Guillaume. D.R.

Mademoiselle Aline. Détail. Huile de P.C. Helleu. Bayonne. D.R.

- **90** : C'est la longueur moyenne possible en centimètres d'un cheveu de femme.
- **400** : C'est la longueur de cheveu en centimètres atteinte par des femmes hypertrichosées.
- **533** : C'est la longueur de barbe en centimètres atteinte par un homme hypertrichosé.
- **60** : C'est le nombre moyen de poils qui poussent dans les narines d'un homme passé un certain âge.
- **80** : C'est le nombre moyen de cheveux que perd chaque jour un homme adulte.
- **35** : C'est la croissance moyenne quotidienne en microns des cheveux et des poils faciaux. Soit plus ou moins un centimètre par mois.
- **16** : C'est la distance en kilomètres produite chaque année par la pousse additionnée de tous les cheveux d'une même chevelure.
- **4** : C'est la profondeur en millimètres à laquelle est implanté sous la peau le bulbe du cheveu.
- **26** : C'est le nombre moyen des cycles d'un follicule pileux.
- **3** : C'est le temps moyen en années de chaque cycle d'un follicule pileux. Ce temps peut doubler chez certains individus.
- **100** : C'est le poids moyen en grammes de la traction que peut supporter un cheveu sain avant de rompre.
- **125** : C'est le volume moyen en cm³ du liquide excrété en vingt-quatre heures par un individu adulte ne faisant aucun effort particulier.
- **85** : C'est le pourcentage moyen de cheveux d'une même chevelure en phase de croissance.
- **1** : C'est le pourcentage moyen de cheveux d'une même chevelure en phase de régression.
- **10** : C'est le pourcentage moyen de cheveux d'une même chevelure en phase de remplacement par une nouvelle pousse.
- **3 000 000** : C'est le nombre moyen de glandes sudoripares d'un individu, ce qui représente environ 200 orifices par cm².
- **99,5** : C'est la proportion d'eau contenue dans la sueur. Elle est associée à un peu de chlorure de sodium, à une trace d'urée et à une substance odorante au sortir de la glande qui devient acide au contact de l'air.
- **8** : C'est le nombre de jours durant lesquels des scientifiques ont réussi, en 2001, à faire vivre in vitro, en laboratoire, des follicules pileux humains issus de la région occipitale du crâne.
- **3 350** : C'est le nombre moyen d'heures qu'un Britannique de 75 ans a consacrées à se raser au cours de son existence contre 2 785 heures pour un Français.
- **8** : C'est le nombre de minutes, d'après la SOFRES, qu'un Français consacre quotidiennement à son rasage facial, soit environ 48 heures par an.
- **68** : C'est le pourcentage de femmes qui avouent que les hommes trop poilus les rebutent.
- **12** : C'est le pourcentage de femmes qui acceptent de coucher avec un homme quelle que soit sa pilosité.
- **50** : C'est le pourcentage de femmes qui recherchent systématiquement un torse mâle vierge de tout poil. Les psychiatres y voient un refus de la virilité réelle.
- **21 350** : C'est la somme en euros dépensée au cours de son existence par un homme de 75 ans qui s'est fait entretenir sa barbe tous les quinze jours depuis l'âge de 19 ans.
- **100** : C'est la somme moyenne en euros dépensée annuellement par un homme pour se raser ; sans tenir compte des produits avant et après-rasage.
- **5 600** : C'est la somme moyenne en euros dépensée au cours de son existence par un homme de 75 ans qui se rase depuis l'âge de 19 ans.
- **90** : C'est le pourcentage des hommes occidentaux qui se rasent au moins vingt fois par mois.
- **65** : C'est le pourcentage de Françaises qui utilisent un déodorant.
- **76** : C'est le pourcentage d'Allemandes qui utilisent un déodorant.
- **86** : C'est le pourcentage d'Anglaises qui utilisent un déodorant.
- **63,6** : C'est le pourcentage de femmes qui estiment avoir des cheveux blancs.
- **7,8** : C'est le pourcentage de femmes en France qui sont naturellement blondes.
- **15,2** : C'est le pourcentage de femmes en France qui se teignent en blonde.
- **14** : C'est le pourcentage de femmes en France qui se rendent rousses par coloration.
- **58** : C'est le pourcentage de femmes en France qui se teignent les cheveux.
- **58** : C'est le pourcentage d'hommes qui affirment perdre leurs cheveux.
- **41** : C'est le pourcentage d'hommes en France atteints par la calvitie.
- **58** : C'est le pourcentage d'hommes concernés par une diminution de la densité de leur chevelure.
- **29** : C'est le pourcentage de femmes concernées par une diminution de la densité de leur chevelure.
- **17** : C'est la moyenne des gammes de couleurs proposées par les marques fabricantes de produits de teinture pour cheveux.
- **60** : C'est le pourcentage en France de femmes ayant un cuir chevelu gras en raison de la pollution, du stress ou de l'alimentation.
- **125 000** : C'est le nombre de coiffeurs en France.
- **10 000 000** : C'est le nombre de coiffeurs déclarés dans le monde.
- **50 000** : C'est le nombre de salons de coiffure en France.
- **3,5** : C'est le pourcentage moyen de femmes qui ne vont chez le coiffeur qu'une fois par an.
- **82** : C'est le pourcentage moyen de femmes qui vont chez le coiffeur au moins une fois tous les deux mois.
- **45** : C'est le prix moyen en euros dépensé par une femme lors d'une visite chez son coiffeur.
- **19** : C'est le prix moyen en euros dépensé par un homme lors d'une visite chez son coiffeur.

11
Le poil contestataire
Du ressentiment à la révolution

« Les Beatles », symbole de la contestation pour plusieurs générations. Asa Press. D.R.

Tout au long de l'Histoire, « la tournure des poils », comme disait un célèbre coiffeur sous l'Empire, a su exprimer plus ou moins nettement à travers les modes, les coupes et les coiffures une position sociale, l'appartenance à telle ou telle classe de la société ou encore des penchants culturels. Mais la coiffure est aussi une « expression politique », conjoncturelle et quelquefois violente qui s'inscrit à contretemps des modes, dans un esprit d'opposition ou de revendication.

Dans ce cas, qui correspond souvent à une période troublée ou en mutation, la taille des cheveux, la façon de les coiffer peuvent servir à afficher ses positions ou ses sensibilités, son appartenance militante à tel ou tel groupe, clan ou parti, voire même, comme ce fut le cas dans la seconde moitié du XXe siècle, à manifester l'expression de sa révolte contre un système économique ou encore son parti pris dans un conflit de générations.

Une des plus célèbres révoltes de la paysannerie française, menée au XVIIe siècle contre la surimposition, a pris le nom historique de « révolte des cheveux courts », car tous ceux qui y participèrent se coupèrent les cheveux en signe de protestation.

Dans quelques occasions, la seule couleur de la chevelure a suffi pour être accusé de manifester ses pensées profondes. Sous la Terreur, par exemple, porter une perruque blonde équivalait à afficher ses opinions contre-révolutionnaires. Du moins est-ce affirmé par l'accusateur public du Tribunal révolutionnaire,

Quentin Fouquier-Tinville. Déjà sous la Commune, en 1792, un député était monté à la tribune pour dénoncer des contre-révolutionnaires, « ces femmes qui portent des perruques blondes ». On sait aujourd'hui que cette intervention sans fondement fut le fruit d'une manipulation de la part d'une maîtresse d'un autre député nommé Bertrand Barère de Vieuzac. Cette jolie brune voulait nuire à une rivale, une ravissante blonde.

À la même époque, un groupe de révolutionnaires suggéra que les femmes républicaines adoptent une coiffure conforme à leurs engagements : « Un simple nœud contenant derrière la tête des cheveux toujours lavés, quelquefois légèrement parfumés. Que de ce nœud s'échappent plusieurs boucles qui viennent sur le cou, le dos et les épaules. Ou bien encore un simple ruban relevant les cheveux par-derrière et venant sur l'un des côtés de la tête se nouer en formant une rosette. Cette coiffure simple, pittoresque, se retrouve sur plusieurs tableaux et statues antiques et mérite d'être naturalisée parmi nous. C'est à peu près ainsi que doivent être coiffées les Républicaines. »

Le Directoire ayant toléré dès son début, en octobre 1795, le retour au luxe et à celui de la parure, l'opposition s'en empare et fait très vite de son allure vestimentaire et de sa coiffure l'expression de son sentiment royaliste et de son rejet de l'esprit républicain. Les « Muscadins », ainsi nommés en 1793 par les sans-culottes à cause de l'emploi excessif d'un parfum à base de musc, puis les « Merveilleux et les Merveilleuses », et enfin leurs suiveurs, en 1795, les « Incroyables », tous portent costumes et accessoires « excentriques rappelant les modes de l'Ancien Régime ».

La « coupe aux enfants d'Édouard », coupe très courte presque en brosse, fut adoptée un temps par un petit nombre de royalistes au début du XIXe siècle. Seule fois dans l'Histoire où un mouvement revendicateur royaliste adopte une coupe courte comme signe de reconnaissance. Son nom est en fait une fausse référence à l'Histoire car les deux malheureux enfants d'Édouard IV, assassinés par leur oncle, le duc de Gloucester, portaient une coupe mi-longue et bouclée.

On peut penser avec quelques érudits que la « coupe aux enfants d'Édouard » se voulait moins une référence capillaire que le rappel du tragique destin des enfants de France, facilement comparables aux enfants d'Édouard et comme eux enfermés dans une forteresse, la prison républicaine du Temple.

Sur le plan purement capillaire, les cheveux longs royalistes s'opposent aux cheveux courts républicains. Les « Merveilleux » ont très vite fait réapparaître les longues perruques blondes, ce qui octroie immédiatement aux cheveux longs une connotation politique. En ces années troubles, la perruque poudrée est considérée comme un signe de noblesse et, malgré les risques, un certain nombre d'irréductibles s'obstinent à la porter. Les « Muscadins » qui soutiennent les mouvements contre-révolutionnaires portent perruque et plus couramment encore laissent pousser leurs cheveux qu'ils ont flottants.

Charlotte Corday fut, entre autres, accusée de « royalisme » pour s'être fait coiffer et poudrer le matin même du jour où elle assassine Marat dans sa baignoire. Les « Incroyables » reprennent, en plus accentuée encore, la chevelure longue et poudrée des Muscadins, ce qui leur vaut de la part des Républicains le méprisant surnom de « coiffure en oreille de chien ». Leurs cheveux longs sont frisés en serpenteaux qui cachent une partie du visage. Ils sont quelquefois tressés en cadenettes, mais le plus souvent encore abandonnés libres sur les côtés du visage et partiellement sur le devant, ce qui cache en partie leur regard. Nombreux sont aussi les « Incroyables » qui attachent une partie de leur chevelure derrière la nuque, en mémoire de la monarchie disparue.

On sait que le surnom d'« Incroyables » dont sont affublés les jeunes royalistes du Directoire vient du fait qu'ils s'ingéniaient à parler en supprimant les « r », les transformant en « g » et en « z », et répétant à tout propos : « C'est incoyable, ma paole d'honneu ! » Certains historiens pensent que ce jeu de langage, qui fut lancé par le fameux chanteur Garat, fait injustement oublier leur farouche et courageuse opposition aux Républicains ou, plus justement, aux Jacobins.

Détail souvent ignoré de l'Histoire et juste retour des choses, ce sont les « Incroyables » qui ont donné le surnom de « Jacobins » aux Républicains les plus exaltés, membres de la plus célèbre société politique de la Révolution, « la Société des Amis de la Constituante ». Ces membres se rassemblent régulièrement dans un couvent de dominicains de la rue Saint-Honoré qui, à l'époque, s'appelle « couvent des Jacobins » en mémoire de son fondateur saint Jacques. Les Incroyables trouvent irrésistible de les affubler d'une épithète religieux, d'autant plus qu'ils les accusent d'être « coiffés tondus » comme des moines.

Coiffure à la « malcontent »

À l'injure « porteur d'oreilles de chien » lancée par les Jacobins, les Incroyables répondent en comparant leurs cheveux très courts aux criminels tondus qui rament sur les galères de Marseille et de Toulon, ou encore aux pouilleux de Bicêtre que l'on tond pour limiter la propagation des vermines.

La jeunesse royaliste chante : « Les traîtres, les plus beaux dépouillés de cheveux n'offrent plus au regard qu'un masque de teigneux. » Et dans les salons, il est recommandé au « beau sexe » de « ne point souffrir que des hommes sans queue leur fassent la cour, mais de les éloigner jusqu'à ce qu'elle ait poussé ». Les jeunes Républicains coiffés à la Titus répondent : « Comment souffrir un genre de coiffure dont l'aspect dégoûtant rappelle un Régime qui nous fait frémir d'horreur ? »

Lorsqu'en 1796, les Incroyables adoptent avec leurs cheveux longs des collets noirs, l'innovation est le signal de rixes et de duels innombrables avec les patriotes républicains. L'année suivante, en 1797, le gouvernement décide d'interdire toutes les fantaisies capillaires, « oreilles de chien », poudre, catogans, postiches, etc., mais sans grand résultat. Il faut attendre le Consulat pour les voir progressivement disparaître.

Le refus du conformisme et de l'académisme se traduit aussi dans la tenue vestimentaire et le port de la barbe et des cheveux longs, pour bien se distinguer des crânes chauves et des mentons libres conservateurs. Lors de la première représentation d'*Hernani*, en 1830, les deux camps s'opposent. Ceux assis en bas, qui refusent les innovations de Victor Hugo, les libertés qu'il s'octroie par rapport aux traditions classiques,

Jeune fille punk. Londres. Photo L. Manning. Corbis-Sygma.
Roger Ressmeyer.

Punks japonais. 1985. Photo R. Ressmeyer. Corbis-Sygma.
Laurence Manning.

et qui sifflent et vocifèrent. Et ceux de tout en haut, des amis de l'auteur et surtout tout un public romantique, combattants de l'ordre établi, persuadés d'assister à la naissance d'un chef-d'œuvre. Les deux camps s'opposent dans ce que l'Histoire a retenu comme « la bataille d'Hernani ». Ceux du haut bombardent de projectiles leurs adversaires, les crânes chauves classiques et académiques, assis aux meilleures places à l'orchestre et au balcon. Un barbu à voix forte, rapporte la chronique, appartenant à cette jeunesse désignée sous le nom de son journal *La Jeune France*, lance cette invective restée fameuse : « À la guillotine les genoux ! »

Trois ans plus tard, en 1833, changement de tendance, et les opposants à Louis-Philippe se coiffent à la « malcontent », mode initiée par les « malcontents » du XVIe siècle, parti qui se forma en France en 1573 pendant la quatrième guerre de religion autour du duc d'Alençon, frère de Charles IX. Parmi les « grands » du royaume qui allaient tête rasée pour manifester leur opposition au roi, on peut citer des noms aussi fameux que Henri de Navarre, Montgomery, La Mole, Coconas et les maréchaux de Montmorency et de Cossé, et quelques autres de même rang.

Aux alentours de 1829, les dandys remettent en vogue la moustache fine assortie à de beaux favoris, emblème des libéraux et des carbonari. Charles-Albert de Savoie opte pour cette mode pour signifier à tous, pairs et opinion publique italienne, qu'il adhère aux idées progressistes et que ses sympathies vont vers ceux qui œuvrent pour l'unité italienne.

Au milieu du XIXe siècle, barbes et moustaches sont des symboles révolutionnaires dans toute l'Europe. Elles sont rendues immortelles par Auguste Blanqui, Garibaldi ou encore Leopardi, l'une des grandes figures de la littérature transalpine. En France, également, la Révolution de 1848 voit les « hommes libres » arborer fièrement barbes et moustaches. « Le rasage pratiqué par les représentants de l'ordre monarchique devient synonyme de conservatisme, nous dit l'historienne de la barbe Gabriella Lamontio, alors que les poètes, les étudiants et les romantiques se mettent à cultiver barbe et moustaches avec un zèle passionné. »

Dans les années 1850, barbe et moustaches, trop portées dans les milieux de la gauche républicaine depuis la Révolution de 1848, sont pourchassées par l'administration. Au lendemain du coup d'État de décembre 1851, le nouveau ministre de l'Instruction publique, Hippolyte Nicolas de Fortoul envoie en mars 1852 une circulaire à toutes les écoles, lycées et établissements supérieurs de France. Elle prescrit à tous les membres du corps enseignant de raser barbes et moustaches « dans la mesure où celles-ci sont peu compatibles avec la gravité du professorat ». En réalité, parce que barbes et moustaches sont le déplorable souvenir révolutionnaire de 1848 et ont tendance à redevenir le signe de ralliement de la « gauche républicaine ».

En dépit des polémiques, ces attributs pileux disparaîtront, mais non sans une vigoureuse résistance de la part des enseignants. Résistance symbolisée par la lettre que Francisque Sarcey, alors professeur dans un collège de Chaumont envoie à son recteur départemental et qui reste aujourd'hui une lettre d'anthologie : « Laissez-nous cette barbe qui est née avec le premier homme bien avant qu'on ait inventé le rasoir. Cette barbe qu'a portée l'Antiquité tout entière, la sage Antiquité qui avait fait du nom de "glabre" une sanglante injure ; cette barbe qui faisait jadis le philosophe ou du moins lui servait d'enseigne ; cette barbe qu'ont laissée croître tous les Pères de l'Église, tous les saints du désert, sans craindre qu'elle diminuât en rien le respect qu'on avait en eux ; cette barbe qui a traversé tout le Moyen Âge sans encombres et que nous retrouvons sur les lèvres du grand Bossuet ; cette barbe enfin dont un poète a dit que de son côté était la toute-puissance en sorte que si elle était chassée du reste de l'univers, c'est au menton des professeurs qu'elle devrait trouver un dernier asile. »

Cette lettre rebelle va sceller le destin de son auteur. Muté par mesure disciplinaire au collège de Lesneven, au fin fond de la Bretagne, puis tombé en disgrâce complète à Rodez, Francisque Sarcey démissionne en 1858 pour se lancer dans la littérature. Bien lui en prit. Il deviendra le critique dramatique et le romancier que nous connaissons.

À l'étranger, la chevelure est d'identique façon l'expression de ses convictions. Le mouvement ouvrier s'est emparé lui aussi de cet emblème. Les grands leaders socialistes ou anarchistes : Marx, Bakounine, Proudhon, portent tous des barbes de patriarche, qui contrastent avec les barbiches inconsistantes des chefs bolcheviques, Lénine et Trotski.

Stendhal dans son *Voyage à Rome, Naples et Florence*, publié en 1817, raconte qu'au théâtre San Carlo de Naples, il assiste à l'arrestation d'un certain nombre de jeunes gens sous prétexte que leur chevelure n'est pas poudrée, ce qui, explique-t-il, les rend suspects d'idées révolutionnaires aux yeux de la police de la monarchie napolitaine.

De l'autre côté de la Manche, l'histoire britannique fourmille d'anecdotes mettant en avant l'habillement et la coiffure comme drapeau d'une opinion ou d'une cause. La plus célèbre est sans conteste liée à la Révolution de 1648. Oliver Cromwell après avoir fait emprisonner puis mettre à mort Charles Ier se fait nommer « Lord protecteur de la République d'Angleterre ». Dès le début des événements, il fait couper les cheveux de ses soldats et demande à tous ses partisans de faire de même. Dès lors, dans les différents parlements constitués, puis dissous qui se succèdent, vont s'affronter les puritaines « têtes rondes », comme l'on nomme les partisans de Cromwell et les royalistes désignés sous le nom de « cavaliers » et qui portent de longues chevelures bouclées.

La Chine offre également l'exemple d'une distinction politique visible grâce à la chevelure. Avant sa conquête par les Mandchoues, en 1644, les Chinois étaient très attentifs à leur chevelure dont la perte était ressentie comme une humiliation et la source de nombreux maux. Une fois leur conquête assise, les Mandchoues imposent aux Chinois de se raser la tête afin qu'ils portent sur eux la marque constante de leur domination. Un ambassadeur hollandais du XVIIe siècle rapporte que de nombreux Chinois préféraient se donner la mort et que ceux qui entraient en résistance contre l'envahisseur mandchou, et qu'il nomme « cabellos », se laissaient au contraire pousser les cheveux le plus long possible.

Marins chinois conduits devant un commandant de bord occidental pour manquement à la discipline. Le quartier-maître les tient par leur natte en signe d'humiliation. Gravure du XIXe siècle. Coll. part. D.R.

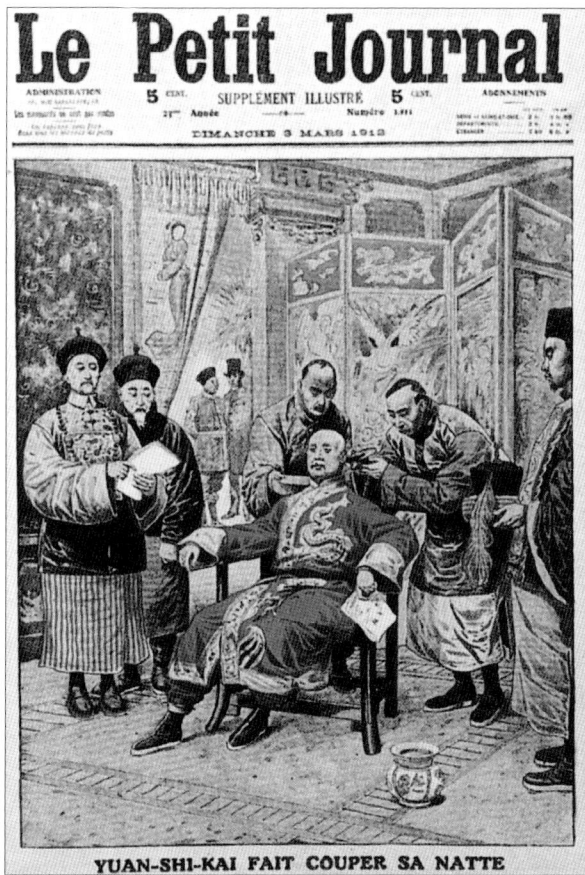

Le Petit Journal. Mars 1912. Le maréchal Yuan Shikai, président de la République chinoise, fait couper sa natte en signe de rejet du symbole de l'ancienne domination mandchoue. Coll. part. D.R.

Karl Marx. Huile d'Émile Dreyer. La plus illustre « barbe révolutionnaire » de l'histoire moderne. Coll. part. D.R.

Un coiffeur au paradis

Le fils d'un esclave noir, né en 1776, arriva aux États-Unis vers 1793 avec des milliers d'autres émigrés français après le soulèvement de la colonie française de Saint-Domingue. Son nom : Pierre Toussaint. En même temps qu'il œuvre comme garçon coiffeur, il s'éduque et devient même très lettré.

Son talent de coiffeur ne cesse de s'affirmer jusqu'à s'étendre aux milieux les plus huppés de New York.

Tous ses biographes reconnaissent que ses fréquentations mondaines ne modifient en rien son comportement, la coiffure n'étant pour lui qu'un moyen d'aider son prochain. Il apporte effectivement son soutien à tous ceux qui se trouvent dans le besoin, Noirs, Blancs, esclaves, orphelins, à tous ceux qui souffrent d'une façon générale.

Souvent sollicité de livrer les secrets qu'il détient de sa fréquentation du grand monde, Pierre Toussaint répond inlassablement : « Je suis coiffeur, pas gazetier ! » Il était impossible de lui arracher la moindre rumeur. Il se dévoua corps et âme à son métier et à ses œuvres de charité jusqu'à sa mort, en 1803, à l'âge de 27 ans.

Sa vie fut si exemplaire que depuis 1990, elle fait l'objet d'une étude préliminaire en vue d'une canonisation. Ce qui ferait alors, au terme de très longues enquêtes et formalités, de Pierre Toussaint le cinquième Américain et le premier Noir américain à être sanctifié.

Portrait de chartreux. 1446. Huile de Petrus Christus. Metropolitan New York. D.R.

Peu à peu, les Chinois en vinrent à se raser le crâne tout en y laissant pousser une touffe de poils à l'arrière, qu'ils nattaient une fois celle-ci parvenue à une certaine longueur. Les administrations mandchoues laissent faire, disant que cette natte « est la corde par laquelle on mène ces hommes ». Peu à peu, la natte en vint à désigner le mandarinat, c'est-à-dire la caste lettrée occupant les postes administratifs du pays. Dans la Chine des années 1909-1914, les « nattes mandarinales » sont pourchassées par le Guomindang qui les condamne à disparaître. Après la victoire du parti communiste, Mao Zedong renforce l'interdit et, vers 1950, impose aux hommes le port des cheveux courts comme preuve d'adhésion militante à son projet de société chinoise nationaliste et communiste. En revanche, les vues prospectives du « Grand Timonier » n'ont jamais sérieusement menacé les longs cheveux de la gent féminine. Au contraire, Mao Zedong ne cesse d'inciter les Chinoises à arborer de longues tresses pour lui signifier leur adhésion de cœur et d'esprit.

En général, les régimes dictatoriaux ou simplement forts et durs sont très hostiles aux barbus, moustachus et chevelus. Les opposants et contestataires de tous bords ne s'y trompent pas et commencent presque toujours leur résistance active en laissant croître un, plusieurs ou l'ensemble de leurs attributs pileux. Les exemples sont innombrables.

Le « shérif chevelu », tel était le vocable utilisé par les habitants pour désigner Raisuli, le puissant caïd du Fahs, vaste région fertile voisine du massif tunisien de Laghouan. Lorsque les Français l'emprisonnèrent vers 1880, il jura de ne pas couper sa mèche de Mahomet avant de s'être vengé des envahisseurs. En 1903, sa mèche est devenue si longue qu'il s'en sert comme turban en l'enroulant cinq fois autour de sa tête.

Plus proches de nous, les barbes révolutionnaires cubaines. Fidel Castro, à l'issue de sa guerre de 1959 contre Batista, prit le pouvoir avec son armée de « barbudos » dont tous les hommes avaient juré de ne pas se raser avant d'entrer victorieux dans La Havane. Les longues chevelures et les barbes fournies vont dès lors symboliser à travers le monde « l'inexorable marche en avant de la révolution marxiste face au capitalisme générateur de toutes les misères humaines sur la planète ».

Barbes et moustaches n'ont pas toujours été portées sans risques, car ces ornements ont souvent semblé dangereux à certains régimes politiques en raison de leur signification symbolique de « refus ». En Russie, par exemple. Lorsque, au milieu du XVIIe siècle, le patriarche de l'Église orthodoxe russe Nikon s'attaque à la révision des versions de la Bible et impose une réforme de la liturgie et de l'orthographe des noms sacrés, de nombreux Russes entrent en dissidence religieuse. On les appelle les « raskolnik » ou « rakolnik », mot signifiant « schismatique ». Ils se propagent à travers toute la Russie pour ne disparaître qu'à la fin du XVIIIe siècle. Leur signe de reconnaissance est la barbe, qu'ils taillent spécifiquement et portent envers et contre tout. Beaucoup le paient de leur vie car ils entrent ainsi ouvertement en résistance contre le tsar Pierre le Grand qui veut occidentaliser son pays et impose pour cela certaines règles à la population, dont le visage glabre.

À son tour, le XXe siècle ne s'est pas écoulé sans maintes coiffures contestataires. « Contestations pileuses » qui, très souvent, ne sont pas restées circonscrites à l'intérieur des frontières nationales qui les ont vues naître. Démarrées timidement, elles ont rapidement gagné par leur ampleur de nombreux autres pays, touchant des couches de population, généralement une partie de la jeunesse, animées des mêmes préoccupations ou des mêmes refus.

Hemingway et Castro, deux types différents de révolutionnaires barbus. La Havane. D.R.

On peut citer au début du siècle les cheveux courts pour les femmes, considérés pour les uns comme un signe de débauche et pour les militantes féministes comme le signe d'une émancipation de leur ancestral statut de dominées. Dans la seconde moitié du XXe siècle, on voit émerger les beatniks, les hippies, les afros, les punks, les skinheads, etc., tous affichant par la coiffure une forme plus ou moins spectaculaire de leur rejet de l'ordre social établi.

Ce sont les beatniks qui réintroduisent dans la civilisation occidentale, au milieu des années 1950, le port des cheveux longs pour les hommes. Sans véritable domicile fixe, errant sans but à travers le monde occidental, vivant de mendicité, les beatniks se singularisent par de longues tignasses sales et mal peignées.

Dix ans plus tard, au cours des années 1960, un autre mouvement né aux États-Unis, le mouvement « hippy », fondé par Timothy Leary, adopte à son tour la chevelure longue, naturelle, flottant sur les épaules en mèches sales et emmêlées. Les hippies entendent par là afficher leur rejet de la société industrielle, le refus de la société de consommation, le « ras-le-bol » d'un monde infecté par le progrès et le profit. Leurs cheveux longs, disent-ils, sont l'emblème de leur idéal de retour à la nature, un prêche muet mais visible pour un monde d'innocence, de paix et de béatitude. Leur slogan « Faites l'amour pas la guerre » fait le tour du monde.

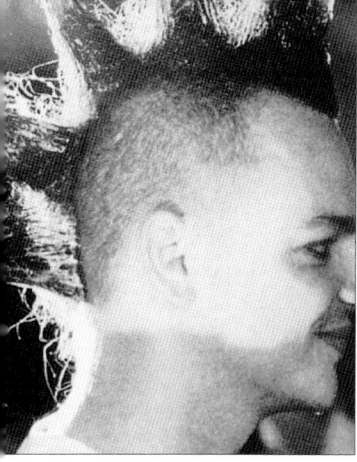

Coiffure « iroquoise ».
D.R.

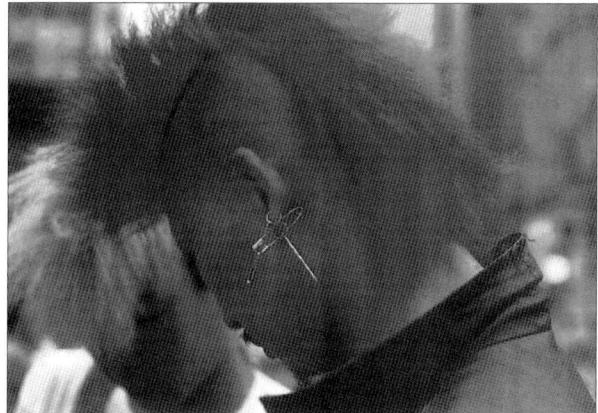

Coiffure punk. 1985. R. Ressmeyer. Corbis Sygma.

Cette même décennie 1960, c'est aussi la naissance d'une coiffure qui symbolise non pas l'amour et la fraternité universelle, mais l'esprit de rébellion. Il s'agit de la coiffure « afro » qui prend naissance au sein de la communauté noire américaine et s'appuie sur des racines africaines et des spécificités ethniques. La coupe « afro » se caractérise par une chevelure volumineuse, ultra crêpée dont la célèbre activiste Angela Davis reste le symbole. Cette coiffure devient l'emblème de la lutte contre la ségrégation et pour l'égalité des droits, et gagne vite un nombre considérable d'adeptes. À Washington, par exemple, il s'ouvre entre 1962 et 1964 près de 400 salons de coiffure spécialisés dans la « coiffure afro ». Les perruques « afro » sont fabriquées par dizaines de milliers et exportées par les groupes américains vers les groupes ethniques européens. Cette vogue mondiale va culminer vers 1968-1970, puis décliner assez rapidement à partir de 1973.

La crise de mai 1968 s'accompagne entre autres d'un conflit de générations qui s'est pour beaucoup polarisé sur une rupture vestimentaire et capillaire. Beaucoup de jeunes expriment leur refus d'une société française bourgeoise et capitaliste par le port de la barbe et des cheveux longs qui seront à l'origine de nombreux faits divers dramatiques. Un surtout frappa les imaginations, qui met en scène un jeune apprenti menuisier aux cheveux longs jusqu'aux épaules. Il se fait brûler dans la cour de sa menuiserie après s'être aspergé d'essence parce que son patron veut l'obliger à se couper les cheveux. Mais la chevelure longue et flottante de la jeunesse fut reprise par quantité d'adultes et l'on vit se laisser pousser les cheveux même des fonctionnaires de l'État.

Les décennies 1970 et 1980 accusent l'émergence de quantité de mouvements, de clans, de regroupements de marginaux qui attachent une grande importance à leurs cheveux en tant que réaction visible contre la société dans laquelle ils vivent. Les Hell's Angels conservent les cheveux les plus longs et les plus sales possibles. Les Mods préfèrent les coupes en brosse, mais dans les deux cas la chevelure sert à affirmer son appartenance et son originalité.

C'est également vrai pour les punks qui font leur apparition en Grande-Bretagne au milieu des années 1970 en réaction contre la société. C'est un mouvement qui se veut culturel et musical et affiche des signes extérieurs provocateurs. Garçons et filles se rasent la tête ou bien taillent leur chevelure à l'« iroquoise », c'est-à-dire en laissant subsister une crête haute et colorée qui se tient droite grâce à l'emploi de colle ou de vaseline.

Dans leur volonté de dérision, ils la peignent en rose, rouge, vert, jaune à l'aide de bombes de peinture automobile. Chaînes et grosses épingles de nourrice sont portées en pendentif ou en boucles d'oreilles. Rappelons que le mot « punk » vient de l'anglo-américain et signifie vaurien, épave, délabré, pourri.

Les skinheads sont dans les années 1980 une branche divergente des « Mods ». Comme leur nom l'indique, les skinheads ont le crâne insolemment rasé, forme extérieure selon eux de virilité et d'agressivité. Ces jeunes gens qui sacrifient leur chevelure aux dieux de la force et du nationalisme inquiètent encore à l'heure actuelle les gouvernements européens par leur violence et leur xénophobie qui suscitent souvent peur et indignation parmi les populations. Les skinheads sont un des rares mouvements où les filles sont considérées séparément et désignées spécifiquement : « skingirls », « rude girls » ou « birds ».

Les skingirls, en général, ne portent pas le crâne entièrement rasé et se contentent seulement d'en tondre la partie arrière en laissant pendre une frange sur le front et de longues pattes sur les tempes. D'autres adoptent une coupe « mongole » en se fabriquant une touffe au sommet du crâne et en rasant tout ce qui est autour.

La décennie 1980, c'est aussi l'émergence du style « rasta », quelquefois dénommé « afro-cubain », lancé aux États-Unis et qui acquiert quelque audience dans les pays européens au sein des minorités noires. À l'instar des coiffures féminines africaines, la coiffure « rasta » se caractérise par des chevelures tressées en une multitude de petites nattes très minces appelées « locks ». Nattés qui poussent en conservant les cheveux morts entortillés sur eux-mêmes. C'est cet emberlificotage qui permet à la natte d'atteindre des longueurs étonnantes.

Le chanteur jamaïcain Bob Marley, le tennisman français Yannick Noah, par exemple, entendent par l'adoption de cette coiffure traditionnelle mais particulière affirmer leur origine identitaire.

La musique s'est également imposée comme un champ particulier de révolte sociale. Du rap à la techno, des dizaines de spécificités musicales engendrent chacune des goûts, des comportements et des allures particuliers. Mais aucune de ces musiques n'a jamais atteint le niveau du rock'n'roll sur le plan de la contestation. Plutôt douce avec les Beatles, elle peut être archi violente comme le démontre, par exemple, le groupe Motley Crue dont les membres portent des cheveux tombant plus bas que les épaules. Rock et cheveux longs sont une association indissociable parfaitement incarnée par Tommy Lee, « le déjanté » et adepte comme la plupart des rockers, d'alcool, de drogue, de filles, de brutalité et d'excès dans bien d'autres domaines. Sa longue chevelure souvent teinte en rouge est adoptée par des dizaines de milliers de fans à travers le monde à seule fin d'identification.

Ces vingt dernières années, bien des modes capillaires sont apparues. Certaines se sont imposées quelque temps, d'autres ont été éphémères, d'autres encore ont changé de sens, comme, par exemple, la mode des crânes rasés. Elle était initialement, dans les années 1980, le signe supposé d'une pensée fasciste et est devenue au cours des années 1990, sous l'influence des footballeurs, le signe d'un esprit sportif ou d'un intérêt footballistique. Le rasage de tête des sportifs est né chez les basketteurs noirs américains, très majoritaires dans presque toutes les équipes outre-Atlantique. Les joueurs entendaient par là signifier leurs spécificités sportive et ethnique.

N'allons pas croire qu'à l'heure actuelle, barbe et moustaches ont perdu leur pouvoir revendicateur. Dans la seule décennie 1990, nous avons trouvé des dizaines d'exemples significatifs. Les policiers d'Easthampton, aux États-Unis, dans le Massachusetts, ont choisi, en 1993, de se laisser pousser la «barbe de la colère» pour protester contre le gel de leurs salaires et réclamer un contrat de travail. Les policiers diront préférer ce moyen de protestation plutôt que des absences maladie « à l'européenne », afin de ne pas gêner le fonctionnement des services.

Cette même année 1993, un dirigeant du Front National se rase moustache et barbe pour protester contre la colonisation islamique de la France, encouragée par des mollahs venus de l'étranger. Membre du bureau politique du mouvement et conseiller régional de Bourgogne, Michel Collinot se fait raser en public une barbe et une moustache qu'il portait depuis vingt-quatre ans.

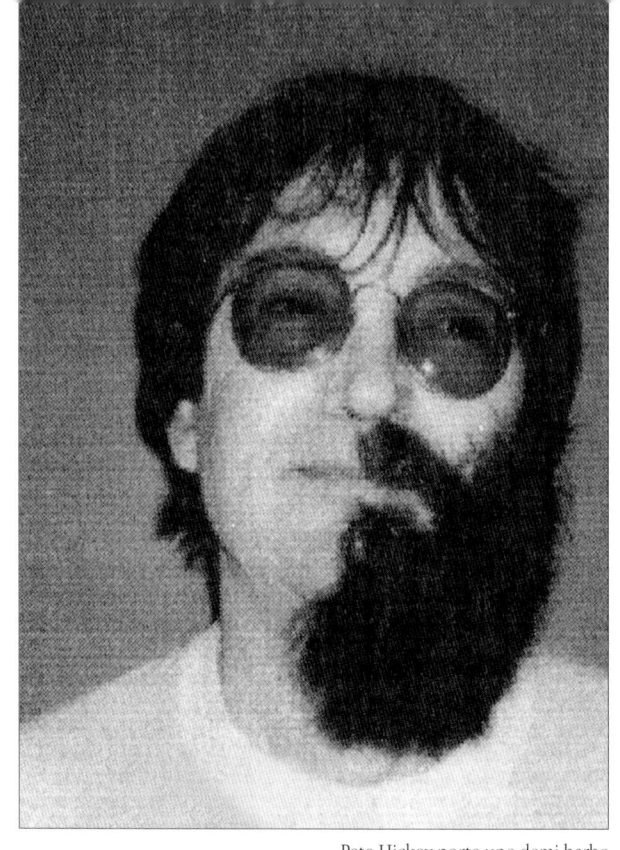

Pete Hickey porte une demi-barbe et une demi-moustache à titre expérimental. D.R.

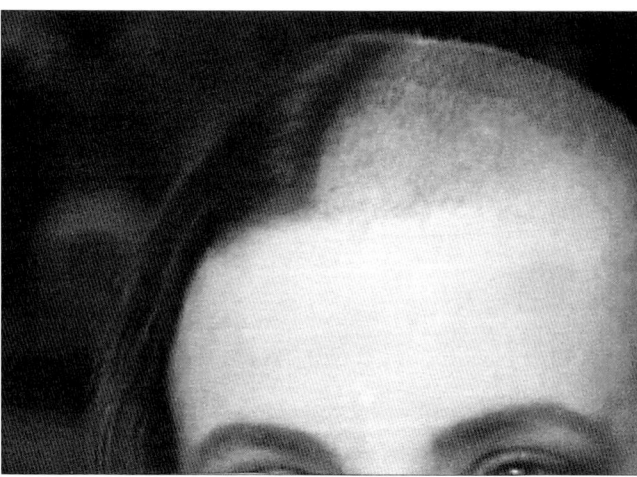

Demi-tonte longitudinale. D.R.

Différentes coupes demi-tonte. D.R.

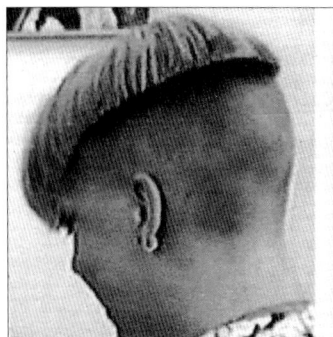 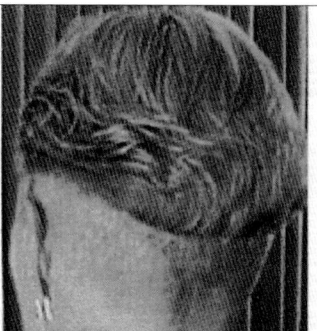 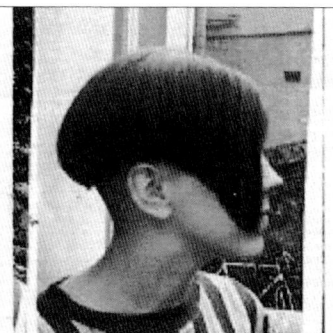 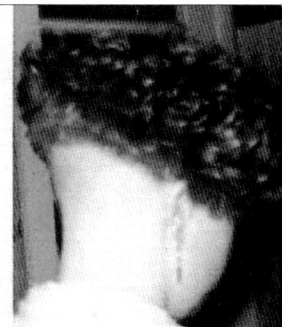

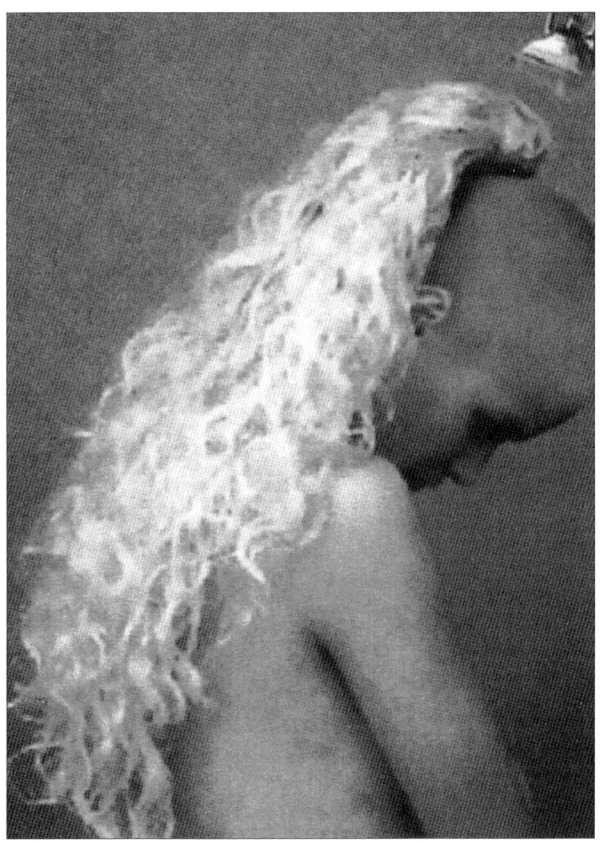

Demi-tonte queue-de-cheval. D.R.

Jimi Hendrix propagea la coiffure « afro ». Doc. Allen Douglas. D.R.

Quelque temps auparavant, un autre politicien, Christian Dancale, ex-champion d'Europe de culturisme et candidat à la députation dans la première circonscription de Toulouse, s'était laissé pousser barbe et moustache, mais uniquement sur la moitié gauche du visage pour, disait-il, « montrer mon étiquette gaulliste mitterrandiste et le fait que je n'ai toujours été que d'un seul côté, la gauche ! »

Dépassant la simple anecdote individuelle, le port ou la coupe de la moustache a été un des éléments politiques essentiels de la campagne menée, en mars 1998, par le gouvernement turc contre le mouvement fondamentaliste musulman.

L'affrontement s'est durci à partir d'une directive de mai 1998 destinée aux fonctionnaires, définissant la longueur et la forme exacte de la moustache politiquement correcte, qui se doit d'être taillée droite et s'arrêter au-dessus de la lèvre supérieure.

La plupart des hommes en Turquie se laissent pousser la moustache dès que possible. Ce port précoce est généralement interrompu par le service militaire durant lequel les recrues sont tenues de se raser.

La journaliste Suzanne Gasten Istanbul, dans un article pour l'agence *France Presse*, énumérait les « différents messages » délivrés par la pilosité faciale dans un pays où les croyances religieuses et politiques sont souvent arborées sur le visage.

D'après un coiffeur du quartier de Fatih, Hasim Ozkurt, installé au-dessus de la Corne d'Or, « en Turquie, on identifie facilement un homme par sa moustache ». Ainsi, une moustache bien pleine, tombant des deux côtés de la bouche, signale l'appartenance à l'extrême droite.

Une petite moustache en brosse, popularisée par Necmettin Erbakan, l'ancien chef du parti de la Prospérité aujourd'hui dissous, trahit un partisan de l'islam politique dur.

Une longue moustache qui pousse par-dessus la lèvre supérieure et touche la lèvre inférieure est le signe de la gauche traditionnelle. Et puis il y a la moustache « neutre », ni courte, ni longue, ni tournée vers le haut, ni vers le bas, qui n'envoie aucun message particulier si ce n'est : « Je suis turc ! »

Mais les moustaches peuvent aussi exprimer une préférence pour un certain style de vie, explique M. Ozkurt. Si elle a la forme de deux ailes d'avion se touchant à peine au milieu, on la catalogue « d'Istanbul » et elle dénote un citadin, tandis qu'une longue moustache aux extrémités en tortillons appelée « ottomane » est un signe de ruralité. Mais quand il s'agit de sentiments religieux forts, la moustache est insuffisante. « Un vrai musulman doit avoir la barbe », dit M. Ozkurt.

Un « hadji » qui a fait le pèlerinage à La Mecque portera sa barbe longue devant et peignée vers l'extérieur, en forme de demi-lune. Les plus jeunes la portent plus courte, pointue et soigneusement taillée. Ces barbes, comme précédemment les moustaches, sont devenues un sujet de dispute entre l'État et le mouvement islamiste. Le gouvernement exige des fonctionnaires qu'ils se rasent chaque jour. L'interdiction de la barbe a déclenché des manifestations très dures à l'université d'Istanbul lorsque l'administration a tenté d'interdire la barbe sur le campus. L'université a dû faire machine arrière.

Recherche et développement de L'Oréal

Depuis sa création au début du siècle par un ingénieur chimiste, Eugène Schueller, qui inventa les premières teintures capillaires de synthèse, la recherche est au cœur de la stratégie et de la culture de L'Oréal.

L'Oréal a été fondé en 1907. Aujourd'hui, le groupe vend plus de 100 produits chaque seconde à travers le monde, ce qui en fait le leader mondial de l'industrie cosmétique.
• Plus de 2 500 personnes, spécialistes de plus de trente disciplines différentes (chimie, biologie, médecine, toxicologie, physique...) font avancer la science sur le cheveu, la peau et la couleur. Elles conçoivent et testent les 3 000 formules mises au point chaque année.
• Près de 3 milliards de francs ont été consacrés en 2000 à la recherche cosmétique et dermatologique (3% du chiffre d'affaires). Ces dix dernières années, 12 milliards de francs ont été investis dans la recherche qui constitue une priorité dans le développement de L'Oréal.
• Près du tiers du budget recherche est consacré à des programmes de recherche avancée. L'Oréal mise aujourd'hui sur l'essor des sciences du vivant, sur les progrès des biotechnologies et de la génétique pour renforcer sa connaissance des mécanismes biologiques de la peau et du cheveu.
Depuis ces dix dernières années, le groupe a déposé plus de 2 000 brevets, dont 420 en 2000 et près de 40 000 extensions internationales, dont 13 000 en 2000.
Présent dans plus de 150 pays, le groupe a réalisé un chiffre d'affaires supérieur à 83 milliards de francs (12,7 millards d'euros) en 2000 et compte plus de 48 000 collaborateurs.

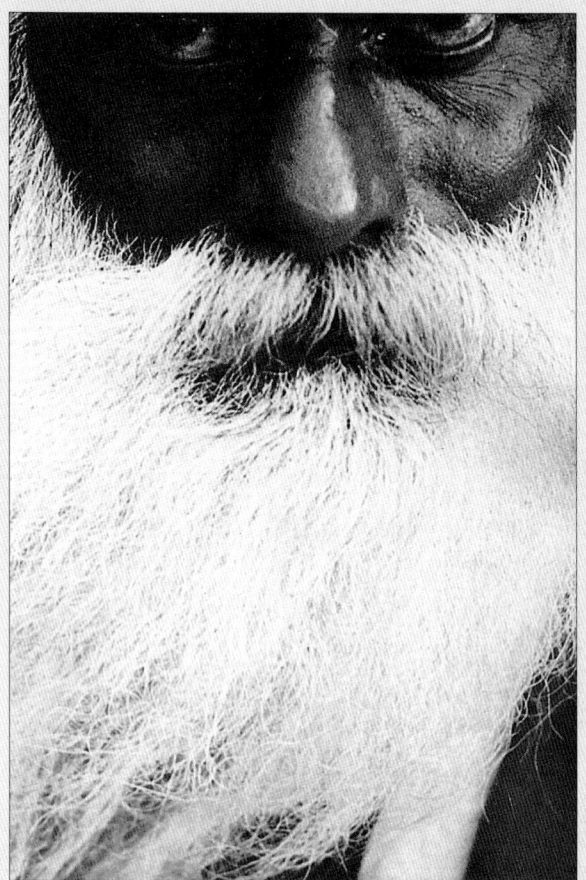

Barbe blanche. D.R.

Pousse de poils sur l'aréole et le téton. J. Hutchinson. Corbis-Sygma.

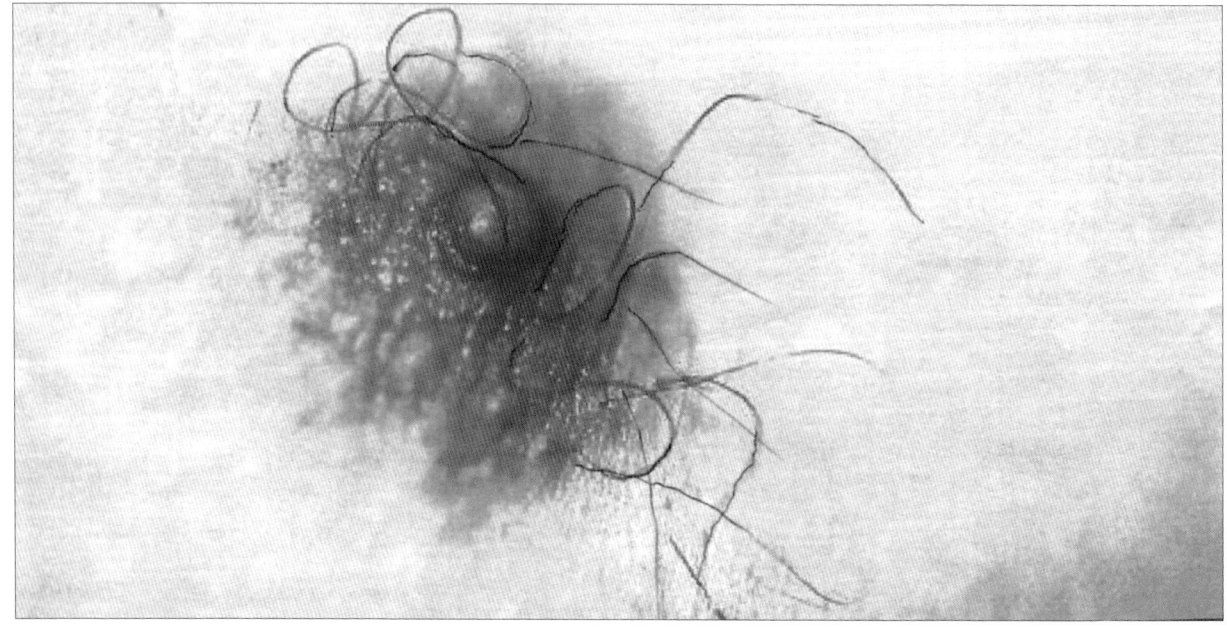

12
Poils et religiosité
Des moines tondus aux dieux barbus

Les Lamentations de saint François. Fra Angelico. 1445. Détail. Musée de Berlin. D.R.

Toute-puissance, sainteté, bonté, justice, amour et sagesse, c'est-à-dire l'art d'approprier les moyens à leur fin, sont les attributs des dieux. De Dieu. La plupart des grandes civilisations ont choisi pour incarner l'ensemble de ces qualités transcendantales l'image d'un homme chevelu et barbu. Et il en est ainsi chez les Orientaux comme chez les Occidentaux, chez les polythéistes comme chez les chrétiens et autres monothéistes.

LES DIEUX BARBUS ET CHEVELUS

Les divinités égyptiennes sont très nombreuses à être représentées avec des barbes tressées, pendantes au menton.

Les mythologies grecque et latine, où s'exprime tout un idéal de beauté, proposent également un vaste échantillon de dieux aux belles chevelures, ou barbus à souhait, dont le premier d'entre eux, le maître de l'Olympe, Zeus Jupiter. Il figure sous les traits d'un patriarche à la barbe généreuse et à la coiffure ondoyante, tout comme sa nombreuse descendance. Poséidon et Neptune portent les cheveux longs en désordre et une barbe frisée. Héphaïstos et Vulcain ont les poils hirsutes, parcourus d'étincelles qui éclatent en un perpétuel feu d'artifice. Et, comparé aux joues poilues des faunes et des satyres, qui portent des poils de bouc et de cheval, le visage imberbe d'Apollon peut paraître bien efféminé, mais il porte les cheveux longs et flottants. Asclépios-Esculape se présente avec une épaisse barbe d'or. Quant aux déesses, ce n'est que chevelures luxuriantes, abondamment parfumées comme celles de Diane-Artémis, Héra-Junon ou encore de Vénus-Aphrodite dont les divins cheveux blonds sentent l'ambroisie.

Jalousie et complots sont souvent dirigés vers les attributs de la beauté. Le plus illustre exemple est donné par Athéna, jalouse de Méduse, la seule des trois Gorgones à être mortelle et visible par les hommes et qui lui a ravi un prix de beauté. Elle lui change sa splendide chevelure en une forêt d'affreux serpents.

Les dieux scandinaves portent presque tous la barbe et notamment le premier d'entre eux, Odin, qui n'a pas créé le monde, mais l'a ordonné et le gouverne. C'est de lui que proviennent toutes les sciences et c'est lui qui accueille au Walhalla les guerriers chevelus ayant succombé honorablement au combat.

Au IVe siècle, apparaissent les premières représentations du Christ barbu. Dès lors, le Dieu vivant des chrétiens va être sans interruption au cours des siècles affublé de toutes les barbes et coiffures imaginables. L'iconographie chrétienne prête la barbe à Dieu le Père, à tous les apôtres et à tous les prophètes.

Mahomet, propagateur de la foi islamique, porte la barbe ; certains disent un collier bien taillé. Il est vrai qu'un de ses familiers est barbier de son état.

Seule exception, mais de taille il est vrai, le visage paisible, rond et glabre de Bouddha, titre qui veut dire « éclairé » et que s'est donné le fondateur du bouddhisme, Çàkyamuni. Ont également le crâne et le visage rasés les grands dignitaires des Églises tibétaine et mongole qui passent pour être des incarnations perpétuelles de Bouddha ou autre divinité bouddhiste, et qu'on appelle aussi « lamas incarnés ». Le Dalaï-Lama et le Pantchen Rimpoché tiennent le premier rang parmi les Bouddhas vivants.

POILS ET OFFRANDES

Parce que de beaux et longs cheveux ont toujours été considérés comme un bien des plus précieux, ils ont été l'objet de sacrifices aux dieux. Partie détachable du corps tout autant qu'attribut identifiable et unique d'un individu, la chevelure s'est vu donnée en offrande aussi bien dans le monde chrétien que dans les civilisations polythéistes.

Dans l'Égypte pharaonique, il était d'usage de sacrifier sa première chevelure à quelque rivière ou fleuve. Au Ve siècle avant J.-C., lorsque les adolescents parvenaient à l'âge des éphèbes, environ 16 ans, ils coupaient leurs cheveux et les consacraient à Apollon ou à Artémis. À Sparte, en particulier, les Lacédémoniens se rasaient le crâne le jour de leur mariage et en offraient les mèches à différents dieux. À Trézène, en Argolide, jeunes gens et jeunes filles offraient leur chevelure à Hippolyte tandis qu'à Délos, ils n'en sacrifiaient qu'une seule mèche aux vierges hyperboréennes. À Athènes, on dédiait de préférence sa chevelure à Pallas, et à Delphes, à Apollon.

L'offrande de chevelures aux dieux est à l'origine de quelques mythes fameux tel celui des Érythréennes. Celles-ci virent un jour sur la mer flotter un radeau sur lequel se trouvait une statue trop lourde pour être tirée sur la plage. Un pêcheur érythréen qui était « voyant » dit qu'il s'agissait d'une statue d'Hercule et que celui-ci l'avait averti en songe que si les femmes érythréennes voulaient bien couper leurs cheveux et en tresser une corde, elles tireraient le radeau sans difficulté. Ce qui fut fait. Vers 1880, on montrait encore la corde de cheveux au pied de la statue d'Hercule.

La constellation « Bérénice », ensemble de neuf étoiles doubles et d'une étoile triple de l'hémisphère boréal, a pour origine l'offrande d'une chevelure. Celle de l'épouse et sœur de Ptolémée Évergète, roi d'Égypte vers le IIIe siècle avant J.-C. Voyant son mari partir pour une expédition en Syrie, Bérénice fait le vœu, s'il revient vainqueur, de couper ses cheveux et de les offrir à Aphrodite. Ce qu'elle fit. Mais le lendemain de ce généreux sacrifice, l'offrande de la reine disparut du temple.

L'astronome et géomètre Conon de Samos, qui vivait à la Cour, déclara reconnaître la chevelure disparue dans une configuration astrale située entre le Bouvier et le Lion. Il affirma qu'il s'agissait à coup sûr d'une volonté divine, Vénus ayant mis les cheveux de la reine à leur vraie place dans le ciel. C'est depuis que cette constellation porte le nom de « chevelure de Bérénice ».

Le poil de la barbe a également été l'objet d'offrandes. Dans la Rome antique, les jeunes gens exécutaient leur premier rasage en quittant l'adolescence, pour revêtir la « toge virile ». Ces premiers poils étaient précieusement conservés dans un petit reliquaire jusqu'au jour où on le portait au temple pour l'offrir à quelque divinité supérieure, Apollon, Jupiter, Vénus même, afin d'obtenir une protection.

En Tunisie, pays où la barbe n'est pas obligatoire, on respecte souvent aujourd'hui encore l'usage ancestral qui consiste à conduire les jeunes garçons à la mosquée à l'occasion de leur premier rasage, cherchant ainsi à s'attirer les grâces d'Allah en lui dédiant les stigmates pileux de la première étape de leur existence.

À l'heure actuelle, dans quantité d'endroits sur la planète, les cheveux demeurent l'offrande suprême, celle qu'on accorde à son dieu en espérant une guérison ou une amélioration de la vie quotidienne. En Inde du Sud, par exemple, les croyants offrent leur chevelure, c'est-à-dire la plus belle parure, au dieu Vankateshivara et au temple de Tirupati plus de 700 barbiers travaillent nuit et jour pour tondre quelque quatre millions de pèlerins par an. Selon Gilles Trabout, chercheur au CNRS et spécialiste des religions de l'Inde du Sud, « la tradition d'offrande des cheveux ne serait pas très ancienne. Elle est mentionnée pour la première fois par un rapport anglais en date de 1831 ».

POILS ET SERVITEURS DES DIEUX

Très tôt, l'Église chrétienne impose à son clergé comme aux membres masculins et féminins de ses ordres monastiques ou séculiers le sacrifice de leur chevelure par une tonte totale ou partielle. Dès lors, la pilosité des clercs et des moines va connaître bien des aléas.

Dans l'Église primitive, on pratique la tonsure dès l'âge de 7 ans sur les enfants destinés au sacerdoce. Peu à peu, cet âge limite s'élèvera, et au début du XXe siècle, on ne donnera plus la tonsure avant l'âge de 14 ans, et encore ne la conférera-t-on qu'aux élèves en théologie.

Dans l'Antiquité, où l'on rase les cheveux des esclaves et des criminels, on imagine la conviction religieuse que doivent posséder les « serviteurs de Dieu » lorsqu'ils procèdent au sacrifice volontaire de leur chevelure, même si elle est qualifiée d'attribut « érotique et nuisible » par les pères de l'Église. La perte de leur chevelure devient très vite pour les prêtres, les moines, les ermites, les nonnes, en un mot pour tous les religieux, le symbole de toutes leurs renonciations, à leur sexualité, leur personnalité individuelle, leurs biens personnels. Outre les voies du dépouillement, du renoncement, de la pénitence et de l'humilité, la tonsure marque sa consécration à Dieu. De nombreux théologiens y ajoutent un signe de solidarité adressé aux opprimés et à tous ceux qui sont l'objet du mépris public. Enfin, la couronne de cheveux non coupés portée par les religieux de certains ordres monastiques est censée rappeler la couronne d'épines dont a été ceint le Christ avant la crucifixion.

On distingue plusieurs sortes de tonsures religieuses. « Romaine » lorsqu'elle est partielle et circulaire et qu'elle forme un cercle plus ou moins large au sommet du crâne ; elle est dite à « la grecque » lorsqu'elle laisse en couronne autour du crâne une étroite bande de cheveux. À cette tonsure s'adjoint une dimension symbolique spécifique. Sa forme en cercle, qui n'a ni commencement ni fin, indique que les clercs sont les ministres d'un Dieu qui n'a ni commencement ni fin. La troisième tonsure, dite « à l'écossaise » ou « à la saint Paul » laisse seulement une bande de cheveux aller d'une oreille à l'autre.

La tonsure, contrairement à ce que l'on croit ordinairement, n'est pas réservée aux seuls religieux ; elle est également subie par les laïcs qui vivent dans le monastère. Elle est une préparation à l'entrée dans l'ordre et son importance symbolique est telle que seul l'évêque diocésain est autorisé à la pratiquer la première fois au cours d'une cérémonie destinée à mettre en valeur l'importance de ce sacrifice capillaire. Cette cérémonie s'appelle la « vêture », car les aspirants à la vie religieuse y reçoivent également l'habit de l'ordre dans lequel ils demandent à entrer.

La « vêture » comprend quantité de rites symboliques qui ont beaucoup varié selon les époques et les ordres religieux. Dans certains, on allait jusqu'à coucher le novice dans un cercueil recouvert d'un drap mortuaire. Le moment fort de la vêture était le sacrifice de la chevelure, qui n'entraînait aucune obligation religieuse irrévocable, à la différence de la « profession de foi » qui a lieu plus tard.

Comme les vestales romaines, les futures nonnes doivent abandonner la totalité de leur chevelure. Chateaubriand évoque cette cérémonie dans *René*. Il décrit ce sacrifice lors de la prise d'habit de sœur Amélie : « La superbe chevelure tomba sous ce fer sacré. » Et, plus avant : « Un voile majestueux, double symbole de la virginité et de la religion, couvrit ensuite la tête dépouillée. »

D'après le rituel romain, les premiers coups de rasoir au sommet du crâne dénudent peu le cuir chevelu et correspondent au premier degré de la cléricature. On élargit peu à peu la tonsure à mesure que le novice se forme et avance dans son ordre. La plus large de toutes est, bien sûr, celle du pape, qui occupe tout le dessus de la tête.

Au VIIe siècle, alors que dominent dans la société cheveux longs et grosses moustaches, il est assez courant que les clercs et les moines se laissent aller à cette mode barbare. Les chrétiens ont pourtant la consigne religieuse « de porter une chevelure courte, au contraire des femmes, afin de les distinguer ». Cette recommandation faite par saint Paul dès le Ier siècle est presque tombée en désuétude.

Le concile de Tolède, tenu en 633, rappelle vertement aux membres de l'Église « qu'ils doivent renoncer aux moustaches et barbes, partie animale de l'homme, et revenir obligatoirement à la tonsure, signe d'humilité et d'obéissance ». Les récalcitrants sont menacés d'excommunication ou de renvoi dans le monde laïc. Ces admonestations et menaces restent lettre morte et doivent être renouvelées au concile de Constantinople en 692, sans plus d'effet d'ailleurs, et durant toute la période médiévale, il faut sans cesse rappeler au clergé les règles en vigueur en matière de chevelure. Aux XIe et XIIe siècles, il n'est pas rare de voir des prêtres chrétiens prendre l'habitude issue des rites romains de se peigner avant de célébrer la messe.

En 1337, le concile d'Avignon, à une époque où les hommes se sont remis à porter les cheveux longs, enjoint à son clergé et à ses moines de rafraîchir leur tonsure tous les mois, et l'année d'après, le pape fixe son diamètre à « au moins quatre doigts ».

Les papes barbus

À plusieurs reprises, l'histoire religieuse donne des exemples de vives réactions au laisser-aller des règles ecclésiastiques et monacales. Dès le XIe siècle, par exemple, se constitue l'Ordre des Camaldules qui s'établit en Toscane et durera jusqu'à la fin du XVIIe siècle. Ce sont des moines bénédictins désireux de revenir aux règles premières de saint Benoît, plus sévères, plus dures, avec notamment la stricte observance de la tonsure.

Les fameux moines capucins sont eux aussi des moines qui veulent revenir à la rigueur primitive et à la tonsure. Ils tirent leur nom de « capuce » ou « capuchon », qu'ils portent plus ample et plus pointu que celui des Franciscains traditionnels, avec lesquels ils ont fait sécession. Le plus célèbre d'entre eux est sans conteste le Clerc du Tremblay, dit « Père Joseph », ami, confident et homme à tout faire de Richelieu.

La règle veut que les Capucins soient « tonsurés », qu'ils sortent nu-tête, pieds nus et qu'ils portent la barbe. Ce qui leur vaut quelques problèmes particuliers. En effet, chargés avant la Révolution d'éteindre les incendies, le port de la barbe les gêne grandement et nombre d'entre elles ont brûlé jusqu'au menton.

À partir du Ve siècle, les souverains pontifes, qui président aux destinées d'une Église d'Occident non encore véritablement constituée, déconseillent le port de la barbe aux ecclésiastiques, s'attirant ainsi les foudres des patriarches grecs. Au cours du IXe siècle, la barbe fut totalement interdite. C'est Jules II qui la remettra en vogue au début du XVIe siècle ; il sera suivi par Paul III, Sixte V et Urbain VIII, et c'est à leur image que se conforment certains ordres religieux. Les Franciscains notamment dont tous les frères, comme tous ceux des autres ordres mineurs, ont une prédilection pour les barbes. Ce n'est pas le cas des Chartreux ou des Dominicains qui, eux, sont toujours rasés de près, mais qui, comme les Jésuites, prônent en la matière la liberté de choix individuelle. On a souvent confondu

Jésus-Christ enfin photographié grâce à une religieuse : il est barbu !

Les premières représentations du Christ barbu n'apparaissent qu'au IVe siècle et, depuis 1 500 ans, le Fils de Dieu a été pourvu de toutes les chevelures, barbes et moustaches concevables, correspondant aux représentations idéales qui se sont succédé au fil des cultures et des civilisations.

Aucun Évangile ne décrit l'apparence physique de Jésus. Mais un point est certain : il n'avait pas la chevelure châtain clair et le visage fin et allongé que lui prête habituellement la peinture occidentale. Avait-il même les cheveux longs ? On peut en douter, car si c'était le cas, saint Paul se serait abstenu de dire aux Corinthiens qu'il était honteux pour un homme de porter des cheveux longs.

À la fin des années 1990, un centre britannique d'anatomo-pathologie décide de s'approprier la question et de tenter d'approcher au plus près le visage christique, c'est-à-dire celui d'un homme du Proche-Orient au Ier siècle. Après un ensemble d'études très sophistiquées, notamment celle des crânes de cette époque et de cette région, la conclusion tombe : le visage du philosophe révolutionnaire galiléen est de type juif de Palestine du Ier siècle. Que d'efforts pour annoncer que Jésus ressemblait certainement aux autres habitants de cette région à la même époque, à savoir les cheveux courts, frisés, tombant légèrement sur le front, une barbe en collier noir comme on la porte en ce temps-là et une peau certainement basanée.

Rendez-vous avec Jésus le jeudi !

Cette supposition, difficilement contestable par le *vulgus pecus christianus* aura coûté plusieurs millions de livres sterling aux contribuables britanniques. Pourquoi donc un tel engagement financier alors qu'est déjà disponible depuis quelques années un témoignage irrécusable qui jette un éclairage incontestable sur la morpho-anthropologie divine ?

Il s'agit de celui du photographe personnel de Jésus-Christ, sœur Anna Ali, de l'ordre religieux des « Bon Pasteur des filles de Jésus ». La religieuse appartenait à la délégation fixée à Rome. Son ordre a été fondé au début des années 1980 par Monseigneur Emmanuel Milingo, archevêque zambien de Lusaka. Entre 1987 et 1994, sœur Anna Ali rencontre Jésus tous les jeudis pour une discussion à bâtons rompus sur tout et sur rien. Selon la religieuse, le Messie se montre souvent déprimé. Il lui déclare constamment qu'il se sent seul et abandonné et il lui réclame des prières en réparation des péchés commis par les prêtres et par les membres, hommes et femmes, des divers ordres religieux.

Sœur Anna Ali entretient des conversations sans aucun objectif, dans les deux sens du terme, jusqu'au jour où, sur les conseils de son mentor, l'évêque Milingo, elle se rend à son rendez-vous du jeudi avec un Minolta à mise au point automatique, focus variable et visée reflex. Jésus, bon enfant, n'aurait, dira-t-elle plus tard, soulevé aucune objection. Il se prêta même par la suite à des quantités de séances de pause. Sœur Anna Ali le déclare « très photogénique ». Il apparaît sur les clichés comme sur les images traditionnelles de l'iconographie chrétienne : châtain, cheveux longs, barbe et moustache ondulées, grands yeux noirs.

En réserve de l'église !

Accusée par certains médias d'avoir truqué les photos que l'archevêque lui a demandé de prendre, sœur Anna Ali affirme que lors des apparitions, son visage se gonfle et que le lendemain elle pleure des larmes de sang. Ce que confirme le docteur zambien Gino De Blasi, praticien de l'entourage de Monseigneur Milingo.

Les doutes subsistant, l'évêque zambien décide d'intervenir personnellement et il organise une conférence de presse pour déclarer en présence de sœur Anna « que ni lui ni elle ne sont en mesure de réaliser de tels trucages ».

Plusieurs correspondants de la presse italienne, sachant que l'évêque est regardé en Afrique comme un très fameux « sorcier guérisseur », n'hésitent pas à lui poser quelques questions moins saugrenues qu'il n'y paraît. « Monseigneur, pensez-vous qu'il est possible de faire dédicacer les clichés pris par sœur Anna ? » Ou encore : « Sa Sainteté le Pape a-t-il chargé sœur Anna d'un message pour le Christ ? » À la fin de la conférence de presse, les questions ont complètement dérapé : « Pensez-vous, sœur Anna, que votre "apparition" soit favorable à la Juventus ? »

Le Vatican n'a jamais communiqué sur cette affaire autrement que pour annoncer que « Monseigneur Emmanuel Milingo est tenu en réserve de l'Église ». Quant à sœur Anna Ali du « Bon Pasteur des filles de Jésus », elle fut priée de rejoindre la Zambie... et d'abandonner la photographie.

Le poil des ex-voto

Les ecclésiastiques du XIXe siècle tirent parti des ex-voto en cheveux déposés dans les églises et les chapelles. « Nombre de saints bretons passent pour guérir la migraine chronique et nombre de femmes, par manière de reconnaissance, font fréquemment offrande de leur chevelure au bienheureux qui les a soulagées. Pieusement déposées au pied de la niche ou de l'autel, les chevelures y restent quelques jours. Puis le sacristain les serre dans un tiroir en attendant de les céder à quelques coupeurs de passage. » C'est ainsi que vers 1850, un couvent des environs de Paris proposa à la vente 400 kg de cheveux longs, correspondant à 60 années d'ex-voto et de coupes réalisées à la suite de prises de voile.

les moines des différents ordres monastiques avec ceux qu'on appelait « les frères barbus », nom donné aux frères laïcs des monastères, qui, en général, sont les seuls autorisés à porter la barbe, les pères, eux, étant rasés. On appelle frère lai, frère oblat ou frère donné, des religieux ou religieuses qui ne sont point dans les ordres ni même clercs, mais qui remplissent dans les monastères des fonctions serviles, généralement serviteurs ou jardiniers.

Au XVIIIe siècle, la tonsure des ecclésiastiques se montre de-ci de-là en zone rurale, mais elle est presque oubliée dans toutes les grandes cités du royaume, au point qu'au début du règne de Louis XVI, en 1777, Jean-Baptiste Thiers peut écrire dans son *Histoire de la coiffure* que « durant tout le règne précédent, et encore actuellement, chaque ordre monastique a pour ainsi dire une tête qui lui est propre et sur laquelle il est demandé aux autres de se modeler ».

Son compte rendu de la situation est clair : « Ici, on porte les cheveux frisés, la poudre et les toupets relevés [...] Là, on frise encore les cheveux, on relève le toupet, mais la poudre est exclue. Plus loin, vous verrez des toupets couchés, des cheveux sans frisure. Viennent ensuite les cheveux ras ou très courts. Viennent après les têtes à l'antique, c'est-à-dire chargées d'un cordon de cheveux [...] Suivent ensuite les têtes des Bénédictins, des Chartreux et des Feuillants qui offrent un simple filet de cheveux... Les ermites ferment la marche. Eux sont entièrement tondus [...]. »

En 1790, la Révolution décrète la suppression des ordres monastiques, et sous la Terreur, tous les ecclésiastiques qui la portent encore abandonnent leur tonsure qui les désigne « bons pour le rasoir national » en tant que fidèles à l'Église romaine et réfractaires aux idées révolutionnaires. Ceux acquis à la Révolution portent les cheveux coiffés en rond, à la « Buridan » dit-on alors. Avec le Directoire, quelques « grandes tonsures » réapparaissent, mais la majorité des ecclésiastiques optent pour une coiffure anodine et beaucoup conservent en leur centre une très petite tonsure, en rappel de la règle traditionnelle.

Au début du XXe siècle, les tonsures disparaissent totalement dans le clergé séculier et elles ne sont plus portées que par les moines des ordres franciscains et dominicains qui l'abandonnent à leur tour au sortir de la Seconde Guerre mondiale.

Quant à la barbe, en France comme dans les autres pays latins, la règle est pour le clergé séculier d'être complètement rasé. En 1863, Pie IX doit rappeler aux clercs bavarois qu'il est interdit de porter la barbe. Mais cette règle a toujours été peu sévère et il suffit d'avoir une raison pour ne pas la suivre et l'évêque du diocèse accorde une dérogation comme le lui autorise le codex Iuris Canonici. Ainsi, jusque dans les années 1960-1970, curés et moines fixés en Orient, au Maghreb et dans tous les pays africains de missions ont quasiment tous porté la barbe. Les six moines assassinés à Alger à la fin de la décennie 1990 portaient tous des barbes longues et épaisses.

Le sacrifice de sa chevelure, forme manifeste de consécration à Dieu et à son ministère, est un rite observé aujourd'hui encore par tous les moines bouddhistes qui se rasent entièrement le crâne comme signe tangible d'humilité et de renoncement au monde. C'est le Bouddha lui-même qui a donné l'exemple du sacrifice chevelu après avoir pris la décision de se retirer du monde pour se consacrer à la méditation. La tradition veut qu'il se soit rasé lui-même le crâne et les joues avec la lame aiguisée de sa propre épée.

Tous les moines bouddhistes de Chine, du Japon, de l'Inde, du Tibet portent donc depuis toujours la tête complètement rasée, barbe et sourcils compris, en un identique signe de détachement de la vie ordinaire. « Seule exception, les bouddhistes Shingon du Japon, nous disent Yvonne Deslandes et Monique de Fontanes, qui conservent une grande variété d'arrangements des cheveux et chez qui chacun est libre de se coiffer à la manière de sa divinité protectrice. »

Il en est de même dans la tradition musulmane chez qui tous ceux qui exercent des fonctions juridiques et religieuses, mollahs, ayatollahs et autres docteurs de la foi ne gardent qu'une touffe de cheveux sur le dessus de la tête et dissimulent leur crâne rasé sous quelque turban. Touffe par laquelle l'Ange les emportera dans le paradis d'Allah ! Tradition qui impose également le port de la barbe pour tous les croyants.

POILS ET CHRÉTIENS

Dès ses origines, l'Église chrétienne prend en considération les poils humains et attache notamment beaucoup d'importance à la chevelure des fidèles, considérée comme un instrument de séduction et de péché.

Tous les premiers pères de l'Église mettent en garde contre les artifices de la coquetterie qui éloignent de Dieu : « Que votre parure ne soit pas celle du dehors, cheveux tressés et cerclés d'or, prévient saint Pierre à l'adresse des femmes, car, dit-il, l'incorruptibilité d'un esprit doux et paisible, voilà ce qui a du prix devant Dieu. » S'il est défendu aux femmes chrétiennes de se farder ou de se teindre les cheveux et les sourcils, c'est « parce qu'il est sacrilège de combattre la nature que Dieu a faite ».

Au Ier siècle, saint Paul, dans ses Épîtres aux Corinthiens, recommande aux femmes les longues chevelures à condition que « cette beauté sans artifice garde la noble simplicité naturelle d'un voile qui est un don de Dieu ». « C'est une gloire pour la femme de porter des cheveux longs, car la chevelure lui a été donnée en guise de vêtement. » Mais, ajoute-t-il, « toute femme qui prie ou prophétise la tête non voilée fait honte à sa tête ». Tous les conciles qui vont suivre demanderont aux chrétiennes, au nom des Saintes Écritures, de refuser les frisures, de n'adopter aucune des coiffures si répandues, et de rester modestes et chastes. Quant aux hommes, « la nature elle-même enseigne que c'est une honte de porter des cheveux longs ».

Au IIe siècle de notre ère, les tentations de la mode sont plus attrayantes encore et les docteurs de la foi multiplient leurs avertissements, comme le fait, par exemple, Titus Flévus, le maître du grand apologiste chrétien Origène. Il s'insurge non seulement contre celles qui persistent dans la coquetterie, mais également contre les mentons lisses et les têtes rasées de trop près, comme on en voit tant en Syrie, en Égypte et dans toutes les provinces orientales de l'Empire, véritable honte pour de bons chrétiens.

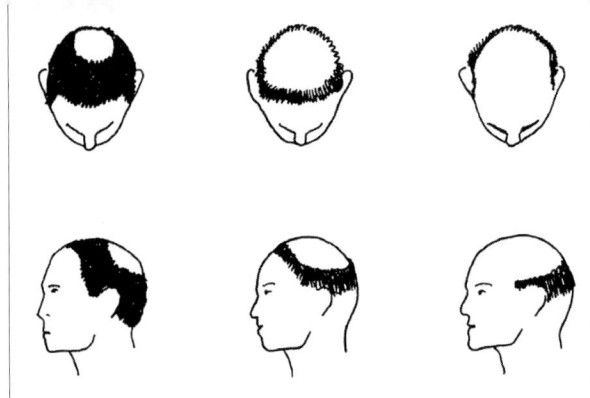

Différents types de tontes monastiques. Dessin Charlotte Cohen. D.R.

Thomas de Canterbury. Détail. Maître Francke. Vers 1425. Hambourg. D.R.

Au siècle suivant, saint Jérôme, père et docteur de l'Église, propage l'édifiante histoire de Prétexta et de son époux Hymétus qui, pour marier leur nièce Eustachie, lui font changer d'habit et friser les cheveux. La nuit suivante, un ange apparut à Prétexta et s'adressa à elle : « Comment as-tu osé toucher et manier avec tes mains sacrilèges la tête d'une jeune fille de Dieu ? » Et l'ange lui promit l'Enfer en lui précisant : « Voilà de quelle manière Jésus-Christ se venge des personnes qui violent et profanent les corps des jeunes filles qui sont des temples vivants ! »

Fils d'un préfet romain en Gaule, saint Ambroise va jouer, au IVe siècle, d'une immense autorité morale. Généralement considéré comme une des plus illustres figures de la chrétienté, il renchérit sur le devoir du chrétien : « N'ajoute rien à la beauté que la nature t'a donnée et qui vient de Dieu. Ainsi, ne laisse pas pousser tes cheveux, raccourcis-les plutôt et coupe-les, car, avec ta chevelure élégante, bien peignée et parfumée, tu risques d'attirer à toi les femmes qui se laissent ainsi séduire ou qui séduisent elles-mêmes. » Laisser pousser ses cheveux est signe de barbarie et de débauche.

Après la chute de l'Empire romain d'Occident, l'Église apparaît comme la dernière institution organisée face aux « nouveaux maîtres barbares ». Ses lois semblent mieux s'imposer parmi les populations maintenant vaincues. « Tu ne détruiras pas le poil de ta barbe, tu ne changeras point l'expression naturelle de ton visage, tu resteras tel que Dieu t'a créé. » Mais à Rome, les souverains pontifes qui président aux destinées de l'Église d'Occident en formation déconseillent le port de la barbe aux ecclésiastiques, s'attirant ainsi les foudres des patriarches orientaux.

En 681, le IIIe concile de Constantinople menace de frapper d'excommunication tous ceux qui se teignent ou se frisent les cheveux. Durant tout le Moyen Âge, l'Église va s'élever sans relâche contre le véritable culte accordé à la chevelure par toute une partie raffinée de la société médiévale. Encore à la fin du XVe siècle, des mesures drastiques sont discutées par le concile provincial de Tours contre ceux qui continuent à montrer trop de coquetterie dans leur coiffure.

L'élection, en 795, du pape Léon III marque une date dans l'histoire du « poil religieux ». Ce souverain pontife fut le premier à se raser et à présenter un visage glabre, amenant peu à peu une partie du clergé d'Occident à suivre son exemple. C'est d'ailleurs un des reproches avancés par Photius, le patriarche de Constantinople, lorsqu'il provoque le schisme avec Rome sous prétexte de protéger la nationalité hellénique menacée, dit-il, par les prétentions pontificales.

Au cours du IXe siècle, le port de la barbe fut totalement interdit aux fidèles de l'Église catholique romaine. Toutefois, les caprices des souverains, ceux des princes de l'Église et le mépris général des règles religieuses réduisit considérablement la portée des prescriptions délivrées par Rome ou issues des conciles provinciaux et nationaux. On peut dire qu'aux alentours de l'an mille, l'aristocratie, la plèbe et le clergé européen agissent à leur guise. Entre 955 et 963, le pape Jean XII rétablit l'usage de porter la barbe. Il en est ainsi jusqu'au pontificat de Grégoire VII, adversaire acharné des barbes cléricales et laïques, qui en interdit à nouveau le port pour tous par le concile de Rouen en 1096. Par la même occasion, il interdit les cheveux longs sous peine d'être chassé des églises.

Sur de nombreuses tapisseries, la chevelure est définie comme un objet de séduction. Sur la tapisserie de l'Apocalypse du XIVe siècle, conservée au château d'Angers, « l'Ange montre à saint Jean la grande Prostituée peignant ses cheveux afin de séduire les rois de la terre ».

Mais barbes et cheveux longs résistent malgré les efforts de saint Anselme, un des évêques les plus savants et les plus respectés du XIe siècle. Au siècle suivant, la chrétienté d'Occident semble plus que jamais honorer barbes et cheveux longs, au point que Burchard, abbé de Bellevaux, entre dans l'histoire de l'Église avec son *Apologie de la barbe.*

Jusqu'à la Renaissance, barbes et cheveux longs sont souvent mis en cause par l'autorité ecclésiastique qui, faute de pouvoir les interdire complètement, tente à plusieurs reprises d'en préciser les formes et les dimensions. Plusieurs conciles provinciaux entre le XIIIe et le XVIe siècles interdisent les longues barbes et les chevelures trop « épaisses », mais la discipline n'est uniforme ni chez les laïcs ni chez les religieux. Ainsi, les Capucins conservent la barbe alors que la plupart des autres ordres la proscrivent.

Aux mêmes époques, l'Église orthodoxe condamne le « rasage latin » au titre de pratique païenne et, au concile de 1551, elle déclare solennellement que le Royaume des Cieux est réservé aux barbus.

Vers 1527, le pape Clément VII laisse pousser sa barbe en signe de deuil après le pillage de Rome par les troupes espagnoles. Les prêtres l'imitent et les fidèles suivent. Mais François Ier, qui veut freiner la tendance en France, obtient du souverain pontife un « bref apostolique », comme l'on désigne en droit canon une décision ou une déclaration papale ayant un caractère privé. Il l'utilise pour créer un impôt laïc sur les barbes cléricales. Pour avoir le droit de ne pas se raser les prêtres doivent payer !

Des conciles se succèdent, « généraux » avec « tous les évêques de la terre habitée et le pape » ; « nationaux », avec tous les évêques de la nation ; « régionaux » avec tous les évêques de la province. Tous renouvellent avec mille ans d'intervalle les menaces d'excommunication des quatre conciles précédents de Constantinople de 381, de 553, de 681 et de 889. Le concile régional de Tours, en 1583, affirme pour la énième fois : « La tête nue fait sentir la femme débauchée... La tonsure est une exigence d'humilité et de pénitence. » Une nouveauté toutefois au concile de Faenza, dans la province de Ravenne : « Interdiction à tous de porter des perruques sous peine d'excommunication. »

Quant à la barbe dont le port est défendu depuis bien longtemps par de multiples textes canons, elle est remise à la mode par le pape Jules II en 1503, puis à nouveau interdite, avant d'être réintroduite par Paul III en 1534. Interdite une nouvelle fois par Jules III en 1550, elle est de nouveau autorisée par Sixte VI en 1585 et, après une nouvelle interruption, par Urbain VIII en 1623.

La Révolution française va rendre caduques toutes les prescriptions et réglementations ecclésiastiques. Dès lors, les fidèles des deux sexes ont la libre disposition de leur système pileux crânien et facial. Charge à eux d'en faire bon usage, selon des principes de retenue, d'élégance et de bon goût. La facette religieuse de l'histoire de la barbe et des cheveux est totalement et définitivement effacée par une nouvelle religion : la mode !

POILS ET JUDAÏCITÉ

L'Ancien Testament est fort riche en références capillaires et pileuses touchant au peuple juif. Le huitième des petits prophètes, Habacuc, connu pour avoir visité et nourri Daniel dans la fosse aux lions et avoir prédit la défaite des Juifs face aux Chaldéens, est rappelé à Dieu et arraché du monde terrestre par les cheveux.

Si l'on en croit le prophète Isaïe, les filles de Sion se parent de postiches et de perruques, se parfument, se frisent et, les prévient-il, la colère céleste et la malédiction sont proches. « Le Seigneur va rendre chauves toutes les filles de Sion. » Et le malheureux Absalon, si fier de son abondante chevelure, ne pouvait prévoir qu'elle précipiterait sa fin. Ce fils de David, après avoir assassiné son frère Amnon, conspira contre son père. Vaincu dans les bois d'Éphraïm, il s'enfuit, mais ses cheveux se prirent dans les branches d'un arbre où il resta suspendu jusqu'à ce que Joab, qui le poursuivait, l'eut rejoint et tué malgré les ordres de David. Aujourd'hui encore, on fait allusion à la fin tragique d'une personne en disant « qu'elle a coiffé la perruque absalonienne ».

Chez les Hébreux, chevelure longue et belle barbe est une façon de plaire à Dieu, aussi est-il impératif pour les nazirs, comme l'on nomme ceux qui consacrent toute leur existence au service de l'Éternel, de respecter deux engagements : ne jamais boire de vin et laisser pousser leurs cheveux en les gardant « intacts » au sens propre du mot. C'est-à-dire avoir une chevelure qu'aucun rasoir n'a jamais effleurée.

Samson et Dalila. Détail. Huile de Paul Rubens. D.R.

Il finira par y avoir deux catégories de nazirs, les temporels, adultes qui se consacrent à Dieu pour une période dont ils ont eux-mêmes fixé les limites, et les perpétuels. Ceux-là sont généralement des enfants dont les parents ont décidé qu'ils voueraient leur vie à Dieu et qui, dans ce but, les soumettent au naziréat, cérémonie qui officialise ce vœu. Samuel, Jean-Baptiste ou Samson, par exemple, étaient des nazirs perpétuels. Dans le texte biblique, il est bien spécifié que depuis ses premières tétées au sein de sa mère, Samson n'a jamais eu les cheveux coupés en signe de consécration à Dieu. Lorsque la perfide Dalila lui coupe sa chevelure, le pacte avec Dieu est rompu et il perd sa force, et c'est seulement quand ses cheveux auront repoussé qu'il vaincra à nouveau les Philistins.

Le mythe de Gilgamesh est tout à fait remarquable en ce qu'il se décalque sur bien des points sur celui de Samson. Ce personnage de la mythologie assyrienne, créé par les dieux pour s'opposer aux Élamites, tient sa force prodigieuse de ses cheveux. Il est capable d'étouffer un lion avec ses mains. Parce qu'il repousse les avances de la déesse Ishtar, celle-ci le frappe de la lèpre, il perd ses cheveux et du même coup sa force légendaire qu'il ne retrouvera qu'avec le retour de sa chevelure.

Les cheveux longs des femmes ont une vogue certaine dans la Bible. Qu'il s'agisse des filles de Sion, de Judith, de Ruth, de la reine de Saba et de bien d'autres, la chevelure trouble et séduit. Dans le Cantique des Cantiques, que certaines traditions attribuent à Salomon, l'évocation des cheveux est passionnée. Ceux de la femme aimée sont « semblables à un troupeau de chèvres, à l'aube, suspendues aux flancs de la montagne Galaad [...] ». Ce à quoi l'amante répond à son bien-aimé que « ses boucles sont tels des régimes de dattes, noires comme les corbeaux [...] », ou encore que « la chevelure de sa tête, dressée comme le mont Carmel, est ainsi que le pourpre, un roi suspendu à ses tresses ». Très vite, les contraintes apparaissent nombreuses et coercitives en ce qui concerne les chevelures et coiffures des femmes. Au cours du Moyen Âge, il va même naître et se développer une sorte de rite qui consiste au rasage de la tête des femmes mariées.

Comme les musulmans qui considèrent que la contemplation des cheveux féminins est réservée aux seuls « propriétaires des épouses », les Juifs, admettant qu'effectivement la chevelure des femmes est source de tentations charnelles, prônent eux aussi le port du voile de tête. Mais plusieurs groupes fondamentalistes allèrent plus loin et, depuis l'époque médiévale, pratiquent le rasage de la tête des femmes le jour de leur mariage. Rasage ensuite entretenu et que l'on retrouve un peu partout où se sont fixées des communautés juives. Autrefois, les femmes de Fès, au Maroc, se rasaient la tête et portaient des perruques de poils de vache. De nos jours encore, les communautés juives de stricte observance, à New York, en Israël, mais aussi en Europe, tels les Hassidim d'Anvers, observent cette coutume de la tonte et portent des perruques modernes pour sortir. Selon de nombreux théologiens rabbiniques, cette coutume n'obéit à aucune prescription biblique ou talmudique.

On peut constater en lisant le Lévitique que la barbe est, comme les cheveux, sujette à prescription. Il est interdit de la tailler ou de la raser. Le rasage signifie le deuil, et couper la barbe de quelqu'un par surprise ou par force, c'est vouloir le marquer du sceau de l'infamie. Pendant des siècles, le peuple juif considéra que le toucher réciproque de la barbe était une marque de profond respect mutuel.

Aujourd'hui encore, de très nombreux Juifs pratiquants et traditionnels, notamment les hommes de la communauté intégriste hassidim, portent les cheveux et la barbe longs, jamais coupés ni effilés. Du chapeau qui couvre leur tête, on voit tomber de chaque côté du visage des mèches plus ou moins bouclées, et le plus souvent nouées en tortillons.

POILS ET ISLAM

Pour les sociétés islamiques, les enseignements et les prescriptions du prophète Mahomet, rassemblés dans le Coran, sont immuables et sévères. Pour les hommes, l'usage veut un rasage du crâne, à l'exception d'une mèche au sommet du crâne couverte par une coiffure ou un turban. Cette mèche de cheveux est semblable à la houppe des divinités hindouistes et apparaît comme le moyen potentiel d'accéder au paradis d'Allah. Les Africains nouvellement islamisés se rasent quant à eux totalement la tête, donnant à cette pratique le signe symbolique du rejet des anciennes coutumes, pratiques et croyances de l'époque coloniale ou pré-coloniale.

Quant à la barbe et à la moustache, les musulmans peuvent agir selon leur goût, même s'il est vrai que beaucoup se réfèrent à l'exemple du prophète Mahomet et choisissent d'en porter.

Avant l'avènement de l'islam, le monde arabe comme les autres peuples d'Orient portait des barbes intégrales. Par la suite, il fut imposé de la maintenir dans des dimensions « religieusement raisonnables » en la taillant en collier, les sages s'en tenant à la tradition de la longue barbe.

Un barbier de rue au Maroc. Corbis-Sygma. Dave Bartruff.

À l'heure actuelle, certaines sociétés islamiques qui se réfèrent aux opinions des exégètes du Coran considèrent comme un péché de vouloir se raser la barbe. D'autres sociétés musulmanes admettent le visage glabre et certaines enfin recommandent la barbe, mais autorisent sa taille de façon à lui donner une dimension réduite.

Tolérée, ignorée ou recommandée, la barbe blanche n'en représente pas moins chez tous les musulmans comme chez tous les chrétiens la marque de la virilité, de la sagesse et de l'expérience. Elle est même hautement vénérée chez les prophètes. À Kairouan, ville de Tunisie considérée par les musulmans comme ville sainte après La Mecque, Médine et Jérusalem, on peut voir, à côté de la Grande Mosquée, la mosquée du Barbier où sont conservés deux poils de la barbe du Prophète, vénérés comme des reliques.

Alors que la poésie arabe célèbre au VIᵉ siècle les chevelures féminines abondantes et riches, « comme un rameau de palmier chargé de fruits », l'islam va imposer aux femmes des pays musulmans l'astreinte du voile pour dissimuler leurs cheveux et le pouvoir de séduction qu'on leur attribue. Le port du voile serait rendu impératif par un verset de la sourate nommée « Lumière » qui dit : « Dis aux croyantes de baisser leur regard, d'être chastes, de ne montrer que l'extérieur de leurs atours, de rabattre leur voile sur la poitrine. »

Sous prétexte de préserver la féminité tout autant que de sauvegarder la pudeur, le port du voile se généralise à partir du Xᵉ siècle abbasside. Toutefois, pendant encore longtemps, seules les femmes de la Cour et les citadines le portent et il est considéré comme une distinction sociale. Le port du voile tel que nous le connaissons aujourd'hui est une coercition imposée par les sociétés intégristes islamiques sous prétexte que montrer sa chevelure serait une exhibition indécente de son intimité sexuelle. En fait, il marque uniquement la volonté d'imposer une ségrégation rigide entre les sexes avec, bien sûr, un assujettissement total du sexe féminin. C'est bien ce dont témoignent, entre autres, le tchador iranien, la *burka* afghane, le *higol* algérien et le masque de cuir qatari, le *tchadri* pakistanais, etc.

« Si une femme n'est pas voilée, qu'elle se coupe les cheveux. Or, s'il est honteux pour une femme d'avoir les cheveux coupés ou d'être rasée, qu'elle se voile. L'homme ne doit pas se couvrir la tête, puisqu'il est l'image et la gloire de Dieu, tandis que la femme est la gloire de l'homme. En effet, l'homme n'a pas été tiré de la femme, mais la femme a été tirée de l'homme [...] C'est pourquoi la femme doit avoir sur la tête une marque de l'autorité dont elle dépend. » Ce dernier texte ne provient pas d'une sourate coranique comme il serait logique de le penser, mais de la première Épître de Paul aux Corinthiens. Depuis, et bien que la chevelure féminine continue d'être perçue comme le côté troublant de la féminité, l'Église chrétienne a fait tomber en désuétude un grand nombre de pratiques, d'interdits ou d'obligations qui nuisent explicitement ou non à l'intégrité et à l'individualité de chacun.

C'est loin d'être le cas des sociétés fondamentalistes qui, au contraire, prônent le retour aux sources, avec observation stricte au pied de la lettre des textes originaux ancestraux, ou considérés comme tels.

La barbe et les fondamentalistes

Aujourd'hui, tous les fondamentalistes islamiques de la planète font du port de la barbe une obligation impérative, mais seuls les talibans lors de leur main mise sur l'Afghanistan l'ont poussée au stade de la caricature mortelle. C'est le 27 septembre 1996 que ces « étudiants en religion » ont pris le contrôle de Kaboul et mis sans attendre en application un code social strict calqué sur une interprétation rigide des préceptes de l'islam.

Immédiatement est créée une commission « gardienne de la moralité publique », très vite transformée en « ministère de la promotion de la vertu et de l'interdiction du vice ». Le 22 février 1996, il est décrété que la première des vertus pour les hommes est de se laisser pousser la barbe. « Ceux qui ne respecteront pas cet ordre seront arrêtés et incarcérés jusqu'à ce que leur barbe ait atteint la largeur d'une main », prévient un responsable taliban. Moins de trois semaines plus tard, la chasse aux sorcières commence. Une partie des fonctionnaires, dont le visage ne présente pas une pilosité jugée assez abondante, est chassée de son poste et incarcérée. La police des talibans procède régulièrement à des contrôles pour s'assurer que les franges sont bien coupées et que les barbes sont vraies. En même temps, les interpellés sont invités à réciter sur-le-champ la ou les sourates du Coran dont on ne leur donne que le numéro. En fonction du délai de la réponse et du nombre d'erreurs, et au terme de savants calculs, ils reçoivent une punition appropriée, en l'occurrence un nombre de coups de bâton ! Dans la seule journée du 25 mars, plus d'une cinquantaine de personnes sont arrêtées dans les rues de Kaboul par la police religieuse et punies en public pour avoir ignoré que « ne pas couper sa frange et sa barbe comme prescrit permet au diable de s'abriter dans les poils et d'y faire son nid ».

Le contrôle des mollahs en charge de la stricte application de la charia s'exerce à tous les niveaux de la vie quotidienne. Dans les écoles à usage exclusif des garçons, les enfants se doivent de porter la calotte islamique, de la maternelle jusqu'à l'arrêt de leurs études. Au collège, le port du turban est obligatoire sous peine d'exclusion, et les cours se limitent la plupart du temps à la récitation du Coran. Le 31 août 2001, les talibans obligent les non-musulmans à porter un signe distinctif, un bout d'étoffe, sur leur vêtement. Ce qui, de l'avis de certains discriminés, « a au moins l'avantage pour les hommes de ne pas être fouettés pour une barbe trop courte ou pour des poils pubiens trop longs ».

Après l'événement historique du 11 septembre 2001 et l'intervention militaire des forces occidentales qui s'ensuit, des documents inconcevables tombent entre les mains des coalisés. L'un d'eux notamment, saisi dans un commissariat de Kaboul est édifiant. Intitulé « Organe pour la Commanderie du Bien et la poursuite du Mal. Gouvernorat de Kaboul. Registre des manquements et de leurs corrections ». Ce grand cahier bleu consigne scrupuleusement les innombrables châtiments, bastonnades et autres punitions infligés « au nom de Dieu le Miséricordieux » pour des « manquements aux poils », attitude définie comme « non conforme aux préceptes islamiques ». La presse occidentale, dont le quotidien *Libération*, a publié quantité de témoignages se référant au zèle des sbires enturbannés du ministère de la Vertu et de la répression du vice qui, armés de *shaloqs*, ces longues lanières de cuir tressées, traquent dans les rues et les moindres recoins les barbes trop courtes et les cheveux trop longs. « Les talibans nous caressaient la joue pour sentir si nous étions rasés ou si notre barbe était à sa taille naturelle, explique un jeune habitant de Kaboul de 20 ans à qui un système pileux restreint a valu nombre de déboires. À la longueur réglementaire, un toupet devait dépasser du poing fermé. Les cheveux, en revanche, ne devaient pas être plus longs que la première phalange de l'index. Une barbe rasée de trop près coûtait quinze jours derrière les barreaux d'une cellule collective. »

Autre compte rendu porté sur le « grand cahier bleu » et qui montre que même les militaires peuvent être victimes du syndrome du poil de barbe. « En ce jour du 22 Shaaban 1422 (9 novembre 2001), deux officiers ont été arrêtés ; l'un parce que sa barbe était trop courte et l'autre parce qu'il avait manqué la dernière prière [...] Un groupe opérationnel dirigé par le mollah Abdel Mateen s'est rendu au huitième département du ministère de la Sécurité pour éduquer les officiers, puis à la caserne Bella Hésar où il a découvert que de nombreux soldats ne participaient pas à la prière. Il les a fait fouetter. Un second groupe, dirigé par Abdul Waheed Zazay, a établi un barrage sur la New Road et a arrêté une personne sans barbe, une personne en possession de cigarettes, une personne avec un appareil radio et une voiture avec des vitres fumées. Il les a envoyées en prison. »

Un barbier de rue au Pakistan. Corbis-Sygma. Eye Ubiquitous.

Les prisonniers talibans tombés entre les mains des Américains ont été transférés en grand nombre sur la base américaine de Guantànamo à Cuba. Là, la première mesure prise par les Marines envers ces fidèles de Ben Laden fut de leur raser entièrement le crâne et surtout la barbe afin de bien stigmatiser à leurs propres yeux leur défaite et leur humiliation.

POILS ET HINDOUISME

Dans l'Inde primitive, on pratiquait sur les femmes enceintes, au cinquième mois de leur grossesse, le rite de la raie des cheveux. Le brahmane divisait la chevelure de la jeune femme en deux masses symétriques, à l'aide d'un piquant de porc-épic portant trois anneaux blancs. Une partie d'explication de ce rite nous est donnée par l'*Encyclopédie de la Pléiade* dans laquelle on peut lire : « Pour la religion hindoue, la trame du tissage de l'univers est constituée par les cheveux de Çiva et ils s'identifient aux directions de l'espace, disposés autour de la tête comme les rayons solaires. » Le Gange, fleuve sacré de l'Inde, est né dans la chevelure de Çiva.

Après Brahma et Vishnou, Çiva est la troisième entité de la trinité hindoue, sauf chez les Avaristes pour qui Çiva est le dieu suprême, éternel et auteur de toutes choses. Chaque année, des dizaines de milliers de bébés sont rasés avant d'être plongés dans les eaux sacrées du Gange. À l'inverse, des millions d'ascètes gardent leurs cheveux le plus long possible. « On ne touche pas à ce que dieu vous a donné. » Certains hommes saints ont des chevelures qui n'ont jamais été coupées depuis vingt ou trente ans. Elles sont nattées ou torsadées avant de former sur le haut du crâne une sorte de chapeau pileux enrubanné en spirales sur lui-même.

Le poil et les Sikhs

Autre peuple ayant gardé ses traditions ancestrales, les célèbres Sikhs de l'Inde qui ne coupent jamais leurs cheveux et qui marquent leur virilité en arborant une moustache et une barbe épaisses.

Dès que la chevelure atteint une certaine longueur, le Sikh l'assujettit à l'aide d'un peigne de bois de santal ou d'ivoire et la maintient au sommet de la tête en un chignon serré qu'il dissimule sous un turban singulièrement et adroitement ajusté. De simple communauté philosophico-religieuse qu'elle était au départ, les Sikhs, secte hindoue vishnouiste dirigée par un gourou, est devenue en Inde ce que l'*Encyclopédie* du XIXe siècle nomme « une nation dans la nation par ses mœurs et son caractère ». Fondée à la fin du XVe siècle avec la seule ambition d'épurer les mœurs et le culte de l'hindouisme, la secte finira par constituer le puissant royaume de Lahore, qui tomba sous les coups britanniques en 1846.

Actuellement, tous les hommes de la communauté sikhe, très soudés dans leur même vénération des textes sacrés conservés au sein de la ville sainte d'Amritsar, continuent, où qu'ils soient, à respecter la règle des 5 K, à savoir *kesh*, ne pas se raser ni se couper les cheveux ; *khangha*, les fixer avec un peigne ; *kush*, porter le caleçon des cavaliers ; *kada*, porter un bracelet d'acier au poignet droit ; *kirpan*, porter un poignard. En Angleterre, où la communauté sikhe est très importante, les tribunaux sont régulièrement sollicités par des parents qui déposent plainte pour persécution religieuse contre les directeurs des écoles primaires et secondaires qui n'acceptent pas de recevoir leurs enfants poignard traditionnel à la ceinture. Le dernier jugement en date, rendu à Londres en mars 2002, et qui devrait faire jurisprudence, recommande à un père sikh de substituer la longue lame traditionnelle par un poignard en plastique. Ce que son fils de 5 ans devrait accepter sans trop de discussion.

13
Poils et sociabilité
Les rites capillaires, jouissifs et funèbres

Indien des plaines américain. Gravure. Coll. part. D.R.

Natif fidjien. Coiffure traditionnelle. Début du XXᵉ siècle. Gravure. Coll. part. D.R.

Dans presque toutes les civilisations la chevelure a toujours été et reste encore aujourd'hui un décor de la tête reflétant l'affirmation d'une identité à la fois individuelle et collective.

Seuls quelques peuples à travers le monde semblent n'avoir tenu compte d'aucun « langage capillaire ». On peut citer les Bushmen d'Afrique du Sud, certains groupes aborigènes d'Australie, les Pygmées africains et quelques tribus de la forêt amazonienne.

Rasée ou coupée en partie, laissée libre et à l'abandon ou retenue, bouclée, frisée ou crêpée, ou encore agrémentée d'attributs décoratifs divers et hétérogènes, la chevelure offre d'innombrables arrangements dont certains se retrouvent à travers les temps chez des peuples très différents et éloignés les uns des autres. Les nattes et les tresses, par exemple, bien connues des Celtes et des Germains, et qui ont intégré souvent une dimension magico-religieuse comme en Afrique, ou magico-guerrière comme en Europe et dans les plaines nord-américaines.

Indien Baré. Brésil. Gravure. Coll. part. D.R.

Indien Juri. Brésil. Gravure. Coll. part. D.R.

Coiffures de guerriers monbouttous. Gravure. Coll. part. D.R.

Coiffures de jeunes filles niam-niam. Gravure. Coll. part. D.R.

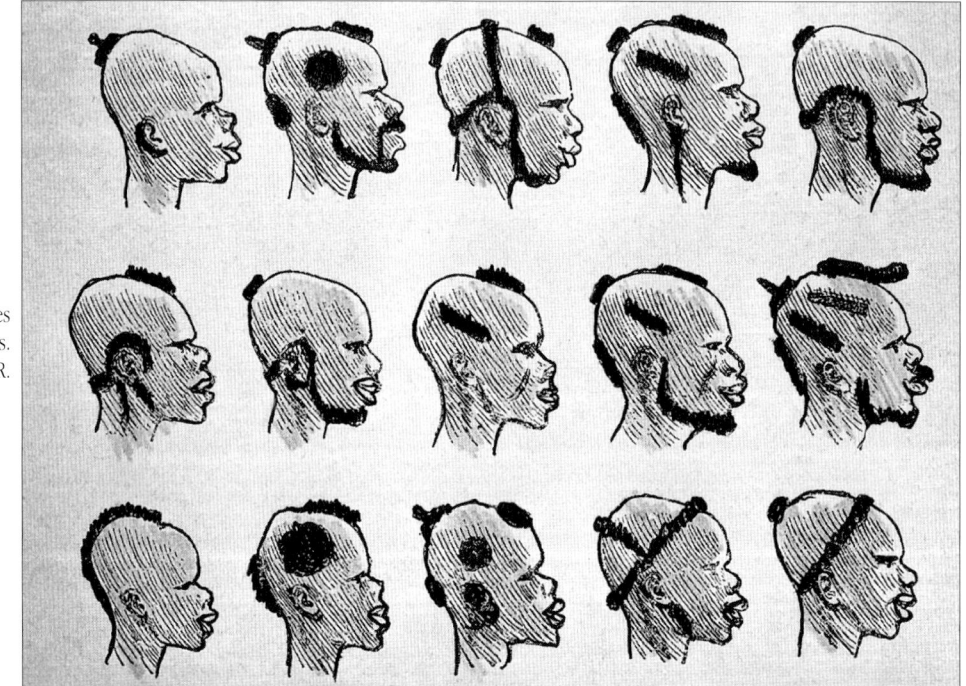
Différents types de coiffures de l'ethnie africaine bangolas. Gravure. Coll. part. D.R.

Types de coiffures malaisiennes. XIXᵉ siècle. Gravure. Coll. part. D.R.

Coiffures de natifs de Xieng-Khong. Chine. Gravure. Coll. part. D.R.

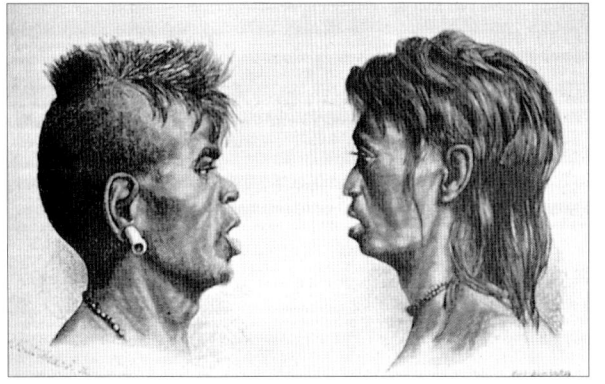

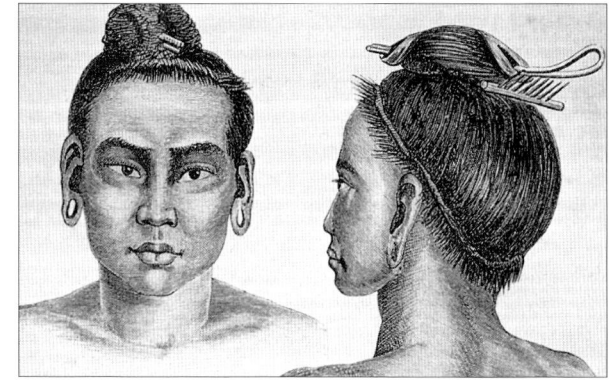

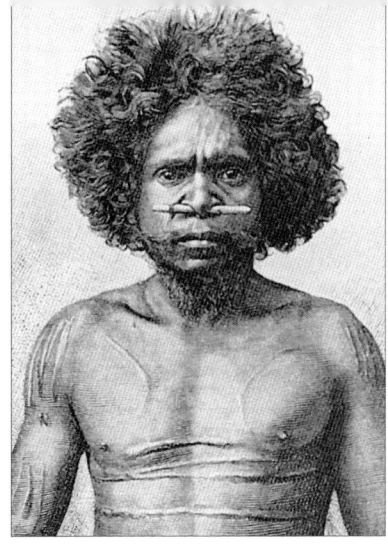
Coiffure africaine dite « en vadrouille ».
Gravure. Coll. part. D.R.

Aborigène d'Australie. Port Lincoln.
Gravure. Coll. part. D.R.

Coiffure en corde. Tasmanie.
Gravure. Coll. part. D.R.

Natifs de Nouvelle-Guinée.
1920.
Gravure.
Coll. part. D.R.

Coiffure d'Arfakis. Nouvelle-Guinée. Gravure.
Coll. part. D.R.

Coiffure de guerrier vitien. Gravure.
Coll. part. D.R.

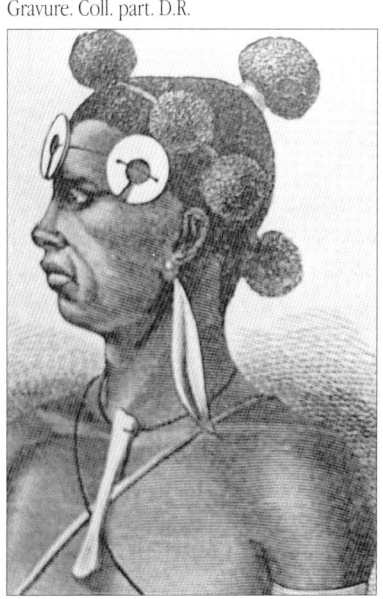
Natif de la baie de Humbold. Pacifique.
Gravure. Coll. part. D.R.

On pouvait voir encore à la fin du XIXe siècle des coiffures traditionnelles avec nattes portées par les populations rurales de nombreux pays européens. En France, par exemple, par les paysans bretons et vendéens ; en Roumanie, par les bergers des Carpates ; ou encore en Hongrie par les bouviers. Ce sont les premiers régiments de hussards originaires de Hongrie qui introduisirent la mode des tresses, appelées « cadenettes » dans les armées européennes.

De même, les longs cheveux laissés en liberté, flottant sur les épaules, est un usage que l'on rencontre chez les deux sexes dans de nombreuses sociétés disparues ou contemporaines, y compris à l'heure actuelle dans les sociétés occidentales. La symbolique veut que plus cette chevelure est longue et luxuriante, plus elle serait sensuelle, attirante, aussi bien pour les femmes que pour les hommes. Pour ces derniers, cette coiffure libre est peu compatible avec le monde du travail et la plupart de ceux qui la portent doivent l'attacher en queue de cheval, derrière la nuque, autant pour des raisons de sécurité que d'hygiène.

Partout dans le monde

La longue chevelure masculine est traditionnellement associée à un symbole de force et elle apparaît un peu partout dans le monde comme un indice de puissance. Aussi fut-elle considérée chez les Gaulois, les Francs, les Mérovingiens comme nous le verrons dans le chapitre « Les poils et l'armée ». Cette identification à la force et à la puissance est clairement exprimée sur tous les continents. Dans l'ancien royaume du Bénin, seuls le roi et ses notables portaient des cheveux longs tressés, le peuple arborant des coupes courtes. Autre exemple notoire, celui de l'Éthiopie du XIXe siècle. La chevelure longue appelée « afro » en Occident est permise aux seuls hommes courageux, notamment ceux qui ont tué un lion et peuvent ainsi afficher leur bravoure. Les femmes qui ont elles aussi accompli un acte courageux ont droit à cette coiffure, qualifiée par les indigènes de « coiffure en crinière de lion ».

Les peuples ont toujours tenté de se singulariser en imaginant des coiffures naturelles ou artificielles qui leur soient propres. Beaucoup, il est vrai, y sont parvenus en jouant sur la longueur, la rigidité, la forme, les ajouts. Notre époque tend à une uniformisation planétaire de l'aspect des individus, mais un rapide tour du monde de la coiffure à la fin du XIXe siècle et au début du XXe suffit à convaincre que la coiffure, c'est aussi l'imagination au pouvoir.

Indiens d'Amérique du Nord

- **Les Comanches** : Ils partagent leurs cheveux en deux longues tresses avec, au sommet du crâne, une troisième beaucoup plus mince nommée « scalplock », signe distinctif des guerriers.
- **Les Sioux et les Cheyennes** : Ils tressent eux aussi leurs cheveux en trois nattes mais de façon différente.
- **Les Apaches et les Navajos** : Ils laissent tomber leurs cheveux librement et les coupent devant au niveau des yeux.
- **Les Crows** : Ils conservent une crête médiane à laquelle ils attachent des piquants de porc-épic.
- **Les Crecks** : Ils se rasent la tête, à l'exception d'une longue mèche afin de se peindre le crâne de couleur vive, rouge de préférence.
- **Les Hurons** : Ils ont les tempes et les côtés du crâne dégarnis jusqu'à la nuque.
- **Les Iroquois** : Ils laissent pousser leurs cheveux d'un seul côté et les ramassent en coques près de l'oreille.

Peuples d'Océanie

- **Les Papous** : Ceux de Papouasie-Nouvelle-Guinée arborent lors de leurs cérémonies claniques des coiffures particulièrement élaborées, très hautes, atteignant parfois le mètre.
- **Îles Marquises** : Beaucoup de Polynésiens partagent leurs cheveux par une raie médiane et les tordent en coques, de chaque côté du crâne. Quelquefois, ils les nouent au sommet du crâne pour les laisser s'épanouir en gerbe.

Peuples du Grand Nord

- **Les Inuits** : Les Esquimaux Inuits du Grand Nord canadien ont un nombre important de façons de se tailler les cheveux en fonction de leur appartenance à telle ou telle tribu.

Indiens d'Amérique latine

- **Les Jivaros** : Ces réducteurs de tête prennent grand soin de leur chevelure noire et lustrée qu'ils coupent en frange droite sur le front et qu'ils laissent pousser dans le dos jusqu'à la taille.
- **Les Camayuras** : Ces Indiens du centre du Brésil coupent leurs cheveux noirs et raides au bol, en laissant quelques mèches tomber sur les yeux et couvrir le haut des oreilles.

Peuples d'Asie

- **Les Japonais** : Les femmes relèvent leurs cheveux sur le haut du crâne pour en faire un gros chignon qui n'est pas leur apanage. Les vaillants guerriers japonais en font un des attributs de leur virilité. Ils se rasent le devant de la tête et rassemblent les cheveux restants en un gros bouquet perché au sommet du crâne. Les Aïnos du nord du Japon laissent croître leur barbe et leur moustache en toison vierge de tout soin ou coupe.
Les Japonais traditionnels aiment encore aujourd'hui tresser leurs cheveux en forme d'éventail et les entremêler de cordons d'argent et de petites boucles colorées, ou encore de longues épingles en écaille.
- **Les Kurdes** : Les femmes agrémentent leur longue chevelure qu'elles laissent flotter sur les épaules de petites pièces de monnaie.
- **Les Chinois** : La longue natte tressée est à la vision traditionnelle du Chinois ce que le béret et le camembert sont au Français. Très peu d'Européens savent que cette longue natte tressée leur fut imposée par les envahisseurs mandchous en tant que brimade et humiliation féminisante.

Ce sont les missionnaires jésuites du XVIIe siècle, tel que le père Lecomte avec ses *Mémoires de Chine*, publié en 1694, qui, les premiers, rapportent « pourquoi et comment » les Chinois, quelle que soit leur condition sociale, durent se faire raser le crâne en ne conservant à l'arrière de la tête qu'une longue tresse descendant couramment jusqu'à la ceinture et destinée à perdurer jusqu'au XXe siècle.

Au début du XXe siècle, les nombreux Chinois émigrés aux États-Unis commencèrent d'eux-mêmes à la sacrifier et, en 1909, la suppression de la natte s'étend à une partie non négligeable de la population des grandes villes chinoises où la mode occidentale commence à s'imposer, comme en Corée et au Japon.

Sun Yat-sen lui-même, fondateur du Guomindang et de la Première République chinoise en 1912, préconise la coupe de la natte à ses concitoyens. Beaucoup de Chinois se sont habitués à elle et la considèrent comme une partie identitaire de leur personnalité. Ils ne se montrent guère pressés de s'en séparer. Aussi, fin 1912, le maréchal Yuan Shikai, président de la jeune République chinoise, donne l'exemple et se fait couper sa propre natte en public en expliquant qu'il se sépare ainsi du principal symbole de l'ancienne dictature mongole.

Peuples d'Europe

Il serait long et fastidieux d'énumérer les centaines de traditions capillaires en vigueur dans l'Europe du XIXe siècle. Dans l'Empire russe, par exemple, cheveux, barbes et moustaches se portent de mille manières selon l'ethnie et le rang social. Chaque pays d'Europe de l'Ouest offre selon ses provinces des arrangements différents de chevelure. Un seul exemple : les **Espagnols**.
- **En Castille**, les femmes rassemblent leurs cheveux en une seule longue natte qui flotte jusqu'à la taille.
- **En Navarre**, la chevelure est constituée de quatre longues tresses : deux forment un chignon et deux pendent, attachées à la ceinture.
- **À Valence**, les femmes portent un grand chignon traversé par un peigne ou une longue aiguille fichée en son sommet.
- **À Salamanque**, cette ancienne capitale du royaume de Léon, hommes et femmes portent les cheveux attachés par un catogan et dépassant de sous un vaste chapeau.

Un seul regard sur l'arrangement des cheveux suffit donc pour reconnaître l'origine provinciale d'un individu.

Peuples d'Afrique

- **Les Éthiopiennes** : Elles nattent leurs cheveux en une infinité de petites tresses et plus celles-ci sont nombreuses et minces plus la coiffe est raffinée et de bon ton. Ces chevelures nécessitent souvent une bonne journée de travail et une grande quantité de beurre aromatisé.

Par tradition, les femmes d'Afrique noire portent des coiffures tressées ou nattées, deux manières de lier les cheveux entre eux, dont les techniques sont décrites dans *L'Histoire des mœurs de la Pléiade* :

« Les tresses partent de carrés de cheveux et sont torsadées, parfois entortillées de brins de fils destinés à maintenir la tresse rigide placée perpendiculairement au crâne. Selon la longueur des cheveux les tresses peuvent, ou non, se réunir. Elles sont agencées pour former des pointes dressées toutes droites sur la tête, couronnes ou touffes. Les nattes, en revanche, se pratiquent sur des bandes de cheveux, bien délimitées par les raies. Le nattage effectué à trois brins s'effectue proche du crâne prenant peu à peu les cheveux de la bande préparée. L'effet final est une sorte d'arête en léger relief d'autant plus nette que les raies sont parallèles et rectilignes. » De surcroît, nattes et tresses peuvent également se combiner entre elles.

L'islamisation des populations observée depuis quelques décennies a tendance à supprimer beaucoup de coutumes traditionnelles dont certaines liées à la coiffure. De plus, des modes venues de l'Occident tendent vers l'uniformisation. Mais, heureusement, beaucoup de coiffures traditionnelles et ancestrales sont encore portées par les femmes et les enfants de nombreuses ethnies qui en perpétuent ainsi la tradition culturelle, même si l'époque tend à en gommer le symbolisme profond. Dans la plupart des villes du continent noir, on peut voir quantité de boutiques de coiffeurs, quelquefois un simple tabouret sous un arbre, mais où l'on coiffe à la vue de tous avec une dextérité incroyable aussi bien les cheveux que les barbes, les sourcils, les cils, les poils du nez et des oreilles.

Le langage des cheveux

Sur le continent noir, l'arrangement des chevelures, surtout féminines, a toujours largement dépassé le simple but esthétique ou de singularisation, d'appartenance à une tribu ou à un clan. Cet arrangement induit un véritable langage social, aux codifications multiformes et souvent très subtiles. À l'instar des Aztèques de l'époque précolombienne qui se coupaient et s'arrangeaient les cheveux de différentes manières selon leur profession et leur appartenance sociale, les Africains ont toujours eu des coiffures riches d'informations les plus diverses : « On peut lire que la femme n'a jamais divorcé ; qu'elle est la première ou la deuxième épouse ; qu'elle a accouché il y a plus de quarante jours ; qu'elle est veuve ; qu'elle est jeune mariée et se rend à une fête ; qu'elle a été longtemps sans avoir d'enfant ou qu'elle a eu des difficultés à garder son enfant », etc.

Aujourd'hui encore, de nombreux peuples nomades ou sédentaires ont conservé cet usage d'information capillaire. Un simple regard sur la chevelure et l'on peut savoir à qui on a affaire : une jeune fille libre ou en période de fiançailles, une récente accouchée ou une veuve en période de clôture de veuvage, etc.

En Inde, le langage des cheveux est très explicite et la manière dont les Indiens coiffent leurs cheveux obéit à des codes précis. Gilles Trabout, chercheur au CNRS, s'est particulièrement attaché à l'étude de la « puja », partie importante de l'être, mystérieuse et mystique, qui symbolise les différentes étapes de la vie. Selon le scientifique, si « les cheveux sont dénoués et flottent sur les épaules, ils indiquent l'approche des règles. La femme, signifiant par là qu'elle est "impure", ne peut donc pénétrer dans un temple. Bien attachés, en natte, ils désignent une femme respectable. Une femme immorale, une prostituée, porte ses cheveux détachés. Ceux et celles qui lâchent leurs cheveux délibérément s'infligent une punition, afin d'obtenir le pardon du dieu. Pratiquée en famille, la tonte correspond aussi à une volonté de purification. Pour les Indiens, toute naissance est polluante, d'où ce besoin de pureté. »

Poils et naissance

Une série de coutumes anciennes liées aux cheveux touche au tout premier âge de la vie et marque l'entrée d'un nouveau membre dans la communauté.

En Chine, autrefois, l'enfant gardé dans un strict isolement maternel n'était présenté à son géniteur pour la première fois

Indiens caraïbes répandant leurs cheveux coupés sur les tombes de leurs ancêtres. Gravure. Coll. part. D.R.

Poil du c... et concours

Depuis moins d'une décennie existent dans quelques pays avancés de la planète des championnats annuels d'insultes, injures et autres quolibets. L'idée de ces confrontations nationales est, d'une part, de pratiquer la langue ancestrale en faisant remonter à la surface des expressions oubliées, colorées et imagées, et, d'autre part, de maintenir à un certain niveau le sentiment d'agressivité et de compétition dans des sociétés trop enclines au consensus, à l'assistanat et à l'endormissement.

Toujours au premier rang des initiatives culturelles, la France a abrité, en janvier 1997, le premier championnat du monde d'insultes en breton. La compétition s'est déroulée devant un millier de spectateurs, très réceptifs, dans la salle des fêtes de Prat, petite commune des Côtes-d'Armor. Les « athlètes du gros mot » se sont affrontés avec courage, chacun ayant concocté un florilège des plus belles insultes possibles, le règlement autorisant l'utilisation de nouvelles tournures et néologismes inédits. Le tout sous l'égide de l'association Dastum qui œuvre inlassablement depuis trente ans pour l'enrichissement du vocabulaire insultant.

Le règlement prévoit que chaque membre de chaque équipe en compétition apostrophe à son tour ses adversaires. On a pu noter au cours de ce premier championnat du monde le retour de toutes les grandes insultes du passé évoquant la « saison des chaleurs » pour les dames et la « dégustation d'excréments chauds pour les hommes ». En revanche, déception des connaisseurs, aucune reprise des classiques « espèce de poil du cul », « va donc, espèce de poil de con pour potage » et autres « poils merdeux de ta mère ».

Décidément, la langue évolue, c'est bien vrai ! Il faut remonter à 1995, lors d'une épreuve canadienne, pour voir un modeste « espèce de confiture à friser les poils du cul » arracher péniblement une cinquième place.

qu'à l'âge de trois mois. Cette présentation était prétexte à une cérémonie au cours de laquelle le nouveau-né était coiffé pour la première fois.

En Bulgarie, la première coupe de cheveux d'un enfant s'accompagne de distribution de pain spécifiquement cuit pour l'événement, en guise de bon augure. Très souvent, cette première coupe se déroulait à l'église à l'heure même du baptême et était réalisée par le prêtre ou n'importe quel invité. En Albanie, mais également dans bien d'autres régions des Balkans, la coupe de cheveux des nouveau-nés est considérée comme un rituel social autant par les musulmans que par les orthodoxes, les premiers la pratiquant le septième jour de la vie de l'enfant et les seconds entre sa première et sa deuxième année.

Après un grand repas on amenait l'enfant ainsi qu'un plateau garni d'une serviette contenant des ciseaux et des ustensiles symbolisant le sexe de l'enfant : arme ou petite charrue pour un garçon, quenouille pour une fille. Le parrain, choisi par le père, prenait l'enfant sur ses genoux et lui prélevait une mèche de cheveux dans quatre directions. Il l'embrassait, lui donnait, avec des friandises, des présents plus importants.

Dans certaines régions d'Allemagne, aujourd'hui encore, on ne coupe pas les cheveux d'un enfant avant l'âge de un an. Dans le sud de l'Italie, on le fait plus tôt, mais comme l'enfant est alors vulnérable aux influences maléfiques, on lui fait tenir une pièce de monnaie dans la main durant toute la coupe.

En Afrique, garçonnets et fillettes ont fréquemment le crâne rasé, totalement ou partiellement, dans les jours ou la quinzaine qui suivent leur naissance. Chez les Ébos du Bénin, par exemple, les cheveux du nouveau-né sont coupés le premier jour après sa naissance par une personne dont le nom ne sera révélé à l'enfant que lorsqu'il aura atteint une douzaine d'années. Généralement, le rasage du crâne des enfants se poursuit durant la prime enfance puis l'adolescence. Il est alors partiel et réalisé selon quantité de dispositifs de coupes et de figures tracées sur le cuir chevelu. L'emplacement, le nombre de touffes, de petites tresses, de crêtes, de rangées concentriques sont à la fois des symboles de protection, des signes lisibles d'appartenance à la communauté ainsi que des informations sur le statut social et sexuel de l'adolescent.

Poils et deuil

Événement culturel par excellence, la cérémonie du deuil prend souvent en compte la chevelure et la barbe, dont les coupes sont alors un signe d'humilité, de pénitence et de désespoir. Cette liturgie funèbre est aussi ancienne que le monde et se retrouve sur les cinq continents. Sous les murs de Troie assiégée par les Grecs, Achille sacrifie sa chevelure en signe de deuil lors de la mort de son ami Patrocle. Oreste offre la sienne sur la tombe de son père, et dans toute la Grèce antique il était courant que les veuves expriment leur chagrin en coupant très court leurs cheveux et en les jetant sur les bûchers funéraires de leurs époux. Les habitants de Délos se rasaient la tête et le deuil durait jusqu'à ce que les cheveux eussent repris leur taille primitive.

La Rome antique connaît ce type de comportement funèbre et durant toute une période, les hommes laissent pousser leur barbe en signe de deuil, qu'il s'agisse d'une affliction privée ou d'une calamité publique. À l'inverse, les Hébreux marquent leur deuil en se la faisant couper.

Les druides rasaient leurs victimes expiatoires avant le sacrifice funèbre, comme certaines tribus caraïbes le feront encore au XVIIe siècle.

Les marques du deuil ne caractérisent pas seulement la disparition d'un être cher, elles peuvent aussi stigmatiser une situation considérée comme pire que la mort. Job se rase le crâne après avoir perdu ses enfants et ses biens et être tombé dans une affreuse misère. De même, Isaïe, un des quatre grands prophètes de la Bible, pour renouer avec Dieu après la défaite de Moab, ordonne qu'en signe de deuil et d'humilité, « toute barbe soit coupée et tout crâne rasé ».

Au Ve siècle avant J.-C., Esdras, un des plus fameux docteurs juifs, désespérant de rétablir l'observance des lois de Moïse, s'arrache les cheveux et la barbe en signe d'indignation, de désespoir et de deuil.

Aujourd'hui encore, dans plusieurs régions de la planète, le deuil s'accompagne du rasage du crâne. Il en est ainsi chez certaines ethnies africaines dont celles vivant aux frontières du Ghana et du Burkina Faso tels les Lobis qui pratiquent le rituel de la tonte funèbre depuis des siècles. Lorsqu'un de ses membres meurt, toute la famille se rase le crâne en signe de regret et comme ultime cérémonie pour faire fuir les esprits négatifs de la mort. Chez d'autres ethnies africaines, les veuves se rasent la tête définitivement après la mort de leur époux.

La très grande majorité des peuples et ethnies de la Terre, plusieurs dizaines de milliers, possèdent des codes capillaires touchant au deuil.

Dans certaines régions d'Europe, en Calabre et en Albanie par exemple, les veuves portent dans les cheveux de longs rubans de tissu de couleur noire maintenant un chignon ou des tresses spécifiquement conçus pour signifier leur chagrin. En Chine, à l'heure actuelle, le peuple Mosso, ethnie matriarcale forte de 30 000 membres et établie à la frontière du Tibet marque le deuil en ne se lavant plus les cheveux pendant 49 jours.

À des milliers de kilomètres de là, en Papouasie-Nouvelle-Guinée, les cheveux du défunt sont mis en tresse et ajoutés par les descendants à leur propre coiffure ou portés en amulette. Dans la majorité des sociétés océaniennes, l'adjonction des cheveux d'une personne défunte à sa propre chevelure est un comportement courant qui prend place dans le cadre d'arrangements capillaires symboliques et esthétiques.

Finissons cette courte évocation du deuil et des poils en signalant la tradition en vigueur dans l'île Maurice. La mère coupe les cheveux de son fils mort, en fait une longue natte qu'elle porte en collier autour du cou avec des nœuds qui indiquent combien de nuits elle a passées à pleurer.

Poils et mariage

Le mariage est une affaire d'importance qui concerne non seulement les jeunes époux, mais également leurs familles qui scellent ainsi des alliances répondant quelquefois à des impératifs financiers et politiques. De la même façon que dans les circonstances de deuil ou de naissance, quasiment tous les peuples de la Terre, à l'occasion du mariage, prennent en considération les chevelures féminines. La plupart du temps, il s'agit de substituer à la coiffure de jeune fille celle d'épouse. Durant toute l'époque médiévale, les jeunes filles européennes laissaient voir en totalité leurs cheveux alors que sitôt mariées elles les cachaient ou du moins ne les laissaient plus pendre librement. Il en est exactement de même aujourd'hui en Indonésie.

En Pologne, au XIXe siècle, le stigmate de la jeune fille est la natte. Lorsqu'elle se fiançait, les amies de son âge étaient appelées pour une cérémonie dite de « dénattage » et qui signifiait que la future mariée allait changer de classe sociale. Après la cérémonie du mariage, le mari lui coupait les cheveux afin qu'elle porte définitivement la coiffure traditionnelle.

On ne peut évoquer les milliers de traditions diverses liées au mariage et disséminées à travers le monde. Mais nous finirons avec une tradition italienne rappelée par Yvonne Deslandes et Monique de Fontanes dans *Histoire des mœurs : Encyclopédie de la Pléiade* et qui en dit long sur la signification et la place symbolique des cheveux face à cette cérémonie de « l'alliance » encore au lendemain de la Seconde Guerre mondiale. « Les jeunes filles qui ne portaient pas encore de coiffe devaient couvrir leur tête d'un foulard lorsqu'elles assistaient aux offices. S'il advenait qu'une union ne soit pas souhaitée par les parents de la jeune fille, le garçon, guettant la jeune fille à la sortie de la messe, lui arrachait le foulard aux yeux de tous, mettant ainsi ses cheveux à nu, en guise d'affirmation de ses liens avec la jeune fille, même s'il ne l'avait jamais approchée [...] Cet acte équivalait à la conquête de la fille, qui se trouvait alors marquée et déshonorée. Il ne restait plus aux parents qu'à consentir au mariage, sinon la jeune fille ne serait plus jamais demandée et une terrible vengeance pouvait s'ensuivre. »

Est-ce que ça pousse après la mort ?

Les cheveux continuent de pousser après le décès des individus. Cette croyance date de très loin. Aristote, Celse, Plotin, Ambroise Paré, Berthelot, et trop nombreux sont les grands médecins qui ont avalisé cette idée totalement fausse.

Le docteur Guillard, par exemple, affirmait que les cheveux de Napoléon avaient poussé après son décès.

Moreau fut un des premiers à déclarer nettement :
« Depuis trente ans que nous dirigeons les travaux anatomiques de l'École de médecine, il n'a jamais été constaté la moindre pousse de cheveux, sourcils, barbes, poils des aisselles ou de la toison sur des sujets jeunes, adultes, ou vieux, morts depuis plus ou moins longtemps. »

En fait, ce qu'on prend pour une croissance est une simple rétractation de la peau, un dessèchement, un ratatinement qui donnent l'illusion d'une croissance inexistante.

Poils bleus et liberté

En janvier 2000, une jeune fille de Montréal a été suspendue de son école pour s'être teint les cheveux en bleu et s'est ainsi attiré la sympathie du public. Après avoir été l'objet d'une manifestation organisée par ses camarades de classe, elle s'est retrouvée à l'émission de Julie Snyder avant que toute une école secondaire ne lui manifeste son appui.

En effet, tous les étudiants de cette école située à l'est de Montréal se sont fait teindre les cheveux en bleu pour manifester leur solidarité envers leur « camarade » qui n'a pas plié sous la pression des autorités.

Interrogés sur le sens de leur action, ces jeunes élèves âgés de 13 à 15 ans y voient « une liberté d'expression », une démonstration de « solidarité jeunes », un « entraînement à épouser une cause » et la « défense du droit fondamental à s'habiller, se coiffer, parler comme on l'entend ».

Comble, certains professeurs de cette école ont décidé d'appuyer leurs élèves en se teignant eux aussi les cheveux en bleu. Bien évidemment, ce soudain changement de couleur du décor de cette école secondaire ne fait pas l'unanimité. Certains parents et professeurs trouvent « ridicule » et « totalement irresponsable » la décision de l'école de ne pas sanctionner et même d'encourager les jeunes aux cheveux bleus.

« Je ne laisserai pas ma fille tomber dans la drogue et la prostitution. Si elle ne veut pas changer sa couleur de cheveux, je vais les lui faire raser dans son sommeil ! »

Le perroquet « à poil » de l'Institut Pasteur

En 1901, l'embryologiste de grand renom Élie Metchnikov, directeur du département de recherche de l'Institut Pasteur, publie dans les Annales de l'Institut une série d'articles résumant plusieurs décennies d'observations et d'expérimentations touchant à la dégénérescence sénile chez les humains. L'un de ces articles est consacré à « l'étude du vieillissement des cheveux et des poils et plus particulièrement de leur blanchiment sous l'action des cellules amyloïdes pigmentiques, ou mieux encore chromophages ».

À la recherche de vieux perroquets

Le célèbre scientifique débute son mémoire par cet avertissement : « Pour vérifier mes conclusions, il était nécessaire d'entreprendre une longue série de recherches. Or, celles-ci sont entourées de difficultés considérables, sans parler que les autopsies humaines ne peuvent se faire que vingt-quatre heures après le décès et qu'il est le plus souvent très malaisé de se procurer des organes. »

Et de poursuivre : « Il y a bien parmi les animaux domestiques des espèces qui peuvent servir à l'étude de la vieillesse ; mais, comme la plupart d'entre eux n'atteignent qu'un âge très peu avancé, on se demande si l'on a le droit de comparer leurs altérations séniles à celles de l'homme. Il est difficile de trouver des chevaux ou des chiens ayant dépassé vingt ans. Il en est de même pour la volaille, telle que poules, canards, etc. »

Et de conclure : « Voilà pourquoi l'étude des vieux perroquets présente un intérêt très grand, ces oiseaux étant capables de vivre aussi longtemps que l'homme, voire plus. »

L'idée d'utiliser des perroquets pour ses expérimentations vint à Élie Metchnikov après la lecture d'un récit du naturaliste Alexander von Humboldt évoquant « un vieux perroquet mort à 81 ans et qui parlait la langue des Atures, tribu américaine éteinte. Ce perroquet, ayant survécu aux derniers représentants de ces Indiens, ne pouvait être compris de personne ».

Élie Metchnikov se mit donc à rechercher dans toute la France des perroquets d'un âge certain. Il rassembla à l'Institut Pasteur une grande quantité de ces adultes et vieillards psittacidés : cacatoès à crête jaune, palœornis torkata et surtout des chrysotes amazonia. De la « plume » même du scientifique, certains de ces sujets posent problème : l'un d'eux notamment, âgé de 80 ans et dont « l'âge avait changé l'humeur », avait passé sa jeunesse chez une vieille demoiselle et, à l'âge de 28 ans avait été adopté par un marchand de vin chez qui il avait pris l'habitude d'entretenir sa joie de vivre par l'ivresse. Profonde déception du scientifique qui écrit : « Il avait fini par manifester des signes évidents de sénilité, son plumage devenant rare et ayant du mal à tenir sur ses pattes. Il buvait continuellement. Il est mort une nuit, en avril 1901, lors d'un brusque changement de température. » À l'autopsie, Élie Metchnikov constata que son ivrogne d'oiseau était une femelle et non pas un mâle comme il l'avait toujours cru.

Un manque de moyens

Nous laisserons intentionnellement de côté les descriptions réellement scientifiques mettant en exergue les similitudes et les relations entre le vieillissement des plumes des perroquets et le blanchiment des poils des vieillards.

À ceux qui aujourd'hui avanceraient des objections méthodologiques, l'excellent savant a déjà rétorqué par avance que la vraie raison a toujours manqué de moyens ! « Il aurait été très important d'être en possession d'un plus grand nombre de vieux perroquets, afin d'obtenir des résultats plus complets. Mais, vu la rareté du matériel, nous avons décidé de publier nos observations dans leur état actuel. »

14
Les crânes rasés
Tontes militaires, pénales, concentrationnaires et expiatoires

Déportés russes en route vers la Sibérie vers 1900. Leur crâne à moitié rasé doit décourager les tentatives d'évasion. Archives russes. Moscou. D.R.

Jusqu'à la suppression de la conscription nationale, l'armée a symbolisé pour des générations d'appelés sous les drapeaux la fameuse « boule à zéro ».

LA « BOULE À ZÉRO » DANS L'ARMÉE

On sait peu que c'est l'armée prussienne, durant la guerre de 1870, qui initia la tonte crânienne intégrale des soldats comme marque distinctive de virilité et de discipline draconienne. Les commentaires populaires d'après-guerre concluaient que si les Prussiens s'étaient montrés supérieurs, c'est parce qu'ils avaient les cheveux rasés. Mais il faut attendre l'entre-deux-guerres pour que toutes les armées européennes généralisent cette tonte sous prétexte d'hygiène et de lutte contre les parasites.

Un passé de liberté

Durant le XXe siècle, les forces hollandaises furent les seules à autoriser un temps leurs conscrits à porter les cheveux longs. Dans toutes les armées occidentales, le passage de la tondeuse fut toujours mal accepté par les jeunes recrues qui n'y voyaient qu'une brimade, une dépersonnalisation et une interdiction d'être « singulier ».

Autrefois, la guerre se tenait aux frontières de la socialisation et de la religiosité avec ses lois, ses rites, ses sacrifices, ses interdits, ses mystères, ses miracles et ses prêtres. D'ailleurs, l'histoire militaire passée des peuples n'est qu'une suite de conflits, même au nom de Dieu ou des dieux, un chapelet de réglementations capillaires diverses souvent contraires entre elles.

Les légionnaires romains portent sous leur casque des cheveux taillés assez courts et se différencient ainsi beaucoup des armées gauloises et germaines dont les combattants arborent de véritables crinières couplées à de longues moustaches.

Durant le Moyen Âge, les combattants portent généralement des coiffures en usage ou à la mode dans les sociétés civiles. Interviennent toutefois des éléments ponctuels qui dictent tel ou tel impératif. Au XVe siècle, par exemple, il faut rentrer cheveux et barbes, voire moustache, dans les lourds casques en usage à l'époque. Aussi barbes et chevelures des gens d'armes sont-elles de préférence taillées courtes. Il en est ainsi aux siècles suivants.

Au XVIIIe siècle, sous le règne de Louis XV, la folie des perruques se retrouve dans l'armée où même les hommes de troupe n'hésitent pas à en porter quand ils ne lient pas leurs cheveux longs en queue de cheval.

Les cavaliers portent souvent les cheveux longs. Les hussards les tressent en trois, quatre ou cinq longues mèches pendant sur les côtés du visage et destinées, disent-ils, à protéger la nuque et les joues des coups de sabre de l'adversaire.

Chacun fait un peu ce qu'il veut en matière de coiffure et l'hygiène en souffre au sein de nombreux corps de troupe, au point qu'au lendemain de la victoire de Fontenoy, le maréchal Maurice de Saxe envisage de faire raser tous les soldats.

Le comte Claude Louis de Saint-Germain, ministre de la Guerre de Louis XVI, tente à son tour de lutter contre « la mode aux armées ». Il y introduit la discipline prussienne et les châtiments corporels. Peine perdue, queues, tresses, cadenettes, toupets, catogans et autres variantes capillaires survivent envers et contre tous les règlements et menaces. Et il en sera ainsi jusqu'au XIXe siècle. Une des dernières réglementations du Directoire, par exemple, en 1799, prévoit « que les soldats peuvent se poudrer pour les parades, ainsi que les dimanches et les jours de fête ».

Après l'Empire, l'armée impériale devenue royale subit les effets de plusieurs décrets, notamment ceux de 1816 et 1818 qui proscrivent perruques, cadenettes, cheveux longs, poudre, etc. Les hommes de troupe doivent désormais subir une coupe de cheveux tous les deux mois.

Pendant la Première Guerre mondiale, les armées présentes sur les théâtres d'opération sont nombreuses et chacune affiche ses traditions en matière de capillarité. Les Allemands sont souvent moustachus, mais portent les cheveux courts.

Les Français sont « poilus ». Après 1915, le terme désigne tous les combattants français sur le Front qui s'étend de l'Alsace à la mer du Nord, quels que soient leur grade et leur unité. Quelquefois, les soldats se rasent le jour de l'assaut et comme l'eau manque, on le fait avec du vin. Les officiers portent les cheveux courts et se font un devoir d'avoir toujours les moustaches et la barbe bien taillées.

Barbier de rue. Pakistan. Corbis-Sygma. Éric Ergenbright.

Les tommies anglais, eux, sont toujours soigneusement rasés et les hommes de troupe portent assez souvent une moustache épaisse bien entretenue, de même que presque tous les officiers. Les unités indiennes, qui servent dans l'armée britannique, affichent également des barbes, mais courtes et bien taillées, tandis qu'ils dissimulent leurs longs cheveux noirs et luisants sous un turban.

Quant au corps expéditionnaire américain, il s'en tient au règlement général en usage dans l'armée : pas de barbe, pas de moustache, et cheveux courts.

Le rôle de la tonte

La tonte des cheveux exécutée dès le premier jour d'incorporation correspond à une mesure préventive d'hygiène, mais a surtout un but psychologique qui s'apparente à une épreuve initiatique : l'abandon de sa nature individuelle pour celle de groupe, de caste même. Avec les cheveux qui tombent à terre, tombent aussi le passé, la personnalité, le statut social et, d'une

Incorporation de jeunes filles. U.S.A. D.R.

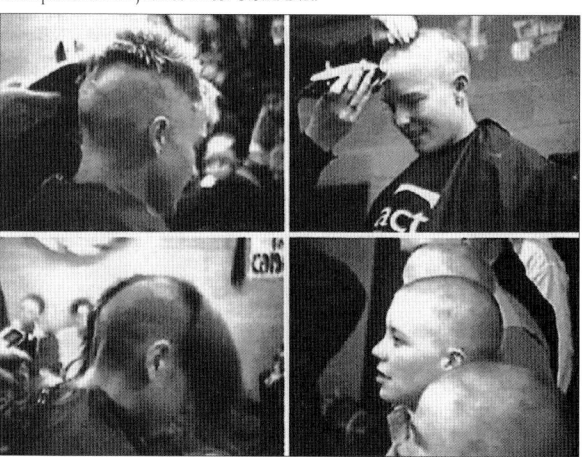

façon générale, tous les facteurs susceptibles de ralentir l'intégration et la métamorphose du nouvel enrôlé. En sortant de chez le coiffeur militaire, les jeunes conscrits, tous si disparates, se retrouvent déjà uniformisés, prêts à se fondre dans le moule militaire.

Soldates et tonte militaire

Le rituel de la tonte va sérieusement se compliquer avec l'admission dans les armées occidentales de la gent féminine où elle exerce aujourd'hui des rôles qui étaient il y a peu encore exclusivement dévolus aux hommes. On pourrait croire qu'il n'existe pas de différence réglementaire de traitement entre hommes et femmes, notamment en ce qui concerne la coupe de cheveux. La femme, traitée à l'égal de l'homme, et donc tondue, relève encore de la fiction. Seuls films et annonces publicitaires osent montrer une telle hypothèse.

En France, à la sortie de la guerre d'Algérie, les rares femmes militaires étaient cantonnées à des tâches d'infirmière, de secrétaire et autres qui les éloignaient de la « mission » du guerrier. Le règlement leur imposait « de veiller à ne pas être trop extravagantes dans leur tenue, et avoir une coiffure où les cheveux seraient attachés et relevés de façon à ne pas dépasser le col de la veste (chignon) ou de les porter courts ».

Œuvrant dans les états-majors sous le regard paternaliste des officiers, les femmes soldats de cette époque mettaient la réglementation de côté et on les voyait presque toutes porter des coiffures sophistiquées et même des cheveux libres couvrant leurs épaules. Cette situation va perdurer pendant une trentaine d'années. Aujourd'hui, la donne a changé et dans l'armée comme ailleurs, les femmes exercent avec compétence des rôles jusque-là jalousement gardés par les hommes. Les soldates actuelles reconnaissent, au moins dans les unités les plus en pointe, qu'on ne peut pas faire ce métier avec un chignon sur la tête ou les cheveux longs, ce qui explique que certaines prennent l'initiative de les couper courts, comme les garçons.

En Allemagne, jusqu'à récemment, les femmes n'étaient présentes que dans les services de poste et les orchestres. Depuis peu, elles ont accès à tous les régiments allemands et sont censées être soumises aux mêmes conditions que leurs camarades masculins.

En ce qui concerne la coupe de cheveux, les journaux allemands ne cessent de souligner qu'il semble que ce soit le « laisser-aller » le plus complet : cheveux mi-longs, longs, lâchés, flottant dans le dos et virevoltant au vent, mèches de couleur, etc.

Pas plus de restriction en Belgique où les femmes soldats se doivent seulement d'adopter une coupe de cheveux adéquate avec le port du casque. En Autriche, les femmes militaires ont droit à deux coiffures : la coupe au carré et la queue de cheval.

Le Canada a été le premier pays de l'OTAN à admettre les femmes dans tous les services de l'armée. En matière de politique relative aux cheveux et à la tenue militaire du sexe féminin, la référence est une directive de 1998 qui précise : « Les femmes militaires qui désirent faire pousser leurs cheveux peuvent avoir besoin d'une période de transition afin d'être en mesure de bien les attacher. Le commandement militaire peut accorder une période de transition de 60 jours au cours de laquelle les cheveux peuvent dépasser le bord inférieur du col. En outre, les accessoires pour cheveux, à l'exception des barrettes, peuvent être portés ou non. Ils doivent être de style conservateur et de même couleur que les cheveux [...]. »

En Suisse, les femmes soldats se coiffent comme elles l'entendent, avec un seul mot d'ordre : « Ne pas attirer l'attention sur soi. » Et comme le dira un commandant helvétique : « La question des longueurs de cheveux et des boucles d'oreilles est réglée en Suisse avec souplesse [...]. »

Aux États-Unis, les femmes sont admises dans les armées depuis longtemps. Sans être tondues, elles passent tout de même chez le coiffeur lors de leur incorporation et ont la chevelure coupée court, au carré, nuque dégagée. Par la suite, une

---

« Poilus et porte-microbes de tranchée »

Ce sont les civils de l'arrière, ignorants des effroyables conditions de vie des troupes au Front, qui, déconcertés par l'apparence des soldats permissionnaires, barbes et cheveux hirsutes, les surnommèrent « poilus ». Par amertume autant que par dérision, les combattants reprirent le sobriquet à leur compte et l'opposèrent à ceux de planqués, d'embusqués et de pantouflards.

La guerre des tranchées fut l'occasion pour les experts du service de Santé des armées de se livrer à quelques études qui paraissent un rien dérisoires, sinon déplacées, compte tenu de la situation sur le Front où les hommes dans les tranchées doivent résister non seulement aux Allemands, mais aux rats, aux mouches et à toutes les vermines.

Ainsi, il résultait de certaines analyses que le nombre de microbes laissés dans son premier bain par un militaire revenant en permission dépassait le milliard, pour tomber à 550 000 lors du second. Prolifération due « à la crasse accumulée le long du corps, l'agglomération de la sueur, la sécrétion des glandes, la poudre épidermique et les poussières de l'air [...] ».

Coiffeur de tranchée. Bibliothèque de la Seconde Guerre mondiale. D.R.

grande liberté leur est laissée. À West Point, par exemple, la majorité des femmes ont les cheveux longs qu'elles coiffent de mille façons selon leur goût.

Signalons toutefois le sort des jeunes filles admises depuis peu au Virginia Military Institute, école préparatoire militaire où le règlement est vraiment le même pour tous : tondeuse pour filles et garçons.

Impossible de citer tous les pays qui autorisent l'enrôlement des femmes. Disons que les situations sont très inégales. En Israël, par exemple, l'égalité homme/femme en matière militaire est une référence et les femmes n'en gardent pas moins leurs cheveux longs, tout comme les hommes qui le désirent. Particularisme en Occident, la position de l'Italie qui n'accepte aucune recrue féminine dans les rangs de ses unités opérationnelles. Le général Luigi Caligaris, parlementaire européen et cofondateur du parti Forza Italia de Berlusconi explique pourquoi dans les colonnes du *Corriere della Sera* : « Quoi qu'on fasse, les femmes seront toujours un élément minimal des forces armées. Il vaut mieux remédier au manque d'effectif avec des immigrés et des homosexuels, s'ils promettent de bien se tenir ! »

En fait les seules femmes tondues de l'histoire militaire moderne auront été les femmes soldats du « bataillon de la mort » créé à Moscou au tout début du XXe siècle par Maria Leontevna Botchkareva.

Cette curieuse unité était principalement constituée de filles de bourgeois désireuses de faire preuve de courage. Incorporées comme les hommes et soumises à des entraînements militaires comparables, elles avaient comme eux le crâne rasé en permanence mais aussi l'autorisation, pour celles qui le désiraient, de garder un petit toupet sur le haut du crâne.

Elles combattent en 1914 et on les retrouve au début de la révolution d'Octobre, en 1917, défendant le palais d'Hiver face aux bolcheviques. Elles soutiennent un long et terrible siège mais refusent de se rendre. Cette résistance leur vaut l'admiration de nombreux diplomates européens mais ne protégera guère les survivantes de la torture et du viol.

Le « bataillon des femmes rasées » fut dissous par Lénine comme « contre-révolutionnaire », mais ne cesse depuis d'alimenter les légendes, tour à tour glorifié à des fins de propagande militariste ou, au contraire, calomnié comme faisant honte aux hommes ou encore comme « menace lesbienne ».

LES TONTES INFAMANTES

Tout au long des siècles, la tête rasée n'a cessé, dans les sociétés occidentales comme dans bien d'autres à travers le monde, d'être une marque d'infamie, d'humiliation, de dégradation sociale ou un signe de servitude et d'infériorité souvent lié à une sanction pénale ou une privation de liberté.

Dans la Grèce classique du Ve siècle avant J.-C., les esclaves se distinguent des hommes libres par leur crâne rasé. Tonte qui continue à signifier la soumission tout au long de l'Antiquité romaine, puis gréco-romaine et enfin gallo-romaine.

« Autant la chevelure libre, longue, entretenue exprime le courage, la puissance, la virilité, autant tondue, elle signifie tout aussi fortement le renoncement, la honte et l'état de dégradation et de soumission. » C'est cette double vision qu'entretenaient tous les peuples, qu'ils fussent celtiques, latins, germaniques, ou même asiatiques, tels les Huns.

Aristote nous dit que les Lyciens préfèrent payer d'énormes impôts aux conquérants grecs plutôt que de laisser couper leurs cheveux. L'usage de tondre les prisonniers politiques, guerriers ou de droit commun, hommes et femmes, se retrouve dans toutes les parties du monde et tout au long de l'Histoire.

Les premiers souverains mérovingiens laissèrent croître leurs cheveux au point d'entrer dans l'Histoire sous le titre de « rois chevelus ». Bien que ce soit Mérovée qui ait donné son nom à la lignée, le premier de ces souverains chevelus fut Clodion qui, en 428, porta officiellement le titre et fit des cheveux longs un signe de vertu royale et de légitimité politique. Selon plusieurs historiens dont Michelet et Augustin Thierry, seuls ces rois avaient le privilège de conserver une longue chevelure pendante et visible. On rapporte que ce fut à son immense chevelure que l'on reconnut le cadavre de Chilpéric Ier, roi des Francs, mystérieusement assassiné à Chelles, en 584.

Un article de la loi salique, rédigé au temps de Clovis, prévoit une forte amende payable en or pour quiconque aura coupé la chevelure d'un enfant libre sans le consentement de ses parents. Amende plus forte encore si l'enfant est une fille. La tonte d'un enfant est considérée comme si ignominieuse que lorsqu'on veut l'écarter à jamais d'une succession, il suffit de le tondre. La mesure est emblématiquement si honteuse et irréparable qu'elle atteint même les princes régnants.

À la mort de Clovis, en 511, le royaume est partagé entre ses quatre fils. À la mort de l'un d'eux, Clodomir, roi d'Orléans tué par les Bourguignons, deux de ses frères, Childebert Ier roi de Paris, et Clotaire roi de Soissons décident de se partager son royaume et pour cette fin d'assassiner ses trois enfants pour les empêcher de prétendre à la succession. Childebert Ier, sachant l'attachement profond de sa mère Clotilde pour ses petits-enfants, lui donne le choix. Que préfère-t-elle ? « Les voir tondus ou morts ? » « Morts, répond la vieille reine, car les cheveux rasés sont signe de servitude. » Les deux aînés furent effectivement exécutés en 524 et Clodoald, le troisième, réussit à échapper aux tueurs. Il finit par se faire tondre, embrassa la vie monastique et tient sa place, comme Clotilde son aïeule, dans le calendrier des saints sous le nom de saint Cloud.

Gondemar, dernier roi des Burgondes, après avoir été battu à la bataille d'Autun en 534, est impitoyablement tondu par son vainqueur Clotaire. Pendant encore un siècle, il n'y aura pas de pire sort que d'être privé de sa chevelure par ses rivaux et ennemis. Il est également des cas où la chevelure du vaincu représente une grande valeur symbolique pour le vainqueur qui la conserve comme précieux trophée. C'est le cas des fameux scalps des Indiens d'Amérique du Nord.

Nous devons souligner une remarquable exception, celle de l'ancien royaume Achantis, détruit en 1895 par une expédition anglaise dirigée par Sir Francis Scott. Ce peuple guerrier d'Afrique occidentale, toujours en armes et à la réputation redoutable, fut un des rares sinon le seul à ne pas tondre ses ennemis vaincus pour les humilier mais, au contraire, à tenter de se les attacher et de les intégrer. La tonte de l'ennemi captif se veut seulement un rituel destiné à marquer sa rupture définitive avec son lieu et son milieu d'origine. Il a alors la possibilité d'être adopté par une femme du groupe qui devient sa « nouvelle mère ». S'il accepte, « il laisse repousser ses cheveux en signe de nouvelle naissance ».

Sur le plan purement pénal, la tonsure fut différemment appliquée selon les époques et les types de délit retenus contre les criminels. Ainsi, les Athéniens rasaient systématiquement, outre leurs ennemis vaincus, les femmes adultères. Les Crétois rasaient les voleurs de céréales avant leur exécution, et au Moyen Âge, les Lombards faisaient de même aux incendiaires avant de les rouer. Les Romains rasaient leurs esclaves comme stigmate de leur état de soumission. C'est ainsi que César, vainqueur des peuples indociles de Gaule, trouve plus astucieux de faire tondre leur population que de détruire leurs villes et villages. Tous les peuples de l'Antiquité possédant des flottes tondent leurs galériens, usage qui se perpétuera sur les galères des puissances européennes des XVIIe et XVIIIe siècles. Crânes rasés pour les esclaves et les forçats des bagnes européens du XIXe siècle et du début du XXe siècle. Les bagnards sont tondus au moment de leur déportation vers les colonies. Chaque nation a sa façon de faire. Les bagnards russes, par exemple, ne sont tondus qu'en partie, sur la seule moitié gauche du crâne, afin de mieux les repérer en cas d'évasion.

Crânes rasés également pour les déportés des camps de concentration nazis et des goulags soviétiques et chinois. Dans toute l'Europe médiévale et durant tout l'Ancien Régime, on tond les femmes accusées de sorcellerie avant de les faire brûler sur le bûcher. De même que l'on rase le crâne à celles qui, pour une raison ou pour une autre, sont exposées au pilori. Dans tous les cas, on entend ajouter à la peine légale une humiliation supplémentaire. La tonsure désigne ses propres scories au corps social. Aussi, dans un très grand nombre de villes médiévales européennes, il fut très longtemps coutume de tondre partiellement le « fou » ou celui considéré comme tel. Généralement, il s'agissait d'une tonsure en croix, destinée à attirer la miséricorde de Dieu autant que de distinguer au premier coup d'œil le simple d'esprit ou l'individu potentiellement dangereux.

Dans la première moitié du XXe siècle, être tondu reste infamant. On soumet en France à la tonte les enfants et adolescents difficiles, placés dans les fameuses maisons de correction, mais aussi les jeunes garçons élevés dans les collèges militaires.

Lorsque dans les années 1970, la police française tond les jeunes gens révoltés amenés au commissariat, la rumeur populaire et la presse disent « qu'elle agit avec sagacité ».

C'est également de sagacité dont se sont targués quelques années plus tôt, en 1966, les proches de Mao Zedong en lançant les Gardes Rouges de la Révolution culturelle raser la tête des fonctionnaires jugés « trop tièdes ». Il en sera de même, en 1989, avec les « délinquants » arrêtés lors du soulèvement de la place Tien Anmen.

On tond encore beaucoup dans le monde. Dernièrement, en mai 2002, les autorités de la ville de Tangerang, en Indonésie, ont ordonné de raser les prostituées afin de lutter contre le commerce du sexe. Beaucoup d'entre elles continuent à vendre leurs charmes en dissimulant leur tête sous un voile. Le porte-parole du maire a promis du « bâton ».

POILS ET RASAGES DANS LES CAMPS DE CONCENTRATION

Sitôt arrivés à destination, qu'il s'agisse de camps de concentration ou d'extermination, les déportés, hommes, femmes et enfants, étaient immédiatement tondus sous prétexte d'hygiène et de désinfection. Les témoignages sur ce point sont innombrables, dont celui de Charlotte Delbo dans le *Convoi du 24 janvier*.

« Une fois nues, nous entrions dans une pièce où une prisonnière nous coupait les cheveux aux ciseaux, courts, à ras du crâne. Une autre nous tondait le pubis. Une troisième nous badigeonnait la tête et le pubis avec un chiffon trempé dans un seau de pétrole [...]. »

Dans les grands camps où il faut « traiter » des milliers de déportés chaque jour, la coupe aux ciseaux ou à la tondeuse manuelle n'est pas de mise. On coupe « à l'électricité » selon diverses procédures. M. Giraud, résistant vendéen déporté en 1943, évoque celle de Buchenwald : « On nous fait entrer complètement nus dans un second hall au plafond duquel pend une vingtaine de fils. Au bout, un cliquetis. Ce sont les tondeuses. On va nous raser, nous tondre de la tête aux pieds, cheveux, barbes, moustaches, tout le corps. Même les parties les plus intimes sont passées à la tondeuse. Ces tondeuses qui en ont déjà dépouillé des milliers et des milliers [...]. »

Les économistes et comptables S.S. ont étudié tous les coûts et les rentabilités liés à la déportation. Selon leur macabre et folle comptabilité, la survie d'un déporté astreint au travail forcé ne doit pas excéder neuf mois pour s'avérer rentable.

Cette rentabilité commence avec la récupération des biens des prisonniers, les prothèses, les peignes, les lunettes, les chaussures, les bijoux, les dents en or et les valises de cuir qui sont récupérés par centaines de milliers, voire millions, et entassés avant exploitation dans des banques spéciales appelées dans le jargon des camps « le Canada » par évocation d'une terre d'abondance.

À travers son organisation malfaisante, l'administration S.S. d'Himmler étendit sa « récupération » jusqu'aux dépouilles mêmes des victimes. Des tentatives poussées furent réalisées pour fabriquer du savon à partir des cadavres ; de grandes quantités d'ossements furent vendues à des entreprises allemandes à des fins industrielles, des cendres humaines furent expérimentées comme engrais agricole. Mais ce sont les cheveux qui offrirent aux nazis un véritable débouché industriel. Ils fabriquèrent avec les millions de chevelures récupérées quantité de feutre, feutrine et tissus divers. Ainsi, les équipages des sous-marins furent-ils équipés de bottes en feutrine destinées à circuler sans bruit dans le bâtiment afin d'éviter les échos susceptibles d'être repérés par les navires de surface britanniques. Les employés du Reischbahn, les chemins de fer du Reich, furent équipés pour l'hiver de bottes en feutre, très protectrices contre le froid. Des couvertures furent expédiées aux soldats sur le front de l'Est, des pantoufles aux civils, etc.

L'utilisation industrielle des cheveux humains était organisée et régie par l'« Office central S.S. pour l'Économie et l'Administration ». Des directives émanant de ce service, en date d'avril 1942, et signées Glucks, Brigadeführer et Général major de la Waffen S.S. ordonnent la récupération mensuelle systématique des cheveux humains dans « tous les camps de concentration sans exception » afin de les faire bobiner en fils. Le projet de l'administration S.S., explique cet officier supérieur, est de rassembler dans un très proche futur la récolte générale dans un seul camp où sera édifiée une entreprise chargée de la traiter et de la transformer. Dans cette attente, les cheveux sont convoyés vers différents centres disséminés à travers le Reich.

Le prix de vente des cheveux humains aux industriels allemands est, en 1943, de 50 pfennigs le kilo. En tout cas, est-ce d'après les documents comptables retrouvés après guerre le prix payé par la manufacture de feutre Alex Zink établie à Roth-Nuremberg en Bavière. Cette société prise particulièrement les cheveux tziganes de qualité « wunderburn », les meilleurs pour la confection des pantoufles qui font la réputation de l'usine.

Les nazis ne laissent rien au hasard, allant jusqu'à « réglementer » la coupe des « morts vivants », comme en témoignent les directives du Gruppenführer S.S. Pohl. Il se dit d'accord pour qu'à titre expérimental, les cheveux des déportés hommes ne soient coupés que lorsqu'ils ont atteint vingt millimètres de pousse, longueur minimum pour une utilisation industrielle. Le Brigadeführer Glucks, dans une autre directive, avertit les commandants de tous les camps que cette taille de vingt millimètres peut offrir une facilité d'évasion et qu'en conséquence, le Gruppenführer Pohl leur préconise qu'il soit tracé au milieu du crâne des déportés, de l'avant vers l'arrière, une piste d'environ quatre centimètres de largeur, soigneusement exécutée à l'aide d'une tondeuse étroite, ce qui rendra toute évasion plus difficile.

L'utilisation des cheveux humains n'est pas anecdotique dans l'histoire de la déportation. Les quantités rassemblées et transformées sont gigantesques. À la libération des camps de Maïdanek, Belzec, Auschwitz ont été découvertes des tonnes de cheveux en instance de départ vers les centres industriels. Lorsque, le 27 janvier 1945, les troupes soviétiques franchissent les 145 km de clôture du camp d'Auschwitz-Birkenau, symbole de l'holocauste et où la barbarie nazie a tué plus d'un million d'individus de tous âges, elles trouvent dans un des hangars du « Canada » plus de sept tonnes de cheveux, vestiges des derniers déportés gazés.

On estime que ce seul camp a fourni à l'industrie de guerre allemande entre 150 et 200 tonnes de cheveux humains.

On n'a pas seulement tondu les crânes dans les camps d'extermination nazis et les goulags communistes. On a aussi pratiqué le rasage des individus dans les camps sous administration française pudiquement dénommés « camps de transit » et d'où partirent quantité de convois pour les camps allemands. Ainsi, dès 1941, on a tondu à Drancy, à Pithiviers, à Beaune-la-Rolande et dans les dizaines d'autres camps de l'Hexagone.

Spécialiste de cette époque et de ces événements, Maurice Rajsfus écrit : « Chaque gendarme français a la permission de punir un prisonnier qui désobéit ou qui n'observe pas le règlement [...] On les mettait au cachot pour vingt-quatre ou quarante-huit heures et leurs cheveux étaient coupés à ras. »

Femmes tondues à la Libération subissant la vindicte publique.
Hulton Getty. D.R.

Plus récemment, on a rasé dans les camps de détention roumains, les camps bosniaques de prisonniers serbes, les camps serbes de prisonniers bosniaques, les camps américains de prisonniers afghans, etc. À croire que la concentration d'individus implique systématiquement la tonte des crânes comme frontière fondamentale entre dominants et dominés.

LES TONDUES DE LA LIBÉRATION

Dans la France libérée, les Françaises accusées à tort ou à raison d'avoir fraternisé avec l'ennemi ou de lui avoir accordé des faveurs furent tondues en public selon des cérémonies expiatoires que l'on retrouve à l'identique en Belgique, en Italie et, dans une moindre mesure, aux Pays-Bas. On parle à l'époque de « coiffure S.S. » et des « collaboratrices horizontales ». « Ces tontes sont pratiquées inégalement dans les villages, passablement dans les bourgades et assez systématiquement dans les villes » écrit Alain Brossat, qui conclut : « Dans l'ensemble, les tontes furent plus ou moins, selon les régions, très rares en Alsace, très nombreuses en Dordogne, par exemple. » Les tontes débutent assez tôt. Dès le printemps 1943, à Pau, mais c'est surtout au cœur de l'été 1944 que le phénomène explose. Il durera jusqu'à la fin de l'été 1944-1945. Les historiens qui, depuis un peu plus d'une décennie, se consacrent enfin à ce sujet longtemps ignoré par la mémoire officielle, se retrouvent sur le chiffre de 20 000 femmes tondues auxquelles s'ajoutent quelques hommes rasés pour cause de lâcheté. C'est le chiffre mis en avant par Fabrice Virgile dans *La France virile*, par Alain Brossat dans *Les Tondus, un carnaval moche* publié en 1992, ou encore par Philippe Burrin dans *La France à l'heure allemande* publié en 1995.

Femmes tondues promenées à travers les rues. D.R.

Ce dernier auteur estime qu'au minimum 50 000 enfants sont nés des amours franco-allemands et que sur 20 000 femmes tondues comptabilisées, à peine la moitié ont réellement eu des relations sexuelles avec l'Occupant. Un grand nombre de jeunes filles sont tondues, malgré leur certificat de virginité, inutile diplôme de patriotisme...

La « collaboration à l'horizontale » n'est pas un péché de chair classique. Coucher avec un Allemand n'est pas un adultère ordinaire. Alain Brossat explique que « c'est souiller le sang du peuple, de la race ; c'est commettre l'attentat biblique le plus inexpugnable, celui qui porte atteinte à l'identité et à l'intégrité de la communauté nationale tout entière ». Analyse partagée par Fabrice Virgile qui s'autorise la formule : « La France s'est couchée devant les Allemands, la tondue s'est couchée avec l'Allemand. »

Qui sont ces femmes qui passent à la tonsure ? Beaucoup ont moins de 18 ans, quelques-unes sont très âgées, et selon plusieurs études statistiques elles ont 29 ans en moyenne et la plupart sont célibataires. Elles ont eu des contacts avec l'Occupant pour raisons professionnelles, elles sont commerçantes, femmes de ménage, mais aussi quelquefois filles de notable lorsque les officiers allemands se sont logés d'autorité dans des demeures bourgeoises. Ou encore tout simplement quelques pauvres filles, naïves ou niaises, qui ont cru que le pur amour était au-dessus des guerres. Jean-Pierre Abel souligne dans son ouvrage *Ange de Caïn*, publié en 1947 : « Celles à qui la tonsure allait le moins mal étaient les vieilles femmes qui avaient seulement l'air de vieux si le regard ne tombait pas aux jupes. »

La tonsure n'est pas pour toutes les « collaboratrices horizontales ». Elle n'est pas pour les dames de la bonne société qui ont pourtant elles aussi bien mal fréquenté. Dans le monde du spectacle, par exemple, nombreuses sont celles qui ont eu des relations amoureuses suivies avec de fringants officiers allemands et n'ont pas hésité à s'afficher en leur compagnie. Elles ne furent pas tondues. C'est le cas de Ginette Leclerc, de Mireille Balin, de Germaine Lubin, de Mary Marquet ou d'Arletty, qui s'en tira avec son fameux : « Mon cœur est français, mais mon cul est international. » Quant à Coco Chanel, protégée par Winston Churchill, elle se réfugiera un temps à Londres.

N'ont pas de problème non plus celles qui ont un frère, un père, un mari parmi les F.F.I. « Ce sont les filles qui n'ont aucun appui qui passent au rasoir » constate, fin 1944, le colonel américain George Walter. « On a coupé les cheveux des prostituées de bas étage et ménagé les belles dames », s'indigne André Vierniser dès 1944. Les pauvres filles deviennent putains et les filles légères des indicateurs de la Gestapo. Elles sont alors traînées hors de chez elles, retrouvées si elles se cachent et emmenées brutalement sous un flot d'injures, de crachats et de coups aux différents endroits de la ville prévus pour leur expiation.

Ces « endroits » sont les coins de rue, les places publiques, les squares, les intérieurs de mairie. La destination finale se signale par une estrade improvisée avec une ou plusieurs chaises posées au centre et qui symbolise au plus près les bois de justice du Moyen Âge. C'est généralement le coiffeur du quartier, « le volontaire réquisitionné » qui opère, fier de son importance. Ses instruments de torture dans les mains, il y va de bon cœur. Dans certains cas, l'accusée est tondue assise sur une chaise, son tondeur debout auprès d'elle. Dans d'autres cas, c'est le tondeur qui est assis et l'accusée est à genoux, face à lui, la tête à hauteur de ses genoux. L'écrivain Pierre Hamps se souvient : « Penchée en avant, il tond la femme à moitié nue, en crachant sur elle, du fond de sa gorge, de la salive et des insultes. »

Dans la plupart des cas, le « coiffeur vengeur » laisse une mèche pendre sur le devant du crâne. C'est par cette sorte de toupet ridicule que les pauvres filles sont traînées, véritable équivalence de l'anneau nasal passé dans les narines des bœufs.

Après la tonte, la ou les femmes restent exposées sur l'estrade comme autrefois au pilori. Après quoi elles en sont descendues pour commencer un rituel ancestral mis au goût et aux raisons du jour : la procession !

Cette promenade à travers la ville se déroule une nouvelle fois sous les insultes et les crachats. Les « pénitentes » sont à moitié ou totalement dévêtues, portant quelquefois leur enfant dans les bras. À la foule excitée et libidineuse qui les escorte, elles offrent des croix gammées peintes ou tracées au goudron sur le front, la poitrine, le ventre ou les fesses. Quelquefois accrochée à leur cou une pancarte explique : « A pratiqué la bôcherie. »

Ces cérémonies sont souvent « patronnées » par des petits chefs de maquis locaux ou des responsables des trop fameux C.D.L. : Comité départemental de libération, souvent constitués de résistants de la vingt-cinquième heure qui, selon une formule fameuse, « ont emprunté les ciseaux en 1944 faute d'avoir saisi le fusil en 1941-1942 ».

Quant à la foule, elle est décrite par André Figueras dans son *Faux Résistants, vrais coquins*, comme « un agglutiné de tricheurs, de rancuniers, de provocateurs, de traîtres, de collabos cherchant à se justifier, tous travestis à la hâte en vainqueurs et agités par la fièvre de la Libération ». Une foule mille fois qualifiée par ceux qui l'ont approchée. « Hystérique » pour Marcel Hedrich ; « hurlante » pour Pierre Morvan ; « sadique et inhumaine » pour d'Astier de La Vigerie ; « une racaille forte de ceux qui n'ont pas bougé pendant quatre ans » pour Hélène Elek. « C'est la revanche nauséabonde et minable des cons, des frustrés, des file-doux, des BOF en rut, bref du Français moyen occupé » écrit Jean Dutourd dans *Au bon beurre*.

Boules à zéro, crânes d'œuf et têtes d'obus

Curieusement, deux périodes de l'Histoire les plus éloignées l'une de l'autre, l'Égypte pharaonique et l'époque contemporaine, ont converti l'image négative du rasage du crâne en son contraire, c'est-à-dire en un signe de distinction positive, au point d'en faire une forme d'élégance originale, digne d'imitation, sous la locution de « la boule à zéro », souvent confondue avec « les boules à zéro ».

Dans ce dernier cas, l'emploi du pluriel indique un avatar personnel, confidentiel, extrêmement pénible sur le plan psychologique et lié à une sexualité défaillante, généralement nommée impuissance. Dans le premier cas, l'emploi du singulier informe d'une exfoliation de la couche supérieure de l'épiderme du vortex et de ses périphéries, autrement dit il désigne la nudité pileuse du crâne.

Le visage joue un rôle essentiel dans les échanges entre individus. Il indique l'âge, l'humeur, les sentiments. Il séduit ou repousse, persuade ou dissuade, et cela grâce à la mobilité de son relief et à son ensemble de poils aux noms divers, avec en premier lieu la chevelure, dont les philosophes disent « qu'elle est l'expression même d'une personne ».

Des crânes biscornus

Aussi semble-t-il difficilement concevable que pour des raisons qui ne sont ni pénales ni médicales, ni politiques ni religieuses, des individus se rasent volontairement le crâne avec pour seul motif de se livrer aux caprices de la mode, répondre aux oukases de la publicité et au fétichisme de l'imitation. Obsédés par une image qu'ils trouvent épatante, ces individus singent en masse le crâne rasé de ceux à qui ils accordent sans mesure leur admiration.

Ainsi, c'est de plus en plus nombreux que l'on voit adolescents et jeunes adultes se tondre les cheveux par souci d'esthétisme ou de virilité. Tantôt pour cacher une calvitie naissante, tantôt pour ressembler aux grandes idoles du moment.

On peut seulement regretter que huit sur dix de ces jeunes messieurs aient des formes de crâne biscornues, tordues, déformées, bosselées, cicatrisées, dissymétriques, toutes vilainies qui, par surcroît, mettent souvent en exergue d'abominables oreilles.

Des footballeurs mauvais joueurs

La Coupe du Monde de 1998 va multiplier les « chauves volontaires » non seulement dans l'Hexagone, mais dans toute l'Europe où la jeunesse se « déboise comme Barthez » ou se fait « le crâne d'œuf à la Lebœuf ».

L'effet de mode entame-t-il sa régression ? On peut en relever quelques signes avant-coureurs. Comme, par exemple, la critique ouverte du rasage crânien encore inconcevable il y a un ou deux ans. Ou encore la nature et l'orientation de certaines études comme celle menée en Angleterre en 2001 et dont les résultats furent publiés par toute la presse britannique. Ainsi, « les crânes rasés des équipes anglaises ont-ils reçu plus de cartons jaunes et rouges que les autres joueurs au cours de la saison 2001. Ils ont plus de chance d'être épinglés par les arbitres pour fautes graves que les joueurs chevelus ; sept joueurs sur dix les plus sanctionnés au cours du dernier championnat d'Angleterre sont des joueurs au crâne rasé ou ne gardant que très peu de cheveux ».

Radioscopie des « tondeurs » plus acide encore par Georges Mattci dans *La Guerre des gusses*. « Elle monte sur l'estrade [...] Elle jette en pâture sa beauté [...] En bas, ils se rincent l'œil, des grognements ; ils bavent. On a gagné [...] Ils ont résisté quatre ans avec acharnement à vendre du cochon au marché noir, à donner leur voisin pour boire son pinard et récupérer ses tickets de rationnement [...] La bonne du docteur s'assied sur un tabouret. Le coiffeur de Serrégny enfonce la tondeuse dans la masse rousse et brillante des cheveux, puis il les brandit tel un trophée en faisant le V de la victoire. Exaspérés de connerie, les yeux hors de la tête, ils ne se tiennent plus, ils jouissent ensemble dans un orgasme patriotique. » Foule avide de les mettre à poil et de les promener à travers les rues. Il s'agit en fait d'un châtiment sexué, analysent aujourd'hui certains psychologues. Privée de sa chevelure, l'accusée est privée de sa féminité. Elle n'est plus une femme. D'ailleurs, les tondues sont souvent désignées comme des « saucisses », c'est-à-dire de la « nourriture à Allemand ».

Pour nombre d'analystes, de sociologues et d'historiens, les tontes de la Libération seraient un moindre mal, une sorte de paratonnerre qui aurait neutralisé la violence sanglante de la foule. En somme « une part du feu », une cérémonie de substitution destinée à éviter les excès d'une justice expéditive, un simulacre d'exécution où les ciseaux remplacent le pistolet et les croix gammées dessinées sur les corps les traces de sang.

Libération dont Cocteau dira, en 1983 : « Elle a été la honte de la France, la Saint-Barthélemy des valeurs. On acquittait les constructeurs du "mur de l'Atlantique" et on tondait et condamnait à quinze ans de bagne une pauvre femme qui lavait la vaisselle des Allemands pour voler des boîtes de conserve et les envoyer à sa famille. »

À tous ceux qui pleurent sur les tondues, Pierre Assouline répond, en 1985, dans un de ses ouvrages : « Ceux qui se sont si bien accommodés des rafles de la police parisienne, des assassinats de la Milice, des déportations, des exécutions sommaires dans toutes les prisons de France pendant quatre ans, les voilà qui se réveillent comme le juste quand on tond une femme en public. » « Et puisqu'on peut rire de tout », disait Desproges, accordons-lui le dernier mot sur les tondues : « Femmes de France, je vous supplie, n'allez plus chez le coiffeur, ça ne sert à rien. Réfléchissez une seconde. Les Russes arrivent. Bon ! Dans un mois, si tout va bien et si le temps le permet, c'est la guerre. D'accord ! Dans cinq ans, c'est la libération ! Que n'attendez-vous donc jusque-là pour vous faire tondre ! »

15
La chromatique des poils
Idées reçues sur les rousses et conflit séculaire entre blondes et brunes

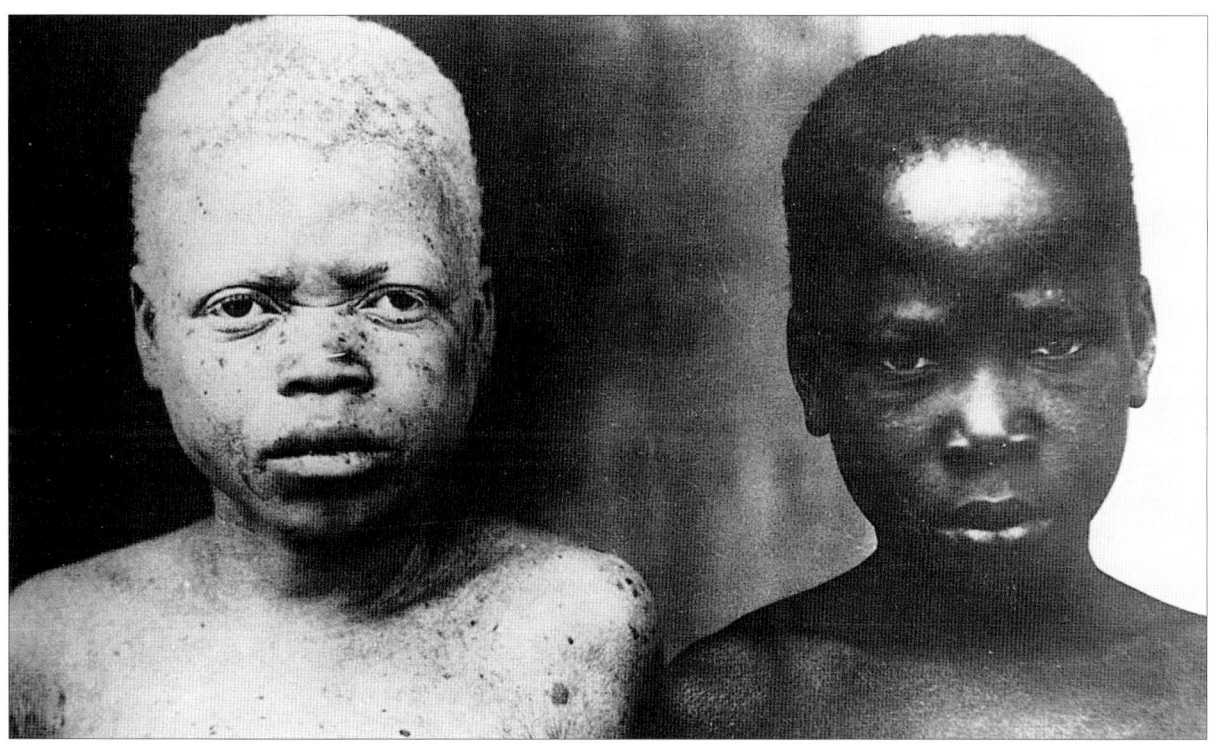

Un albinos et son frère. Congo. Coll. part. D.R.

La pigmentation du cheveu est due à des graines de mélanine qui suffisent à lui donner sa couleur dominante. La production mélanique est génétiquement programmée dans les mélanocytes placés dans le bulbe au-dessus de la papille. Ces mélanocytes transmettent la mélanine aux cellules voisines, les kératinocytes de la tige pilaire en formation.

COMMENT ÇA MARCHE ?

En fait, les mélanocytes synthétisent deux variétés de pigments mélaniques, l'eumélanine et la phacomélanine, présentes de façon diffuse dans le cortex du cheveu au fur et à mesure qu'il se construit. La pigmentation, c'est-à-dire la couleur finale du cheveu est fonction du mélange qualitatif et quantitatif entre ces deux mélanines.

La première, l'eumélanine se présente sous forme de pigments granulés en forme de grains de riz marron et noir. La seconde, la phacomélanine sous forme de pigments diffus, ronds ou ovales, jaune or ou rouge orangé.

Lorsque l'eumélanine domine totalement, les cheveux sont noirs.

Si c'est la phacomélanine, les cheveux sont roux. Entre ces deux extrêmes, la proportion de chacune des deux mélanines se décline à l'infini, composant une gamme sans fin allant du blond au noir, en passant par toutes les nuances de brun et de châtain.

Il faut préciser que si certaines couleurs de cheveux prédominent selon les diverses populations du globe, les cheveux roux apparaissent chez tous les types humains, noirs, jaunes, blancs.

COULEURS ET TEINTURES

Lorsque pour des raisons encore mystérieuses, la synthèse des mélanines réalisée par les mélanocytes du bulbe pileux s'interrompt, les cheveux ne se pigmentent plus et poussent entièrement blancs, et non pas gris comme il est souvent dit. Une chevelure grise est un mélange de cheveux pigmentés et de cheveux blancs. Ne dit-on pas en français une chevelure « poivre et sel » ? Chaque cheveu ayant une vie autonome, la chevelure ne devient jamais blanche d'un coup. C'est donc le pourcentage de cheveux non pigmentés qui donne à la chevelure son aspect visuel plus ou moins gris et qui, de grisonnante, la fait progressivement passer au blanc.

L'apparition des premiers cheveux blancs, tout comme la rapidité de ce blanchiment appelé « canitie », dépendent de facteurs génétiques. C'est chez les Européens que la canitie est la plus précoce. Elle débute en moyenne vers l'âge de 35 ans, alors que la moyenne asiatique se situe à 40 ans et l'africaine vers 45 ans.

Dans certains cas, rares, le blanchiment est pathologique et les cheveux peuvent après des traitements adéquats repousser pigmentés. Selon le docteur Desmond Tobin, chercheur à l'université de Bradford en Grande-Bretagne, « il y aurait un pool de cellules pigmentaires en dormance dans la gaine du cheveu et il suffirait de réactiver cette population cellulaire pour maintenir ou restaurer la pigmentation naturelle. En effet, des substances prometteuses au stade du laboratoire, actives sur des cellules pigmentaires mises en culture, semblent offrir de nouvelles perspectives ».

Selon les derniers chiffres délivrés par le laboratoire L'Oréal, le paysage chromo-capillaire français serait le suivant :

Cheveux châtains : **50 %** Cheveux roux : **5 %**
Cheveux gris : **20 %** Cheveux brun foncé : **2,5 %**
Cheveux blonds : **10 %** Cheveux blancs : **2,5 %**
Cheveux noirs : **10 %**

Il faut reconnaître que ces pourcentages sont très aléatoires. En 1931, une équipe de chercheurs donnait un pourcentage de 10 % de roux dans certaines populations du nord de l'Europe et en Irlande. Cinquante ans plus tard, Marielle Kolopp, dans sa thèse de doctorat en médecine, citée par Xavier Fauch, affirme que le pourcentage des roux était seulement de 1 % en France.

La couleur naturelle des poils est scientifiquement classée selon six teintes principales : blond, châtain, brun, noir, roux et blanc, qui offrent chacune un plus ou moins grand nombre de déclinaisons, souvent surnommées par le langage populaire : poil de carotte, argenté, poivre et sel, paille, aile de corbeau, chanvre, etc.

La teinte naturelle des cheveux a pour les ethnologues une certaine valeur, mais disent-ils, « ces valeurs ont leurs limites car les variations individuelles sont en partie attribuables à une manifestation atavique des divers croisements de population [...] » On peut ajouter que chez un même individu, quelle que soit son origine, la couleur des poils change au cours de son existence par suite de variations dans la matière et la quantité de leurs pigments. Toutefois, certaines grandes tendances persistent : les blonds naturels sont pour ainsi dire inexistants chez les Japonais et les vrais roux quasi inconnus en Afrique noire.

La chevelure est une parure et tous les peuples, sous couvert de motifs sociaux, culturels ou religieux ont cherché à en maîtriser la couleur selon les procédés les plus inattendus.

On peut évoquer la chaux utilisée en Océanie pour décolorer la chevelure en roussâtre ; le henné qui décolore les cheveux bruns et teint les blancs tout autour du Bassin méditerranéen. Toujours très en vogue à l'heure actuelle, le henné est issu d'un petit arbuste, le *lawsonia inermis*, « plante du Paradis » selon le prophète Mahomet.

En Afrique et dans certaines zones du Proche-Orient, on utilise une sorte d'indigo. Vers 1920-1935, on se servait encore du brou de noix et aujourd'hui encore on utilise les feuilles d'aulne pour teindre les cheveux grisonnants.

En Afrique, en Asie, en Amérique centrale et du Sud on a recours pour teindre les cheveux à des enduits naturels végétaux ou terreux, comme les Somalis, par exemple, qui se couvrent la tête de chaux ou de terre rouge.

Les Indiens d'Amazonie se teignent la chevelure en rouge à l'aide d'une pâte vermillon obtenue en pilant les graines du rocouyer, ensuite réduites par ébullition avant d'être mélangées à de la graisse animale.

Chaque peuple, tribu, groupe ou famille détient un ou plusieurs secrets de teinture. Autant dire qu'il existe des milliers de formules traditionnelles qui se transmettent de génération en génération.

Modifier la couleur de sa chevelure signifie souvent un changement de physionomie. Le « changement de tête » comme l'on dit correspond depuis des siècles à deux raisons majeures : suivre les caprices de la mode et dissimuler les cheveux blancs. Dans le premier cas, il s'agit de se donner les atouts de la séduction, et dans le second, de dissimuler les stigmates du vieillissement et de la dégénérescence.

Pour parvenir à ces fins, hommes et femmes ont manifesté toutes les audaces, souvent en expérimentant des recettes extravagantes et dangereuses. Dès l'Antiquité classique, les coquettes disposent d'un répertoire d'étonnantes pratiques. Les femmes les utilisent pour leur chevelure et quelquefois leur pubis, et les hommes pour leur barbe et leur moustache.

Les Égyptiens et les Grecs décolorent leurs cheveux trop foncés avec des produits végétaux, telle cette préparation très utilisée à base d'huile de lentisque, une espèce de pistache des bords de la Méditerranée, mélangée avec de la lie de vinaigre. Les Romains usent de teintures à base de sels minéraux, cuivre ou plomb. Ils ne renoncent cependant pas à une sorte de savon à base de cendre de bois et de suif animal emprunté aux Gaulois qui s'en servent pour entretenir la blondeur de leur chevelure et de leur moustache. Les Romains fixèrent la recette sur la cendre du hêtre et la graisse consistante des ruminants.

Les Romaines, comme les femmes gallo-romaines après elles, connaissent mille préparations, onguents, pommades pour décolorer les cheveux jugés trop foncés ou trop roux. Et plus souvent encore, elles font prélever leurs postiches blonds sur les têtes des prisonniers et esclaves germaniques. Les abus qui en découlent n'échappent pas aux railleries d'auteurs latins tels que Properce, Stace, Ovide, Martial, Juvénal et bien d'autres dont le nombre à lui seul est la preuve des usages excessifs que font les dames de toutes ces potions.

Les peuplades soumises par les Romains connaissent elles aussi l'art de la coiffure et aucune n'ignore l'usage des teintures et les secrets pour passer du noir jais au blond ardent. Les Angles et les Saxons, par exemple, qui vont envahir l'île de Bretagne, la future Angleterre, se teignent l'ensemble des poils, cheveux, barbes, moustaches et autres en bleu, rouge, orange ou vert.

Peu utilisée durant le Moyen Âge dans l'Europe chrétienne, la teinture est durant toute cette période largement pratiquée en Orient par les femmes qui cherchent à donner à leur chevelure le ton le plus apprécié, « le noir profond et brillant ».

Avec la Renaissance, les pratiques de teinture et de décoloration réapparaissent sous l'impulsion du retour à l'antique qui frappe toute chose. Dans le domaine de la beauté, cela implique d'acquérir le ton le plus précieux, le plus rare, « la blondeur ».

Les moyens conseillés pour y parvenir sont des plus variés et pas toujours faciles. « Extrayez de quelque bouteille de la lie sèche de vin blanc et brûlez-la dans un vase puis quand elle est soigneusement pilée, pulvérisée, faites-en une mixture avec de l'huile de baleine, pratiquez ces onctions en vous peignant au soleil. »

Tel autre vous envoie au champ cueillir des lupins afin de les faire macérer deux heures durant avec du salpêtre dans de l'eau très chaude. Après quoi, « frottez-vous les cheveux avec cet électuaire, peignez-les en les imbibant ; ils deviendront très blonds ».

Une autre recette promet des cheveux blonds : « En faisant bouillir dans de l'eau très très claire de la cendre de vigne, avec de la paille d'orge, du fusain, du bois de réglisse, dépouillé de sa première écorce et broyé avec un citron. Lavez-vous ensuite la tête, laissez les cheveux sécher d'eux-mêmes, renouvelez souvent cette onction et vos cheveux deviendront brillants et pareils à des fils d'or. »

Dans toute l'Europe, les femmes de la Renaissance vont surtout être fascinées par le célébrissime « blond vénitien » dont mille charlatans, vendeurs de lotions disent avoir percé le secret après de rocambolesques aventures. Plusieurs médecins avancent que dans cette mixture à blondir, dans cette « bionda » entrent obligatoirement de la fiente de pigeon et de l'urine de vache. On sait seulement par Orazio Vecellio, peintre et fils aîné du Titien, que le blond vénitien s'obtient en conjuguant l'effet d'un séchage au soleil et d'un produit analogue à une lessive détergente. À défaut, on se « blondine », ou du moins on essaie, avec des préparations à base de vin blanc, de gomme adragante, de cumin, de chaux, d'extrait de sardines, d'eau égyptienne, etc.

Dans *Décoration humaine, nature et ornement des dames*, publié en 1530, André Lefournier, doyen de la faculté de médecine de Paris, délivre ses « Manières détaillées et recettes pour faire savons, pommades, poudres et eaux délicates », ainsi que « poudres et couleurs claires à base de plomb à projeter sur les chevelures blêmes, rousses, blondes et noir argenté ».

Sous le règne de Charles IX, vers 1570, les dames françaises et italiennes lancent la mode des chevelures « blond fauve » en teignant leurs cheveux à l'eau de noyer ou de safran ou avec des eaux improprement dénommées « eaux vénitiennes ». Vers la fin du XVIe siècle, une recette à blondir fait fureur : « Feuilles et eau de buis à mélanger avec de la chélidoine, de la paille d'orge, des petits copeaux de bois de chêne, des lupins et de la farine de pois cassés. » Certaines femmes, dans un souci de distinction, emploient des solutions destinées « à leur rendre les poils violets, roux, roses ou bleus ». Sous Louis XIII, la mode des perruques et des poudres, d'abord rousses, puis blanches, fait disparaître celle des teintures et des décolorations jusqu'au Premier Empire.

Les fabrications de teinture et de décolorant ont toujours été réalisées de façon empirique, raison pour laquelle n'ont cessé de se multiplier les lotions et les onguents, chaque barbier, perruquier, coiffeur cherchant à imposer sa propre recette « unique et merveilleuse ». Avec le XIXe siècle et le développement de la chimie, les teintures capillaires entrent dans une nouvelle ère de croissance. Le chimiste Jean-Michel Haussmann, déjà célèbre pour avoir été à l'origine de l'application de la gravure lithographique à l'impression des étoffes, améliore considérablement la teinture des cheveux par l'emploi de l'acide oxalique. Puis arrive la teinture dite « à l'oxygélation » avec le paraphémylène diaminé. Ces nouvelles teintures chimiques qui favorisent l'éclectisme en matière de couleur de cheveux s'avèrent en revanche d'un usage dangereux. Nombre d'entre elles occasionnent des douleurs de tête, des névralgies, des vomissements, des saignements de nez, des érythèmes. Il est vrai que ces teintures et décolorants font entrer dans leur élaboration les plus violents poisons, l'arsenic, le plomb, l'argent, le mercure... Le but consiste à imprégner les cheveux d'une substance qui se métamorphose plus ou moins rapidement en sulfure métallique : sulfure d'argent et de plomb pour les couleurs brunes, sulfure d'arsenic pour les couleurs rouges, etc. Mademoiselle Mars, par exemple, une des gloires du théâtre français, interprète sans rivale de Molière, Marivaux ou Beaumarchais et actrice favorite de Napoléon Ier, mourut d'une mauvaise application d'une teinture pour cheveux qui lui occasionna de mortels désordres cérébraux.

En 1872 pour les uns, en 1879 pour les autres, est découvert un composé oxygéné de l'hydrogène que ses inventeurs anglais vont dénommer « eau oxygénée ». Cette découverte va dès lors permettre de décolorer les poils par blanchiment à peu de frais

---

« Les chères petites têtes blondes »

La séparation des blondes et des brunes en deux valeurs symboliques opposées, positive et négative, se retrouve dans le vocabulaire touchant à divers domaines. On évoque les « blonds épis », les « blondes collines » et les « chères têtes blondes » ; on cuisine la « blonde friture », on prépare la « blonde sauce » et « on hume les blondes saveurs ».

La couleur brune, elle, est associée à l'inquiétude, à la dangereuse incertitude : « brune comme la nuit » disait Verlaine ; on vit des heures noires, on est d'humeur « brune », comme le chagrin et la mélancolie ; le nazisme et après lui quelques autres mouvements totalitaires sont désignés comme une « peste brune ».

et d'une façon un peu plus formelle. Pendant quelques décennies, les coiffeurs utilisant cette émulsion très demandée diront effectuer « une teinture blonde à l'anglaise ».

En 1889, dans le cadre de l'Exposition universelle, il est annoncé à grand renfort de publicité que « tous les jours, il sera procédé à des teintures perfectionnées en vue d'obtenir les nuances les plus variées [...] Les hommes auront droit à des mélanges spéciaux pour barbes et moustaches ».

Au début du XXe siècle, teintures et décolorants, et d'une façon générale tous les cosmétiques sont très souvent de vrais poisons, sinon pour la santé elle-même du moins pour les bulbes pileux. Mais les données vont fondamentalement changer avec la découverte par l'industrie chimique allemande des colorants de synthèse dont l'emploi va se répandre à travers le monde après le premier conflit mondial.

À l'heure actuelle, la recherche scientifique s'intéresse plus que jamais à la cosmétologie et à la structure des cheveux. Aujourd'hui, ces deux domaines font l'objet de recherches intensives, notamment dans les laboratoires de L'Oréal, leader mondial en la matière. « Les physiciens et les chimistes du groupe font appel à des techniques de pointe (accélérateurs de particules, microscopes électroniques, analyseurs d'images, mesures de biomécanique des solides, etc.). »

Teindre ses cheveux ou ses poils devient un acte de plus en plus banal pour beaucoup de femmes. En France, elles étaient un demi-million en 1950 à soumettre leur chevelure à une coloration permanente, semi-permanente ou temporaire. Elles sont 7 millions en 1980 et 9 millions en 1997. Elles seraient plus ou moins 10 millions aujourd'hui.

LES BLONDES ET LES BRUNES

Pourquoi donc pendant des siècles les hommes ont-ils préféré les femmes blondes aux femmes brunes ? Peut-être parce que géographiquement très limitées et très rares à l'échelle de l'humanité : moins d'une blonde pour mille brunes ou châtains.

Les vraies raisons sont plus profondes qu'un simple engouement né de la rareté. Aux yeux des hommes, la blondeur implique la réserve, la douceur, la tendresse, la fragilité, un ensemble d'éléments qui leur a permis, disent les psychiatres, « de mettre en exergue leur comportement de mâle protecteur ».

En revanche, l'opinion commune accorde depuis toujours aux femmes brunes de la vivacité, de l'ardeur et des élans passionnels. Elles sont sexuellement plus « chaudes et précoces » et passent de surcroît pour énergiques, ambitieuses, courageuses, mais très dangereuses car capables de haines féroces et de vengeances terribles. Les blondes sont du côté clair de la civilisation alors que les brunes en incarnent l'aspect obscur, barbare, diabolique. Dans ce dernier domaine, il est curieux de constater à travers les annales de l'Inquisition européenne que la quasi-totalité des milliers de sorcières condamnées au bûcher en Europe pour accointances avec le diable étaient brunes ou rousses.

À l'inverse, la peinture religieuse et profane chrétienne montre les anges, les archanges, les angelots, les amours d'une

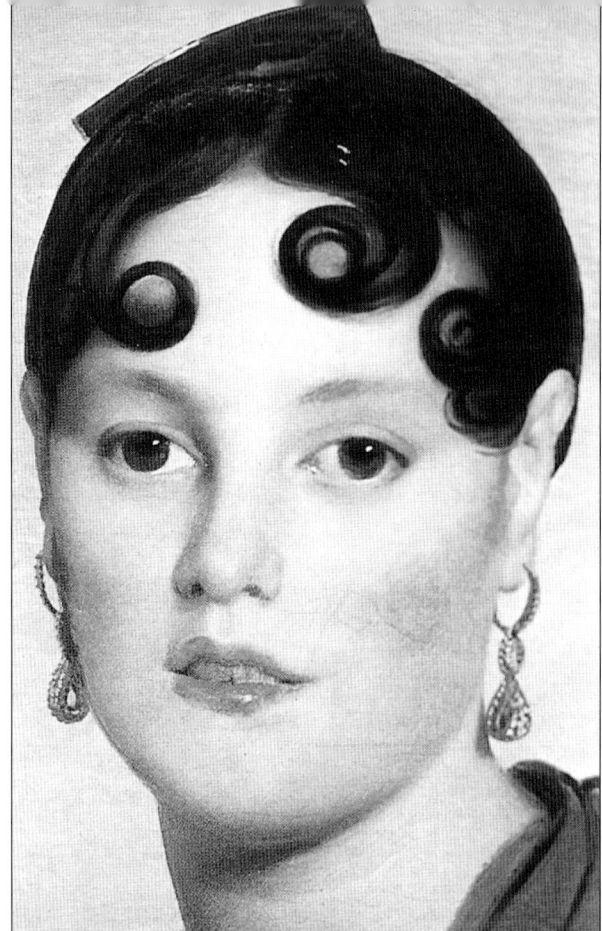

Portrait de « brune » aux accroche-cœur. *La belle Zélie*. 1806. Huile de Jean Auguste Dominique Ingres. Musée de Rouen. D.R.

blondeur remarquable. C'est ainsi que Dante les décrit dans la *Divine Comédie*. Quelles que soient les époques, la Vierge Marie est donnée pour blonde sur la grande majorité des représentations où sa chevelure est visible. La couleur blonde déclinée dans ses diverses nuances a été préférée à tout autre bien avant l'ère chrétienne. Il en est ainsi depuis la plus haute Antiquité dans bien des régions du monde où elle était emblématique de la perfection et des plus hautes vertus. Les dieux et les déesses des mythologies grecques et latines, par exemple, sont très majoritairement blonds. C'est le cas de toutes les divinités principales : Aphrodite-Vénus, Héra-Junon, Athéna-Minerve, Artémis-Diane, Déméter-Cérès. Même majorité de blonds chez les dieux importants dont Dionysos, Bacchus et surtout Apollon, considéré comme le type idéal de la beauté physique, le canon absolu !

Les grandes héroïnes portaient elles aussi « les cheveux couleur de soleil » comme l'on disait dans l'Antiquité grecque. C'était le cas de Psyché, d'Hélène de Troie, de Didon, de Pénélope, d'Armide, sans oublier Bérénice de Judée dont la blonde chevelure lui valut de donner son nom à une des plus belles constellations de la galaxie solaire.

De même, les légendes, mythologies et panthéons germaniques et scandinaves sont peuplés de dieux et créateurs fantasmagoriques dont les splendides et épaisses chevelures blondes ne sont pas la moindre des séductions.

Lorsque l'on quitte les Olympe, Parnasse et autres Walhalla pour descendre dans notre bas monde, il est logique que, poussé par de si lumineux et rayonnants exemples, on trouve

Portrait de « blonde ». Coiffure perlée avec macarons. Renaissance. D.R.

des hommes en adoration devant la blondeur. Pendant la plus grande partie de l'histoire humaine, les « blondes », surtout si elles ont les yeux bleus et le teint clair, sont parées d'innocence et même de pureté intrinsèque.

Au premier millénaire avant J.-C., les Sumériens et les Akkad, les plus anciens peuples mésopotamiens, plus tard réunis sous la puissance chaldéenne, utilisaient une poudre ocre jaune pour teinter chevelure et barbe. Pour les Grecs et les Romains, avant et après le début de l'ère chrétienne, la blondeur des cheveux, préférée à tout autre, symbolise non seulement l'idéal de pureté et d'innocence, mais surtout la perfection esthétique. Beauté moins agressive, moins sexuelle, moins spectaculaire que la « brune », elle est donc considérée comme plus raffinée.

Durant tout le Moyen Âge, la couleur blonde reste le critère supérieur sur l'échelle des beautés corporelles et morales. Poètes, conteurs, troubadours, trouvères rivalisent d'inventions pour décrire les créatures divines et terrestres qui peuplent leurs récits et chansons de geste et alimentent les fantasmes amoureux, les rêves cachés et les idylles rêvées. Héros et héroïnes sont blonds, et l'éclat de leur chevelure est une des manifestations notoires de leur séduction. Mais la blondeur reste relativement rare par rapport à l'immense majorité de brunes, et nombreuses sont les femmes qui tentent de remédier à la nature. Saint Anselme, l'évêque de Lucques, qui travailla vigoureusement à la réforme des mœurs ecclésiastiques dans son diocèse, reste célèbre par son emportement contre les femmes qui « par des mixtures savantes donnent à leurs cheveux noirs la couleur des épis jaunissants ». Ses ouailles ne voulant rien changer à leurs habitudes, le saint homme les abandonne à leur aristocratique manie et part prier pour elles en Lombardie.

Paul le Silentiaire, ou Silenciaire, comme l'on désignait au VIe siècle à la cour de Byzance celui chargé d'imposer le silence en présence de l'empereur Justinien, s'écrie un jour : « Tes cheveux blonds me causent un trouble qui m'ôte la raison. »

Dans les siècles qui suivent, la vogue du « blondage » est telle que des « spécialistes » en recensent avec un soin particulier toutes les nuances. Le dictionnaire de la coiffure de Paul Gerbod évoque même un vocabulaire capillaire spécifique né de cette célébration : « Sor ou saur » évoque un blond doré ; « soret ou suret » un blond clair ; « ghaune » un blond vif et brillant ; « blor » un blond entre le doré et le châtain clair ; « auborne » un blond aux reflets cuivrés ; et « ros » un blond roux plus ou moins ardent.

Au XIIIe siècle, la blondeur est si valorisée que l'adjectif blond devient un prénom de femme à la mode. Philippe de Beaumanoir, par exemple, le sixième fils de saint Louis, jurisconsulte célèbre grâce à ses *Coutumes de Beauvaisis*, rédige sous le nom de Philippe de Reims un roman d'aventures intitulé *Blonde d'Oxford et Jehan de Dammartin*.

Le XIIIe siècle, c'est surtout *Le Roman de la Rose* de Guillaume de Lorris, édité en 1225 et dans lequel l'auteur chante la blondeur. Quarante ans plus tard, Jean de Meung rédige la seconde partie et y préconise, malgré les prescriptions rejetées de l'Église, « que si dame nature n'a pas doté femme de belle crinière, elle doit recourir aux perruques et aux faux cheveux plutôt que de renoncer à la blondeur ».

Pour Jean de Joinville, chroniqueur de la vie et du règne de saint Louis qu'il accompagne lors de la septième croisade, en 1248, il n'est qu'un malheur pour une femme, « celui d'avoir la chevelure brune ou noire, qui évoque la gent sarrasine, ennemie jurée et diabolique de la chrétienté européenne ».

En Orient, en ce temps-là, les « brunes » seules sont tenues en estime et considération. On se teint les cheveux avec le *hindi* et quelques autres ingrédients pour se rendre la chevelure plus noire et plus brillante encore. Les blondes sont considérées par les musulmans de cette époque comme une curiosité sexuelle. En fait, durant tout le Moyen Âge, une distinction ethno-géographique est fermement établie et admise par les deux camps : la brune, c'est l'Orient ; la blonde, c'est l'Occident. D'ailleurs, durant plusieurs siècles, les peuples musulmans d'Orient, les Arabes surtout, vont désigner sous le nom de « blond », « Beni Asfar », littéralement « fils du soleil » les différents peuples d'Europe.

Au milieu du XIVe siècle, une réunion de poètes français s'attache pour la première fois depuis les tentatives grecques de l'Antiquité à définir les « canons de la femme parfaite et absolue en beauté ». La classification, extrêmement sophistiquée, recense 72 critères relatifs à toutes les parties du corps féminin. Ceux qui concernent la chevelure sont sans appel. Elle doit être « longue, bouclée et blonde comme l'or ».

À la fin du Moyen Âge, le « blond » est toujours la valeur absolue dans les critères de beauté. Le poète Guillaume Coquillard, surnommé le « composeur gaillard » en raison de ses vers licencieux, se moque de toutes les brunes qui du jour au lendemain deviennent « béjaunes ».

La Renaissance, plus encore que par le passé, va imposer la blondeur aux femmes qui se veulent belles, élégantes et séductrices. Il en est ainsi dans toutes les cours royales ou princières d'Europe. Les versificateurs, célèbres ou non, se laissent emporter par leurs élans passionnés vers « cette couleur qui rend le ciel obscur » comme dira l'un d'eux. Tous ne riment que sur les « chefs blondelets », le « bel or des crins plus dorés que l'or fin », les « tresses flamboyantes et blondissantes ». Jean de Vauzelles évoquant les cheveux de sa belle en fait « des rayons de soleil qui éblouissent l'œil ». Plus lyrique encore est Rémi Belleau, ami de Ronsard et un des sept de la Pléiade : « Le blond est une couleur divine ! »

Le concert de louanges quasi unanime entraîne une nouvelle classification de la blondeur. Désormais, elle se classera selon une palette définissant les nuances les plus subtiles. Parmi la cinquantaine de « degrés de jaunes » sont nomenclaturés les blonds cendré, pâle, chaud, fauve, foncé, matinal, doré, ardent, vif, acajou, etc.

Qui n'a pas la chance de posséder de tels cheveux doit plus que jamais s'employer à les obtenir. Le salut va venir d'Italie avec le « blond vénitien », idéalisé par Botticelli, Titien ou Le Tintoret. En fait, les brunes vénitiennes se blondissent avec des préparations complexes et subtiles qui donnent toute leur mesure par séchage au soleil, pour lequel elles inventent les chapeaux sans fond, permettant l'étalement de la chevelure humide.

Dans la seconde partie du XVIe siècle, les ouvrages de référence sur la beauté des femmes sont sans équivoque. Toutes les femmes de haut rang doivent porter des cheveux longs, fins, bouclés, « de couleur blonde et fort reluisants ». À la même époque, il en est de même dans les pays du Sud. En Espagne, un auteur castillan, établissant en 36 points une échelle de la beauté des femmes, donne l'entière suprématie aux blondes.

Classification reprise par Brantôme dans ses *Vies des Dames galantes*, ouvrage publié après sa mort, vers 1666, et qui pourrait laisser croire que l'ancien abbé place la blondeur au-dessus de tout. En fait, le sieur Pierre de Bourdeille participe aussi à l'éloge des brunes. Il écrit : « Une des plus belles dames que l'on voie et qui tient grand rang porte les trois couleurs : l'incarnat, le blanc et le noir, car sa bouche est colorée et vermeille comme corail ; le poil d'alentour gentiment frissonné est noir comme ébène [...] et la peau est blanche comme albâtre qui est ombragée de ce poil noir. »

Cette fausse note ne se répète pas au XVIIe siècle où les meneurs d'opinion, sans distinction, considèrent que les grandes beautés sont obligatoirement blondes. Marie de Clèves, princesse de Condé, dont la beauté est jugée « parfaite et merveilleuse » est blonde, comme le sont presque toutes les héroïnes de roman de l'époque. Citons Madame du *Grand Cyrus* ; Javotte du *Roman bourgeois* de Furetière ; la Princesse de Clèves, Madame de Lafayette, ou Mademoiselle de l'Estoile, du *Roman comique* de Scarron. Blondes également les princesses régnantes qui suscitent l'admiration. C'est le cas à Madrid de la reine Marie Anne d'Autriche ; à Londres d'Henriette-Anne d'Angleterre ; ou encore à Versailles de Marie-Thérèse, première épouse de Louis XIV.

Au XVIIIe siècle, le bel engouement pour la blondeur, naturelle ou artificielle, va susciter l'ironie de quelques auteurs qui raillent «toutes les lessives destinées à rendre les cheveux fins et de couleur citrine». Pour la première fois on se lance à la tête les vertus et attraits respectifs des chevelures brunes ou blondes. Chacun délivre son avis autorisé. Même Jean-Jacques Rousseau qui avoue : « Ah ! cette douceur des blondes à laquelle je n'ai jamais résisté ! » Mode oblige, le diktat des perruques poudrées blanches ou violettes ramène les adversaires à la même enseigne.

Des blondes en location longue durée

Une entreprise inédite a vu le jour au Canada, en janvier 2000, créée par un jeune couple au nom prédestiné de Linda et Marc Jolicœur. Leur entreprise « Match Parfait » est une agence de rencontres, mais au fonctionnement très particulier censé éviter tous les travers et les pièges des agences traditionnelles.

Le client, lorsqu'il a choisi une femme qu'il trouve attirante, peut l'interviewer gratuitement dans un salon privé pour s'assurer qu'elle répond bien à ses besoins. Si c'est le cas, il peut la louer pour une période d'un an au prix de 50 000 $. La jeune femme deviendra alors sa compagne et elle ira demeurer avec lui. Ils pourront avoir une véritable vie de couple, et même les disputes sont permises !

Si le client signe le contrat, il s'engage à payer 250 $ par mois à « Match Parfait » pour une période de 16 ans et 8 mois. Bien sûr, ce contrat doit être honoré, quoi qu'il arrive. Ainsi, le client s'engage à rendre la jeune femme aux soins de « Match Parfait » dans les cas suivants : violence conjugale, aventure extraconjugale et maladie. Si le client ou la jeune femme meurt au cours du mandat, le contrat doit quand même être honoré par le client dans le cas de la mort de l'employée, par la famille du client dans le cas de la mort de ce dernier.

Très demandées, les locations de blondes se font sous plusieurs options : « 2 000 $ pour une semaine, 5 000 $ pour un mois et 12 000 $ pour trois mois. Les deux premiers forfaits doivent être payés en moins d'un an alors que le troisième forfait peut être réglé avec des dépôts de 400 $ par mois pendant deux ans et demi. »

Linda et Marc Jolicœur sont des altruistes : « Nous trouvions qu'il était temps qu'un service soit disponible pour les gens qui ne veulent pas juste du sexe ou qui sont prêts à payer pour avoir une petite amie de qualité [...] Nous comptons mettre rapidement en place un service pour femmes et pour homosexuels et bisexuels. »

Le XIXᵉ siècle se prête en partie au culte de l'exotisme oriental qui pour les poètes romantiques chantant les « brunes » maîtresses convoitées ou délaissées commence dès l'Andalousie. Même l'opéra finit par s'emparer des « brunes ». Une nouvelle de Prosper Mérimée sur une musique de Bizet et un livret de Meilhac et Halévy va connaître un succès considérable en 1875, jamais démenti depuis. Le personnage de Carmen n'est pas sans avoir puissamment pesé sur le retour des brunes dans l'estime et la considération des hommes. Carmen aurait-elle pu être blonde ? Certes non ! Un personnage aussi flamboyant et pathétique se devait d'être brun et c'est ainsi que le décrit Théophile Gautier dans *Émaux et Camées*. « Carmen a un œil bistre de gitane, une peau tannée par le diable et une chevelure d'un noir sinistre. Voilà qui la fait laide pour les femmes et d'un excitant exotisme pour les hommes. »

Soyons juste, toute la gent masculine du XIXᵉ siècle ne tombe pas en une considération nouvelle pour les brunes. La majorité des hommes en « pincent » toujours pour les blondes et le font savoir. « L'or des cheveux blonds reste dans les cœurs » écrit Sully Prudhomme. Un journaliste jouissant d'une notoriété considérable, Louis Victor Nestor Roqueplan, rédacteur en chef du *Figaro*, se pose en chantre des « blondes », audacieusement attaquées dans leur suprématie séculaire. Ce fin observateur de la vie mondaine et demi-mondaine parisienne veut donner un « air nouveau » au culte et propose un nouveau vocabulaire pour qualifier la blondeur, en espérant que le snobisme et la mode l'imposeront.

La revanche des brunes

Ainsi, le blond devient « fulvide », « flavescent », « falvastré », « rubide », « russéolé », « phœbien », « maryland », « rutile », « pactole », etc., selon qu'il s'approche de la crinière du lion, des épis de blé, des rayons du soleil ou du reflet de l'or fin.

Sous le Second Empire, le goût pour les chevelures blondes et même rousses est toujours de mise. Les cheveux clairs de l'impératrice Eugénie sont sans doute à l'origine de cette mode persistante qui voit les femmes se décolorer les cheveux à l'eau oxygénée. Dans l'anonyme *Dictionnaire des femmes* publié en 1963 par les éditions d'Alger, on peut lire : « De la Renaissance au Second Empire, il ne fut de grandes dames que blondes. Blondes naturelles, bien sûr, avec le teint, la douceur, la fragilité et l'aristocratie d'une Diane de Valois. »

Le XIXᵉ siècle, c'est aussi le temps des expéditions, des explorations, des découvertes, de la naissance des sciences sociales. Le journalisme, la littérature, la science d'observation se prennent d'intérêt pour les régions inconnues ou méconnues de la planète. Le monde apparaît dès lors aux Européens de moins en moins blond. Dès le milieu du siècle, les beautés « brunes » commencent même à déclencher un certain engouement chez la gent masculine. Engouement timidement célébré dans la littérature où allusions et descriptions romanesques leur deviennent ouvertement positives. Des héroïnes séduisent avec leur chevelure « d'un noir éclatant et presque bleu ». Telles autres avec leurs « mèches de couleur jais » ou encore « d'un noir évoquant le reflet des bronzes byzantins ».

Des discussions sur le sujet s'alimentent dans les cafés, auxquelles quelquefois se mêlent des auteurs. « Les grandes héroïnes, Iseult, Juliette, Blanche Fleur, n'auraient pu exister en "brunes" » s'emportent les uns. « Au contraire, rétorquent les autres, les brunes sont plus piquantes, plus romantiques, plus sensuelles, plus passionnées que les blondes ! » « Mais Dante, Milton et aujourd'hui Musset préfèrent les blondes », argumentent les premiers. Ce à quoi il leur est répondu qu' « Ovide, Lucain et Chénier préféraient les brunes ». Il faut attendre Sir Conan Doyle, le saint patron des rousses, pour renvoyer dos à dos les « argumenteurs ».

Prosper Mérimée, Alphonse Daudet, Alexandre Dumas fils, Gustave Flaubert, Gérard de Nerval, Pierre Loti, Anatole France et des dizaines d'autres littérateurs écrivent des œuvres dans lesquelles les héroïnes sont brunes. Il est vrai qu'elles sont souvent orientales, mais le virage est pris. Dans l'œuvre de Paul Bourget, par exemple, sur les 74 femmes dont la chevelure est évoquée, 36 sont brunes.

Même intrusion des brunes dans les œuvres d'Honoré de Balzac et d'Émile Zola, tous deux peintres des mœurs et des pesantes réalités de l'existence. Cependant, l'un comme l'autre continuent d'encenser la blondeur. Renée, dans *La Curée* a « des cheveux d'un jaune tendre qui rappelle le beurre frais ». Nana sidère par « sa blondeur éclatante ». Dans *L'Assommoir*, l'héroïne a des cheveux blonds, « couleur d'avoine fraîche », et il semble « lui avoir été jeté de la poudre d'or sur les tempes ».

Balzac et Zola semblent toutefois avoir donné à leurs blondes respectives de grandes fragilités psychiques et mentales qui les rendent souvent victimes ou inaptes aux situations qu'elles vivent. À travers le nombre considérable de romans écrits par ces deux génies, il semblerait que les brunes « résistent » mieux aux avatars de l'existence et qu'elles « respirent » mieux l'air du temps. La grande majorité des personnages balzaciens qui se suicident ou songent à le faire sont blonds. Pareillement dans les vingt volumes des Rougon-Macquart de Zola. Parmi la centaine de personnages qui appellent la mort ou lui tendent la main, on compte une grande majorité de blondes et de blonds.

Cette « montée en puissance » des brunes se signale également dans la « parole scientifique ». Les publications médicales n'hésitent plus à vulgariser des « thèses chromopoilophiles ». « La couleur des poils est un phénomène important puisqu'elle est le signe de l'énergie vitale des individus et que par elle, on peut apprécier la nature du tempérament des individus. » Ou encore : « Les poils roux semblent être le résultat d'une organisation imparfaite et maladive [...] Les poils blonds décèlent souvent un état de faiblesse et de langueur [...] Seuls les poils noirs indiquent à coup sûr la force… » Les blondes résistent à toutes les campagnes de dénigrement qui vont dès lors s'enchaîner. Si elles conservent leur suprématie sur les brunes dans l'esprit du grand public, c'est grâce à un puissant et inespéré allié, le cinématographe. C'est cette industrie nouvelle qui va désormais délivrer à travers le monde les canons de la beauté. Et, avant tout, celle-ci est blonde ! Avant guerre, vers 1930, Jean Harlow lance la mode du blond platine qui fait des émules sur la planète entière.

Dans les années qui précèdent la Seconde Guerre mondiale, les blondes sont innombrables en Europe et aux États-Unis où les femmes se colorent les cheveux en blond et se coiffent comme Liliane Harvey, Janette MacDonald, Carole Lombard, ou Madeleine Renaud, Madeleine Sologne en France, et Veronika Lake aux États-Unis, celles entre autres qui lancent la mode des cheveux blonds, totalement libres et tombant sur les épaules en grandes boucles. Mode qui va se révéler pendant la guerre très mutilante pour les ouvrières dont les cheveux lâchés se prennent couramment dans les machines-outils. Les statistiques de guerre indiquent cinq fois plus d'accidents de travail chez les blondes que chez les brunes.

Après la guerre, la couleur brune connaît une certaine vogue, mais elle retombe très vite dans le discrédit car Hollywood a décidé de continuer à imposer la blondeur comme référence de beauté féminine. Presque toutes les stars de notoriété mondiale sont blondes et elles doivent le rester par contrat. Parmi les « blondasses » les plus marquantes, on peut citer : Marilyn Monroe, Grace Kelly, Zaza Gabor, Jane Mansfield, Doris Day, Ingrid Bergman, Kim Novak, Tippi Heddren, Eva Marie Saint, etc.

Au milieu de ces illustres blondes américaines ne cessent cependant de s'infiltrer des brunes européennes de plus en plus plébiscitées par le public international. Ainsi vont se hisser au même niveau de culte les brunes Anna Magnani, Sophia Loren, Silvana Mangano, Gina Lollobrigida, etc.

Le XXᵉ siècle se caractérise par le changement symbolique de l'image archétypale accolée pendant des siècles aux chevelures. De réservées, douces et fragiles, comme on les qualifiait autrefois, les blondes sont devenues « incendiaires ». Quant aux brunes, d'ardentes et passionnées, elles sont devenues fatales. C'est vers 1915 qu'est née la « vamp », obligatoirement brune, qui tire son nom de « vampire » et se signale comme une femme pulpeuse, ténébreuse, sexuellement irrésistible et finalement fatale.

« Les hommes préfèrent les blondes car elles resplendissent », aurait dit le philosophe allemand Arthur Schopenhauer, l'auteur du fameux *Métaphysique de l'amour, métaphysique de la mort*. Ce à quoi Valery Larbaud répondit un siècle plus tard : « Je n'ai eu que des brunes pour amies, de ces femmes qui ont toujours l'air d'être à l'ombre comme les sources. »

L'écrivain Stephen Hecquet veut nous éviter un choix cornélien en nous invitant à passer de l'une à l'autre : « À 15 ans, écrit-il, on préfère le vin blanc au vin rouge. Puis l'âge remet le goût en place. De même, on admire les blondes et on épouse les brunes. La brune est fille du soleil, mais une véritable beauté brune doit être fille du Nord. Sous la Renaissance, la brune n'était qu'une femme de second choix. Elle est aujourd'hui à la fois ce qu'il y a de plus banal et de plus merveilleux. Bien sûr tout dépend du reste de la façade et du corps du logis. »

Les plus récents sondages mettant en compétition brunes et blondes voient généralement les blondes l'emporter. Plusieurs psycho-sexologues se sont penchés sur ces résultats qui éclairent les lignes de Stephen Hecquet. Pour eux, la permanence des résultats serait en rapport avec la sexualité culpabilisante chez les gens simples ou jeunes qui font faussement prévaloir un goût pour les blondes par crainte de leur propre sexualité, car ils assument subconsciemment l'idée ancestrale de « blondeur égale pureté ». En réalité, ils préfèrent les brunes qui passent pour ardentes et sensuelles. De même, plus le teint d'une femme est foncé, plus on craindrait des appétits sexuels développés et exigeants.

Sous-estimées dans toute l'Europe pendant des siècles, aujourd'hui les brunes se vengent. Elles sont, dans les pays occidentaux, à l'origine d'un déferlement anti-blond alimenté par des radios dites « jeunes », des périodiques dont la quasi-totalité de la presse masculine, des sites Internet et certains sketches graveleux de vedettes du petit écran. Ce déblatérage prend les allures diverses de définitions saugrenues, de blagues sexistes et de basses questions, ensemble vulgaire et misogyne destiné à définir la blonde comme une idiote irrécupérable. Une blonde qui a deux neurones est déjà une surdouée et si elle prend la pilule, c'est pour savoir quel jour on est.

Paradoxalement, un nombre considérable de brunes n'en continuent pas moins à se transformer en fausses blondes. Mieux, le « blond » n'est plus l'apanage des Européennes. Les femmes, mais aussi les hommes asiatiques, notamment les Japonais et les Africains, se font teindre en blond, portent des perruques blondes, se font poser des extensions blondes. Georges Fourest ne pensait certainement pas, en écrivant son célèbre ouvrage *La Négresse blonde* que ses lignes étaient prémonitoires : « Elle a beau être noire comme cirage, elle a, ô miracle ! des doux cheveux soyeux et longs, et si blonds, plus blonds que le soleil et le miel. »

Finissons ces lignes sur un parti pris en faveur des chevelures blondes, des vraies, en citant une seconde fois le « blondophile » britannique Stephen Hecquet, dont les lignes écrites il y a plus de 20 ans, conservent aujourd'hui encore toute leur résonance : « Le blond d'aujourd'hui, souvent truqué, rarement lavé, encore moins brossé, nous paraît le plus souvent fade ou grossier. Mais quand une blonde est d'origine, et quand elle porte à ses cheveux tout le soin qu'ils méritent, qui peut la surpasser sinon une autre blonde plus admirable encore ? »

Le préjugé concernant la couleur des cheveux s'étend aux hommes, mais curieusement, *a contrario*, les « blonds » sont donnés pour lymphatiques, égoïstes, souvent paresseux, contents d'eux-mêmes, et trop modérés en toute chose. Les bruns, eux, sont considérés positivement : ils sont plus beaux, plus virils, plus ardents, mais aussi plus « méchants ». Les ogres et autres personnages sanguinaires, réels ou fictifs, ont toujours le poil noir et sont souvent, comme les pirates implacables, pourvus de barbes si foncées qu'elles en deviennent bleues.

LA « BLONDEUR » D'EN BAS

Alors qu'on évoquait devant lui le fameux mot de Benjamin Franklin : « La nuit, tous les chats sont gris ! », Bernardo Sagono, l'idéologue du mouvement « Poils et magie », ajouta : « Les chattes aussi ! » Effectivement, pendant longtemps, une majorité de femmes ne se livra aux joies du sexe que dans le noir ou la pénombre. Aujourd'hui, la tendance s'est inversée et toutes les études et sondages le confirment, la majorité des femmes exposent ouvertement leurs organes sexuels au regard du conjoint ou de leur partenaire occasionnel.

Par voie de conséquence, les femmes s'intéressent de plus en plus à l'aspect visuel de leur toison d'en bas dont la taille et la teinte sont devenues pour beaucoup d'entre elles une véritable préoccupation. Quant aux hommes, ils spéculent sur ce qui les attend. En 1988, un sondage révélait que 65 % des Britanniques interrogés rêvaient de « rencontrer » un jour une « vraie toison pubienne blonde ». Celle chantée par Claude Chapuis, le bibliothécaire de François Ier, poète presque inconnu mais très estimé de Clément Marot, qui évoque ainsi les poils génitaux de sa mie : « Fins poils d'or, poils folastrons plus déliés que la fine soie. » Le sieur en tient aussi pour « le petit cas barbelu d'un or jaunement crespelu ». Même Ronsard y va de ses engouements pour la couronne jaune d'un « petit trou mignard, trou velu, d'un poil follet, mollement crépu ». Mais le plus enthousiaste de tous pour la « blondeur du cas » est le poète de cour Mellin de Saint-Gelais, le fils naturel de l'évêque d'Angoulême qui avoue que la toison dorée de la maîtresse qu'il chérit lui est plus chère que le corps tout entier de « ses autres amies ». Bien plus tard, Paul Verlaine dira avoir les sens embrasés par la princesse Roukline. Après l'avoir donnée comme « follement blonde et d'une allure Vénuste à tous nous débaucher », il en vient à la chevelure d'en bas « flamboyante, enceinte aux alentours de la porte sainte, l'alme, la divine toison d'or ».

Vous voulez savoir si vous avez affaire à une vraie blonde ? Regardez ses poils pubiens ! Hormis le fait que la chose n'est ni bien élevée ni toujours aisée, du moins dans le premier temps d'une rencontre, il s'agit surtout d'une des fausses assertions le plus largement répandues.

D'après les doctes spécialistes, « hormis quelques Scandinaves aux poils "délavés" sur tout le corps, les femmes blondes ont généralement les poils des aisselles et les poils pubiens nettement plus foncés que leur chevelure. Les blondes claires ont les poils du pubis plus dorés ; les blondes cendrées les ont châtains ; les filles châtain clair ont une toison brune, et les filles châtain soutenu ou auburn ont la leur nettement foncée ! » En fait, il n'y a jamais correspondance exacte entre chevelure et poils pubiens chez les blondes. La couleur des cheveux d'une femme n'indique pas l'importance de son système pileux. Certaines brunes irlandaises, aux cheveux noirs et à la peau très pâle, n'ont pratiquement pas de poils sur les bras ni sur les jambes et possèdent un petit triangle peu fourni, bien délimité et très sombre. Il existe aussi un type de blonde aux cheveux très clairs et à la toison noire et abondante. Seules les vraies brunes offrent une monochromie générale des poils, tête, aisselles, pubis et autres.

Une enquête effectuée il y a peu par un grand journal anglo-saxon démontrait que beaucoup de vraies blondes s'inquiètent du « décalage de couleur » entre leurs deux toisons. État de fait, disent-elles, qui peut laisser les hommes s'imaginer qu'elles se sont teint les cheveux et sont de fausses blondes. L'enquête se termine par un constat rassurant : « Beaucoup d'hommes apprécient les contrastes entre cheveux et toisons, qui rendent leurs partenaires plus complexes, donc plus intéressantes. » Il est vrai toutefois que les blondes ont souvent beaucoup moins de poils pubiens que les brunes, et il arrive chez les unes comme chez les autres que ces poils pubiens présentent une bichromie, c'est-à-dire une partie nettement plus claire que l'autre : moitié châtain clair moitié noire, ou moitié noire moitié blanche. Cette dernière singularité étant particulièrement excitante pour les chromo-sexophiles. Quant aux rousses, disons seulement qu'elles ont souvent des toisons pubiennes très particulières, souvent presque roses, ce que beaucoup d'hommes apprécient.

Blonds, bruns ou roux, les poils pubiens ont un destin commun, celui de blanchir avec l'âge. Décoloration survenant généralement après celle des cheveux mais qui s'installe progressivement de façon inexorable. Toutefois, les variations sont importantes et il arrive que des octogénaires conservent totalement ou partiellement une certaine coloration de leur pilosité génitale.

LES POILS BLANCS

Dans les sociétés occidentales contemporaines, on se refuse à vieillir et tout le discours médiatique tend à faire subconsciemment croire à une certaine immortalité du corps. La presse féminine tend à donner conseils, discours, méthodes et trucs destinés à « stabiliser » le plus longtemps possible les jeunes femmes sur le palier de l'« éternelle jeunesse », et ramener les plus âgées aux lignes arrière du « toujours séduisantes ».

Avoir « l'air jeune » est une nécessité absolue pour les femmes, tant dans leur vie privée que professionnelle. Pour cela, elles se doivent de se faire remonter les seins qui tombent, gommer les rides mal placées ou trop profondes, et surtout teindre les poils blancs au fur et à mesure qu'ils se multiplient. La chasse est sans quartier. Le poil blanc ou gris se traque sans merci partout où il se trouve. On sait par la princesse Pauline Salor de Metternich, dont le mari était diplomate autrichien aux Tuileries jusqu'à la fin de l'Empire, que l'impératrice Eugénie ne supportait pas les sourcils gris et qu'elle-même se les peignait avec un gros crayon noir. « J'ai appris, écrit la princesse, qu'elle avait pris cette habitude ayant en horreur les sourcils et les cils blancs qui, disait-elle, donnent l'air bête et effacé à tous ceux qui les portent. » Beaucoup d'hommes cherchent aussi à cacher leurs cheveux blancs. Autrefois, ils utilisaient des pommades mélaninocomes qui avaient pour base l'axonge et le noir de fumée. Beaucoup se passaient dans les cheveux un peigne de plomb censé les noircir mais dont l'efficacité était douteuse. Aussi, ce peignage était-il souvent suivi d'une friction avec une lotion au vin blanc dans laquelle avait infusé à chaud pendant quelques minutes de l'écorce de saule. On employait également pour compléter le peigne de plomb des préparations contenant du tanin, des mixtures ferrugineuses auxquelles on associait de l'indigo, un peu de noir d'ivoire et de liège brûlé.

À la fin du XIXe siècle, une pâte consistante connaît un grand succès auprès de la clientèle masculine grisonnante. Elle est composée d'une partie de *thithary*, autrement dit de protoxyde de plomb, d'une partie de chaux éteinte et d'une partie de blanc d'Espagne. Le tout, délayé, a le pouvoir de noircir les cheveux comme les barbes blanches ou grises. En Espagne et en Italie, on prête les mêmes effets à des compositions uniquement végétales. Des feuilles de viorne, par exemple, marinées dans de l'huile d'olive. Dans le sud de la France, on utilise des décoctions tirées d'écorce de saule, de grenade, de feuilles de mûrier, d'artichaut et, plus généralement, toutes les substances riches en tanin, telles que la noix de galle ou les grappes de lierre.

Aujourd'hui, l'image des cheveux grisonnants ou blancs a radicalement changé en ce qui concerne les hommes. Alors que chez la femme, ils sont toujours signalés comme une honteuse dégénérescence de l'âge, portés par l'homme ils sont souvent considérés comme attrayants, voire comme un des éléments premiers de la distinction et de la séduction. L'image du séducteur aux larges tempes grises est même devenue un cliché en quelques décennies.

LA COIFFURE « COUPE-FAIM »

Durant tout le Moyen Âge, et surtout entre le XIIe et le XVe siècle, la médecine officielle, relayée par les barbiers et les apothicaires, affirmait : « Boire et manger excessivement fait grisonner et blanchir les cheveux avant le temps. »

On peut inverser l'adage pour signaler une curieuse coutume encore en vigueur chez les Bakas d'Océanie au début du XIXe siècle. « Grisonnement et blanchiment excessifs font boire et manger avant le temps. »

Le voyageur et savant français Louis Grégoire Rienzi, de retour en 1831 du pays des Bakas, raconte que chez ce peuple, les cheveux blancs ne sont pas respectés comme gage d'expérience et de sagesse. À l'instar de beaucoup de peuples dans d'autres régions du monde, ils suppriment les vieillards, les considérant non seulement comme inutiles, mais faisant peser une charge superflue sur la famille et la tribu. Lorsqu'un homme ou une femme commencent à avoir beaucoup de cheveux blancs, leur droit à l'existence est mesuré selon un critère de vie décrit par l'explorateur.

Chaque année, à l'époque de la cueillette des citrons, les individus à la chevelure blanchissante, considérés comme trop vieux, devaient se suspendre par les mains à une branche d'arbre horizontale pendant un temps arbitrairement décidé par le chef du village, tandis que le reste de la tribu dansait en chantant : « Quant le fruit est mûr, il doit tomber. » Si le « suspendu » arrivait au terme du temps requis, il gagnait une année supplémentaire. S'il lâchait prise avant, il était mangé.

ROUQUINS, ROUQUINES : UNE MAUVAISE RÉPUTATION

Dès le commencement de l'humanité, les roux et les rousses se virent investis d'une charge symbolique extrêmement négative. Pourquoi donc leur singulière chevelure en vint à incarner tout au long des siècles le déshonneur, l'opprobre, la jalousie, la trahison, la fourberie et la violence sanguinaire ? Parce que cette discrimination absolue prend une de ses sources au cœur même des mythes fondateurs aussi bien en Occident qu'en Orient.

Le culte d'Osiris, par exemple. À l'origine du mythe, frères et sœurs, Osiris, Isis, Typhon et Néphtys, nés de l'union de Sibou, dieu de la Terre et de Nout, déesse du Ciel, vont régir l'Égypte antique. Osiris, à l'origine dieu du Nil, après s'être

La rousse Alexa Wilding. Vers 1874.
Pastel de D. G. Rossetti.
Coll. part. D.R.

Le cheveu rouge de Nisos

*R*oi légendaire de Mégare, Nisos était fils d'Arès et frère d'Égée. Il avait une fille nommée Scylla qui se prit d'une folle passion pour Minos, venu assiéger Mégare. On savait que Nisos avait parmi ses cheveux blancs un cheveu pourpre auquel était attaché le salut de la cité. Par amour, Scylla trahit son père et choisit de livrer la ville à Minos en coupant secrètement ce cheveu magique.

Effectivement, ce geste honteux décida de la ruine des Mégariens. Scylla fut méprisée par Minos que la trahison filiale avait rempli d'horreur. Elle alla se noyer ; Ovide et Virgile nous disent qu'elle fut métamorphosée en alouette et que, depuis lors, elle est poursuivie par son père changé en épervier.

marié avec sa sœur Isis, initie les Égyptiens à l'agriculture et à l'art de faire du vin, tandis que sa sœur et épouse leur apprend à faire du pain.

Typhon, dieu du Désert et des Pierres et qui, lui aussi, épousa sa sœur Néphtys, personnifie la nuit, les ténèbres et la stérilité. Plutarque nous dit qu'il est impur, violent, haineux, jaloux... et roux.

Sa jalousie et sa haine envers son frère Osiris sont telles qu'il le tue pour dominer l'Égypte à sa place. Il dissèque le cadavre et dissémine les quatorze morceaux à travers le pays, espérant ainsi supprimer toute trace de son forfait. Mais Isis s'emploie à regrouper les morceaux éparpillés et, aidée de quelques divinités, de sa sœur Néphtys et de son fils Horus, elle invente et pratique sur ces débris des rites qui aboutissent à la reconstitution du corps de son frère et époux. Ainsi, Osiris put-il jouir d'une existence nouvelle dans un autre monde, montrant ainsi aux hommes les chemins de l'immortalité vers un royaume où sous son autorité de dieu des Morts, ils peuvent continuer à vivre et à prospérer.

Plutarque écrit que le crime de Typhon engendra une grande répulsion des hommes envers les roux. Dès lors, « ils n'aimèrent ni voir ni rencontrer ceux de cette couleur. Ils les traitèrent avec mépris en les insultant dans la tête et en les outrageant s'ils en rencontraient ». Il ajoute que beaucoup, pour apaiser sa possible colère, lui vouèrent un culte pacificateur au cours duquel ils lui sacrifiaient des hommes roux jusqu'à ce qu'on leur substituât des ânes et des bœufs roux. Pendant longtemps, avant que ne lui soit donnée l'apparence d'un crocodile ou d'un hippopotame, Typhon fut représenté comme un géant aux cent têtes rousses.

Côté judéo-chrétien, le premier roux de l'histoire est Ésaü, jumeau de Jacob et fils d'Isaac et de Rébecca. Là encore, le personnage va s'avérer négatif. Le récit de la Genèse nous dit qu'il est non seulement roux, mais velu comme une fourrure de bête, robuste, irréfléchi et violent, au contraire de son frère Jacob doux et raisonnable.

Grand chasseur, Ésaü est très aimé de son père à qui il offre toujours le produit de sa chasse. Revenant un jour épuisé et affamé après une longue poursuite du gibier, il cède à son frère son droit d'aînesse contre un brouet de lentilles.

Sur les conseils de son épouse, Isaac atteint de cécité décide de bénir ses enfants et surtout Ésaü, son premier-né et héritier. Jacob se couvre d'une peau de chevreau et trompe ainsi son père qui croit reconnaître la peau couverte de poils de son fils aîné. Il est béni au nom de Dieu.

Ésaü, dans sa colère, veut tuer son frère qui s'enfuit en Mésopotamie. Ésaü se fixe dans l'Idumée et devient le père d'un grand peuple, les Édom qui, pendant longtemps, seront les redoutables ennemis des Juifs.

On comprend qu'avec de tels atavismes mythiques, superstitieux et religieux, les roux ne se soient pas introduits dans l'histoire des hommes sous les meilleurs auspices.

Dans sa lettre aux Hébreux et aux Romains, l'apôtre Paul qualifie « Ésaü le roux » de profanateur et se sert de lui pour symboliser ceux que Dieu n'a pas élus.

Il est vrai qu'un autre roux de l'histoire biblique est tout auréolé de gloire, le roi David, l'ancien berger qui terrassa Goliath, le géant philistin, et qui semble bénéficier du bienveillant regard de Dieu. À quelques réserves près cependant si l'on en croit un tête-à-tête télévisé, en juillet 1983, entre le grand rabbin Joseph Sitruk et le rabbin Josy Eisenberg. Le premier rappelle que les « maîtres anciens » ont reconnu qu'il existait une relation entre l'apparence physique des individus et leur caractère. Le second approuve et rappelle que « le roux est une référence inquiétante [...] et que les cheveux roux de David semblent déjà indiquer une sorte de tendance vers la violence ». Josy Eisenberg approuve : « Oui, il est une idée qui est très reçue dans le judaïsme et qui est que les rouquins sont des gens un peu sanguinaires ou violents. » C'est aussi l'avis de Dieu, semble-t-il. Emporté par sa « violence de rouquin », David a versé tant de sang qu'il doit renoncer à la construction du temple.

Une autre curieuse tradition hébraïque concerne les barbes rousses. Elles auraient pour origine une colère de Moïse, lorsque redescendant du mont Sinaï, il surprit une partie de son peuple adorant un veau d'or. Il ordonna alors de réduire la statue en poudre et de la mélanger aux réserves d'eau qu'il fit boire à tous. L'or se fixa sur les barbes de tous ceux qui avaient adoré l'idole, « ce qui les fit reconnaître car toujours dès lors ils conservèrent la barbe ainsi ».

Les rouquins à vue de nez

Tout au long des siècles, les auteurs ne cessent d'évoquer l'odeur des roux et des rousses, allant jusqu'à la qualifier d'écœurante, fétide et pernicieuse.

Très rares sont ceux qui prennent le contre-pied de cette idée généralisée. Parmi ceux-là, le véritable Cyrano de Bergerac, bretteur et écrivain satirique, immortalisé par la pièce d'Edmond Rostand.

Cyrano est tombé sous le charme d'une rousse, la belle Alexie, et dans une longue déclaration d'amour, il tente de réhabiliter la couleur honnie. Il écrit : « Je sais bien que nous vivons dans un pays où les sentiments du vulgaire sont si déraisonnables que la couleur rousse dont les plus belles chevelures sont honorées ne reçoit que du mépris. »

Louis Antoine Caraccioli, littérateur qui se rendit célèbre en 1775 par sa mystification littéraire avec ses *Lettres au pape Clément IV*, affirme dans le *Dictionnaire critique* qu'il y a moyen de remédier à cet inconvénient majeur : il suffit de se raser continuellement les cheveux jusqu'à ce que l'on s'aperçoive qu'ils changent de couleur. Le conseil n'est pas plus ridicule que celui du « Médecin des dames » qui, vers 1770, recommande de lutter contre l'odeur rouquine en... se frictionnant le crâne avec du jus d'oignons blancs.

« Lorsque le roux va à la rousselle, il trouve un brouet sous ses aisselles. » Cette maxime démontre que dans l'esprit populaire du XVIIe siècle, seul un roux se risque à fréquenter une rousse et que celle-ci sent tellement qu'elle est « repoussante du gousset » même pour un roux. On ne peut guère être plus discriminatoire. Au début du XIXe siècle, on n'est pas plus tendre. On imagine la « rousse baromètre » qui, bien plus fiable, prévaut sur la grenouille sur son échelle pour prévoir le temps à venir. Le degré d'humidité de l'air et la pluie prochaine exaspèrent son odeur. « Si la rousse se met à sentir plus fort, c'est qu'il va pleuvoir », dit-on couramment en France.

L'idée de la « rousse qui pue » est toujours contemporaine. Elle a été mise en exergue à plusieurs reprises par Frédéric Dard dans sa série des *San Antonio*. Dans *Tarte à la crème story*, publié en 1980 et déjà cité par Xavier Fauche, on lit : « Ça vous gêne pas d'être rouquin ? Non, tant mieux [...] Ouvrez la fenêtre, mon vieux, vous sentez [...] Tous les hyper rouquins sentent. C'est pas de leur faute. Et pourtant ils se lavent [...] Je sais, j'ai eu une maîtresse rousse. Une affaire du tonnerre de Dieu, mais qui fouettait, un vrai petit fauve. » Et, plus avant : « Matthias, allez chez un parfumeur demander un déodorant corporel pour rouquins. Ça existe [...] Certes, il faut une pulvérisation toutes les deux heures, mais c'est efficace [...] Éloignez-vous un peu de mon bureau, je vous prie. Pas de beaucoup, trois ou quatre mètres, je commence à être incommodé sérieusement. Je ne comprends pas qu'on ne fasse rien pour les rouquins, voyez-vous. » Et vous, San Antonio, ça ne vous indigne pas qu'on laisse fouetter ces malheureux en silence ? Conclusion : « Ça possède une belle gueule un rouquin, non ? Ça a du caractère. Et alors pourquoi ça pue pareillement ? » N'importe quel auteur écrirait de pareilles lignes en remplaçant roux par noir, arabe, pauvre, il serait immédiatement attaqué en justice par les diverses organisations de lutte contre la discrimination. Mais s'il s'agit seulement de roux, même pas d'une « odeur de cuisine ou de palier » !... C'est drôle, c'est comique, et puis c'est vrai ! non ? D'ailleurs, tous les humoristes ne se privent pas de le rappeler. Même les plus fins. « Le rouquin, mammifère vivipare, omnivore, assez voisin du blondinet », nous dit Desproges qui s'empresse d'ajouter : « Pas trop voisin quand même car le blondinet fuit le rouquin dont on nous dit qu'il pue. À cet égard, on considère généralement que le rouquin est à l'homme ce que le putois est au ragondin [...] C'est-à-dire la honte de l'espèce, le banni pestilentiel au regard faux dont la seule présence est une véritable insulte au bon goût français... »

Non seulement ils sentent les rouquins, mais « ils puent de la gueule », nous dira le maire d'une petite commune rurale de Normandie, voulant évoquer l'haleine repoussante de deux de ses administrés. C'est là encore une ancienne et commune accusation lancée contre les roux. Yvonne Verdier y fait allusion dans son ouvrage *Façon de dire, façon de faire*, publié en 1979, en écrivant qu'entre les deux guerres, on croyait encore que la forte haleine d'une sage-femme rousse pouvait empêcher le nombril des bébés qu'elle mettait au monde de se cicatriser, et qu'il restait donc purulent.

Sexe et « rouquineries »

Si les roux, et particulièrement les femmes, sont accusés d'exhaler des odeurs déplaisantes et néfastes, ces dernières n'en sont pas moins réputées amantes passionnées et dotées d'une exceptionnelle ardeur. Ce qui engendre répulsion chez certains hommes et déclenche des passions chez beaucoup d'autres. L'intérêt manifesté pour les rousses peut s'avérer si puissant qu'il en arrive à provoquer des comportements très particuliers que des médecins se sont attachés à étudier.

Le docteur Charles Sanson Fère fut l'un d'eux. Élève de Charcot, spécialiste des maladies du système nerveux, médecin chef à l'hôpital de Bicêtre, le praticien a rassemblé dans plusieurs de ses nombreux ouvrages des cas inconcevables d'hommes éprouvant des passions ou des répulsions pour des femmes rousses. Dans *Évolution et dissolution des émotions*, publié en 1900, il évoque un de ses patients qui ne peut croiser dans la rue une femme rousse sans immédiatement se mettre à la suivre. « Peu importe, précise le praticien, qu'elle soit jolie ou d'une laideur repoussante, élégante ou en guenilles, jeune ou vieille, il suffit qu'elle soit rousse pour qu'il la suive et la désire. Ce patient, homme de lettres distingué, se rend compte de l'anomalie de cette impulsion. Il en connaît l'origine psychologique. À ce qu'il prétend, son grand engouement provient de ce que sa première femme, qu'il a aimée, était rousse. »

Le docteur Fère se pose toutefois une question : « Est-ce que ce désir irrépressible pour ce que l'on nomme à l'époque "une blonde hasardée" est alimenté par la "chevelure rouquine" seule ou par l'odeur singulière qui s'en dégage ? »

Du XIXe siècle à leur fermeture, en 1947, il n'y a pas un seul bordel de quelque importance, une maison close de notoriété qui n'aient mis à disposition des clients « amateurs » une ou deux prostituées rousses.

Les prostituées rousses ont été pendant plusieurs siècles, notamment aux XVIIe et XVIIIe siècles, considérées comme offrant un particularisme physique au même titre que les bossues et les boiteuses, et assimilées à des « spécialités » sur le plan sexuel qu'offraient indifféremment de nombreux bordels à travers l'Europe, car très demandées par les amateurs. Avant sa destitution par Catherine II, le tsar Pierre III eut comme favorites une majorité de bossues, telle la duchesse de Courlande ou de boiteuses telle Élisabeth Vorontzoff qui « non seulement n'était pas droite et louchait, mais puait parce que rousse ». Rien d'extraordinaire dans tout cela. Baudelaire n'aimait que les négresses, les naines et les géantes ; Descartes les femmes qui louchaient ; et Lydstom uniquement les unijambistes.

Relevons que les rares prostituées qui ont laissé leur nom dans l'Histoire sont rousses. Célébrité posthume qui leur vient, bien sûr, moins de leur chevelure flamboyante que de la notoriété

Ramsès le rouquin

En 1985, au terme de nombreux examens ultrasophistiqués menés en France par des laboratoires hautement spécialisés de la société L'Oréal, assistés par des spécialistes de l'identité judiciaire, les experts délivrèrent leur conclusion : « La chevelure de la momie de Ramsès II se trouve limitée à une couronne temporo-occipitale qui correspond à un stade avancé de calvitie [...] De minuscules morceaux de cheveux tombés du linceul ont permis de connaître l'origine ethnique de ce pharaon mort à l'âge de 92 ans. Il était de race blanche et sa chevelure était rousse. »

Et le communiqué de préciser : « C'est l'analyse de la morphologie des pigments de mélanine situés à l'intérieur de ses cheveux qui a révélé le roux naturel de ce personnage. Et l'étude de l'extérieur du cheveu a montré que sa surface avait probablement été teintée au henné. »

de leurs clients. Henri de Toulouse-Lautrec a ainsi amené à l'immortalité Carmen Gaudin, qui chantait et vendait son corps sous le nom de Rosa la Rouge et pour qui Aristide Bruant composa une chanson. René Louis Laforgue, à son tour, fait entrer au panthéon des péripatéticiennes une de ses connaissances, la fameuse Julie la Rousse, « la reine de la place Blanche qui soulage les ardeurs extra-républicaines ».

Quoi qu'il en soit, les femmes rousses ont toujours été à la fois recherchées et redoutées pour les fantasmes qu'elles suscitent. On cite souvent le cas de Rita Hayworth qui connut des débuts difficiles en brune et dont la notoriété explosa dès qu'elle devint rousse.

Dans le domaine de la sexualité, les hommes roux n'ont jamais déclenché l'intérêt libidineux des femmes. Ils n'ont pas comme les femmes rousses une compensation érotique à leur état. Souvenons-nous de Somerset Maugham, le célèbre écrivain, qui lors de son séjour en France, encore jeune homme, s'interroge sur son insuccès féminin : « Pourquoi les jeunes Parisiennes ne veulent-elles rien savoir ? Parce que j'écorche le français ou à cause de mes cheveux roux ? » À cause de vos cheveux roux, monsieur Maugham. La couleur rousse, chtonienne, c'est-à-dire maléfique et malfaisante, en référence à certaines divinités infernales, n'a jamais enthousiasmé les filles.

Le roux est laid par essence, pense sub consciemment l'esprit commun. Aussi n'est-il pas rare de voir des auteurs ajouter le roux au laid afin d'accentuer encore le sentiment de répulsion. C'est ce que fait par exemple Victor Hugo avec son fils littéraire Quasimodo, cet « esprit atrophié dans un corps manqué ». Bossu, boiteux, contrefait, « c'est une bête, un animal, le produit d'un juif et d'une truie [...] quelque chose qui n'est pas chrétien ». Alors bien sûr, sa grosse tête « est une forêt de cheveux roux ».

Antoine Roquentin, personnage de la *Nausée* que Sartre a voulu taciturne, pessimiste, solitaire et roux s'interroge sur lui-même. Désespérante mais lucide réflexion sur son visage qui n'est pas étrangère, à coup sûr, à bien des rouquins. « Je ne peux même pas décider s'il est beau ou laid. Je pense qu'il est laid, parce qu'on me l'a dit, mais cela ne me frappe pas. Au fond, je suis même choqué qu'on puisse lui attribuer des qualités de ce genre. Comme si on appelait beau ou laid un morceau de terre ou bien un bloc de rocher. Il y a quand même quelque chose qui fait plaisir à voir [...] C'est cette belle flamme rouge qui dore mon crâne, ce sont mes cheveux. » Et de conclure sur une constatation trop enjouée pour être vraie, pour combler son angoisse obsessionnelle : « Ça, c'est agréable à regarder. C'est une couleur nette au moins. Je suis content d'être roux. C'est là, dans la glace, ça se fait voir, ça rayonne [...] »

Croit-il réellement à ces lignes confiées à son journal ? « Si mon front portait une de ces chevelures ternes, qui n'arrivent pas à se décider entre le châtain et le blond, ma figure se perdrait dans le vague. Elle me donnerait le vertige... »

Le roux : un violent sanguinaire

Il est admis que les roux sont colériques et violents, trait de caractère affirmé sans discontinuer depuis les premiers traités médiévaux jusqu'à la fin du XIXe siècle. Le naturaliste allemand A. E. Brehm, vers 1880, va jusqu'à faire du chromo-anthropomorphisme en écrivant : « La couleur rousse du renard est parfaitement adaptée à sa vie de brigandage. » Bien d'autres avant lui ont traité Goupil de « maudit rouquin, puant et insigne menteur ».

Dans certaines régions de France et d'Europe, on croit encore entre les deux guerres mondiales en une légende ancestrale : « C'est le sang qui préside à la naissance des roux puisqu'ils ont été conçus au moment des règles de leur mère. Conçus dans le sang, les rouquins aiment le propager et souvent leur simple présence empêche les blessures de se refermer. » Sous la Renaissance déjà, les mères conseillent à leur progéniture : « T'approche pas du rouquin des fois qu'il te morde, ça guérirait pas. »

« Folliculite » vulvaire chez la rousse

Pendant des siècles, les caractéristiques et singularités prêtées aux roux furent négatives sur les plans social et moral. Il en fut de même sur le plan médical. La Grande Encyclopédie Larousse *en huit volumes de la fin du XIXe siècle affirme : « La folliculite vulvaire est assez commune chez les femmes enceintes, surtout chez les rousses. »*

« Tension, prurit, chaleur, douleur cuisante sont des signes de cette affection, de même que les parties génitales couvertes d'un mucus filant, poisseux [...] Sous cette humeur on trouve de petites élevures qui donnent à la muqueuse de la vulve un aspect inégal, rougeâtre par points ou petites plaques. »

Et comme généralement les rousses sont d'hygiène douteuse, l'article finit par : « Les soins de propreté assidûment pratiqués suffisent à la prévenir. »

Les dés sont jetés

Le dermatologue Jean-Pierre Césarini, dans son Précis de cosmétologie *publié en 1981, évoque un très possible avenir « rouge » pour l'humanité entière. Autrement dit, une « explosion de rouquins » devenant d'abord majoritaires, puis presque uniques à la surface du globe.*

Déjà relevé par Xavier Fauche dans son Rouquins rouquines*, le célèbre praticien écrit : « Sur un plan tout à fait théorique, le nombre de mutations capables d'entraîner la présence de gènes roux non hérités est assez important [...] On ne peut aller que vers le gène roux. »*

Hypothèse scientifique sérieuse qui n'a suscité aucune réaction ni commentaire de Rudy le Rouge, alias Cohn-Bendit, ou d'Yvette Horner qui, on le sait, cultivent chacun à sa manière leur différence chromatique, comme autrefois Mark Twain ou Vivaldi.

« Il est impossible de trouver un roux pacifique », peut-on lire dans *La Geste du Narbonnais*, texte du XIIIe siècle qui affirme déjà que les roux sont colériques et sanguinaires. Attila, au milieu du Ve siècle, a bien aidé à faire naître cette réputation. Le chef hun, si l'on en croit plusieurs de ses biographes, se teignait en roux pour mériter son surnom de Fléau de Dieu et effrayer plus encore ses adversaires. Après lui, bien d'autres rouquins sanguinaires auraient mérité toutefois le surnom de « colère de Dieu » pour le sang qu'ils ont versé.

On peut citer en désordre le Perse Pyrrhus ; les Anglais Richard Ier dit Cœur de Lion et Cromwell ; le Normand Guillaume le Conquérant ; le Breton Du Guesclin ; l'Arrageois M. Robespierre ; l'Allemand Frédéric Ier Barberousse ; le Danois Érik le Rouge, découvreur du Groenland ; ou encore Custer, sanguinaire et vaniteux, responsable de la plus grande défaite jamais subie par la cavalerie américaine. Notons au passage que pour commémorer ce désastre, les autorités américaines érigèrent un monument duquel ils évincèrent ce prétentieux rouquin pour lui substituer son cheval.

Durant la longue période de l'Inquisition européenne, avec une apogée au XVIIe siècle, les roux sont suspectés d'entretenir commerce avec le diable. Preuve en est la couleur de leurs cheveux identique à celle des flammes de l'enfer, dont ils se sont trop approchés.

Mensonges et traîtrises des roux

Le roux est dit non seulement violent, faux, vicieux, féroce, incontrôlable, prodigue du sang des autres, mais de surcroît familier de tous les péchés dont le plus grave, la traîtrise, du moins en Occident. Intrinsèquement, le roux est un félon. Et, peu à peu, au fil des siècles, tous les traîtres de l'Histoire furent affublés dans les textes et l'iconographie d'une chevelure rousse, signe indéniable et visible entre tous de cette hideuse prédisposition.

Il en est de même des personnages pour lesquels l'Histoire n'a jamais consigné aucun élément physique, aussi mince soit-il. Ainsi, ne peuvent être que roux Caïn, l'assassin de son frère ; Dalila, l'amour néfaste de Samson ; Saül, réprouvé par Samuel ; Ganelon, traître à Roland de Roncevaux ; Mordret, traître à son propre père, et, bien sûr, Judas l'Iscariote qui trahit le Christ pour 30 deniers.

L'idée de « l'infamie rousse » s'enfle tant et si bien qu'à partir du XVe siècle, elle est installée dans l'inconscient collectif pour des siècles. Dès lors, l'iconographie introduit le « rouge » pour caractériser certains personnages qu'on veut signaler violents, fourbes, inquiétants, meurtriers : Judith tranchant la gorge d'Holopherne ; le Sphinx interrogeant Œdipe dans l'espoir de le tuer ; Salomé obtenant la tête de saint Jean-Baptiste ; les Danaïdes tuant leurs époux la nuit de leurs noces ; tous sont roux et le demeurent dans une grande majorité de représentations. C'est très visible dans certains sujets religieux récurrents tels que « Marie Madeleine, la pécheresse » que de très nombreux artistes affublent d'une chevelure flamboyante par référence symbolique à son passé. Il est vrai également que quelquefois elle est représentée blonde pour signifier son accessibilité au repentir.

La Jolie Irlandaise. 1865. Metropolitan. New York. D.R.

Michel Pastoureau, historien qui a longuement travaillé sur l'histoire des couleurs, écrit dans un texte publié en 1988 sous le titre « Tous les gauchers sont roux » : « Sont roux les chevaliers félons des légendes épiques ou des romans courtois [...] Les sénéchaux, prévôts et baillis qui cherchent à prendre la place de leur seigneur [...] Les fils révoltés, les frères parjures, les femmes adultères [...] Enfin tous ceux qui, dans les récits hagiographiques ou les traditions folkloriques se livrent à une activité déshonnête ou illicite et qui, ce faisant, trahirent l'ordre social : prostituées, usuriers, faux-monnayeurs, avorteuses, sorciers, meuniers affameurs et bouchers sanguinaires, tel celui de la légende de saint Nicolas. »

Dans une longue démonstration convaincante, l'auteur nous explique comment la chevelure rousse va finir par être attribuée à toutes les catégories d'exclus, de réprouvés, notamment les hérétiques, les juifs, les musulmans, les bohémiens, les suicidés, les mendiants, enfin les déclassés de toutes espèces.

Il pense également que « la rousseur dans l'image rejoint les marques et les insignes vestimentaires de couleur rouge ou jaune que, dans la réalité, ces mêmes catégories sociales ont dû porter à certaines époques en de nombreuses villes ou régions d'Occident. Cette rousseur apparaît aussi comme le signe premier du rejet et de l'infamie ».

On peut illustrer cette assertion en rappelant que c'est saint Louis qui le premier, en 1254, impose aux prostituées une véritable réglementation en la matière, à savoir se teindre la chevelure en roux et porter un fichu rouge afin qu'on puisse les différencier des honnêtes femmes.

L'accusation de violence portée aux roux pendant des siècles n'a pas entièrement disparu de nos jours. La consultation des périodiques édités depuis la fin de la Première Guerre mondiale montre que les roux sont volontiers associés aux crimes de sang. Si dans une enquête, un personnage, même secondaire, est roux, immédiatement il accumule les suspicions.

Le rabbin Josy Eisenberg va plus loin encore en affirmant que le mythe du « roux violent » agite encore inconsciemment ou non les individus et les foules. En 1983, il écrit : « Dans les reportages sur des matchs de football ou de rugby, je me souviens avoir entendu le commentateur sportif dire : "Oh ! le vilain coup de pied de rouquin !" Il suffit qu'il y ait un sportif qui soit roux pour qu'on dise qu'il est plus violent que les autres et que sa tendance est de distribuer des coups de pied à tort et à travers. » Comme le dit amèrement une héroïne de Hervé Bazin : « Je suis rousse [...] Disgrâce qui me rend sensible à la moindre allusion [...] Les éphélides ne vous gâchent pas que la peau. »

Le premier handicap du roux est de n'avoir jamais pu dissimuler sa singularité en se décolorant ou en se teignant les cheveux comme le font les personnes blondes ou brunes, car sa chevelure rouge est presque toujours accompagnée de taches de rousseur qui le trahiront infailliblement. Ces éphélides, comme on les nomme savamment, sont une accumulation de pigments sous-épidermiques. Ces taches, lisses, régulières, héréditairement transmissibles, se caractérisent par leur nombre élevé, leur petitesse et leur positionnement, généralement sur la face, le cou, mais aussi le dos et les mains. Elles apparaissent vers la troisième ou quatrième année de vie et persistent généralement durant toute l'existence sans avoir jamais aucune influence sur l'état de santé. Il est vrai toutefois que dans certains cas, elles pâlissent et disparaissent à l'âge mûr. Ces cas sont rares mais suffisamment nombreux pour que les médecins, depuis l'Antiquité jusqu'au début du XXe siècle, aient pensé qu'il était possible de les effacer par traitement. Ce qui s'est toujours révélé inexact malgré les innombrables et aberrantes tentatives.

F. Paullini, célèbre poète, voyageur, médecin et historien du XVIIe siècle, recommande pour l'élimination des taches de rousseur l'application externe d'excréments de chien, d'âne, de poulet, de renard, et mieux encore mais plus difficile, d'excréments de crocodile. Durant tout le XVIIIe siècle et même le début du XIXe, les médecins proposent l'urine « des enfants à la mamelle » ou l'application d'un linge exposé aux matières fécales récentes.

Plusieurs manuels conseillent aux dames d'effacer ces vilaines traces en se lavant tous les soirs le visage avec du sang de poulet. Et d'argumenter le conseil : « On sait bien que le teint des bouchers est beau grâce aux vapeurs de sang si favorables à la peau. »

Vers 1890, le docteur É. Monin, célébrité mondiale du moment, ne prend aucun risque : « Je me borne à rappeler que l'air vif du littoral est utile pour les personnes sujettes aux taches de rousseur et autres colorations anormales. »

Sonia Rykiel, la célèbre créatrice de mode, dans un ouvrage publié en 1979, raconte comment sa mère s'en remettait elle aussi aux effets supposés de la nature : « J'étais comme rouillée, couverte de taches de rousseur et pour me dérouiller, toute petite, ma mère, à l'aube, m'emmenait me laver le visage dans l'herbe rosée du matin. Rien n'y faisait. J'étais tachée, galvanisée, impudente... » Et, ajoute-t-elle : « Quand je suis née, on m'a frotté la tête à l'eau oxygénée parce qu'on croyait que j'étais couverte de sang. C'était déjà moi, rouge sang. »

Les taches de rousseur n'ont jamais cessé d'être interprétées. Au Moyen Âge, être tacheté, c'est être impur. « Être roux comme le rusé Goupil ou le libidineux écureuil, et tacheté de surcroît, c'est participer à une certaine animalité », écrit Michel Pastoureau, qui ajoute : « Rien d'étonnant à cela dans un monde où les maladies de peau sont fréquentes, graves et redoutables et où la lèpre, par exemple, met au ban de la société le malheureux qui en est atteint. » Au début du XVIIe siècle, les traités de dermatologie affirment que les taches de rousseur sont le signe incontestable d'une prise de possession par le diable. Au début du XIXe siècle, les éphélides sont également nommées taches de son car, dit-on, ce sont les boulangers manipulés par le diable qui jettent leurs céréales au visage des enfants menteurs. Vers la fin du XIXe siècle, les diverses publications sur la beauté et l'entretien du corps leur donnent pour origine « une certaine quantité de fer dans le sang ; et il est prouvé que les lentilles jaunes qui couvrent plus d'un front proviennent de l'abus de ferrugineux ».

La plupart des médecins soutiennent alors que les taches de rousseur sont les stigmates d'une santé générale délicate et en particulier d'une faiblesse de la circulation sanguine. Viendront ensuite des explications biologiques dangereuses et redoutables dont on « a pu apprécier les effets » : « Il s'agit d'accidents de pigmentation liés à une certaine dégénérescence génétique et raciale. »

Tandis que Charles Baudelaire, vers le milieu du XIXe siècle, écrit un poème tout dédié à une mendiante rousse, « blanche fille aux cheveux roux », et qu'il avoue que pour lui, « poète chétif, son jeune corps maladif plein de taches de rousseur est lié (?) à sa douceur », on réédite pour la quatrième fois depuis 1829 l'ouvrage de P. Villaret intitulé *Moyens hygiéniques de se prémunir des cheveux blancs et de se débarrasser des cheveux roux*. Car enfin, comme le répète Henri Murger, l'auteur de *Scènes de la Vie de bohème*, « la rousse sent l'âcre ».

Le rouge vif des demi-mondaines

Parce que les rousses sont définies comme agressives et dotées d'un très fort tempérament sexuel, la fameuse demi-mondaine Cora Pearl, qui défraya sans cesse la chronique par ses aventures amoureuses et ses provocations (elle s'est amoureusement affichée avec le nain Tom Pouce pour rendre jaloux le grand duc Serge ; elle a fait mouler ses seins dans l'or et l'onyx pour faire boire ses amants dans ses coupes, etc.), décide de lancer la mode du « roux ardent » en s'écriant : « Qui m'aime me suive ! »

Cri de ralliement qu'Henri Rochefort commente ainsi dans le *Figaro* du 27 novembre 1864 : « La couleur qu'elles ont adoptée (les demi-mondaines) est un rouge vif que l'on obtient au moyen d'un mélange d'ammoniaque et de briques pilées. » Et le célèbre journaliste de rappeler à ses lectrices le risque encouru par « tous les hommes et femmes qui soumettraient leur tête aux séductions de la brique pilée. Elle serait immédiatement reléguée au sixième plan, parmi les comparses de la galanterie ». À la fin du XIXe siècle, nombre d'artistes et de demi-mondaines ont adopté la teinte si longtemps honnie, cette couleur rousse dont le marquis d'Argenson disait qu'elle « déshonore la France ».

Vers 1900, Aristide Bruant dans son cabaret Les Ambassadeurs chante *Nini Peau d'chien* : « Elle est si bonne et si gentille [...] et le génie de la Bastille lui fait les yeux doux quand le soleil brille dans ses cheveux roux. » Mais le chansonnier n'omet pas de préciser que si elle a la peau douce, elle a aussi des taches de son et une « odeur de rousse ».

Et puis, quoi qu'on en dise, ils sont « méchants » les roux, il faut s'en méfier. Même les roux l'admettent entre eux. Lorsque le roux Jules Renard rencontre la rousse Sarah Bernhardt, le dialogue mérite d'être consigné. C'est ce que fit dans son journal l'auteur du chef-d'œuvre autobiographique *Poil de carotte*, histoire poignante d'un enfant rouquin martyrisé par une mère qu'il aime et qui n'est pas ou peu défendu par un père dominé par sa femme. « À la première ligne que j'ai lue de vous, me dit la tragédienne, j'ai pensé : cet homme-là doit être roux. Pourtant les roux sont méchants. Il est vrai que vous êtes plutôt blond... » Ce à quoi Jules Renard répond : « J'étais roux, franchement roux, et méchant, très méchant, madame, mais à mesure que la bonté me venait par la raison, mon poil passa au blond. »

Le XXe siècle commence avec un hommage d'Émile Verhaeren, le grand poète symboliste belge, aux rousses : « Cette chevelure, oh ! cette belle chevelure rousse et barbare, faisant des boucles multiples autour du front et donnant à l'ensemble je ne sais quel couronnement farouche. » Plus question d'odeur ou autres vilenies, mais de sensualité. Guillaume Apollinaire parle de « l'aspect charmant d'une adorable rousse [...] Elle vient et m'attire ainsi qu'un fer l'aimant [...] » Jean-Jacques Henner fait valoir le grain satiné de leur teint et de cette chevelure sur laquelle la lumière jette « des reflets d'incendie ».

Après des siècles d'ambivalence au cours desquels les roux furent à la fois aimés et redoutés, honnis et admirés, repoussés et désirés, on constate que depuis deux ou trois décennies, les poncifs relatifs aux « sales, pauvres ou dangereux rouquins » tendent à disparaître. Les vedettes féminines du show business ou de l'écran conquièrent des publics toujours plus larges, aidées en cela par des chevelures flamboyantes, rouge sang. La publicité montre régulièrement les taches de rousseur et les rousses tignasses d'adolescents malins pour faire augmenter la consommation de yaourts parmi la jeune classe de la population. Les créateurs de mode font appel aux plus belles rousses de la place pour émoustiller leur clientèle.

Xavier Fauche, journaliste et producteur, auteur d'essais et notamment de *Rouquins rouquines*, avec Lucien Rioux, publié chez Ramsay en 1985, est également un spécialiste de la bande dessinée. Dans un ouvrage intitulé *Roux et rousses*, édité chez Gallimard en 1997, il souligne que « dans les domaines du dessin animé, de la bande dessinée, de la publicité ou encore de la mode, les roux sont sur représentés au regard de leur place statistique dans la population ».

Ce nouvel ordre du monde pour les rouquins est signalé par le film *Qui a peur de Roger Rabbit ?* Une superbe créature roux écarlate, faisant fi du passé et du présent, de l'imaginaire et du réel, met en transe dans un même espace scénique à la fois un humain réel et un personnage de dessin animé... un lapin et un petit gros. Le monde entier en somme aux pieds d'une rouquine.

Les anciens. Huile de J.F. Raffaelli. Vers 1880. Coll. part. D.R.

LA CANITIE SOUDAINE

Les poils et les cheveux blancs ne sont pas uniquement des avatars de la vieillesse. Les nouveau-nés ont parfois des touffes de cheveux parfaitement blancs et il n'est pas rare que des adolescents présentent un tel symptôme. Un grand nombre d'observations médicales mentionnent des jeunes gens dont les cheveux et les poils pubiens étaient devenus gris ou blancs entre 18 et 20 ans.

Ce qui a longuement intrigué le corps médical et plus encore le grand public est le brusque changement de couleur des poils et des cheveux, quelquefois en l'espace d'un ou deux jours. Pendant des siècles, et bien que des exemples de tels blanchiments rapides du système pileux eussent été maintes fois observés, personne ne voulait croire à un simple phénomène explicable et tout le monde y voyait l'action des dieux, du diable ou de la démoniaque sorcellerie.

Il faut attendre l'extrême fin du XVIIIe siècle, voire même le début du XIXe siècle pour qu'enfin les hommes de science admettent, à quelques exceptions près, dont les docteurs Hebra et Kaposi, la réalité d'un tel phénomène physiologique. Toutefois, on peut encore lire dans la *Grande Encyclopédie Larousse* en neuf volumes du tout début du XXe siècle : « La canitie subite est certainement plus rare que la canitie congénitale, mais son existence ne saurait être révoquée en doute. Les impressions morales violentes en sont ordinairement la cause. » Et de prévenir que la canitie est incurable. « Les remèdes proposés anciennement avec assurance tels que la chair de vipère, la thériaque (électuaire contenant une cinquantaine de drogues et beaucoup d'opium), le gingembre, les myrobalans (fruits des euphorbiacées et combrétacées) sont tout à fait inefficaces, même entre les mains des expérimentateurs sérieux. »

Le fait étant admis, encore fallait-il en démontrer rationnellement et médicalement les causes et le processus. Certains parmi les plus grands praticiens du XIXe siècle attachent leurs noms à des théories ingénieuses mais totalement incongrues. Ainsi, plusieurs avançaient-ils que ce blanchiment soudain et prématuré survenait à la suite de nouvelles inattendues et « trop mal accueillies ». D'autres penchaient pour un des effets secondaires de la rage. D'autres encore s'en tenaient au point de vue antique de Marcellus Donatus : il s'agirait des conséquences d'un appétit sexuel trop prononcé ou, au contraire, du résultat de coïts brefs mais trop fréquents.

Le docteur Alben, cité par le docteur R. Fournier, vers 1890, décrit un jeune homme de 24 ans, officier dans le régiment de Touraine en 1781, qui, après une nuit de débauche avec une mulâtresse, ressentit de violents spasmes. « Sa barbe et ses poils, du côté droit du corps, étaient devenus aussi blancs que neige, tandis qu'à gauche, il n'y avait pas de transformation. Il se présenta devant la faculté de Montpellier, et bien qu'on le guérît de ses symptômes nerveux, son système pileux demeura blanc et on ne put lui suggérer de thérapie. »

Le docteur Ziemssen, quant à lui, voyait dans la canitie soudaine un symptôme de delirium tremens. Et de citer le cas d'un de ses patients, un jeune typographe de 34 ans nommé Landois, qu'il fit admettre à l'hôpital le 9 juillet 1830, « constamment torturé en imagination par des images terrifiantes et dont la barbe blonde au départ devint grise dans la nuit du 12 juillet ». Après observation, le docteur Ziemssen vit que les piments pileux étaient inchangés, ce qui le conduisit à penser que la couleur blanche de la barbe était bien due au delirium tremens qui avait provoqué « un excès de bulles d'air dans les tiges du poil ». Heureusement, selon les manuels médicaux de l'époque, « avec du temps et de la patience on parvient quelquefois à rendre au poil blanchi sa couleur primitive, en frottant la place du derme où il siège avec un peu d'axonge lavée dans de l'eau distillée de roses de Provence ».

À la même époque, le docteur Ludwig penchait plus pour un effet direct de la variole. En 1882, les docteurs Raymond et Vulpian observèrent une femme qui, après une forte crise de névralgies, vit ses cheveux changer de couleur en cinq heures. Ils passèrent du noir au roux, puis deux jours plus tard, du roux au blanc avant de tomber en masse. Également partisan de l'action des névralgies, le docteur Schmidt cite plusieurs cas de décoloration des cils et des sourcils à la suite de « névralgies faciales limitées à certaines zones du trijumeau et plus spécialement du nerf sus-orbitaire ».

Les docteurs Lorry et Schmidt se signalent, en 1849, comme les premiers médecins à incriminer dans la canitie soudaine les chocs nerveux. « Sous le choc d'une émotion brutale, écrivent-ils, les cheveux peuvent devenir blancs en quelques heures. »

De l'autre côté de l'Atlantique, les hypothèses sur le sujet ne sont pas moins farfelues. Au Canada, on peut lire dans la revue médicale qui faisait autorité vers 1892 que « les nombreux cas de canitie soudaine sont dus au surmenage ». L'explication la plus universellement admise est celle de « la grande frayeur ». Elle n'est pas la plus absurde, loin de là, et l'on sait aujourd'hui qu'effectivement, les émotions violentes exercent une influence incontestable sur les fonctions de la vie organique. La thèse de « la grande frayeur » trouva avec le docteur J. Crocker un si ardent défenseur qu'il en fit sa religion scientifique après avoir observé dans une ferme le cas d'un coq espagnol à moitié tué par des cochons. Il fit, à propos de cet événement gallino-porcin, une déclaration à l'Académie de médecine : « Le lendemain de sa mésaventure, le matin, les plumes de la tête du volatile étaient devenues toutes blanches et près de la moitié de celles situées à l'arrière du cou avaient également subi une transformation. »

Le docteur Crocker fut quelque temps raillé par nombre de ses confrères ; l'un d'eux lui écrira : « L'homme fait souvent le coq et sommeille toujours en lui le cochon. Lorsqu'il s'en rend compte, il ne devient pas blanc de canitie mais rouge de confusion. »

Le docteur J. Crocker s'attacha alors à relever tous les cas historiques qui pouvaient illustrer positivement sa théorie. Il est vrai que les exemples historiques ne manquent guère. Déjà, en 1546, les chroniques espagnoles relatent le cas d'un jeune homme emprisonné pour avoir séduit une demoiselle de la cour de Charles Quint. « Dans la geôle, il fut accablé par la peur et le chagrin, s'attendant à ce que le lendemain l'empereur prononce la peine de mort. Quand on l'amena devant le juge, son visage était blême, ses cheveux et sa barbe gris, la transformation ayant eu lieu pendant la nuit [...] »

Les chroniques italiennes, elles, font cas de Ludovic Maria Sforza, duc de Milan, détrôné et emprisonné à Loches où il mourut en 1508. Byron fait allusion au destin de ce prince dans les strophes du début de son ouvrage *Le Captif de Chillon* : « Mes cheveux sont gris, mais point des ans. Ni ne crurent blanchis en une seule nuit comme ceux des hommes aux peurs soudaines. »

On peut citer également la mésaventure capillaire du célèbre helléniste français Jean-François Vauvilliers, professeur au Collège de France et député aux Cinq Cents. Sa chevelure devint blanche en vingt-quatre heures après qu'il eut appris, le 18 Fructidor, qu'il était porté sur la liste des déportations.

Un phénomène supposé collectif

Les exemples historiques sont innombrables. Sautons les siècles et citons le *Boston Medical and Surgical Journal* de février 1871 qui relate le cas d'un chercheur d'or d'une trentaine d'années. Ce jour-là, malade, il était resté seul au campement des mineurs et il s'endormit. Il fut réveillé par un ours grizzli gigantesque qui se tenait au-dessus de lui. Il en fut saisi de terreur et ses cheveux blanchirent en un jour. Même résultat pour le fameux comédien de la fin du XIXe siècle Brizard après qu'il eut failli se noyer dans le Rhône.

Plus près de nous encore, les témoignages sur les cas de canitie soudaine restent nombreux. Un exemple remarquable, évoqué par toute la presse en 1929, concerne un ouvrier de 28 ans qui faillit être écrasé dans un accident de chemin de fer et dont la chevelure devint entièrement blanche en une nuit. Qui n'a pas entendu évoquer des condamnés à mort qui, la veille d'être menés à la guillotine, en éprouvaient une telle terreur que leurs cheveux grisonnaient dans la nuit.

Certains scientifiques iront jusqu'à affirmer que la canitie peut être un phénomène collectif. Le *Philadelphia Medical Museum Gazette* conclut dans un article de 1897 que « les cheveux de jais des habitants des îles du Pacifique ne deviennent pas progressivement gris et que si un changement s'effectue, il est soudain, et résulte généralement de la peur ou d'émotions subites ».

Les chagrins intenses, les dépressions profondes, les remords lancinants sont également désignés comme responsables de canitie soudaine. Ce sont d'ailleurs les causes les plus couramment admises par la croyance populaire et il existe chez tous les peuples occidentaux la même expression pour qualifier une grande inquiétude : « Se faire des cheveux blancs. »

Là encore, les exemples historiques abondent. Les chroniqueurs médiévaux racontent que Louis Ier de Bavière fit mettre à mort sa femme en 1294 parce qu'il la soupçonnait d'infidélité. En apprenant son innocence, il en ressentit de tels remords que ses cheveux blanchirent en quelques jours. La barbe et les cheveux de Guillaume Frederick duc de Brunswick et ennemi acharné de Napoléon blanchirent en vingt-quatre heures après qu'il eut appris la mort de son père Charles Guillaume Ferdinand, mort des suites de ses blessures en 1806 après la bataille d'Auerstedt.

On pourrait multiplier les exemples de blanchiment rapide. Terminons avec un des plus célèbres, celui attaché à la chevelure de Marie-Antoinette enfermée au Temple. En quelques mois, ses cheveux devinrent entièrement gris, dégénérescence là encore causée par le chagrin et les multiples humiliations, notamment l'accusation d'inceste avec son jeune fils. Elle était elle-même persuadée que le blanchiment de sa chevelure venait de tout ce qu'elle avait eu à subir ces derniers mois. Dans le médaillon avec cheveux qu'elle donna par amitié à la princesse de Lamballe peu avant son incarcération, était écrit : « Blanchis par le malheur. »

Toutes les raisons sont bonnes pour subir une canitie foudroyante. Madame Pérat, convoquée devant la Chambre des pairs pour témoigner, en 1819, dans le procès de l'ouvrier sellier Louis Pierre Louvel, assassin du duc de Berry, en fut si émue que ses cheveux devinrent tout blancs en une seule nuit. Le grand Bichat, dont un des plus importants hôpitaux parisiens porte le nom, vit sa chevelure grisonner entièrement en quelques jours après, disait-il, « que j'ai reçu des nouvelles affligeantes ». Beaucoup d'affliction également chez ce joueur occasionnel californien qui plaça toutes ses économies, près de 1 100 dollars, sur un tirage de cartes... et qui les perdit. La *Philadelphia Medical Revue* de 1956, qui rapporte le cas, précise : « Le lendemain, ses cheveux étaient entièrement blancs. »

Au tout début du XXe siècle, les encyclopédies donnent encore la canitie comme résultat « d'affections syphilitiques, de la tuberculose, de la lèpre, de la teigne, des dartres, des céphalées, des hémorragies, des veilles trop prolongées et des excès en tout genre ».

Les canities temporaires

Plus étranges encore les cas de canitie où le blanchiment n'est que temporaire. Cette fois encore, les exemples consignés dans les annales médicales sont légion. Ainsi, le docteur Compagne évoque une femme de 36 ans dont les cheveux noirs commencèrent à s'éclaircir le 33e jour d'une fièvre maligne. Six jours plus tard, sa chevelure était encore toute blanche, mais le septième jour, elle se mit, à nouveau, à foncer et quatorze jours après que le changement avait commencé, elle était redevenue aussi noire qu'à l'origine. Un de ses confrères, le docteur Wilson, rappelle un cas dans lequel les cheveux perdirent leur couleur en hiver pour la retrouver en été. D'après le docteur J. Crocker, déjà cité, Sir John Forbes, chef de l'armée des Indes, eut pendant longtemps les cheveux gris qui, subitement, devinrent blancs. Après être restés dans cette couleur toute l'année 1858, ils reprirent leur teinte grise d'origine.

Les canities partielles

Selon l'incontournable docteur J. Crocker, il y avait un prêtre à Nottingham dont la fille de 13 ans vit, en une seule nuit, ses cheveux passer d'un noir de jais au blanc, mais cette transformation était circonscrite à une tache derrière la tête, de moins de 4 cm de long. Ses cheveux devinrent rapidement poivre et sel, et en sept ans furent complètement blancs. Dans le même article, on évoque une fillette de 8 ans du Bedfordshire, « Maria Seeley, au teint basané, dont les cheveux étaient longs et noirs d'un côté, clairs et courts de l'autre. C'était la même chose pour son corps qui, d'un côté, était mat et de l'autre avait des poils longs et une peau claire. Elle fut examinée par la faculté de Londres, mais on ne put établir de cause à ce phénomène. »

Les médecins Paullini et Riedlin parlent de cheveux de couleurs différentes sur une même personne, et il n'est pas rare de voir des gens avec une plaque de cheveux anormalement colorée. On a dit que les membres de l'ancienne maison de Rohan avaient un épi blanc sur le devant de la tête. Les canities partielles se montrent sous différentes formes. Il peut s'agir de zones, de bandes, de mouchetage, et assez souvent de touffes ou de mèches.

Le docteur Hagedorn assure avoir vu des barbes par endroits noires et à d'autres blanches. Brandis fait mention de

---

Le second incendie du Reichstag

Le vendredi 17 mai 2002 a vu la conclusion d'un différend qui, en pleine campagne électorale, opposa le chancelier Gerhard Schröder et l'agence de presse Pierre DDP qui s'était fait l'écho d'une conseillère en communication estimant « que le chancelier serait plus convaincant s'il ne se teignait pas les cheveux ».

Après le témoignage du figaro personnel du chancelier qui jura à la barre que le chancelier ne se teignait pas les cheveux, les juges de Hambourg, évitant de poser le problème de fond, à savoir si l'assertion était vraie ou fausse, incriminèrent l'agence de presse qui « n'a pas vérifié auprès de l'intéressé ce qu'il en était exactement de sa chevelure ». Toujours est-il que les attendus du jugement interdisent désormais toute allusion à l'état capillaire de la tignasse du chancelier. Mais comme le titra Bild, *le plus grand journal populaire d'Allemagne : « T'énerve pas, Gerhard, l'important, c'est d'avoir gardé des cheveux ! »*

Cette affaire de cheveux teintés a enflammé la Chambre des députés allemande. La mèche a été allumée par le député chrétien démocrate Karl Joseph Laumann, qui s'écria : « Un chancelier qui se teint les cheveux est tout aussi capable de maquiller les statistiques. »

poils devenant blancs sur un côté du visage alors qu'ils étaient restés de la couleur originelle sur l'autre. Le docteur Rayer fait état de canities s'étendant sur tout un côté du corps, y compris la région génitale.

Changement de couleur temporaire

Toujours au XIXe siècle, le docteur Alibert, cité par le professeur Rayer, évoque le cas d'un de ses patients né avec des cheveux châtains et qui les avait tous perdus en cours de maladie ; quand ils repoussèrent, ils étaient d'un roux flamboyant. Dans certaines circonstances, les cheveux blancs et gris sont aussi remplacés par une chevelure de la couleur de celle que l'on avait lorsqu'on était jeune. Auparavant, en 1798, le docteur Bruley assurait que les cheveux blancs d'une femme de 60 ans étaient devenus noirs quelques jours avant sa mort.

Des cas tout aussi singuliers sont décrits par le docteur Alibert, médecin personnel de Charles X et « patron » de l'hôpital Saint-Louis. Vers 1825, il relate avec son confrère le docteur Beigel plusieurs cas de femmes blondes qui, toutes, perdirent leurs cheveux après une forte fièvre. Quand ils repoussèrent, ils étaient noirs. Alibert vit également un jeune homme qui perdit ses cheveux châtains après une maladie et qui les vit repousser roux.

Des témoignages rejoignent celui du docteur Crocker qui dit avoir observé chez une idiote épileptique internée à Édimbourg que les cheveux étaient blonds en phase d'abattement et roux en période d'énervement. « Le changement de couleur avait lieu en deux ou trois jours, commençant par la pointe des cheveux et demeurant tel sept à huit jours. » Compte rendu confirmé *a priori* par un cas relevé vers 1820 et rapporté par le docteur Willermé : « Cette femme dont les cheveux naturellement blonds prenaient une teinte fauve chaque fois qu'elle avait un certain type de fièvre et reprenaient leur teinte naturelle dès que les symptômes s'apaisaient. »

Le refus des scientifiques

Il existe également des colorations pileuses, notamment capillaires, offrant des teintes très variées, allant du bleu au rouge. Ces cas très spectaculaires longuement observés et décrits ont des causes liées à des pollutions industrielles aujourd'hui disparues. Mais jusqu'aux années 1910, dans les mines de cobalt ou dans les usines traitant l'indigo, les ouvriers avaient les cheveux bleus. Ceux qui manipulaient l'aniline brute, extraite des goudrons de houille, avaient la chevelure d'un roux profond. Quant aux fondeurs de cuivre, dont les cas ont été particulièrement étudiés par le docteur Rosse, leur chevelure devenait carrément verte ou violacée lorsqu'elle entrait en contact avec une « base » chimique, ce qui pouvait être le cas avec certains savons.

La majorité du monde scientifique récuse aujourd'hui la possibilité d'un rapide changement de couleur des poils et de la chevelure. Leur raisonnement est simple : le cheveu est pigmenté par la mélanine en même temps qu'il se construit. La tige pilaire, une fois colorée, n'est plus modifiable de l'intérieur. Donc, d'après ces scientifiques contemporains, il serait impossible que les cheveux blanchissent en un temps record sous l'effet du stress psychologique.

Quelques célèbres albinos du XXe siècle

*D*urant la majeure partie du XIXe siècle, à l'époque des grands shows de phénomènes humains, les albinos obtinrent un succès particulier teinté de sympathie. Peut-être est-ce en partie la raison qui les voit conserver une certaine notoriété entre les deux grandes guerres.

• **Adda :** *Femme albinos d'origine allemande encore très populaire en 1930.*

• **Les Anderson :** *Famille composée de quatre filles, Rosie, Fannie, Sadie et Maggi, entièrement tachetées de noir et blanc, des pieds à la tête. Elles firent une tournée triomphale en Europe entre les deux guerres, dont le sommet fut leur passage à Paris. Elles quittèrent la France, emportant comme souvenir une série de photographies sur lesquelles elles posaient avec les plus éminentes personnalités de l'époque. L'une, notamment, montre le président de la Chambre des députés hilare au milieu d'elles quatre.*

• **Briage Carl :** *Il fut l'un des albinos les plus célèbres du début du XXe siècle. D'origine tchèque, il prétendait être né d'une famille leucopathe du Groenland. Il fut un temps, vers 1905, l'assistant du grand illusionniste Houdini.*

• **Dalfi :** *Il se montrait encore avec un incroyable succès dans toutes les capitales européennes au lendemain de la Première Guerre mondiale. Surnommé « le grand Dalfi », il prétendait descendre de la plus vieille peuplade indigène d'Australie.*

• **Claritsen :** *Célèbre albinos norvégienne dont la disparition précoce fit la première page des grands journaux européens, elle se suicida à l'âge de 29 ans parce que son père, qui l'exploitait, empêchait tout homme de l'approcher.*

• **Liliane :** *Née aux États-Unis, cette albinos devint célèbre du jour au lendemain, en mars 1929, en épousant un des plus grands géants vivants, son compatriote Peter Tam.*

• **Tom Sach :** *D'origine allemande, il fut un des derniers albinos à se présenter dans les shows et baraques foraines européens. Il se montrait avec ses enfants, albinos eux-mêmes, en costumes d'esquimaux, entourés de rennes et de chiens du Grand Nord. Une de ses filles se laissait chaque jour geler pendant vingt minutes entre des blocs de glace pour persuader le public que la glace, le gel et le froid étaient les éléments coutumiers de leur vie initiale. Fortune faite, toute la famille se retira à Stuttgart en 1950.*

• **Les Williams :** *Plusieurs fois à l'affiche à Paris, les « trois Grâces tigrées » étaient très appréciées du public français. Leur show à l'Olympic, en 1904, fut une de leurs dernières apparitions publiques. Mais les cartes postales les représentant se vendaient encore en 1950.*

Mais alors comment considérer les centaines de témoignages de leurs prestigieux prédécesseurs consignés dans l'immense littérature médicale européenne du XIXᵉ et début du XXᵉ siècle ? A-t-il été vérifié scientifiquement que les molécules de mélanine ne sont en aucun cas sensibles à l'activité cérébrale et au système nerveux ? Dans ce cas, elles seraient bien les seules...

LES ALBINOS

L'albinisme, anomalie congénitale, se caractérise par une absence partielle ou totale de pigmentation de la peau et du système pileux. Il résulte de ce manque que non seulement la peau, au lieu de présenter sa coloration habituelle, devient d'un blanc mat et laiteux, mais que les cheveux perdent également leur teinte ordinaire jusqu'à devenir complètement incolores, comme dégénérés, tandis que cils, sourcils, poils des aisselles et du pubis sont platine ou filasses, c'est-à-dire jaune terne.

Autre spécificité de l'albinisme, les yeux : l'iris, non pigmenté, paraît rose, et le fond de l'œil que l'on aperçoit par l'ouverture de la pupille est d'un rouge très vif au lieu d'être noir. Privés de leur pigment, les yeux des albinos sont très sensibles aux rayons lumineux et ces derniers ne voient bien que dans la demi-obscurité.

Le panthéon des albinos compte quelques personnages célèbres dont le bon et vertueux Édouard dit le Confesseur qui reçut la couronne royale d'Angleterre en 1042. Les personnalités les plus inattendues se sont depuis passionnées pour les albinos. On peut citer, par exemple, Thomas Jefferson, principal artisan de la Déclaration d'Indépendance des États-Unis et président en 1801 puis en 1805. Fasciné par tout ce qui touchait à l'albinisme, il en a fait une excellente étude dans son *Histoire de la Virginie*.

L'albinisme complet

L'albinisme se présente sous deux formes : il est dit complet lorsqu'il touche tout le corps et partiel lorsqu'il n'intervient que sur une ou quelques-unes des régions du corps. Ce particularisme n'est toutefois pas spécifique à l'homme et on le constate chez tous les animaux domestiques et sauvages, chez les oiseaux, les batraciens, les poissons et les insectes, mais aussi dans le règne végétal.

Dénommés « doriens » en Amérique, « bedos » aux Indes, « dondos » en Afrique, « karrelaques » en Asie, « blafards », « leucopathes » ou « leucéthiopes » dans le langage médical occidental, les albinos sont, parmi les phénomènes de la nature, ceux qui ont le plus été l'objet au cours des siècles d'observations et de commentaires. Et ce d'autant plus qu'ils n'ont cessé d'être présentés dans les foires, les cirques, les baraques foraines, comme des attractions humaines, tantôt « caprices de la nature », tantôt « chefs-d'œuvre remarquables ». Les rois orientaux de l'Antiquité, tout comme de nombreux princes d'Europe, en conservaient auprès d'eux, au même titre que les nains, comme une chose « rare et précieuse ».

Les albinos ont également prêté leur concours aux légendes et aux mythes. Cet ensemble d'attributions et de particularités légendaires et physiques donne aux albinos un étrange aspect

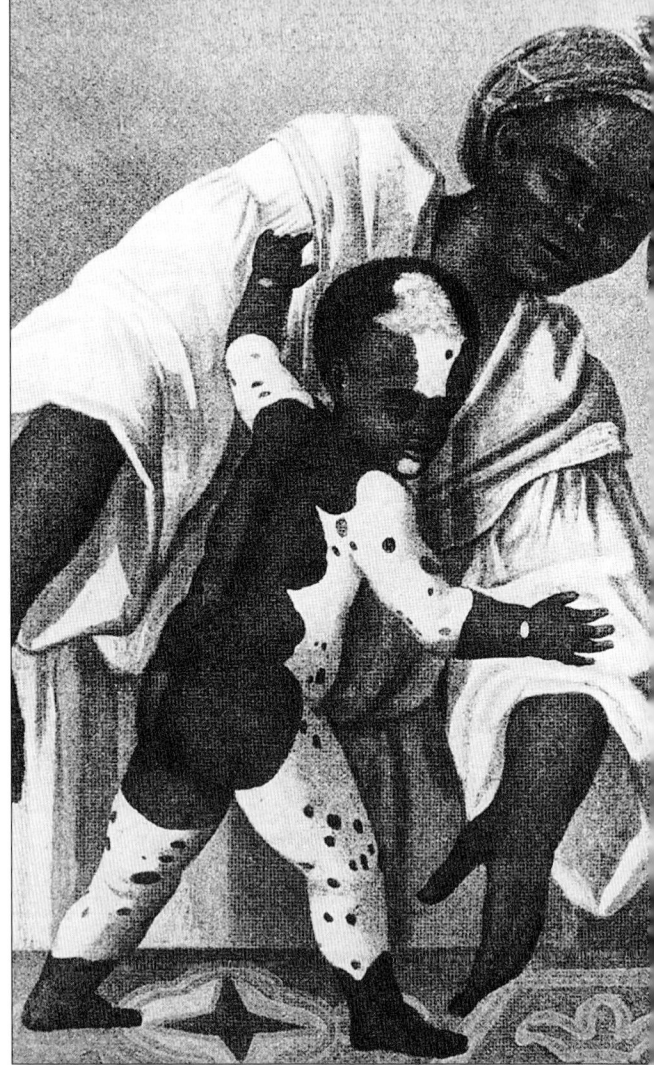

Marie Sabenc et son célèbre enfant pie.
Gravure. Coll. part. D.R.

qui frappe dès le premier abord et que certains d'entre eux ont rendu plus saisissant encore par les différentes manières insolites qu'ils avaient de se présenter.

Pour parfaire leur originalité, les albinos se laissaient souvent pousser les cheveux aussi longs que possible ou bien encore les bouclaient à la manière « afro », ce qui jadis étonnait beaucoup.

Les mystifications à leur sujet furent courantes et on brodait des récits étranges autour de leur origine. Ainsi, beaucoup d'entre eux qui se montraient dans les shows et les foires se donnaient comme les spécimens d'un peuple vivant la nuit, dans les étendues glaciaires d'un Nord lointain. Les affiches, les prospectus, les programmes les annonçaient comme « les morts vivants », « les hommes de la nuit et de la glace », « le peuple des glaciers ».

Les scientifiques tentèrent à leur sujet toutes les approches possibles. Le professeur Prichard de Londres étudia l'albinisme sous l'angle unique de l'atavisme, par la branche mâle. Le docteur Coinde, vers la même époque, fit de même à Paris. Il eut son heure de gloire vers 1875 en présentant à ses confrères réunis pour la circonstance le cas d'un « albinos mâle qui avait eu trois enfants albinos avec trois femmes différentes ». Même succès l'année suivante pour le docteur Folker qui présente, en mars 1876, à l'Académie de médecine de Paris, une étude sur

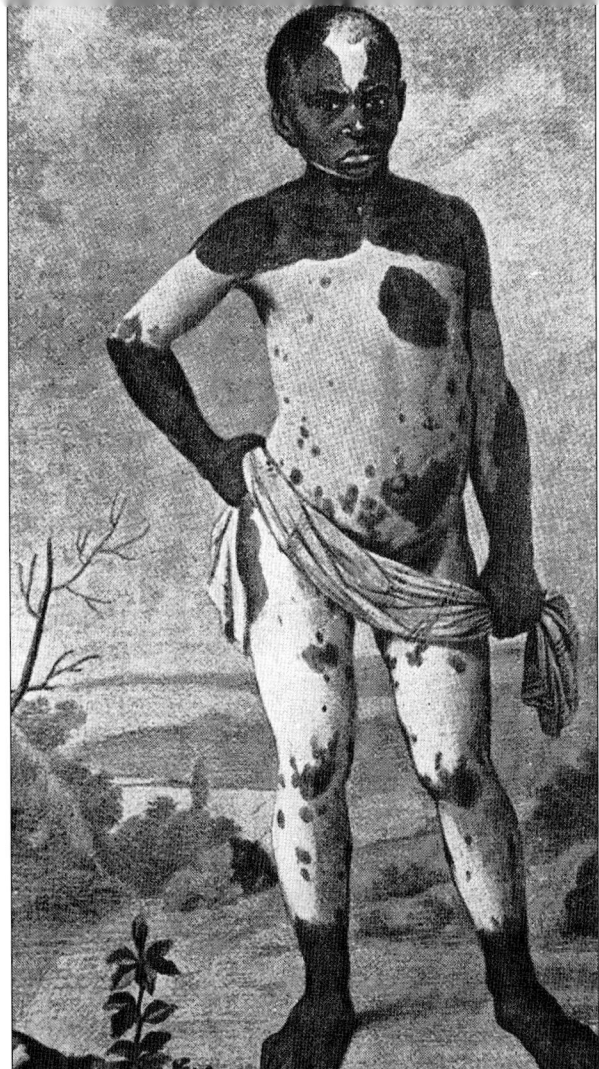

Pacco, « Nègre pie » qui se montrait à Paris au XIXᵉ siècle. Gravure. Coll. part. D.R.

une famille d'albinos dont quatre membres avaient les cheveux blancs et les yeux rouges, et le cinquième, une petite fille, les cheveux roux et les yeux roses.

Dans toute l'Europe, le XIXᵉ siècle est le théâtre d'une effervescence scientifique quant aux albinos, d'autant plus que les nombreuses expéditions scientifiques et militaires en ramènent d'Afrique de nombreux spécimens, dont les fameux « Nègres pie », déjà décrits par Buffon au siècle précédent et qui deviennent très vite une des attractions-vedettes aux yeux des amateurs de phénomènes européens et américains.

La plupart des grands scientifiques de l'époque rêvent d'attacher leur nom à la découverte des lois physiologiques régissant l'albinisme. Et nombreux sont ceux qui, par précipitation, délivrent des assertions saugrenues. Ainsi, un savant aussi éminent que le naturaliste Geoffroy Saint-Hilaire, professeur en zoologie au Muséum, père de la tératologie moderne, n'hésite pas à affirmer, en 1830, que l'albinisme est certainement lié à des conditions pathologiques telles que « l'environnement hostile » ou, plus absurde encore, « la mauvaise condition sociale des parents », voire « un manque d'exercice » ou encore « un manque de lumière ».

Le physiologiste E. d'Aubé, quant à lui, défend la thèse de la consanguinité et le docteur F. Fontanes celle « toute bête, du manque d'exercice ». L'étiologie, c'est-à-dire la recherche des causes des maladies, restera dans le domaine de l'absurde jusque dans la seconde moitié du XXᵉ siècle, c'est-à-dire jusqu'au développement de la science génétique. Jusque-là, l'empirisme règne et les fausses observations tiennent lieu de critères. Ainsi, alors que l'albinisme existe sur tous les continents et quelles que soient les populations, l'idée reçue largement répandue au XIXᵉ siècle veut qu'il existe à l'état endémique en Afrique, territoire, comme nous l'avons déjà évoqué, en pleine exploration. Ce continent est considéré alors par les Européens comme une des régions du monde parmi les plus mystérieuses, avec ses Pygmées, ses sorciers, ses anthropophages, ses femmes nues. De nombreux explorateurs, missionnaires, militaires et scientifiques en reviennent avec des récits souvent farfelus.

Vers 1870, Jules Marey, physiologiste et professeur au Collège de France, comme l'explorateur Schelgel, situe les régions où l'albinisme sévit de façon endémique en Guinée-Équatoriale, au Congo et en Oubangui. Précédemment, vers 1827, l'explorateur René Caillié citait le Niger, avec un foyer d'albinos à Tombouctou. Au siècle précédent, Buffon les situait en Éthiopie, ajoutant à cette assertion quelques inepties du genre : « Les albinos sont communs en Afrique où ils sont méprisés et maltraités par les autres Noirs parce qu'ils sont de constitution délicate. Ils sont peu intelligents et clignent des yeux. »

Nombreux sont ceux qui, après Buffon, reprendront l'affirmation totalement dénuée de fondement quant à l'inintelligence des albinos. L'absence totale de pigmentation survient chez des individus appartenant à toutes les ethnies. Mais il est vrai que l'albinisme devient un phénomène particulièrement frappant quand il intervient chez les Noirs qui deviennent alors en partie ou totalement blancs, mais en conservant toutes les caractéristiques de leur appartenance ethnique, notamment les cheveux crépus, le nez camus et les lèvres relevées.

Albinos totale. Les fameux « Nègres blancs » du XIXᵉ siècle. Coll. part. D.R.

Famille d'albinos américains se montrant chez Barnum. Coll. part. D.R.

Indépendamment de la prédominance ou non de l'ethnie, il est démontré que certains couples semblent être particulièrement aptes à engendrer des albinos. On a vu fréquemment le même père et la même mère donner plusieurs fois naissance à de tels enfants. Cette anomalie est à caractère héréditaire. L'ethnologue Macey décrit le cas d'une famille du Cap-Vert dont trois enfants étaient noirs et trois autres blancs. Ils étaient nés dans l'ordre suivant : deux garçons noirs, deux filles blanches, puis une fille noire et enfin un garçon blanc.

À son tour, le célèbre savant naturaliste et explorateur Jean Louis de Quatrefages de Bréau rapporte, en 1880, l'anecdote suivante : deux esclaves noirs d'une même exploitation de Virginie se marièrent. La femme mit au monde une fille entièrement blanche. En voyant la couleur de son enfant, elle fut saisie de terreur et, tout en déclarant qu'elle n'avait jamais eu de relations avec un Blanc, elle s'efforça de cacher sa fille en faisant éteindre les lumières pour que le père ne pût la voir. Un jour pourtant, le père demanda à voir son enfant. Les terreurs de la mère s'accrurent lorsqu'elle vit son mari approcher la lumière ; mais dès qu'il vit sa fille, il parut enchanté ! Peu de jours après, il lui dit : « Tu as eu peur de moi parce que mon enfant était blanc, alors sache que, quoique nous venions d'un pays où l'on n'a jamais vu de peuple blanc, il y a toujours eu un enfant blanc dans toutes les familles qui se sont alliées à nous. »

L'albinisme est alors si lié à l'Afrique dans l'inconscient collectif des Européens et des Nord-Américains qu'un certain nombre d'albinos de race blanche qui se montrent dans les cirques et les shows entre 1840 et 1880, période où ils atteignent le plus haut degré d'intérêt auprès des foules, font croire qu'ils tiennent leur teint blafard de parents noirs. Les vedettes du « genre », tels Gamblers ou les sœurs Mac Month, qui poursuivirent leur carrière aux États-Unis jusqu'en 1902, mentaient consciemment sur les conseils de leur manager en affirmant avoir des ascendants directs noirs.

L'albinisme partiel

Il existe un albinisme que certains considèrent comme plus troublant encore que l'albinisme total, c'est l'albinisme partiel : la peau, les poils et les cheveux ont une couleur normale sur certaines zones et sont totalement décolorés sur certaines autres.

Les chroniques de toute l'époque médiévale rapportent des histoires extraordinaires d'enfants tachetés. Une des plus connues, souvent citée, concerne un nourrisson au visage bicolore, moitié blond, moitié noir. Mais dans ce cas comme dans beaucoup d'autres, il ne s'agit pas d'albinisme, mais de mélanisme, l'exact contraire, puisque les zones tachetées se caractérisent non pas par une dépigmentation, mais par un excès de pigments plus ou moins denses et répandus.

L'albinisme partiel, comme l'albinisme général, a donné lieu à des mythes et des légendes affirmant l'existence de populations entières d'hommes et de femmes tachetés, zébrés ou mouchetés. En 1765, un certain Schreber, grand voyageur, affirmait à la cour de Louis XV que dans certaines contrées sibériennes vivaient des hommes du nom de Pegaga ou Piestra-Horda (la horde bariolée ou tigrée) qui, tous, avaient une peau particulièrement blanche et fine marquée de grandes taches brunes rugueuses. Un siècle plus tard, plusieurs autres explorateurs découvrent des tribus nomades tartares dont la peau et la chevelure jaune foncé sont « fouettées de zébrures blanches ». D'après ces hommes, cette particularité initialement constatée chez quelques individus seulement serait peu à peu devenue l'anomalie de l'ensemble de la tribu par de continuels mariages consanguins.

Cette fois encore, les témoignages les plus nombreux concernent le continent africain. Durant tout le XVIIIe siècle et la moitié du XIXe siècle, beaucoup parmi les plus grands érudits étaient persuadés que vivaient sur le continent noir des races de « nègres blancs » qui n'y voyaient bien que la nuit. On prétendait que c'était ces individus qui, par union avec des Noires, donnaient les fameux enfants tachetés et bicolores.

Si l'albinisme partiel atténue chez les Blancs l'aspect extraordinaire que procure l'albinisme complet, il l'amplifie spectaculairement chez les Noirs qui offrent ainsi un épiderme nettement bicolore. De grandes taches blanches et noires rappellent l'aspect des fameux chevaux pie. Rappelons-nous la jeune Négresse décrite par Buffon : « Le corps était noir par places ; ailleurs il était marbré de taches blanches ; certains endroits étaient blancs tachetés de noir et d'autres complètement blancs. Les cheveux étaient incolores sur le front, noirs sur les côtés et le derrière de la tête. » Ce sont des « Nègres albinos » partiels que tous les publics d'Europe et d'Amérique accueillirent avec enthousiasme sous le nom d'« hommes et femmes panthères ».

16
L'odeur des poils
Du lait caillé à la langouste trop cuite

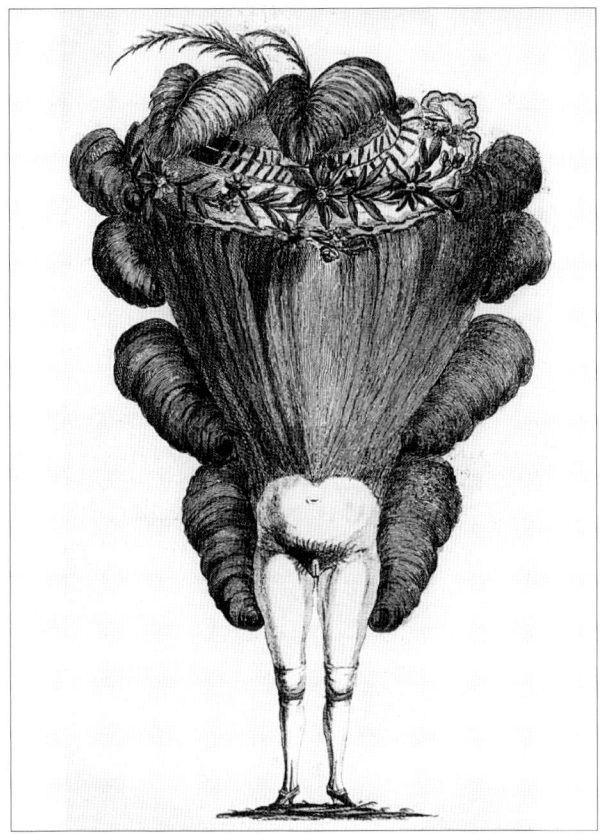 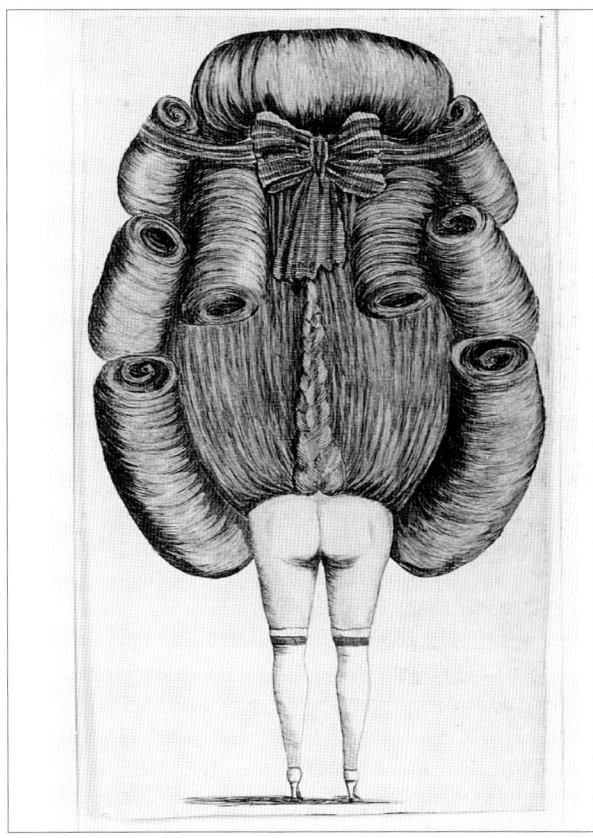

Caricatures mettant en exergue coiffure et système pileux des femmes. XVIIIe siècle. Coll. part. D.R.

Les odeurs humaines sont nombreuses et répondent à quatre modes de production : les exhalaisons orificielles des appareils digestif et respiratoire ; les émonctoires tels que les urines, les gaz et les excréments solides ; les sécrétions génitales ; et, enfin, les sécrétions cutanées émises en permanence par les glandes sébacées, sudoripares et apocrines, et qui forment une couche protectrice à la surface du corps, oignant non seulement la peau mais les poils et les cheveux.

De plus, les glandes productrices à la surface de la peau sont souvent couplées avec les poils, ce qui explique en partie la senteur particulièrement vivace des zones pileuses. Surtout lorsque, faute de nécessaires toilettes régulières, les toisons pileuses des personnes négligées s'imprègnent de molécules odoriférantes qui subissent très vite des transformations chimiques extrêmement désobligeantes pour l'odorat. Et d'autant plus lorsqu'elles sont associées dans les zones pileuses et les replis des organes génitaux à l'odeur du « smegma », comme l'on désigne la matière blanche, pâteuse, produit de la desquamation épithéliale.

Si l'on en croit le *Dictionnaire de la sexualité* de Grès de Saint-Agnès, la crasse serait un phénomène propre à l'espèce humaine, négligeant trop souvent l'entretien de sa surface tégumentaire. « Elle possède une substration palpable constituée par la desquamation des cellules épidémiques kératinisées engluées par la sueur et le sébum. Ainsi se forment des écailles grisâtres, brunâtres, surtout dans les plis et faisant corps avec les poils. Elles sont l'ornement de ceux qui ne se lavent jamais, vagabonds, culs-terreux, vieillards cacochymes, mais témoignent aussi de la haute spiritualité de certains ascètes ou ermites. » On sait aujourd'hui que le soi-disant parfum particulier et si « délicieux » exhalé par les saints et les saintes, et connu sous le nom « d'odeur de sainteté », n'a jamais été que l'odeur spécifique de ceux qui négligent de se laver.

Sur le plan érogène, les individus se divisent en trois classes : les hyperodorants, les malodorants et les sous-odorants qui manquent de signature olfactive. Les deux premiers se décomposent en deux types : en bonnes et mauvaises odeurs corporelles. Une notion subjective déclinée différemment selon les individus. En règle générale, il est admis qu'une bonne odeur est constituée par un effluve naturel, plutôt discret, et qu'elle s'accompagne d'une stricte hygiène corporelle doublée d'une propreté vestimentaire sans équivoque.

Les mauvaises odeurs, elles, ont de multiples foyers : des vêtements ou des sous-vêtements sales comme, par exemple, des bas et des slips imprégnés de mouillures diverses ; des poils pubiens imprégnés d'urine et ceux des aisselles de sueur ancienne et collante ; des cheveux qui concentrent la transpiration hebdomadaire ou mensuelle ; des organes génitaux ou d'évacuation excrémentielle non lavés depuis douze ou dix-huit heures ; et, bien sûr, les haleines d'alcoolique, de nicotinomane, de dyspeptique ou encore d'alliophage comme l'on nomme les « monomaniaques bouffeurs d'ail ».

Sous l'Ancien Régime, le « beau monde » aristocratique et bourgeois sentait fort mauvais et quelquefois plus que le manant bouseux. À Versailles, sous les Bourbons, les dames ne circulaient jamais sans leur mouchoir parfumé pour se protéger de la puanteur des couloirs et des jardins que les aristocrates et leurs serviteurs conchiaient et compissaient allègrement.

Toutefois, à partir du XVIIIe siècle, certains textes commencent à évoquer les « tracas » de l'odeur de la sueur. Le traité de Jacquin en 1762 est un des premiers à conseiller aux femmes « de laver les zones secrètes de leur corps, surtout celles où la sueur, en séjournant, produit une odeur désagréable. Trois années plus tard, en 1763, une publication *Sur la santé* met en garde hommes et femmes : « Si la transpiration et les sueurs séjournent dans les parties, aisselles, anus, région du pubis, les parties génitales, le périnée, l'entre-fesson et la raie, la chaleur les exalte et alors la mauvaise odeur qu'on porte se répand partout. » Dix ans plus tard, « le médecin des dames » est formel : « Le soin des parties naturelles est indispensable. »

Rappelons que par « détestation de l'animalité », par horreur de la nudité, même partielle, judaïsme et chrétienté ont longtemps écarté les « croyants des soins corporels de propreté ». Au milieu du XIXe siècle, les religieuses prônent encore que « c'est un péché de se laver "là" ». Dans les très nombreux pensionnats qu'elles dirigent, il n'est pas question de se faire corrompre par « cette hygiène dont on parle et qui attente aux bonnes mœurs en touchant à des zones du corps innommables ». Soyons juste, l'état hygiénique des établissements laïcs ne vaut guère mieux. En 1910, par exemple, seuls 69 lycées sur 109 pratiquant l'internat possèdent des bains douches pour les pensionnaires. Le docteur Émile Monin écrit dans *Hygiène des sexes*, publié en 1890 : « Dans les couvents, on néglige les soins élémentaires de toilette et de propreté [...] Les pauvres pensionnaires restent souillées toute une journée de sang durci menstruel [...] Or, le prurit qui est un des effets de la malpropreté est une des causes de l'onanisme. Et voilà comment la pudeur peut conduire à l'opposé du but qu'elle recherche [...]. »

Chaque « couche sociale » exhale un parfum qui lui est propre. Depuis Juvénal, au Ier siècle, jusqu'aux écrivains réalistes contemporains, des générations d'auteurs ont, par exemple, évoqué la « rance odeur des prostituées ». Il y a l'odeur du riche et, bien sûr, celle du pauvre. Émile Zola écrit dans *L'Assommoir* que la foule des faubourgs et des banlieues exhale une odeur âcre et fade, « une odeur de hanneton ». Le docteur É. Monin déjà cité, auteur de nombreux ouvrages relatifs à la propreté et à l'hygiène, écrit encore à la fin du XIXe siècle : « Les races inférieures, Indiens, Nègres, sont fameuses à cet égard. » Non seulement la discrimination raciale mais l'antisémitisme a toujours et amplement utilisé le thème olfactif. Déjà au Ier siècle de notre ère, l'empereur Marc Aurèle, protecteur des arts et des lettres, et dont on vante encore l'élévation de ses *Pensées*, se plaint de l'odeur spéciale des Juifs. Près de vingt siècles plus tard, Jacques Chirac évoque « le bruit et les odeurs » des immigrés. Mais c'est sans conteste Léon Daudet qui s'impose comme un des tout premiers nez antisémites de l'Histoire. Dans un ouvrage publié en 1932 sous le titre *L'Entre-deux-guerres*, il décrit le salon du financier Gustave Dreyfus : « À un moment donné, vers une heure du matin en général, il se dégageait tout à coup de cette agglomération d'Hébreux des deux sexes, en sueur ou en chaleur, une odeur âcre et spécialement fétide. Je l'ai analysée maintes fois. On y retrouvait le suint, l'huile rance, l'intestin malade, et ce je ne sais quoi de fade et de sordide, de gluant et pourri, qui émane des quartiers maudits, à Venise comme à Amsterdam, comme à Alger, comme au Marais. Ces millionnaires puaient la misère et la guenille d'Orient. »

La signature olfactive des femmes

En dehors de tout *a priori* religieux, philosophique, raciste ou autre, indéniablement, « brossé à la paille de fer ou baignant dans ses jus » pour employer la très explicite formule du docteur Majdi Kaouk, spécialiste des maladies tropicales et thérapeute de la Marine portugaise en Afrique de l'Ouest, « l'humain sent ». C'est même une des plus anciennes constatations qui ait été portée sur lui et, depuis quelques siècles, l'idée la plus répandue veut que l'odeur humaine varie selon les ethnies, les peuples, les groupes. Ainsi, les Blancs sont-ils affligés d'une odeur de mort ou de beurre rance par les Jaunes qui eux-mêmes sentent le riz si l'on en croit les Blancs et les Noirs, ces derniers étant imprégnés d'une odeur d'ammoniaque d'après les Blancs et de musc pour les Jaunes. Et chez les Jaunes, tout n'est pas rose peut-on dire. Ainsi, les Japonais trouvent que les Chinois sentent le moisi et les Chinois accordent aux Japonais des relents d'algues séchées. « Autrement dit, on est toujours le puant de quelqu'un », disait Kyle Onstott, l'auteur du best-seller mondial *Mandigo*.

Une chose est certaine, tous les hommes sont capables, même les yeux fermés, de différencier immédiatement une femme parfaitement propre d'une autre plutôt sale. Et, bien sûr, inversement, les femmes sont capables de détecter immédiatement tout homme qui accumule les fautes d'hygiène corporelle. Mais l'odeur d'un individu, hormis transpiration et sueurs intenses ou accumulation de crasse, est individuelle, discrète, indélébile et permet l'identification de chacun. Identification, il est vrai, qui dépend également de la région du corps. Les pieds ont leurs effluves particuliers. Ce sont les zones poilues qui affichent les plus puissantes odeurs, dues en partie à des sécrétions locales spécifiques.

Le poilophile russe Dimitri Korniloff écrit : « Il faut attendre le premier rapport amoureux entre nouveaux partenaires pour que chacun perçoive la véritable signature olfactive de l'autre. Cette odeur, en raison de son pouvoir inégalable, va bouleverser de façon profonde toute la part animale et instinctive de chacun des deux partenaires. »

La personnalisation de l'odeur corporelle est connue depuis la plus haute Antiquité. Plutarque raconte qu'Alexandre le Grand exhalait une odeur de violette au point que ses sous-vêtements portaient toujours ce parfum naturel. L'Histoire dit qu'il en était de même pour Jacques Cujas, représentant le plus fameux de l'école historique et un des plus célèbres jurisconsultes de la Renaissance.

L'humain pue

L'humain pue ! Effectivement il passe couramment de la violette à la cannelle. L'auteur latin Martial affirme que la courtisane grecque Thaïs qui suivit Alexandre le Grand en Asie dégageait une insupportable odeur de soufre. Odeur qui, malgré tout, enflamma un des généraux du conquérant, Ptolémée Lagos qui en fit son épouse, fondant ainsi la dynastie des Lagides, premiers souverains grecs d'Égypte.

Plus avant dans l'Histoire, au XVIe siècle, les contemporains de François Malherbe accusaient ce précurseur du classicisme d'exhaler une très forte odeur de musc. Même accusation envers le physiologiste, botaniste et écrivain d'expression allemande Albrecht von Haller. Le musc est une substance résinoïde fortement odorante extraite de la poche abdominale d'un cervidé d'Asie, qui n'a rien à voir avec les luxuriants parfums de l'ambrette ou de la mescaline comme tente de le faire croire Goethe au sujet d'un poète allemand réputé pour son odeur déplaisante. Autre personnage célèbre atteint de bromydrose, c'est-à-dire de sueurs fétides, Henri de Navarre dont les courtisanes et courtisans disaient qu'il « sentait la charogne ». Tallemant des Réaux écrit que lorsque sa femme Marie de Médicis le vit s'approcher sa nuit de noces, elle se parfuma plus que de raison et répandit des essences de fleurs de son pays dans tous ses appartements afin d'être épargnée par l'odeur repoussante de son époux.

Dans son *Journal de la santé de Louis XIV*, Fagon médecin du « Roi-Soleil » écrit que « le souverain jouissait à cet égard d'une célébrité peu enviable. Son odeur allait jusqu'à éloigner de son auguste personne même les courtisans pourtant courageux. Elle tenait de race... »

La science osphrésiologique non seulement soutient que certains groupes humains sont prédisposés à dégager certaines émanations, mais confirme que certains hommes, grâce à leur odorat très fin, peuvent – ou du moins le prétendent-ils – distinguer les yeux fermés une femme noire, jaune ou blanche et dans ce dernier cas déterminer si elle est blonde, brune ou rousse. Voire même si elle est grasse ou maigre, les premières « sentant fréquemment une odeur d'huile » et les maigres « une odeur proche de celle du cerf européen ». Quant aux femmes rousses, quelle que soit la tradition culturelle, elles n'ont jamais pu en Europe se débarrasser entièrement de l'accusation selon laquelle elles exhalaient une odeur pernicieuse et écœurante. Idée reçue, qu'elles doivent en grande partie à Ambroise Paré, le médecin chirurgien le plus fameux de la Renaissance qui accusait toutes les rousses « de dégager des odeurs nauséabondes ».

Le psychologue et pédagogue niçois Alfred Binet soutenait encore en 1910 une opinion qu'il défendait depuis longtemps et selon laquelle « les odeurs du corps humain dites bonnes ou mauvaises sont les causes responsables d'un certain nombre d'unions contractées par des hommes intelligents avec des femmes inférieures appartenant notamment à la domesticité ». Précédemment, le fameux médecin psychiatre allemand Richard von Krafft-Ebing avait rassemblé au cours de ses travaux un nombre impressionnant de cas démontrant la forte relation entre les fonctions olfactives et les fonctions sexuelles. Interaction déjà étudiée en profondeur par des physiologistes tels que Schiff, Heschl, Montegazza et quelques autres. Il est également bien démontré par les *Archives de neurologie* de 1882 que les hallucinations olfactives vont fréquemment de pair avec des psychoses érotiques. On peut également citer Heschl dont des études tendent à démontrer que l'absence de sens olfactif chez un individu est souvent associée à un développement imparfait de ses organes génitaux. Et le docteur P. Garnier, en 1894, publiait un ouvrage sur les « fétichistes de l'odeur » dans lequel il mentionnait des individus jouissant grâce à celle des chaussures, des chemises de nuit, des culottes, des serviettes hygiéniques et autres articles de la toilette féminine.

L'interaction entre les odeurs et les pulsions sexuelles n'est pas, comme on le soutient ordinairement, une découverte physiologique du XIXe siècle. Elle était déjà bien connue au début du XVIIIe siècle, même si ses principes en restaient mystérieux. Ainsi, en Angleterre, au temps du règne de Louis XV, les

---

Mieux qu'avec des fleurs !

Les odeurs corporelles sont des facteurs de séduction importants qui varient selon les individus, mais également selon les groupes d'individus, voire les nations, si l'on compare les résultats obtenus dans différents pays européens à la question : « Quelle est l'odeur qui vous excite ? »

Odeurs	Allem.	France	Angl.	Italie
Odeur des seins	21 %	32 %	16 %	23 %
Odeur des cheveux	17 %	16 %	18 %	–
Odeur des aisselles	23 %	28 %	17 %	25 %
Odeur des parties génitales	32 %	26 %	48 %	28 %
Odeur anale	4 %	5 %	11 %	4 %
Odeur après le rapport sexuel	28 %	21 %	41 %	26 %
Odeur naturelle du conjoint	48 %	51 %	64 %	44 %
Odeur parfumée du conjoint	46 %	59 %	44 %	61 %

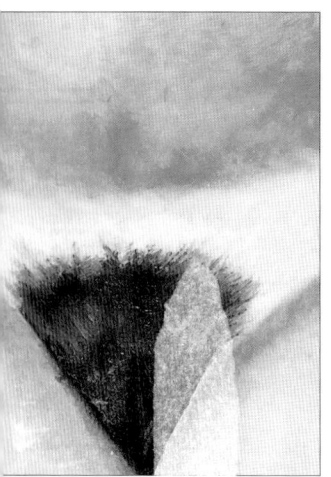 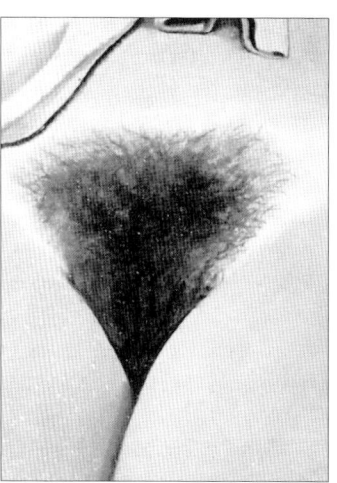 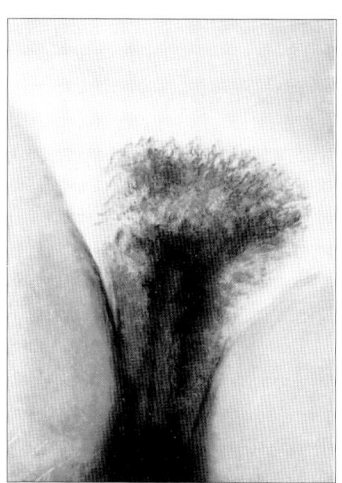 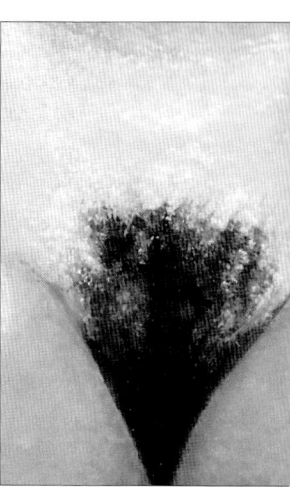

Les Quatre Filles du docteur March. Huile de Pierre Ferioli. 1999. Musée de la Pihaillère. D.R.

femmes élégantes utilisaient les hydrolats de fleurs pour séduire. Les maisons aristocratiques et bourgeoises possédaient pour ce faire des « still-room » ou chambre d'alambic. Dépassant le cadre des classes supérieures, cette mode se répandit dans le peuple au point que, en 1770, le Parlement britannique fut contraint de délivrer un arrêt stupéfiant : « Toutes les femmes de quelque âge, rang, condition ou profession, qu'elles soient jeunes filles, épouses ou veuves qui auraient abusé, séduit, conduit au mensonge l'un des sujets de Sa Majesté au moyen de senteurs, d'odeurs, de parfums, de lotions cosmétiques, de dents artificielles, de faux cheveux ou de laine d'Espagne, comme l'on désigne les étoffes imprégnées de carmin, tomberont sous le coup de la loi qui punit les sorcières et les femmes de mauvaise vie. Et sur preuve, leur mariage sera déclaré nul et non avenu [...]. »

Le célèbre hygiéniste du XIXᵉ siècle Parent du Châtelet qui, en raison de ses fonctions, passait son temps à visiter les cloaques, « à en renifler les odeurs, à rencontrer ceux qui buvaient et mangeaient dans le putride et dormaient dans la pestilence », évoque « l'excitante malpropreté de la misère ». « Que d'ivresse, que d'orgies morales et physiques ont été engendrées ou provoquées par l'abus d'odeurs », se plaint à la même époque le docteur A. Galopin, connu pour son ouvrage *Le Parfum de la femme*.

Excitante malpropreté qui fait du grand Michelet « le témoin attentif des odorantes menstrues de sa femme et le renifleur enivré des reliques digestives de cette même épouse ».

À l'instar d'Henri IV, Sainte-Beuve aimait les femmes « négligées de la toison ». En 1863, G. Goncourt publie cette confession cent fois exprimée en public : « La crasse, ça m'est égal, j'aime la crasse ! » Imagine-t-on Émile Zola demandant à Léon Daudet, frappé d'horreur : « Et vous, Daudet, ça ne vous excite pas l'odeur de l'urine ? » La scène, bien réelle, est rapportée entre autres par Robert Bauvais dans *Photographies inconvenantes*.

La plupart des médecins et hygiénistes du XIXᵉ siècle admettaient que l'odeur des individus était fonction d'un très grand nombre de facteurs. On peut lire à l'article « odeur » du *Dictionnaire des sciences médicales*, sous la signature d'un grand praticien de l'époque, le docteur Brieude : « Si chaque espèce, si chacun des individus qui la composent a son odeur spéciale, il n'est pas moins certain que chaque sexe, chaque âge en répand une qui lui est particulière. Le climat que l'homme habite, les aliments dont il se nourrit, les passions auxquelles il se livre, les émotions qu'il ressent, l'art qu'il exerce, le travail qui l'occupe, tout modifie différemment les humeurs qu'il exhale et crée des odeurs obligatoirement diverses [...]. » Beaucoup de praticiens tout au long du XIXᵉ siècle se firent passer pour des «grands nez». L'un affirmait : « Les enfants au sein dégagent une odeur aigrelette sentant franchement le beurre. » D'autres avançaient qu'à la puberté, « les garçons et les filles dégagent une odeur particulière rappelant celle des animaux en rut », odeur dénommée par le docteur Borden « senteur de la fièvre séminale ». Ce même praticien jurait qu'il arrivait à distinguer une jeune fille ayant ses menstrues à l'odeur de cuir qu'elle dégage. Plus étonnant encore, le docteur Fournier évoque le cas d'une Napolitaine qui possédait un odorat si sensible que dans une vaste assemblée, elle était capable de désigner toutes les femmes qui avaient leurs règles. Des membres éminents des Académies de médecine et des sciences affirmaient que la vieillesse produit une odeur pareille à celle des feuilles mortes et plusieurs d'entre eux prétendaient pouvoir dire approximativement l'âge de quelqu'un en le reniflant les yeux fermés. Le monde médical français fit grand cas d'un médecin autrichien invité à Paris par l'Académie sous prétexte qu'il « pouvait trancher de la chasteté des femmes ou de leurs désirs libidineux rien qu'à leur odeur ».

Toujours plus fort : le célèbre médecin anglais Sir William Grill soutenait pouvoir déceler la syphilis féminine « rien qu'à la narine ». Mais le talent le plus « pointu » appartient sans conteste à l'aliéniste Burrows qui déclarait qu'en l'absence d'autres preuves, « il n'hésite pas à affirmer une personne aliénée lorsqu'il peut déceler certaines odeurs qu'il sait associées à des maladies mentales ».

On peut affirmer que durant la plus longue partie de l'Histoire, les nations civilisées européennes n'ont donc été qu'un monde crasseux, peuplé de ruraux et de citadins puants.

En 1896, une des grandes autorités scientifiques du temps, Vachez de Lapouge, affirme : « La majorité des femmes meurent sans avoir fait une seule fois l'usage du bain. Il en serait de même de la majorité des hommes si n'existait la baignade militaire [...]. » L'usage militaire, qui restera en pratique jusqu'à l'ouverture des hostilités en 1914, veut que les soldats prennent un bain de pied toutes les semaines et un « bain de pluie », c'est-à-dire un décrassage collectif au jet tous les quinze jours. Rythme double de celui établi pour les condamnés de droit commun qui, à partir de 1880, ont droit à une douche par mois l'hiver et à deux l'été.

Situation hygiénique désastreuse qui durera peu ou prou en l'état jusqu'en 1950 dans les campagnes et un peu moins longtemps dans les villes. Ce n'est qu'en 1970 que le nombre des salles d'eau a atteint en France celui des véhicules automobiles en circulation.

Aujourd'hui, les Japonais trouvent que les Français sentent le fromage. L'INSEE nous dit en partie pourquoi : selon les dernières et récentes études, 8 % des femmes et 10 % des hommes ne prennent qu'une douche par mois et 35 % des femmes ne prennent une douche qu'une fois par semaine.

Odeurs et poils des aisselles

Les aisselles produisent l'odeur corporelle la plus violente, notamment chez les ethnies blanches et noires, alors que les Jaunes restent modestes sur ce plan. Plus discrète chez les blonds que chez les bruns, la sueur parfume fortement les roux.

Krafft-Ebing évoque l'ouvrage de son confrère Ploss intitulé *Das Werb*, qui recense les nombreux procédés en usage pour attirer le sexe opposé grâce à la transpiration. Des échanges d'objets et de vêtements couverts de sueur étaient encore fréquents vers 1925 aux Philippines, par exemple, de la part de fiancés qui s'assuraient ainsi de leur réciproque intérêt rien qu'en reniflant les pièces échangées.

L'histoire de France possède plusieurs exemples démontrant que l'odeur des aisselles peut déclencher des amours passionnées chez des tiers. Aux fiançailles du roi de Navarre avec Marguerite de Valois, le duc d'Anjou, futur Henri III, sécha accidentellement son visage avec un linge moite de la transpiration des aisselles et de la gorge de Marie de Clèves. Bien qu'elle fût la femme du prince de Condé, Henri conçut soudain pour elle une passion irrésistible, affirme la chronique. Un autre amateur de gibier faisandé était Henri IV dont la passion pour la belle Gabrielle est supposée avoir commencé à l'instant où, dans un bal, il s'essuya le front avec le mouchoir qu'elle venait de passer sous ses aisselles. De nombreux auteurs ont insisté sur l'odeur enivrante des aisselles à laquelle on ne résiste pas ou que très difficilement.

Cette passion qu'ont certains hommes pour la pilosité des aisselles et le fumet qu'elles dégagent a été mise particulièrement en exergue par Huysmans dans *Croquis parisiens*. « Diverse comme la couleur des cheveux, ondoyante comme les boucles qui la recèlent, l'odeur du gousset pourrait se diviser à l'infini ; nul arôme n'a plus de nuances ; c'est une gamme parcourant tout le clavier de l'odorat, touchant aux entêtantes senteurs du seringat et du sureau, rappelant parfois le doux parfum des doigts qu'on frotte après y avoir tenu et fumé une cigarette. »

Huysmans distingue ensuite les arômes particuliers des aisselles, trouvant « audacieux et parfois lassants » ceux de la brune et de la Noire, « aigus et féroces » ceux de la rousse, et « flottants et capiteux ainsi que certains vins sucrés » ceux de la blonde.

« Mais qu'importe, conclut-il, que la couleur des toisons poussées dans les dessous des bras soit foncée ou claire, que leur bouquet ondule comme une moustache ou frise comme de minces copeaux d'acajou et de palissandre, puisque la nature a distribué ces boîtes à épices pour saler et relever l'amoureux ragoût que l'habitude rend si indigeste et si fade. »

L'observation scientifique ne paraît pas moins lyrique. On peut lire dans *Les Éphémérides* : « Quelle que soit son intensité, cette odeur des goussets est semblable à celle du houblon, sauf pendant les menstruations où elle devient très similaire à celle du chloroforme. »

Au XVIIIe siècle, surtout à partir du règne de Louis XVI, alors que les bons ou mauvais parfums du sexe, peu ou pas lavé, ne sont guère discrets, certaines dames de qualité s'en prennent à l'odeur des aisselles. Par abondance de poudres et de parfums, bien sûr, mais également par des recettes « spéciales » végétales ou carnées. Ainsi, Pierre Joseph Buchoz, naturaliste et médecin dont l'œuvre ne comprend pas moins de 300 volumes, écrit en 1783 « sa recette contre la puanteur des aisselles » : « Prenez 20 livres de levure de cendre de laurier, une poignée de souchet, autant de calamus aromatique et de dictame de Crète. Faites bouillir le tout et ajoutez après refroidissement 4 litres de bon vin. » Vers la même époque, un autre médecin, le docteur J. Z. Moreau préconise contre la mauvaise odeur des aisselles l'absorption d'un bouillon de sa composition : « Employez de la chair de poulet, des pieds de veau et des petits chiens d'un ou deux jours. Mélangez le tout avec du lait et faites mijoter avant d'absorber le bouillon. »

Il sent comme papa !

Le rasage des poils des aisselles est une mode somme toute récente qui ne s'est véritablement vulgarisée qu'au tout début du XXe siècle ; et les premiers déodorants pour le dessous des bras ne sont apparus qu'au cours des années 1950.

Aujourd'hui, « l'odeur des aisselles » commence à délivrer ses secrets, en grande partie grâce aux récents travaux des chercheurs suédois de l'Institut Karolinska. En 1995, ces scientifiques ont démontré que les hommes et les femmes sont sensibles à des composés volatils émis par les aisselles de personnes de sexe opposé. C'est une question d'hypothalamus, organe du cerveau qui s'active dès qu'il perçoit lesdites émanations. Mais pourquoi s'active-t-il de façon irrésistible dès qu'il est « informé » ? C'est une affaire de reproduction, comme l'ont démontré la neurobiologiste de l'université de Chicago, Martha Maclinlock et son équipe qui, au début de l'année 2002, publièrent dans la prestigieuse revue *Nature Genetic* les conclusions de leurs travaux d'expérimentation.

Premièrement, les femmes préfèrent les odeurs d'homme ressemblant le plus possible à celles de leur géniteur. Deuzio, les femmes ont grandement tendance à choisir comme partenaire l'homme qui se rapproche le plus de ce géniteur sur le plan du patrimoine génétique HLA – gène du système immunitaire. « Le complexe majeur HLA est la source d'odeurs individuelles uniques qui influencent le choix des partenaires, le comportement de nidification, le blocage de la gestion. » Il s'agirait d'une sorte de sélection génétique non consciente. En éliminant les hommes aux odeurs « inhabituelles », elles manifesteraient la crainte d'un patrimoine génétique non performant.

Pour prouver cette théorie que le national-socialisme allemand n'avait pas rejetée, la chercheuse américaine et son équipe ont choisi selon les critères imposés par l'expérimentation une demi-centaine de femmes célibataires qui ont reniflé « à l'aveugle » des tee-shirts portés deux nuits durant par des hommes volontaires ayant ou non des gènes en commun avec elles. Chaque femme dut alors classer les odeurs reniflées. Les odeurs préférées de ces cobayes féminins furent celles des hommes qui avaient le plus haut pourcentage de gènes en commun avec elles. C'est-à-dire ressemblant un peu par leur patrimoine génétique HLA et leur odeur à leur « papounet chéri ».

Odeurs et poils du sexe

L'odeur est une des caractéristiques les plus frappantes du sexe de la femme. Le « flux de sève », comme le poète Saint-John Perse désigne les sécrétions vaginales qui imprègnent les poils et maintiennent dans une humidité quasi constante la région vulvo-vaginale, a inspiré d'innombrables commentaires tantôt désobligeants, tantôt enthousiastes. Il est vrai que la zone sexuelle de la femme et sa pilosité sont, selon les avis, la source d'effluves insupportables tout autant que celle d'inextinguibles plaisirs. Deux points de vue contraires mais âprement défendus depuis les temps les plus anciens par des générations d'amateurs.

Pour les uns, les odeurs des organes et de la pilosité génitale des femmes sont dans tous les cas « sources d'incomparables saveurs, de fragrances uniques, d'ivresses magistrales, et impriment d'entêtants souvenirs ». Satisfactions olfactives où dominent selon les cas « la douceur du sucré, l'amertume du salé » ou encore « le piquant des épices orientales ». Henry Miller évoque le « mets juteux des gourmets » tandis que Van de Velde en tient pour le « goût de l'ananas » et Pieyre de Mandiargues pour celui du miel. De subtils renifleurs et cunnilingueurs aiment effectivement à distinguer les différentes essences du « bouquet sexuel ». Selon ces experts olfactifs, les poils de la toison du mont de Vénus, humés de près, exhaleraient « une fine odeur, très légèrement âcre, spécifique de la fourrure bien entretenue ». Les arrondis vulvaires et les poils des grandes lèvres en état de propreté « offriraient des fragrances végétales », notamment celle de la famille des chénopodes et des caprifoliacées viburnées, précise une rarissime publication grivoise du milieu du XIXᵉ siècle.

Selon Gérard Zwang, l'odeur muqueusée du vagin est plus fade et moins personnelle sur la toison, tandis « qu'au niveau de l'orifice vaginal, un parfum fauve est fréquent ». Mais surtout le goût vaginal est un « mouvant équilibre entre le salé du vestibule et du capuchon et le sucré des nymphes et du vagin, ce dernier étant un peu acidulé, saveur douce et amère sans pareil ».

Comme le disait déjà au milieu du XVIIIᵉ siècle le marquis d'Argenson : « Il ne suffit pas d'être belle pour plaire, ni même jolie, il faut être "odoriférement intéressante". » Ce à quoi, en 1882, E. Rimmel cité dans l'ouvrage *Parfum de la femme et sens olfactif dans l'amour* d'E. Dentu ajoutera : « Chaque femme doit avoir son parfum qui lui soit propre si elle désire être autre [...] Elle doit affirmer son identité, rêvée et désirable, en délivrant les odeurs élégantes de l'atmosphère unique de son intimité. »

Et cet auteur d'écrire que chaque femme doit souligner par sa senteur rare « son appartenance sociale face à l'immonde sudation populaire aux relents rancis ». Mise en garde déjà

Différentes odeurs dégagées par les maladies

Les médecins du XIXᵉ siècle et du début du XXᵉ siècle affirmaient que chaque maladie donne à la peau une odeur spécifique et aux poils pubiens comme aux cheveux un relent particulier. Avec le tableau qui suit, un « bon nez » devrait être capable de diagnostiquer un certain nombre d'affections sans attendre l'arrivée de SOS Médecins.

- *Les poils des **pestiférés** prennent une odeur de **miel** (docteur Döppner).*
- *Les poils des **diabétiques** prennent une odeur de **pomme** (docteur Schapper).*
- *Les poils des **dysentériques** sentent l'**excrément** et attirent les mouches (docteur Béhard).*
- *Les poils des **typhoïdiques** dégagent une odeur de **sang** (docteur Béhard).*
- *Les poils des **cholériques** prennent une odeur d'**œuf pourri** (docteurs Drasch et Porker).*
- *Les poils des malades du **typhus** sentent la **souris morte** (docteur Béhard).*
- *Les poils des **goûteux** sentent l'**ammoniaque** (docteur Drasch).*
- *Les poils des **eczémateux** dégagent une odeur de **moisissure** (docteur Schapper).*
- *Les poils des **hystériques** sentent la **violette** (docteur Hammond).*
- *Les poils des **migraineux** dégagent une odeur de **fromage** (docteur Hammond).*
- *Les poils des **léthargiques** sentent le **cadavre** (docteur Schapper).*
- *Les poils des **hystéro-épileptiques** sentent l'**ozone** (docteur Fouqueux).*
- *Les poils des **syphilitiques** prennent une odeur d'**eau stagnante** (docteur Gull).*
- *Les poils des **scarlatineux** dégagent une odeur de **pain chaud** (docteur Leroux).*
- *Les poils des **rougeoleux** dégagent une odeur de **plumes** (docteur Barbier).*
- *Les poils des individus atteints de la **danse de Saint-Guy** sentent l'**ananas** (docteur Porker).*
- *Les poils des individus abritant un **ténia** sentent l'**urine de chat** (docteur Schapper).*

formulée un siècle plus tôt, vers 1771, par le « médecin des dames » : « Les parties naturelles sont sujettes en été à se charger d'une humeur gluante et d'une odeur très forte, principalement chez les femmes si elles n'ont pas soin de se laver les parties. » Lavage nullement impératif pour le docteur Bordeu qui écrit en 1775 que « l'odeur exhalée par les femmes est une preuve de force et d'une bonne disposition à la génération ». Quant aux odeurs nauséabondes dégagées par le sexe et la toison pubienne des femmes, les commentaires ne manquent pas. Déjà au IVe siècle avant J.-C., le poète grec Aristophane évoque dans Les Acharniens les « émanations de goret » du sexe de la femme. Tout au long de la Renaissance, puis sans interruption jusqu'à nos jours, cette partie du corps féminin est accusée avec constance de « dégager une odeur de putois ».

Jugement de valeur car, comme le signale déjà au milieu du XIXe siècle le docteur Rullier dans son étonnant *Art de prévenir et de corriger les difficultés du corps* : « Certains hommes lascifs trouvent dans l'influence qu'exerce le smegma vulvaire la source d'une aptitude très érotique. » Il est vrai, comme le disait Émile Zola, que « l'odeur de Nana fait ramper bien des hommes ». Rien d'étonnant à cela puisque tous les animaux de sexe opposé sont attirés l'un vers l'autre par des perceptions olfactives. Et presque tous émettent au moment du rut une très forte odeur génitale. Certains physiologistes avancent que, chez l'humain, l'efficacité de cette fragrance génitale féminine tient à ce qu'elle est la première odeur sentie par l'homme, à savoir celle de sa mère.

Chaque femme, affirment les psychologues, « confectionne » sa propre recette génitale odoriférante et celle-ci varie d'une semaine à l'autre, voire d'un jour à l'autre. Variation qui concerne en partie un même spectre odoriférant puisque, curieusement, amateurs et adversaires d'odeurs féminines se rejoignent sur un point : l'existence d'une permanence intime entre les organes génitaux féminins et les éléments marins. Mais Aphrodite, déesse de l'Amour et « première moule » de l'histoire des mythes, n'a-t-elle pas mystérieusement émergé des eaux salines ? Et comme le disent les poètes, le sexe humide et poilu de la femme n'est-il pas similaire par ses fluides à des flux et des reflux marins ? N'est-il pas calme ou déchaîné ? Creux, profond et mystérieux comme les abysses ? N'est-il pas chevelu comme une forêt d'Ulysse ?

Si effectivement presque tous les hommes admettent que l'odeur féminine a de forts relents ou des dominances de caractère océanique, tous n'en tirent pas la même appréciation. Pour les uns le sexe de la femme inonde l'air alentour d'une incroyable saveur de fruits de mer. Jean Ferniot, dans *Pour le pire*, évoque : « Les saveurs acides, iodées, mielleuses des pulpes tropicales et des coquillages des mers vivantes. » Pieyre de Mandiargues, dans *Les Corps illuminés*, rêve de la rose et de l'huître, « les deux points extérieurs de la substance naturelle de la femme ». Pierre Louÿs, un des papes de la littérature érotique, reconnaît que chez certaines jeunes femmes, « l'odeur génitale ressemble quelquefois à celle de la crevette ou d'une langouste trop cuite ». Pour d'autres, avoir le « nez dans la toison », c'est se confronter aux relents d'une marée fraîche, aux effluves de la « vieille morue », disait Simonin, ou au poisson avarié... comme nous le confessa le directeur d'une importante imprimerie se remémorant un amour de jeunesse : « J'ai rompu avec la fille d'un boucher de la rue Marcadet parce que je ne pouvais plus supporter son épouvantable effluve de sardine et de poisson pourri qui subsistait pendant des heures sur elle, dans les poils... et pourtant elle était très propre. Mais la moindre excitation la faisait puer. J'en étais arrivé à interrompre l'acte sexuel tellement j'étais indisposé. »

Le sexe féminin, entretenu ou pas, ne se contente pas d'émettre des sécrétions vaginales plus ou moins manifestement marines. De l'urine, des menstrues imbibent aussi les poils des parties génitales, s'y agglutinant en particules qui, à leur tour, humidifient la culotte, imprègnent les dessous et les empèsent de leur moiteur.

Il y a deux sortes de femmes : celles qui se « respirant l'entre-deux » réagissent en s'oignant de lavanderies diverses et en se pulvérisant toutes sortes de lotions destinées à gommer l'exhalaison vulvaire. Certaines d'entre elles se désinfectent même à l'aide de slips imbibés d'arômes destinés à tuer tout parfum indélicat. Et puis il y a celles qui laissent libre cours à leurs odeurs et qui vont même jusqu'à ne pas porter de culotte. Chez celles-là, l'humidité vaginale, après avoir franchi le grillage des poils, va humecter les plis inguinaux et l'entrecuisse avant de sécher au contact de l'air et d'exhaler un flux plus ou moins discret qui assaille les narines les moins sensibles et dont les poils génitaux sont de véritables encensoirs.

Les poils qui brûlent !

Le poil anti-émeute
Au début de l'an 2000, la direction du FBI a voté un très important budget devant permettre à un groupe de chercheurs de premier plan de mettre au point la «super boule puante» capable de disperser toutes les manifestations et d'éviter ainsi de se servir des canons à eau qui nécessitent toute une logistique.
Les scientifiques chargés de cette mission secrète dénommée « Bon vent » ont dû d'abord définir à travers une étude préliminaire quelle était, à leur avis, l'odeur la plus à même de faire reculer les plus exécrables contestataires. Résultat, la super boule puante anti-émeute dégagera une odeur d'excréments humains combinée à celle de poils humains en train de cramer...

Si on peut plus s'amuser !
Une collégienne de 14 ans a été renvoyée de son établissement, à Bournemouth, dans le sud-est de l'Angleterre, après avoir « délibérément mis le feu aux cheveux de sa professeur à l'aide d'un briquet ». L'enseignante, qui tournait le dos à la jeune pyromane, conversait tranquillement avec des élèves dans un couloir du collège quand la mise à feu a eu lieu. Cette fugace mais brutale expérience crématoire a produit sur l'enseignante un « choc profond », rapporte la presse britannique.

Par fétichisme, par amour, par paresse, par imagination, par manque d'hygiène, certaines femmes dont le nombre n'est pas négligeable gardent le plus longtemps possible sur leurs poils génitaux le sperme de leur partenaire, ce qui, disent-elles, donne à leur toison une odeur d'absinthe ou de fleur de châtaigner. Quelques-unes parlent de relents d'eau de Javel ou d'Alkaseltzer. Les renifleurs de poils pollués qui recherchent les odeurs les plus fortes possibles ont fait l'objet, vers 1875, de la toute première étude les concernant.

Parmi les nombreux scientifiques et spécialistes du comportement qui, à un titre ou à un autre, aidèrent à l'épanouissement de la connaissance, on doit citer le professeur Preissmann qui, le premier, arriva à cette conclusion majeure : « Six heures après un coït, les poils génitaux dégagent toujours une odeur de chloroforme, et ces effluves peuvent être décelés jusqu'à 1,80 mètre de distance [...]. » C'est à la suite de ces travaux que naîtra l'expression populaire : « Elle a une moule qui tue les mouches à cinq pas », métaphore animalière. Beaucoup de nos contemporains se contentent d'une toilette plus que sommaire et négligent leur intimité. On peut s'en persuader en fréquentant les transports en commun de toutes les grandes cités de la planète. Fâcheux comportement lorsque l'on sait qu'en trente-six ou quarante-huit heures, le smegma vulvaire fermente et, après avoir imprégné les dessous, répand abondamment alentour des miasmes évoquant un mélange de poisson avarié et de lait caillé ! « Sous le jupon, c'est l'enfer », disait Pécuchet à Bouvard.

Odeurs et cheveux

Les cheveux sentent. Imprégnée par les sécrétions sébacées et sudoripares du cuir chevelu, la chevelure répand toutefois un parfum autonome dont l'effluve est d'autant plus prononcé que les cheveux sont longs. C'est donc le plus communément la femme qui, possédant la plus dense et longue chevelure, offre le parfum capillaire naturel le plus pénétrant.

Comme toutes les autres accumulations de poils du corps humain, l'odeur de la chevelure diffère selon les individus au point que les grands perruquiers des XVIIe et XVIIIe siècles pouvaient, uniquement par l'odorat, dire si les cheveux dont ils se servaient pour confectionner leurs postiches avaient été coupés sur la tête d'une personne vivante ou s'ils provenaient d'un cadavre, ce qui, dans ce dernier cas, leur avait fait perdre toute odeur.

Depuis les temps les plus reculés, textes sacrés, mythologie, légendes et poèmes évoquent les parfums des chevelures des femmes. Parfum qui leur vaut l'admiration des héros et leurs premières caresses.

Parmi les innombrables références, on peut citer Virgile qui chante la chevelure de Vénus, « une chevelure d'ambroisie qui exhale une odeur divine ». Albert Samain, comme cent autres l'ont déjà formulé, rêve « d'enfermer dans un vers l'odeur des cheveux de sa bien-aimée ».

Parmi tous les auteurs, Baudelaire est un de ceux qui s'est montré particulièrement sensible à l'odeur de la chevelure, qu'il nomme « casque parfumé », « mer odorante » ou encore « encensoir de l'alcôve ». Respirer l'odeur des cheveux de sa maîtresse, c'est le moyen pour lui de s'évader dans les rêves, vers un Orient mythique. La senteur sauvage et fumée de cette forêt aromatique le pousse à comparer la tête de sa belle à un hémisphère d'où s'échappent des parfums d'opium, de sucre et d'huile. Et quand il mordille ses tresses élastiques, le poète imagine un manège de souvenirs.

Tout le monde ne partage pas ces ivresses et un nombre relatif de femmes et d'hommes qui ne se lavent pas les cheveux à intervalles réguliers ou assez rapprochés émettent une insupportable et aigre odeur capillaire.

Odeurs et poils de l'anus

Le « périprocte », comme l'on désigne la zone bordant l'anus est garni de glandes apocrines spéciales dégageant une odeur poivrée disent certains. L'anus justifie par sa configuration radiée et son odeur discrète son surnom familier, mais très juste, en vigueur chez les homosexuels, d'œillet. Chez presque tous les hommes, et 16 % des femmes, l'anus est entouré de poils qui favorisent la persistance des mauvaises odeurs et la formation des « grelots ». Il est donc recommandé de se faire raser les poils de l'anus et de laver cet orifice essentiel après chaque excrémentation.

Les poils : y a bon !

Le 5 mars 1990 est un grand jour pour Colin Thiele. Cet Américain de 19 ans a gagné 10 000 dollars, premier prix d'un concours de paris stupides organisé par une station de radio texane, la K.K.B.Q. de Houston. Pour ce faire, il a plongé dans une fosse à purin pour y récupérer avec la bouche les pommes et les carottes flottant à la surface.

Il n'a devancé que de très peu le second de l'épreuve, un jeune participant d'une vingtaine d'années qui après s'être rasé sous les aisselles a mangé sans répugnance ce mélange de poils et de mousse à raser.

La tête et les cheveux sont pour le chef. Gravure. Coll. part. D.R.

17
Soins et entretien des poils
Graissage, ratissage, nettoyage, parfumage, lavage

Lady Lilith. Détail. Huile de D.G. Rossetti. Delaware Museum. D.R.

Depuis l'aube de l'humanité, les poils humains, cheveux ou barbes, n'ont cessé d'être teintés, décolorés, taillés, rasés, frisés, défrisés, ondulés, graissés, dégraissés, oints, parfumés, poudrés, etc.

On constate avec étonnement que ce que nous considérons aujourd'hui comme le soin essentiel à accorder à sa chevelure, le « lavage », est resté ignoré pendant des siècles et, de fait, n'est que d'un usage récent. Sous l'Antiquité, le soin des cheveux se résume à l'utilisation d'onguents divers, souvent parfumés.

Les bas-reliefs et peintures tombales nous informent que, à certaines époques, les Égyptiens utilisaient diverses recettes censées favoriser la pousse et la beauté de la chevelure. L'une des plus communes consistait à faire frire dans de l'huile un pied de lévrier, des noyaux de dattes et un sabot d'âne et de se servir ensuite du mélange pilé sous forme de frictions répétées. Des papyrus mentionnent également des recettes contre la calvitie, les cheveux blancs, le dessèchement du cuir chevelu.

Les archéologues ont découvert dans de nombreuses sépultures de la Rome antique des flacons de parfum, des fards pour la peau, des huiles, des onguents, mais également des lotions cosmétiques pour boucler les cheveux, des teintures pour noircir la pilosité masculine et d'autres ingrédients destinés à blondir celle des femmes. Ensemble cosmétique que les historiens pensent venir d'Orient, après avoir transité par la Grèce.

Dans d'autres régions de l'Empire, notamment autour de la Méditerranée, on entretient ses cheveux avec du henné, plante dont on a réduit les feuilles en poudre et qu'on a fait infuser avant de l'appliquer sur la chevelure sous forme d'une bouillie tiède. La mixture, qui décolore légèrement, est réputée pour nettoyer et donner une grande vigueur aux cheveux.

Dans le même but, les Burgondes graissent leur chevelure avec du beurre rance. Les Francs, eux, utilisent de préférence, comme les Celtes, le suint, sécrétion huileuse provenant de l'épiderme et de la toison des brebis.

Au Moyen Âge, l'eau n'effleure toujours pas les têtes. En revanche, les décoctions s'y accumulent et il n'est pas étonnant que le cuir chevelu des hommes comme des femmes soit le plus souvent épouvantablement crasseux. Au XIIIe siècle, le mot d'ordre des médecins est : « Lavez surtout les mains, quelquefois les pieds, jamais la tête. » La formule du poète Jean de Meung est toujours de mise chez les médecins et les chirurgiens de la Renaissance, pour qui l'eau est contraire à la santé.

On se met sur la tête des onguents, pommades et divers liquides dignes de la sorcellerie. Les différents traités de beauté et de soin nous parlent de fientes animales, de purée d'insectes ou d'os broyés, de poudre de perles ou de pierres précieuses. Sans compter les décoctions diverses, à base de sperme ou de boyaux, associées à des extraits végétaux et à des cires diverses. En Italie, par exemple, les Romaines s'entretiennent la chevelure avec un mélange de lait de chèvre agrémenté d'aigremoine et de liqueur de guimauve.

Firenzola, grand expert du XVIe siècle en « l'art de beauté des dames », rappelle dans ses écrits que les cheveux ont le rôle essentiel d'évacuer les humidités superflues du cerveau : « Par là, les excédents qu'il délivre se peuvent exhaler. »

Deux siècles plus tard, l'eau et la tête ne font toujours pas bon ménage. En 1770, un des plus célèbres coiffeurs britanniques, Peter Gilchrist, écrit : « Ceux qui se baigneraient doivent savoir que jamais ils ne doivent mouiller leur chevelure. S'ils le font par accident, qu'ils prennent soin de la sécher complètement avant de la friser, car s'il subsiste la moindre humidité, la chaleur des fer à friser la privera de sa substance. » Si au XVIIIe siècle il n'est toujours pas d'usage de se laver les cheveux, fleurissent mille recommandations sur la manière de les nettoyer en les frictionnant : « La meilleure manière est de tremper un linge de lin dans de la pommade amollie ou du saindoux et de l'huile douce battus ensemble. De quoi vous frotter la tête, avant de l'essuyer d'un linge de flanelle sèche. »

La célèbre école de médecine de Salerne, dont les enseignements font autorité dans toute l'Europe, publie en 1766 un ouvrage contenant diverses recettes pour nettoyer les cheveux et en activer la pousse : « Pour entretenir les cheveux longs, prenez de la cendre de racines de canne et des graines de lin dont vous ferez une lessive et où l'on fera dissoudre de la myrrhe. Ajoutez aussi une partie de vin blanc, de quoi vous vous laverez la tête tous les quinze jours. »

Sous l'Empire, après la disparition définitive des perruques poudrées type Ancien Régime, s'établit quelque temps l'usage de se laver quelquefois la tête à l'eau chaude ou froide. Mais cet usage va disparaître avec la Restauration car trop souvent « cause de maux de tête, d'oreilles et de dents ». Sous Charles X, en 1828, *L'Omnibus de la toilette* recommande de « se savonner les cheveux tous les deux mois avec un jaune d'œuf délayé dans un demi-verre d'eau tiède ». D'autres praticiens recommandent

Peignage de la toison pubienne. Dessin 1910. Coll. part. D.R.

de la moelle de bœuf. En 1835, sous Louis-Philippe, certains « maîtres » de la médecine et de l'hygiène acceptent l'idée que l'on peut, dans certaines circonstances, se laver la tête. « Mais trois ou quatre fois dans l'année, pas plus ! » L'eau rend les cheveux cassants et secs, et les fait tomber prématurément « par gonflage des bulbes pileux ». Le professeur Labartelier relève scientifiquement que « sur 100 alopécies, 85 surgissent après des ablutions ».

Vers le milieu du XIXe siècle, des poudres spéciales pour chevelures sont couramment commercialisées. On les saupoudre sur le crâne avant de se brosser avec énergie. Il s'agit d'une sorte de shampooing sec, en quelque sorte. Bien que complètement inopérantes, ces poudres sont commercialement soutenues par de nombreuses célébrités de la médecine. En 1850, un des médecins de la capitale les plus en renom, le docteur Joseph Briand, écrit : « La poudre desséchante appliquée à l'aide d'un peigne entretient parfaitement les cheveux. » Cinq ans plus tard, en 1855, le docteur Léon Tessereau écrit dans *Cours d'hygiène* : « Il ne suffit pas de nettoyer régulièrement sa chevelure avec de la poudre d'amidon, il faut aussi l'entretenir en la graissant un peu. »

À cette époque, alors que les classes dominantes de la société se servent pour maintenir leur coiffure d'une solution alcoolique de gomme appliquée à l'aide de pulvérisations, les autres couches de la population font tenir leur coiffure en la mouillant abondamment avec de la bière ou de l'eau sucrée.

Les préjugés contre l'eau subsistent toujours. À l'instauration du Second Empire, en 1852, le mot d'ordre officiel de la médecine est : « Ménagez votre tête ! Elle doit être plus aérée que lavée. » Et l'on continue à prêter à l'usage de l'eau les possibles avatars déjà formulés au siècle précédent : « L'usage de l'eau peut être dangereux car elle détermine souvent des céphalées ou

Jeune femme à sa toilette. Huile de N. Régnier. XVIe siècle. Musée de Lyon. D.R.

d'opiniâtres douleurs de dents. » À défaut de lavage, on recommande de « brosser » chaque jour sa chevelure et « d'y passer et repasser la brosse et le peigne, ce qui suffit à enlever la crasse et les parasites ». Ce que confirme un des médecins de l'aristocratie, le docteur J. Arnould : « Les cheveux n'ont rigoureusement besoin que du peigne et de la brosse, d'une aération habituelle et suffisante et, de loin en loin, d'une lotion savonneuse rapide. »

La gamme des cosmétiques s'élargit considérablement et, vers la fin du XIXe siècle, existe un nombre inimaginable de catalogues, revues, publications divers consacrés à l'entretien, la pousse, l'embellissement et le grisonnement des cheveux, moustaches et barbes. Les compositions de la plupart de ces « lotions de jouvence » suivent les progrès de la chimie sans se préoccuper aucunement des effets secondaires sur la santé des individus. En 1872, dans son traité sur les maladies capillaires, le docteur Benjamin Godfrey rappelle que les deux produits les plus vendus sous le nom de « Rénovation capillaire Rossetter » et « Vitaliseur capillaire aux légumes de Sicile » contiennent pour le premier de l'oxyde de plomb, du carbonate de plomb et de la potasse, et pour le second de l'acétate de plomb, du soufre et de la glycérine. Et cela un siècle après la découverte de la toxicité de la plupart de ces matières.

À partir de 1900, une partie de la population commence à apprécier des formules de savon de potasse fabriqué avec de l'huile de coprah, additionnée d'huile d'olive et de ricin. Un manuel de beauté publié en 1901, et très suivi par la gent féminine jusqu'à la veille de la Seconde Guerre mondiale, recommande d'entretenir ses cheveux tous les quinze jours, mais considère qu'il n'existe toujours pas de meilleur moyen que le vigoureux frottement du cuir chevelu avec le traditionnel « œuf battu dans une once d'eau ».

D'une façon générale, les lotions destinées à l'entretien des chevelures sont de véritables décapants au tafia de laurier, à l'alcool ou à l'ammoniaque, tous assez puissants pour dissoudre les vaselines et les graisses capillaires ou encore éliminer le « caillé » qui se forme au contact des graisses minérales et des « eaux dures ». En effet, pour faire tenir ou conserver frisures, crans et boucles, il existe quantité de lotions visqueuses et préparations spécifiques très grasses appelées bandolines ou mucilages. Les premières désignent des dissolutions aromatisées à base de pépins de coings. Les secondes doivent leur nom à des substances visqueuses qui se trouvent dans les racines, les fleurs et les graines de certains végétaux. On a également recours à des compositions à base de gomme arabique, au bichlorure de mercure et aux sels ammoniaqués.

Grâce aux avancées de la physiologie, de la biologie et des mœurs, le début du XXe siècle voit une légère modification des mentalités quant aux préjugés contre l'eau. Nombreux sont les médecins, les hygiénistes, les journalistes des revues spécialisées qui commencent à admettre que l'on peut se laver les cheveux, mais pas trop souvent, à l'eau tiède, et sans savon. En revanche, nombre d'hommes et de femmes, encore vers 1910, utilisent sans retenue d'affreuses mixtures, extrêmement dangereuses pour la santé, tel ce mélange de mercure et d'acide nitrique dont les fourreurs se servent pour leur secrétage, destiné à feutrer les poils de leurs peaux. Précisons que tous les cosmétiques, quelle que soit leur destination sont très dangereux d'utilisation. Il en est ainsi, par exemple, des teintures commercialisées dès 1909 et qui, vingt-cinq ans plus tard, contiennent encore des produits extrêmement toxiques qui font très souvent gonfler les yeux et engendrent de grosses cloques sur le front et le crâne.

Entre les deux guerres, et surtout au cours de la décennie 1930, les coiffeurs commencent à être poursuivis en justice et d'importants dommages et intérêts sont accordés à des plaignantes qui ont eu à souffrir de ces teintures. Les accidents sont assez graves et nombreux pour que les assurances en arrivent à retirer de leur « couverture accident » ce qu'elles nomment « le risque capillaire ».

Naissance du « dieu shampooing »

Le mot shampooing est né sous le Second Empire, mais son usage ne commence vraiment à se répandre qu'à partir de 1880. Pour certains érudits, ce mot signifiant « masser » viendrait de l'idiome « hindi », comme l'on désigne au XIXe siècle la partie centrale de l'Inde du Nord. Jusque dans les années 1930, les shampooings sont à base de savon et souvent fabriqués par les coiffeurs eux-mêmes à l'aide de savon noir, bouilli dans de l'eau additionnée de cristaux de soude. En Angleterre, à la même époque, le mot shampooing désigne un autre produit destiné à dégraisser le cuir chevelu et enlever les pellicules. Cette lotion qui s'appliquait uniquement en friction était composée d'alcool, de saponaire et de « panamire » additionnée d'eau de senteur, et contenait très souvent du dangereux éther de pétrole.

Produits capillaires et publicité

Les investissements publicitaires pour les produits capillaires se sont élevés, en France, en l'an 2000, dernier chiffre officiellement disponible, à 1,4 milliard de francs, soit à 210 millions d'euros.
• *Les victimes consentantes du matraquage peuvent être heureuses d'apprendre que les coups leur sont assénés à :*
• **78 %** *par les spots télévisés.*
• **20 %** *par la presse écrite.*
• **5 %** *par l'affichage public.*
• **2 %** *par les annonces radio.*

Afin d'inciter au « bon choix », les marques n'hésitent pas à employer des top models et des starlettes. Ainsi, L'Oréal en utilise qui « le valent bien » telle Claudia Schiffer. Laetitia Casta nous fait découvrir les promesses renversantes des multi-vitamines, et Virginie Ledoyen nous apprend à dire stop ! aux cheveux qui régressent. Les hommes aussi. David Ginola peut « tirer dans la lucarne » puisqu'il n'a plus de pellicules et Michael Schumacher gagne grâce à son « shampooing de la victoire ».
• *Les produits de rasage ne sont pas en reste avec un investissement publicitaire de 150 milliards de francs en 2000. Pour son nouveau produit, la marque Wilkinson a elle aussi son personnage éponyme, André Agassi. Après s'être rasé la barbe, le tennisman transcendé par la « technologie des trois lames flexibles » se rase la tête... en toute sécurité, bien entendu !*

Saleté et traditions

Le lavage des cheveux, qui varie selon les peuples et les temps, offre quelques surprises aux habitués du savon de Marseille. Encore au milieu du XXe siècle :
• ***Océanie*** *: Les cheveux sont lavés à l'eau boueuse.*
• ***Extrême-Orient*** *: Les cheveux sont lavés avec l'eau de cuisson du riz.*
• ***Inde*** *: Les cheveux sont lavés avec de la cendre de bois mélangée à de l'eau ; ou encore avec de l'eau préparée avec du henné.*
• ***Proche-Orient*** *: Les cheveux sont lavés avec la plante henné réduite en poudre, infusée et appliquée sur la chevelure sous forme d'une bouillie tiède.*
• ***Europe de l'Est*** *: Les cheveux sont lavés avec des herbes, si possible mélangées à de la mandragore, et bouillies dans de l'eau bénite.*

Détail de la *Tenture de l'Apocalypse*. La Grande Prostituée. XIVe siècle. Musée d'Angers. D.R.

Les shampooings et les marques

Sachez qui vous vend quoi :
L'Oréal Paris *: L'Oréal Performance, Elsève, Progress Homme, Studio Express, L'Oréal Kids.*
Laboratoires Garnier (L'Oréal) *: Fructis, Ultra Doux, Neutralia Respons.*
LaScad (L'Oréal) *: Ushuaïa, Jacques Dessange, Dop, Mixa, P'tit Dop.*
Gemey (L'Oréal) *: Jean-Louis David.*
Procter & Gamble *: Pantène Pro-V, Head & Shoulders.*
Elida-Fabergé *: Organics, Timotei, Clear, Sunsilk.*
Eugène-Perma *: Keranove, Pétrole Hahn, Natura.*
Colgate-Palmolive *: Palmolive Naturals.*
Laboratoires Vendôme *: Le Petit Marseillais.*
Henkel *: Le Chat.*
53 % *de ces produits sont vendus par les hypermarchés.*
31,6 % *par les supermarchés et les hard discounts.*
2,1 % *par les grands magasins.*
6,4 % *par la vente directe.*
4,2 % *par les pharmacies, drugstores, parfumeries, salons de coiffure.*
2 % *par d'autres circuits.*

Les produits coiffants et les marques

À côté des shampooings proprement dits existe toute une gamme de produits périphériques subdivisés en segments dits « après-shampooings », « produits de soin » et « produits coiffants ». Ces seuls derniers comprennent les laques, les gels normaux ou à effet mouillant, les sprays volume, les mousses lissantes, les micro-cires polissantes, les laits lissants, les pâtes modelantes, les sérums extra-fruités, etc. Un ensemble qui génère chaque année des milliards d'euros de chiffre d'affaires.
Sachez qui vous vend quoi !
L'Oréal Paris *: Studio Line, FX. Elsève, Elnett, L'Oréal Kids.*
Laboratoires Garnier (L'Oréal) *: Fructis Style, Grafic.*
LaScad (L'Oréal) *: Jacques Dessange, Vivelle Dop, Cadonett.*
Gemey (L'Oréal) *: Jean-Louis David Lab, Exclusives, Frizz Control, Gel Wet, Oxygène.*
Procter & Gamble *: Pantène Pro-V.*
Elida-Fabergé *: Sunsilk, Mod's Hair, Timotei.*
Wella *: Wella Flex, Wellflex for Men.*
Schwarzkopf (Henkel) *: Taft Styling.*
Club des Créateurs de Beauté *: Hair-Make-Up de Jean-Marc Maniatis, Essentiels.*

Poils, femmes et comportements

- *97 %* des femmes françaises utilisent du shampooing.
- *63 %* d'entre elles se lavent les cheveux plusieurs fois par semaine.
- *36 %* deux fois par semaine.
- *5 %* tous les jours.
- *22 %* tous les deux jours.
- *26 %* tous les quinze jours.
- *11 %* tous les mois et plus.
- *73 %* des femmes achètent en priorité du shampooing dit « normal ».
- *27 %* achètent en priorité des variétés dites « doux / usage fréquent ».
- *31 %* se tournent en second choix vers les shampooings pour « permanente ».
- *31 %* vers les shampooings dits « antipelliculaires ».
- *37 %* utilisent également des après-shampooings.
- *30 %* de ces dernières préfèrent les après-shampooings avec rinçage.
- *21 %* de ces dernières pour démêler la chevelure.
- *20 %* pour la « réparer ».
- *7 %* pour lui donner du volume.
- *56 %* des femmes utilisent des produits coiffants.
- *28 %* de celles-ci sous forme de laque.
- *27 %* sous forme de spray.
- *20 %* sous forme de mousse.
- *19 %* des femmes ont recours à des soins capillaires.
- *10 %* de ces dernières pour « réparer » leurs cheveux ou les fortifier.
- *93 %* des femmes s'épilent.
- *97 %* de ces dernières utilisent plusieurs méthodes selon l'emplacement des poils.
- *82 %* des femmes qui s'épilent le font elles-mêmes.
- *50 %* de ces dernières se servent d'un rasoir mécanique.
- *38 %* d'un dépilatoire.
- *30 %* d'entre elles ont déjà testé un rasoir électrique sans être convaincues.

Poils, « jeunes » et comportements

- *99 %* des jeunes français entre 12 et 19 ans utilisent du shampooing une fois par semaine.
- *29 %* des enfants entre 8 et 10 ans se servent d'un après-shampooing.
- *44 %* des jeunes adultes de 18-19 ans utilisent du shampooing dit « démêlant ».
- *57 %* des enfants et jeunes adultes de 11 à 19 ans utilisent des produits coiffants.
- *30 %* des filles entre 11 et 19 ans ont essayé un produit colorant.
- *5 %* des garçons entre 11 et 19 ans ont déjà essayé un produit colorant.
- *2 %* est la part du chiffre d'affaires global des produits cheveux « bébé ».
- *20 %* est la hausse enregistrée en 2001 pour les shampooings spécifiquement « bébé ».

Poils, femmes et teintures

- *7 %* des femmes se coloraient les cheveux en 1950.
- *70 %* des femmes se coloraient les cheveux en 1970.
- *36 %* des femmes se colorent les cheveux à l'heure actuelle.
- *15 %* de celles-ci se font faire une couleur tous les deux à trois mois.
- *60 %* utilisent des colorations dites permanentes.
- *16 %* des colorations dites « ton sur ton ».
- *10,6 %* des colorations dites « temporaires ».
- *7,7 %* des colorations dites « éclaircissantes ».

Poils, hommes et comportements

- *96 %* des hommes français se lavent les cheveux.
- *4 %* des adultes ne se lavent jamais les cheveux ou les rasent.
- *56 %* des hommes se lavent les cheveux plusieurs fois par semaine.
- *78 %* de ceux-ci utilisent des shampoings dits normaux.
- *27 %* utilisent des shampooings dits « 2 en 1 » ou « 3 en 1 ».
- *3 %* utilisent des shampooings « secs ».
- *61 %* disent rechercher de préférence des produits anti-pelliculaires.
- *18 %* des hommes utilisent des soins anti-pelliculaires pour éviter la chute des cheveux.
- *6 %* de ces derniers pratiquent ces soins plusieurs fois par semaine.
- *0,5 %* est le taux que représentent les hommes dans la pratique de la coloration.
- *25 %* des hommes se servent de produits coiffants.

En mousse ou destinés à la friction, ces shampooings provoquent très souvent des réactions très préjudiciables aux cheveux. Il faut attendre les découvertes de la chimie du XXe siècle pour rendre les shampooings inoffensifs et leur usage universel.

C'est la synthèse des alcools gras sulfatés à partir d'huile végétale de coprah, réalisée en 1928, qui permet d'élaborer expérimentalement un nouveau shampooing assez proche de ce que nous connaissons aujourd'hui. En 1931, est lancé sur le marché le tout premier shampooing à base d'une matière synthétique, le « platinosel ».

Suit en 1933, imaginé par un jeune chimiste, Eugène Schuller, un nouveau shampooing fabriqué au « dopal », mais exclusivement réservé aux professionnels. Dès l'année suivante, il lance les berlingots et les flacons de shampooing « Dop », réservé celui-là au grand public. Dans les années 1950, la publicité pour le shampooing vise à éduquer un large public à l'hygiène de la tête. Le mode d'emploi présente le produit, encore peu répandu, comme « une joie de vivre noyée dans la mousse ». Et ça marche. Dop ! Dop ! Dop ! chante la France qui se lave. Mais elle ne représente pas la majorité des citoyens. Aujourd'hui encore, selon plusieurs sondages récents, les femmes allemandes et anglaises se lavent les cheveux plus fréquemment que les Françaises.

Aujourd'hui, le progrès et le droit au bien-être ont mis à la portée de tous ce qui était autrefois réservé à des privilégiés. Mais tous n'en profitent pas. Seulement un peu plus d'un tiers des femmes se lavent les cheveux deux fois par semaine et 10 à 12 % des hommes et des femmes ne le font que tous les trois ou quatre mois et plus. Mais le marché est en progression constante, aidé en cela par les « publicitaires » pour qui le shampooing est une manne financière. Comme des dévots à un dieu, les professionnels de la communication grand public ne cessent d'accoler au shampooing toutes les vertus et tous les pouvoirs. Ainsi, le précieux élixir peut-il conserver les propriétés ou modifier toutes les anomalies de la chevelure. Il supprime les pellicules, les bouts fourchus, assèche les cheveux gras, réhydrate les cheveux secs. Il est supervitaminé, « renforçateur » de structure, protecteur contre la pluie et le vent ; il nettoie, bien sûr, le cuir chevelu, mais « mémorise » la chevelure, facilite les passages du peigne et de la brosse, rend les cheveux brillants, polissés, dociles ou sauvages.

Chimistes, biologistes et publicitaires, tous grands prêtres de la civilisation occidentale de l'hygiène, ont su donner au demi-dieu shampooing les mille visages d'un superJanus ; tantôt multivitalisé, thermoactif, ultradoux, fruité, tantôt extra-fondant, régénérant absolu, superpurifiant, provitaminé.

Ses effets, inégalables, peuvent être hydratant, tonifiant, désinfectant, raffermissant, plastivivifiant, embellissant, cosmétisant, revivifiant, colorant, gonflant, assouplissant, démêlant, lissant, sans oublier le plus magique de tous, « l'effet retard ». Altruiste envers le genre humain, le shampooing en donne toujours plus. Après le « deux en un » et le « trois en un », est apparu celui que tous attendaient, « l'antiélectricité statique », surpassé à son tour par les démêlants, les dynamiques démêlants, les ultra- et superdémêlants, tous terreur de la mèche vicieuse ou rebelle.

Les récents shampooings, sans rinçage et nutri-épaississants font déjà figure d'ancêtres avec l'apparition dernière des shampooings anti-âge qui, amis du genre humain, repaississent la chevelure, en redensifient la fibre capillaire. Parmi les derniers-nés, on doit citer la famille des « anti », avec les shampooings antistress, énergisants, et les antirésidu couleur et les anti-poussière. Enfin, tous ceux qui luttent pour l'avance des sciences se réjouiront de l'existence nouvelle d'un superchampion shampooing qui « élimine les nœuds des cheveux longs ou électriques des petites filles ».

Le shampooing semble même être devenu une balise générationnelle. Dans *Le Parisien* du 15 février 2001, une jeune fille de 18 ans lançait sans ingénuité un cri non pas du cœur, mais du crâne : « Maintenant, je suis libre de choisir mes shampooings. » Il est vrai que le flacon géant familial peut être la source de terribles drames. En février 2001, un ouvrier canadien, pris d'une terrible rage envers son fils aîné, l'étrangle. Celui-ci avait utilisé tout le flacon géant de shampooing pour laver la voiture et le camping-car !

Fer à friser : l'ancêtre

Dans les nombreuses cités-États de la civilisation mésopotamienne les hommes sont pourvus de chevelures et de barbes imposantes très fournies qui sont frisées avec un soin extrême ou composées de tresses régulières et serrées. Leur savante ordonnance implique l'usage des fers à friser dès avant J.-C.

Les Assyriens, par exemple, se faisaient boucler leurs cheveux avec une petite barre de métal passée au feu, ancêtre du fer à friser, par la suite adoptée par toutes les civilisations de l'Antiquité en tant qu'accessoire indispensable aux soins des poils.

Les Égyptiens enroulaient les cheveux autour de tiges en métal chaudes, mais par surcroît les laquaient de cire d'abeille pour leur faire conserver plus longtemps leurs frisures.

Méthode toujours pratiquée par l'Afrique traditionnelle où l'on entortille les cheveux autour de bâtonnets de bois avant de les enrober de boue ou d'argile. Après avoir séché au soleil, ces « bigoudis » sont cassés et les mèches ainsi traitées gardent leur forme en boucles.

18
Poils, arrachage et épilation
Vers une égalité des sexes

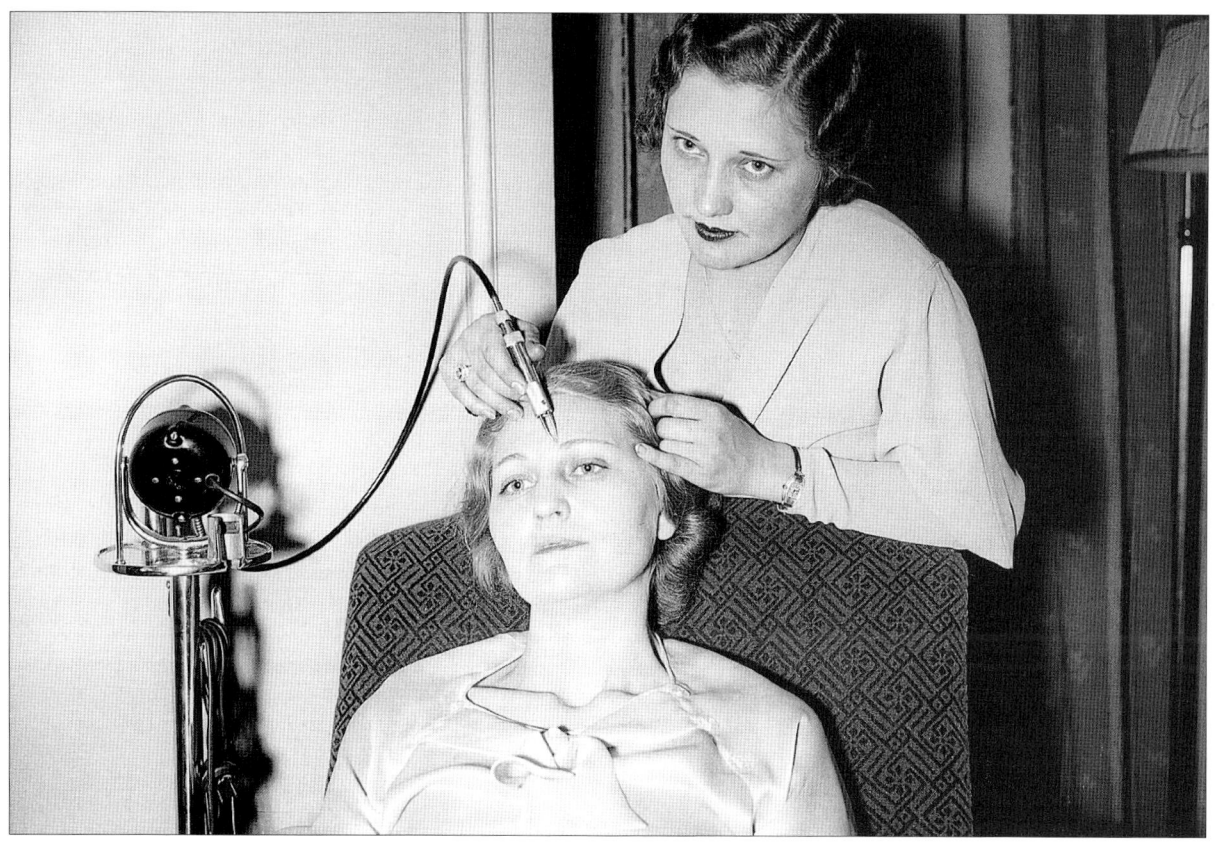

Premier traitement électrique des poils, vers 1920. New York. Corbis-Sygma. Bettmann.

« Pourquoi les femmes ne peuvent-elles être comme les hommes ? » chantait Rex Harrison... À cause des poils, voyons !

L'arrachage ou le rasage des poils et du duvet qui prend la pudique appellation d'« épilation » est une très ancienne pratique que l'on retrouve dans de nombreuses civilisations à différentes périodes de leur histoire.

De façon générale, il n'a jamais été bien regardé que les femmes possèdent du poil. C'est gênant, c'est disgracieux et sale. Cependant, l'homme ne s'est jamais jugé incommodé par sa propre pilosité. Bien au contraire, il en a le plus souvent tiré orgueil et gloire, se trouvant d'autant plus séduisant et viril qu'il était velu. Conséquence, depuis des siècles dans de nombreuses contrées disséminées sur la planète, des femmes s'épilent avec assiduité le mont de Vénus et les grandes lèvres, contraintes de complaire aux mâles qui voient dans leurs toisons outrecuidantes une offense et un empiètement sur leurs prérogatives pileuses.

En Occident, à l'heure actuelle, les femmes de tout âge sont de plus en plus nombreuses à pratiquer volontairement ce ridicule débroussaillage.

Il concerne des zones précises du corps et touche principalement les sourcils, le bosquet des aisselles, la forêt pubio-génitale et le maquis plus ou moins touffu des membres inférieurs. Bien sûr, des pousses inhabituelles jugées disgracieuses peuvent amener des femmes à traiter une pilosité mal venue sur les bras, les jambes, la lèvre supérieure, le ventre au niveau de l'ombilic ou encore l'aréole des seins.

Problème de personnalité chez les grandes lèvres

S'épiler les parties génitales peut représenter pour une femme un risque majeur. Celui de présenter à son conjoint un « visage vulvaire » inconnu, un peu comme une femme découvrant un matin le visage rasé d'un amant qu'elle a toujours connu barbu.

Une fois le « débroussaillage » effectué, mari ou amant risque de découvrir ce qu'il n'avait jamais soupçonné : de grandes lèvres disgracieuses, longilignes, ramassées, effacées, plates, à peine prononcées. Ou alors, au contraire, épaisses, trapues, globuleuses, saillantes. Noyées dans la vulve elle-même, ou bien formant protubérance, ou encore présentant un relief ordinaire tantôt modeste et rebondi, tantôt maigrichon, les grandes lèvres « dépoilées » prennent d'un coup un caractère inconnu, sérieux ou rigolard. Privées de leur bouclier velu, certaines se laissent aller et apparaissent flasques, lourdes, comme abandonnées et honteuses. Il n'est pas rare que certaines grandes lèvres, rasées malgré leur grand âge, s'avachissent de confusion et, selon l'expression du fondateur de la sexologie scientifique, W. H. Masters, « aillent jusqu'à pendre comme des rideaux ».

Épluchage de la reine. Huile de Pierre Ferioli. 2000. Coll. part. D.R.

La jambe, depuis que la mode l'a découverte, vers 1920, fait l'objet en Occident de soins vigilants. On dit depuis cette époque que la beauté d'une jambe doit répondre à trois critères : sa longueur par rapport à la stature, la forme du mollet et le glabre de son tégument. Dorénavant, il faut épiler ou arracher méthodiquement les poils des jambes devenues visibles, comme on le fait déjà avec ceux des aisselles. Pour avoir négligé cet « élan poilophobe », les Lusitaniennes vont injustement devenir le prototype européen de la « femme velue » que l'on caricature en lui prêtant des jambes gainées de longs poils et des dessous de bras luxuriants.

« ÉPLUCHAGE » DES MONTS ET DES VULVES

Surnommée la « chevelure d'en bas », la toison pubienne est souvent traitée comme celle d'en haut : parfumée, taillée, frisée, coupée, tondue ou rasée.

Dans l'Antiquité, l'épilation, le rasage ou le brûlage des poils du pubis des femmes fut diversement considéré selon les temps et les places. Certains historiens et érudits avancent que la pratique était courante en Grèce par raffinement érotique. Il est vrai qu'au Ve siècle avant J.-C., Aristophane évoque à plusieurs reprises les sexes rasés des femmes. Dans *Lysistrata*, il traite de « chienne écorchée, la vulve épilée que la mutilation écorche un peu plus ». Il signale également de façon claire l'usage de la lampe à brûler les poils qui « dans un jardin parfaitement soigné sert à arracher le pouliot » comme l'on désigne l'herbe à puce. Dans *L'Assemblée des femmes*, il est encore plus clair. Praxagora s'adresse à la lampe qu'elle tient à la main : « Seule tu éclaires nos plus secrets appâts en brûlant leur duvet florissant [...]. »

Un siècle plus tard, Aristote avance des témoignages qui prouvent que la majorité de ses contemporains gardent leur pilosité génitale.

À Rome, les courtisanes connaissaient l'épilation, mais si l'on en croit le poète latin Martial, les matrones et même des jeunes filles « déboisaient l'envergure harmonieuse que trace l'aine avec le pli ». Et il demande à Ligella : « À quoi bon épiler ton vieux *cunnus* ? À quoi bon remuer les cendres de ton bûcher éteint ? De tels raffinements conviennent aux jeunes filles. Tu te trompes si tu t'imagines que ton *cunnus* puisse intéresser encore quelqu'un. »

Au IIe siècle de notre ère, l'épilation par brûlage à la lampe subsiste toujours à Athènes et à Rome, comme le prouvent les écrits du philosophe écrivain latin Apulée. Contrairement à ce qui est souvent avancé, Grecs et Romains ne succombent pas en nombre à la mode orientale du rasage du pubis.

Il n'en est pas de même à l'époque médiévale, surtout après les premières Croisades qui mirent chevaliers et hommes de troupe européens au contact des populations islamiques qui éprouvaient à l'encontre de la pilosité sexuelle des femmes une véritable aversion, qui se manifeste aujourd'hui encore. Tandis que les étuves se multiplient en Europe, le procédé du « brûlage des poils » qui a plus ou moins survécu jusqu'alors va être définitivement supplanté par l'usage de la cire chaude et du rasoir. Partout en Europe, on sait que les musulmans connaissent des secrets pour épiler complètement leurs femmes. Celles-ci utilisent une technique à base de cire et quelques autres pratiques que des auteurs européens vont faire connaître à travers des ouvrages à succès. L'un d'eux vend avec succès à Paris une pâte à épiler composée d'amande amère, d'aile de pigeon, de miel et de huit jaunes d'œufs frais. Il s'agit là, assure-t-il, « du secret merveilleux duquel les grandes dames maures usent et par lequel elles font que leurs filles n'ont pas de poils au gousset ni autre lieu ».

L'historien Pierre Dufay dit que « la fréquentation des étuves entra dans les mœurs comme une coutume familière du Moyen Âge et à laquelle demeura fidèle le XVe siècle ».

Les ballades et poésies françaises du Moyen Âge contiennent nombre d'allusions aux barbiers d'étuves qui rendent les pubis lisses. Et si sa qualité d'homme effraie la dame réticente à lui confier sa barbe intime, une servante qui lui est attachée peut le remplacer. « Elle tient alors l'office de fort bonne barbier d'étuve pour raser et tondre le con. »

Dans le *Recueil des poésies françaises* des XVe et XVIe siècles, on trouve le « Banquet des chambrières » où l'épilation réalisée à l'étuve est mentionnée. Trois jeunes servantes, sur l'invitation qui leur est faite, se « font faucher de près ». Quelque chambrière ou valet « leur ratisse d'un vieux couteau le ventre jusqu'à la peau ».

Comme le clame le poète du XVe siècle Henri Baude : « Les cons barbus rebondis et noirs aux étuves sont rasés et lavés. » Après que François Ier a mis à la mode les cheveux courts et les barbes longues, Clément Marot ne manque pas de railler les barbiers « contraints d'exercer leur profession plus bas que le visage » : « Plus comte ne peignerez, mais comme gens perdus / Vous irez besogner chaudement / En quelque étuve, et là gaillardement / Tondrez monjoint et raserez priapus. »

Un ouvrage publié à Lyon vers le milieu du XVIe siècle sous le titre *Source et origine des cons sauvages et la manière de les apprivoiser*, on peut lire : « Parmi les reins biens fournis en charnée / Grasses cuisses et béat à l'avenir / Doux accueil et rebelles entrées / Le ventre épais et motte de frais rasée. »

Un conte de François Béroalde de Verville témoigne du rôle des étuves comme « institut de beauté ». Madame Lebreau, raconte l'auteur, est l'épouse d'un avocat parisien fort pingre. Un jour, la dame va à l'étuve avec des amis. Le soir au lit son mari la trouve rasée du pubis, mais que d'un côté et lui demande pourquoi on ne lui a pas fait bon service : « Ton con est entre deux âges, il n'a de la barbe que d'un côté. » Ce à quoi la femme répond qu'on ne lui en a fait que pour son argent : « Ce qui est cause que je n'ai eu le poil fait qu'à moitié. » Le mari avare lui donne alors l'argent nécessaire pour « se faire rajeunir tout entier le bas ».

En réalité, durant la Renaissance, l'usage de se raser les parties génitales n'est pas général parmi les femmes. C'est une simple mode lancée en partie par le retour à l'étuve et aux références de l'Antiquité. Selon Brantôme, beaucoup de sexes féminins ont « de grandes moustaches de Sarrasin ». Les prostituées et les femmes de mauvaise vie se parfument la toison pubienne, que non seulement elles ne rasent pas, mais décorent souvent de petits rubans étroits de couleurs, qu'elles accrochent à leurs poils. Pratique qui donnera naissance à l'expression « accorder ses faveurs » pour dire qu'une femme s'est totalement livrée à un homme. De même, beaucoup de femmes de la noblesse et de la bourgeoisie qui usent de l'épilation le font de façon parcimonieuse. De nombreuses dames de la Cour, par exemple, qui s'épilent le front et les aisselles, se refusent à se raser le pubis et sous les amples jupes, le poil continue de régner. Françoise Babou de La Bourdaisière, la mère de Gabrielle d'Estrées, la maîtresse du roi, et qui mourut dans la rue et resta un temps dans une posture indécente, montra aux curieux qu'elle portait des tresses à hauteur du sexe. Catherine de Médicis dira elle-même avoir lancé la mode des caleçons « pour ne pas risquer d'exhiber son hérisson lorsqu'elle monte à cheval ».

De surcroît, beaucoup d'hommes de la Renaissance n'adhèrent pas au rasage du sexe féminin. Témoin l'histoire qui courait à Paris vers 1585 et qui met en scène un batelier de retour au logis après une longue absence. En l'attendant, sa femme, « pour récréer et rajeunir sa chose, avait fait ras et net le poil. L'homme se jeta sur elle, mais passant sa main à la brèche et n'y trouvant point le poil, il s'écria : "Ce n'est point le mien, je le veux avec du poil !" Il fallut que la femme fît abstinence tant qu'elle ne l'eut pas retrouvé ».

L'émondage du sexe

De vingt-six étuves à Paris à la fin du XIIIe siècle, il n'en subsiste plus que deux ou trois au milieu du XVIe siècle. À mesure que les étuves ont fermé, les barbiers monjoints ont disparu. Dans ce que l'on appelle les « maisons de baigneurs » et qui fonctionnent souvent comme des maisons de rendez-vous, le rasoir ne fonctionne pas. Peu à peu, la coutume de l'épilation se raréfie. Les poètes, après avoir chanté « la motte du frais rasé », se mettent à célébrer comme Verville, Bochetel ou Ronsard « les petits et beaux gazons » et les « irrésistibles poils follets ». Brantôme, vers 1565, dans le deuxième des sept discours touchant « les dames galantes », démontre combien l'épilation devient peu prisée à la Cour. Celles qui n'ont pas de poils sont désignées ainsi : « Certaines se plaisent le tenir et porter ras comme la barbe d'un prêtre. Certaines femmes, y en a-t-il, qui n'y ont de poils point du tout, ou peu, comme j'ay ouy parler d'une fort grande et belle dame que j'ay cogneu, ce qui n'est guère beau et donne un mauvais soupçon. Ce sont là des exceptions, car les autres pour l'ordinaire s'en montrent abondamment fournies. Quelqu'une en a trop et facilement pourrait être rangée dans la catégorie des velues. » Et, ajoute-t-il : « L'emploi du fer à friser peut rendre plus plaisante la chevelure pubienne. »

Celles qui pratiquent l'émondage du sexe sont cependant assez nombreuses pour être prises en considération par les apothicaires et les auteurs. Dans ses *Trois livres de l'embellissement du corps humain*, publiés en 1582, Jean Liébaud, médecin à Paris, indique à celles qui aux étuves n'osent soumettre leur « cas » à la vue et au rasoir d'un barbier ou d'une suivante, le moyen de suppléer elles-mêmes à l'office : « Si le poil vous nuit quelque part et que vous ne vouliez vous commettre entre les mains de vos servantes, gardes, matrones et autres belles personnes, pour l'honneur pudique, aidez-vous vous-même de ces remèdes. » Et de délivrer maintes potions à différents usages dépilatoires dont généralement la chaux vive forme le fond et qui ne vont guère changer au cours des deux siècles suivants. Dans le *Manuel de la toilette* de 1791, est par exemple reprise une des recettes de Liébaud pour obtenir un grand front, ce qui depuis le haut Moyen Âge est signe de noblesse. On dénude la partie avant du crâne en portant un bandeau trempé dans du vinaigre auquel on a ajouté du sang de chauve-souris ou de grenouille, ou encore de la cendre de chou. On peut également allier au vinaigre de la fiente de chat, du foie de poisson pourri ou de la poudre de cloportes. Pour les goussets et les cons, les manuels de beauté des XVIIe et XVIIIe siècles n'innovent guère et recommandent comme le fait Liébaud du suc de persil ou d'acacia mélangé à de la gomme de lierre, des œufs de fourmis et une pâte à base d'arsenic. Au XVIIe siècle, plus une femme ne se « rase la motte ». Tout du moins en France car il n'en est pas de même dans les Balkans ou en Sicile où l'aristocratie reste fidèle à la coutume. « L'intermédiaire des chercheurs et des curieux » affirme qu'à Palerme et à Messine, jusqu'en 1890, « la plupart des femmes de chambre en remontreraient aux figaros dans le maniement du rasoir et de la pince à épiler ». À Paris, le comédien Deslauriers, du théâtre de l'Hôtel de Bourgogne, plus connu sous le pseudonyme de Bruscainville, a laissé dans ses *Fantaisies et facétieux paradoxes* la description de quelques usages concernant « la motte poilue ». « Les courtisans, écrit-il, sont si bien versés à passer la main par la fente du cotillon qu'ils appellent cette petite commodité "prendre la bête fauve au crin". » Et encore : « Pourquoi les demoiselles sont-elles si soigneuses à conserver et garder une petite butte moussue ? Pour que les arbalétriers de l'amour s'exercent à tirer "droit au noir". »

Comme de bien entendu, les médecins donnent leur avis. Tous se retrouvent dans l'opinion de Loys Guyon Dolois, sieur de la Neusche, praticien lyonnais et auteur de *Un miroir de santé corporelle*, publié vers 1665. L'homme qui se donne comme « expert en parties secrètes des demoiselles » est un farouche adversaire de l'épilation : « Il faut blâmer les mères qui s'efforcent d'enlever à leurs filles les poils du ventre [...] La touffe se porte moussue et chacune doit avoir soin de la conserver et garder. »

Très curieusement, au XVIIIe siècle, l'épilation du sexe est de rigueur non pas chez les femmes, mais chez les hommes. Résurrection très timide, il est vrai, mais qui touche aux plus hautes sphères de la société. Lorsque Charlotte Jeanne Béraud de la Haie de Riou, marquise de Montesson et veuve d'un vieillard épousé à 16 ans se remarie secrètement en 1773 avec le duc d'Orléans, le cérémonial impose que le marquis de Valençay présente à celui-ci une chemise nuptiale : « Le prince, en se dépouillant de celle de la journée, offrit le spectacle d'une épilation complète, selon les règles de la bienséante galanterie du temps. » Le littérateur Jean-Louis Giraud dit Soulavie, contemporain des faits, qu'il rapporte en 1801 dans son *Mémoire historique et politique du règne de Louis XVI*, précise : « Les princes et les grands ne consommaient de mariage ou ne recevaient faveur d'une maîtresse qu'après cette opération préalable. »

Au XIXe siècle, les explorateurs qui découvrent et parcourent de vastes et vierges régions sur tous les continents, constatent que la pratique du rasage sexuel est courante chez de très nombreux peuples. Notamment pour les femmes, qui s'épilent entièrement à l'aide de différentes résines, la première épilation intervenant généralement dans les jours précédant le mariage.

Signalons comme une curiosité la brusque et brève réapparition, vers 1900, du brûlage des poils superflus à la flamme chez les jeunes filles de bonne famille. Surtout ceux des aisselles. Au début du XXe siècle, l'épilation pubienne s'opère couramment dans les sociétés occidentales à l'occasion des accouchements et de certaines interventions chirurgicales abdominales et gynécologiques. Elle se pratique aussi couramment à des fins hygiéniques lorsque, par exemple, il s'agit de couper l'herbe, si l'on peut dire, sous les pieds des morpions et autres bestioles amateurs de toisons pileuses. Le XXe siècle, c'est aussi l'épilation raisonnable et temporelle, celle des bords de maillots que l'on n'entretient que quelques semaines.

Le rasage de la motte

Les premières à raser leur sexe et à se présenter « à poil sans poil » pour des raisons érotico-libidineuses furent les stripteaseuses. Puis vinrent les « actrices » des films pornographiques, très vite imitées à leur tour par les modèles des revues érotiques. Les ravages de cette mode anti poils vont se propager à toute allure, et contre toute attente la contagion va gagner toutes les couches féminines de la société. Tout d'abord, les provocatrices « bon teint » de la jet-set, toujours avides de comportements singuliers ; puis les starlettes en vue, vite suivies par les femmes de la bourgeoisie « dans le vent » ; puis les dames du « grand monde » ; et enfin la gent féminine prolétarienne. Réservé il y a encore peu aux professionnelles de la pornographie de la scène et de l'écran, ce que le langage médiéval appelait joliment le « rasage de la motte » s'est donc emparé des jeunes et des moins jeunes, devenant bien plus qu'une mode, une nécessité, presque un T.O.C. Toutes ces femmes sont converties par la même illusion, à savoir que l'épilation intégrale de leurs parties génitales est une source de confort intime ; qu'elle ajoute à leur sex-appeal ; qu'elle est une source d'excitation libidineuse, voire de « réveil sexuel » pour leurs conjoint, mari et amant endormis par l'habitude ; et enfin qu'elle les ramène à l'état prépubère bien qu'elles aient depuis longtemps achevé leur croissance.

Le ravage de la mode anti poils est de surcroît alimenté par deux idées collectivement partagées par la grande majorité des femmes. La première est très ancrée dans l'esprit des « dames convenables » : le poil, c'est sale, c'est dégoûtant, c'est bestial, et c'est surtout très laid. Plus on coupe les poils, plus on est civilisé. La plupart des femmes sont prêtes à s'évanouir à la simple idée que de puissants poils dépassent sur les côtés de leur culotte ou maillot, ou bien traversent la trame du tissu.

La seconde idée, très répandue parmi la gent féminine, veut que lors de caresses, de pénétration, de stimuli clitoridien ou vaginal les sensations ressenties sur un pubis épilé soient nettement plus intenses parce que la peau lisse et nue déculperait les perceptions tactiles.

Interrogés sur ce sujet, les sexologues comme les physiologistes répondent qu'il n'existe aucune raison pragmatique, biologique, hygiénique, esthétique ou érotique qui justifie l'émondage total ou partiel d'une éminence traditionnellement velue. La justification n'est liée qu'à un fantasme individuel qui s'est imposé de façon collective en Occident sous couvert d'un banal et indispensable soin de toilette. Comment en est-on

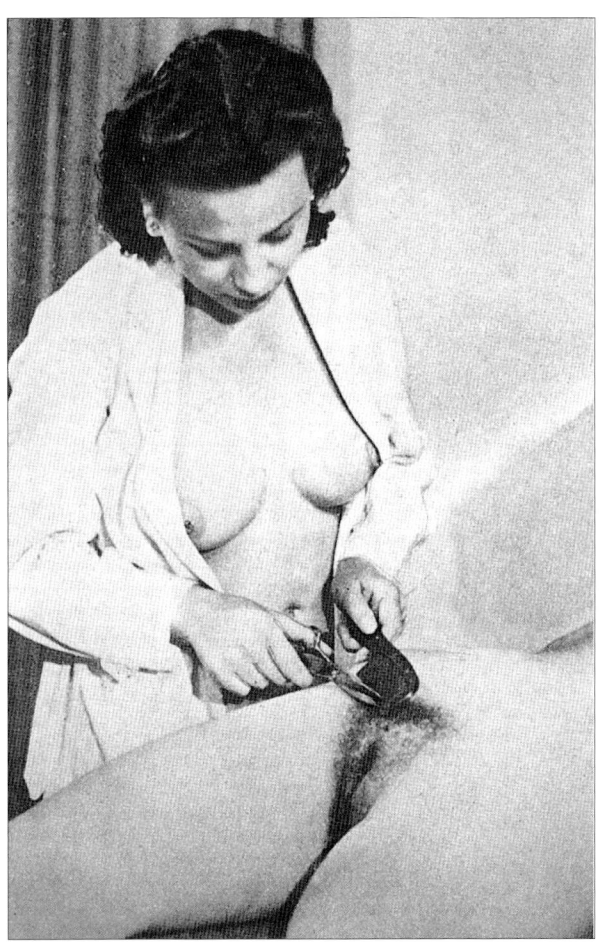

« Rasage de la motte » dans une maison close de Paris. Vers 1908.
Coll. part. D.R.

arrivé là ? De la façon la plus simple, par une dénaturation de la sage et classique « épilation maillot ». Pendant des décennies, les maillots de bain féminins ont voilé la pilosité sexuelle en se guidant sur les contours anatomiques qui prennent pour frontière les plis inguinaux. À l'approche de la période estivale, les femmes épilaient les quelques poils excentriques et aventureux qui franchissaient ces frontières naturelles. Et l'hiver, on laissait aller à leur guise ces poils épris de liberté jusqu'à ce qu'ils apparaissent de chaque côté de la culotte, telles les « moustaches du colonel ». Cette épilation raisonnable va au cours des années 1970 laisser place à une véritable « déforestation », terme d'autant plus adéquat que la mode arrive du Brésil. En quelques années, cette tonsure maximale imaginée sur les plages de Copacabana gagne tout l'Occident sous le juste nom d'« épilation à la brésilienne ». Ce rasage intégral du pubis, de la vulve, du périnée, de l'entre-fesson, de l'anus, de la raie, des fesses et du haut des cuisses intérieures est de fait imposé par l'apparition d'une nouvelle forme de maillot de bain qui connaît un succès sans précédent mais dont la coupe ne suit plus les frontières naturelles des plis inguinaux, mais se réduit sur le devant à une espèce de minuscule triangle à la surface exiguë et se résume derrière à une « ficelle » plus ou moins engagée dans l'entre-fesson. Et, pour les raisons évoquées plus avant, de nombreuses femmes se mirent à s'épiler pubis et parties génitales toute l'année. Cette « opération désert » impossible à réaliser seule à moins d'être contorsionniste, nécessite de faire appel aux championnes de l'épilation totale, les épileuses orientales chez qui cette « taille rase » est culturelle. Elles utilisent pour ce faire une boule de pâte d'une texture proche du caramel qu'elles malaxent entre leurs doigts et roulent sur les zones à épiler avec un secret : ne pas entortiller le poil pour ne pas faire mal.

Dominique Évêque, rédactrice beauté chez *Cosmos*, a poussé la conscience professionnelle jusqu'à tester, avant de délivrer la moindre ligne sur la question. Elle écrit : « J'ai l'impression d'être toute nue, même si je suis tout habillée [...] Le plus dur, en fait, c'est sur le mont de Vénus, là, ça arrache vraiment, mais la douleur est très fugace. Entre les jambes ou les fesses, contrairement à ce qu'on pourrait croire, ça ne fait vraiment pas mal. On prend des positions un peu gynéco, mais on ne m'a pas demandé de me mettre à quatre pattes [...]. »

LES HOMMES VEULENT DU POIL !

L'épilation du sexe n'emporte pas plus aujourd'hui qu'hier la majorité des suffrages, loin de là. Elle serait même considérée comme désastreuse par une grande majorité d'hommes. Gérard Swang écrit : « La plupart des femelles adultes de l'espèce humaine *(sic)* se sont soumises à cette mode... mais beaucoup d'hommes demeurent frustrés s'ils ne trouvent pas cet identifiant poilu. » Et de nous délivrer la froide vision d'un constat de médecine légale. « Sur la femme épilée, la base du triangle s'abaisse et devient convexe en haut puisqu'elle n'est plus formée que par la saillie du mont. La partie du sexe visible par-devant prend ainsi l'aspect d'une coquille Saint-Jacques, emblème vénusien primordial, avec son bord supérieur arrondi et sa pointe inférieure renflée correspondant à la naissance des grandes lèvres. »

La désertification pileuse de la zone génitale des femmes est abondamment qualifiée par les hommes qui trouvent qu'un sexe rasé est « hautement défiguré ». Il devient tronqué, rabougri, informe et mérite bien, selon les avis, les surnoms de « mont pelé », de « zone épluchée », d'« os de seiche », d'« abricot de fin de saison », ou encore de « tirelire de petite fille ».

Certaines jeunes femmes apprécient de se faire « tailler le buisson » pour employer la formule consacrée. C'est-à-dire qu'elles conservent assez de poils pour faire réaliser des petits motifs en les taillant en forme de cœur, de trèfle, etc. Ces coupes partielles, très en vogue actuellement, ne sont pas mieux appréciées par les hommes qui y voient souvent le ridicule ajouté au laid. Ridicule par exemple cette « coupe » qui consiste à raser entièrement le mont tout en conservant intacts les poils sur les grandes lèvres, déguisant ainsi la vulve en chèvre de Monsieur Seguin. Tout aussi ridicule la coupe dite « la marque de Jeanne » : les poils du bas-ventre sont conservés à l'état sauvage, mais ceux des deux côtés de la vulve sont rasés très courts et la zone autour du clitoris est complètement dégagée. Pas très séduisant non plus le triangle pileux, ordinairement plus large que haut, et qui est circonscrit jusqu'à devenir un toupet maigrichon, voire même une « mouche », comme celle que les hommes portent au menton. Tout aussi ridicule et laide la dernière « tendance » qui veut que la pilosité sexuelle soit réduite à une très étroite bande verticale qui s'inscrit dans le prolongement de la fente vulvaire, comme une cicatrice sale et mal résorbée.

De nombreux hommes de lettres n'ont pas résisté à l'envie de témoigner de leur déception face à un « con défiguré ». Lucien Bodard, par exemple, écrit dans *La Chasse à l'ours* : « Rasés par complaisance envers un amant, les poils de son pubis, de ce roux que j'aimais tant, ont disparu... Le con de Clarence arbore impudiquement les languettes, les tinettes, les ravins qui auréolent sa fente. »

Certaines femmes s'emportent, elles aussi, sur le sujet. Catherine Breillat est de celles-là. Dans un récit, *Pornocrate*, édité en 2001, elle fait dire à un homosexuel : « Vous pouvez aussi vous raser, vous épiler la fente, cela n'effacera jamais le pouvoir d'obscénité qui est le vôtre. Au contraire, car la peau en reste grumeleuse, comme le cou d'un poulet plumé, de chaque pore s'exhale le gonflement irrité du poil arraché, comme autant de microscopiques tumescences sexuelles. Et l'odeur aussi nous guide, cette touffeur fétide des touffes disparues. »

LES HOMMES AUSSI

Certains hommes n'échappent pas à la lubie de l'épilation et du rasage corporel. Si une partie des zones concernées est commune aux deux sexes, beaucoup d'autres offrent communément un développement pileux spécifiquement masculin : la poitrine, le ventre, les épaules, le dos, par exemple, et ce en dehors de tout hirsutisme, hypertrichose ou quelconque pathologie.

Autrefois, dans la Grèce antique, puis à Rome, les homosexuels passifs s'épilaient pour conserver leur apparence d'éphèbe. De nos jours, en Occident, de très nombreux hommes, qu'ils soient hétérosexuels ou homosexuels, apprécient la tonte de leur toison pubienne et corporelle disparue des mœurs, exception faite de quelques communautés gay anglo-saxonnes chez qui le rasage complet du corps, zone génitale comprise, est disent-elles « un signe distinctif de reconnaissance et d'appartenance ».

Il est vrai toutefois qu'on voit de plus en plus souvent, notamment dans la publicité, des hommes soigneusement rasés et épilés sur tout le corps. De même, les journaux appartenant à la presse dite masculine publient régulièrement des témoignages d'hommes épilés ou de leurs conjointes faisant part de leur satisfaction réciproque face à cette rupture des normes en vigueur. Typique est ce témoignage : « La première fois que mon mari m'a demandé de lui épiler tout le corps à la cire, j'ai ricané. En fait, j'ai été la première à apprécier de me blottir sur son torse tout doux, et à promener mes pieds contre ses jambes, sans avoir plein de poils entre les orteils. Je trouve ça très sexy. Pas que je trouve les hommes velus non attirants, mais... les poils, ce n'est pas spécialement esthétique, ni même hygiénique. »

Ou encore cet autre témoignage qui fait preuve d'un sacré sens de l'observation : « J'aime beaucoup les hommes glabres. Pourquoi cela ne devrait être qu'une pratique féminine ? Outre l'aspect hygiénique, cela allonge la taille du sexe qui n'est plus masqué par une touffe de poils. »

Après les cheveux courts, les pantalons, le piercing, les baskets, etc., l'épilation va-t-elle devenir à son tour l'expression d'un choix unisexe ? On peut le penser si l'on considère la très importante clientèle masculine fréquentant les instituts de beauté à des fins de « dépoilage ».

Rasage du pubis et pendaison

Pour des raisons intimes, difficiles à déchiffrer, le rasage du pubis est quelquefois une dernière action terrestre des candidats au suicide. Et notamment de la part de ceux qui introduisent dans leur rituel de mort la toilette du corps ou la recherche vestimentaire.

Dernier exemple en date d'un rasage de pubis pré-mortem, le 9 juillet 2001 à Marseille. Ce jour-là, un homme âgé de 35 ans se pend entièrement nu à un arbre après avoir plié soigneusement ses vêtements et s'être tout aussi soigneusement rasé le pubis. Mais pourquoi donc a-t-il également laissé, à côté de son rasoir mécanique et des poils coupés un double mètre, une bougie et une boîte d'allumettes ? La police scientifique est en échec. Commentaire d'un journaliste méridional : « Beaucoup se rasent le visage avant de se pendre ; celui-ci a peut-être voulu se pendre par les c... »

Effet secondaire d'une épilation

Une jeune femme, après s'être épilé le pubis, se découvre soudainement allergique au sperme. Soignée à l'hôpital Tenon à Paris, les médecins se refusent à considérer tout lien de cause à effet et incriminent plutôt sa seconde grossesse.

Toujours est-il que dans les cinq minutes qui suivent un rapport sexuel, son corps se couvre d'urticaire. Cette manifestation cutanée s'accompagne d'un syndrome de Quincke, c'est-à-dire d'un gonflement brutal des muqueuses de la bouche et des voies respiratoires, ce qui peut conduire à l'asphyxie.

Ce type d'allergie liée au liquide séminal touche en France environ une quinzaine de personnes par an. Elle peut guérir spontanément et apparaître de même. L'épilation peut-elle être un élément déclencheur ? Les allergologues s'interrogent.

19
La guerre des poils
De la coquille d'huître au rasoir électrique

Femme se rasant les jambes dans son bain. Corbis-Sygma. Ken Weingart.

Jour après jour pour les uns, semaine après semaine pour les autres, femmes et hommes d'aujourd'hui chassent les poils, gibier immortel qui tel un phénix ressuscite inexorablement pour le bonheur jubilatoire du commerce et de l'industrie planétaires.

En effet, cette implacable traque du poil engendre une très intense activité humaine à travers le monde. Ce qui est très agaçant pour les dames est épatant pour un pan entier de l'économie ; ce qui, de surcroît, maintient une certaine pression sur les petits mondes nationaux de la main-d'œuvre liée au secteur de « la recherche et de l'arrachage ».

Si l'on considère ceux qui pensent, raisonnent, inventent, agissent, entreprennent, produisent et vendent en fonction de la pousse et de la destruction du poil, ce sont plus de 35 millions de personnes qui sont concernées à un titre ou à un autre à travers le monde, et « vivent du poil de madame ». On peut citer parmi la centaine d'activités concernées les médecins, les biologistes, les physiologistes, les dermatologistes, les chimistes, les industriels, les distributeurs, les publicitaires, les coiffeurs, les esthéticiennes, etc.

Les poils des dames ne se contentent pas d'influer plus ou moins sur les destinées scientifiques, commerciales et médicales de millions de professionnels, ils génèrent également des chiffres d'affaires annuels de plusieurs milliards de dollars. Si l'on considère que la fabrication de millions de tonnes de divers produits et leurs conditionnements est délocalisée vers des pays émergents, on peut dire, comme cette candidate à la députation européenne, Aziadé Mimran : « Chaque poil, par sa fin prématurée et sacrificielle, participe à son niveau au développement de plusieurs pays en difficulté. »

Pendant des siècles, l'épilation s'est pratiquée poil par poil avec une pince à épiler. Comme dans l'Antiquité et toujours en service à l'heure actuelle, la pince à épiler est la terreur des poils rébarbatifs, rebelles ou mal placés, mais aussi le recours de ceux qui tentent une sortie sans y parvenir.

Après les pinces à épiler et les disques abrasifs qui les « écrabouillent » au fur et à mesure qu'ils montrent la tête, les poils ont dû faire face à de multiples procédés de « mort en gros » qui regroupent diverses stratégies opérationnelles destinées à les massacrer, les pulvériser, les poncer, les raboter, les arracher, les couper, les mutiler, les dissoudre et autres tentatives d'anéantissement très souvent dissimulées sous un bucolique vocabulaire forestier. On parle de déboisage, de défrichage, de ratissage, d'effeuillage, de défoliation, d'émondage, etc.

Entre les produits arrachant seulement le poil et ceux qui lui « détruisent la tête », prend place toute une panoplie de gels, de mousses, de pâtes, d'huiles, d'onguents, de gommes, de crèmes, de laits, de pommades, de colles destinés à dépoiler la peau et à la rendre « lisse et douce, à la ville comme à la plage ».

On peut citer dans le désordre les produits dépilatoires « spécial » aisselles, jambes ou pubis ; les produits destinés à faciliter le rasage et ceux qui facilitent l'épilation ; les produits gommants, puis épilatoires ; les produits qui ralentissent la repousse ; les produits anti-irritation ; les produits antipousse agissant sur la racine ; les produits affaiblisseurs de poils ; les produits freinant la repousse ; les produits attendrisseurs de poils ; les produits rendant les duvets invisibles ; ceux prévenant la formation des radicaux libres ; les produits spéciaux épilation peau invisibles ; les produits épilation peaux fragiles, les produits rasage peaux sèches ; les produits riches en actifs divers, gonflants, apaisants, hydratants, asséchants, nourrissants, dégraissants ; ceux qui affinent le poil et ceux qui le « travestissent » en absent par décoloration. Impossible de tout citer car chaque année sortent sur le marché des dizaines de produits nouveaux aux spécificités très particulières, présentées souvent comme « inédites ».

LES MOYENS

• La cire

Elle arrache le poil jusqu'à la racine. Selon la marque et sa composition, elle s'utilise à chaud, à froid, à basse température. On la trouve en pot, en bandeaux de toutes tailles, en bandelettes prêtes à l'usage, en « roll'on » à réchauffage électrique, etc. Comme au rayon confiture d'une supérette, la femme peut choisir son arme antipoils parmi des dizaines de marques qui proposent des « cires sucrées », des cires « sucrées fruitées » ou à base de résine de pin... D'autres mettent l'accent sur le « duo

Le rasoir, meurtres et suicides

Pendant très longtemps, le fameux coupe-chou des coiffeurs fut l'arme de prédilection des assassins, y compris des meurtriers d'eux-mêmes. Dans ces deux usages, et jusqu'au lendemain de la Seconde Guerre mondiale, son utilisation devança largement celle des poignards, des ciseaux, de la baïonnette, du morceau de verre, des coupe-papier et des couteaux de cuisine.

À l'heure actuelle, la mort violente par coups de rasoir a quasiment disparu dans les pays occidentaux, y compris dans le petit monde des barbiers coiffeurs et l'on se tue aujourd'hui comme tout le monde, par pendaison, arme à feu, saut d'un immeuble, prise de médicaments ou noyade. Il n'en fut pas toujours ainsi. En effet, pendant des siècles, chaque métier a eu son genre de mort préféré. Un peu avant la Première Guerre mondiale, le docteur Lisle fut un des premiers à démontrer que les morts volontaires étaient le plus souvent en rapport avec la profession exercée. Ainsi, les cochers se pendaient avec leur fouet, les policiers se tuaient avec leur arme à feu tandis que les barbiers et coiffeurs affectionnaient le rasoir.

Paradoxalement, en 1932, à Sheffield aux USA, le roi du rasoir, Paul Kunbrich délaisse la lame pour le projectile et se supprime à l'arme à feu, alors que ses usines sortent un demi-million de lames de rasoir par jour. Il se suicida parce que le monde entier avait décidé de moins se raser. Le richissime industriel qui n'avait eu de cesse de montrer sa longue barbe en se vantant de ne jamais se raser n'avait-il pas donné un bien mauvais exemple ?

Gravure. XIXe siècle. Coll. part. D.R.

sucré citron », sur leur « inimitable extrait » de melon, de pêche ou de pomme verte. Pour les plus raffinées ou qui s'imaginent telles, la cire orientale, plus chère, s'annonce au thé vert, au miel, à la pâte de fruit, au caramel, au citron...

• **Les dépilatoires**

Pendant longtemps, et encore entre les deux guerres, les dépilatoires étaient des préparations caustiques, dont l'action très irritante pour la peau était destinée à détruire le poil au moment où il émergeait de la couche cutanée. Toutes les préparations dépilatoires de cette époque contenaient des substances corrosives et toxiques qui devaient être maniées avec prudence. Le « Rusma » des Orientaux, par exemple, était constitué de chaux vive, d'orpiment comme l'on nomme le sulfure jaune d'arsenic, pulvérisé avec des blancs d'œufs et de la lessive de savonnier. La « Poudre du docteur Laforêt », qui connaissait un grand engouement, contenait elle aussi de l'orpiment, mais en plus du mercure et du protoxyde de plomb. La « Poudre du docteur Baudet », sa principale concurrente, contenait de la chaux vive, de l'hydrosulfate de soude et de l'amidon.

Aujourd'hui, les dépilatoires ont des compositions chimiques totalement inoffensives. Sauf pour le poil bien entendu ! Le principe est simple : on applique le produit à la spatule pour que « l'actif » qu'il contient dissolve le poil. Très apprécié des « douillettes », il se vend sous différentes formes, gel, crème, mousse, pâte. Quoi qu'il en soit, le miracle est toujours accompli ; moins de dix minutes après l'application, on rince à l'eau froide. Pulvérisé, le poil ! Surtout lorsque la crème est dite « dépilatoire hypoallergénique » à la glycérine et au lait de coton pour peaux sensibles aux actions antibactérienne et anti-irritation contre les coupures et le dessèchement de la peau.

• **Le laser**

Très apprécié des femmes résolument tournées vers le modernisme, le laser est regardé comme une véritable extermination. Mérite-t-il cette réputation ? Beaucoup de femmes le trouvent surfait, voire mensonger. Le laser émet sur une longueur d'onde spécifique qui est censée détruire le bulbe du poil.

L'appareil se règle selon le type de peau et la nature du poil à désagréger. « Laserisés », les poils mettent deux à trois semaines à tomber. Certaines zones du corps nécessitent quatre à six séances. L'emploi du laser est délicat. Mal réglé, il peut engendrer de graves brûlures, ce qui est relativement courant.

• **L'électricité**

L'emploi de l'électricité dans le « dépoilage des dames » est presque aussi vieux que l'électricité elle-même. Vers 1900, les rares femmes qui pratiquaient l'épilation se soumettaient à une lente et pénible épreuve dont le principe était l'application du pôle négatif d'un courant continu sur la racine du poil.

Aujourd'hui, l'emploi de l'électricité dans la destruction du poil est privilégié par les femmes qui ont du temps, car ce travail s'effectue poil par poil à raison de 1 000 à 1 200 poils à l'heure. Une aiguille est plantée dans le bulbe qui reçoit un courant de 120 volts destiné à détruire à la fois le poil et sa racine. Douleur assurée, mais qui peut être réduite par l'emploi d'aiguilles anesthésiantes.

Enfin, viennent d'arriver sur le marché de bons épilateurs électriques qui arrachent le poil, bulbe compris, à très grande vitesse. Ils s'utilisent avec des plaquettes antidouleur à réserve d'eau glacée, à conserver après usage au réfrigérateur.

• **L'électrolyse**

Ce procédé antipoil est adoré des « casanières » qui entendent malgré tout profiter des avancées de la science. L'électrolyse, hier encore réservée aux instituts et laboratoires de soins, est devenue une pratique possible à domicile grâce à un petit boîtier muni d'électrodes associées à des patchs que l'on dispose sur les zones à épiler. Une fois l'intensité réglée, on se connecte pendant vingt à trente secondes et, paraît-il, « le poil, sidéré, refuse dès lors de pousser ».

• **La lampe**

Très appréciée par celles qui aiment se retrouver sous les projecteurs. Le principe tient dans une lumière pulsée qui émet sur une longueur d'onde déterminée par la taille des poils. Une fois ce tropisme constaté, l'esthéticienne rase la zone et la badigeonne de gel à échographie. Ce procédé connaît un certain succès auprès des femmes fréquentant les instituts de soins et de beauté.

Une violation de la liberté de raser !

L'équipe rédactionnelle du journal ougandais Monitor *fait en novembre 1999 l'objet d'une plainte pour publication et diffusion de fausse nouvelle.*

Le journal a en effet publié en première page la photo bien nette, bien cadrée, bien imprimée, d'un militaire rasant consciencieusement, à l'aide d'un rasoir à main et d'une bombe de mousse à raser, le pubis d'une femme. La légende du cliché mentionne que ce barbier de fortune est un militaire de carrière appartenant à l'effectif de la caserne de Gulu, dans le nord du pays.

L'armée nie et dépose plainte pour diffamation contre le journal dont l'avocat, James Nagwalu, reçoit en lieu et place des pièces du dossier demandées à l'autorité militaire une giclée de balles de 9 mm tirées par des hommes armés non identifiés. Transporté blessé à l'hôpital de Kampala, l'avocat fait une déclaration commune avec le président du syndicat de la presse ougandaise qui commence par : « À la légère main du raseur de pubis, s'est substituée la lourde main de l'État qui fait peser de sérieuses menaces sur la liberté d'informer. »

• **Les rasoirs**

Moyen préféré des traditionalistes puisqu'une « traqueuse de poils » sur deux environ s'en tient à ce moyen, le plus simple et le plus rapide à ses yeux. Mais limité sur le plan de l'efficacité, puisque sectionné à la racine, le poil repoussera deux à trois jours plus tard à l'identique.

PETITE HISTOIRE MASCULINE DU RASOIR MÉCANIQUE

Depuis toujours, l'homme ne cesse de concentrer son imagination et son intelligence sur un problème qu'il juge fondamental, lié à sa nature de mâle : la pousse et la maîtrise de ses poils faciaux.

Cette véritable guerre des poils a connu trois périodes distinctes, singularisées par l'avancée des armes et des tactiques : l'époque lames et lames avec manche ; l'époque rasoir mécanique et l'époque rasoir électrique.

L'origine du rasoir se perd dans la nuit des temps. Les préhistoriens et les archéologues subodorent que les hommes préhistoriques utilisaient pour se couper les poils des coquillages, des dents de requin ou encore des fragments de silex ou d'obsidienne. On sait que les Assyriens et les Babyloniens avaient des rasoirs bien qu'il n'en soit fait mention qu'à partir du VIe siècle avant J.-C., c'est-à-dire sous le règne de Nabuchodonosor II.

Comme les civilisations mésopotamiennes, l'Égypte pharaonique connaissait l'art du rasage. Les barbiers égyptiens disposaient pour exercer leur art de peignes, de miroirs métalliques, de boucles et de nattes postiches, de cosmétiques divers et de rasoirs en bronze, mais aussi en cuivre et en os, comme ceux découverts par des archéologues dans des tombes du IVe siècle avant J.-C.

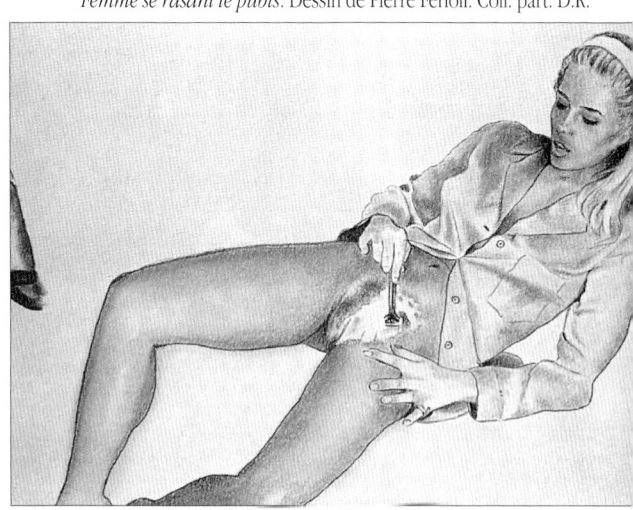

Femme se rasant le pubis. Dessin de Pierre Ferioli. Coll. part. D.R.

Les « gangs des lames de rasoir »

Un peu partout en Europe de l'Est, des gangs organisés, principalement polonais, se constituent depuis 1999 pour venir opérer à l'Ouest et alimenter l'ex-empire soviétique et ses pays satellites en un produit rare et prisé : les lames de rasoir.

En France, en Belgique, en Allemagne et en Angleterre, le vol de lames de rasoir se répand le plus généralement au détriment des grandes surfaces. Entre juin 2001 et avril 2002, plusieurs de ces gangs spécialisés, polonais, roumains, lithuaniens ont été démantelés en France. On peut citer les gangs de Bretagne, de Paris, de Dordogne, de Marseille, etc. À Bergerac, une équipe est repérée en tentant d'éviter les caisses. Elle est arrêtée avec son butin, plusieurs centaines de paquets de lames de rasoir.

Fin novembre 2001, le tribunal correctionnel d'Épinal condamne à quinze mois de prison ferme un Polonais qui avait tenté de sortir d'un supermarché avec un chariot contenant plus de 2 134 euros (14 000 F) de marchandise.

Pour dérober de grandes quantités de lames, les voleurs utilisent des cabas ou des manteaux tapissés de papier aluminium, observe le capitaine Patrick Marro, membre de la cellule interministérielle de liaison sur la délinquance itinérante. Ils ajoutent un aimant de haut-parleur dans le fond du sac ou la doublure du manteau et les portiques restent muets.

Malgré de nombreuses arrestations, les trafics continuent. Les lames partent toujours directement vers la Pologne avec la complicité des chauffeurs de car qui, chaque jeudi, depuis la place de la Concorde, prennent la direction de Varsovie.

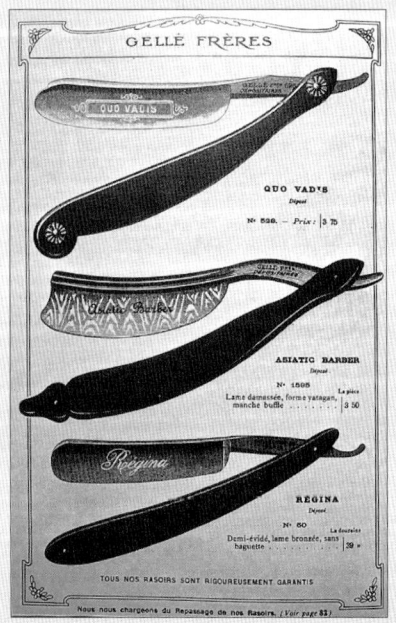

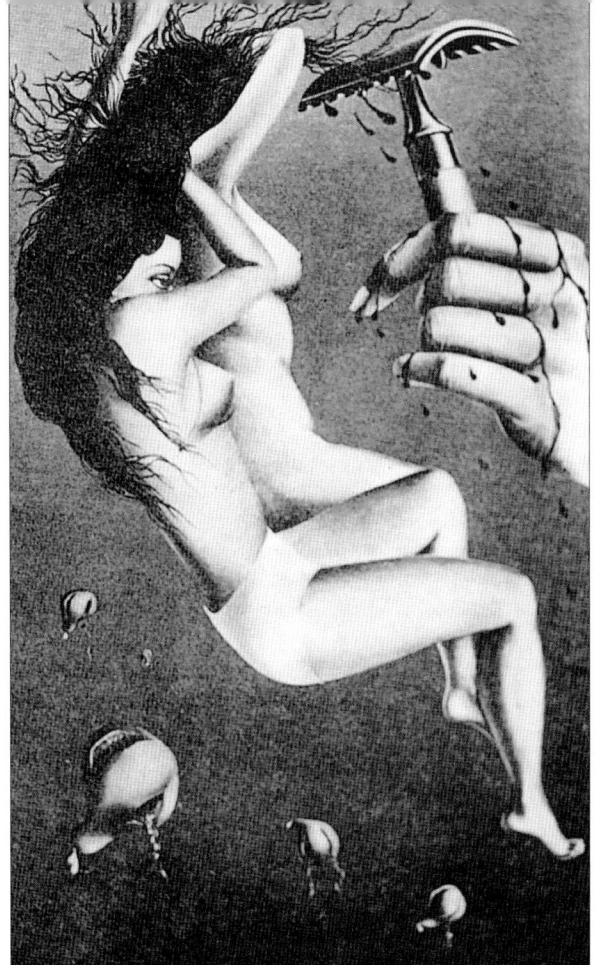

La Femme et le Rasoir. Félix Labisse. Huile. D.R.

Les plus anciens couteaux à barbe ont une forme en demi-cercle avec un bord convexe coupant très semblable au couteau à cuir des cordonniers. Avec le temps, la forme s'allonge en un mince rectangle à double tranchant, comme ceux évoqués par Cicéron et Pétrone qui parlent respectivement de *culter tonsoris* et de *novacula*. On a trouvé en 1914, lors des fouilles de Pompéi, quatorze exemplaires de *novacula* ayant appartenu à des tonsors romains. Ils ont des manches en ivoire, en os ou en bois, décorés, qui se referment sur des lames aux longueurs variées et ne sont pas sans faire penser au « coupe-chou » du XIXᵉ siècle. D'autres rasoirs datant eux aussi de l'âge de fer et offrant des formes différentes ont été découverts en Suisse et sur le site d'une ancienne cité lacustre du lac de Garde.

Les auteurs latins témoignent que le rasage, même pour les meilleurs professionnels, est une opération longue et traumatisante. Beaucoup préfèrent les substances dépilatoires ou la pince à épiler. Les accidents de rasoir sont assez courants dans la Rome antique puisque très tôt les autorités instaurent un système d'amende destiné à punir les professionnels coupables de maladresse. Les ordonnances médicales prescrivent toute une panoplie de soins pour les coupures et les estafilades provoquées par le *novacula*, notamment l'application sur les plaies de toiles d'araignée trempées dans du vinaigre.

Durant tout le Moyen Âge, les barbiers utilisent des rasoirs avec ou sans manche que l'on tente de rendre le plus effilé possible par toutes sortes de savants affûtages.

Sous la Renaissance, l'outillage évolue. À côté des plats à barbe, des pincettes, des peignes, des ciseaux et des lotions, le barbier médiéval substitue au grossier et dangereux rasoir d'autrefois des modèles plus performants, dits rasoir sabre ou rasoir couteau qu'il est possible d'affûter à l'envi sur des pierres à affûter portatives. Le rasage n'en reste pas moins une opération délicate. Les classes aisées s'adressent à des professionnels qui opèrent à domicile et les gens modestes au figaro de quartier qui opère dans la rue. Ou ils se rasent eux-mêmes.

Au XVIIIᵉ siècle, vers 1762, le prototype d'un rasoir dit de « sûreté » est fabriqué en France par un dénommé Jean-Jacques Perret. Il n'a de sûreté que le nom et il s'agit simplement d'une lame astucieusement fixée à un support de bois. En 1769, l'inventeur présente un second prototype amélioré qu'il dessine et décrit dans un fascicule intitulé la « *Pogonotomie ou l'art des barbiers* ».

Les Grecs en possédaient également, puisqu'à côté des miroirs, des aiguilles à démêler, des fers à boucler, des résilles et de la poudre d'or pour les cheveux, Homère évoque des lames à raser en bronze. D'après la description qu'il en donne, elles devaient être assez semblables à celles découvertes au cours des fouilles de Mycènes réalisées par Schliemann à partir de 1876.

Les Celtes fabriquaient eux aussi des rasoirs en bronze. Chez les peuples italiques, les lames coupantes sont connues, notamment chez les Étrusques. Des tombes datant des VIᵉ et VIIᵉ siècles avant J.-C. en ont délivré en grand nombre. Ces « rasoirs » se répandent tout autour de la Méditerranée à l'époque où l'âge de bronze cède la place à l'âge de fer.

« T'as le bon tour d'Alfred »

Alfred de Musset est toujours présenté comme un contemplatif romantique et larmoyant, ce qui était loin de sa véritable nature. Il savait s'amuser comme un potache, surtout lorsqu'il y était entraîné par son ami Alfred Tattet.

Celui-ci était l'amant de Marie Pleyel, femme du célèbre facteur de piano Camille Pleyel. Croyant être à son tour trompé par sa maîtresse, Tattet décide de se venger et, aidé de Musset, attire la jeune femme sous un faux prétexte dans une maison des environs de Valvins, au lieu-dit « Platrières ».

Là, l'infortunée fut étendue et attachée sur le lit et les deux compères lui auraient fait subir non pas le dernier outrage, mais le rasage de la motte au rasoir et à la cire « afin qu'elle n'ose se représenter à son mari ».

Le bruit de cette plaisanterie pubienne se répandit, et tout Paris en fit des gorges chaudes pendant longtemps, puisque trente ans après les faits, nous apprend John Grand Carteret, le peintre Biard, voisin de la « maison du crime », dira à Leconte de Lisle en la désignant de la main : « Cette petite maison appartenait jadis à Alfred Tattet et c'est là que Mme Pleyel a été rasée par Alfred de Musset. »

Avis d'hommes sur le sexe rasé des femmes

Les hommes se répartissent en deux camps farouchement opposés en ce qui concerne la pilosité des parties génitales de la femme. Aucune des deux positions ne manque d'arguments.

Pour le rasage :
- « Posséder du poil, c'est être viril et fort. La pilosité sexuelle des femmes est insolente, outrageante. Pour être plus féminine, la femme doit s'épiler. »
- « La femme doit être douce, délicate, charnue et bien nourrie. Les seins, les fesses, les cuisses, le sexe sont des organes honnêtes, positifs, qui doivent être lisses, secs, inodores et surtout sans poils. »
- « Le poil suggère l'animalité de la femme. »
- « Les poils au pubis des femmes leur donnent un élément commun avec les hommes, ce qui renforce leur tendance bisexuelle. »
- « Il faut savoir ce qu'est un sexe féminin "déshabillé". »
- « Les femmes ont rarement le buisson bien taillé. »
- « Les femmes obéissent elles aussi à l'envie de se voir "défoliées" du sexe. »
- « Le rasage est un premier pas pour mettre honnêtement à nu la chausse-trappe vulvaire. »

Contre le rasage :
- « Les doigts doivent pouvoir aisément flatter la toison avant de s'insinuer dans les replis. »
- « Sans les poils, la gentille expression "bricoler les dames" perd la moitié de son sens. »
- « Un pubis rasé ressemble à un coquillage mort. »

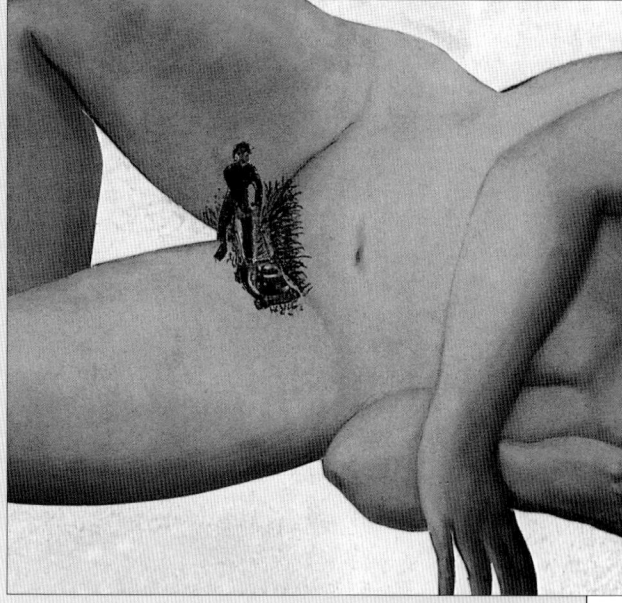

La Tonte. Collage. Martin Sixte. Coll. part. D.R.

- « Le résultat du rasage est rarement positif. La femme se sent désexualisée, diminuée, redevenir une petite fille prépubère. »
- « La plupart du temps, la femme au sexe rasé est étonnée de la petitesse de ses organes génitaux extérieurs. »
- « L'organe féminin réduit à nu devient un simple trou pour le plaisir mécanique de l'homme. »

L'Anglais Rolls, au XIXe siècle, s'en inspire pour mettre au point son propre modèle qui se présente sous la forme d'un tronçon de lame fixé à un support et que l'on affûte à chaque utilisation en le passant sur un cuir tendu. L'outil réalisé est adopté par les civils et les militaires de l'Empire britannique.

Le système Rolls est repris et perfectionné par la société Wilkinson avec son célèbre rasoir dit « volet auto-stop » qu'elle commercialise jusqu'après la Seconde Guerre mondiale.

À partir de cette époque, les rasoirs à main prennent une forme concave pour faciliter leur affûtage et leur lame en excellent acier n'est affilée que d'un seul côté. Les meilleures lames viennent de Suède et de Solingen en Allemagne, réputé depuis le Moyen Âge pour ses aciers et ses armes blanches. Les lames anglaises de Sheffield ou les françaises de Nogent ont également excellente réputation. Toutes sont très recherchées aujourd'hui par les collectionneurs.

Les lames des « coupe-choux » en acier trempé poli et décorées de motifs ont des largeurs différentes correspondant aux différents types de barbe. Les grands professionnels allaient jusqu'à utiliser toute la gamme des rasoirs sur une seule barbe. On sait aujourd'hui que l'origine du mot « coupe-chou » vient du nom donné au frère spécialement chargé du potage dans les monastères. Par la suite, il désignera un sabre poignard très court, en service en 1816 dans l'artillerie à pied et dans le génie et que les soldats utilisaient pour se raser.

Tout au long du XIXe siècle, le rasoir sabre ou coupe-chou est utilisé dans tous les salons de coiffure du monde. En Europe et aux États-Unis, les barbiers conservent les rasoirs et les serviettes des clients habituels dans des casiers personnalisés. Dans la classe dirigeante, il est d'usage de passer quotidiennement chez son barbier. L'outil est si populaire qu'il devient une des armes blanches privilégiées du banditisme. L'imagerie populaire vulgarise les scènes de « duel au coupe-chou » entre truands.

Avec le début du XXe siècle et le développement de l'ère industrielle, le rythme de la vie quotidienne s'accélère. Il faut réduire le temps consacré aux activités extra-professionnelles et la majorité des hommes, pour gagner du temps, abandonnent la fréquentation quotidienne du barbier pour se raser eux-mêmes.

Ils vont pouvoir le faire en toute sécurité avec une innovation sensationnelle due à un industriel de génie, l'Américain King Camp Gillette et son associé du moment, l'inventeur William Nicholson. Ce produit fiable et simple d'utilisation, qui va être commercialisé à grande échelle jusqu'à conquérir le monde, est le premier rasoir de sûreté à lame jetable.

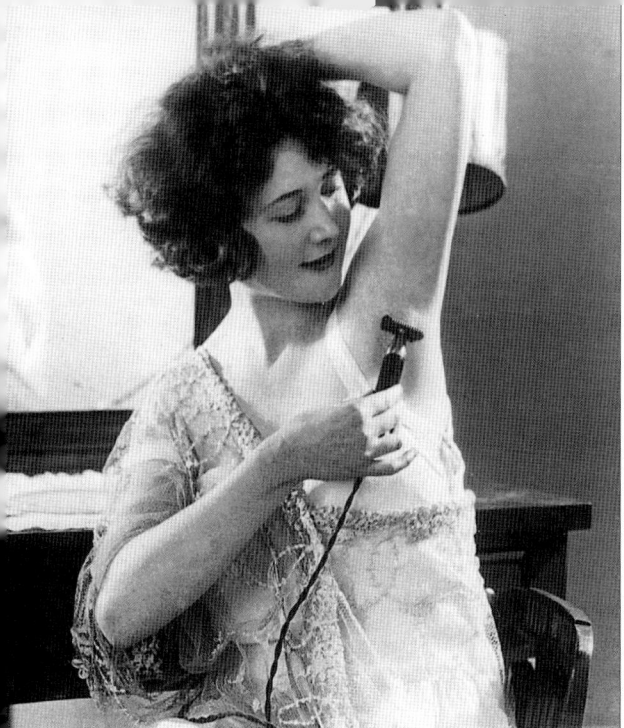

Femme se rasant les aisselles avec un des premiers rasoirs électriques mis sur le marché. Vers 1929. Corbis-Sygma. Underwood.

Cette innovation s'appuie sur un principe simple : puisque la raison d'être d'une lame de rasoir est de couper, autant tout miser sur cette idée et réduire le reste au strict nécessaire. L'idéal était donc de n'avoir que le fil de la lame. Gillette conçut donc une lame très fine et très souple, placée jointement et solidement au bord d'une sorte de petit peigne à dents cylindriques destiné à éviter les coupures. La lame une fois émoussée est changée.

Désormais, avec cet instrument, il est difficile de se couper. Les maladroits et les distraits ont vraiment à disposition un vrai « rasoir de sécurité ».

Dès 1902, Gillette commercialise à grande échelle sa création et les paquets de lames qui l'accompagnent. Pour la première fois dans l'Histoire un produit manufacturé est destiné à être jeté après utilisation. Va dès lors débuter un bouleversement des comportements des consommateurs. En 1905, Gillette vend déjà 2 millions de paquets de lames de rasoir par an. En 1911, le gouvernement américain assure la prospérité de la marque en achetant 3,5 millions de rasoirs et 36 millions de lames pour les forces américaines opérant en dehors de ses frontières.

Le marché de la lame interchangeable prend des proportions gigantesques après 1914. Le succès est planétaire. En 1921, le brevet de Gillette tombe dans le domaine public et une bonne dizaine de marques se mettent à fabriquer des « rasoirs de sûreté ». Gillette invente alors le rasoir monobloc et un modèle à chargeur de lames incorporé, inventé quelques années plus tôt par le colonel Joseph Schick. En 1968, l'industriel lance le Gillette Contour Plus, le premier rasoir à « tête jetable ».

Toujours plus ! En 1975, la marque française Bic lance un concept nouveau qui bouleverse radicalement les mentalités : le rasoir entièrement jetable après usage. Le modèle se vend par sachet de 5 ou 10 unités. Cette firme, qui s'était déjà fait remarquer en 1967 avec un rasoir à ruban enrouleur, lance en 1977 sur le marché mondial le premier modèle à tête articulée qui « suit les contours du visage » tout en conservant à la lame le maximum d'efficacité.

Le rasoir mécanique est très prisé des femmes. Plus de 50 millions d'entre elles en Europe, dont environ 10 millions en France, l'utilisent. Aussi, toutes les marques ont-elles lancé des rasoirs mécaniques spécifiquement « féminins ».

Depuis 1992, quatre marques se partagent quasiment le marché planétaire du rasoir mécanique. Ces fabricants, présents sur les cinq continents et 160 pays dans le monde sont : Gillette, Wilkinson, Schick et Bic.

Ces quatre marques rivalisent d'imagination et d'ingéniosité sur trois gammes de « produits rasants » : les rasoirs jetables, les rasoirs systèmes et les lames. Ces multinationales fabriquent chacune quotidiennement plusieurs millions d'unités de leurs différents produits. Modèles à une, deux ou trois lames, jetables ou rechargeables ; modèles à lames fixes ou à double tranchant ; modèles à lames pivotantes ou progressives ; modèles avec coussinet protecteur ou plaquette lubrifiante à la vitamine E ; modèles avec têtes de gommage intégrées. La haute technologie ne cesse d'investir le segment des rasoirs, ergonomie, design, précision étant les maîtres mots de toute innovation. L'une des dernières est une création Gillette : « Un rasoir pour femmes muni d'une tête pivotante ovale à trois lames autonomes montée sur ressort pour tendre la peau au fur et à mesure. »

Comme nous le dira avec humour un démonstrateur de grande surface, « tous les tri-lames fonctionnent sur le même principe : à la première lame, le poil est surpris ; à la seconde,

---

Le blaireau

Pour savonner la barbe, il faut un blaireau, petite brosse spécifiquement destinée à cet effet. Mais le poil de blaireau, extrêmement fin et soyeux, étant fort cher, cette brosse à mousser est souvent constituée de poils de porc, de chèvre, voire même de poils synthétiques.

Cet instrument, employé par milliers dans les casernes tout au long des XVIIIe et XIXe siècles pour le rasage de la troupe, finira par désigner, de façon péjorative, les conscrits eux-mêmes. Puis le terme franchira les murs des cantonnements pour en arriver à désigner tout individu pourvu, comme le blaireau, d'un long nez pointant au-dessus de fortes moustaches.

Dans certains cas, le blaireau peut désigner chez les prostituées un homme qui se croit à la page sans l'être réellement : « Il voulait faire le fier, mais c'était un blaireau, il ne connaissait que la levrette. »

Philips Iᵉʳ : le roi du rasoir électrique

- **1937** : Naissance de l'idée d'un rasoir électrique et invention du système rotatif par Alexandre Horowitz..
- **1938** : Apparition du premier prototype en état de marche : un cutter en bronze avec trois petites lames tournant à quelques milliers de tours par minute, le tout sur une tête cylindrique.
- **1939** : Lancement du premier rasoir électrique : le Philishave 7730.
- **1947** : Première version d'un rasoir à moteur « synchronisé », le Philishave 7737. C'est aussi le premier à avoir un bouton de démarrage.
- **1951** : Premier rasoir à deux têtes Philishave 7743. 2,9 à 3 millions de rasoirs vendus dans le monde.
- **1956** : Premier rasoir à trois têtes : Philishave SC 7800 et SC 7950, « test marketed » en Australie et en Nouvelle-Zélande.
- **1957** : Millionième rasoir vendu aux États-Unis.
- **1959** : Philishave 800, avec têtes de rasage « flottantes », à suspensions indépendantes.
- **1963** : Philishave SC 7970, le premier rasoir à piles.
- **1965** : Philishave SC 8010, avec tondeuse intégrée.
- **1966** : Philishave SC 8020, le premier rasoir rechargeable et lancement du SC 8130 à trois têtes dans le monde entier.
- **1972** : Philishave HP 1118, avec «contrôle de confort», 9 positions de rasage possibles.
- **1980** : Philishave « Rota 80 » HP 1601, premier rasoir double action avec système pour relever le poil puis le couper.
- **1986** : Philishave HP 1700, qui peut être rechargé en une heure.
- **1995** : Retour à un rasoir à deux têtes, le Philishave HG 484, mais cette fois les deux têtes sont asymétriques et indépendantes. Philips fête la vente de son 300 millionième rasoir électrique dans le monde.
- **1998** : Philishave HG 5620, « cool skin », avec crème hydratante intégrée, waterproof pour pouvoir être utilisé sous la douche.
- **2001** : Philips fête la vente de son 400 millionième rasoir électrique dans le monde.

(Documentation Philips. Traduction et réalisation de ce calendrier industriel réalisées par Clémence Herissey.)

Game de rasoirs Philips. D.R.

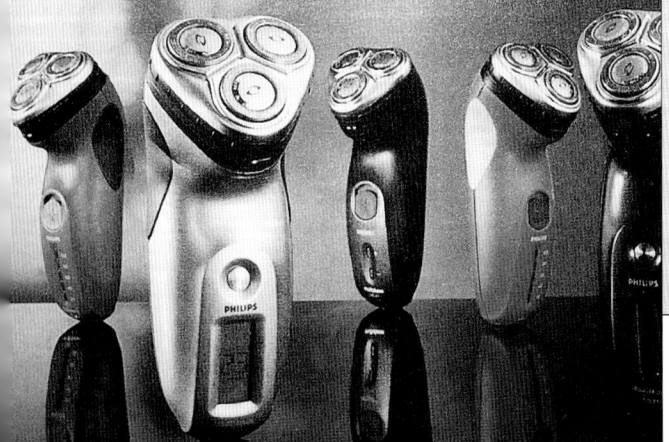

Rasage, hommes et comportements

- **90 %** des hommes âgés de 15 ans et plus se rasent quotidiennement.
- **63 %** utilisent un rasoir mécanique.
- **27 %** utilisent un rasoir électrique.
- **76 %** des hommes ont déjà utilisé au moins une fois un rasoir mécanique.
- **72 %** des hommes ont déjà utilisé au moins une fois des produits de rasage.
- **51 %** de la mousse en bombe.
- **26 %** des gels en bombe.
- **7 %** de la crème en tube.
- **9 %** du savon.
- **56 %** des utilisateurs seniors utilisent un ou plusieurs produits après-rasage.
- **28 %** se sont déjà servis de lotions alcoolisées.
- **22 %** de lotions sans alcool.
- **9 %** de baumes soin.
- **9 %** de baumes parfumés.

Homme se rasant de façon traditionnelle. Corbis-Sygma. Mark Hanauer.

 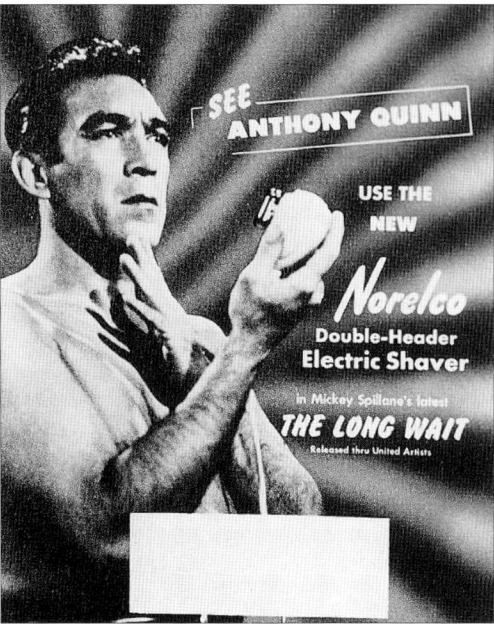 

Les plus grands acteurs anglo-saxons, Roger Moore, Anthony Quinn ou Gregory Peck ont prêté leur notoriété pour vanter les rasoirs Philips. D.R.

il est vraiment accroché ; mais c'est à la troisième et dernière lame, à laquelle il ne s'attend vraiment pas, qu'il est achevé ».
- 16 % des lames vendues dans le monde sont des lames à double tranchant. Elles représentent 12 % du chiffre d'affaires global du marché des lames de rasoir.
- 36 % des ventes sont des lames comprises dans des cartouches plastique qui se fixent sur un manche distinct. Elles représentent 52 % du chiffre d'affaires global du marché de la lame de rasoir.
- 45 % des lames vendues dans le monde sont des lames fixées à des rasoirs jetables après utilisation. Elles représentent 36 % du chiffre d'affaires global du marché de la lame de rasoir.

PHILIPS, LE « ROI DU RASOIR ÉLECTRIQUE »

Entre-temps est apparu le rasoir électrique. Le premier brevet est déposé en 1928 par Joseph Schick et deux ans plus tard, un premier modèle est lancé sur le marché. Ce premier rasage à sec, qui ne nécessite ni crème à raser, ni eau, ni lame coupante – ce qui simplifie considérablement le rituel du rasage – est une véritable révolution.

Très vite les premiers rasoirs lourds et encombrants qui se branchent sur le secteur électrique vont faire place à des modèles de plus en plus légers et performants. Aujourd'hui, ils sont devenus deux fois plus petits, sont souvent multifonctions, possèdent un système de coupe ultrasophistiquée et sont autonomes grâce à des accumulateurs rechargeables.

Sur le marché mondial, quatre fabricants internationaux s'affrontent : Remington, Panasonic, Braun et Philips. La division rasoirs électriques de Philips domine outrageusement le marché depuis plusieurs décennies grâce à de constantes innovations et de continuels progrès techniques qui répondent au plus juste aux desiderata du public, à savoir : un rasage de près, un confort d'utilisation et une praticité optimum.

Leader absolu dans toutes les zones, Philips détient aujourd'hui 50 % de parts de marché en Europe avec 8,5 millions de rasoirs électriques vendus chaque année ; 58 % de parts de marché aux États-Unis avec 7 millions de rasoirs électriques vendus annuellement ; et 35 % de parts de marché en Asie avec 18 millions de rasoirs électriques vendus chaque année, soit une vente annuelle de 33,5 millions d'unités dans le monde.

Au sein d'un même continent, les habitudes comportementales sont différentes selon les nations et les peuples. Ainsi, en Europe, la population masculine des pays du Nord utilise plus le rasoir électrique que celle des pays du Sud. En France et en Angleterre, 25 % des hommes qui se rasent utilisent un rasoir électrique. Ce taux descend à plus ou moins 20 % en Italie, en Espagne et au Portugal, mais monte à plus ou moins 30 % en Allemagne, en Angleterre et dans les pays scandinaves. Terminons avec une statistique curieuse : un rasoir électrique sur deux vendu dans le monde est destiné à être offert en cadeau.

Le rasoir électrique, rapide et précis, n'est pourtant utilisé que par environ un homme sur trois. Cet appareil ne laisse pas indifférent et engendre autant d'utilisateurs convaincus que de détracteurs inébranlables. Ce succès relatif est-il inhérent au rasage lui-même ou à l'ustensile ? « Le plaisir n'a pas de limites, déclarait le marquis de Sade. On peut l'éprouver même dans les actes les plus douloureux ou ennuyeux, sauf en se rasant le visage ! »

Cette hostilité au rasage affirmée toute nette est toutefois contredite par une étude américaine de 1993 dont les conclusions laissent perplexe : « 97 % des hommes adultes américains refuseraient d'utiliser un produit susceptible de les libérer définitivement de la corvée quotidienne du rasage. » Oui, l'homme aime ses poils, qui le lui rendent bien.

Et c'est vrai !

• *La plus grande collection du monde*
La boutique la plus insolite du monde est très certainement celle du potier Galip, établi à Avanos en Turquie. Depuis la fin de la décennie 1950, il attache systématiquement au plafond ou sur les murs une mèche de cheveux de toutes les femmes qui viennent visiter son magasin. On estime à l'heure actuelle à plus ou moins 80 000 le nombre de mèches ainsi suspendues.

• *Idées reçues (fausses)*
Parmi les idées reçues les plus répandues et les plus fausses, on trouve :
- Se laver les cheveux tous les jours en favorise la chute.
- Les chauves sont aussi nombreux d'un pays à l'autre.
- Les cheveux gras accélèrent la calvitie.
- Plus on a de pellicules plus on a de risque d'être chauve.

• *Idées reçues (vraies)*
- Les colorations répétées fragilisent les cheveux.
- Porter les cheveux en queue de cheval les casse.
- La calvitie peut commencer à n'importe quel âge après la puberté.
- Les microgreffes capillaires durent toute la vie.

• *Le shampooing salissant*
Deux feux follets du monde de la coiffure, « Tony et Guy », ont imaginé, en 2002, le premier shampooing au monde destiné à salir les cheveux. Il fallait oser, ils l'ont fait, ce qui, à leurs yeux, « illustre parfaitement la tendance qui veut que les cheveux ne soient plus traités comme des poils bien propres, mais comme une matière à texture variable ». Et, précisent les deux créateurs : « Notre shampooing est parfait pour se donner un air grungy sans le devenir. » En parfaite adéquation avec notre époque de faux-semblants dans tous les domaines.

• *Aux deux extrêmes*
En sommeil avant la puberté et après 60 ans, l'activité sébacée décline, ce qui explique pourquoi les enfants et les vieillards n'ont pas de réels problèmes de cheveux gras.

• *Sens de la pousse*
L'implantation de chaque barbe est particulière à chacun, mais toutes répondent à une règle générale : les poils des joues pointent vers le bas et ceux du cou pointent vers le haut, la pointe du menton constituant la frontière entre les deux manières.

• *Et les coups de matraque ?*
Les trois longues tresses portées pendantes, de chaque côté du visage et derrière le crâne, par les hussards et les corps de cavalerie légère propres à toutes les armées européennes avaient pour rôle d'amortir les coups de sabre portés à la tête.

Il faut le savoir !

• *Origine d'une expression*
Les Anciens croyaient que les enfants sortant velus du sein maternel devaient vivre plus longtemps que les autres, jouissaient d'une meilleure santé et étaient, en raison de leur force physique, prédestinés à accomplir de hauts faits. C'est cette idée qui donna naissance à l'expression « avoir du poil au cul » pour qualifier un homme audacieux.

• *Poils et coït*
Qui ne connaît le vieil adage : « Vir pilosus seu fortis, seu libidinosus » ? Les Hébreux et les Grecs pensaient, en effet, qu'il y a un rapport direct entre l'abondance et la longueur des poils et le penchant pour les plaisirs sexuels.

• *Puant et séduisant*
Les odeurs corporelles sont un facteur de séduction important. Androsténol et androstérone, dits phéromones, sont des stéroïdes présents dans la transpiration des aisselles susceptibles d'influencer le comportement sexuel.

• *Poils et cerveau*
À la fin du XVIIe siècle, le médecin Nicolas Lemery assurait que « la respiration de vapeur de cheveux brûlés permet de lutter contre l'hystérie. Et l'épilepsie, l'apoplexie et les autres maladies du cerveau sont traitées par le sel volatil de cheveu. »

• *Censure en Espagne*
La première photo du pubis rasé d'une femme a été publiée en Espagne, en 1979, dans le magazine d'informations générales Interview. Il s'agissait d'un reportage sur une secte libertine et échangiste réalisé par Fernand Maruel et Joseph Dalmao. Cette publication déboucha sur une condamnation pénale des journalistes et du magazine.

• *Poils nageurs et roues à rayons*
Pour gagner quelques millièmes de seconde, les nageurs se rasent tout le corps, puis le poncent avec une pierre dure. Les cyclistes, eux, s'épilent pour une autre raison : mieux répandre les pommades relaxantes et faciliter les massages. Par surcroît, en cas de chute, l'absence de poils évite que les plaies ne soient immédiatement des nids à germes.

« L'aventure, c'est l'aventure ! » Dessin. D.R.

20
Les faux poils
Trafic et industrie des perruques, postiches et autres moumoutes

Boutique d'un perruquier-barbier au XVIIIe siècle. Gravure. Coll. part. D.R.

Les pharaons, les plus lointains princes de l'Orient, les élégantes romaines et grecques, les souverains européens, les magistrats, les divas d'opéra, les humbles figurants comme les monstres sacrés de la scène et quantité d'autres personnages des arts, de la scène, de la politique, tous ont porté autrefois ou continuent de porter à l'heure actuelle de faux cheveux pour de multiples raisons. De fait, l'histoire des perruques et des postiches se confond avec la grande histoire sociologique des civilisations et les petites histoires anecdotiques de la mode, de la beauté et du commerce.

La civilisation égyptienne connaît le port de la perruque pour les deux sexes depuis les temps les plus reculés. Au moins depuis la période memphite du Haut-Empire, au milieu du troisième millénaire avant J.-C., comme l'attestent certains papyrus et bas-reliefs ainsi que les découvertes de très nombreux objets de toilette familiers.

On ignore la raison profonde qui poussa les Égyptiens à porter perruque. Certains spécialistes mettent en avant le souci de se protéger du soleil ; d'autres de cacher une chevelure peu fournie. Ainsi, ce serait une calvitie pathologique totale, d'étiologie non connue, qui aurait obligé la jolie reine Néfertiti à en porter une. D'autres historiens, se basant sur le fait que les Égyptiens se rasaient la tête pour éviter la pullulation de poux et autres vermines, avancent que les perruques auraient simplement servi d'ersatz aux chevelures sacrifiées par mesure d'hygiène.

Toujours est-il que cet usage immémorial finit par s'imposer autant comme signe distinctif d'appartenance à une classe que comme contribution à la beauté.

La différence de coiffures dans l'Égypte ancienne permet de distinguer castes, classes, fonctions sociales et même générations. Dans les hautes classes de la société, les perruques sont des architectures savantes composées de vrais cheveux et de fibres végétales souvent nattés en petites tresses. Les fellahs des campagnes, les domestiques et les masses populaires portent les cheveux courts ou la tête rasée, mais le port d'une perruque de crin, de filasse ou de laine est de mise lors de cérémonies populaires familiales ou religieuses.

Les perruques égyptiennes peuvent être de différentes couleurs, bleu, rouge, jaune, mais la teinte la plus répandue est le noir. Les jeunes garçons portent également des perruques, courtes et bariolées, mais le plus souvent conservent sur leur crâne rasé, à hauteur de la tempe droite, une longue mèche bouclée. On ignore jusqu'à quel âge ils gardaient cet attribut, mais l'on sait que les princes impériaux la conservaient bien au-delà de l'adolescence. Quant aux prêtres, fort nombreux, ils constituaient la seule caste de la société égyptienne à ne jamais porter de perruque et à présenter un crâne parfaitement rasé, quelle que soit la circonstance.

Courtes et carrées sous le Moyen-Empire, c'est-à-dire jusqu'à la fin du XVIe siècle avant J.-C., les perruques vont devenir monumentales et très sophistiquées par la suite, notamment à l'époque amarnienne, comme l'on désigne cette période du Nouvel-Empire qui débute au milieu du XIVe siècle avant J. C. avec Aménophis IV.

La forme est généralement trapézoïdale et elles sont ornées, du moins pour les modèles féminins, de peignes, de fleurs artificielles, de bandelettes de couleur, de plumes d'oiseau et parfois de fils d'or inclus dans leur tissage. Ornements souvent à signification symbolique. Très tôt, les Égyptiens ont placé au sommet de leur perruque de petits cônes de graisse parfumée destinée à fondre lentement et à imprégner la tête d'effluves agréables et séduisants. « À tuer la vermine », avancent certains chercheurs.

Les Mèdes, les Chaldéens, les Syriens, les Babyloniens et maints autres peuples d'Orient observent vraisemblablement un même usage des perruques. Moins toutefois que les femmes et les hommes de l'Antiquité grecque et romaine. À Athènes, dès le Ve siècle avant J.-C., les chauves peuvent se procurer perruques et postiches dans les *kouréia*, les premiers salons de coiffure publics. Quant aux femmes, elles se servent de postiches pour élaborer des coiffures sophistiquées.

À Rome, l'usage des postiches pour hommes est attesté par de nombreux auteurs latins et notamment par cette raillerie du philosophe Sénèque, le précepteur de Néron. Dans ses *Lettres à Lucilius*, il évoque les oisifs qui se font arracher les poils de la nuit et délibèrent sur chacun d'eux « pour s'en faire remettre autant qu'il en est tombé ».

Après la conquête de la Gaule, les dames romaines s'enthousiasment pour les cheveux blonds ou roux des Gaulois et elles se teignent les cheveux en tentant d'imiter ces couleurs. Mais plus souvent encore, elles achètent à grands frais des chevelures coupées au-delà des Alpes. Cette mode durera jusqu'au milieu du VIIe siècle, date à partir de laquelle porter de faux cheveux sera déclaré « faire offense au Créateur ».

Entre-temps, dans la Rome élégante du début de l'ère chrétienne, l'usage des perruques et des postiches ne cesse de prendre de l'ampleur. Le poète Ovide, protégé d'Auguste et ami de Virgile, constate avec tristesse que les belles Romaines se ruinent pour « les blondes crinières venues de Germanie ». Il écrit : « Chaque jour ajoute un arrangement nouveau [...] La femme teint ses cheveux blancs avec des herbes venues de Germanie et s'avance parée d'une très épaisse chevelure qu'elle a achetée [...] À prix d'argent, les cheveux d'une autre deviennent les siens. » À cette époque déjà, on fabrique des perruques avec des chevelures venues d'Inde et non pas seulement en provenance de la Gaule ou de la Germanie.

Messaline, la troisième femme de l'empereur Claude, célèbre pour ses débauches, aurait plus qu'aucune autre lancé la mode des perruques et des postiches au cours de la première moitié du Ier siècle. Selon la rumeur, elle se parait de perruques

Planche de l'*encyclopédie* de Diderot et d'Alembert, offrant les différents modèles de perruques, y compris ceux pour ecclésiastiques avec tonsure, et les outils et ustensiles indispensables à leur confection et à leur entretien. D.R.

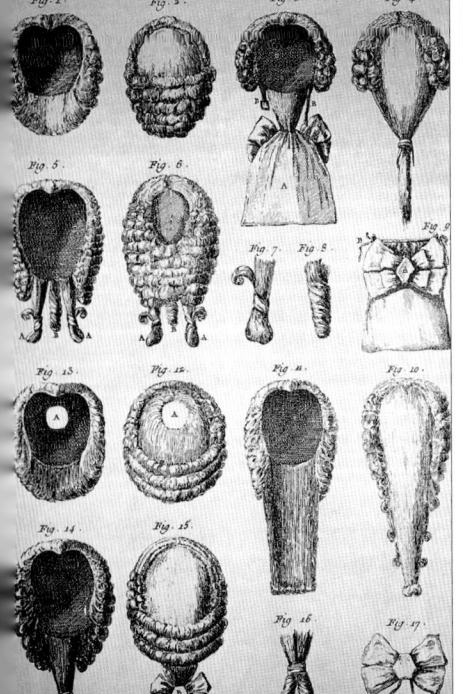
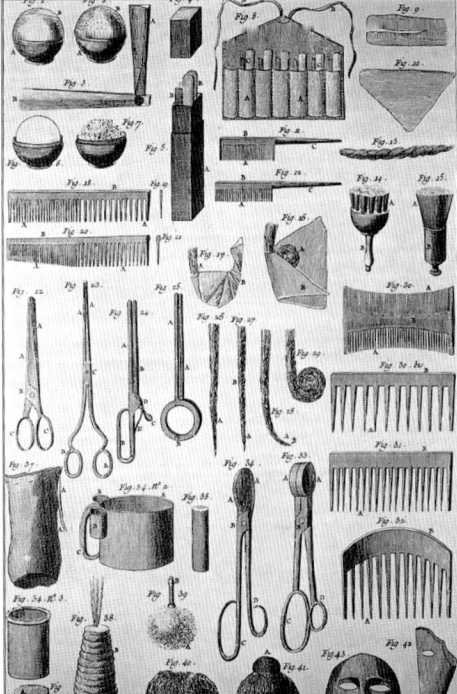
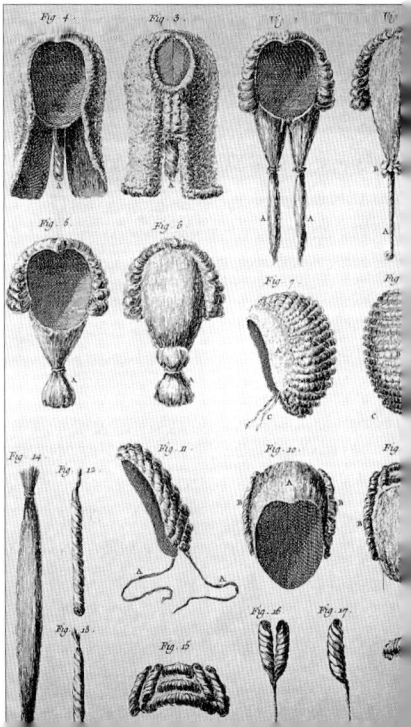

blondes pour aller se livrer incognito à ses nocturnes orgies. Plotine, la femme de l'empereur Trajan, lança la perruque dite à l'Andromaque, blonde de préférence mais aussi brune ou de couleur vive dans certains cas et destinée, par coquetterie, à être changée plusieurs fois par jour. On dit que l'épouse de l'empereur Marc Aurèle, au IIe siècle de notre ère, possédait plus de 300 perruques. Au début du IIIe siècle, Tertullien, un des pères de l'Église, stigmatise «celles qui déguisent la couleur de leurs cheveux comme si elles avaient honte de leur pays !». Plus tard, il accusera celles qui s'obstinent à vouloir porter perruque de «péché funeste», car « elles risquent de se parer la tête de la dépouille de quelques têtes étrangères qui sont peut-être impures et criminelles ».

Vers la même époque, saint Cyprien, évêque de Carthage et père de l'Église d'Afrique, dénonce lui aussi le port tant recherché de ces perruques blondes qui est une « audace sacrilège » puisque les femmes donnent à leur chevelure la couleur des flammes éternelles ! Au IVe siècle, saint Jérôme, autre père de l'Église, fait les mêmes admonestations, ce qui prouve que perdure l'engouement pour les perruques et les postiches. Et pas seulement à Rome puisque Grégoire de Nazianze, père de l'Église grecque et patriarche de Constantinople, s'élève lui aussi avec la même véhémence contre la mode des faux cheveux.

La coutume de porter des postiches va survivre à l'Antiquité et on la retrouve bien vivante dans la société chrétienne médiévale. En ce temps-là, seules les jeunes filles non mariées ont le droit de porter une chevelure flottante et on sait par les sermons des prédicateurs qui s'opposent à cet usage qu'elles y mêlent souvent des mèches postiches. Pour l'Église, un tel usage est non seulement vaniteux, mais porter les cheveux des morts est aussi une perversité diabolique.

À partir du XIVe siècle, et plus encore durant tout le XVe siècle, les reines et les dames de la Cour se font poser des tours de tête et des « templettes », comme l'on nomme les fausses tresses qui pendent des deux côtés du front à hauteur des tempes.

Dès le XVIe siècle, on fait des perruques complètes, confectionnées sur des coiffes en canepin, c'est-à-dire en peau très fine et dédoublée de chevreau, d'agneau ou de chamois, sur laquelle les cheveux sont enfilés un à un à l'aiguille. Vers le milieu du siècle, les perruques deviennent à la mode et les femmes élégantes se doivent d'en porter. Brantôme écrit que la teinte blonde est la plus recherchée et que Marguerite de Valois, la célèbre Margot, fille de Catherine de Médicis et d'Henri II, future épouse d'Henri IV, entretient des pages blonds à seule fin de les tondre dès que leurs boucles ont atteint la longueur suffisante à l'élaboration d'une perruque. À cette même époque, la perruque est tout autant appréciée dans les autres pays européens. En Angleterre notamment, la reine Élisabeth Ière n'entretient pas seulement la blondeur de sa chevelure, elle peut aussi choisir parmi ses 80 perruques celle qui s'harmonise le mieux à la couleur de sa robe. Une autre chronique de l'époque relate qu'en 1587, lors de l'exécution de Marie Stuart, sur l'ordre de cette même Élisabeth, le bourreau voulant saisir la tête décapitée ne saisit qu'une perruque qui lui resta dans la main. Historiquement fausse, cette anecdote offre au moins une preuve supplémentaire de l'emploi de perruques féminines à cette époque. Tout comme plusieurs œuvres de Shakespeare. Dans Les *Deux Gentilshommes de Vérone*, écrit en 1594, l'une des héroïnes se propose d'utiliser une perruque pour se faire passer pour sa rivale. Deux ans plus tard, en 1596, le personnage de Bassanio, dans *Le Marchand de Venise* dit : « ... La beauté se vend au poids, ces blondes boucles frisées sont une fausse beauté. Elles appartiennent à une autre tête qui repose dans une fosse [...]. »

Si l'usage des perruques pour dames s'est effectivement bien développé à cette époque, elles n'en sont pas moins encore grossièrement fabriquées. Les cheveux naturels sont cousus en couronne sur une calotte de tissu noir et doivent être frisés tous les jours.

Sous le règne de Louis XIII, la mode des perruques va se généraliser parmi les hommes. Elle avait été longtemps freinée par celle des fraises empesées qui poussait à porter des cheveux courts. Au début du siècle, les chevelures se sont tout de même allongées avec le goût des collets rabattus. Mais la mode masculine est encore aux cheveux naturels. On ne porte perruque en ce temps-là que par nécessité, c'est-à-dire quand on est roux, chauve ou teigneux, ce qui fait nommer ces postiches des « teignasses ». On va oublier ce sobriquet péjoratif lorsque le jeune roi commence à perdre ses cheveux. À partir de 1620, il a recours à des « coins », comme l'on nomme les postiches partiels. Sa calvitie s'aggrave et il doit adopter une perruque. Il a 28 ans. L'abbé Thiers, auteur d'une *Histoire des perruques*, publiée en 1690, date précisément cet événement de l'année 1629. À partir de cette date, la perruque masculine commence sa marche conquérante. Le jeune roi est rapidement imité par ses familiers, puis par la plus grande partie de la Cour. Certains tentent de résister à la vogue. On peut citer, par exemple, Descartes et Richelieu, qui conserveront toute leur vie leurs cheveux naturels, raides ou frisés et portés plus ou moins longs, selon les périodes et leur goût.

Tout le monde imite le Roi

Les perruques deviennent de plus en plus sophistiquées à mesure que la mode s'étend. Sur la calotte, on assemble les cheveux par tresses bouclées et flottantes, prétendant reproduire l'effet d'une vraie chevelure abondante. À partir de cette perruque, les favoris du roi lancent des modes telle celle rapidement très en vogue dite de la « moustache » et qui consiste à laisser pendre une longe mèche bouclée sur le côté d'une joue et à la serrer d'un ruban ou d'un bijou.

Le règne de Louis XIV voit le triomphe des perruques au point que, déjà vers 1640, il est devenu inconvenant pour un homme de qualité de paraître « en cheveux », c'est-à-dire sans postiche de tête. Le jeune monarque, qui a reçu de la nature une très belle chevelure, refuse de couper ses mèches bouclées et dans un premier temps porte des perruques dites « à fenêtres », c'est-à-dire qui laissent passer ses propres cheveux à travers des interstices pour se mélanger aux mèches postiches. On sait que c'est en 1672, à l'âge de 29 ans, qu'il se fait raser la tête, non sans regret disent les chroniques car il possède une très belle chevelure naturelle, longue, frisée, châtain clair. Il adopte une perruque complète qui lui permet de masquer ses loupes, car il est affligé de ces kystes sébacés, souvent volumineux, qui saillent sous la peau de son crâne. Se raser la tête lorsque l'on porte perruque est chose courante pour des raisons de commodité, d'esthétique et d'hygiène, surtout lorsque ces postiches deviendront d'énormes édifices.

Louis XIV, dont les cheveux s'obstinent à pousser, se rasera la tête jusqu'à 70 ans passés. Entre-temps, le grand roi a instauré une étiquette de la perruque. Il dispose près de sa chambre à coucher d'une « chambre à perruques ». Dans ses *Mémoires*, Saint-Simon écrit que cinq perruquiers sont employés en alternance au seul service de la personne royale. Chaque matin, le sieur Quentin, barbier, présente au roi plusieurs perruques pour qu'il puisse choisir. Il nous décrit la liturgie : « Durant la toilette ordinaire du roi, on lui présente dix perruques de différentes longueurs pour qu'il puisse en choisir une. » Le mémorialiste nous dit aussi que le roi, comme les courtisans qui le suivent et l'imitent, peut changer dix fois de perruque dans la journée. Une pour la messe, une pour la chasse, une pour la promenade, une pour le dîner, une pour le bal, etc.

Pourtant, porter perruque n'est pas une sinécure, mais noblesse oblige, si l'on en croit Debay : « Malgré les migraines, les prurits incommodes qu'elle occasionne, malgré les tintements d'oreille, les éblouissements, les vertiges, l'apoplexie même, il fallait la porter sous peine de ridicule ou de disgrâce. »

Il en est ainsi dans toute l'Europe monarchique, car la mode française a été suivie dans toutes les cours royales et princières du vieux continent, y compris en Angleterre et en Russie, surtout après l'arrivée au pouvoir de Pierre le Grand. Ce sont les grands perruquiers tels Champagne et, plus tard, Léonard, qui en exportant leurs créations bien au-delà des frontières du royaume contribuent à cette uniformisation de la mode capillaire. À Versailles, la mode est pendant longtemps de porter des perruques blondes. Il en est de même à Venise, à Londres et dans les villes allemandes où la jeunesse élégante les porte longues et frisées. Depuis 1660, l'électeur de Brandebourg porte perruque blonde et s'est assuré la présence à sa Cour de deux perruquiers français, Philippe Tourneur puis Guillaume Bridon. Le grand philosophe Wilhelm Leibniz est connu pour apparaître dans les cérémonies officielles portant une énorme perruque blonde et carrée qui lui descend jusqu'aux hanches.

En France, la mode de porter des perruques blondes sera un temps remplacée par celle des perruques brunes, puis par celle des perruques blanches ou cendrées ; celle-ci va introduire l'usage de la poudre et perdurer jusqu'à la fin de l'Ancien Régime. Non seulement les couleurs, les nuances, mais les formes des perruques sont des signes de classe et de distinction sociales. Les magistrats, par exemple, portent la perruque « robin » qui finira, par dénigrement, par désigner les gens de robe. Les officiers portent la « brigadière », perruque dont les cheveux sont relevés des deux côtés de la queue.

En concordance avec des événements marquants survenus dans le royaume ou pour être au diapason avec la mode féminine, les perruques pour hommes vont connaître de nombreuses variantes tout au long du règne du roi Soleil. On peut citer, dans le désordre, les « perruques carrées », les « perruques nouées », avec des boucles courtes placées en avant, les « perruques à la financière », « à la lion », « à la comète ». Beaucoup portent la « perruque naturelle », qui imite une chevelure de longueur moyenne. Citons aussi la « perruque à l'espagnole », très légère et tombant au ras des épaules. Il y a encore les « tours », postiches qui entouraient la tête, ou les « coins », postiches généralement en forme de tresse, destinés à la calvitie partielle et qui se mélangeaient avec les cheveux naturels. Les perruques se terminent par un ou deux pendants que les professionnels appellent «queue». En France et en Angleterre, on préfère les perruques à une queue alors qu'en Autriche et dans les cours allemandes, l'étiquette impose les perruques à deux queues.

À partir de 1680, les perruquiers français donnent libre cours à leur créativité et leurs perruques prennent des proportions gigantesques, devenant des sortes d'édifices massifs, élevés en étages et en cascades de boucles. Le roi, bien sûr, porte les plus majestueuses, les perruques *in folio*, mot latin signifiant « en feuille ». C'est Binet, fournisseur du roi, qui a ainsi baptisé ses somptueuses et encombrantes créations. Ces perruques monumentales, nommées aussi « à la royale », ont leurs boucles dressées et étagées et d'autres retombant sur les épaules et dans le dos, l'ensemble formant une véritable crinière.

Même les ecclésiastiques se sont mis à porter des perruques. L'Église qui, au siècle précédent, menaçait d'excommunication les laïcs porteurs de postiches, doit maintenant menacer son propre clergé chez qui cet accessoire s'est rapidement répandu. On donne généralement Louis Barbier, dit abbé de La Rivière, évêque de Langres, agent secret de Mazarin et grand aumônier d'Anne d'Autriche pendant sa régence, comme le premier ecclésiastique à avoir porté une perruque entière. Exemple très vite suivi par beaucoup d'autres hommes d'Église à travers tout le royaume. En 1662, l'évêque de Bayeux doit expressément interdire à ses clercs l'usage des perruques. Dans la décennie qui suit, les évêques de Toul, de Grenoble, d'Agen s'élèvent à leur tour contre l'irruption de la perruque dans le clergé de leur diocèse. En 1692, l'évêque d'Auch constate, désabusé, que « les curés et les vicaires de campagne ne craignent pas de célébrer la messe avec des perruques si longues et si malpropres que la piété des fidèles en est considérablement offensée ».

En 1690, une bulle papale rappelle aux dignitaires de l'Église que le port de la perruque est une extravagance en contradiction avec les textes sacrés : « C'est une infamie parce que les perruques sont faites de cheveux empruntés et le plus souvent de la dépouille des morts ou de personnes de mauvaise vie. » Rien n'y fait et l'habitude de porter perruque subsiste chez les ecclésiastiques, malgré l'intervention sur le thème, en 1703, du nouveau pape Clément XI.

Durant tous les règnes suivants, quantité de prêtres vont continuer à porter de courtes perruques poudrées. Pour concilier les règles ecclésiastiques et la mode, on invente pour les abbés des perruques spéciales avec une ouverture au sommet qui laisse visible la tonsure du crâne. Elles rencontrent un certain succès. À la fin du XVIIIe siècle, le docteur Akerlio écrit : « Les têtes sacerdotales d'aujourd'hui sont les mêmes quant à la

Différents types de perruques en usage aux XVIIᵉ, XVIIIᵉ et XIXᵉ siècles. Coll. part., D.R.

forme extérieure que celles de la fin du siècle dernier [...] Un toupet relevé, une tonsure cachée sous une calotte noire, des cheveux en rond, frisés et poudrés, telle est la coiffure de presque tous les ministres des autels. »

Chez les laïcs, les belles perruques en cheveux naturels peuvent valoir jusqu'à 1 000 livres et plus. Somme exorbitante qui en fait un luxe interdit aux gens du commun. Ceux-ci, surtout à la campagne, trouvent des expédients avec des modèles en laine ou en crin. Les perruques françaises en cheveux naturels se vendent en si grand nombre dans toute l'Europe que les perruquiers français font des importations massives de cheveux en provenance d'Italie et d'Espagne. Ces importations prennent de telles proportions que, vers 1665, Colbert, alors contrôleur général des Finances, songe à interdire ces importations qui, selon lui, coûtent trop cher à la France. Il y renonce après que les perruquiers ont fait valoir, à juste titre, que l'exportation de leur production était une des plus importantes et des plus rentables pour le royaume et les caisses de l'État, même si cela impliquait des importations croissantes de cheveux étrangers. Le raisonnement est si juste qu'en 1706, le Grand Conseiller du roi établit un droit de contrôle des perruquiers sur toute l'étendue du royaume. Il s'agit en fait d'un nouvel impôt sur les postiches exportés. Et puisque ce commerce est si florissant, le même Grand Conseil crée «200 places nouvelles à Paris pour répondre à l'enlèvement des pays étrangers». Paris compte dès lors 650 charges de perruquiers, Lyon, qui compte 150 charges de perruquiers, reçoit l'autorisation de créer 30 charges supplémentaires, et chaque ville possédant un parlement reçoit l'autorisation d'en créer 20 nouvelles.

Sous la Régence de la minorité de Louis XV, on abandonne totalement les grandes et lourdes perruques du règne précédent pour des perruques plus légères, plus courtes, moins bouclées et surtout moins guindées, inspirées des « perruques à la moutonne » des Anglais, qui sont crêpées et qui, selon Saint-Simon, ne pèsent que 200 à 250 grammes. Le règne de Louis XV est surtout marqué par l'apparition des légères et élégantes perruques « à catogan ». Ainsi nomme-t-on le ruban noir qui

noue sur la nuque la partie arrière de la perruque. Quelquefois, celle-ci est emprisonnée dans une bourse, sorte de petit sac noir en taffetas. Le visage est encadré par deux rouleaux de cheveux horizontaux recouvrant les oreilles.

L'usage des perruques semble plus que jamais entré dans les mœurs. L'allègement de leur poids, l'étude de leur forme, les perfectionnements de leur fabrication et l'amélioration de leur qualité font que leur vogue va être durable et qu'elles vont continuer à être considérées pendant presque deux siècles comme un élément indispensable et ordinaire de l'habillage. Ainsi, lorsque l'empereur d'Autriche Joseph II décidera, dans la seconde moitié du XVIIIᵉ siècle, d'abandonner le port de la perruque, il passera pour un excentrique. Plus encore que sous le règne précédent, la convenance veut que la coiffe d'une perruque corresponde à la circonstance et au rang de celui qui la porte. Elle varie selon les métiers et à l'intérieur même de chaque catégorie sociale. Sa codification est très précise. On sait par Charles Desplanques, auteur en 1927 d'un ouvrage sur les barbiers perruquiers que les tailleurs, par exemple, n'ont droit qu'à une seule boucle frontale à leur perruque, alors que les barbiers chirurgiens ou les orfèvres ont droit à deux, et les apothicaires à trois. Selon Diderot, la mode des perruques reste stable durant la majeure partie du XVIIIᵉ siècle. Toutefois, vers la fin du règne de Louis XV, leur forme générale se modifie légèrement. Elles s'étoffent en hauteur et en largeur par la nouvelle pratique du crêpé, tandis que le catogan s'amincit.

Les perruquiers continuent à tenir le haut du pavé parmi les métiers d'artisanat. Beaucoup imaginent sans cesse de nouveaux modèles avec l'espoir de les imposer. On connaît, par exemple, les fameuses « perruques économiques », armées de fil de fer et données pour « résister sans peine ni embarras à la pluie, au vent et à la grêle durant toute une vie », ou les « perruques héréditaires », armées elles aussi de grillage de fil de fer et données pour si solides que l'inventeur assure «qu'elles peuvent passer de père à fils pendant plusieurs générations». Un artisan perruquier réalise une perruque composée uniquement de cristal filé et bouclé à la place des cheveux. Il la recommande pour les fêtes « car les lumières qui s'y réfléchissent produisent le plus bel effet ».

L'Encyclopédie perruquière, publiée en 1757 par Marchand, un des grands perruquiers de la place, recense 45 types de perruques qui eux-mêmes se déclinent. On peut citer les perruques « à oreille de chien » qui découvrent les oreilles, les perruques « à la cavalière » que portent les hommes d'âge mur, les perruques « à la bichon » pour la chasse. Et encore les perruques dites « à la rhinocéros », « au nid de pie », « à l'envieux », « à l'inconstant », « à la brisée », etc.

Dans *L'Art du perruquier*, publié en 1767, Monsieur de Garsault, semblant ignorer que toute perruque contenant autre chose que des cheveux peut être saisie par la justice, conseille de porter des perruques sur lesquelles a été introduit du crin de génisse ou de cheval, ce qui les empêche de s'affaisser d'une part, et les rend plus résistantes aux intempéries, d'autre part.

Sous prétexte qu'il existe une mystérieuse et indéfinissable alchimie entre la perruque et le visage, les perruquiers ne cessent de créer des modèles nouveaux qui connaissent des modes éphémères. Tel est le cas, par exemple, de la perruque raide et courte dite « à bonnet », importée d'Angleterre vers 1779. L'année suivante, la perruque « à la conseillère », également d'origine anglaise, qui se caractérise par un gros toupet au sommet, des boucles longues sur les côtés et une épaisse queue s'étalant sur la nuque, se trouve en concurrence avec la perruque « à l'enfant » lancée pour flatter la grossesse de Marie-Antoinette. Grand succès également pour la perruque « à la hérisson » du nom d'un jurisconsulte français et qui est lancée par Mirabeau. « Les cheveux sont dressés sur le front, roulés et maintenus en diadème. Ceux des tempes sont relevés en trois ou quatre boudins ou gros marrons, découvrant à moitié l'oreille. Le reste de la chevelure est lisse et pend dans le dos, formant une queue légèrement ondulée se terminant par des frisures. »

Aucune perruque de cette époque n'approche jamais le succès rencontré par la fameuse perruque « à la Sartine », dont la mode naquit en 1773. Sa vogue est surtout sensible chez les professions en robe. Ainsi, très vite, couvre-t-elle tous les chefs de la presque totalité des membres du Parlement français. Son « inventeur », Antoine Raymond Gabriel de Sartine, lieutenant général de police, est lui-même magistrat, et passe pour « être l'homme le mieux coiffé du royaume ». Il est le premier de son époque à porter une perruque longue et entièrement crêpée. « Frisures qui bouffent par toute la tête, en séparant pour ainsi dire les cheveux les uns des autres, et la partagent perpendiculairement par-derrière en deux parts égales. » Du coup, tous les fabricants de perruques se mettent à concevoir pour leurs clients des « modèles crêpés à la Sartine », ce qui augmente leur volume sans alourdir leur poids.

Les postiches féminins existent depuis le XVIe siècle, mais servent avant tout à étoffer une chevelure et compléter par quelques mèches et boucles supplémentaires des coiffures à la mode. L'usage des cheveux artificiels pour les femmes va surtout se développer au XVIIIe siècle, à partir de 1730 selon le

Récolte de cheveux en Bretagne. Carte postale. Coll. part. D.R.

Mercure de France, quand les femmes de la noblesse et de la haute bourgeoisie « vont user tout à fait communément de perruques complètes ». Mais il faut attendre le règne de Louis XVI pour que la mode des perruques féminines devienne systématique parmi les élégantes. La raison en tient à la mode des coiffures volumineuses et poudrées si appréciées par Marie-Antoinette et qu'il est impossible de réaliser avec sa seule chevelure.

La Révolution va entraîner, pour les femmes comme pour les hommes, le retour des coiffures plus simples, non poudrées, tout comme la disparition des maquillages outranciers. La situation est très préoccupante pour la corporation des perruquiers. En 1789, elle adresse une supplique à Monsieur le comte de Mirabeau « qui est toujours le mieux frisé de l'Assemblée » : « Monseigneur, les maîtres perruquiers de France, au nombre de 20 000 et plus, viennent se plaindre d'un nouvel abus [...] Ils supplient les députés de continuer à porter perruque. »

Perruques et libido

Les libidineuses personnalités historiques connues pour s'être livrées régulièrement avec joie, entrain et satisfaction à des coïts effrénés, et à bien d'autres plaisirs dissolus de la chair, ont toutes un point commun : elles collectionnaient les perruques !

- *Messaline, au début du Ier siècle, troisième femme de l'empereur Claude, célèbre pour ses débauches, en possédait 400.*
- *Faustine l'Ancienne, épouse de l'empereur Antonin le Pieux, au milieu du IIe siècle, une des plus belles femmes de son temps, en possédait plus de 700, toutes de forme, de modèle et de couleurs différentes. Il s'agit bien là d'une marque de coquetterie, mais sa réputation de conduite et de moralité douteuses ne s'appuierait en fait que sur ce genre de preuves vagues.*
- *Élisabeth Ière, fille d'Henri VIII et d'Anne Boleyn, monta sur le trône à l'âge de 25 ans, ayant déjà connu de nombreux « marivaudages fort accentués » diront les pudiques historiens du XIXe siècle. Cette réputation de «belle vestale», comme l'appelait Shakespeare, était déjà établie vers sa quatorzième année, ce qui la fit débuter dans la galanterie à peine pubère. À 60 ans passés, elle file encore le parfait amour avec le très jeune lord Essex. Cette reine, qui disait très sérieusement vouloir pour épitaphe « Vécut et mourut vierge », possédait près d'une centaine de perruques rousses et jaune safran dont elle usait comme autant d'articles de séduction.*
- *Theresa Cabarrus, retenue par l'Histoire sous le nom de Madame Tallien, fut une des plus grandes séductrices « merveilleuses » du Directoire et la Notre-Dame-de-Thermidor des Muscadins. Ses tenues vestimentaires, destinées à montrer son corps parfait, tout autant que le prestige de ses amants, alimentaient les potins de l'Europe entière. Elle se vantait souvent de sa collection de 30 à 40 perruques « toutes en vrais cheveux ».*

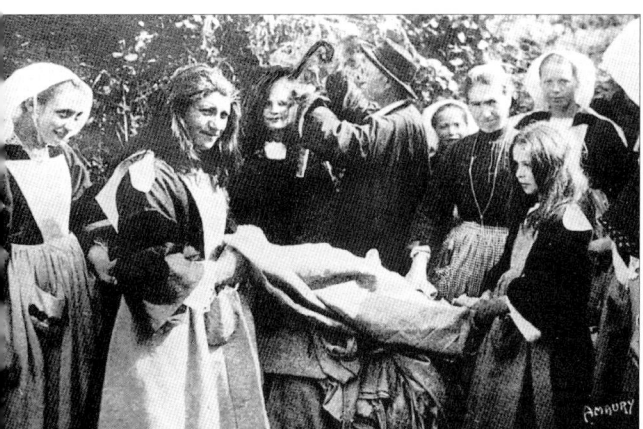

Récolte de cheveux en Bretagne. Carte postale. Coll. part. D.R.

Récolte de cheveux en Limousin. Gravure. 1899. Coll. part. D.R.

En 1791, l'Assemblée Constituante reçoit de nouvelles doléances des maîtres perruquiers de Paris qui ont à se plaindre de leurs garçons et ouvriers : « Quatre cents boutiques ont été récemment ouvertes par nos employés qui nous enlèvent les pratiques que nous leur avons confiées. Une concurrence funeste s'est aussi établie entre nos garçons et nous [...]. »

La Constituante étant à court d'argent, elle songe, comme d'autres avant elle, à prélever un impôt sur les métiers. En échange, « on votera un grand bienfait pour l'industrie et le commerce : la suppression des jurandes et des maîtrises ». Et cette même année 1791, est effectivement votée la loi qui abolit toutes les corporations sans exception. « À compter du 1er avril, les offices des barbiers, étuvistes et perruquiers et tous privilèges de ces professions sont supprimés [...] Il devient libre à toute catégorie d'exercer telle profession ou métier qu'elle trouvera bon, après s'être pourvue d'une patente et d'en avoir acquitté le prix. » Le règne du commerce individuel commence.

À partir de ce moment de l'Histoire, la perruque, pourtant très répandue dans toutes les classes de la société, y compris la domesticité, prend une connotation purement royaliste. Peut-être en partie par contraste avec les habitudes capillaires des Sans-Culottes, qui affichent des cheveux plats et un bonnet rouge. Et pour faire bonne mesure, en 1792, la Convention propose d'en interdire le port par décret, car « la perruque, survivance archaïque, doit être considérée comme une provocation contre-révolutionnaire ». L'interdiction est effectivement votée après qu'un député, dont l'histoire n'a pas souligné le patronyme, se fut écrié depuis la tribune de l'Assemblée : « L'invention de la perruque est par elle-même très aristocratique et tend à détruire tout principe d'égalité dans un pays libre. Je demande qu'elle soit supprimée, son port interdit ! »

Le Jacobin puis Girondin Roland, alors que durant quelques mois, cette même année 1792, il est ministre de l'Intérieur, croit avoir l'attitude d'un ardent patriote révolutionnaire en se rendant au cabinet du roi avec les cheveux plats et non poudrés. Mais l'usage de la perruque est si ancré parmi les Français de toutes conditions que malgré l'interdiction de la Convention, il ne disparaît pas totalement. Nombreux sont même les leaders révolutionnaires qui conservent la leur envers et contre tout. Notamment le premier d'entre eux, Robespierre. « L'Incorruptible » a même conservé l'usage de la poudre, malgré la forte désapprobation de ses amis politiques.

En 1793, nombre de Jacobins portent encore perruque. Elle est brune, à cheveux longs, non frisée, mais sans poudre. Probablement en souvenir de Jean-Jacques Rousseau, avancent certains érudits. Beaucoup d'aristocrates et tenants de l'Ancien Régime adoptent la perruque à la Jacobin, « plutôt que d'aller nu-tête ». Les « Sections » ne sont pas dupes et s'en émeuvent. Sur leurs plaintes, le Grand Conseil de la Convention défend, par un arrêté en date du 21 novembre 1793, ou plus justement du Ier Frimaire An II, de porter « perruque à la Jacobin ».

Dès la fin de la Terreur, en juillet 1794, mais surtout au début du Directoire, en octobre 1795, les perruques connaissent un retour en vogue, dont l'origine est morbide si l'on en croit Nicolaï. Dans ses fameuses *Recherches historiques sur l'usage des cheveux postiches et des perruques*, ouvrage publié en 1808, il écrit : « La guillotine agitée par le despotisme de la liberté, ainsi

Le « Grand Condé ». 1621-1686. Perruque bouclée. D.R.

Jean de La Bruyère. 1645-1696. Perruque rehaussée. D.R.

Louis XIII. 1601-1643. Perruque avec calotte plate et raie. D.R.

que s'exprimait Robespierre, en plongeant la France dans le deuil, tira les perruques de l'oubli où elles allaient tomber. Les amants et les époux éplorés cherchèrent à sauver les cheveux de leurs épouses et amantes qui allaient périr par la main du bourreau, pour en orner leur propre tête. C'est cette touchante sollicitude qui donna naissance aux nouvelles perruques des dames françaises dont la mode s'est répandue dans toute l'Europe policée et probablement jusqu'au fond des deux Indes [...]. »

En fait, il y a aussi un trafic de cheveux, dénoncé dès avril 1794 par un certain A. Paysan. Lors d'une séance de la Convention, il incrimine « ces excentriques qui ne sont qu'une nouvelle secte contre-révolutionnaire, qui se sont associées à des femmes éhontées s'empressant d'acheter les cheveux des jeunes blondins guillotinés pour se faire des perruques qu'elles portent en souvenir de ces êtres aimés ».

Sous le Directoire, c'est-à-dire à partir de fin 1795, les femmes reviennent aux perruques avec des quantités de modèles, dont beaucoup à cheveux courts et bouclés surnommés « à la Titus ». Appellation due au grand Talma qui interprétait alors, dans une tragédie latine, le rôle de Titus. Pour ne pas être en contravention avec un récent décret de la Convention interdisant le port des perruques « à l'ancienne », il commanda au perruquier Duplan un postiche « réglementaire ». L'homme de l'art « inventa » pour lui une perruque noire à cheveux courts, avec laquelle il joua chaque soir son personnage. Il finit par la porter à la ville et lança ainsi la mode de ce type de coiffure qui finit par être adopté par tout le monde, y compris les femmes. Elles en portent pour les réceptions mondaines, les soirées d'apparat, le théâtre, etc. Elles servent généralement à cacher les coupes courtes et trop masculines, toujours de mise et héritées de l'époque révolutionnaire. Elles portent des noms qui reflètent

Jean de La Fontaine. 1621-1695. Perruque ondulée. D.R.

Colbert. 1619-1683. Perruque frisée. D.R.

cette liberté de « paraître » à nouveau permise : perruque à « tire-bourre », à « crochet sur l'œil », à « l'anglaise », à « la turque », à « la grecque », à « la glaneuse », etc. La couleur blonde est à la mode, mais le bleu, le roux, le vert se portent aussi, enrichis de bijoux précieux. Madame Tallien, égérie du Directoire puis du Consulat, se vante d'en posséder « plus de trente, de formes et de couleurs différentes, valant 25 à 30 livres pièce ».

Poils en gros et en détail

Le XIXe siècle est le siècle de la perruque et du postiche. À partir de 1820, les hommes portent un toupet qui devient un accessoire courant de la toilette masculine. Il se place sur le devant de la coiffure ou de la perruque à laquelle il tient par de la colle ou des agrafes, des cordes en boyau ou même des élastiques. C'est à cette période que naît l'expression péjorative de « tête à perruque » dont la jeunesse romantique va faire la suprême injure : « Il faut terrasser l'hydre du perruquinisme », s'écrie sans cesse Théophile Gautier en parlant des opinions conservatrices professées par les « classiques ». Il ne peut être que déçu par la seconde moitié du siècle qui s'avère une bénédiction pour les perruquiers.

Le retour de la mode des coiffures volumineuses du Second Empire fait que les femmes utilisent plus que jamais quantité de faux cheveux. Porter un faux chignon, souvent volumineux, et d'abondantes boucles supplémentaires, est admis dans la société la plus sévère. Au sein de la bonne société, aucune coiffure, hormis celle des enfants et des adolescents, ne peut être réalisée sans cheveux d'appoint. La comtesse de Séguy parle de chignons nattes « gros comme des saladiers », portés à l'arrière de la tête. Au cours de la décennie 1860, il se fabrique en France plus de cent mille faux chignons par an.

Louis XIV. 1638-1715. Perruque à rouleaux verticaux. D.R.

Marchand de perruques d'occasion pour le petit peuple. XVIIIe siècle.
Gravure. Coll. part. D.R.

En 1865, Henri Rochefort écrit dans Le Figaro : « Les biches hier encore portaient dans le cou une telle quantité de faux cheveux que l'on craignait que la disette des chignons ne se déclarât tout à coup [...]. Comme au moment de la famine de 1841, les dames seraient venues tous les matins chercher auprès de leur mari respectif deux onces de faux cheveux par tête. Tout à coup, la mode s'est ressaisie ; les touffes qui ombrageaient la colonne vertébrale ont remonté sur le sommet du crâne sans même stationner un moment sur l'occiput [...] Il est écrit qu'il faut enlever le fond des chapeaux pour donner passage à l'amas de tire-bouchons falsifiés qui couronnent aujourd'hui leur édifice. »

Vingt ans après ces lignes, vers 1874, le docteur Bazin peut écrire dans son Encyclopédie des Sciences médicales : « Il n'est presque pas de femmes aujourd'hui, j'entends de femmes du monde, dont la tête ne soit tributaire à quelque degré de l'art des cheveux faux, qui pour une natte, qui pour la queue, qui pour le chignon [...] De cette vérité ressort avec évidence l'extrême importance prise dans ces derniers temps par le commerce des faux cheveux. » Effectivement, le commerce des cheveux à usage des postiches et des perruques demeure très actif tout au long du XIXe siècle et du début du XXe. Cette activité est passée en très peu de temps du stade de l'artisanat à la production semi-industrielle qui nécessite infiniment de soin et de connaissances chimiques particulières.

Malgré plusieurs tentatives de concurrence des perruquiers allemands, anglais et même russes et américains, la France résiste et Paris demeure plus que jamais la principale place

Un canon de la mode ou l'odeur de la poudre

L'usage de se poudrer les cheveux est très ancien et de très nombreux pays l'ont pratiqué avec les substances les plus diverses qui vont de la simple terre colorée à la cendre de bois, sans oublier les diverses préparations végétales.

En France, on considère généralement que l'usage de la « poudre pour tête » débuta au milieu du XVIIe siècle, et se généralisa avec la mode des perruques. En fait, l'usage est plus ancien de près d'un siècle puisque déjà, sous Charles IX, les dames françaises et italiennes se poudrent les cheveux avec quantité de solutions violettes, rousses et de bien d'autres couleurs. D'après l'historien des perruques, Frédéric Nicolaï, dont les travaux furent publiés en 1809, ce seraient les comédiens qui auraient inauguré en France le poudrage des cheveux. Difficile de trancher cette question des origines. Quant à la pratique, elle est attestée. Agrippa d'Aubigné évoque dans Les Tragiques la coquetterie d'Henri III et nous dit qu'il a l'air d'une femme fardée avec « le visage de rouge et de bleu empâté et la tête tout empoudrée ». Exemple suivi par toute la Cour qui s'inonde d' « argentine », poudre ainsi nommée à cause de sa couleur argent.

Pierre Taisan de l'Estoile, chroniqueur attentif, note dans son journal que le souverain est entré dans la ville d'Olainville avec « sa troupe de mignons fraisés, frisés, peignés, diaprés et pulvérisés de poudre violette qui aromatise la rue ». Sous Louis XIII, la poudre rousse «italienne» domine longtemps avant que, peu à peu, elle ne soit remplacée par la poudre blanche qui va rester à l'honneur jusqu'à la Révolution française, et bien au-delà à l'étranger.

La poudre parfumée des dames

Dès la fin du XVIIe siècle et durant le siècle suivant, la mode et les convenances n'autorisent plus une femme et un homme à paraître en habit sans avoir la tête perruquée et couverte de poudre blanche, en dépit des protestations de quelques moralistes. Peu importe qu'elle favorise la présence des poux, la « poudre » est un signe de civilité. La négliger est on ne peut plus malséant. Antoine Furetière, dans son célèbre ouvrage Le Roman bourgeois, se moque « des bourgeois aux cheveux noirs et crasseux » qui n'utilisent pas de poudre. Quant aux dames, elles ne peuvent être prisées si « elles n'ont pas leur chef couvert de poudre parfumée ». Mademoiselle de Montpensier, cousine de Louis XIV, affiche comme excentricité de ne plus se poudrer : « Je ne mettrai plus de mouche ni de poudre sur mes cheveux. La négligence que j'avais de ma coiffure la rendait si malpropre et si longue que j'en étais toute déguisée. »

On parle de « poudrage à frimois », d'un « œil de poudre », d'un « poudrage au ciel », d'un « poudrage à blanc », selon le degré d'enfarinage. En effet, cette précieuse poudre blanche est en réalité de la simple farine. Les perruquiers y ajoutent quelquefois une pincée d'un

autre ingrédient pour s'autoriser à la vendre plus cher sous des noms évocateurs et mystérieux.

Parmi ces ajouts, un surtout fait fureur, imaginé par le perruquier coiffeur Croisat. Il s'agit d'un mélange de bois vermoulu, de racines d'iris, d'os de bœuf et de mouton calcinés, le tout pilé et passé au travers d'un tamis. Si l'on veut parfumer sa perruque on ajoute à ce mélange des roses séchées, des clous de girofle et de l'écorce de citron. Toute la France et l'Europe aristocratiques s'arrachent cette préparation.

Le « patient », couvert d'une capote de toile cirée, a le visage protégé par un masque pendant tout le poudrage. Il s'agit souvent d'un cornet en carton. Aucun perruquier n'est avare de sa poudre et les chroniques disent : « Les surplus s'envolent jusque dans la rue. »

La rage pulvérisatrice est telle qu'en 1740, Louis XV interdit l'utilisation de la farine pour le poudrage des perruques et des coiffures des dames. Vaine interdiction, renouvelée en 1771, l'usage persiste envers et contre tout.

La dérive s'aggrave plus encore sous le règne de Louis XVI. Les poudres employées sont de toutes les couleurs, jaune, rosé, bleu et surtout violet. Le roi n'en interdit pas l'usage comme son prédécesseur, mais refuse d'imiter l'Angleterre où sévit aussi le poudrage exagéré des chevelures et qui a établi une taxe sur la poudre. Taxe qui rapporte en 1786, année même de sa création, 250 000 livres au Trésor britannique.

Pour que tienne la poudre, toutes les mèches des perruques sont enduites de colle ou de pommades grasses. « Alliées aux parfums, à la transpiration et aux sueurs, elles occasionnent migraines, maux de tête, de gorge et de nez et font blanchir ou perdre les cheveux en peu de temps. » En fait le poudrage des cheveux évite leur lavage. Liébault, en 1622, nous dit dans De l'embellissement et de l'ornement du corps humain, comment écarter la pratique de l'eau lorsque l'on porte perruque. « Quand il sera question de substituer les poils de la tête, il faudra user du lavage avec prudence. Au lieu d'user de celui-ci, usez de friction avec son froment fricassé à la poêle, ou bien épandez par-dessus et entre les cheveux quelque poudre dessicatoire et détersive à l'heure de dormir, et le matin l'ôterez avec le peigne. »

De quoi nourrir des milliers de pauvres

Le poudrage est une véritable « opération de meunerie » dont Sébastien Mercier dit, en 1782, dans son Tableau de Paris : « Songez que la poudre dont 200 000 individus blanchissent leurs cheveux est prise sur l'aliment des pauvres [...] Ce n'est pas moins de 10 000 infortunés que l'on pourrait nourrir journellement avec cette farine gaspillée [...] On gémit sur cet usage qui ne laisse pas aux cheveux la couleur naturelle qu'ils ont reçue. »

Vers la fin du siècle, l'usage de la poudre n'est plus systématique, mais il s'en utilise encore des quantités faramineuses. Paul Boileau, cité par Franklin, dit qu'en 1789, au moment où le pain est si rare, « on transforme chaque année en poudre à poudrer 24 millions de kilos d'amidon ».

Beaucoup abandonnent cet usage soit en raison des événements, soit parce que la « mode » commence à le rejeter. Dans ses mémoires, Madame Vigée-Lebrun se vante d'avoir contribué à cet abandon en demandant à ses modèles de la haute noblesse « de ne pas mettre de poudre pour se faire portraiturer ». La toute première qui voulut bien se soumettre à cette lubie d'artiste fut la très belle Madame de Sabran. Comme elle allait au théâtre après les séances de pose, « coiffée en boucles et sans poudre », un grand nombre de femmes l'imitèrent et renoncèrent avec joie au diktat des cheveux blancs.

La « gueule » enfarinée

Certains pourtant n'y renonceront jamais, même parmi les plus fameux révolutionnaires. On peut citer Robespierre et son ennemi politique le Jacobin Brissot qui avait reçu le 14 juillet 1789 les clefs de la Bastille. Tous deux gardèrent perruque poudrée jusqu'au pied de la guillotine. Bonaparte se poudrera les cheveux jusqu'à son départ pour l'Italie.

Le célèbre coiffeur Croisat tentera de relancer l'usage de la poudre en 1837 sous Louis-Philippe. Tentative avortée ; les hygiénistes sont contre qui regardent alors « le poudrage des cheveux comme une des habitudes les plus préjudiciables qui soit ». Elle aura au moins enrichi la langue française en donnant naissance aux expressions « enfariner quelqu'un » pour dire qu'on s'en est entiché ; « enfariner un sujet » pour dire qu'on n'en a qu'un aperçu superficiel ; et « gueule enfarinée » pour désigner un état de confiance ridicule et non motivé.

Poudrage d'une perruque. Le patient se protégeait avec un masque. Gravure de C. Vernet. Vers 1765. D.R.

mondiale de cette industrie dont les produits s'exportent dans le monde entier. Première place qui nécessite de perfectionner sans cesse les techniques, de créer sans répit de nouveaux modèles et, par voie de conséquence, de rassembler une matière première toujours plus abondante. Cette alimentation du marché est assurée par deux sources distinctes d'approvisionnement : les provinces françaises et les pays étrangers européens. Vers 1850, il se vend annuellement en France environ 60 000 kilos de cheveux dont un tiers est importé de l'étranger. Le marché national en utilise environ 30 % et le reste est réexpédié sous forme de produits finis, perruques, postiches, coins, toupets, etc. Les quantités traitées ne cessent d'augmenter. Vers 1870, le volume de cheveux traités en France a triplé. Les provinces françaises fournissent annuellement environ 70 000 kilos de cheveux bruts, et l'étranger plus ou moins 90 000 kilos. En 1909, ces quantités montent à 300 tonnes dont un tiers seulement est importé. La grande majorité des cheveux « étrangers » proviennent d'Allemagne, de Belgique, d'Italie, de Flandre, de Hollande et de Suède, qui participent tour à tour à l'approvisionnement français en raison d'une ou plusieurs spécificités de finesse, de longueur ou de couleur. La récole nationale est principalement assurée par trois provinces qui se trouvent bien naturellement être les plus pauvres et qui procurent à elles seules 80 % des « coupes brutes », c'est-à-dire des prélèvements opérés directement sur la tête des femmes par des « chasseurs de cheveux » accrédités par les industriels et qui sillonnent « leurs territoires » à la recherche de femmes prêtes à sacrifier leur parure pour quelques sous. Ce sont la Bretagne, appréciée pour la finesse de ses chevelures, le Limousin et l'Auvergne. Les cheveux auvergnats sont longs, épais, mais trop gros et nécessitent des mélanges avec d'autres plus fins, notamment en provenance d'Italie.

La « récolte des cheveux » est organisée dans les régions françaises comme suit : chaque année, entre avril et mai, les équipes de coupeurs spécialisés visitent par quadrillage les régions productrices. Les femmes qui acceptent de « vendre du cheveu » ne sont pas tondues, ce qui serait propre à décourager le plus grand nombre. Les coupeurs leur préservent une bande de cheveux sur tout le pourtour de la tête qui masque ainsi tout prélèvement lorsqu'elles portent leur bonnet. Ce prélèvement, de surcroît, s'effectue par quarts. L'opération se pratique ainsi : le sommet du crâne est divisé en quatre parts égales et le coupeur ne prélève que sur une. L'année suivante, il en prélève une deuxième et ainsi de suite, ce qui fait qu'en quatre ans, le prélèvement aura été effectué sur la totalité de la partie centrale du crâne. Les cheveux poussant de 12 à 18 cm par an, le coupeur peut, au terme des quatre ans, prélever à nouveau le premier quart sur lequel les cheveux ont eu le temps de repousser. Ainsi s'assure-t-il une « récolte régulière ». Bien sûr, de nombreuses femmes arrivées à un certain âge et plongées dans la plus extrême misère en viennent à vendre en une fois toute leur chevelure qu'elles portent longue et épaisse depuis des décennies. La vente de ces chevelures anciennes imposée par la cruelle nécessité est d'autant plus appréciée des « chasseurs de cheveux » qu'elle permet la fabrication de très coûteuses, très recherchées et très distinguées perruques blanches naturelles. L'écrivain Gaston Hirsh a écrit sur ce thème, vers 1860, un conte des plus émouvants.

Une fois collectées, les masses de cheveux recueillies ou importées doivent être traitées par les industriels. Les techniques de traitement sont complexes, et avant d'être livrés au commerce de gros, demi-gros et détail, les cheveux subissent un certain nombre de préparations. La première est le triage par longueur, couleur et finesse. Vient ensuite le dégraissage, opération délicate qui ne doit pas altérer les couleurs. En 1817, la maison Patté, une des plus anciennes et des plus importantes entreprises parisiennes d'achat et de vente de cheveux, s'est fait connaître par un procédé de délentage. Après avoir été passés à l'étuve, les cheveux sont trempés dans un bain dit à l'italienne qui a la propriété de colorer les œufs de poux que l'on compte par dizaines de milliers dans chaque masse de cheveux traités. Coloration des lentes qui permet leur élimination de façon plus sûre et plus aisée et à laquelle succède le lissage. Il importe que tous les échantillons de même qualité soient livrés et ne présentent aucune frisure. Les cheveux préparés sont alors disponibles pour le commerce de transformation, perruques, postiches, bijoux, tableaux en cheveux, etc.

Autopsie d'une mort annoncée

Les industriels du cheveu vivent dans l'opulence et l'optimisme jusqu'à la Première Guerre mondiale qui marque un arrêt brutal de leur activité. À l'issue du conflit, la profession de perruquier et tous ses sous-traitants sont frappés de plein fouet cette fois par la vogue des cheveux courts. Il faut attendre la sortie de la Seconde Guerre mondiale pour que l'industrie perruquière retrouve un certain dynamisme, au cours des décennies 1950-1960. Mais elle doit faire face à une véritable révolution avec l'apparition des fibres synthétiques imitant de très près les cheveux naturels. Certains industriels s'adaptent. La société Camaflex est la première, en 1969, à lancer sur le marché français une collection de perruques en cheveux synthétiques. Désormais, il est possible pour quantité de femmes de s'offrir une nouvelle tête, de la couleur souhaitée, pour une somme dérisoire en comparaison de celle exigée pour une perruque en vrais cheveux.

Désormais, les perruques confectionnées à la main et en vrais cheveux sont réservées à une clientèle de luxe, tandis que celles en cheveux synthétiques ne cessent de bénéficier de progrès techniques remarquables. Ainsi, les mèches sont désormais constituées et placées à la machine, ce qui accélère cinquante fois l'opération. Dans les années 1970, apparaît une nouvelle matière, le « kanékalon », peu coûteuse et légère ; quasi-invisible, elle rend les bonnets élastiques et les perruques n'ont plus besoin d'être fabriquées selon une rigide échelle de taille.

Les perruques en arrivent à être vendues à des prix dérisoires dans les réseaux des grands magasins et des grandes surfaces. Cependant, toute une catégorie de femmes se lasse de ces postiches ordinaires, difficiles à coiffer et qui tiennent chaud à la tête. C'est alors qu'est lancée par Hollywood, au début des années 1980, la mode des extensions, ces mèches en vrais cheveux destinées à être attachées une par une directement à la chevelure du porteur. Le succès est considérable en Occident. Mais pas seulement. Japonais et Africains en adoptent l'usage, pouvant ainsi prétendre porter de façon la plus naturelle possible de longues chevelures blondes, droites ou savamment ondulées.

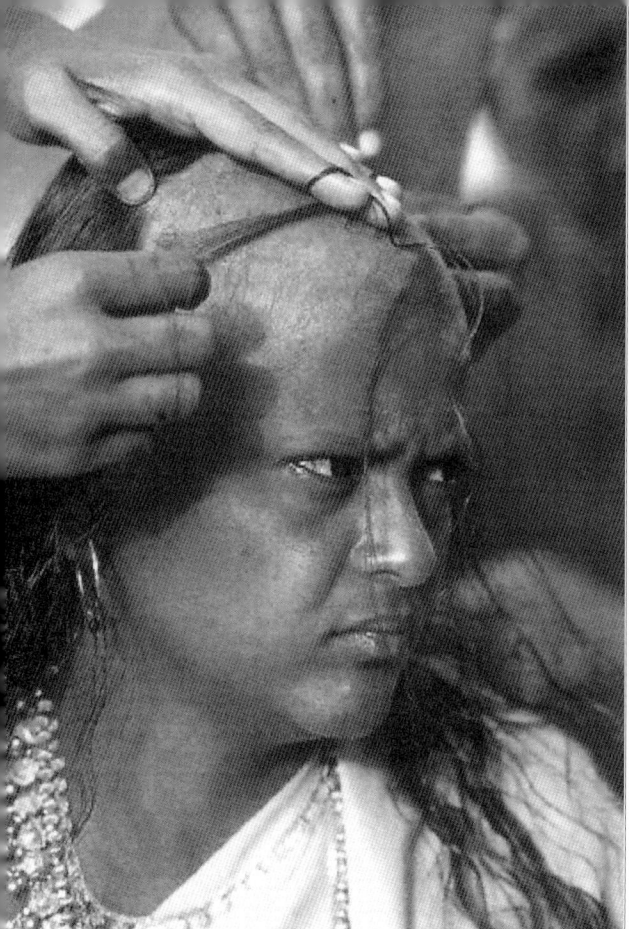

En quelques minutes, le « raseur » fait tomber toute la chevelure. Corbis-Sygma. Soltan Frédéric.

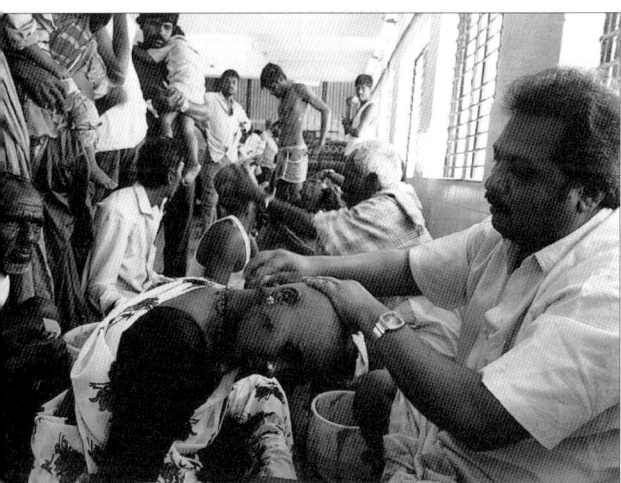

En Inde, les coiffeurs du temple rasent plusieurs milliers de pèlerins chaque jour. Julien Chatelin. D.R.

Ouvrières du perruquier Giambertone de Palerme. Salle de désinfection des cheveux blancs. Julien Chatelin. D.R.

Ce succès n'est pas suffisant pour sauver la traditionnelle profession de perruquier qui ne cesse de se fragiliser. Les pays asiatiques, tels Hong-Kong, la Corée et Singapour, qui se sont lancés dans cette fabrication avec des coûts deux fois moindres pour un travail similaire, sonnent le glas de la profession en France, pays qui l'avait vue naître trois cents ans plus tôt. Les unes après les autres, les grandes et anciennes maisons ferment après des existences souvent séculaires. La célèbre entreprise Leclabart, dont les perruques ont été les *must* du marché mondial et qui a compté jusqu'à 3 000 employés, en licencie 2 000 en 1970, et finit tout de même par disparaître. Même sort, au début des années 1980, pour une autre fameuse entité, la maison Bertrand. Elle est rachetée par un professionnel passionné, Denis Poulin, qui va tout tenter pour faire survivre la tradition de qualité et de savoir-faire française. Pendant un temps, ses perruques coiffent nombre de « grands » de ce monde, ministres, banquiers, rois, chefs d'État. Pour continuer d'exister, il doit aussi se tourner vers le spectacle de divertissement. Ainsi devient-il le fournisseur officiel de la Comédie-Française et de nombreux spectacles populaires. Il conçoit et fabrique les perruques de presque tous les spectacles de Robert Hossein et de Jérôme Savary, comme celles de nombreux feuilletons télévisés ou de pièces de théâtre. Le cinéma s'adresse également à lui sans que le grand public soupçonne le labeur nécessaire à la confection de coiffures qui doivent paraître totalement naturelles. Plus de 400 postiches, par exemple, pour le seul film de Philippe de Broca, *Le Bossu*. Des centaines d'autres pour les films *Indochine*, *Les Visiteurs*, *Édith et Marcel*, *Fort Saganne*, etc. Sans compter les créations conçues pour les belles du Crazy Horse Saloon. Et chaque fois, un travail artisanal entièrement réalisé à la main : une couturière fabrique les bonnets de tulle puis il faut teindre, crêper ou natter, sur une machine ressemblant aux antiques métiers à broder, les cheveux qui sont fixés par l'implanteuse avec un crochet à pointe d'hameçon. Chaque cheveu étant noué séparément en bordure du front, reste la coiffure proprement dite, la coupe, la mise en plis, avant de laquer la perruque enfin prête pour le premier essayage.

Coup de tonnerre, le 3 avril 1998. Une dépêche de l'AFP annonce : « Le dernier gros atelier d'artisans perruquiers de Paris va bientôt disparaître : Denis Poulin, qui se dit "accablé par la taxe professionnelle, les charges, l'URSSAF et la TVA", a déposé le bilan le 11 mars et fermera définitivement les portes de son entreprise le 30 avril. » De vingt ouvriers en 1993, les ateliers Poulin sont descendus à quinze, puis à neuf. Malgré 3 millions de chiffre d'affaires, les dettes se sont accumulées. Denis Poulin est amer. Il déclare à Anne-Marie Chapelain de l'AFP : « La France se heurte à l'esprit tatillon et intraitable de l'administration fiscale [...] Ici, il n'y a plus de travail. Ce dernier part en Grande-Bretagne où les charges ne représentent que 17 % des salaires pour les artisans, ou bien encore en Italie. [...] De plus, il y a une crise sur le marché du cinéma français, les films sont tournés à l'étranger et les théâtres font appel à des prestataires européens qui font parfois fabriquer leurs pièces en Asie. L'Europe est une vraie passoire et on ne peut pas se battre. [...] Pour l'opérette *La Veuve joyeuse*, représentée à l'Opéra de Paris en décembre dernier, mes ateliers ont fourni des perruques à

6 900 francs pièce – et encore je perdais de l'argent – alors que les Italiens pouvaient les fabriquer à 2 800 francs et les Pakistanais de Londres à 500 francs [...]. »

Le stock de 18 000 perruques et postiches, ensemble unique au monde, qui va des perruques Louis XIII, Louis XIV et Louis XVI aux perruques carrées des moines et aux perruques chinoises et japonaises, quitte la France pour être revendu au costumier londonien Angel Berman qui s'offre ainsi, d'un coup, toute l'histoire de la coiffure et de ses modes passagères. Ce qui fait dire à Denis Poulin : « Et en plus il peut loger ses clients dans un hôtel particulier lorsqu'ils séjournent dans la capitale anglaise. »

Quelques autres perruquiers tentent de se maintenir en vendant de « l'artisanat de qualité ». C'est le cas de Patrick Buteux et de sa dizaine d'employés dont l'atelier, malgré les difficultés, a pu établir et certifier une grande qualité.

Paradoxalement, alors que peu à peu les perruquiers de tradition disparaissent, il ne s'est jamais, au cours de l'Histoire, vendu autant de perruques et de postiches à travers le monde.

Un marché en pleine expansion

Le marché s'est internationalisé et propose à l'heure actuelle à travers le monde deux types de produits dont les ventes sont d'année en année en constante progression : les articles en cheveux synthétiques et ceux en vrais cheveux. Les premiers, vendus par millions d'exemplaires chaque année, sont très généralement fabriqués en Asie, mais également dans des petites unités de production disséminées dans quelques pays européens dont la France. Ces productions sont proposées sur tous les continents, mais surtout à la clientèle des pays occidentaux, à des prix défiant toute concurrence, ce qui a permis d'élargir considérablement la clientèle potentielle liée à ce marché. Quant aux perruques et postiches en cheveux naturels, dont il est fabriqué des centaines de milliers d'unités chaque année, ils connaissent eux aussi une constante progression des ventes grâce à une politique de bas prix et de bonne qualité, savamment élaborée par les firmes internationales.

Cette politique commerciale couronnée de succès est liée à la mondialisation du commerce. Cette nouvelle organisation des

Séchage des chevelures coupées après leur lavage et leur désinfection.
Julien Chatelin. D.R.

échanges a déplacé en quelques décennies toutes les zones traditionnelles et séculaires des activités liées aux cheveux : récolte, traitement, fabrication des produits finis, etc.

À l'heure actuelle, les cheveux naturels proviennent pour la plus grande part de l'Inde. L'Europe de l'Est et la Russie fournissant de façon restreinte les « perles rares », c'est-à-dire les chevelures blondes, fines et longues d'au moins cinquante centimètres. Mais ces « belles longueurs » se faisant de plus en plus rares, on leur substitue souvent des cheveux indiens en les désépaississant et en les décolorant par des procédés longs et très complexes.

La mode du « faux »

« *Les Espagnols avaient une si grande estime pour la barbe, qu'autrefois ils portaient des postiches quand celle qu'ils possédaient n'était pas à leur gré. Chez eux, les petits-maîtres avaient toujours à leur disposition une collection de barbes postiches de toutes les formes et de toutes les couleurs. Les unes servaient dans le négligé, les autres ne paraissaient que les jours de grande parure. Ils changeaient de barbe comme on change aujourd'hui de perruque.*

Mais cette mode singulière ayant donné lieu à mille abus vers l'an 1351, l'assemblée des Cortès de Catalogne, présidée par don Pèdre, roi d'Aragon, décréta une ordonnance qui défendit de porter les barbes fausses ou postiches. »

Publicité d'Éric et Ramzy pour leur passage à l'Olympia. D.R.

Atelier d'un confectionneur de perruques italien. Julien Chatelin. D.R.

Moumoute écrase les prix

À la Bourse mondiale, les prix des cheveux en gros et en demi-gros varient selon les critères ordinaires que sont couleur, longueur et texture. Les chevelures les plus recherchées sont les blanches. Certains religieux, ascètes indiens qui n'ont jamais coupé leurs cheveux de toute leur vie et qui les portent enroulés sur le dessus de la tête, offrent des chevelures blanches de près de 2 mètres de long. Souvent coupées et vendues après leur mort à 600 euros (4 000 francs) le kilo, elles finissent chez les exportateurs à 1 200 euros (7 800 francs). À titre de comparaison, les cheveux indiens moyens valent 150 euros (1 000 francs) et les plus beaux, c'est-à-dire les plus clairs, atteignent au maximum 500 euros (3 300 francs). Les cheveux blancs européens, de 40 à 50 centimètres de long et qui sont les plus demandés, donc les plus chers, se vendent entre 2 250 (14 760 francs) et 2 700 euros (17 710 francs) le kilo. Il n'est pas rare que l'on épaississe les perruques faites avec des cheveux blancs en les mélangeant avec les poils des pattes arrière des yacks, animaux de trait connus au Tibet et qui fournissent ce que l'on nomme la « yackette », très similaire d'aspect aux cheveux blancs humains.

Si l'Inde a pu s'imposer comme le numéro un mondial loin devant tous les autres pays fournisseurs de cheveux naturels, c'est pour deux raisons. La première tient au fait que les cheveux indiens sont très proches des cheveux européens ; ils sont fins, souples et de section ovale, satisfaisant ainsi l'attente de la clientèle occidentale. Ce n'est pas le cas, par exemple, des cheveux chinois raides, épais et ronds, souvent rêches et ne convenant absolument pas aux marchés occidentaux. La deuxième raison du succès universel des cheveux indiens est que cette précieuse matière première est gratuite. Une aubaine qui permet aux exportateurs indiens de pratiquer des prix sans concurrence possible.

En effet, les longues chevelures, souvent de plus de 50 cm de long, pratiquement introuvables en Europe à l'heure actuelle, proviennent de croyants qui offrent leur chevelure à leur divinité, soit pour la solliciter dans l'espoir d'une vie meilleure, soit pour la remercier d'un vœu exaucé. Dans les deux cas, les fidèles, uniquement motivés par la foi, ne tirent aucune compensation de cet abandon de leur chevelure, quoi que souvent leur seule richesse.

Dans chaque ville sainte où se déroule un pèlerinage de ce type, les offrandes de cheveux génèrent un colossal marché qui augmente de 10 % par an. La journaliste M. Barbier enquêta en 2001 pour le magazine *Marie-Claire* à Tirupati, un des grands centres religieux indiens qui exploitent ce type d'offrande en revendant chaque année près de 150 tonnes de cheveux, générant ainsi un chiffre d'affaires de 45 millions de dollars. Ce sont plus de mille coiffeurs qui opèrent jour et nuit, tondent et rasent annuellement entre trois millions et demi et quatre millions de pèlerins.

Dans de vastes hangars, ces centaines de praticiens sont alignés sur des files rectilignes et devant chacun d'eux, un pèlerin vient s'agenouiller, tête courbée, juste le temps qu'en un tour de main, il soit débarrassé de sa longue chevelure. Aussitôt ramassée et nouée en une grosse natte, elle est portée vers l'un des entrepôts de stockage où elle en rejoint d'autres qui s'amoncellent en pyramides immenses, toutes tailles et couleurs confondues. Tous les deux ou trois mois, ces énormes stocks sont séparés en un grand nombre de lots vendus aux enchères à des acheteurs accrédités. Tel lot a plus de cheveux courts et clairs, tel autre plus de cheveux foncés et longs, et seul le hasard préside non seulement à la constitution des lots, mais également à leur adjudication. Aucun acheteur ne peut évaluer un lot avant d'avoir remporté l'enchère.

Une fois les lots attribués et payés, chaque courtier acheteur va désinfecter, laver, sécher puis carder les siens et enfin les trier avant de les revendre par catégorie aux industriels exportateurs, généralement de très puissantes compagnies internationales. D'autres industriels vont confectionner artisanalement pour les modèles de grand luxe, et industriellement pour les modèles standards, les perruques destinées aux marchés nationaux et celles destinées à l'exportation.

Pour réaliser ces produits finis, entre 10 et 20 % des cheveux indiens sont expédiés en Corée du Nord, à Taiwan, et dans quelques autres places d'Asie du Sud-Est ; 60 à 70 % partent pour la Chine Populaire qui se positionne ainsi comme le premier fabricant au monde de perruques en cheveux naturels. Le reste, entre 20 et 30 %, part pour les États-Unis et l'Europe, principalement l'Allemagne, l'Angleterre et l'Italie, plus précisément la Sicile où un kilo de cheveux européens se négocie à 700 euros (4 592 francs), et le kilo de catégorie indienne à moitié moins. Cette sous-cote n'empêche pas le chiffre d'affaires total des exportations indiennes de cheveux naturels de progresser chaque année et de dépasser, à la fin de la décennie 1990, le seuil des 5 milliards d'euros (33 milliards de francs).

Le saviez-vous ?

• **Signes inquiétants**
Le blanchiment prématuré de la chevelure, le défrisement naturel des cheveux crépus ainsi que l'allongement acquis des cils est souvent constaté chez les malades infectés par le VIH.

• **Les faux frères**
En ce qui concerne la pelade, le taux de concordance des jumeaux monozygotes est de 55 %, alors qu'il est de 0 % chez les jumeaux dizygotes.

• **Poils du pubis et cancer**
En mars 1999, Véronica James et ses collègues australiens de l'université de Nouvelle-Galles du Sud annoncent au monde scientifique que les poils pubiens des patientes atteintes de cancer du sein ont une structure moléculaire différente de celle des sujets sains. Les chercheurs australiens estiment, dans la revue britannique Nature, que les résultats obtenus sont suffisamment cohérents pour en faire une possible utilisation.

• **Le cœur des chauves**
Une étude médicale réalisée à Chicago en 1998 a démontré que les hommes chauves de moins de 55 ans risquent trois fois plus que les autres de subir une crise cardiaque.

• **Un tour de main**
Le scalp, trophée de guerre de certaines tribus indiennes d'Amérique du Nord, exigeait un « vrai coup de main ». Il consistait à inciser circulairement la peau du crâne et à la détacher ensuite en un seul morceau avec les cheveux bien attachés dessus.

• **Un chef, c'est un chef !**
D'après l'histoire des modes françaises, c'est à partir de Henri II que l'usage se répand de rester découvert devant ses supérieurs.

Scalpage d'un ennemi par un Iroquois. Gravure. D.R.

• **Rasage conseillé**
En 1946, avec l'arrivée des bas Nylon fins et transparents, les bas opaques et épais vont peu à peu tomber en désuétude. Les femmes vont dès lors être contraintes de se raser régulièrement les jambes sous peine de railleries.

• **Phobies**
Il existe des groupes ou des peuplades qui ont la phobie du poil au point de se raser toute pilosité, y compris les cils et les sourcils. C'est le cas, par exemple, de plusieurs tribus indiennes d'Amérique du Sud, tels les Caduevos du Brésil, par exemple, qui regardent avec horreur les « Blancs » poilus.

• **Pour enjoliver la nature**
À la cour d'Henri III, le maquillage migre vers des régions nouvelles tels les seins, enduits de céruse, et les mamelons fardés de rouge. La toison pubienne, elle, s'agrémente de petits rubans de couleurs, appelés « faveurs », car il convient « d'aviver, par de petites touches, la porte de la nature jugée trop blême ».

• **Trucages**
Après la Seconde Guerre mondiale, une mode en vigueur chez plusieurs peuples balkaniques de l'ex-Yougoslavie consistait pour les femmes à se montrer le plus poilu possible des jambes dans le but de plaire aux hommes. Il était courant qu'elles se coupent des petites mèches de cheveux pour les glisser dans leurs bas et chaussettes. Quelquefois elles en plaçaient également sous leurs bras.

• **Les champignons du chignon**
Vers 1860, la presse britannique se déchaîna contre l'emploi par les grandes dames anglaises de milliers de chignons postiches importés de France chaque année. C'est le manque d'hygiène surtout qui leur était reproché, car tous ces chignons « finissent tôt ou tard par développer le champignon du chignon ». En fait, il s'agissait pour la presse d'outre-Manche d'une vaste campagne de dénigrement destinée à favoriser les perruquiers britanniques, largement inférieurs aux professionnels français.

Indiens scalpeurs perplexes face à un porteur de perruque. Gravure. Coll. part. D.R.

21
Les collectionneurs de poils
Chapardeurs ou chasseurs

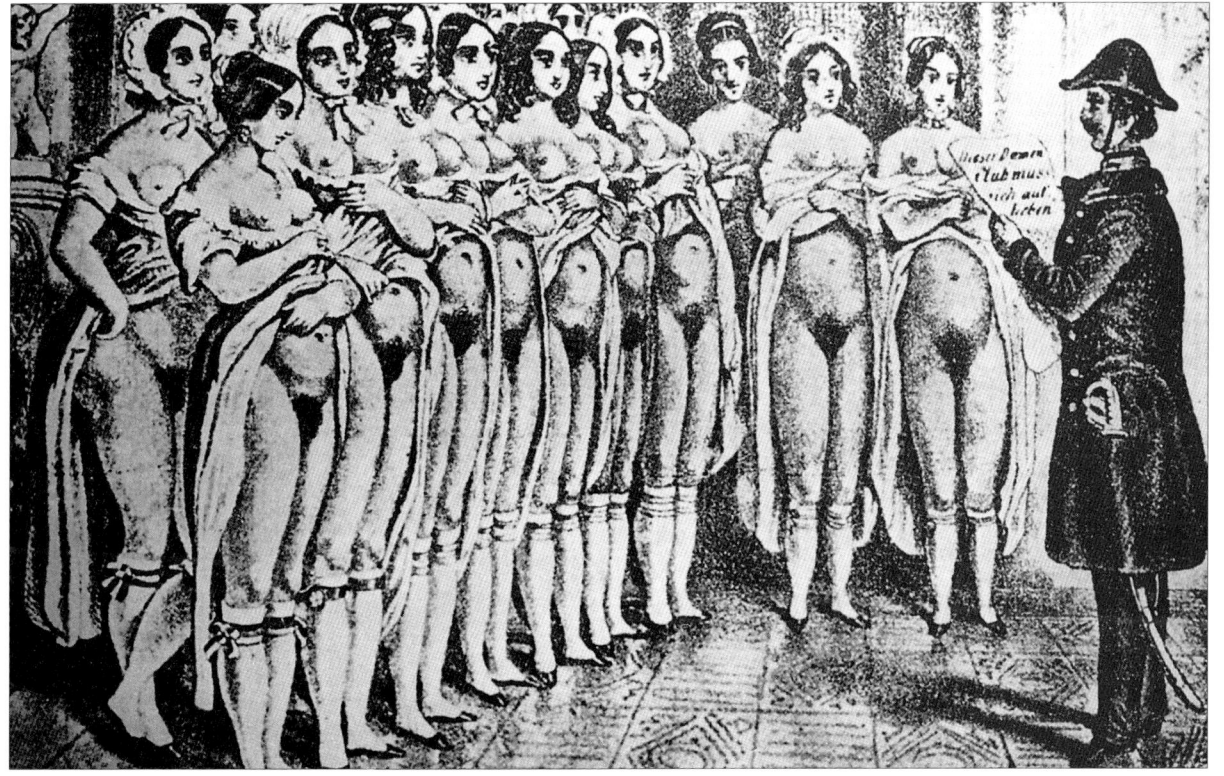

Revue de pubis par les autorités sanitaires dans un bordel parisien. Gravure. Coll. part. D.R.

Les poils sont aussi objets de collection. Ces quinze dernières années, nous avons rencontré de nombreux collectionneurs, et une petite annonce publiée dans *Libération* le 6 novembre 2001, priant les amateurs de poils de tout acabit de nous contacter a fini de nous convaincre sur deux points : d'une part, les amateurs de poils, autrement nommés « pilusophiles » ou « pubérophiles », appartiennent aux deux sexes, contrairement à l'idée reçue qui veut en faire une manie exclusivement masculine. D'autre part, un collectionneur de poils n'est pas obligatoirement un fétichiste au sens psychiatrique du terme, dans la mesure où sa quête est exempte de toute connotation sexuelle affirmée et où sa collection n'est pas une marotte, c'est-à-dire une passion exclusive qui assujettit toutes ses pensées.

Il est difficile de pénétrer les raisons profondes et intimes du collectionneur de poils. Freud soutenait qu'« on le devient après un choc traumatique. Le fameux docteur Alfred Binet, directeur du laboratoire de psychologie physiologique à la Sorbonne, à la toute fin du XIXe siècle, affirmait que toute addiction « était impossible avant le premier événement sexuel vécu ».

Une grande majorité des collectionneurs de poils que nous avons interviewés se rejoignent sur un point : la conscience de posséder un élément rare et précieux, puisque intime, se référant à une ou à des personnes privées ou publiques, admirées pour une raison ou pour une autre. Dans d'autres cas, les collectionneurs mettent en avant un souvenir qui serait l'élément déclencheur de leur collection : généralement un poil ou une mèche auxquels ils attachent, pour une raison quelconque, une valeur sentimentale. Un veuf ou une veuve, par exemple, commence par conserver des cheveux rappelant ceux du cher disparu. Puis la mémoire se détache de l'objet unique et,

Les collectionneurs de poils de veuves

Certains coiffeurs ont, avec les années, constitué de fantastiques collections de poils en ramassant les cheveux élagués et tombés à terre des grandes personnalités qui fréquentent leur salon. Mais en règle générale, les collectionneurs de poils affectionnent les collections thématisées. Les collections de poils d'aisselle ou de pubis de prostituées sont des catégories assez courantes et qui n'offrent aucune difficulté majeure à s'agrandir. Les collections de poils de religieuses, de militaires ou d'hommes politiques sont déjà beaucoup plus dures à enrichir.

La thématique reine est sans conteste « la collection de poils de veuves » qui est un thème récurrent depuis le début du XIVe siècle et peut-être depuis bien plus longtemps.

Un Parisien de 62 ans a une très belle collection de poils de veuves de trente-quatre pièces, rassemblées entre 1976 et 1994. D'après l'homme, les cimetières sont le lieu de promenade privilégié des veuves, et la collection est beaucoup moins difficile à constituer qu'il n'y paraît. On trouve toutes sortes de veuves : la vieille, la jeune, la mûre, la pressée, la frustrée, la libérée, la chaude, la froide. En fait, il n'y a que deux sortes de veuves, disait le docteur Stekel, spécialiste au début du siècle des collectionneurs fétichistes des poils de veuves : « Celles qui s'enterrent sexuellement avec leur mari et celles qui, en manque de volupté depuis des années, n'enterrent que leur chagrin et laissent triompher leur sensualité refoulée. »

D'après Thomas Glynn, psycho-sexologue anglais : « Chez les femmes en deuil, le noir est esthétique et éloquent, et chez certaines, l'abstinence est très vite insupportable. Elles ont de l'expérience sexuelle accumulée et une grande tristesse à consoler [...] Ce sont les hommes de qualité qui s'intéressent principalement à elles. » À la question : « Quelle spécificité a le poil d'une veuve ? », le collectionneur parisien répond : « Elles ont le poil triste au début. C'est alors là qu'il faut l'attraper ! À la deuxième ou troisième rencontre, il a déjà une autre allure. »

soudain, c'est le déclic. Alors émerge l'idée d'en posséder d'autres, puis d'autres encore. L'intérêt se propage à d'autres poils, à d'autres couleurs et d'autres longueurs et, peu à peu, pièce par pièce, se constitue une collection plus ou moins riche. Ce nouvel amateur ressent souvent un maximum de satisfaction lorsqu'il connaît les propriétaires des poils. Voilà pourquoi les collectionneurs de poils débutants sont souvent des « chapardeurs de poils ».

Nous avons rencontré des collectionneurs de poils de toutes les parties du corps humain : poils du ventre ou du thorax, poils du pubis, poils des grandes lèvres, poils interfessiers, mais aussi poils de l'anus, des oreilles, du nez et du crâne. Certains amateurs enrichissent leur collection de poils par des documents, des objets, des tableaux, des collages, des peintures représentant des poils ou offrant un rapport ou une analogie directe avec eux.

Il existe trois types de collectionneurs de poils qui ont chacun leur savoir-faire et leurs impératifs. On collectionne sur un mode accumulateur, un mode sélectif ou un mode restrictif.

Le collectionneur accumulateur

Comme son nom l'indique, le collectionneur accumulateur entend rassembler le plus grand nombre de poils possible, issus de n'importe quelle partie du corps et provenant du plus grand nombre possible d'individus, tous sexes et genres confondus, y compris transsexuels et grabataires.

Le collectionneur restrictif

La collection dite restrictive sous-entend que l'amateur recueille uniquement les poils d'un seul genre, féminin ou masculin ; et qu'il pousse sa restriction jusqu'à ne conserver qu'une seule catégorie de poils provenant d'une seule et même personne. Ainsi, un collectionneur restrictif peut-il posséder des cheveux ou des poils, pubiens ou autres, prélevés sur un même individu sur une période de dix à vingt ans, voire plus. On peut citer comme collectionneur restrictif typique cet ingénieur agronome bordelais qui commença, dans les années 1960, à conserver dans un cahier les poils pubiens de son épouse dont il prélevait un échantillon tous les six mois, à dates fixes, c'est-à-dire le 18 juin, en mémoire de l'Appel du Général de Gaulle, et le 25 décembre, afin de commémorer la naissance de l'Enfant Jésus. Divorcés en 1975, les époux se remarièrent chacun de son côté. Mais l'ex-épouse continua pendant cinq ans encore à faire parvenir par courrier à son ex-mari, aux dates précitées, un de ses poils pubiens. En 1979, l'homme fit un sous-verre de ses quarante poils qui sont, à l'heure actuelle, accrochés à un mur de sa chambre à coucher avec cette légende apposée en bas : « Calendrier commémoratif. »

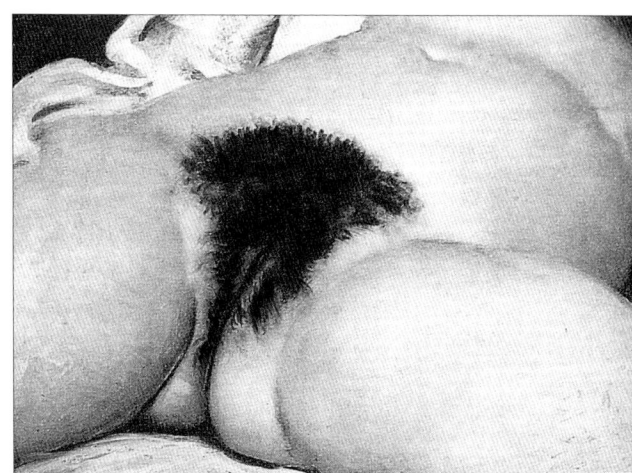

Interprétation de *La Naissance du monde* de Courbet par Pierre Férioli. 2002. H Collection MSM. D.R.

Restrictive également la collection qui s'attache non plus aux poils d'une seule partie du corps d'un seul et même individu, mais à tout son système pileux. Un bel exemple de ce type de collection nous est offert par ce vieil artiste peintre des environs de Dijon qui nous a montré un remarquable ensemble de dix-neuf poils provenant des différentes zones de l'anatomie d'un ex-militaire de carrière : sourcils, poils du nez, poils pubiens, cheveux, etc. Le militaire, connaissant l'intérêt de son neveu pour la pilosité humaine, lui en faisait parvenir dans ses courriers en provenance d'Indochine : « Chère Thérèse, n'oublie pas de remettre à Pierre le poil collé sur la dernière page, avec sa légende. » Ainsi, ce sergent-chef fit-il parvenir à son neveu, un à un, les poils recueillis sur lui-même au gré de l'actualité militaire. Le premier des dix-neuf poils est ainsi légendé : « Poil de mon sexe, abandonné puis recueilli après les attentats de Saïgon du 5 septembre 1956. P.S. : Pas tout à fait sec à cause de la trouille. » Cet autre, légendé là encore avec humour : « Poil de cul rasé par le médecin militaire du 1er régiment de parachutistes colonial à l'hôpital militaire de campagne de Pao-Dang, en raison d'une crise aiguë d'hémorroïdes occasionnée par des piments viêt-minh. »

Il est intéressant de constater la « collaboration intime » entre le porteur et le collectionneur. Collaboration que nous avons également constatée à divers degrés chez un collectionneur sélectif de poils de roux et de rousses, et un autre de poils de naines.

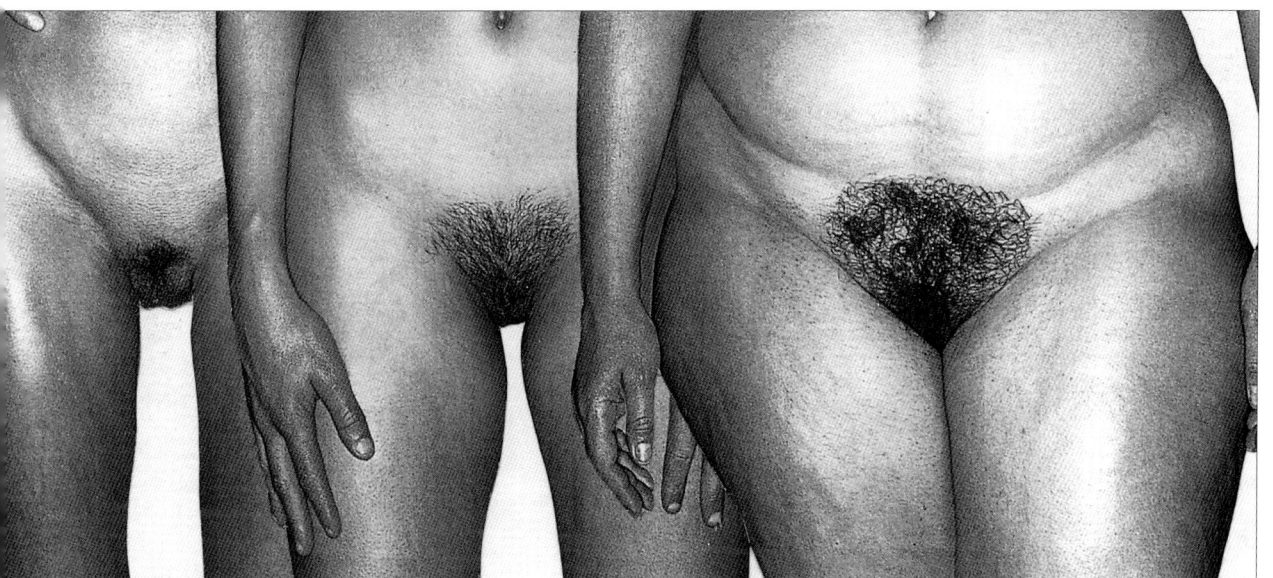

Les trois âges du pubis, par Pierre Férioli. Coll. part. D.R.

100 000 poils annuels dans les assiettes parisiennes

Selon une enquête statistique menée auprès de nombreux responsables de cuisine de brasseries et restaurants parisiens, trois à quatre plats leur sont en moyenne retournés chaque année par des clients ulcérés ou écœurés d'y avoir trouvé un poil du chef ou du marmiton.

Lorsque l'on sait qu'un individu perd quotidiennement, et de façon naturelle, cinquante à soixante-dix cheveux et que 96 % du personnel opérant dans les cuisines parisiennes travaillent sans toque ni couvre-chef, on ne peut être que pessimiste sur le recul des avatars pileux touchant les plats du jour.

Si l'on multiplie le nombre de « plats aux poils » déclarés officiellement et renvoyés en coulisse par le nombre d'établissements concernés, si on y ajoute les cheveux délicatement écartés sur les bords des assiettes par des clients conciliants et que l'on estime à sept ou huit annuellement par établissement, si on tient compte du facteur pondérateur que sont les clients qui introduisent eux-mêmes subrepticement un de leurs propres poils dans la nourriture pour justifier un changement de garniture, on obtient alors pour le seul Paris intra-muros un total de 120 000 à 140 000 poils orphelins qui, chaque année, occupent une place inadéquate dans une assiette garnie. Ce qui laisse aux amateurs de « poils de nourriture » et de « cheveux en sauce », estimés à une petite trentaine en France, un vaste champ d'investigation propre à élever leur collection vers les sommets de la renommée.

D'après plusieurs de ces collectionneurs, il semblerait que dans certains établissements, les poils dans les assiettes soient si courants qu'on les considère, dans certains guides anglo-saxons, comme de véritables amis de la cuisine traditionnelle bourgeoise.

Poils en ventes publiques

Le 28 novembre 2001, se terminait à New York la semaine de vente aux enchères d'art contemporain. « Le temps n'est pas aux sujets politiques ou macabres », avait préalablement déclaré Philippe Segalo, conseiller artistique pour quelques gros collectionneurs. Certes, mais alors à qui « balancer » ses millions de dollars ? « Les collectionneurs semblent effarouchés par le contexte économique général et hésitent à acquérir des chefs-d'œuvre », explique le responsable de l'art contemporain de l'une des plus grosses maisons de vente publique anglo-saxonne pour justifier la mévente relative constatée à l'issue de la manifestation. Effectivement, on peut être consterné que le poil pubien, joliment disposé en spirale dans un savon par Tom Friedman, n'ait pas dépassé les 58 750 dollars. Plus terrible encore, le petit bouquet de poils d'aisselle de Sarah Lucas est resté invendu ; il n'a pas atteint son prix de réserve de 18 000 dollars... Un vrai « jeudi noir » !

Première vente en France
• C'est la France qui, en 1990, a initié la vente publique de poils humains en proposant aux amateurs avertis les éléments pileux d'une centaine de personnalités de la Région Provence-Alpes-Côte d'Azur. Il s'agissait de la dispersion d'une collection unique réunie par un amateur éclairé, reconnu toutefois comme un original dans les milieux culturels de la Région PACA. Ainsi furent dispersés aux enchères des poils de porteurs connus ou célèbres tel celui de Jean-Claude Gaudin, alors président du conseil régional, ou celui du préfet de Région. Mais aussi quelques poils anonymes, à l'instar de ce très beau spécimen trouvé dans une saucisse dans un restaurant fameux du Vieux-Port. La bonne idée est d'avoir présenté les poils en « situation », ce qui ne fut pas sans effet sur le succès de cette vente peu banale.

Le poil du commandant Albert Falco, par exemple, le second de Cousteau sur le Calypso, *fut offert à la vente nageant dans un bocal rempli d'eau de mer. Le poil d'un commandant de la police nationale était collé, lui, sur un procès-verbal, etc.*

Une enchère modeste
• Le record des enchères reste modeste et conforme à la valeur des choses en vigueur sur le vieux continent : 3 200 francs pour le poil de l'artiste A.R. Thur.

Le collectionneur sélectif

Le collectionneur sélectif ne focalise pas sa chasse sur un seul et même individu, mais sur un grand nombre. Tous les « donneurs » possibles sont les bienvenus, mais seul le ou les poils de telle ou telle partie précise du corps sont pris en considération et sont dignes de sélection. Le collectionneur sélectif est souvent un grand voyageur dont les destinations varient en fonction de l'enrichissement de sa collection. Certaines destinations sont aux poils ce que le festival de Bayreuth est aux amateurs de Wagner. En effet, il existe en Europe plusieurs Mecque du poil. L'amateur de poils de cuisse ou de jambe se rend dans plusieurs provinces du sud de l'Espagne et, plus encore, au Portugal. Les femmes de ces contrées, comme autrefois leurs ancêtres lusitaniennes, répugnent généralement au rasage des membres inférieurs. Vont en Bavière ceux qui veulent débusquer de beaux poils d'aisselle qui ont la réputation d'être les plus longs et épais d'Europe. Les femmes bulgares, elles aussi, ont la réputation, non usurpée, d'offrir après leur ménopause de magnifiques poils de menton. C'est du moins ce qui se susurre dans le petit monde très fermé des pilusophiles. Les poils du nez les plus longs se recherchent en Turquie. Certains collectionneurs, qui n'en tiennent que pour les poils pubiens frisés ou bouclés, donnent l'Afrique de l'Ouest comme terrain de chasse de prédilection. Les puristes les trouvent toutefois un peu courts. Ceux qui les recherchent plutôt foncés mais raides et de dimensions remarquables savent qu'ils doivent se tourner vers le pubis sud-américain.

Au tout premier rang et considéré comme une jolie pièce de collection : un « poil rare ». Est ainsi nommé celui qui a poussé sur une zone de l'anatomie généralement dépourvue de toute pilosité : sur le sein d'une femme, par exemple. Un poil d'épaule ou de fesse, banale cueillette s'il est masculin, devient précieux s'il est prélevé sur une dame. Très recherchés, parce que rares, les poils d'albinos, ceux des races blanches valant beaucoup moins que ceux des ethnies noires. Plus rares encore, les poils des verrues pileuses ou d'hirsutisme localisé, surtout chez la femme. Certains collectionneurs se donnent des objectifs ambitieux, ce qui bien sûr valorise leur collection. Une collection de poils ayant appartenu à des personnalités du monde politique vaut plus qu'une collection de poils de prostituées.

Certaines pièces de collection restent rares et ne peuvent s'accaparer qu'avec de gros moyens. Telle celle, unique, qui appartint, au milieu du IIIe siècle de notre ère, à Sapor Ier, roi de Perse de la dynastie Sassanide. Après avoir battu le très poilu et chevelu empereur romain Valérien, il le tua et le fit dépausser. Pour faire paraître le système pileux, il fit teindre la peau en rouge avant de la faire accrocher dans un temple.

Les collectionneurs de poils comptent d'illustres prédécesseurs. Auguste Ier de Saxe, par exemple, est célèbre dans l'Histoire pour deux faits. D'une part, il s'opposa, en 1582, à l'introduction du calendrier grégorien dans l'Allemagne protestante et, d'autre part, il comptait dans sa collection des poils provenant soi-disant de la barbe de Noé.

Un comte de Chartres rapporte, après la prise de Constantinople, deux cheveux du Christ qui sont signalés une dernière fois dans un inventaire de 1322. Peut-être sont-ce les mêmes qu'un certain Dupray de La Moherie prétendait posséder dans sa collection en 1910. Terminons avec saint Austremoine, le patron des Auvergnats, pas vraiment collectionneur, mais qui eut en main des tiges pileuses propres à faire se damner bien des collectionneurs : cheveux, poils de barbe et poils corporels du

Argus du poil

Tout a un prix, même les poils humains. Puisqu'il s'agit d'objets de collection, ils sont par définition soumis à l'échange et à une cote.

À titre d'indication, des poils de barbe d'Henri IV, qui lui furent arrachés lors de la profanation de son tombeau en 1793, ont fait 650 francs en vente publique en 1994. Une mèche du duc d'Enghien s'est vendue 13 000 francs en 1989. Quelques cheveux de Napoléon ont fait 7 800 francs en 1992, alors qu'une mèche de l'Amiral Nelson fut adjugée en 1988 pour 55 000 francs, soit environ 550 francs le brin. De plus en plus de gens collectionnent les poils. Les prix tendent à grimper depuis le milieu des années 1990.

Un poil de collection doit être considéré puis étiqueté selon les critères suivants :
- **Nom de son ex-propriétaire.**
- **Sa nature :** *fin, moyen, gros, plat, etc.*
- **Sa couleur :** *selon les six couleurs de base. Le poil albinos étant sur-coté de 20 %.*
- **Ses dimensions :** *en millimètres, selon la tradition.*
- **Son type :** *raide, ondulé, frisé, crépu, etc.*
- **Circonstance d'acquisition :** *année et anecdote. Acheté, échangé, reçu en cadeau, etc.*
- **Zone de prélèvement prouvée ou certifiée :** *cheveu, cil, lèvre, nez, oreille, joue, aisselle, mamelle, aréole, fosse inter-mammaire, ombilic, abdomen, pubis, grande lèvre, anus, face intérieure des cuisses, épaule, dos, fesse, membre supérieur ou inférieur.*

Les poils de provenance inconnue peuvent perdre jusqu'à 70 % de leur valeur. Dans le système de cotation actuel, les poils des personnages historiques valent plus cher que les poils des personnages contemporains, et les poils d'ecclésiastiques et de veuves plus cher que les poils de politiques, eux-mêmes sur-cotés par rapport aux poils du show-business.

En règle générale, le poil de la région génitale vaut 30 % de plus que le cheveu et 60 % de plus que les poils des autres parties du corps. Enfin, une mèche vaut deux fois plus que le prix des brins à l'unité. Exemple : si un cheveu vaut 50 euros, une mèche de 10 cheveux vaudra non pas 500 euros, mais 1 000 euros.

VALEURS SÛRES (CHEVEUX)

Che Guevara : 190 €
Hitler : 350 €
Staline : 320 €
Raspoutine : 114 €
Landru : 104 €
L'Abbé Pierre : 54 €
Pasteur : 119 €
Clemenceau : 103 €
Saint Augustin : 885 €
François Ier : 300 €
Donia Monestier-Kazem : 180 €
Marie Curie : 103 €
Jeanne Hachette : 640 €
Élisabeth II : 132 €
Victoria Ière : 110 €
Madame de Sévigné : 129 €
Jean Jaurès : 195 €
Jean-Paul II : 273 €
Charlotte Corday : 277 €
Simone de Beauvoir : 138 €
Winston Churchill : 273 €

PIÈCES RARES À RECHERCHER POUR PLACEMENT FINANCIER (CHEVEUX)

Yul Brynner : 518 €
Jésus-Christ : 1 025 €
Mahomet : 675 €
Philippe Pétain : 426 €
Léon Trotski : 732 €
Charles de Gaulle : 587 €
Vercingétorix : 1 128 €
G. Washington : 865 €
Léon Tolstoï : 792 €
Lee Harvey Oswald : 472 €
Isabelle la Catholique : 1 158 €
Alfred Dreyfus : 640 €
Jeanne d'Arc : 795 €
Mère Thérésa : 468 €
Sissi : 472 €
Éléonore d'Aquitaine : 823 €
Madame de Montespan : 740 €
Fidel Castro : 218 €
Maria Callas : 145 €
Elisabeth Taylor : 339 €
Caroline Marie Appoline : 134 €
Golda Meir : 789 €
Mata Hari : 518 €
Jeanne Calment : 430 €

(La nouvelle cote est établie chaque année en juin.)

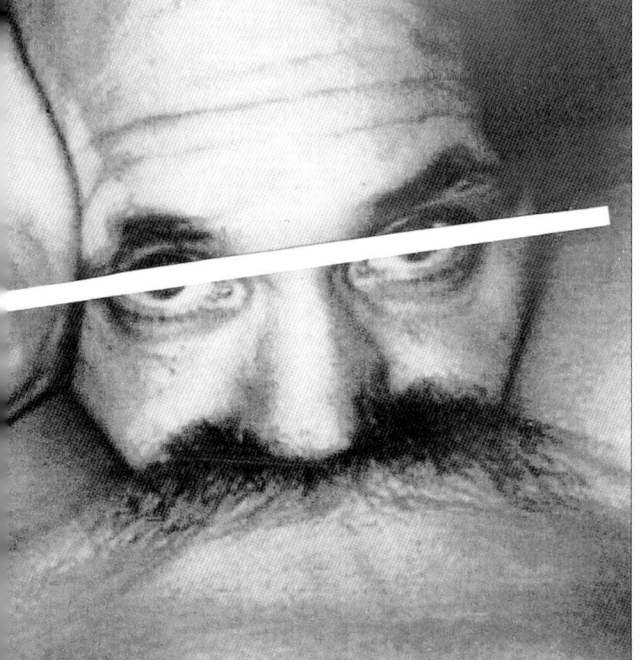

Moustache ou pubis, les poils sont semblables. D.R.

Christ ; les cinq ongles de sa main gauche ; et surtout six cheveux de la Sainte Vierge. Le tout offert à la cathédrale de Clermont.

Une véritable peau humaine fut mise en vente dans les années 1990, au centre Drouot à Paris. Elle provenait de la dispersion de la collection Spitzner. Plusieurs collectionneurs de poils se rendirent à la vente publique, mais furent tous déçus par la pièce : tous les poils étaient tombés depuis belle lurette, y compris les « pubiens et les aisselliens ». Il est à propos de signaler le « Santissimo Cristo » de Burgos, revêtu de peau humaine, portant des cils et des cheveux véritables et dont Théophile Gautier écrit dans son *Voyage en Espagne* : « Rien n'est plus lugubre ni plus inquiétant à voir que ce long fantôme crucifié avec son faux air de vie et son immobilité morte. »

On le comprend, amenée à un certain niveau, une collection de poils n'est pas chose aisée. Cette réussite dépend de nombreux facteurs, parmi lesquels le « milieu social » n'est pas l'un des moins influents. Par tendance, un ouvrier syndiqué des Chemins de Fer rassemblera plus de poils prolétariens qu'un cadre moyen de la grande distribution. Il en est de même de l'activité professionnelle qui peut présenter un avantage certain dans la thématique de telle ou telle collection. Ainsi, un modeste coiffeur de province appréhendera facilement de beaux spécimens de poils régionaux, tandis qu'un marin au long cours se retrouvera avantagé dans une quête de poils étrangers. De même, un « gynécologue » qui évolue dans un contexte hautement vulvophile est le mieux placé pour constituer une collection de beaux spécimens de poils génitaux. Signalons que la qualification de gynécologue est la plus usurpée de toutes les professions médicales et que cette usurpation s'est révélée à plusieurs reprises le fait de collectionneurs de poils. Parmi les notables affaires de cette nature, rappelons celles jugées en avril 1958 et en janvier 1964. Dans les deux cas, les collectionneurs arrêtés affirmèrent avoir indûment pratiqué la gynécologie à seule fin d'augmenter de façon significative leur collection de poils pubiens, vulviens et anusiens. Une récente affaire de cette nature date du 5 février 2002. Particularité, le « héros », grenoblois, est réellement médecin. Il recrutait par petites annonces des jeunes gens pour une « étude sur la pilosité », avec une préférence pour les jeunes filles hospitalisées pour des troubles psychologiques. La séance d'étude était payée 35 euros et ce prix impliquait le rasage ou l'épilation des parties intimes des modèles par le praticien lui-même. Il n'eut pas le temps « d'étudier la repousse des poils » comme il l'aurait voulu. Arrêté à la suite d'une plainte, le procureur fut insensible à l'argument scientifique de cet amateur de poils vulviens et le fit condamner à quatre ans de prison dont trente mois avec sursis.

Vol d'un poil de Mahomet

Il existe à travers le monde quelques très grands collectionneurs de poils qui possèdent des éléments pileux des personnages les plus en vue de la planète. Et ils sont prêts à payer une fortune « le poil » que, pour une raison ou pour une autre, ils convoitent plus que tout pour en faire le joyau de leur collection. Selon la police turque, c'est un de ces monomaniaques, certainement « étranger et roumi », qui aurait commandité en 1999 l'audacieux rapt d'un poil de Mahomet considéré comme sacré par les Musulmans. Ce poil, conservé jusqu'à son vol dans un écrin spécial au cœur de la mosquée appelée la petite Sainte-Sophie, avait été rapporté d'Égypte à Istanbul au début du XVIe siècle par le sultan Selim Ier après que l'empire ottoman se fut emparé des califats, titre pris après la mort de Mahomet par les souverains politiques et religieux de l'empire musulman. À l'heure actuelle, trois ans après le hold-up, le poil de Mahomet demeure introuvable malgré la fatwa rapidement lancée contre les auteurs de ce sacrilège et les récompenses promises pour leur dénonciation. Selon son « portrait robot », le poil en question serait noir, ferait trois microns de diamètre et aurait une longueur de 5 cm.

Une question peut venir à l'esprit de certains : les collectionneurs de poils ont-ils un esprit troublé, orienté vers l'hallucination, la monomaniaquerie, voire la déviance profonde ? Autrement dit, sont-ils des malades dans le sens pathologique du mot ? La passion exclusive d'un détail a diversement été considérée au XIXe siècle. Mantegazza en faisait « une sublime bêtise de l'amour » ; Descartes, une simple « accumulation de bizarreries » ; Schopenhauer, « une recherche d'affinité élective » ; et le professeur Binet, il est vrai, « une perversion » appartenant à la pathologie.

À l'heure actuelle, les psychiatres considèrent qu'un collectionneur de poils ne relève pas de leur science, sauf si cet amour des poils est tel que sa prépondérance efface toutes les autres considérations. Quant à la psychanalyse, elle le définit comme « un malade sain », en général très sociable. Comme tous les autres collectionneurs d'objets étranges, le chasseur de poils spécule sur la valeur marchande de sa collection tout autant que sur sa valeur symbolique. Chaque pièce est considérée pour elle-même. Tout en préférant glaner lui-même les nouvelles pièces, il vend, il échange, reste discret sur le thème de sa quête, mais ne tombe jamais dans le culte du secret. Il est prêt à en parler avec un interlocuteur sérieux, ouvert, sinon averti. En général, le collectionneur de poils ne montre pas d'acharnement véritablement obsessionnel et manifeste un intérêt équivalent dans d'autres domaines.

En somme, il se livre à une déviance bénigne qui ne cause de tort à personne et ne relève d'aucune pratique sadique ou pulsion perverse. Il n'en est pas moins très sensible, comme beaucoup, à tout nouvel élément susceptible d'enrichir sa collection.

Les collections périphériques

*P*arallèlement aux collectionneurs de poils existent quantité d'amateurs passionnés qui s'intéressent aux objets touchant aux poils humains. Rasoirs, coupe-choux, blaireaux, plats à barbe, ciseaux de coiffeur, peignes, brosses et tous les instruments du barbier en général sont collectionnés.

Dans ce domaine, les collections de lames amovibles pour rasoirs mécaniques restent parmi les plus intéressantes car révélatrices des tendances artistiques de leur époque, leur empaquetage évoquant les événements de l'actualité sportive ou politique.

Directement liées aux poils humains, les collections de parasites, poux, puces, morpions. Les Rothschild de Londres possèdent les plus importantes collections de puces du monde : plus de 250 000 pièces. Ce type de collection est évoqué par Céline dans Voyage au bout de la nuit à propos de l'arrivée aux USA des immigrants, « des morpions originaires de l'Ancien Monde ». Le héros, devenu « compte-puces » aux services de l'hygiène à New York, est chargé de dénombrer sur les candidats à l'immigration non seulement les puces – puces de Pologne, de Yougoslavie, d'Espagne – mais aussi les morpions selon leur origine – morpions de Crimée, etc.

22
Le fétichisme du poil
Joies et tourments des fétichistes et autres psychopathes

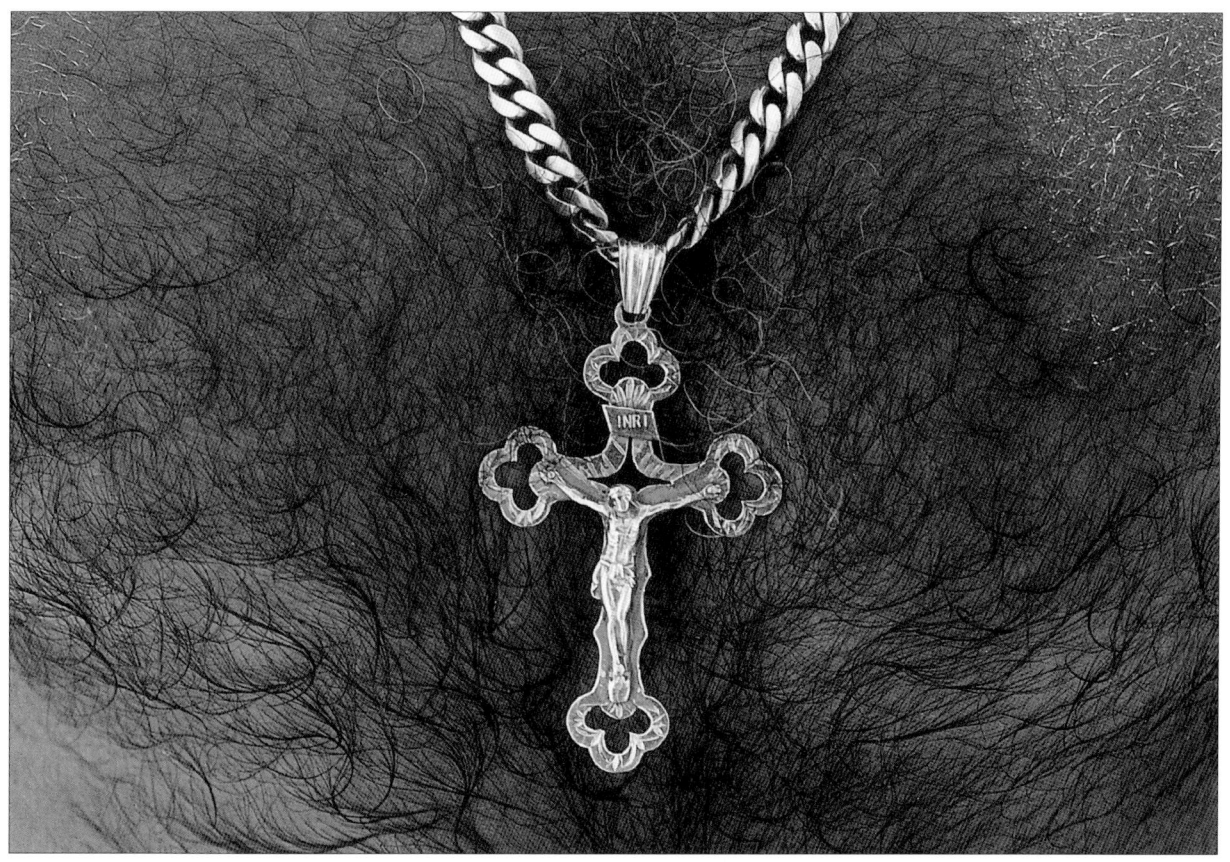

Poitrine velue d'homme mûr. Corbis-Sygma. Owen Franken.

Bien que le fétichisme du poil soit un penchant sexuel comme un autre, on ne peut l'évoquer sans tracer au préalable, même sommairement, la frontière qui différencie le collectionneur de poils du fétichiste du poil, tous deux chasseurs et accumulateurs. Contrairement au collectionneur, le fétichiste n'accorde pour ainsi dire aucune valeur sentimentale aux poils. Sa passion est exclusivement sexuelle. Elle est cachée au reste du monde et doit « rester mystère ». Il ne fait peser sur lui aucun frein ni aucun interdit. On peut dire que la pensée érotique qui le distingue du collectionneur exprime à elle seule leur différence fondamentale.

Le collectionneur de poils est le plus souvent un original, un exubérant, voire un provocateur ou un humaniste, quelquefois un cynique dans le sens le plus philosophique du terme. Le fétichiste, lui, est toujours un individu complexe, refoulé, sujet à des inhibitions et des frustrations, ensemble de stigmates qui favorise et entretient sa focalisation mentale sur le poil. Celle-ci n'est pas seulement plaisir et fantasme, elle est aussi souffrance, regret, peur et culpabilité, ce qui l'entraîne dans de longues périodes d'abstinence sexuelle où il ne joue mentalement qu'avec son imagination et sa peur. Sa perpétuelle et impérative quête de poils nouveaux n'a qu'un but : assouvir ses fantasmes érotiques, ce qui, comme toutes les idées obsédantes, lui rend la vie souvent infernale.

Significatifs de ces tourments sont les termes de cette confession recueillie par le docteur Garrier : « Des fois, j'avais honte de moi et pendant plusieurs jours je ne pouvais pas sortir seul. Il m'est arrivé de rester trois ou quatre mois caché, puis j'étais repris... Alors c'était comme une exaltation de désir extraordinaire, comme une attraction [...] Je m'approchais pour toucher des cheveux pendants de femmes et de jeunes filles. Je ne me contrôlais pas [...]. » Ou cet autre témoignage : « Pour résister à l'impulsion, j'étais parfois forcé, pris d'une vive angoisse, de prendre au plus vite la fuite... »

Enfin, trois petites différences, secondaires celles-là, séparent collectionneur et fétichiste. La première est que le collectionneur spécule sur la valeur mercantile ou esthétique de sa collection, et le fétichiste jamais. La deuxième montre que le collectionneur accumule « au détail », poil après poil, chacun d'eux ayant son histoire et sa vie connue, alors que le fétichiste, lui, accumule « en gros ». Il lui faut des grosses touffes de poils pour assouvir ses rituels sexuels ; c'est pourquoi il s'attaque presque uniquement aux chevelures qu'il s'approprie par poignées, mèches ou nattes. La troisième différence a été mise en exergue par Freud. Le collectionneur commence sa collection à l'âge mûr, tandis que le fétichiste laisse apparaître son puissant penchant pour les poils dès le plus jeune âge. Les sexologues mentionnent des cas manifestes concernant des adolescents et même de jeunes enfants. Krafft-Ebing rapporte le cas d'un jeune garçon âgé de 8 ans et déjà puissamment attiré par les cheveux de femme. À 14 ans, cette pilosité l'excite tellement qu'il a des érections violentes dès qu'il la fixe du regard. Le docteur Garnier rapporte l'arrestation d'un homme de 26 ans qui pratiquait le fétichisme des cheveux depuis sa douzième année.

Toutefois, on a pu souvent constater que des collectionneurs quittaient le territoire de la simple collection, c'est-à-dire du divertissement, pour entrer dans celui de l'obsessionnel,

La Méduse. Huile de Ron English. Doc. Opera Gallery. Paris.

Conservation et mise en valeur des accumulations

Suiveurs, palpeurs, coupeurs ou autres, les fétichistes sont en général des accumulateurs passionnés, mais la conservation et la mise en valeur de leurs poils fétiches dépendent bien sûr du fantasme et de la pulsion sexuelle propre à chacun d'eux. Et, bien sûr, de la nature des poils accumulés. On ne conserve pas d'identique façon des nattes, des mèches ou des poils orphelins. Il faut pouvoir les différencier, les personnaliser aisément et en disposer commodément. Les nattes sont souvent gardées en vrac dans un tiroir qui leur est spécifiquement affecté, sorte de tabernacle dédié au dieu « Eros-Crepinus ». Dans la plupart des cas, les nattes et les queues-de-cheval sont étiquetées ou affublées d'un petit ruban de couleur, lequel porte souvent une date et le nom d'une rue.

Dans une collection qu'il nous a été donné de contempler, deux des sept nattes coupées étaient accompagnées d'une photographie de leur propriétaire, prise de loin, à la dérobée, avant la coupe. Certains fétichistes attribuent à chacun de leurs «trésors» une boîte particulière sur laquelle sont inscrites les circonstances de cette coupe et quelquefois des détails salaces. Quelques fétichistes qui utilisent des boîtes individuelles y glissent une sorte de radioscopie psychique, mentionnant leur état d'âme avant, pendant et après la coupe. Dans le cas de la conservation non plus de cheveux mais de poils corporels, le fétichiste adopte le classement du collectionneur. Il les ordonne dans des albums de façon méthodique ou les glisse individuellement dans de petites enveloppes datées et légendées. D'autres choisissent des pochettes plastiques, transparentes, et plus nombreux encore sont ceux qui les immobilisent sous un morceau de scotch, lui-même apposé sur un petit support de carton dont la couleur diffère selon la teinte des poils. Régulièrement le fétichiste feuillette son album ou ausculte le contenu de ses boîtes, selon un véritable cérémonial. Il regarde chaque natte ou chaque poil passionnément avec une attention presque extatique et le sentiment de posséder une chose unique, rare et essentielle à sa vie. Il lit et relit ces fiches signalétiques, revivant les moments les plus intenses qui y sont mentionnés. Le fétichiste se livre bien sûr à la contemplation solitaire.

L'un d'eux nous dira regarder sa collection dans le noir absolu et à l'aide d'une simple lampe de poche afin de détruire tout environnement et de se focaliser uniquement sur les poils. Le faisceau lumineux magique passe de poil en poil en s'attardant sur les plus belles pièces. La fine lumière éveille en lui une joie intense qui finit par l'amener à l'érection et souvent même à l'éjaculation.

La tonte. Le rasage des pubis est souvent apprécié des libertins. Gravure. 1788. Coll. part. D.R.

c'est-à-dire du fétichisme. C'est un risque majeur qui plane continuellement sur tous les collectionneurs de poils que leur manie place effectivement dans une situation extrêmement périlleuse. « Il n'y a qu'un pas à faire pour passer de la drogue douce à la drogue dure », nous dira le psychiatre Pierre Lembage. Autrement dit, il y a un risque latent permanent qu'un traqueur de poils transforme sa simple collectionnite en une perversion grave.

Le fétichisme « léger »

Le mot « fétichisme » fut créé au XVIIIe siècle par le magistrat et homme de lettres Charles de Brosses. Son étymologie, qui dérive du portugais « *fetisso* », signifie « chose enchantée », sens qui paraît en parfaite adéquation avec la fixation érotique. On sait de longue date que celle-ci peut être collective autant qu'individuelle et différer selon les peuples : les Africains portent principalement leur intérêt sur les fesses, les Chinois sur les pieds, les Japonais sur les nuques, les Américains sur les seins, les Français sur les jambes, et les hommes préfèrent en général les femmes aux cheveux longs plutôt que courts, etc. Ce fétichisme collectif a un aspect bon enfant qui autorise Roland de Villeneuve à affirmer dans son essai *Fétichisme et amour*, publié en 1968, que « 65 % des individus normaux éprouvent des tendances et des sentiments fétichistes ».

Effectivement, on se met à aimer pour un détail, une nuance et Freud lui-même admettait « qu'un certain degré de fétichisme se retrouve dans l'amour normal ». Telle personne aime les blondes, telle autre les brunes, certains autres les tailles fines ou les gros seins. Ces goûts particuliers ne présentent aucun obstacle aux rapports amoureux ordinaires. Beaucoup d'hommes aiment retrouver chez les femmes qu'ils séduisent ce qu'ils ont aimé chez d'autres. Tout le monde est plus ou moins assujetti à ce fétichisme léger qui ne pousse guère aux actions et aux pensées extravagantes.

Le fétichisme « lourd »

Il se distingue du fétichisme dit léger essentiellement par son degré d'engagement, qui induit des pulsions généralement irrésistibles. « Le fétichisme est un substitut du pénis », soutenait Freud dès 1927 dans *Trois Essais sur la théorie de la sexualité*. On peut dire comme la majorité des sexologues « qu'il est en germe dans l'amour "normal" et qu'il suffit que ce germe grossisse pour que la perversion apparaisse ». Pratiqué le plus souvent individuellement, le fétichisme des poils est plus violent sexuellement, plus psychique et plus imaginatif que beaucoup d'autres formes de matérialisation érotique. Le fétichiste doit impérativement regarder, sentir, toucher, écouter même son fétiche de façon exclusive. « Je m'approchais, mû par une force surhumaine qui me possédait », avoue un fétichiste du poil à ses médecins traitants, les docteurs Socquet et Moquet. Et, dit-il encore : « Quand j'ai les cheveux dans mes mains, il peut arriver n'importe quoi, je n'arrive pas à les lâcher. » Ce fétichisme-là concentre toute l'excitation sexuelle sur une unique partie du corps humain ou sur un objet touchant au corps humain auquel est attribuée une signification sexuelle.

Parmi les multitudes d'organes et de détails du corps pouvant devenir « fétiches sexuels », les poils occupent la seconde place en ordre de préférence, juste derrière les pieds et leurs accessoires – chaussures, bas, etc. – et loin devant les fesses, les seins et les accessoires – culottes, soutiens-gorge, jarretelles, etc.

De grands masturbateurs

Le survol de la copieuse littérature consacrée au fétichisme démontre la complexité de ce comportement spécifique. Difficile même d'en donner une définition. Depuis le début du XIXe siècle, et aujourd'hui encore, psychiatres, psychologues, criminologues, socio-ethnologues et autres docteurs de l'âme humaine s'opposent entre eux, totalement ou en partie, sur la nature même de cette conduite et notamment du fétichisme du poil. Certains y voient une recherche de la transgression, d'autres un désir de vengeance conscient ou inconscient après des humiliations subies au cours de la prime enfance ou de l'adolescence, d'autres encore un remède à l'angoisse de la castration, d'autres enfin tout cela à la fois. Mais tous sont d'accord sur un point : si le fétichisme prend effectivement bien des allures et des masques, le fétichiste, et particulièrement le fétichiste du poil, est un grand masturbateur. À l'exigeante présence du poil, réelle ou mentale, il place l'onanisme comme un adjuvant *sine qua non* de son plaisir poussé jusqu'à l'orgasme.

Auteur de *L'Amour chez les dégénérés*, publié en 1905, le docteur Garnier, spécialiste des comportements sexuels déviants, donne une définition du fétichiste qui paraît la plus proche du consensus : « Le perverti sexuel fétichiste se dépense génitalement et par une sorte d'ectopie amoureuse, dans un culte bizarre, illogique, absurde où l'on peut reconnaître comme un onanisme psychique qui ne fait que doubler et entretenir l'onanisme réel auquel tous ces déviés s'adonnent avec passion. » Les sexologues et psychiatres contemporains admettent que les fétichistes sont de grands onanistes, mais, disent-ils, le rôle prépondérant de leur imagination rend extrêmement complexe leur étude clinique. Les fétichistes du poil sont les plus passionnés des accumulateurs. N'allons pas croire que n'importe quel poil est susceptible de faire accéder le fétichiste au paradis érotique. Ce type de passion connaît une infinité de modes d'expression, dont certains extrêmement sophistiqués au niveau des processus mentaux et matériels. Il semble même, disent les psychiatres, que beaucoup de fétichistes soient stimulés dans leur libido par leur difficulté d'accéder au plaisir. Le déclenchement de leurs pulsions sexuelles demeure en tout état de cause difficilement compréhensible, non seulement pour les profanes mais pour bien des praticiens.

Toute leur vie, les espérances et les rêves des fétichistes du poil sont tournés vers cet attribut pileux qui focalise chez eux pensées et comportements. Une vision, un toucher, une odeur transforment en plaisir fétichiste ce qui, chez d'autres, reste une simple appréciation visuelle ou tactile. Cette pathologie relève, selon les cas, de la neurasthénie délirante, de l'hystérie aiguë ou de quantité d'autres névropathies. Les épaisses archives médicales et policières de tout le XIXe siècle et de la première moitié du XXe siècle confirment non seulement le nombre très élevé de ces cas cliniques, mais leur incroyable complexité qui peut les entraîner jusqu'aux frontières nécrophiles. Ces névropathes du poil vont jusqu'à déterrer des cadavres fraîchement enterrés pour en détacher les poils et assouvir ainsi leur passion. Plusieurs cas de cette nature sont officiellement enregistrés en Europe depuis le début des années 1950. Le fétichisme peut également se manifester par des conduites tout à fait criminelles. Nous avons évoqué précédemment les crimes commis par des fétichistes psychotiques qui n'ont pas hésité à tuer pour avoir accès aux poils des oreilles ou du nez de leurs victimes. On recense également plusieurs affaires criminelles avec découverte de tête décapitée ayant le dessus du crâne rasé.

Le fétichiste du poil possède généralement un surprenant pouvoir d'abstraction. Ainsi, son attirance sexuelle, voire son amour, peut n'exister que pour une fraction de personne. La « partie » se substitue au « tout » et devient indépendante, c'est-à-dire qu'elle peut être isolée non seulement physiquement, mais mentalement, de tout ce à quoi elle est reliée normalement. Il peut aussi concentrer toute son excitation sur de simples objets qui, se substituant à toutes les personnes, réelles ou vivantes, en viennent à jouer le rôle principal, souvent unique, dans son processus d'accès à la jouissance ou au bien-être. Ces objets sont divers. Parmi ceux qui rappellent les poils, bien sûr, par analogie ou association, on peut citer les fourrures, les perruques, les peignes, les tondeuses, voire des véhicules, voitures ou brouettes, comme nous le verrons plus avant. Magnus Hirschfeld qui, dans les années 1930, s'intéressa particulièrement aux « objets de substitution de la femme », écrit dans *Archives de neurologie* : « Dans ce cas extrême, l'objet prend une telle valeur qu'il provoque l'excitation érotique en

« Sissi », l'impératrice Élisabeth d'Autriche, peinte par Winterhalter cheveux dénoués et épars. Vienne. D.R.

dehors de la femme. » Macé, dans un *Joli monde*, met en exergue cette désolidarisation. Un fétichiste, arrêté en flagrant délit alors qu'il vient de couper une natte à une adolescente, déclare aux policiers : « C'est une passion pour moi. Cette enfant n'existe pas. Ce sont ses cheveux, ses fins cheveux qui m'attirent. Elle n'existe pas. » Autre exemple plus concret encore à travers cette confession fétichiste reprise par Théophile Gautier dans une de ses publications : « Lorsque je n'arrive pas à m'endormir, je me lève pour aller toucher mes chevelures. J'ouvre le tiroir et je cherche des yeux celle qui me comblera, celle qui me paraît la plus douce, la plus belle. Je l'emporte dans mon lit et là, elle s'anime sous mes lèvres car je la réchauffe de mes baisers. Elle, en retour, me caresse tout le corps. J'ai l'impression de ne plus être seul dans ma chambre. »

La classification des conduites fétichistes que nous proposons n'a rien de scientifique et peut prêter le flanc à des reproches venus des spécialistes. Elle répond toutefois à l'observation première des différents types de comportement observés face aux poils. C'est donc une classification uniquement comportementale, c'est-à-dire symptomatique des incongruités, des faiblesses, des bizarreries, des monomanies qui, inlassablement répétées par un même individu, en viennent à tracer de lui un portrait caractérisé.

Le fétichiste « adopteur »

Ce fétichiste-là recueille par tous les moyens possibles les poils humains des deux sexes, de toutes natures, le plus souvent orphelins et anonymes auxquels il accole une origine propre à satisfaire sa libido. Il écume les toilettes publiques, celles des

Sainte Marie-Madeleine. Huile du Titien. Vers 1533. Florence. D.R.

restaurants et des salles de spectacle, et lorsque l'occasion est propice, les salles de bains d'amis et connaissances qu'il est amené à fréquenter. Ce talent qu'il a à imaginer une vie antérieure à des poils de rencontre élargit considérablement le champ du plaisir érotique tout autant que celui de la collecte. Il n'est pas rare de le voir ramasser subrepticement chez les coiffeurs des cheveux tombés à terre, « surtout s'ils sont bouclés comme des poils pubiens ». Il n'est pas rare non plus de voir ce fétichiste fréquenter, pour les mêmes raisons, les salons d'épilation. L'un d'entre eux, imprimeur âgé d'une trentaine d'années et marié, ce qui est assez rare, avoue bénéficier du partenariat de son épouse avec qui il n'a plus aucun rapport amoureux depuis longtemps. C'est elle qui récolte pour lui, dans les instituts de beauté qu'elle fréquente, les précieux poils pubiens sous prétexte qu'elle prépare une exposition d'œuvres modernes et d'accumulation pour le musée Georges-Pompidou. Le fétichiste « adopteur » est un des plus acharnés et un des plus audacieux. Il est capable de constituer de véritables réseaux. L'un d'entre eux, rencontré suite à une annonce parue dans *Libération*, nous a avoué rétribuer à la pièce un membre du personnel d'entretien d'un grand hôpital parisien qui l'autorise, lorsque les draps partent à la laverie, à les ausculter pour y débusquer les poils abandonnés. D'autres savent se fabriquer des accointances dans les morgues, les wagons-lits, les hôtels, etc.

Le fétichiste « propriétaire »

Pour cette catégorie de fétichistes, la simple possession de poils suffit à assouvir leur passion. Point de quête extravagante et, dans bien des cas, les fétichistes sont devenus « propriétaires » après avoir reçu des mains mêmes du porteur légitime le ou les poils en signe d'attachement. Le docteur aliéniste du XIXe siècle, le célèbre Esquirol, les donnait déjà en son temps comme « des jouets de leur propre imagination et pratiquant un amour tout entier dans la tête [...] ». Fort de cette propriété légitime, le fétichiste « propriétaire » emporte généralement avec lui, dans tous ses déplacements, son ou ses poils qu'il conserve le plus souvent sur lui, à même la peau, nuit et jour. Les chansons de geste médiévales sont pleines de ce type de comportement amoureux touchant au fétichisme. Un des plus célèbres de ces récits, *La Dame de Fayel et le sieur de Coucy*, qui date du XIIIe siècle, s'est maintenu jusqu'à nous sous différentes versions. La femme du seigneur de Fayel coupe ses cheveux et les offre à son amant, Raoul de Coucy, chevalier de la cour de Bourgogne qui les emporte en Terre Sainte. Blessé à mort par une flèche empoisonnée, il confie à son valet le soin de restituer à sa belle les cheveux nattés qu'elle lui a naguère offerts en signe d'amour éternel et qu'il avait depuis conservés sur lui. La possession ardente de mèches de cheveux appartenant à une personne aimée s'est maintenue tout au long des siècles.

Un nombre impressionnant de « poilus » de la grande guerre de 1914-1918 portaient sur eux des poils ou des cheveux de leur bien-aimée. Pour ceux qui n'avaient laissé aucun « amour » à l'arrière, les autorités militaires autorisèrent, à partir de 1917, les cartes postales de femmes nues agrémentées de vrais « cheveux collés », spécialement « fabriquées pour la distraction du soldat ». Clemenceau dira que ces cartes postales pour combattants, qui permirent aux modestes troupiers de garder la ligne bleue des Vosges tout en faisant l'amour à distance avec leurs payses, « ont peut-être aidé à gagner la guerre ».

« Si tu m'aimes, donne-moi une petite mèche de tes cheveux / Je serais fier si je portais contre moi / Un tout petit peu de toi / Fier de sentir tes cheveux de soie / Elle sera le jour sous ma chemise cachée / La nuit enfouie sous mon oreiller / Jamais elle ne pourra me quitter / Cette petite mèche de cheveux que je pendrai / À mon cou en secret [...] » chantait Claude François. À l'heure actuelle, on peut constater que l'échange de « poils » se pratique couramment dans le milieu gay en tant que gage prometteur d'amour. Après contact sur Internet, nombreuses sont les lettres qui se concluent avec un « poil pubien affectueux » collé à côté de la signature.

Le fétichiste « suiveur »

Le fétichiste suiveur est un grand cérébral. Peu lui importe la possession ou le toucher, seule l'inspire la « vue ». Il aime les femmes, mais ce qu'il préfère chez elles, plus que toute chose, c'est la chevelure. Il est capable de marcher des kilomètres dans le sillage de l'une d'elles, les yeux rivés sur cet attribut qui concentre tout son appétit sexuel. Il ne s'attache pas indistinctement à toutes les chevelures, et celles qui le séduisent doivent répondre à ses critères particuliers. Peu lui importe que la femme soit laide ou âgée si l'objet de sa fixation est conforme à ses désirs. Introverti à l'extrême, le fétichiste « suiveur » est d'une timidité maladive. Jamais il n'abordera celle qu'il suit, mais au paroxysme de son excitation, il va soudainement rechercher un endroit isolé – taillis, porte cochère, toilettes publiques – pour fermer les yeux et visualiser jusqu'à la jouissance masturbatoire l'ondulante chevelure ballottée par la marche et dont il vient d'abandonner la piste.

Le fétichiste « contacteur »

Le fétichiste contacteur est un fétichiste « suiveur » qui éprouve l'absolue nécessité, au terme de sa filature, de mettre une chevelure au contact de son appareil génital pour obtenir la jouissance. Cet objectif est en général difficilement réalisable en public. Aussi, le « suiveur » ne devient-il réellement « contacteur » qu'en présence d'une partenaire docile et toujours prête à cette fantaisie érotico-pileuse. Et plus fréquemment encore par la fréquentation de prostituées spécialisées et expertes dans la satisfaction de la clientèle fétichiste. L'écrivain Georges Rodenbach, dans *Bruges la morte*, s'est inspiré d'un fait divers authentique pour créer un de ses personnages, « fétichiste contacteur », qui ne pouvait s'empêcher d'honorer chaque jour la chevelure de sa femme.

Le fétichiste « contemplatif »

Le fétichiste contemplatif, comme tous les autres fétichistes du poil, ressent du plaisir à contempler son fétiche poilu, mais chez lui ce plaisir-là dépasse tous les autres et se manifeste si violemment que cette simple contemplation, qui laisse totalement indifférent un individu ordinaire, engendre chez lui érection et orgasme. On sait depuis longtemps que beaucoup de jeunes gens éprouvent de véritables passions pour une femme sculptée ou peinte. Cette adoration exclusive d'un objet matériel s'accompagne, dans le cas du fétichiste contemplatif, d'une sensation si agréable que beaucoup de sujets déclarent qu'elle « dépasse le plaisir normal qui accompagne le coït ». Un fétichiste de ce type avouera observer les coiffeurs à travers leurs vitrines. « Ce qui me trouble, c'est d'apercevoir le coiffeur tenir dans ses mains la chevelure d'une femme [...] Si cette femme a des cheveux relevés, je reste calme, mais je suis totalement excité par les cheveux pendants. » Le docteur Magnan écrit, dans *les Annales d'anthropologie criminelle*, que nombreux sont les jeunes gens entre 10 et 16 ans qui sont pris d'excitation générique à la simple vue d'une jeune fille ou d'une jeune femme se coiffant. C'est avec l'âge que se forgeront l'idée et la pulsion de toucher, puis de posséder ces cheveux.

Le fétichiste « coupeur »

Le fétichiste « coupeur » appartient à une des catégories de fétichistes du poil les plus complexes. Il est à la fois « suiveur », « toucheur », « contacteur », « palpeur » et, de surcroît, « préleveur », obsédé qu'il est par l'idée de posséder à part entière la chevelure de sa victime pour en jouir tranquillement à son domicile. Comme le palpeur, il aime « toucher » les chevelures, quelquefois plusieurs heures durant ; comme le « contacteur », il recherche dans la quasi-totalité des cas le contact de son membre viril avec la chevelure de certains autres individus. Des femmes généralement, mais pas exclusivement. Une de ses particularités est qu'il apprécie chaque chevelure une fois qu'il l'a isolée de la personne à qui elle appartient. Il la coupe pour pouvoir en jouir selon son bon plaisir, la peigner, la lisser des mains et du regard, la caresser en mèches ou étalée et surtout la promener sur les différentes parties de son corps, ventre, poitrine, fesses et organes génitaux, et ce jusqu'à l'orgasme. Souillée, la chevelure fétiche est mise de côté, et le fétichiste « coupeur » se doit d'en trouver une autre pour sa prochaine liturgie sexuelle. C'est pourquoi il est aussi un « suiveur », mais dont la filature se conclut par un passage à l'acte. Comme le « suiveur », il marche longtemps sur les pas d'une femme précisément sélectionnée parmi les passantes, tout en sentant son appétit sexuel se concentrer de plus en plus violemment sur sa coiffure. Soudain, il se précipite, les ciseaux, le couteau ou le rasoir à la main, coupe une natte, une mèche, une queue-de-cheval dans sa totalité et s'enfuit à toutes jambes avec son larcin, désormais véritable trésor. Ivre de joie, il gagne en toute hâte son domicile pour pouvoir jouir en paix de sa relique.

Le volet « suiveur » de l'opération est très important, comme le reflète cette confession d'un « coupeur » arrêté en 1921 à Paris : « Je pouvais souvent sectionner tout de suite. Je préférais suivre, m'approcher au plus près, puis me laisser distancer pour me rapprocher à nouveau. C'était mon premier plaisir. Je préférais perdre du temps. Lorsque je me décidais, je coupais et là j'étais heureux. » Les interférences entre les différents comportements et pulsions du fétichiste « coupeur » sont parfaitement apparentes dans cette autre confession relevée par le docteur A. Voisin et publiée dans *les Annales d'hygiène et de médecine* : « J'avais possédé des femmes, mais je n'avais jamais rien senti d'analogue auprès d'elles [...] Aussitôt que je voyais des cheveux flottant sur des épaules, je suivais longtemps la femme, obsédé par l'idée de les toucher. Bientôt, cela ne me suffit plus. Je voulais les posséder, et un soir je coupai une natte avec un couteau. Je la rapportai chez moi, la tenant dans ma main durant tout le trajet. Quand je fus dans ma chambre, je fus repris de la même excitation qu'en dehors [...] Je plongeai mes mains dans ces cheveux, je les promenai sur mon corps, j'en enveloppai mes parties génitales et j'éprouvai les sensations les plus vives [...]. »

Il n'est pas rare que le fétichiste « coupeur » renouvelle son exploit plusieurs fois dans la journée afin de s'assurer d'un matériel suffisant pour plusieurs semaines ou plusieurs mois. L'un d'eux, interpellé en 1957 boulevard Haussmann, à Paris, transportait sur lui de grands sachets plastiques contenant le butin de cinq « opérations », toutes réalisées dans la matinée parmi la foule qui se pressait devant les grands magasins. Certains coupeurs ont avoué ressentir le maximum de jouissance dans la coupe proprement dite et dans les quelques secondes qui la précèdent. C'est certainement le cas de ce « champion » dont le sexologue Magnus Hirschfeld nous dit qu'il coupa en une seule journée vingt-quatre chevelures féminines coiffées en queue-de-cheval. Ces féticheurs ne prennent pas moins de plaisir à manipuler érotiquement leur butin qui peut être d'ailleurs considérable. Voisin et Souquet écrivent, dans *les Annales d'hygiène* de 1890, que la police trouva chez l'un d'eux, célibataire de 40 ans, serrurier d'art de profession, soixante-cinq nattes et tresses coupées.

Très fréquemment signalés et interpellés tout au long du XIXe siècle et encore très actifs durant la première moitié du XXe siècle, les féticheurs « coupeurs » survécurent jusqu'au milieu de la décennie 1960 grâce au port encore fréquent des nattes et des queues-de-cheval. Après cela, la mode aidant, ils durent se contenter de maigres prélèvements consistant généralement en des mèches plus ou moins fines volées à des coiffures flottantes. Leur nombre diminua plus encore à partir des années 1970 jusqu'à devenir une « espèce en voie de disparition », pour employer la formule d'un policier du service des mœurs. Cette période, qualifiée par un vieux féticheur « coupeur » de « famine sexuelle », fut surtout engendrée, dit-il, par la mode des cheveux courts qui réapparaissait régulièrement pour des périodes plus ou moins longues. Le féticheur « coupeur » existe aujourd'hui encore et il est attesté par plusieurs témoignages qu'il continue à exercer, mais de façon plus discrète. D'aucuns prétendent que s'ils ne tombent plus entre les mains de la police, c'est d'une part qu'ils ont affiné leur technique et, d'autre part, que les forces de l'Ordre se désintéressent totalement de ce type de déviances non violentes. De surcroît, les victimes elles-mêmes participent à la négation de leur existence en déposant rarement plainte. Et dans les très rares cas où plainte est déposée, le Parquet classe sans suite. Parmi les plaintes déposées, une concerne un fétichiste coupeur qui fit plus d'une vingtaine de victimes en 1983, dans le 15ème arrondissement de Paris, surtout dans la zone du pont de Bir-Hakeim.

Dix ans plus tard, la police arrête, dans le 18ème arrondissement, un « coupeur », les ciseaux à la main et qui s'apprête à opérer à la sortie d'un collège. Les policiers trouvent chez lui quantité de mèches de cheveux obtenues de cette façon. Il avoua les sortir régulièrement du sac plastique dans lequel il les rangeait, en faire une sorte de pelote dans laquelle il plongeait son pénis. Chaque année, on estime à deux ou trois au maximum les fétichistes coupeurs arrêtés dans chaque capitale européenne. L'un d'entre eux, répondant à notre petite annonce publiée dans *Libération*, nous dira : « Je ne coupe les cheveux à l'extérieur de chez moi que deux fois dans l'année, lors de la fête de la Musique et durant le défilé du 14 Juillet. Sinon, je pratique les coupes chez moi [...]. » Effectivement, depuis une vingtaine d'années, le « *coupus exteriorus* », espèce naturelle et sauvage qui écuma si longtemps nos plus belles avenues, a laissé la place à un sous-ordre, le « *coupus interiorus* » qui coupe, tranche, cisaille à son domicile sur des femmes, mutilées pileusement par surprise ou consentantes pour des raisons diverses, vénales, amoureuses ou liées à l'alcoolisme et à la drogue.

Terminons cette évocation des fétichistes « coupeurs » avec un type spécifique, « le coupeur par procuration ». Il n'accomplit pas le geste lui-même, mais trouve son plaisir en demandant à une femme de couper sa chevelure elle-même. Geste pour lequel il est souvent prêt à payer des fortunes. Cette catégorie a été signalée pour la première fois en 1954 par la revue américaine *Sexology* qui donnait en exemple un certain nombre de cas dont celui de cet homme qui déclarait : « Plus la coupe est abondante et plus j'éprouve de plaisir. Je ramasse les cheveux tombés à terre et je les conserve. C'est ma manière à moi de tromper ma femme [...]. »

Rencontre avec une trichotilomaniaque

Céline est une très jolie jeune femme de 25 ou 26 ans qui vit seule et flirte avec l'anorexie. Après avoir collaboré avec Éric Rohmer, elle est entrée comme journaliste pigiste dans une revue professionnelle. Elle l'a quittée pour se consacrer à l'écriture. Elle est l'auteur de plusieurs romans achevés qu'elle n'a jamais présentés à aucun éditeur. Suivie sur le plan psychiatrique, Céline a un regard unique et lucide sur elle-même.

Elle s'arrache les poils, les sourcils et les cheveux. Sa compulsion est directement liée à son degré de stress. Adolescente, elle conservait les croûtes de ses petites blessures, puis y a ajouté les peaux mortes des ampoules, puis les rognures d'ongles avant d'en arriver à l'accumulation des poils. « Je le faisais de manière cachée, mais seule l'érosion de moi-même m'intéressait. Pas celle des autres. »

« L'impératif, dit-elle, c'est d'avoir le bulbe arraché avec le cheveu. C'est mieux, c'est plus dégoûtant. Aussi je me les arrache et les poils aussi avec une pince à épiler [...] C'est la longueur et la couleur qui dictent mon choix [...] Une fois arrachés, je les ausculte longtemps. Je les pose sur ma main et sur mon bras et je les regarde. Puis je les range dans mon enveloppe avec les précédents. [...] Je les regarde régulièrement pour voir comment ils vieillissent. C'est dommage que les racines visqueuses se dessèchent ! De temps à autre, je les mélange avec de la peau morte de mes pieds... »

Curieusement, Céline a la phobie de tout poil qui ne lui appartient pas. « J'ai épilé le garçon avec qui j'étais, mais la jambe seulement, et j'ai tout jeté. C'est répulsif de trouver des cheveux dans son lit ou dans le lavabo ou la baignoire. C'est pour ça que j'ai horreur de me laver les cheveux ou de les couper. [...] Je déteste la perte de mes cheveux sur mon pull, ça déclenche chez moi un sentiment d'agressivité [...] »

Une agressivité qu'elle porte contre elle-même et qu'elle définit comme « une façon esthétique de se confronter à la mort ». Elle avoue « aimer fouiller dans la fange de l'être humain, aimer le négatif, aimer aller aux racines du mal ».

Elle se donne des coups au visage, s'entaille les membres, surtout les bras, quelquefois jusqu'à l'os. « Moyen, dit-elle, de soulager mes crises d'angoisse. Le sang est beau, son jaillissement est superbe et impressionnant. » Et encore : « Je m'ouvre pour libérer l'énergie négative qui est en moi. Je me donne des coups avec des objets pour voir les hématomes apparaître et devenir tout noirs. Plusieurs fois, j'ai perdu trop de sang et j'ai été emmenée à l'hôpital dans le coma... Mais j'aime introspecter mon corps jusqu'à l'os. [...] J'aime aussi garder les pansements et pouvoir les regarder... ». Céline a une très jolie formule pour justifier les cinq ou six grosses enveloppes pleines à craquer dans lesquelles elle rassemble depuis des années poils, cheveux, et autres reliquats : « Chaque enveloppe, dit-elle avec un grand sourire, représente un fétiche de moi-même en réduction et en dégoûtant. »

Le fétichiste « palpeur caresseur »

Le fétichiste palpeur caresseur, à l'instar du fétichiste « contacteur », n'est excité que par les « poils sur pied », autrement dit non coupés. Dès qu'ils le sont, son excitation disparaît. Sa perception sensorielle lui procure un plaisir bien supérieur à la simple excitation génitale. Aussi, sa principale marotte consiste à rechercher non pas les contacts génitaux, mais ceux de ses mains sur une chevelure ou une toison pubienne, de façon à en apprécier et à en interpréter toutes les qualités reconnaissables au toucher. Ce sont ces impressions tactiles qu'il transforme sur le plan psychique en plaisir mental. Les fétichistes palpeurs caresseurs pratiquent souvent la danse, trouvant là un contact justifié avec les cheveux d'une cavalière. Un cas parfait de palpeur caresseur nous est donné par le personnage fictif de Lennie, héros malheureux du roman de John Steinbeck, *Des souris et des hommes*. Lennie, doux colosse innocent, pleure parce qu'il « abîme » en les caressant les lapins à longs poils ou les souris quand il ne peut rien trouver de mieux. Il aime passer ses doigts sur les jolies chairs douces et soyeuses. Quand il caressera les cheveux de « la femme de Curley », sa force dévastatrice lui brisera les vertèbres. Plus que tout autre fétichiste du poil, le « palpeur caresseur » fréquente en priorité les endroits où la foule se presse, compacte et immobile, paramètre indispensable à l'exercice de sa passion. Un exemple, parmi de nombreux autres relevé dans *les Annales de médecine*, décrit le comportement d'un homme d'une trentaine d'années, arrêté alors qu'il « palpait/caressait » de ses doigts les cheveux d'une jeune femme absorbée par un spectacle de rue. Il fut interné en hôpital psychiatrique.

Le fétichiste « embrasseur »

Le fétichiste « embrasseur » est un « palpeur caresseur » qui multiplie les difficultés en recherchant le contact des chevelures non plus avec les mains mais avec la bouche. Il « attaque » ses victimes de préférence par-derrière et aux heures de grande affluence. Sa manière de faire est assez similaire à celle pratiquée par les autres fétichistes. Les yeux fixés sur la chevelure, il suit la victime jusqu'au moment propice, un arrêt d'autobus, une file d'attente, etc. Il peut alors se contenter d'un baiser léger et furtif ; soit, au contraire, s'élancer sur la femme et embrasser follement, à pleine bouche, la chevelure. Tandis que la victime se met à hurler, « l'embrasseur » s'enfuit à toutes jambes, généralement pour regagner son domicile et s'y masturber. Cette fuite doit être la plus courte possible afin de pouvoir profiter au plus vite des « effets du baiser » qui risquent de s'évaporer après une course trop longue. Le professeur Alfred Binet nous délivre un détail de cette délectation : « Hors d'atteinte, il fait claquer sa langue et se lèche avidement les lèvres pour savourer le goût subtil que son baiser sur les cheveux y a laissé [...] ». Le sexologue Havelock Ellis dit que de nombreux embrasseurs préfèrent les cheveux relevés et noués sur la tête car, dit-il, « la nuque dégagée fait valoir sur le cou des petites mèches mignonnes et en liberté qui aiguisent les sens [...] ».

Certains fétichistes « embrasseurs », corsant plus encore la difficulté, visent de leurs baisers le dessus des crânes. Ils opèrent alors le plus souvent dans les transports en commun, aux heures de pointe. Ils se tiennent debout, légèrement en retrait et sur le côté d'une place assise occupée par la cible choisie. Ils n'ont plus qu'à attendre le coup de frein ou un brusque ralentissement qui leur permettra de feindre une perte d'équilibre et de poser sur la tête le baiser tant désiré. « L'érection est immédiate » nous dira un « embrasseur d'autobus » Ils n'ont plus qu'à descendre et courir vers la première porte cochère. Le fétichiste « embrasseur » connaît une sous-catégorie : « l'embrasseur coïteur », qui pratique le coït classique ou la sodomie ordinaire mais en embrassant à pleine bouche la chevelure de la partenaire. Embrassade qui se révèle être l'élément sexuel primordial de ces accouplements. Pas de cheveux, pas de jouissance, comme le confirme ce fétichiste au docteur Krafft-Ebing : « Mon idée, c'est de coïter en baisant des nattes. Dans l'obscurité, je n'ai aucun intérêt pour les femmes parce que je ne vois pas leurs cheveux [...] Les poils de leurs parties génitales n'offrent pour moi aucun charme. J'ai besoin de voir les cheveux que j'embrasse [...]. » L'intérêt porté aux cheveux lors des accouplements amoureux dépasse le stade du fétichisme et la grande majorité des femmes aux cheveux longs défont leur coiffure et libèrent leur chevelure avant de se livrer à des ébats amoureux.

Le fétichiste « renifleur »

Le fétichiste « renifleur » est un « suiveur coupeur » pour qui la jouissance olfactive est l'élément véritablement primordial du déclenchement de la jouissance. Il pratique très peu ou pas du tout de caresses génitales avec les cheveux. Le soir, au moment de se mettre au lit, il prend sa touffe ou sa natte et la renifle avec avidité jusqu'à l'enivrement sexuel. « J'éprouve une excitation telle à renifler ma natte de cheveux, avoue l'un d'eux au docteur F. Leppmann, qu'aucun autre moyen ne saura jamais me procurer un pareil émoi [...]. »

Le fétichiste « dégustateur »

Assez proche du fétichiste « renifleur », le fétichiste « dégustateur » substitue le plaisir olfactif au plaisir gustatif. Il faut qu'il morde et mâche des cheveux ou des poils pour satisfaire ses désirs sexuels. « L'attouchement des cheveux me donne peu de satisfaction », peut-on lire dans l'interrogatoire d'un dégustateur de nattes mené dans un commissariat parisien. « La vue ne m'en procure pas beaucoup plus, ajoute-t-il, mais j'aime avant tout le fait de les mordre et de les mâcher [...]. » On peut opportunément rappeler ici les vers de Baudelaire où il affirme que lorsqu'il mord les tresses élastiques de sa belle, « il croit manger des souvenirs ». Tous les sexologues qui se sont intéressés au fétichisme des poils mentionnent de nombreux cas de « dégustateurs » et de « mordeurs » de cheveux qui semblent donc constituer une catégorie importante de cas plus ou moins étonnants. Les plus communs ont besoin de se remplir la bouche de poils ou de mordre une natte pour avoir une érection et se masturber. Moins courant le cas signalé par le docteur Garnier dans *L'Amour chez les dégénérés*. Il s'agit d'un fétichiste qui ne s'intéressait qu'aux poils du mont de Vénus des femmes et ne parvenait à la jouissance qu'en les arrachant avec les dents. Il les recueillait ensuite consciencieusement et les mettait de côté pour pouvoir plus tard les mâcher durant des heures comme du chewing-gum. Plus étonnante encore la manie de cet homme de

Le fantasme de la femme à barbe est assez répandu. Doc. *Hara-Kiri*. D.R.

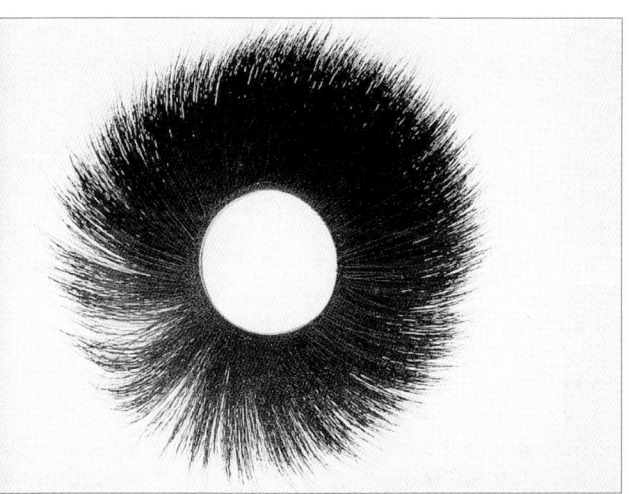

Anneau pelvien avec poils destiné à stimuler le plaisir. D.R.

Slip recouvert de poils, commercialisé par un industriel allemand. D.R.

35 ans, signalée par Magnan dans les *Archives d'anthropologie criminelle*. Il écrivait à longueur de journée des poèmes sur la beauté des chevelures féminines, mais disait ne trouver l'inspiration qu'en suçant ou mâchonnant des touffes de cheveux. Lorsqu'il se masturbait, de sa main libre il dessinait des nattes et des boucles.

Le fétichiste « cogneur »

Le fétichiste « cogneur » se caractérise par sa haine profonde des femmes qui se manifeste à travers le traitement qu'il inflige à leur chevelure coupée. Après avoir fait ses prélèvements capillaires – nattes, mèches, touffes... – dans la rue comme les autres fétichistes, il les rapporte à son domicile pour les battre, les insulter, les cogner contre les meubles, les piétiner, les frapper violemment du poing ou du plat de la main. Certains les mordent avec haine, leur crachent dessus, tout est bon pour humilier et punir la femme qu'ils ont ainsi réduite à quelques poils, c'est-à-dire à presque rien.

Le fétichiste « coiffeur »

Le fétichiste « coiffeur » ne trouve son plaisir qu'en peignant les chevelures d'autrui. Le sexologue allemand Granoff, cité par Krafft-Ebing, décrit longuement ce refoulement qui poussa un nommé Archenholz à entretenir une jolie et dispendieuse maîtresse uniquement pour la coiffer. « Son plus grand plaisir, et le seul capable d'enivrer ses sens, était de peigner les cheveux d'une belle femme [...] Il entretenait dans ce but une maîtresse charmante avec qui il n'était question ni d'amour ni de fidélité. Il n'avait affaire qu'à ses cheveux dont elle devait enlever les épingles aux heures qu'il voulait afin qu'il pût y fourrager avec ses mains [...] occupation qui lui donnait le plus haut degré possible de volupté [...]. » Huysmans, dans son ouvrage *À rebours*, signale une turpitude de peigneuse : « Cette femme détraquée et nerveuse n'éprouvait une délicieuse et accablante extase que lorsqu'on lui ratissait la tête avec un peigne. » Il s'agit du pendant féminin d'un des cas étudiés par Magnus Hirschfeld, notamment celui de ce haut fonctionnaire berlinois dont il détaille le rituel opératoire : « Les cheveux des femmes ne l'intéressaient nullement et chez les hommes exclusivement la chevelure lisse, brun foncé, avec une raie en arrière bien terminée. Quoiqu'il s'occupe aussi de la partie antérieure de la raie, l'endroit où elle se trouve, à droite, à gauche ou au milieu ne l'intéresse pas beaucoup. Toutefois, il ne va pas trouver beau qu'elle soit trop de côté [...] Il préfère les jeunes gens timides qui se donnent naturellement. Il éprouve une jouissance et le déclenchement d'excitations sexuelles en les coiffant. Il s'y prend de la façon suivante : il humecte leurs cheveux avec de l'huile et de la pommade qu'il a toujours dans sa poche avec des peignes. Ses mains sur les chevelures et l'application des pommades déclenchent chez lui l'érection, mais l'éjaculation ne se produit que lorsqu'il trace la raie sur le sommet du crâne [...] ». Un des tueurs en série américains les plus meurtriers, Ted Bundy, crédité de soixante assassinats de jeunes filles et exécuté en juin 1989, était un fétichiste coiffeur de la sous-catégorie des fétichistes de la raie. Jeune homme intelligent, séduisant, cultivé, sympathique et très apprécié des dames, il ne tua que des jeunes filles blondes aux cheveux longs et surtout coiffées avec une raie au milieu. Lui-même portait la raie à gauche, comme 71 % des P.D.G. des 500 plus grandes entreprises américaines.

Le fétichiste « adorateur »

Cet « idolâtre » représente une des formes les plus exacerbées du fétichisme coupeur. L'individu vénère son objet fétiche, lui voue un véritable culte et s'adresse à lui comme à une divinité ou comme à un être doué de conscience et souvent pourvu de pouvoirs mystérieux. Le fétichiste « adorateur » se caractérise par l'association de son appétit sexuel à du mysticisme au point que le sanscritiste allemand du XIXe siècle, Frederich Max Muller, n'a pas hésité à qualifier ce fétichisme particulier de « forme primitive de religiosité ». Ce comportement est souvent si outré qu'il frise le stade supérieur du dérangement mental. C'est un fait divers authentique qui inspira à Guy de Maupassant ce personnage envoûté par le désir depuis qu'il possédait enfin « sa longue natte liée par une cordelette d'or » : « Quand j'avais fini de la caresser, quand j'avais refermé le meuble, je la sentais toujours là, comme si elle eût été un être vivant, caché, prisonnier. Je la sentais et la désirais encore. J'avais de nouveau le besoin impérieux de la reprendre, de la palper, de m'énerver jusqu'au malaise par ce contact froid, glissant, irritant, affolant, délicieux. Je vécus ainsi un mois ou deux, je ne sais plus, elle m'observait, me hantait, j'étais heureux et torturé, comme dans une attente d'amour [...] Je m'enfermais seul avec elle pour la sentir sur ma peau, pour enfoncer mes lèvres dedans, pour la baiser, pour la mordre. Je l'enroulais autour de mon visage, je ne pouvais plus me passer d'elle ou rester une heure sans la revoir... Et j'attendais, et j'attendais, qui ?... Elle ! [...]. »

Le fétichiste « monochromatique »

Le fétichiste « monochromatique » est obsédé par une seule couleur de cheveux. Aucune autre n'est capable de l'amener à l'excitation et à la félicité.

Le sexologue Tanowsky, qui a particulièrement étudié ce type de fétichistes, avance qu'ils sont majoritairement homosexuels et qu'ils ne se sentent attirés que par les hommes à barbe grise. « Pour eux, ni jeunesse, ni élégance des formes, ni beauté féminine ou masculine ne possède une importance quelconque. Leur intérêt sexuel ne peut s'exercer que devant une barbe grise, même si elle fait partie de la face la plus laide ou même que la difformité a rendue répulsive [...]. » Moins farfelue, l'histoire rapportée par Siemerling et qui concerne un fétichiste qui n'aimait que les cheveux blonds. Ce jeune homme, étudiant à l'école Polytechnique de Charlottenburg, répandit l'inquiétude dans Berlin vers 1906. « Lors de sa première comparution devant un tribunal, il fut prouvé qu'il n'avait jamais connu de femme. Mais il avait un besoin irrésistible de couper les nattes des jeunes filles blondes. Ses parents donnèrent l'assurance au tribunal que si leur fils était acquitté, ils le mettraient immédiatement dans une maison de santé. Il fut acquitté et effectivement placé dans l'établissement en question. Il en sortit quelque temps après et coupa de nouveau des nattes. On l'interna à nouveau dans une clinique pour malades nerveux. Finalement, ses parents décidèrent de l'envoyer en Argentine puisque toutes les filles y sont brunes et que leur fils ne coupait que les chevelures blondes. » Après une année, il revint à Berlin, se remit à couper des nattes. À nouveau arrêté en flagrant délit, la perquisition à son domicile permit de découvrir des centaines de nattes... toutes blondes, bien sûr !...

Le fétichiste « people »

Certains fétichistes transforment le culte du proche disparu en culte du « héros disparu » et accumulent, pour des raisons sexuelles, des objets divers se référant à leur vedette préférée morte prématurément. Les débris de voiture, par exemple, dont le cas le plus connu est celui de James Dean. De nombreuses femmes, qui flirtent avec le mysticisme, fétichent l'adultère en trompant dans un demi-sommeil leur mari avec le Christ. Ce type de fétichisme est si fréquent qu'il a été prétexte à plusieurs ouvrages extrêmement savants. Notre époque est caractérisée par un nouveau type de « fétichisme people », celui mettant en cause les vedettes de la télévision, présentatrices, animatrices, invitées régulières. Enflammés par leur coiffure ou leur pilosité supposée, ces nouveaux fétichistes leur écrivent des lettres enflammées et salaces et en arrivent à se satisfaire sexuellement en construisant dans leur tête des romans érotiques par un procédé très connu en psychiatrie qui consiste essentiellement à matérialiser une sensation par une image ou un objet. Le poste de télévision devient l'image évocatrice et joue le rôle adjuvant du désir et du plaisir. Un de ces fétichistes nous dira préférer ce fétiche télévisuel à n'importe quelle partenaire réelle.

Le fétichiste « accessoiriste »

Faute de pouvoir « prélever » des cheveux ou se procurer des poils pubiens conformes à ses rêves, il arrive fréquemment que le fétichiste déplace sa fixation érotique et la concentre sur un simple accessoire qui devient capable de lui procurer puissance virile et plaisirs sexuels. Dans bien des cas, ces accessoires ont eu un contact direct avec les poils : effets de toilette, chapeaux, ciseaux, épingle, culotte et, très couramment, brosses à démêler ou vieux peignes qui retiennent encore entre leurs dents de vieux cheveux entremêlés. Parfois, et c'est là que ce délire de substitution devient étonnant, l'objet érotisé par le fétichiste n'a aucun lien avec le « corporel » et peut s'avérer de n'importe quelle nature. Jean-Paul Sartre, sensibilisé par ce comportement, écrit dans *L'Enfance d'un chef* : « Tout peut être objet de désir sexuel, une machine à coudre, un cheval ou un soulier [...]. » Le fait est que les annales médicales, psychiatriques et criminelles, accumulent les exemples de fétichisme tourné vers les tableaux, les images religieuses, les meubles, les armes, les statues, les chaises, les excréments, les vêtements, etc. Les objets apparemment insignifiants et qui sont couramment chargés d'un symbolisme érotique sont innombrables. Parmi tous les accessoires de substitution, trois dominent chez les fétichistes du poil : les postiches, de préférence en vrais cheveux, les fourrures animales ou synthétiques et, plus curieusement, les véhicules : automobiles, voitures, motos et camions.

Le fétichiste « perruquier »

Jusqu'à la fermeture des maisons closes et des bordels d'antan, le personnel prostitué de ces établissements connaissait bien le rôle de la perruque en tant qu'excitant sexuel et il ne manquait pas d'en posséder plusieurs à disposition dont certaines descendaient jusqu'aux pieds. Aujourd'hui encore, beaucoup de clients sélectionnent dans la rue leurs partenaires vénales en fonction de leur chevelure. A. Gemy, auteur des *Histoires des perruques aphrodisiaques*, nous décrit comment un fétichiste de la perruque peut parvenir à un état second, sentir son cœur palpiter, sa gorge se serrer à la seule vue d'un postiche bien porté ! Il cite de nombreux cas éclairant cette disposition d'esprit dont celui, maintes fois cité dans divers ouvrages, concernant un homme qui, lors de ses deux premières nuits de noce, s'était contenté de farfouiller dans l'abondante chevelure de sa jeune épouse avant d'éteindre la lumière et de s'endormir. « La troisième nuit, écrit A. Gemy, il apporta une perruque très richement ornée de longs cheveux et pria sa femme de s'en coiffer. Cela fut à peine fait que son mari répara largement ses manquements précédents au devoir conjugal. Le lendemain matin, il recommença d'être tendre en caressant d'abord la perruque. À peine l'épouse eut-elle déposé la perruque qui l'importunait qu'elle perdit tout charme pour son mari [...] Cette femme se prêta dès lors au désir de son mari dont la puissance sexuelle dépendait de la perruque. Celle-ci n'avait effet que pour une quinzaine de nuits, après quoi elle devait être abandonnée et remplacée par une autre. La couleur n'avait pas d'importance [...] Le bilan de ce ménage se solda, au bout de cinq ans, par deux enfants et une collection de douze perruques [...]. »

Les postiches ne se réduisent pas aux seules perruques. Partout dans le monde occidental sont proposés aux fétichistes différents postiches destinés notamment aux aisselles et au pubis. Les postiches pubiens sont largement utilisés en Europe depuis le début du XXe siècle, et Curzio Malaparte, dans *La Peau*, rapporte qu'après la prise de l'hôpital des Pèlerins, il entra avec des soldats américains dans une pièce, véritable taudis où des prostituées jouaient nonchalamment avec des postiches étalés sur une table : « Ce n'était en vérité que de longues mèches de cheveux blonds peignées avec soin, cheveux d'étoupe, de soie ou de véritables cheveux, je ne saurais dire [...] Certaines de ces perruques étaient d'un blond doré, d'autres d'un blond pâle, d'autres encore d'une triste rouille avec des reflets de cuivre qu'on appelle blond Titien. Les unes étaient crépues, les autres frisées, d'autres encore bouclées comme des chevelures d'enfant. » Curzio Malaparte et ses compagnons américains se rendent très vite compte qu'il ne s'agit pas de perruques. « À quoi ça peut bien servir ? » Un homme leur dit qu'il s'agit de répondre aux fantasmes fétichistes des Noirs de l'armée U.S. : « C'est pour vos nègres, dit l'homme, vos nègres aiment les blondes et les Napolitaines sont brunes [...] Fais-leur voir », dit-il à l'une des filles [...] La fille alla s'asseoir sur le bord du lit, souleva sa jupe et ouvrant les jambes plaça la perruque sur son pubis. C'était quelque chose de monstrueux, ce toupet de longs poils blonds qui lui couvrait tout le bas-ventre et lui descendait jusqu'aux cuisses [...]. »

Le fétichiste « fourreur »

Le fétichiste de la fourrure n'est pas seul au monde. À un stade ou à un autre, ce fétichisme serait partagé par un très grand nombre d'hommes et de femmes. Les fourrures de luxe, les peaux de bête dont les hommes parent les femmes indiqueraient, selon les psychologues, leur désir sexuel et leur « orgueilleuse affirmation d'accéder à la précieuse toison pubienne ». La fourrure s'imposerait, consciemment ou non, comme le succédané de la « femme velue et animale » des premiers temps de l'espèce. « Cette nouvelle peau rehausse son charme et la rend différente, animale à son tour », nous dira un fétichiste « fourreur ».

Pour le fétichiste, la fourrure apparaît plus couramment encore comme une extension générale des poils pubiens féminins. Le sexe poilu est, par analogie, très souvent affublé du surnom d'un mammifère velu. Une toison frisée est qualifiée d'« astrakan », une pilosité douce et soyeuse de « lapin », de « chat », de « chatte », et une touffe de poils durs de « hérisson » La référence continuelle de la fourrure au sexe féminin a été largement commentée par la médecine psychiatrique et la psychologie. Freud écrit, en 1927, dans ses *Trois Essais sur la sexualité* : « La fourrure doit son intérêt fétichiste, selon toute probabilité, à son analogie avec les poils du *mons-venisis*. » En se revêtant d'une pelisse ou d'un manteau de poils, la femme devient sexe tout entière. C'est en tout cas l'idée maintes fois exprimée par les fétichistes « fourreurs » et que l'un d'eux résume ainsi : « Allongé complètement nu sur son manteau de fourrure, j'avais l'impression d'être étendu sur un immense sexe de femme. » Cette réduction totale de la femme au stade d'une simple touffe de poils est parfaitement signifiée dans la

Fétichisme de la fourrure. Doc. Paris Hollywood. D.R.

Publicité. La longueur des cheveux est donnée comme un gage de beauté.
Gravure. Vers 1910. Coll. part. D.R.

confession d'un fétichiste fourreur recueillie par Krafft-Ebing et citée par Roland Villeneuve dans *Fétichisme et amour* : « La simple vue d'une femme, même laide, mais qui est revêtue de fourrure, me met en vive excitation et me séduit complètement. En cela, l'odeur de la fourrure m'est indifférente et plutôt désagréable. Elle est supportable uniquement à cause de l'association avec des sentiments visuels et tactiles agréables. Elle n'a d'effet sur moi que lorsque les poils sont fins, assez longs et dressés en hauteur [...]. »

Le choix de la fourrure n'est pas neutre, loutre, vison, panthère. Le subconscient intervient et une fois dévêtue de sa « seconde peau », la femme n'existe plus pour le fétichiste, tandis que son excitation continue de se porter sur la fourrure de prédilection. « Lorsqu'elle l'enlève, la chaleur du corps

Certaines femmes sont les fétichistes de leur propre chevelure.
New York Library. D.R.

Les soupeurs : Monsieur est servi !

Il existe une déviation masculine de l'érotisme buccal désignée sous le surnom de ceux qui la pratiquent, les « soupeurs ». Il y a deux façons d'être soupeur. Dans la première, l'aliment consommé, essentiellement du pain, est abandonné pour un temps dans un urinoir afin qu'il s'imprègne d'urine anonyme avant d'être mangé.

Dans la seconde manière, il s'agit de la dégustation à même la vulve d'une femme du sperme déposé par un autre homme. Toutes les anciennes maisons de tolérance satisfaisaient cette lubie écœurante très demandée par toute une clientèle de névrosés plus ou moins impuissants. Dans la plupart des cas, les prostituées « truquaient » leur prestation et n'offraient qu'un ersatz de sperme en se badigeonnant les poils du pubis d'un mélange de blanc d'œuf, d'urine et de quelques gouttes d'eau de Javel.

La sexualité et les plaisirs mécaniques sont souvent associés. Coll. part. D.R.

persiste sur les touffes de poils dorés. C'est à perdre les sens [...]. » Le fétichisme de la fourrure n'implique pas que les « poils » aient été portés par une femme pour obtenir une jouissance. Elle peut naître du simple contact léger et subtil de la couverture ou du manteau sur son corps. Il arrive souvent que « la fourrure soit la porte d'entrée vers un fétichisme du poil humain ». Tarnomsky rapporte le cas d'un garçon de 12 ans qui éprouva des frissons sensuels en se couvrant par hasard d'une couverture en fourrure : « À partir de ce jour, il commença à se masturber en se servant de la fourrure puis en faisant venir dans son lit un chien à poils longs, pour enfin devenir, au sortir de l'adolescence, un actif coupeur de nattes de jeunes filles [...]. »

Le fétichiste « fourreur » n'hésite pas à parer de fourrure n'importe quel objet. Ainsi, connaît-on des cas où le délire pileux a entraîné certains de ces individus à recouvrir de poils des albums photos, des chaises, des livres, etc. Un fétichiste parisien a fait relier en fourrure de nombreux ouvrages rares, érotiques ou chargés de souvenir : « Les tenir et les ouvrir m'échauffe les sens », disait-il. À l'heure actuelle, les fétichistes de la fourrure seraient en partie responsables, en tant que « clients », du formidable trafic de peaux de chiens et de chats qui s'est développé en France. Les chiffres « officiels » annoncent la disparition annuelle, sans laisser aucune trace, de 60 000 chiens et 30 000 chats. Dans les années 1970, il se vend aux États-Unis et en Europe des milliers de pots de chambre dont les bords étaient recouverts de véritable fourrure. À la mort de Rachel, la grande tragédienne du XIXe siècle, les fétichistes parisiens se disputèrent à prix d'or son célèbre pot de chambre.

Le fétichiste « mécanicien »

La grande famille des fétichistes « accessoiristes » compte aussi des fétichistes dits « mécaniques », dont les pulsions s'orientent vers des appareils purement mécaniques, notamment les tondeuses à main et celles électriques dont la simple vision ou manipulation entraîne un plaisir qui va jusqu'à l'érection. L'un de ces fétichistes « mécaniques » nous confiera que la contemplation de ses dix-sept tondeuses ainsi que leur bruit caractéristique le mettent en grand émoi sexuel : « Je vois en elles des armes de destruction massive de poils, prêtes à saccager n'importe quel territoire pileux... C'est jouissif ! [...] » La perversité de certains de ces fétichistes est si accusée qu'elle ne laisse place à aucun rapport sexuel normal, et nous dira le docteur Pierre Lembeye : « La masturbation joue le rôle de caisse de résonance. Pendant cette pratique, il pense seulement à son fétiche fantasmatique avec intensité. »

Voilà qui nous amène tout naturellement vers un fétichisme mécanique bien connu, celui de la voiture, qui rejoint souvent, directement ou indirectement, le fétichisme du poil. C'est J.M. Lo Lucas qui, un des premiers dès le début des années 1960, désigne la voiture comme « objet de volage dérive ». Dans *L'Amour aujourd'hui*, il écrit : « La voiture, succédané de la puissance virile, de la jouissance même [...] Il suffit en effet de contempler avec quelle passion certains hommes astiquent, caressent, couvent du regard leur automobile pour s'en convaincre. » Beaucoup ne s'éloignent qu'en se retournant à plusieurs reprises vers cet objet de désir. Cette simple possession est chargée de sensualité et peut devenir pour le fétichiste un des objets les plus évidents de son fétichisme mécanique. On connaît des hommes qui ont des érections en arpentant les allées du Salon de l'auto ou en touchant tel ou tel modèle de leur rêve.

Un fétichiste, représentant de commerce de son état, qui passa les deux tiers de son temps sur les routes de France, évoquera son véhicule sous le terme de « partenaire ». Jusqu'aux années 1980, les voitures américaines « étaient conçues en pensant aux jeunes amoureux et le véhicule lui-même était vu comme un symbole de sexualité, avec ses chromes libidineux et son parfum de cuir aphrodisiaque », écrit Lo Lucas. Il est vrai que plusieurs grandes marques de Detroit supprimeront sur certains modèles le levier de vitesse central pour donner aux sièges la forme d'une unique banquette autorisant toutes les gymnastiques sexuelles.

La voiture est féminine par essence, si l'on ose dire, et fabricants et publicitaires ne s'y trompent pas qui lui attribuent des qualificatifs liés à cette féminité : sa silhouette est belle, racée, élégante ; son allure est distinguée, superbe, « c'est un vrai bijou » ; « sa conduite est sensuelle » ; c'est « la plus fidèle des compagnes de route » ; « sa conduite intéresse les vrais hommes » ; on la dit « gourmande ou économe » ; « elle protège les enfants » et « les enfants l'aiment ». Tous les thèmes ramènent la voiture à sa nature féminine. On la présente et on l'affiche portes avant ouvertes, comme deux jambes écartées, parce que comme la femme elle s'ouvre et se donne. Elle lève et baisse ses protège-phares comme deux paupières. Et, sublime perfection, elle parle ! Une voix suave, profonde, sensuelle vous demande de mettre votre ceinture, de mieux fermer la porte. Elle parle, elle a du verbe, donc presque une âme. Un fétichiste « mécanique » avouera à son thérapeute : « J'aime mieux conduire ma voiture que de vivre la plus agréable des aventures sentimentales [...] La nuit, je rêve de volant, de roue, j'en suis malade [...] Le bruit de son moteur et tout mon être vibre [...]. »

Comme les femmes, les voitures sont l'objet de crimes passionnels. En 1962, la presse se fait l'écho d'un fétichiste qui tue un adolescent qui s'approchait trop près de sa « compagne de route » : « J'ai cru qu'il allait y toucher, j'ai vu rouge. Vous comprenez, cette voiture, je l'aime ! C'est toute ma vie ! Je n'ai qu'elle au monde ! » La voiture a une connotation si féminine que le vocabulaire en vient à « mécaniser » la femme réelle qui se trouve ainsi pourvue de « beaux pare-chocs » et dont la jupe trop relevée lui vaut un avertissement : « Baisse le capot, on voit le moteur. » Avec l'âge, elle prend des kilomètres au compteur, etc. Le fétichiste du poil a peu à faire pour imprimer son penchant particulier à un véhicule automobile déjà largement érotisé collectivement. Grâce aux poils, même si ceux-ci sont synthétiques ou animaux, il va « maquiller » sa voiture en « vraie femelle » ou, mieux encore, en sexe de femme. Aux États-Unis, quelques fétichistes « mécaniques » ont eu droit ces dernières années aux honneurs de l'actualité pour avoir recouvert de fourrure toute la carrosserie de leur voiture. Plus nombreux sont ceux qui en tapissent l'intérieur. En Europe, il n'est pas rare de voir des véhicules dont les sièges et le volant sont recouverts de fourrure tandis qu'une grosse touffe de poils en forme de queue d'animal pend au rétroviseur intérieur. Avec ces simples apports, la voiture se transforme en sexe primordial, immense, dans lequel il est possible de faire entrer toute sa personne. D'après les psychiatres interrogés, aucun souvenir de femme ne se mêle à cette substitution.

L'un d'eux nous révélera le cas d'un de ses patients atteint d'une « Peugeot monomaniaquerie ». L'homme ne peut s'empêcher plusieurs fois par jour de s'isoler dans son garage pour tourner autour de sa voiture tout en la caressant. Il en ouvre et referme les deux portes avec précaution et douceur car, dit-il, il a l'impression de caresser et d'entrouvrir un sexe de femme. Certaines fois, il la « pénètre », en prend possession, c'est-à-dire prend place sur le siège conducteur recouvert de fourrure. Il met le moteur en marche pour « l'entendre vibrer » et sent ses vibrations lui « remonter dans tout le corps », tandis qu'il crispe ses bras tendus sur le volant « moutonné ». L'excitation le gagne tout entier. Il finit généralement par se masturber et emballer son moteur au moment de l'orgasme « pour jouir avec elle ». C'est un cas très similaire que Pieyre de Mandiargues met en scène dans *La Motocyclette*, engin mis au service du plaisir et qui se révèle un adjuvant et un moyen rapide d'atteindre la volupté. Il déclare, en 1963, dans une interview accordée au *Figaro* : « La moto est un objet d'une pesanteur, d'une puissance, d'une capacité de déchaînement incomparables. Tout cet appareil qu'elle étale ! Je n'ose vous en dire davantage ! [...] »

Le psychiatre américain Bernard Diamond, s'exprimant en 1965 dans le *N.Y. Herald Tribune*, affirmait que la motocyclette est de toute évidence un symbole sexuel : « Elle est ce que l'on appelle un symbole phallique locomoteur. Elle apparaît comme une rallonge du corps. » Un peu auparavant, l'homme de lettres Robert Poulet, cité par Roland Villeneuve, est plus explicite encore : « C'est le véhicule des désirs les plus fous. La motocyclette parvient à confondre dans une même pulsation quasi tellurique le roulement d'un moteur et les mouvements, très clairement décrits, de l'amour physique. » Affirmation corroborée par Stig Dagerman qui affirme dans *L'Île des damnés* que certains jeunes Suédois ne parviennent à l'orgasme qu'avec le bruit d'un moteur. Serge Gainsbourg ne fit-il pas chanter à Brigitte Bardot que la moto aux muscles d'acier a « des trépidations qui font monter le désir dans le creux des reins » ? Des désirs si puissants qu'Édith Piaf nous a déjà sensibilisés sur le sort de cette pauvre Marylou, petite amie de « l'homme à la moto » dont tout le monde sait « qu'il aime entre tout sa chienne de moto bien davantage ». Pour parfaire l'adjuvant capable de les amener à la volupté, les fétichistes recouvrent couramment leur selle de fourrure, ce qui rend plus libidineuse encore leur divine machine. « La selle vrombit avec le moteur entre mes cuisses... Ma moto, c'est "plus grand" qu'une fille pour moi, j'en suis fou ! »

Les fétichistes « mécaniques » ne limitent pas leur objet de désir aux seules voitures et motocyclettes. Souvent, ils désirent que l'objet de leur culte soit d'un volume considérable et ils focalisent leur fétichisme sur des mastodontes, poids lourds, semi-remorques, autobus, engins de travaux publics. Là encore, l'introduction de la fourrure, poils sexuels féminins de substitution, est largement utilisée. Les cabines de camion entièrement tapissées de fourrure ne sont pas exceptionnelles.

Ah, camion, quand tu nous tiens ! La presse internationale se fit l'écho, en 1956, d'une tragique liaison entre un autobus britannique et un fétichiste de même nationalité qui finit par se suicider face à un amour si plein d'entraves. Son père déclara que son fils n'avait jamais connu d'autre amour ni eu aucune petite amie et que son désir d'épouser l'autobus était légitime, lui-même à son âge ayant été véritablement épris d'une locomotive. Ce cas n'est pas unique. Il se retrouve sous de nombreuses autres formes et nombre de voleurs de camions se révèlent être des fétichistes qui « contiennent ainsi leur désir de violer une femme ».

Tous les grands spécialistes du fétichisme, Ball, Fere, Magnan, Blanche, Jamet, Binet, Ellis, Max-Muller, Hauser, Lasègue, Tarde ou Freud, tous se rejoignent sur un point avec leurs homologues contemporains : « La transposition de l'érotisme vers un objet purement mécanique ne traduit nullement une négation de cet érotisme. Elle est simplement un processus séparé de l'accomplissement biologique ordinaire. » Havelock Ellis précise et affirme que le fétichisme « accessoiriste » ne se discerne ni dans les actes, ni réellement dans les objets fétichisés eux-mêmes, mais dans l'émotion sous-jacente qu'ils procurent. Michel Carrouges, l'auteur du fameux ouvrage *Les Machines célibataires*, est tout aussi affirmatif : « Le fétichiste conserve intact son érotisme. »

POILS ET POUPÉES GONFLABLES

Monsieur Vénus est un roman dont Maurice Barrès disait avec admiration : « Il est si délicat dans la perversité » et, ajoutait-il, « c'est certainement parce qu'il est sorti de l'imagination d'une jeune fille de 20 ans ».

Le personnage central est un mannequin animé par des ressorts d'acier, revêtu d'un épiderme en caoutchouc et dont la chevelure, les sourcils et les poils d'or de la poitrine sont des poils authentiques. « Les yeux en émail ont un adorable regard. La nuit, une femme vêtue de deuil, quelquefois un jeune

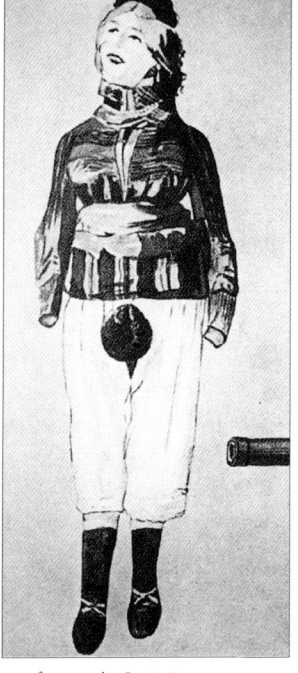

Poupée sexuelle avec vrais cheveux et vrais poils pubiens. D.R.

« La femme du Capitaine. » Vers 1880. Ancêtre de la poupée gonflable. Coll. part. D.R.

pratiqué l'accouplement avec des statues. L'anecdote authentique du page de Louis XV, surpris « déchargeant sur le derrière de Vénus », nous est contée par Sade. Les archives médiévales relatent de nombreux cas d'individus amoureux de statues à qui ils rendent de libidineux hommages. Certains fétichistes vont jusqu'à coller des poils de femme sur les pubis de pierre comme le faisait, en 1956, ce notaire devenu amoureux d'une reproduction d'une Vénus nue exposée dans un parc.

Cette satisfaction sexuelle obtenue avec des statues est assez répandue pour qu'on lui ait attribué un nom spécifique, « l'agalmatophilie », du grec « agalma », c'est-à-dire statue.

Contrairement à ce que beaucoup de gens croient, la poupée sexuelle gonflable n'est pas née avec les sex-shops, mais dans la marine de guerre japonaise, avant d'être adoptée, au début du XIXe siècle, par la marine marchande européenne sous la dénomination de « femme du capitaine ».

Appelée aussi « poupée de voyage », elle est effectivement très présente sur les trois et quatre-mâts du XIXe siècle et du début du XXe. Blaise Cendrars évoque son existence dans *Emmène-moi au bout du monde* et il y relate les satisfactions qu'en retire un pacha marocain.

Boris Vian, voulant mettre en avant son altruisme colonial, réclame la libre disposition de poupées « à la portée de toutes les bourses » pour combattre la misère sexuelle chez les indigènes. Et, argumente-t-il, on peut se passer de tous les membres, jambes et bras, tant sur le plan physique qu'économique et social. Il conclut que ce serait faire preuve de salubrité publique que « de rendre obligatoire par arrêté préfectoral l'usage de la femme-tronc pour les pauvres ».

homme en habit noir ouvre une porte. Ils viennent s'agenouiller près du lit et lorsqu'ils l'ont contemplé, ils l'enlacent et lui baisent les lèvres. Un des ressorts disposés à l'intérieur des flancs correspond à la bouche et l'anime en même temps qu'il fait s'écarter les cuisses. »

On pourrait voir là l'ancêtre mâle de la poupée gonflable. Il n'en est rien, et tout au long de l'Histoire, bien des individus ont

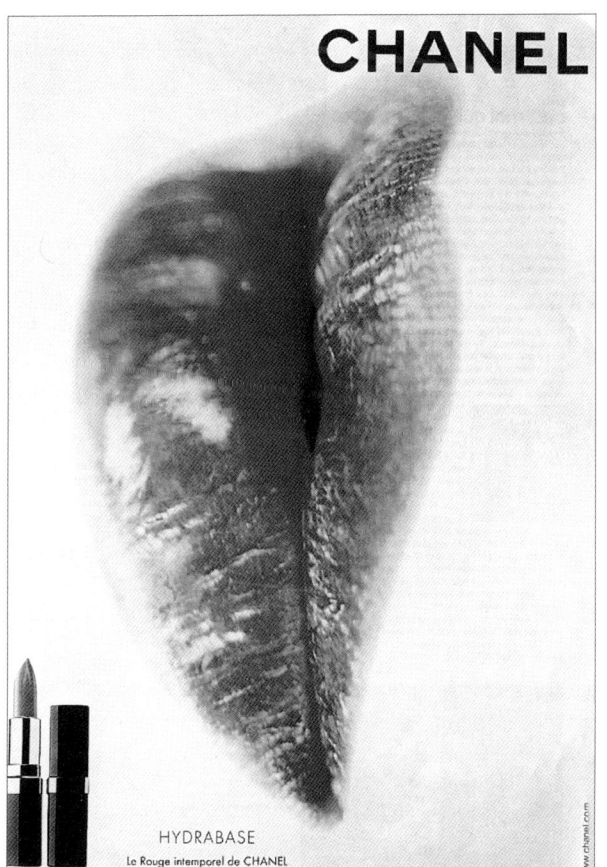
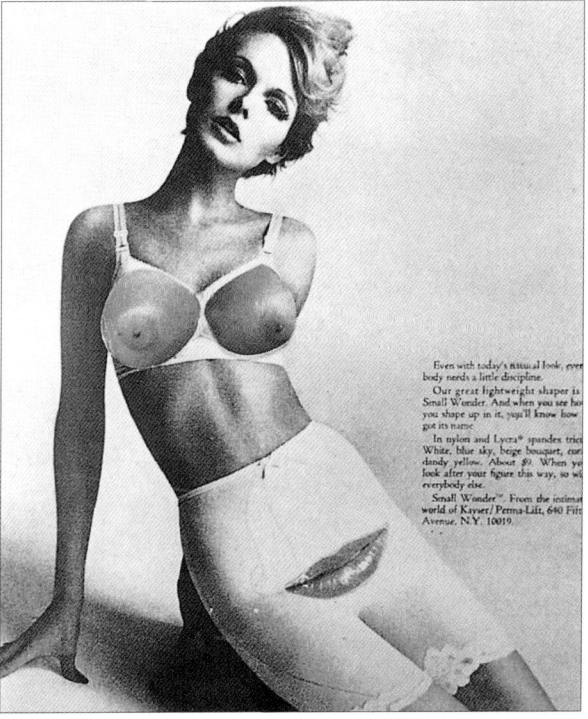

Deux annonces publicitaires utilisant la notion érotique de « bouche d'en bas et sexe d'en haut ». Chanel et Lycra. D.R.

L'amour des statues, « l'agalmatophilie » va jusqu'à coller de vrais poils sur la pierre. Gravure. D.R.

Poupées gonflables historiques vues par *Hara-Kiri*. D.R.

Ce que Vian entrevoit comme une plaisanterie d'auteur s'est réalisé. À l'heure actuelle, les sex-shops proposent à la vente des vagins poilus, isolés de tout complément corporel.

La poupée gonflable reste l'auxiliaire sexuelle la plus vendue, rencontrant un succès sans défaillance depuis le début des années 1960. Vogue assez alarmante, convenons-en. L'enveloppe est faite d'un vinyle soyeux dont la douceur et l'élasticité veulent rappeler celles de la peau humaine. On les appelle *party dolls* et elles valent entre 10 et 100 euros (65 et 650 francs) selon le modèle.

Roland Villeneuve a publié en 1968, dans son ouvrage *Fétichisme et amour*, le dépliant publicitaire d'un marchand français de poupées gonflables à usage sexuel. Ou plutôt de « troncs gonflables ». « Cet appareil, fort employé par les marins au cours de leurs longues croisières, porte aussi le nom de "dame de voyage". Il est la reproduction exacte et précise de la moitié inférieure du tronc féminin jusqu'au gras des cuisses. L'organe féminin est reproduit avec un souci scrupuleux de la vérité. Poils, grandes et petites lèvres, clitoris, vagin et ses replis sont la réplique même de la nature. De ce fait, pour l'acte d'amour, notre sexe artificiel donne exactement les mêmes sensations qu'une femme. De plus, à sa face postérieure se trouve un anus en matière constrictive, ce qui permet aux amateurs de "l'envers" de se satisfaire. »

Une matière quasi charnelle

Puis vient le mode d'emploi : « L'appareil se gonfle à la bouche au moyen d'un tube en caoutchouc muni d'une valve spéciale. Il se dégonfle très facilement et une fois dégonflé son volume est si minime qu'il peut se dissimuler très facilement. Sa construction permet un nettoyage facile après usage. Et pour s'en servir, n'oubliez pas d'enduire l'orifice de notre crème « voluptueuse » qui donne le moelleux de l'organe véritable. ».

Au Japon, il se vend aujourd'hui des sortes de bouillottes poilues munies d'une cavité aux douceurs élastiques dont la réclame dit : « L'appareil tient dans la poche et il suffit de le remplir d'eau chaude. »

Stigmates d'impuissance, de frustration, de la peur des femmes, sinon de débilité mentale, les poupées sexuelles se vendent de plus en plus à travers le monde et l'on trouve actuellement sur le marché des poupées en silicone « fabriquées sur mesure » avec de vrais poils et de vrais cheveux. Poupées aux charmes troublants. Ces personnages jouent sur le registre « beaux objets de compagnie ».

À 60 000 francs l'unité et 40 kg de matière quasi charnelle, les « *real dolls* » sont capables, disent leurs constructeurs américains, telle une vraie compagne, de répondre à tous les fantasmes les plus ambigus.

La société qui a créé les « real dolls » n'en fabrique qu'une petite douzaine par semaine et seulement sur commande. Le client « construit » sa poupée en répondant à plusieurs dizaines de questions, notamment sur les seins et sur la pilosité. La veut-il blonde ou brune, très chevelue et peu velue ou le contraire, le pubis très fourni ou peu fourni, avec beaucoup ou pas de sourcils, des poils aux fesses ou non, des grandes lèvres poilues ou déplumées, etc. Chacun construit sa femme idéalement poilue et poitrinée qui lui sera livrée à domicile dans une caisse de 70 kg arrivée par avion des USA.

23
Le poil « passe à table »
Auxiliaire du policier et de l'historien

La chevelure est un excellent moyen d'interpellation. *Associate Press*. D.R.

Hercule Poirot, le tenace enquêteur né de l'imagination d'Agatha Christie, ou Sherlock Holmes, le limier inimitable imaginé par sir Arthur Conan Doyle, ont résolu nombre d'énigmes en considérant poils et cheveux comme des indices de premier ordre. Cheveux arrachés, emplacement de leurs relevés, leur teinte, leur longueur et quelques autres caractéristiques particulières ont souvent permis aux « flics » de la littérature de résoudre des affaires particulièrement tordues.

Aujourd'hui, la réalité dépasse de loin cette fiction littéraire. La vraie histoire du poil dans un contexte criminel commence au milieu du XIXe siècle avec les travaux de l'illustre savant allemand Rudolph Virchow, fondateur de la pathologie cellulaire et célèbre pour le nombre et qualité de ses études approfondies sur des sujets relevant de l'anatomie pathologique.

Rudolph Virchow pose en principe que la physiologie pathologique constitue la base de toute science médicale. Il est l'auteur en 1869 de la première étude des poils menée sous cet angle. Étude qui va ouvrir la voie à de nombreux suiveurs pour aboutir au spectaculaire savoir-faire de la police scientifique actuelle.

C'est au début du XXe siècle que le poil devient réellement un indice objectif pour les enquêteurs de la police criminelle. D'après plusieurs historiens spécialisés dans ce domaine, c'est en 1910 que, pour la première fois, une affaire d'assassinat trouve sa conclusion par l'étude de cheveux.

En l'occurrence ceux d'un homme tué par une épouse très vite arrêtée et confondue par la seule mise en avant d'un indice capillaire.

Le poil bavard

Grâce aux découvertes biologiques, les cheveux et les poils répondent aujourd'hui à des questions essentielles et offrent la possibilité d'accéder à des informations indispensables aux enquêteurs des polices techniques et scientifiques du monde entier.

Véritable calendrier, le cheveu parle de chaque individu au jour le jour. Autrement dit, il garde dans sa structure une trace assez précise de ce que ledit individu a bu, mangé ou fumé. Ou même respiré puisque l'on sait retrouver dans les cheveux des traces de pollution atmosphérique. En fait, rien ne leur échappe. Des éléments issus des aliments, de médicaments, de la drogue, de l'alcool, etc., sont apportés par la circulation sanguine à la base du follicule pileux. Le cheveu les capte, puis les intègre à sa structure, c'est-à-dire à la construction de sa tige pilaire. Ils répondent alors à la question : y a-t-il eu carence, intoxication, dopage, empoisonnement, etc. ?

Les cheveux poussant à une vitesse relativement constante, il suffit de remonter de la pointe vers la racine pour estimer assez précisément la période de prise des substances ingérées. Comme le cheveu pousse d'environ 1 cm par mois, une chevelure de 20 cm est riche des informations sur les vingt derniers mois. Des cheveux plus longs sont bien évidemment plus bavards encore. Les structures de la tige capillaire peuvent « parler » pendant une durée de plus ou moins trois années, temps moyen de leur cycle de pousse.

Une vingtaine de minéraux et un grand nombre de métaux peuvent ainsi être détectés avec une extrême précision. Notamment le calcium, le fer, le plomb, l'aluminium, le cuivre, le taltrum, le mercure, etc. Détection fort utile, on en convient aisément, dans le cas d'enquêtes judiciaires où la seule preuve tangible est un cheveu retrouvé sur la scène d'un crime.

Le cas est fréquent notamment dans les affaires de viol. Récemment, au milieu de l'année 2001, dans une affaire de viol précédée d'un assassinat, les prélèvements vaginaux n'avaient donné aucun élément génétique fiable, ni sang, ni sperme. Comme dans toute procédure de ce type, la toison pubienne de la victime fut soigneusement peignée. Effectivement, parmi les poils pubiens recueillis, l'un se révéla comme n'appartenant pas à la victime et l'analyse affirma un profil génétique masculin identique à celui d'un prévenu suspecté et qu'on s'apprêtait à relâcher faute de preuves.

Le poil fureteur

Le caractère imputrescible du cheveu et sa forme moléculaire très stable offrent aux « enquêteurs du passé » que sont les historiens et les archéologues la possibilité de s'immiscer dans l'histoire personnelle de personnages depuis longtemps disparus. Dans des momies péruviennes vieilles de 4 000 ans, les archéologues ont retrouvé les traces d'un usage de la cocaïne. La momie de Ramsès II conservée presque 3 000 ans dans un sarcophage a révélé qu'il avait la peau blanche, les cheveux blond roux et qu'il utilisait du henné pour dissimuler ses cheveux blancs. L'analyse de la chevelure du fameux « homme des glaces », Otzi, retrouvé à la fin des années 1990 dans un glacier des Alpes, a démontré que ce représentant de notre protohistoire avait un régime alimentaire parfaitement équilibré.

Plus près de nous, une mèche de cheveux appartenant à Beethoven, vendue par Sotheby's à Londres, a pu être examinée par une équipe de chercheurs américains du Health Research Institute de Naperville.

Les résultats délivrés en 1996 ont prouvé que le compositeur a succombé à une forme de saturnisme. La dose de plomb, cent fois supérieure à la moyenne admise, expliquerait probablement les terribles douleurs dont il souffrit les dix dernières années de sa vie.

Une autre « affaire de cheveux » met en scène un des plus importants personnages de l'Histoire européenne, l'empereur des Français Napoléon Bonaparte, officiellement mort le 5 mai 1821 sur l'île de Sainte-Hélène où il avait été relégué par les coalisés après sa défaite de Waterloo, en 1815.

Dès 1816, des contemporains de l'Aigle déchu affirment que le prisonnier, régulièrement malade, présente les signes classiques de l'empoisonnement à l'arsenic. L'autopsie réalisée le 2 mars 1821 devait conforter ce soupçon en révélant l'absence totale de poils sur le corps de l'Empereur, symptôme fort d'un empoisonnement par l'arsenic.

Depuis le début des années 1990, experts et historiens ne cessent de s'affronter sur cette thèse. Certains la taxent d'imagination délirante et la récusent totalement. D'autres l'admettent mais du bout des lèvres : « L'arsenic pourrait en effet avoir été diffusé sous forme de vapeur depuis un pigment vert du papier peint qui décorait le bureau de l'Empereur à Longwood House sur Sainte-Hélène. Ces vapeurs, accidentellement, ont pu lentement l'intoxiquer, leur diffusion étant liée au temps humide qui sévit sur cette île. »

Toutefois, un troisième groupe d'historiens et d'experts, après avoir fait « parler les cheveux », est formel : « L'Empereur a été empoisonné ! »

La première analyse des cheveux de Napoléon est réalisée en 1994 par les laboratoires scientifiques du FBI, la police fédérale américaine. La conclusion est sans appel : « Les neuf cheveux analysés contiennent de grandes quantités d'arsenic. »

Le débat s'enflamme et devient international. Les cheveux de l'empereur sont « soumis à interrogatoire » dans plusieurs des plus grands centres d'analyse scientifique de la planète. Le centre d'études nucléaires de Saclay et ceux des universités de Toronto et de Strasbourg reçoivent chacun des mèches impériales.

Tous les résultats concordent et accréditent la thèse d'un empoisonnement à l'arsenic dans des proportions très importantes. Pascal Kintz, directeur-adjoint de l'institut médico-légal de Strasbourg, parle de taux qui varient selon les cheveux de 7 à 38,5 nanogrammes par milligramme de cheveux. Or, on considère qu'il y a empoisonnement par exposition répétée à l'arsenic dès que l'on trouve plus de 1 nanogramme par milligramme. Plus question dans de telles proportions d'évoquer des émanations de papier peint.

Alors, qui est l'assassin ? Les cheveux de l'Empereur restent muets sur cette délicate question. Un aveu toutefois à travers un livre documenté, celui du petit-fils du général Montholon, présent aux côtés de l'Empereur à Sainte-Hélène. « C'est mon aïeul qui a empoisonné l'Empereur ». Pour une histoire de femme, précise-t-il, « celle de Montholon, dernière conquête connue de l'empereur des Français ».

Le poil archiviste

Le poil étant imputrescible, il est une «survivance de la preuve» à travers le temps. Aussi, c'est grâce à des mèches d'enfants précieusement conservées pendant des années que des familles américaines ont pu identifier des corps anonymes découverts en Corée et au Viêt-Nam longtemps après les combats. « Miracle » rendu possible grâce à l'analyse génétique.

Dans une analyse génétique, c'est le bulbe pilaire du cheveu qui fait l'objet de l'examen, car le noyau de ses cellules contient toutes les informations du patrimoine génétique unique d'un individu sous forme d'ADN. Lorsque les noyaux du bulbe ne sont pas utilisables, il est possible d'analyser les mitochondries, comme s'appellent les microscopiques éléments des cellules du cheveu. Le résultat, bien que moins précis, se révèle cependant très précieux en l'absence d'autres indices. En règle générale, un cheveu arraché conserve son bulbe.

Chez un individu, toutes les cellules contenues dans la peau, le bulbe des cheveux et autres tissus et organes renferment le même ADN. Ainsi est-il facile d'identifier un individu par son empreinte génétique qui repose sur la mise en évidence d'éléments qui lui sont spécifiques. C'est grâce à la comparaison par ADN qu'on a mis en échec plusieurs fameux imposteurs parmi lesquels ceux prétendant descendre de la grande duchesse russe Anastasia Romanoff ou du fils de Louis XVI. Il en est de même pour confondre ou innocenter des individus suspectés. Il suffit parfois de comparer leur ADN à celui révélé par un cheveu compromettant.

L'intérêt pour la justice de l'analyse génétique est particulièrement révélé par une affaire criminelle ayant la Corse pour décor. Le 8 mars 1988, le gendarme Stéphane Chariot est de faction devant une des entrées de la caserne Battesti, siège du commandement de la gendarmerie en Corse. Un commando du FLNC l'abat depuis une voiture en marche et, deux jours plus tard, revendique l'assassinat. Charles Pasqua, ministre de l'Intérieur, jure que les assassins seront châtiés. Mais le temps passe et l'espoir de toute arrestation semble inexistant

Toutefois, quelques heures après la fusillade, les enquêteurs ont retrouvé le véhicule depuis lequel les coups de feu ont été tirés. Malgré les moyens très sophistiqués mis en œuvre, les experts de l'identification criminelle ne relèvent aucune empreinte exploitable. Parmi quelques indices infimes, un cheveu prélevé sur un des sièges de la Citroën BX a été mis sous scellés. Mais les limiers de la police scientifique sont, à ce stade de l'enquête, incapables d'identifier le propriétaire de ce précieux poil solitaire.

Le hasard va intervenir dix ans plus tard. Un nationaliste, Ange-Marie Orsini, souvent mêlé à des affaires suspectes et violentes, subit plusieurs interrogatoires au commissariat d'Ajaccio, après l'arrestation d'un de ses amis chez qui a été découvert un véritable arsenal. Faute de charge de complicité suffisante, Orsini est resté libre. Par précaution autant que par routine, le juge ordonne de faire vérifier son empreinte génétique dans le cas où on pourrait la comparer avec d'autres dans différents dossiers en suspens. Le laboratoire de police scientifique de Nantes établit une comparaison positive entre les cheveux prélevés sur Ange-Marie Orsini et le cheveu saisi dans la voiture des assassins du gendarme Chariot. L'homme est inculpé. Après treize années de silence, son cheveu perdu a trahi le nationaliste.

Une quantité phénoménale d'affaires criminelles à travers le monde ont finalement été résolues par l'analyse déterminante de poils récupérés auprès d'un cadavre, sur un vêtement, sur une cagoule, à l'intérieur d'un casque, dans un véhicule, etc. Analyse qui incrimine un individu insoupçonnable ou, au contraire, lève les soupçons qui pèsent sur un malheureux innocent.

En mars 1991, une affaire insolite met en cause les policiers et les pompiers de la ville de Tampa, en Floride. Un poil de pubis masculin a été retrouvé près du corps d'une femme de 78 ans, assassinée. Un homme de 28 ans suspecté est interpellé. Le juge chargé de l'affaire décide de faire effectuer un examen comparatif « de la pièce à conviction » avec les poils du suspect. La défense s'y oppose, estimant la suspicion illégitime et que ce poil peut provenir de n'importe lequel des policiers ou pompiers ayant participé à l'enquête et aux secours. Le juge déboute la demande de la défense pour un examen des systèmes pileux des policiers et des pompiers, mais le procureur, un nommé Ronald Ficarrotta autorise finalement la collecte des échantillons de poils de tous les fonctionnaires afin que la défense ne puisse pas contester la valeur de la preuve fournie par l'accusation. Conclusion, le « poil de la vieille », comme titre un grand journal de Floride, est bien un poil du suspect déjà emprisonné.

Un complice poilu

L'analyse ADN d'un poil peut réserver bien des surprises. C'est le cas dans une affaire d'incendie volontaire mettant en cause un individu d'une trentaine d'années. En mars 1992, il est condamné à dix-huit mois de prison ferme pour avoir mis le feu à l'école maternelle de Dombasle, près de Nancy.

Plusieurs fois auparavant, il avait été poursuivi pour des affaires similaires et toujours relaxé au bénéfice du doute. Cette fois, son incrimination et sa condamnation ont été possibles grâce à l'implication d'un complice.

Des pompiers et deux témoins ont vu sortir le « couple » de la cour de l'établissement scolaire peu avant que le sinistre soit détecté. Des poils blonds et noirs appartenant au « complice » et retrouvés dans une pièce épargnée par le feu sont soumis à l'analyse scientifique.

Le rapport est accablant, et le « tandem de pyromanes » est placé en détention malgré les véhémentes négations de l'un et le mutisme le plus absolu de l'autre… un splendide berger allemand de 7 ans, placé à la SPA de Nancy, et qui ne comprend toujours pas comment il a pu trahir son maître simplement en se grattant…

Poils et criminels collectionneurs

Le besoin de collectionner est inhérent à beaucoup de criminels. Certains accumulent les couteaux, les rasoirs, d'autres les armes à feu, les poisons, etc. Et nombreux sont ceux qui ont la « collectionnite » moins banale, tel le célèbre docteur Petiot qui collectionnait les dentiers, ou Landru les perruques. Il s'avère que nombre de criminels attachent une importance primordiale aux cheveux et aux poils de leurs victimes, allant dans bien des cas jusqu'à en faire la pièce essentielle d'un « vaudou sanglant ».

Au milieu du XIXᵉ siècle, par exemple, un ecclésiastique, l'abbé Benard, abandonne le corps de ses victimes attachées par les cheveux à divers points d'ancrage. Il est arrêté après avoir tranché la gorge, à vingt-quatre heures d'intervalle, à une jeune fille puis à sa mère et les avoir violées encore palpitantes. La curiosité de cette affaire tient dans la découverte des cadavres par un paysan. La mère et la fille étaient ficelées ensemble par leurs longues chevelures, lesquelles étaient elles-mêmes fixées à un bâton fiché en terre. L'ecclésiastique ne donna jamais aucune explication à ce rituel.

La période contemporaine compte un grand nombre de criminels qui ont avoué leur fascination pour la chevelure ou les poils corporels de leurs victimes. Pilosité qui s'est même, dans certains cas, révélée être l'élément indispensable à leur folie meurtrière. Nous avons déjà évoqué dans le chapitre précédent le cas de Ted Dundy, crédité de 23 assassinats aux USA et d'une série de 28 autres au Canada, et qui ne tue que des jeunes étudiantes blondes avec la raie au milieu. Édouard Gein, arrêté en 1951, qui inspira le film *Massacre à la tronçonneuse*, est un cas d'une autre nature. Il conserve les têtes qu'il coupe à condition qu'elles soient « bien chevelues ». Il les

Napoléon Bonaparte. Huile. Détail. Par Ingres. Liège. D.R.

Trahi par ses poils

Les indices délivrés par les poils ne sont pas utilisés à l'exclusive par la police criminelle. Puisque, contrairement au sang et à l'urine, ils gardent longtemps en mémoire les traces des comportements toxicologiques, ils servent également à débusquer les sportifs tricheurs qui utilisent des substances interdites pour améliorer leurs performances.

Généralement, ce type d'analyse se pratique avec les cheveux et les mauvaises langues accusent ceux qui se rasent le crâne de chercher à échapper à ces contrôles. Dans ce cas, la justice sportive va chercher son argumentation en dessous de la ceinture, là où les poils pubiens se révèlent tout aussi coopérants. Beaucoup de sportifs en ont fait l'amère expérience. C'est le cas, par exemple, de l'Allemand Dieter Baumann. Soupçonné de dopage, il est suspendu et sa victoire olympique sur 5 000 mètres, en 1992, à Barcelone, remise en question. L'analyse de ses poils pubiens, réalisée par l'expert français Pascal Kintz, confirme les doutes : le taux de nandroline est dix fois supérieur à la norme autorisée.

Très imaginatif, l'athlète, après avoir clamé son innocence et s'être soumis au détecteur de mensonge, porte plainte contre X pour « blessure volontaire » et évoque un conflit : « Les contrôles sportifs sont la conséquence d'une manipulation de mon tube de dentifrice par une tierce personne. »

Une expérience originale a été tentée en 1994 par une équipe scientifique dirigée par Pierre Francis Blache, du laboratoire Ecomarine Techniscience de Carcassonne. L'étude cherche à répondre à une constatation simple mais encore inexpliquée. « Les sportifs pratiquant des disciplines d'endurance, tels le marathon ou le triathlon, par exemple, et qui débutent une période d'entraînement entrecoupée de relaxation et de traitements thermaux, enregistrent un très sensible recul de leur performance lors des deux premières journées. »

A priori, cette baisse de forme serait causée par la chute des sels minéraux et oligo-éléments qui permettent au corps de profiter des vitamines et non pas à une hypoglycémie ou à une anémie. Là encore, le poil s'est avéré un « collaborateur indispensable ». Le protocole expérimental consiste en un prélèvement quotidien de 50 à 75 milligrammes de poils de barbe destinés à l'analyse.

Ainsi a-t-il été possible d'étudier les raisons, les fréquences et la durée de ces baisses de régime et de codifier un protocole de récupération, applicable à la préparation des grandes compétitions.

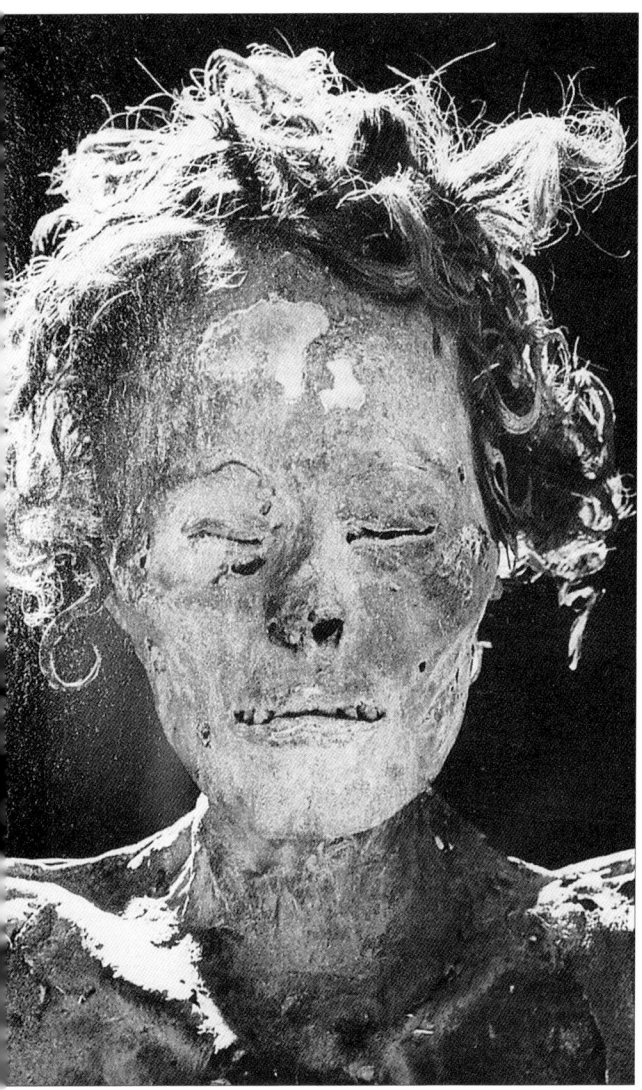

Momie égyptienne ayant conservé ses cheveux après 2000 ans d'enfouissement. D.R.

embaume pour mieux en jouir. Plusieurs femmes qui croisent son chemin évitent une mort abominable pour la seule raison qu'elles sont « coiffées court ». Édouard Gein aime porter la chevelure de certaines de ses victimes. Pour ce faire, il opère selon une méthode unique dans les annales du crime : il détache la peau de toute la tête en ayant bien soin de faire venir la calotte crânienne chevelue, mais aussi les oreilles, le nez, les lèvres. Une fois ce prélèvement effectué, il le met à sécher et ensuite l'enfile comme on le fait d'une cagoule. Jeffrey Dahmer, arrêté en 1998, tueur en série, homosexuel, cannibale et qui ne fait que des victimes de couleur, avoue « apprécier particulièrement les cheveux courts et crépus des Noirs ». Une fois les têtes séparées des corps, il les peint et les dispose sur une étagère pour les contempler à loisir.

Collection de cheveux... avec têtes !

Même intérêt pour les têtes chevelues de la part d'Edmond Kemper, arrêté en 1983. Ce géant de 2 mètres, considéré par tous comme un « chic type », conserve le plus longtemps possible les têtes coupées de ses victimes afin d'en jouir au maximum. Souvent dans son lit il joue avec ces têtes à des jeux érotiques et solitaires. Il dira éprouver un véritable déchirement lorsqu'il doit aller les enterrer... sauf la tête de sa mère, qu'il transforma en cible pour fléchettes jusqu'à la décomposition la plus avancée.

Henri Lee Lucas, jugé en 1991 pour plus d'une centaine d'assassinats suivis de cannibalisme, aime les chevelures féminines au point de voyager à travers les États-Unis avec une tête coupée, bien coiffée, posée sur sa banquette arrière.

On peut multiplier les exemples de cette nature. Finissons ces lignes sur la fascination criminelle envers les cheveux avec le cas du Nigérian Clifford Orji. Il avoua à son procès, au milieu des années 1980, qu'il tuait, violait et mangeait ses proies uniquement « si elles avaient de longues chevelures ». Lui aussi conservait les têtes coupées comme autant de scalps sacrés. Il dira à ses juges être un vrai spécialiste et « reconnaître à coup sûr les femmes qui veulent le tromper en portant perruque ».

Trahi par son merlan

Sur le plan de l'anecdote, cheveux et faits divers ont souvent partie liée, quelquefois de façon très cocasse, comme le démontre la mésaventure d'un petit braqueur de quartier.

En ce mois de décembre 2000, les policiers de la 3ᵉ division de la Police judiciaire sont perplexes : un papy de 61 ans, une de leurs vieilles connaissances, braqueur au petit pied, vient de se présenter spontanément à leurs bureaux pour leur expliquer « qu'il n'est pas l'auteur du hold-up commis le mois précédent contre une agence bancaire du CIC, boulevard de Grenelle ».

« D'ailleurs, leur explique-t-il, vous savez que j'ai déjà braqué cette banque il y a trois ans et il faudrait être fou pour tenter le sort une seconde fois sur un même établissement. » Et, ajoute-t-il, « cette fois, le braqueur qui a réussi à s'enfuir avait, selon les témoins, une longue barbe négligée et une longue chevelure. Ce qui n'est pas vraiment mon cas ! »

Il ne faut pas plus de deux jours d'enquête pour que les policiers, intrigués, découvrent que leur papy braqueur s'était laissé pousser les cheveux et la barbe pendant deux ans et qu'il est passé chez son coiffeur, au bas de son immeuble, le jour même du hold-up. Et par surcroît, que son changement de look s'est immédiatement accompagné d'un changement de niveau de vie.

Le papy braqueur avoua sans difficulté et purge actuellement sa peine à la prison de la Santé.

Le poil de l'adultère

Il est des fables qui circulent en ville depuis des décennies. Celle de l'huissier, suivi d'un mari cocu, ramassant un poil accusateur au milieu du lit défait des deux amants confondus est une des plus anciennes et des plus tenaces images attachées aux poils.

Trois fois l'an maximum

Interrogée sur la réalité du « poil adultérin », maître Marie-Joseph Bouvet est formelle : « Un huissier ne peut intervenir que sur mandat d'un juge et dans ce cas, il ne relève ni les poils abandonnés ni les taches suspectes. Il se borne à constater si le couple est nu ou habillé, si un seul lit est défait, si les vêtements de l'homme et de la femme sont déposés dans la même pièce, etc. Il ne peut intervenir qu'entre 6 heures du matin et 21 heures le soir. » Maître Marie-Joseph Bouvet assure ne faire ce type de constats que deux à trois fois par an et que leur nombre total dans Paris intra-muros dépasse rarement quarante chaque année.

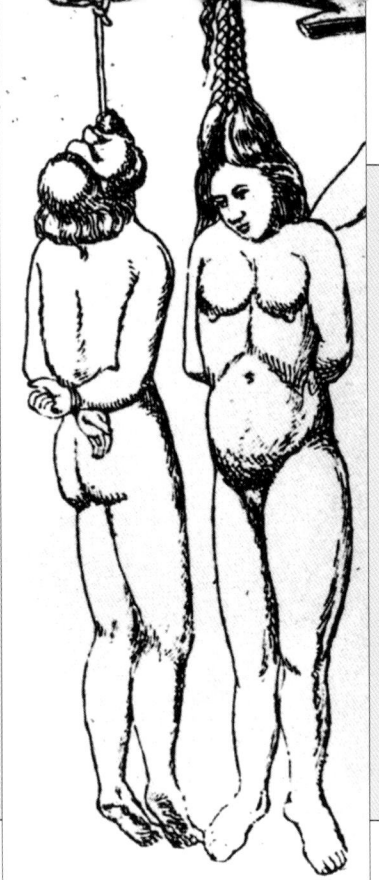

Pendu par où on a péché. Gravure. D.R.

Des rasages sanglants

Les boutiques de coiffure n'ont jamais cessé, dans les œuvres de fiction comme dans la réalité, d'être le théâtre de sanglantes scènes de rasage.

Reconstitution

La scène culte du film *La Femme à abattre* a été inspirée par un fait divers américain. On y voit un homme assis dans un fauteuil de coiffeur, une serviette-éponge chaude sur le visage, comme l'on faisait à l'époque pour assouplir la peau. Derrière cette victime désignée, la main du professionnel du rasoir qui affûte son outil est silencieusement remplacée par celle non moins experte du tueur.

Cocasses associations

Parmi les sanglantes scènes de rasage immortalisées par les faits divers, dont certains difficilement vérifiables, souvenons-nous du coiffeur et du charcutier de la rue des Marmoussets à Paris.

Les deux artisans parisiens travaillaient de concert, vers 1930, l'un égorgeait au rasoir, des clients, fournissant ainsi la matière première carnée, l'autre vendait des petits pâtés réputés les plus délicieux de la capitale. À Londres, Sweeney Todd, coiffeur en renom, se livrait à la même coupable industrie à peu près à la même époque.

Dernière barbe avant le cercueil

Un des plus fameux faits divers ayant une boutique de coiffeur pour décor reste sans conteste l'exécution, le 25 octobre 1957, d'Albert Anastasia, un des plus célèbres et des plus violents gangsters américains d'après-guerre. Membre de la « Murder Incorporated », association qui regroupait toutes les familles mafieuses des États-Unis, chef du tribunal Kangourou, effarante organisation réunissant une trentaine de tueurs professionnels travaillant pour le Syndicat du Crime, Albert Anastasia, surnommé « Boum-boum », était personnellement crédité par le FBI de 63 assassinats et soupçonné de 14 autres.

Le fauteuil n° 4

Le jour de son exécution, le mafioso s'était assis, comme à son habitude, sur le fauteuil n° 4 de la boutique de coiffure de l'hôtel Sheraton. À l'extérieur, ses gardes du corps avaient été rapidement neutralisés. Alors que la tondeuse de son coiffeur attitré, Jo Bocchino, commence à peine à ronronner sur sa nuque, deux hommes font irruption dans la boutique et quatre revolvers tirent en même temps. Satisfaits de leur travail, les deux exécuteurs disparaissent.

Lansky est dans le coup

La scène a duré trois minutes. Les clients du salon de coiffure, terrorisés, courent en tous sens. L'un d'eux, les joues barbouillées de mousse blanche, s'étale de tout son long sur le carrelage gluant, à côté du cadavre recroquevillé dans une mare de sang.

Il en deviendra cliniquement fou. À l'époque, on soupçonne le non moins fameux Meyer Lansky d'avoir organisé cette exécution.

24
Poils et justice
De l'exécution à l'évasion

En Chine, la natte servait, lors d'exécutions, à bien faire tendre le cou du supplicié. Coll. part. D.R.

Partie prenante dans l'obsession de bien des criminels, la chevelure est également prise en considération par les foudres de la justice. Depuis l'Antiquité, elle a été maintes fois partie prenante dans l'exécution des peines et notamment dans celles dites bestiales.

Cheveux et mises à mort

Les Germains connaissent une peine légale, généralement réservée aux femmes, qui consiste à attacher la condamnée par les cheveux à un cheval sauvage qui la traîne jusqu'à ce que mort s'ensuive. En Orient, la même peine fut longtemps appliquée avec des dromadaires.

Les Mérovingiens et les Francs utilisent occasionnellement ce type d'exécution et l'Histoire de France retient quelques cas dont celui de Brunehaut, reine d'Austrasie, qui la subit en 613 sur l'ordre de Clotaire II, fils de sa plus grande ennemie, Frédégonde, reine de Neustrie.

La peine de la strangulation, dénommée également étranglement, très en usage en Asie et en Orient fut, dans certaines circonstances, réalisée avec des cordes en cheveux. En Europe, seule la France considérait ce type de mise à mort comme particulièrement ignominieux. On en retrouve quelques exemples dans les anciennes chroniques judiciaires, mais le plus souvent précédant une autre peine : étranglé puis pendu, ou étranglé puis brûlé, etc.

Les cheveux étant considérés comme le premier attribut de la beauté chez une femme, et donc comme la première arme de séduction, Louis X le Hutin ordonne de faire étrangler dans sa prison, à l'aide de sa longue chevelure, son infidèle épouse, Marguerite de Bourgogne.

C'est aussi et essentiellement pour des raisons d'infidélité sexuelle que, tout au long du Moyen Âge européen, furent souvent substitués à la classique pendaison par le cou les suspensions par les parties génitales pour les hommes et par les cheveux pour les femmes.

On se doit d'évoquer également l'égorgement. Dans quelques procédures ou codes pénaux orientaux anciens, la chevelure est mentionnée comme nécessaire à la pratique de la peine, « la tête du condamné sera maintenue en arrière par la chevelure ».

Au XXe siècle, au Cambodge, les Khmers rouges ont ravivé ce procédé d'exécution. Entre 1975 et 1978, les bourreaux ont tranché la gorge à des dizaines de milliers de victimes selon la procédure ancestrale. Tous les témoignages se ressemblent. « Le Khmer tient le couteau et tire la tête en arrière en la maintenant par les cheveux. Il trace un mince trait sur la gorge et puis brusquement il tranche de toutes ses forces. Il continue à tenir la tête par les cheveux tant que le sang gicle abondamment et très loin. »

Au temps des décapitations à la hache ou à l'épée à deux mains, dite à feuille (décollation qui, rappelons-le, est toujours en usage en Arabie Saoudite ou au Yémen), les cheveux furent différemment considérés.

Le plus souvent, le condamné, mains liées derrière le dos, est placé à genoux devant le billot de bois sur lequel il place sa tête, tournée de côté. Un aide-bourreau tire sur les cheveux pour empêcher le condamné de rentrer la tête dans les épaules, ce qui réduit la surface de frappe offerte à la lame. C'est ainsi que l'on opérait, par exemple, dans les prisons prussiennes du XXe siècle, puis dans celles du Troisième Reich où l'on pratiqua, durant toute la guerre, quantité de décapitations à la hache.

En Asie, on décapite, jusque dans la seconde moitié du XXe siècle, sans billot de bois. Le condamné agenouillé ramène simplement le menton sur sa poitrine afin de bien présenter sa nuque. En Chine, un aide-bourreau est spécialement chargé de tirer sur la longue natte du supplicié pour le forcer à mieux tendre le cou.

Préparation de la condamnée pour la guillotine. 1791. Gravure. Coll. part. D.R.

En France, sous l'Ancien Régime, la coupe de cheveux du condamné à mort n'a jamais été obligatoire. Elle se discute et se négocie financièrement entre le condamné ou sa famille et l'exécuteur. Lorsqu'il y a coupe de cheveux, elle se pratique généralement sur l'échafaud même, près du billot, quelques minutes avant le coup mortel.

Les condamnés y recourent le plus souvent car tous savent que les cheveux longs sur la nuque sont très souvent à l'origine de véritables boucheries et que quelques mèches mal venues peuvent mettre en défaut les exécuteurs les plus expérimentés. L'Histoire a conservé dans ses chroniques judiciaires d'odieuses mises à mort nées d'une coupe de cheveux inappropriée au supplice subi. Il en est ainsi, par exemple, de l'exécution en 1642 de Saint-Mars dont la tête, à cause de ses cheveux, ne se détacha qu'au douzième coup. Ou encore, un siècle plus tard, de la décapitation, en 1766, de Lally Tollendal, ancien commandant des Établissements français en Inde, jugé et condamné injustement pour trahison : « Au moment même où le bourreau eut fait faire trois tours dans l'espace à son épée et l'abattit sur la

---

« Les sondeurs de choucroute »

Dès la fin des années 1950, mais surtout au début des années 1960, d'énormes coiffures boursouflées apparurent sur les têtes des femmes et des jeunes filles à la mode. Ces édifices, tout en hauteur, conservaient leur forme grâce à la vaporisation outrancière de laque ou de produits résineux.

Une nouvelle gamme de laque encore plus performante permit de tenir les cheveux en forme plus longtemps encore. Désormais les « choucroutes », une fois montées, faisaient la semaine. « Généralement jusqu'au shampooing du vendredi, nous dit Mary Trasko, ce qui permettait d'être fraîchement repeignée pour la sortie du samedi soir. »

La « choucroute » prit des proportions plus surprenantes encore lorsque certains coiffeurs y introduisirent, pour mieux la gabariser, des tuteurs en plastique et des petits fils de fer, comme au temps des « coiffures aux sentiments » du règne de Louis XVI. Les coiffures prirent alors le nom de « nid d'abeilles » *et atteignirent de telles dimensions que certains malfaiteurs s'en servirent pour cacher leur butin.*

Elles servirent également de cache à ceux qui fuyaient Cuba au moment de la révolution castriste. Dans un entretien que le coiffeur styliste cubain Orlando Pita, réfugié aux USA, eut avec Mary Trasko, il expliqua : « Rien ne pouvait sortir du pays, aucun document, ni objet de valeur. Des femmes réussirent à dissimuler des bijoux, des diplômes, des documents et toutes sortes de papiers importants dans leur "nid d'abeilles". Nul ne sait combien de ces coffres-forts capillaires trompèrent les autorités, mais celles-ci découvrirent le pot-aux-roses et des fonctionnaires furent désignés pour sonder les "choucroutes" avec de longues et minces tiges d'acier. »

L'idée de la « coiffure dissimulante » fut utilisée par le metteur en scène John Waters dans son film Hairspray*. Un personnage interprété par la comédienne Debbie Harry dissimulait une bombe dans sa perruque.*

Dans les prisons allemandes, l'aide-bourreau tirait les cheveux des condamnés par faciliter la décollation. Gravure. Coll. part. D.R.

nuque du vieillard, les longs cheveux blancs de celui-ci se dénouèrent et le fil de l'épée glissa sur eux. La mâchoire fut brisée et le condamné glissa sur le plancher. Il se releva, se remit à genoux, la joue pendante. Un des aides-valets du bourreau saisit alors Lally Tollendal par les cheveux et le maintint ainsi contre le billot, tandis qu'un autre aide-bourreau lui sciait la nuque avec la lame ébréchée par le coup précédent. »

Les cheveux ont très souvent permis de terminer une exécution mal engagée, et dans bien des cas dans des conditions telles que la foule révoltée violenta les bourreaux maladroits. Parmi toutes les exécutions qui soulevèrent l'indignation, on doit citer l'exécution à Paris, place de Grève, de Louise Riquet. Cette jolie personne de 28 ans, à la longue chevelure pendant sur les épaules, a été condamnée pour avoir tenté d'assassiner son vieux mari, conseiller au Parlement de Paris. Amenée sur l'échafaud, elle s'informe auprès du bourreau : « Auriez-vous l'amabilité de m'indiquer dans quelle attitude je dois me tenir ? » « "À genoux, la tête haute, vos cheveux relevés dégageant la nuque et retombant devant sur votre visage" », répond le maître d'œuvre. Le premier coup tombe sur l'oreille [...]. Le sang jaillit [...] La condamnée tombe sur le plancher et se met à battre des quatre membres, comme un cheval blessé. Un valet lui saisit les jambes pour les immobiliser contre le sol. Charles Sanson agrippe sa chevelure et lui immobilise la tête en tirant sur les cheveux pour que son fils puisse frapper à nouveau. Au troisième coup seulement, celui-ci parvient à détacher la tête [...] Le public crie son indignation. »

Sous la Révolution, l'arrivée de la «veuve», autrement nommée « rasoir national » ou la «machine à raccourcir», va introduire pour les condamnés à la guillotine l'obligation absolue de passer chez le coiffeur avant l'exécution. La raison en est simple : ne pas abîmer, émousser, voire ébrécher la lame du tranchoir biseauté de 7 kilogrammes, fixé au mouton de 30 kilogrammes et qui sectionne le cou après avoir circulé dans les glissières de deux montants verticaux.

Toutefois, il est un temps sous la Terreur où il est recommandé de conserver sur la tête du condamné assez de cheveux de façon à ce que la tête tranchée puisse être aisément saisie par le bourreau et montrée à la foule. Après cette sinistre période, la société du Directoire va s'enfoncer par réaction dans une frénésie de plaisir. Ainsi va naître le fameux « bal des victimes » auquel ne sont admis que ceux qui ont perdu quelqu'un des leurs sur l'échafaud. « On s'y montre, dit la chronique, la chevelure relevée, la nuque dégagée comme par un bourreau et un fil de soie rouge autour du cou comme pour marquer l'emplacement de la coupe. » Anecdote macabre et ironique qui reflète bien l'air du temps.

À partir du Premier Empire furent édictés plusieurs codes de procédure pénale qui, tous, mentionnent la coupe de cheveux du guillotiné. Elle doit intervenir après l'éventuelle déclaration du condamné, sa confession s'il désire le recours de la religion et le dernier verre, juste avant – ce qui sera plus tard la dernière cigarette.

Le condamné une fois tiré de sa cellule appartient au bourreau et à son équipe, c'est donc celui-ci qui fait office de coiffeur. Il rase la nuque et tout l'arrière de la tête pour bien dégager la zone de tranchage. Pour la même raison, le col de la chemise est découpé en deux parties rabattues sur les épaules.

La guillotine, la « merveilleuse machine » disait-on sous la Terreur, ne résout pas le problème majeur posé par les procédés anciens de décollation à l'épée ou à la hache, à savoir le mauvais positionnement du condamné par rapport à la trajectoire de la lame. C'est cet avatar, toujours possible, qui va faire naître ce que le langage des prisons appelle le « photographe » : un aide-bourreau dont l'unique mission est de bien cadrer dans « la

Et pourtant la jument n'avait rien dit !

Le poil a aidé la justice bien avant l'apparition et la systématisation de l'analyse génétique en procédure criminelle. Des crimes ont été élucidés et des individus poursuivis par la simple découverte de poils à des emplacements où ils n'auraient pas dû être.

Le professeur Tardieu a réuni un certain nombre d'exemples. Un homme fut confondu, rapporte Kutter, « qui avait eu des rapports sexuels avec une jument, et sur lequel on découvrit, entre le prépuce et le gland, des poils provenant de l'animal ». Dans une autre affaire, l'élément révélateur de la bestialité fut un poil noir de chien et des traces de sperme sur le pubis d'une jeune fille. Taylor, lui, a fait mention d'un prévenu qui avait eu des relations intimes avec une vache et sur le sexe duquel on trouva quelques poils de l'animal.

Rappelons pour l'anecdote que plusieurs des régiments de cavalerie d'Afrique française étaient connus pour le nombre d'individus qui entretenaient un commerce sexuel régulier avec une jument.

Ce n'est pas pour rien que des pâtres portugais, au XIXe siècle, ont une chèvre de prédilection, et les historiens les plus dignes de foi s'accordent à dire que les paysans de la Provence brûlèrent toutes les chèvres des villages par lesquels les troupes de Charles-Quint étaient passées.

lucarne » la tête du condamné. Il doit vérifier que celui-ci, allongé à l'horizontale sur la planche à bascule, « se tient droit et offre bien sa nuque dégagée au couperet », c'est-à-dire ne rentre pas la tête dans les épaules. Si c'est le cas, il le tire par les cheveux. Bien évidemment, l'affaire se corse si le futur guillotiné est chauve. Dans ce cas, le « photographe » doit procéder à l'ajustement de dernière seconde en tirant le supplicié par les oreilles. Ce qui fera dire au dernier bourreau français, Marcel Chevalier : « Le photographe a réellement un métier dangereux ! Oui, c'est dangereux de placer le bonhomme. Si Obrecht avait déclenché trop vite la lame, j'avais les mains coupées... ! »

Quelques « belles » au poil

Une légende du Moyen Âge a conservé le souvenir d'un certain Enzio, emprisonné dans un cachot obscur pour avoir refusé de mettre fin à une relation amoureuse non conforme aux plans paternels. Après avoir beaucoup gémi sur sa jeunesse perdue et la cruauté de son père, le jeune homme sacrifia ses beaux cheveux qu'il avait fort longs et en fit une échelle de corde qui permit à sa dulcinée de le rejoindre dans son cachot comme d'en disparaître à l'approche du geôlier.

La légende dit encore qu'ils vécurent ainsi longtemps d'un bonheur sans mélange et eurent un fils qu'ils prénommèrent Bentivoglio. En fait, ce Enzio ou Hans exista réellement. Il s'agit du bâtard de l'empereur Frédéric Ier Barberousse, qui mourut en prison vers la fin du XIIe siècle, à l'âge de 47 ans, à l'issue de vingt-deux années de captivité. Toutefois, l'Histoire officielle reste muette sur ses amours.

Tout à fait historique, en revanche, l'épisode romanesque qui, sous la Terreur, voit une jeune femme de petite noblesse sauver sa vie grâce au sacrifice de ses cheveux. Anaïs de Saint-Girons est une radieuse beauté à la chevelure opulente et d'un roux ardent. Le jour de son exécution, un coiffeur de la ville de Lorient, qui remplit les fonctions de sergent, intercède pour elle tout en lui signifiant que ce n'est pas à sa vertu qu'il en a, mais à sa chevelure. L'homme a quelque influence dans la ville et la jeune femme est libérée. L'affaire fit grand bruit et plusieurs gravures de l'époque représentent la jeune femme, tête rasée, s'embarquant pour l'Angleterre.

Aujourd'hui encore

Une coupe de cheveux appropriée peut suffire pour sortir de prison. C'est ainsi que le 27 octobre 1994, un détenu dénommé Ahmed Nissar se « fait la belle » de la prison Saint-Gilles de Bruxelles. L'homme s'est fait très exactement la même coupe de cheveux que son camarade de cellule, libérable le lendemain soir. Le moment venu, quelques heures avant la levée d'écrou, il revêt les habits civils de celui-ci et se présente à sa place à l'appel. En quelques minutes, il se trouve élargi.

Les surveillants se sont rendu compte trop tard de la supercherie et de leur méprise. Comble de l'humiliation, l'administration pénitentiaire a été contrainte de laisser partir également le détenu libérable car elle n'a pu prouver sa complicité dans ce scénario pileux particulièrement bien joué par les deux compagnons de cellule.

Marguerite de Bourgogne étranglée dans sa prison avec sa propre chevelure. Lithographie. Coll. part. D.R.

Hold-up aux poils du gang des postiches

Le fameux « gang des postiches » défraya la chronique judiciaire pendant plus d'une décennie. Cette association de malfaiteurs a été la première de l'histoire des braquages de banque à avoir utilisé systématiquement de fausses barbes et de fausses moustaches, toutes identiques, non seulement pour dissimuler leurs visages mais pour les rendre très semblables afin de « brouiller » les témoignages.

La méthode fut mise en pratique pour la première fois, en France, le 30 septembre 1981, lors de l'attaque d'une succursale de la Société Générale, rue de Crimée, dans le 19ème arrondissement de Paris.

Pendant des années, la façon de procéder du gang ne varia pas d'un cheveu. En plein jour, le plus souvent entre 14 et 16 heures, les malfaiteurs, dont le nombre varie entre six et douze, font irruption dans une banque, armés de pistolets, de revolvers de gros calibre. Le visage masqué par des barbes et des moustaches postiches, ils neutralisent clients et employés de l'établissement, si besoin est à coups de crosse. Tandis que l'un des complices reste à la porte pour « accueillir » les arrivants, les autres membres font main basse sur l'argent liquide, les lingots et les bijoux.

Le total de leur butin est faramineux. Au cours des seules années 1982 à 1984, par exemple, ils ont « visité » 45 banques et forcé quelque 3 000 coffres.

Parmi toutes les pistes examinées par les enquêteurs pour remonter jusqu'au gang insaisissable, notons celles des petits artisans fabricants de fausses barbes.

25
Le poil et ses locataires
Poux, morpions et champignons

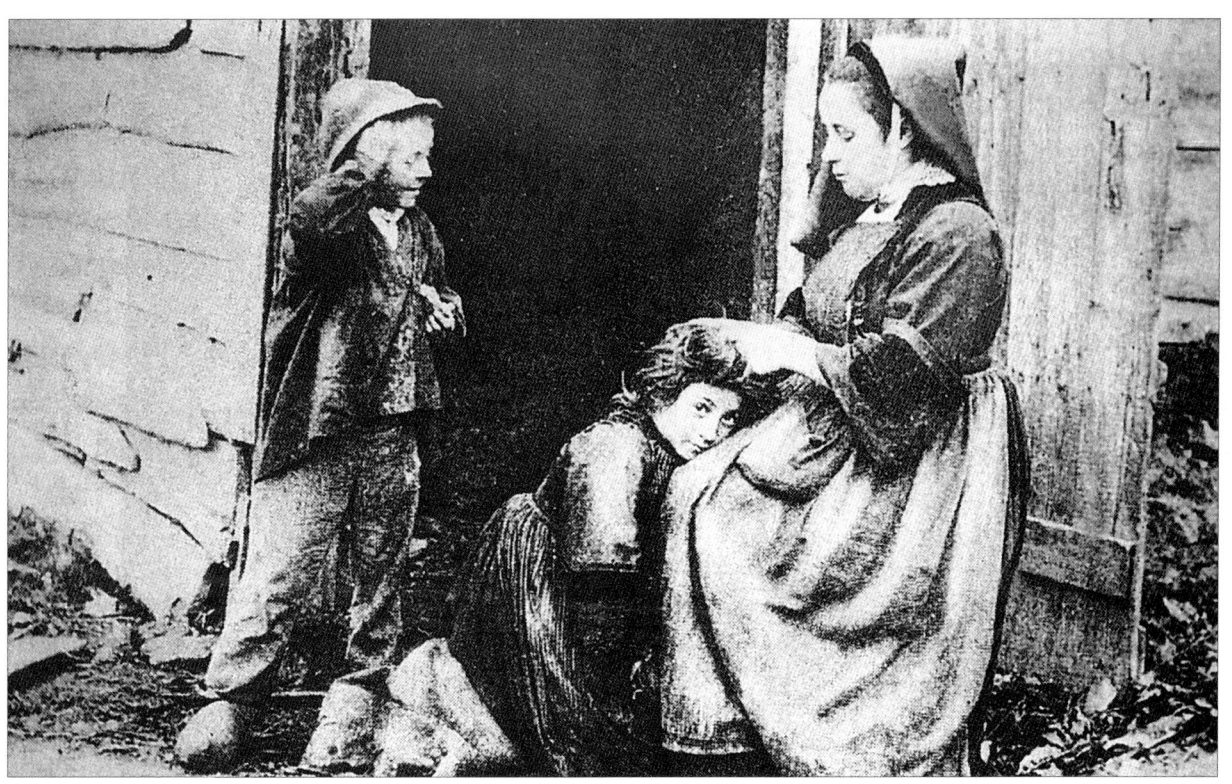

La chasse aux poux hebdomadaire. Carte postale. 1920. Coll. Morin. D.R.

Parmi tous les avatars touchant les cheveux et, d'une façon générale, le système pileux humain, les poux tiennent une place prépondérante si l'on considère leur persistance sur l'homme tout au long des siècles, quels que soient les continents, les peuples et les sociétés considérés. On peut même affirmer que l'histoire des poils est indissociable de celle de ces parasites.

Pour faire connaissance

En règle générale, les poux, parasites extérieurs de la famille des péculidés, sont strictement spécifiques, c'est-à-dire que chacune des nombreuses espèces n'est capable de survivre que sur l'hôte précis auquel elle est inféodée pour sa subsistance. Chaque mammifère a son propre pou et l'homme non seulement n'échappe pas à la règle, mais supporte trois types de ces parasites qui se partagent très précisément ses zones pileuses.

On connaît :
- Le *Pediculus capitus* vivant sur son crâne.
- Le *Pediculus corporis*, appelé aussi *Vestimenti*, vivant sur son corps.
- Le *Phirius pubis*, ou morpion, vivant sur sa zone génitale.

Les ethnies sont différemment sensibles aux poux. Il semble par exemple que les individus noirs sont moins sensibles que les sujets blancs à cette infestation. Une étude épidémiologique comparative réalisée en 1983 par A. Agoumi et H. Hassari révèle une fréquence d'infestation dans les écoles marocaines très supérieure chez les enfants maghrébins en regard des enfants noirs. Les poux d'aujourd'hui sont l'aboutissement d'une longue évolution. De races distinctes à l'origine, caucasienne, mongoloïde, précolombienne, africaine, esquimaude, indienne, océanique, etc., les poux, comme les autres parasites, ont évolué au fil du temps. Présents sur des êtres entièrement velus au commencement de l'histoire du monde, ils sont restés sur l'homme quand celui-ci, au fil du temps, a perdu sa fourrure. Poux et morpions ont suivi les différentes phases de l'humanisation et sont passés successivement de l'*Homo habilis* à l'*Homo erectus*, pour arriver à l'homme, l'*Homo sapiens*, c'est-à-dire nous-mêmes.

C'est au cours de cette adaptation complexe que plusieurs espèces lui sont devenues spécifiques, ne pouvant prospérer et se reproduire que dans son intimité. Chemin que le professeur de parasitologie J. M. Duby, un des grands spécialistes mondiaux de la question, résume ainsi : « Toutes les races de poux primitives, à l'occasion des mélanges des populations humaines, ont donné naissance à des hybridations multiples dont résultent les poux qui parasitent l'homme aujourd'hui. »

Le pou de tête a un corps aplati dorso-ventralement, avec un abdomen plus long que large. Il est plutôt gris et sa femelle mesure environ 3,5 mm.

Le pou de corps est plus épais, plus ventru et pourtant plus leste et plus agile que son frère le pou de tête. Sa couleur est plus claire, allant jusqu'au blanc sale, souvent zébré de bandes sombres. Il est un peu plus grand et sa femelle peut atteindre 4,5 mm. Les poux de corps, responsables de la pédiculose corporelle, se tiennent surtout sur les poils du dos et du thorax, mais ne négligent pas de se tenir sur le ventre, les jambes et les bras si la pilosité le permet.

Bien que ne fréquentant pas les mêmes zones corporelles, les deux espèces ont la possibilité de s'hybrider et l'une comme l'autre possèdent six pattes se terminant par de puissantes griffes parfaitement adaptées à la saisie des poils et des cheveux. Le pou dit de pubis n'appartient pas à la même famille et nous lui consacrerons plus avant les lignes qu'il mérite.

Les poux se nourrissent du sang de la personne qu'ils parasitent en enfonçant leur suçoir dans la peau de leur hôte. Après leur repas, on peut voir par transparence leur canal digestif gonflé de sang.

Leur prolifération est très rapide. Chaque femelle pond plusieurs œufs ou lentes. Soit entre 300 et 400 au cours de son existence. Une famille de poux peut engendrer en trois mois plusieurs générations et s'assurer ainsi plus de 100 000 descendants. Chacun de ses œufs, allongé en poire, est accroché à la racine d'un cheveu ou d'un poil par une substance gluante. Il éclôt en quelques jours. La rapidité du cycle de reproduction explique la prolifération observée sur certains individus. Les records humains connus observés dans différents hôpitaux font état de 25 000 poux sur un même sujet.

Hélas pour l'homme, les poux de la tête comme ceux du corps sont les Rocco Sifredi du règne des insectes. « Il possède quatre testicules, nous dit le professeur J. M. Duby, qui, ramenés à notre échelle, pèseraient plus de cinq kilos. Son pénis, toujours ramené à notre échelle, aurait la dimension d'une de nos cuisses. »

Et ils sont très actifs de surcroît. Le professeur Mathis, de l'Institut Pasteur, écrit dans son ouvrage *La Vie des poux*, publié en 1955 : « Ce sympathique animal passe un trentième de son existence en activités amoureuses. Ce qui correspond pour un homme à un coït de deux ans ininterrompu, de nuit comme de jour. » Le professeur J.M. Duby est lui aussi plein d'admiration.

Poils, poux et peinture

L'épouillage de la chevelure au sein d'un couple est un sujet qui a été souvent exploité depuis le Moyen Âge jusqu'à nos jours dans nombre d'enluminures, gravures, dessins et peintures. La scène se décline non seulement entre époux, mais entre mère et enfant, grands-parents et petits-enfants. Les plus grands artistes ont été séduits par le thème.

On peut citer, entre le XVIe siècle et le début du XXe, des peintres aussi fameux que Van Cleve Martin, Terbooli, Sweerts, De-Hodi ou Barraud. Les œuvres gravées ne sont pas en reste avec Sancton, Flament, Breukenlen Kam, De Pape, Murillo, Van Ostade, Perov, De Wach, Gavarni, Penelli, etc.

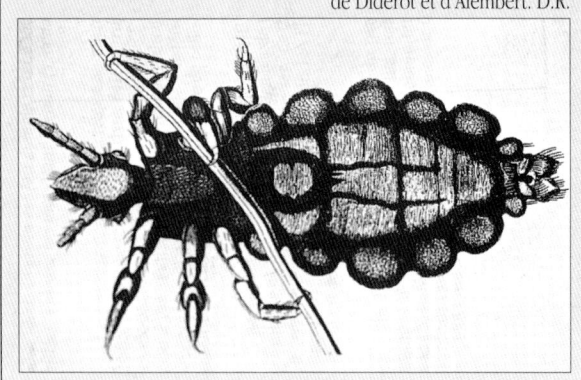

Un pou dessiné par R. Hooke en 1665, et repris dans l'*Encyclopédie* de Diderot et d'Alembert. D.R.

Dans *Des compagnons de toujours*, il écrit : « C'est un athlète. Il prend des positions amoureuses que la bienséance interdit de décrire, mais qui rendent anodines celles décrites dans le Kama-Sutra [...] » Et pour entretenir ce dynamisme, il mange beaucoup : l'équivalent, ramené cette fois encore à notre échelle, de 40 kg de nourriture par jour.

UNE GÉNÉRATION SPONTANÉE

Tous les êtres de petite taille, vers, insectes, étant censés prendre naissance à partir des matières inertes organiques et en décomposition, l'apparition des poux observée comme soudaine sur la peau et le cuir chevelu a longtemps été considérée comme une authentique sécrétion de ce dernier.

Aristote, au IVe siècle avant J.-C., explique leur genèse de la façon suivante : « Le cerveau est humide et c'est pour cela que la tête l'est plus que toute autre partie du corps. Ce qui le montre, c'est que c'est sur elle que sont surtout les poils. C'est l'humidité de cette région qui produit les poux [...]. » Pline le naturaliste est du même avis : « Les insectes naissent ainsi des chairs mortes et dans la chevelure des vivants. » La même opinion est entretenue par tous les auteurs de l'Antiquité puis par ceux du Moyen Âge, à quelques nuances près. Le grand Galien, par exemple, affirme

Scène d'épouillage. XVIIe siècle. Gravure de De Wael. Coll. part. D.R.

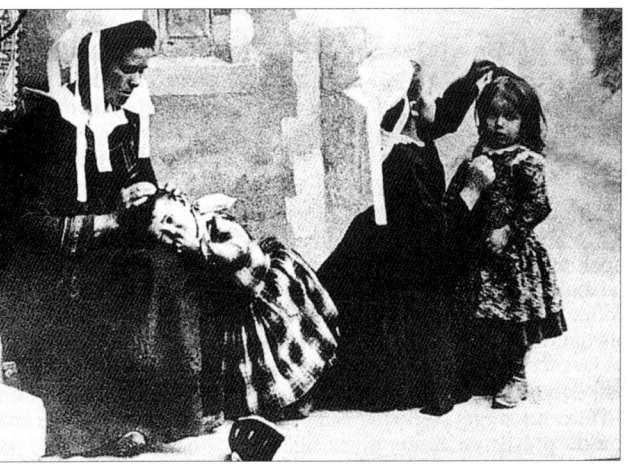

« Chasse or Laou. » Carte postale du début du XXe siècle. D.R.

à la fin du IIe siècle que « les poux de la tête ne naissent pas du cuir chevelu mais des profondeurs de la peau ».

Le philosophe et théologien du XIIIe siècle, Albert le Grand, en tient lui aussi pour la génération spontanée. « Le pou est un ver issu de la putréfaction qui se produit à l'extrémité des poils de l'homme. » Au début du XIVe siècle, G. du Foligno, médecin de la célèbre École de Padoue, enseigne que le pou se forme sous la peau et que grandissent uniquement ceux qui arrivent à en sortir. Dans la première encyclopédie médicale du monde occidental, parue en 1491 sous le titre *Hortus Sanitatis*, on peut lire : « Le pou est un ver de peau qui croît dans les humeurs corrompues et vient avec la sueur […]. »

Ambroise Paré, le père de la chirurgie moderne, partage cette opinion. Il écrit vers 1570 : « Les poux peuvent s'engendrer de toutes les parties du corps […] Ils sont engendrés de la multitude des humeurs, de l'humidité corrompue et des sueurs crasses et visqueuses […]. Ils naissent principalement des lieux chauds et humides, comme sous les aisselles, aux aines et génitaux, à la tête pour la multitude de poils […]. Les enfants y sont fort sujets parce qu'ils engendrent beaucoup d'excréments […]. »

Ce n'est qu'en 1661 que Johannes Sperling conteste, dans son ouvrage *Zoologica Physica*, publié en Allemagne, la théorie des générations spontanées à partir des sécrétions du corps humain. Il affirme que les insectes se reproduisent comme les autres animaux par accouplement. Il n'est guère entendu et la thèse ancestrale se maintient jusqu'à la fin du XVIIIe siècle où elle est encore admise par quantité de célèbres scientifiques.

Ce n'est qu'au milieu du XIXe siècle, en partie grâce aux travaux de Pasteur, que la théorie de la génération spontanée des poux sera définitivement abandonnée.

Cependant, la croyance perdurera chez les gens du peuple jusqu'à la Première Guerre mondiale. Jean Meyer, dans *Les Poilus de la tranchée* publié par *Historia* en 1907, écrit : « Il n'existait rien contre les totos. Il y avait des paysans pour croire que les poux naissaient de la chair vivante des soldats, comme les asticots de la chair morte des cadavres […]. »

POUX, TIGNASSES ET HISTOIRE

Le pou, « ce vieil ami qui, contrairement aux autres, ne vous abandonne pas dans la misère » disait Alphonse Allais, est certainement le plus ancien parasite externe connu de l'homme. On a retrouvé des peignes à poux datant de plusieurs milliers d'années avant J.-C. J. Zias et K.Y. Mumcuoglu, dans leurs travaux publiés en 1991 sous le titre *Pre-Pothery Neolithic B heat lice from Nathal Hemar Cave*, rapportent que l'on a retrouvé sur les bords de la mer Noire des poux sur des restes humains datant de la préhistoire. Des œufs ont été observés sur des restes de cheveux humains remontant à la période néolithique de la pré-poterie, c'est-à-dire 9 300 à 6 900 avant J.-C. En 1989, la *Biblical Archeology Review* signale que des exemplaires de poux actuels ont été retrouvés sur une momie chinoise vieille de 3 800 ans. Et l'année suivante, le *Journal of Medicine Entomology* révèle qu'on a retrouvé « des exemplaires de poux en Amérique du Sud sur de nombreux restes d'Amérindiens de la préhistoire avec une fréquence d'infestation atteignant 45 % ».

Dans la période historique, les évocations de poux sont constantes. Dès la plus haute Antiquité, l'absence d'insecticide valable et de règles minimums d'hygiène affecte profondément la vie quotidienne des populations. On sait que ces bestioles ont représenté un problème chronique pour les Égyptiens. Leur néfaste importance est telle que le lexique copte, par exemple, donne huit noms différents pour les désigner. Témoin direct, l'historien grec du Ve siècle avant J.-C., Hérodote, écrit que les prêtres égyptiens se rasent la tête, le corps tous les trois jours afin d'éloigner les poux et, pour la même raison, prennent des bains froids deux fois par jour et deux fois par nuit. Il précise que se raser la tête n'est pas l'apanage des prêtres et que les princes, la classe moyenne et les classes modestes font de même pour tenter de limiter la pullulation.

D'après A. Mekhitarian, auteur d'une *Histoire de la peinture égyptienne*, il est probable que les cônes de graisse proéminents portés au sommet des perruques qui couvraient les crânes rasés, aient constitué un moyen de lutter contre les poux. La graisse, en fondant, écrit cet érudit, « faisait mourir les bestioles par asphyxie en obstruant leurs stigmates respiratoires ».

Chez les Hébreux, la présence de poux est évoquée dans de nombreux textes religieux. Ils sont appelés *kinad* et le *Talmud* interdit de les tuer, donc de s'épouiller la chevelure le jour du sabbat sous peine de « faire un manquement très grave ».

Certains traducteurs modernes de l'Ancien Testament donnent la troisième plaie d'Égypte comme une pullulation de poux. Les Américains W.G. Bruce ou E. Schimitschek hésitent entre mouches et poux. Aucun doute, en revanche, pour l'historien juif du Ier siècle, Flavius Joseph, qui écrit dans son *Antiquité judaïque* que les Égyptiens, après avoir interdit à Moïse et à son peuple de quitter l'Égypte, « se trouvèrent couverts d'une telle quantité de poux qu'ils en étaient dévorés [...] ».

Chez les Grecs et les Romains, le nombre d'allusions aux poux dans les textes laisse penser que la pédiculose était un des problèmes majeurs des populations. L'importance des poux chez les Grecs est attestée par le nombre de mots qui les désignent, plus d'une dizaine. On peut lire dans un *Bulletin d'histoire de la médecine* de 1951, sous la plume de H. Keil, qu'au IIIe siècle avant J.-C., Épicure, dans une lettre imaginaire à Alciphon, le donne «comme un être malade, chevauché par les poux». Selon les auteurs du temps, chez les Grecs comme chez les Romains, les pédiculoses sont endémiques et aussi fréquentes chez les esclaves que dans les classes dirigeantes. Plutarque évoque la colère de Aegsilaus, roi de Sparte, mordu par des poux alors qu'il s'apprêtait à sacrifier aux dieux.

Les mêmes auteurs assurent que ces parasites appréciaient particulièrement les philosophes. Ainsi, selon Aristophane, les Pythagoriciens sont sales et « pouilleux ». Les poux de Diogène le cynique jaillissent depuis son tonneau. Fénelon, dans sa *Vie de Platon*, écrit : « Pourtant de bonne mise et propre dans ses habits, les poux de Platon sont célèbres [...]. » Selon d'autres sources, tous les philosophes stoïciens à la fin du IVe siècle hébergeaient dans leurs barbes, leurs sourcils et leurs zones génitales quantité de poux. On pourrait encore évoquer les poux à travers les pièces de Plaute, le grand poète grec du IIIe siècle avant J.-C, ou dans les *Préceptes curatifs* du savant romain du IIe siècle de notre ère, Quintus Serenus Sammonicus.

Au Moyen Âge, les poux assaillent toutes les populations européennes sans exception. Haute noblesse et clergé ne sont pas épargnés. Thomas Beckett, archevêque de Canterbury, assassiné en décembre 1170 dans sa cathédrale, fut déshabillé par ses proches. J.R. Busvine, dans *Hygiène et Histoire* publié à Londres en 1976, nous apprend que « lorsque le corps fut froid, les poux qui vivaient dans tous ses vêtements commencèrent à s'en échapper. La vermine grouillait là-dessus comme l'eau bouillante dans un chaudron qui mijote [...] ». G. Vigarello, dans *Le Propre et le sale*, nous dit qu'au XIVe siècle, de nombreuses femmes font profession d'épouilleuse : « On s'installe l'été au soleil [...] en se livrant aux mains des épouilleuses tout en papotant [...]. » Il écrit également que l'épouillage est constant entre proches comme signe de tendresse : « Dans le lit, au coin du feu, les matrones épouillent leurs amants avec application ; les servantes épouillent leurs maîtres ; les filles épouillent leurs mères ; et les belles-mères épouillent leurs futurs gendres [...]. » Avoir des poux n'est pas honteux, c'est dans l'ordre des choses puisqu'on ne peut s'en séparer. Une des plus fameuses légendes moyenâgeuses, par exemple, rapporte que le roi Hugues Stanislas, après la bataille, se fait épouiller la tête par la princesse qu'il vient de délivrer.

Aux XVe et XVIe siècles, les poux sont si partie prenante de la vie quotidienne des populations que tous les pays d'Europe publient des manuels de savoir-vivre avec des articles particuliers concernant « l'épouillage et les bonnes manières à inculquer dès le plus jeune âge ».

En Angleterre, par exemple, vers 1450, le duc de Gloucester fait publier par son intendant J. Russel un texte de « bonnes manières à l'intention des gens de maison et domesticité au service des nobles ». Il y est recommandé de ne pas se frotter la chevelure, ni y enfoncer le doigt pour y trouver une «mite à viande» devant son maître. En France, une publication équivalente, éditée en 1595 par le séminaire des Jésuites de La Flèche, recommande elle aussi « de se garder de tuer un pou en présence de qui puisse voir ».

Dans *Pour l'éducation des princes*, publié vers 1700, il est bien recommandé d'apprendre à se décrotter les pieds, entre les doigts, et lorsqu'on se presse les narines, « il faut incontinent marcher sur ce qui tombe à terre. Et que c'est chose vilaine de tuer poux et puces devant les gens à moins que l'on soit avec des intimes ». Dans un autre texte, il est souligné que mettre trop de poudre sur ses cheveux engendre la vermine et « qu'il y a modestie et honnêteté lorsqu'on est jeunes gens à ne point imiter certaines dames qui se frappent la tête avec le doigt dans l'endroit où cette vermine se fait sentir ».

Des babouins spécialement dressés

Tandis que les traités de savoir-vivre mettent en garde contre le réflexe de « l'épluchage continuel de la tête », la cosmétologie capillaire s'emploie à fabriquer des lotions capables de nettoyer les sécrétions. J. Liébaud, auteur en 1582 de *Trois livres sur l'embellissement et ornements des corps humains*, pense comme Aristote que les femmes sont plus sujettes que les hommes à entretenir des poux de tête. Il prescrit, comme tous les autres médecins du XVIe siècle, de raser les poils et les cheveux ; de frictionner le crâne avec de la saumure de hareng ou un concentré d'anchois. Il déconseille l'urine, remède sale et sans efficacité prouvée. Au siècle suivant, on expérimente la plante insecticide « pyrèthre » mélangée avec du vinaigre. Les médecins préconisent également le poudrage des cheveux avec des poudres dessicantes à utiliser en friction. D'autres, du son de froment tricassé à la poêle.

Au siècle des Lumières, les poux continuent de régner en maîtres. Dans les hôpitaux, par exemple, les malades couchés à quatre par lit sont allongés sur des paillasses grouillantes de vermine. « Souvent, je me retrouve tout près d'un malade couvert de puces, de poux et en d'autres endroits, des grelots de saint François et ces bestioles m'escaladent de toutes parts », témoigne un médecin.

Pour combattre le fléau, dans les classes aisées, tout le long des XVIIe et XVIIIe siècles, certains domestiques étaient plus particulièrement chargés de l'épouillage de la famille, opération qui pouvait demander parfois plusieurs heures par jour.

En France, en Espagne et au Portugal, en raison de leur atavisme à l'épouillage, on dressa des singes à épouiller les gens et beaucoup d'individus firent leur métier de louer des babouins ou des ouistitis spécialement dressés à ce type d'activité sur humains. « Le paiement, nous dit A.E. Brehm dans un texte publié en 1880, se faisait par tête à épouiller et non pas au nombre de poux prélevés, ni au résultat. »

Les rois et les reines ne sont pas épargnés et tous sont à leur tour « sujets » des poux. Toutes les chroniques européennes fourmillent d'allusions et d'anecdotes relatives aux pédiculoses des souverains. Certains ont laissé d'eux une image particulièrement « pouilleuse ». On peut citer Louis XI ou Louis XIII, par exemple. Ce dernier, enfant, était déjà couvert de poux et on se rappelle qu'il ne prit son premier bain qu'à l'âge de 7 ans. Son successeur avait également une hygiène rudimentaire et les médecins de la Cour, Vollat, Aguin et Fragon nous le confirment. En 1665, par exemple, le souverain n'a pris qu'un seul bain au cours de l'année, et encore était-ce sur prescription médicale. Le roi Soleil, vers la fin de son règne, laissait exhaler une odeur répugnante, ce qui ne gênait guère les poux que toute la Cour se partagent. Le médecin historien H. Goudard nous rappelle que tous les porteurs de perruques ont en permanence sur eux une baguette se terminant par une petite main en ivoire destinée à être glissée sous la perruque pour se gratter.

Pour certains historiens, la mode des perruques serait en premier lieu une tentative de limiter la pullulation des poux. Pour les ajuster, on se rasait le crâne ou on se coupait les cheveux très court. Lorsqu'une perruque était infestée, il suffisait de l'envoyer à l'épouillage. J. R. Busvine rapporte, dans *Insectes, hygiène et Histoire*, une anecdote qui va dans ce sens : « Mon vieux fabricant de perruques m'en apporta une, mais elle était pleine de lentes, ce qui me choqua ; et je la renvoyai pour qu'il me la nettoyât mieux [...]. » De Louis XIII à Louis XVI, les poux sont également particulièrement abondants dans les coiffures féminines si compliquées qu'il est courant de ne pas les défaire pendant plusieurs semaines. « La moitié de la ville ne se lave jamais et ne prendra aucun bain pendant tout le cours de sa vie », écrit Louis Sébastien Mercier, en 1789.

Toutes les cours européennes se heurtent aux mêmes avatars et les poux participent aux intrigues amoureuses tout autant qu'aux conseils des ministres. Le docteur H. Goudard nous apprend, dans *Esculape*, qu'au XVIIIe siècle, à la cour d'Angleterre, existe une petite pièce spécialement réservée aux courtisans trop importunés par les poux. Ils s'y rendent et avec l'aide d'une domesticité formée à cette intention, essayent de s'en débarrasser en partie. Sur la porte de cette pièce est marqué : « N'entrez pas, quelqu'un s'épouille ! »

Marie Stuart a des poux qui grouillent dans sa belle chevelure et elle s'en plaint, ce à quoi Marie de Lorraine lui répond : « De tout temps, ma fille, vous avez été paresseuse de vous décrasser la tête. Soyez assurée que vous ne serez bien que si vous la lavez tous les mois. »

Les souverains veulent bien supporter leurs poux mais rechignent à supporter ceux des autres. Ainsi, un jour, le roi Georges III d'Angleterre trouva un pou dans son assiette. Furieux, il ordonna à tous les gens de cuisine de se raser la tête. C'est cette anecdote historique qui inspira à Peter Pindar son poème satyrique *La Louisiade*. Au cours de ce même XVIIIe siècle, les tsars de Russie et leur Cour sont connus pour entretenir des « milliards de poux ». Lorsque leurs représentants et ambassadeurs se rendirent à Londres, les chroniques affirmèrent qu'ils laissaient tomber derrière eux « indifféremment perles et poux ».

L'épouillage : un prélude à l'amour

Au début du XIXe siècle, la possession d'une baignoire est tout à fait exceptionnelle. En 1816, le nombre moyen de bains par habitant est de deux par an. En 1831, il n'existe à Paris que 37 établissements de bains. La présence des poux est encore si banale à cette époque que les frères Grimm par exemple dans *Le Roi de la montagne d'Or*, racontent que lorsque le souverain fatigué se repose la tête appuyée sur les genoux de la reine, celle-ci l'épouille pour l'endormir. Jusqu'à la fin du XIXe siècle, la pédiculose du cuir chevelu ne cesse de poser des problèmes de santé publique, même chez les dames de la noblesse et de la haute bourgeoisie. Le journaliste britannique Theodore Hook, évoquant une comtesse très introduite à la cour d'Angleterre mais de peu d'esprit, écrit : « Elle ne sait parler que de ce qu'elle a sur la tête. » Quant au célèbre poète Burns, il se pâme au seul souvenir « de cette grande dame priant à l'église et sur laquelle il a aperçu des poux ».

Les écrivains et sociologues russes, tels Leskoy, Tchapyguine ou Tchitcherini disent que l'occupation préférée des « petites gens » est l'épouillage mutuel des poux de la tête et de la barbe, « ce qui n'est pas seulement un passe-temps, mais une nécessité ».

Le XIXe siècle se caractérise par la naissance et le développement de l'ethnologie en tant que discipline scientifique. Grâce aux ethnologues, les Européens vont découvrir que les poux dont ils ne savent se défaire ont été, pour cette raison même, intégrés depuis longtemps aux comportements sociaux de nombreuses sociétés primitives. L'épouillage des cheveux au sein d'un couple est souvent une invitation ou le prélude à l'amour. H. Zinsser dans *Rats lice and History* nous dit qu'en Sibérie, lorsqu'une jeune fille jette des poux sur la chevelure d'un homme, elle déclare ainsi : « Mes poux sont tes poux, veux-tu m'avoir comme épouse ? » En Afrique, chez les pygmées bayakas d'Afrique centrale, l'épouillage participe là encore à la recherche d'un conjoint. À l'autre bout du monde, en Amazonie, A. R. Wallace nous dit que les Indiennes participent à un épouillage mutuel pour resserrer les liens d'amitié et « qu'elles croquent leur capture avec un évident plaisir ».

Une élection « au poil et à poux »

Dans un document du XVIIe siècle, repris en 1880 par A. E. Brehm dans son ouvrage Les Insectes, *il est fait état de la désignation du bourgmestre de la ville suédoise de Hardenbourg, près de Stockholm, par un tirage au sort on ne peut plus curieux.*

À la suite d'une impossibilité, en raison d'un blocage des voix, de désigner le premier magistrat de la ville selon une élection traditionnelle, les cinq prétendants s'en remirent au hasard. Tous étalèrent leur imposante barbe sur une table au milieu de laquelle on déposa un pou chargé de désigner l'élu en s'introduisant dans sa barbe.

L. Delaby, dans une étude publiée dans *Ethnographie*, en 1986, donne un exemple d' « élimination des poux privant une société d'activité à valeur sociale ». Et de citer les Esquimaux inuits privés d'épouillage par l'augmentation des mesures d'hygiène. « Privés de leurs poux par l'américanisation, écrit le scientifique, les Inuits se saupoudrent la tête de sucre pour perpétuer le plaisir de s'épouiller mutuellement. »

Même en Europe, l'épouillage a quelquefois révélé un plaisir trouble. Le dialogue que Jonathan Swift prête à un mari irlandais jaloux n'est pas innocent. L'homme reproche à sa femme de s'être amusée à chercher les poux à un certain Tady dans la salle du jeu de paume. Ce à quoi l'épouse volage répond : « Même si les mèches de Tady hébergeaient dix mille poux en or, dans le creux de mes genoux plus jamais vous ne le verrez. »

Au début du XXe siècle, la pédiculose reste encore, dans tous les pays occidentaux, un des principaux problèmes de la vie quotidienne. Nombre de dessins, calendriers et cartes postales témoignent de cette importance. Entre 1910 et 1930, plusieurs dizaines de ces cartes postales représentent la « Chasse aux poux », considérée comme une activité banale.

Aujourd'hui encore, les poux sont loin d'être éliminés. Bien que moindre, la contamination se poursuit à travers le métro, le bus, les cinémas, les coiffeurs, les hôtels douteux, les piscines, les prisons, les centres d'hébergement et, surtout, les écoles. Selon la *Tribune médicale*, ce sont les nombreux cas de pédiculose contractée dans les wagons-lits qui ont amené la SNCF, en 1977, à fournir des draps propres à chacun de ses clients. Rappelons qu'un pou humain peut survivre quatre jours en dehors de son porteur.

POILS, POUX ET MALADIES

Les poils du corps humain sont sujets à diverses affections et maladies. Leur vitalité étant liée à celle de l'organisme tout entier, ils sont altérés par toutes les affections dites cachectisantes portant atteinte à de nombreuses fonctions du corps : diabète, goutte, phtisie, syphilis, typhoïde, etc.

L'eczéma, l'acné, le liche leur portent également atteinte jusqu'à entraîner leur chute temporaire ou définitive. Le prurit, intense démangeaison, est principalement dû à la salive anticoagulante de l'insecte, et des lésions provenant du grattage peuvent s'infecter et donner par exemple l'impétigo du cuir chevelu.

Parmi les nombreuses maladies touchant aux poils, certaines sont très étonnantes.

• La mentagre

Cette espèce de folliculite pileuse, localisée au menton, se soignait autrefois par cautérisation au fer rouge. Elle se caractérise par des pustules très jolies, de forme conique, rouges à la base et blanches en haut. Pleine de pus, cette pustule douloureuse est traversée par un poil. Le traitement de cette maladie très tenace, qui peut durer des mois, voire des années, commence par une épilation soigneuse et répétée, poil par poil. Très courante à la fin du XIXe siècle, les médecins de l'époque affirmaient que « cette maladie héréditaire sévit avec plus d'intensité chez les hommes qui ont la barbe brune, et elle attaque plus volontiers ceux qui font abus de spiritueux ».

Scène villageoise d'épouillage par E. de Jonghe. XVIIe siècle. Gravure. D.R.

• Le lichen pilaris

Cette maladie de la barbe a reçu l'épithète de « pilaris » parce que les pustules qui la caractérisent se développent précisément sur le point de la peau traversé par le poil. Cette maladie rebelle est aujourd'hui encore très difficile à guérir.

• La tinea-modosa

Elle frappe les barbes et les favoris des jeunes hommes. Son nom vient de la croissance particulière du poil qui pousse en forme de nodule, c'est-à-dire en formant des petits nœuds. En 1840, le docteur White, savant américain établi à Boston, affirmait que cette affection était spécifique aux États-Unis.

En Europe où effectivement elle était plus rare, on la donnait comme responsable de la calvitie et pour cela même elle avait été surnommée populairement « la mange-cheveux ».

• La plique polonaise

Certainement une des maladies liées aux poils la plus curieuse. Elle a pratiquement disparu des pays développés, mais y tenait encore une place de choix au début du XXe siècle. Cette maladie, encore courante à l'heure actuelle dans certaines contrées de la planète, se présente comme un enchevêtrement et un feutrage des cheveux, de la barbe et des poils du pubis. La multiplication des piqûres lors de la pullulation du parasite va provoquer le suintement d'un liquide qui colle les mèches de cheveux les unes aux autres. S'il n'est pas remédié à ce processus, vont se fixer sur la chevelure les spores de certains champignons microscopiques qui seront à l'origine de cette spectaculaire et répugnante affection. Elle tire son qualificatif de « polonaise » en raison de sa fréquence dans ce pays où elle est déjà signalée à la fin du XIIIe siècle.

Les médecins européens, qui s'en préoccupent beaucoup au XVIIe siècle, affirment qu'elle s'attaque aux paysans, aux mendiants et aux Juifs dans la proportion de un sur dix, et à la

Singe épouillant un homme. Gravure du XVIIe siècle attribuée à Langlais. D.R.

noblesse et aux bourgeois dans la proportion de un sur trente ou quarante, selon les régions.

Les signes cliniques de la plique polonaise ont été décrits en France, dès le début du XIXe siècle, par quantité de praticiens dont Schlegel, Hartmann, Royer et Lafontaine. On lit dans Les Éphémérides : « Le crâne se recouvre alors d'une sueur froide et gluante ; les cheveux deviennent gras, collants et gainés par une matière visqueuse brun rougeâtre que beaucoup d'observateurs croient maculée de sang. Les cheveux sont si sensibles que le moindre attouchement occasionne une vive douleur à la racine. Une matière visqueuse et très nauséabonde, sentant comme le vinaigre qui a tourné ou comme les souris ou l'ail, suinte de toute la surface de chaque cheveu affecté. Cette matière colle les cheveux ensemble depuis leur racine jusqu'à leur extrémité. Elle semble être sécrétée par tout le cuir chevelu. Par la suite, elle sèche et forme une croûte. S'il n'y a pas d'exsudation, la maladie s'appelle la plique sèche. Les cheveux sont emmêlés de façons différentes, ressemblant à des cordes (plica multiformis), ou se massant pour former comme une épaisse queue-de-cheval (plica caudiformis). Particulièrement chez les femmes, les cheveux s'emmêlent et collent les uns aux autres, en une masse uniforme et confuse de grandeur variable. Cette maladie peut affecter les poils de tout le corps. »

C'est au début du XXe siècle qu'on découvrit que cette mystérieuse affection n'était rien d'autre qu'un manque d'hygiène et que l'enchevêtrement était provoqué par l'exsudation inflammatoire née de la multitude de pellicules qui avaient agglutiné les cheveux ensemble.

Si autrefois nombreuses étaient les personnes qui passaient la plus grande partie de leur vie avec la plique, aujourd'hui, elle n'est quasiment plus mentionnée dans les ouvrages modernes de dermatologie.

• **Les teignes**

Le nom générique de « teigne » a longtemps rassemblé un ensemble de maladies parasitaires des poils et des cheveux, qu'on nomme aujourd'hui « trichoses » ou encore « dermatoses parasitaires ». Il en existe un grand nombre, comme par exemple la trichophytie qui tire son nom d'un champignon, le trichophyton, dont le développement s'observe sur les poils et quelquefois les ongles.

Parmi les affections parasitaires qui atteignent le plus couramment le système pileux humain, la plus commune est sans conteste « l'article » parasitaire désignée sous le nom commun de poux.

• **La phtiriase**

Les poux sont à l'origine de la prétendue maladie pédiculaire nommée phtiriase qui, selon nombre d'auteurs anciens, serait à l'origine de la mort prématurée de nombreux personnages historiques.

Avant que l'on dispose de moyens de lutte adéquates contre les poux et que l'hygiène n'atteigne un certain niveau, il semble, selon les auteurs anciens, que certaines infestations et pullulations aient atteint d'extraordinaires intensités. Des observations contemporaines font mention de clochards et de SDF sur qui ont été observés des rassemblements de plus de 20 000 poux.

Henri Meige, dans un ouvrage publié en 1895, cite un médecin portugais du XVIe siècle, Amatus Lusitanicus, qui a eu à traiter « une jeune fille sur qui les poux s'étaient multipliés si intensément que deux domestiques ne suffisaient pas à les jeter à la mer par pleine corbeille ».

Plus dramatiques sont les cas où les poux entraînent la mort. L'Histoire rapporte les cas de plusieurs hommes célèbres qui sont morts de cette « pédiculose généralisée ».

Aristote fait mention de la mort, vers 500 avant J.-C., du grand philosophe grec Perekydos, créateur de l'École de Samos et dont Pythagore s'honorait d'être le disciple. Il mourut rongé par des dizaines de milliers de poux.

De même, Plutarque nous dit qu'Akastor, fils du légendaire Pélios, en 1190 avant J.-C., est mort dévoré par les poux. L'historien grec Callisthène d'Olympe, le neveu d'Aristote, qui suivait Alexandre le Grand dans ses conquêtes nous dit que celui-ci l'aurait fait incarcérer et laissé mourir par infestation de poux. Également dévoré par ces parasites, le Romain Lucius Cornelius Sylla, mort en 78 avant J.-C., dont Plutarque dit que « sa chair tourna tellement en poux qu'il y eut plusieurs personnes pour l'épouiller nuit et jour [...] Et que ce n'était encore rien de ce qu'on en ôtait auprès de ce qui en revenait [...] ».

Destinées confirmées par Serenus Sammonicus qui écrit : « Qui n'est éprouvé par le sort de Perekydos et Sylla rejetant en sueurs profuses ces animaux immondes, rongés qu'ils étaient par la même infection et terrassés par la même répugnante armée [...]. » On pourrait également évoquer Eunus, célèbre par la révolte d'esclaves qu'il dirigea en 150 avant J.-C. Jeté en prison par les Romains, il y mourut dévoré par les poux.

On donne également comme mort de pédiculose généralisée le philosophe grec Démocrite (460-370 avant J.-C.) et le Romain Speussipus (407-339 avant J.-C.). Durant le Moyen Âge, nombre d'auteurs attribuaient aux poux la mort de hauts personnages tels que la reine cyrénienne Phérétine, en 575 avant J.-C. ; le roi Hérode le Grand, en 4 avant J.-C., et son fils Hérode Antipas, tétrarque de Galilée, en 39 après J. C. Même fin pour Valère Maxime, dévoré par ces parasites en 312 après J.-C.

Plus proche de nous, et formellement donné comme une victime des poux, le cardinal Duprat, conseiller de François Ier qui refusa de se faire couper la barbe infestée de poux, ce qui fut à la source de la pédiculose qui l'emporta. Philippe II, dit le « Prudent », fils de Charles-Quint et d'Isabelle du Portugal, mourut lui aussi dit-on sous « l'invisible armada » de poux.

Même fin pour l'évêque Foucquau, « dont le corps était si plein de ces parasites qu'on dut le coucher dans un sac avant de l'ensevelir ». La liste est impressionnante. L. C. Beavis, dans un ouvrage publié en 1988 et intitulé *Insectes et autres invertébrés dans l'Antiquité classique*, dresse une liste complète et précise des morts historiques par pédiculose généralisée.

• **Le typhus aux armées**

Historiquement, on donne comme responsable de l'introduction du typhus en Europe un moine pouilleux italien ayant séjourné en Asie. D'autres en accusent les soldats espagnols de retour après avoir été envoyés combattre les Turcs sur ordre de Ferdinand V et d'Isabelle la Catholique. Un fait demeure, ce sont les Espagnols qui introduisirent le typhus en Amérique où il se répandit partout.

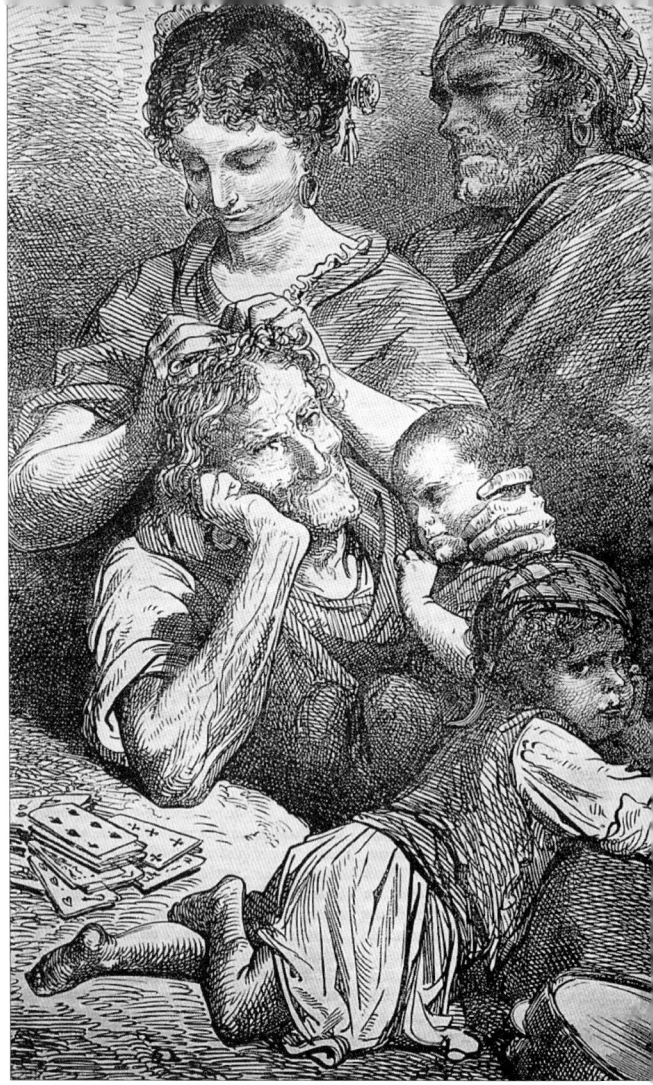

Épouillage au sein d'une famille tzigane.
Gravure. Vers 1896. Coll. part. D.R.

Manger ses poux !

Le pou a très longtemps été considéré comme un apport nutritif ou un agent thérapeutique, et à ces deux titres a souvent été mangé par des humains. Le fait est déjà signalé par Montaigne ; « Il est des peuples qui les écrasent avec les ongles et d'autres avec les dents, comme les [singes] Magots ».

Autrefois, les peuplades du Caucase, comme beaucoup d'autres, mangeaient régulièrement leurs poux. Habitude qui se retrouve encore au XIXe siècle chez de nombreuses peuplades et qui a été décrite dans les récits de nombreux voyageurs. On la retrouve en Afrique du Sud, dans l'isthme de Panama, chez les Indiens des plaines américaines ou chez plusieurs peuples de nombreuses régions de Chine.

Partout dans le monde, à travers les siècles, on a mangé les poux pour contrer des affections aussi diverses que la phtisie, le rachitisme, les irritations de l'œil, les cors aux pieds et, surtout, la jaunisse. Soigner la jaunisse en absorbant des poux écrasés avec du vin, du beurre, de l'huile ou une autre substance se retrouve dans toute l'Europe sans interruption depuis le XVIe siècle, et encore au XIXe siècle en Normandie, en Ardèche ou dans le Midi. « Contre la jaunisse, il faut avaler une grillade de poux. » Ou encore ; « Neuf poux avalés à jeun pendant neuf jours guérissent de la jaunisse. »

Cette utilisation thérapeutique des poux était encore en pratique dans les Vosges au tout début du XXe siècle.

À la même époque, dans la Sarthe, la fluxion de poitrine est traitée en faisant avaler cinq poux vivants mis dans un jaune d'œuf. Le pou a également été utilisé au début du XXe siècle contre certaines infections purulentes du cuir chevelu. Ainsi, contre une sorte d'impétigo appelée toque ou gourme, on introduisait des poux sur les lésions, la tête étant ensuite couverte pour les maintenir.

Enfin, chez certaines populations, la consommation de poux est, dans certaines circonstances, considérée comme donnant de la force. Le parasitologue J. M. Duby signale dans Des compagnons de toujours *qu'encore en 1986, les Esquimaux Ghiliak mangent les poux considérés comme une nourriture extrêmement fortifiante.*

Du XVIe siècle à nos jours, le terrible typhus exanthématique n'a cessé d'accompagner toutes les guerres maritimes et terrestres du globe. Il a souvent provoqué plus de ravages que les batailles proprement dites.

Quelques exemples historiques suffisent à convaincre du pouvoir de nuisance des piqûres et des déjections des poux, particulièrement sur les armées en campagne caractérisées par des soldats portant tignasses et barbes et vivant dans un manque élémentaire d'hygiène.

En 1489, les Espagnols qui assiègent Grenade perdent 17 000 hommes par le typhus et seulement 3 000 du fait des combats. En 1528, lors du siège de Naples par les Français, ceux-ci doivent lever le siège après que le typhus a tué 21 000 hommes sur 25 000, dont les principaux chefs de guerre. Épisode qui fait écrire à l'historien H. Zinsser : « Charles Quint contrôle toute l'Italie par la grâce des poux et du typhus exanthématique. » Juste retour des choses, Charles Quint, en 1552, doit lever le siège de Metz après que le typhus lui eut fait perdre plus de 10 000 hommes.

C'est lui encore qui fut le principal ennemi des armées impériales. Selon les rapports des chirurgiens des armées, plus d'un homme sur dix fut frappé du typhus lors de la campagne de Russie. Soit 70 à 85 000 hommes mis hors d'état de combattre. Des historiens importants tels que R.K.D. Peterson, estiment que pendant les guerres napoléoniennes, pour un soldat tué au combat, quatre mouraient de maladie.

Autre exemple frappant de la nuisance des poux et des puces : la guerre de Crimée, en 1854. Sur un effectif de 310 000 hommes, les Français en perdirent 200 000 du fait du typhus et du choléra.

Le typhus frappe aussi sur mer et fut même très longtemps nommé « fièvre de vaisseaux ». La pullulation des poux est à l'origine de nombreux désastres maritimes. On peut citer l'expédition envoyée au Canada, en 1746, commandée par le duc d'Aville. Ou encore l'escadre franco-espagnole d'Orvilliers qui devait débarquer en Angleterre et fut décimée en 1779 par le typhus, épidémie qui changea peut-être le cours de l'Histoire en sauvant l'Angleterre.

Trente mille cas de typhus sont recensés durant la guerre de Corée, et plusieurs centaines de milliers durant chacune des deux grande guerres mondiales, chez tous les belligérants. L'utilisation d'antibiotiques efficaces et celle du D.T.T. découvert et diffusé par les Américains dans le débarquement en Normandie va toutefois diminuer le nombre de morts, non seulement dans les armées alliées, mais parmi les populations civiles sujettes elles aussi à de terribles épidémies. Un seul exemple, la Révolution d'Octobre. Entre 1917 et 1923, les historiens estiment entre 25 et 30 millions le nombre de cas de typhus en Russie d'Europe et à 3 millions le nombre de morts.

LES POUX À L'ÉCOLE

Aucun pays occidental n'a jamais réussi à éradiquer les poux, notamment en milieu scolaire où ils sévissent actuellement plus que jamais. Le pou à l'école et à l'université est presque une tradition et plus personne ne s'en émeut. En 1256, après que Robert de Sorbon eut créé la Sorbonne, les cours aux étudiants étaient donnés dans des salles basses au sol couvert de paille et les étudiants y recueillaient autant de poux que possible. D'où cette maxime populaire : « On sort de la Sorbonne la tête non pas recouverte de lauriers, mais de poux. »

Le fameux collège de Montaigne, situé à l'emplacement actuel de la bibliothèque Sainte-Geneviève, place du Panthéon, était renommé pour sa richesse en poux, ironiquement surnommés les « esparviers ». Rabelais évoque ce collège dans *Gargantua*. Grandgousier demande à son fils de faire tomber de ses cheveux les « esparviers de Montaigne ». Aux XVIIe et XVIIIe siècles, la plupart des établissements scolaires et estudiantins appliquent des mesures pour la destruction des poux. Très raréfiés dans plusieurs pays développés au lendemain de la Seconde Guerre mondiale, les poux réapparaissent en force à la fin de la décennie 1960 en Europe occidentale et en Amérique du Nord. Surtout dans les crèches et les écoles maternelles où les transmissions se font avec les oreillers des lits destinés à la sieste des petits et l'utilisation en commun d'objets de toilette, tels les peignes et les brosses. Bien que les poux n'aient pas d'ailes, le professeur Mathus évoque la transmission courante par voie aérienne : « Il a parfois été observé des transferts à plus de 50 mètres par vent moyen. »

La résistance des poux est observée depuis 1953. Des études réalisées en 1993 ont révélé des résistances insoupçonnées sur près de 30 % des poux récoltés sur les têtes dans les écoles françaises. En 1995, en France, plus de 15 % des enfants sont infestés à un moment ou à un autre de l'année scolaire.

La question de cette réapparition en nombre des poux fut posée par le ministère de l'Éducation nationale. La mode des

---

Trafic de poux

En octobre 2000, le quotidien anglais Metro *annonce que le mystère de la recrudescence des poux dans les écoles de Sofia, alors qu'une série de mesures venait d'être prise pour lutter précisément contre ces parasites, venait d'être élucidé par un brave fonctionnaire du ministère de l'Éducation nationale bulgare.*

Cette recrudescence venait d'une mesure du dispositif anti-poux qui avait eu l'effet inverse de celui escompté.

Pour empêcher l'épidémie de se répandre, les élèves qui avaient des poux devaient rester trois jours chez eux avec interdiction d'aller à l'école. Il n'en a pas fallu plus pour que s'organise entre les potaches de Sofia un trafic de poux. On a vu des gamins vendre des boîtes d'allumettes contenant des poux à leurs condisciples paresseux. Le trafic a atteint son apogée (et a été découvert) au moment des examens. L'absentéisme n'a jamais été aussi fort qu'à ce moment-là... ni le prix de la boîte de poux aussi élevé !

cheveux longs dans la fraction masculine des élèves, quantitativement importante, ainsi que les règles d'hygiène élémentaire non respectées furent mises en avant. Mais la pullulation de poux se révéla équivalente en Europe de l'Est où le port des cheveux longs restait tout à fait exceptionnel.

Le sociologue britannique M. Andrew, dans une étude publiée à Londres en 1986, affirme que dans la décennie 1970, plus de 25 %, en moyenne, des écoliers des écoles secondaires étaient porteurs de poux. On estima à l'époque le nombre de ces porteurs à plus d'un million et demi dans le pays. Ce chiffre aurait augmenté depuis. Le *Daily Telegraph* fit état, en 1992, d'une consommation annuelle en Angleterre de plus de trois millions de flacons de pédiculicides. La célèbre actrice britannique Glenda Jackson, députée au Labour Party, lança une campagne contre les poux chez les enfants britanniques en proposant « une journée nationale contre les poux ». Ce à quoi ses adversaires politiques lui objectèrent que « les poux de la tête sont infiniment moins nuisibles pour la société anglaise que son parti travailliste ».

Au Canada, une étude similaire avait précédé de quelques années l'étude anglaise de 1986. Publiée en 1983 sous le titre *Épidémiologie de la pédiculose au Canada*, on peut y lire qu'à cette époque, presque 2 % de toute la population canadienne est infestée par les poux. Une étude concernant Israël, publiée dans *Israel Phy. Relat. Sci.* en 1991 et signée K.Y. Mumcuoglu, révèle que 15 à 20 % des enfants d'âge scolaire étaient infestés et que ce taux atteignait 50 % dans certaines zones du pays.

Plus récemment, en 1994 et 1995, à Bruxelles, l'École internationale accueillant les enfants des hauts fonctionnaires du Conseil de l'Europe, et d'autres écoles de luxe accueillant en grand nombre les enfants d'industriels étrangers, subirent une telle épidémie de poux qu'il fallut plus de dix-huit mois pour la réduire.

Actuellement, les pédiculoses de la tête restent le problème permanent d'un grand nombre d'écoles maternelles et primaires publiques. Elles y persistent car, contrairement aux écoles privées, aucun règlement légal n'oblige à leur traitement. Impossible par exemple, pour un directeur d'établissement public, d'imposer le coiffeur à un enfant ou de lui interdire l'accès à l'établissement même si sa tête grouille de parasites. Impossible également de forcer les parents négligents à l'épouillage de leur progéniture. Une nourrice nous dira : « Chaque année, c'est pareil. Sur cinq enfants que je prends, au moins deux dans l'année auront des poux dans les cheveux ».

Bras de fer avec le morpion

*D*ébarrasser les poils génitaux de leurs locataires est un art.

• ***Au Ier siècle avant J.-C.*** *:* *Celse recommande une préparation à base de soude, de sandaraque, de bryone noire, dans un mélange d'huile et de vinaigre. Pline reprend cette potion mais la réduit à du sandaraque et du soufre dans du vinaigre.*

• ***Au IIe siècle*** *:* *Galien préconise, pour les morpions accrochés aux cils, des bains d'eau de mer chaude.*

• ***Au IVe siècle*** *:* *Le médecin grec Oribase recommande contre les morpions des onctions de miel, de vin, de sandaraque, de staphisaigre et d'eau de mer.*

• ***Au IXe siècle*** *:* *Les médecins recommandent un onguent à base d'alun, de staphisaigre, d'aloès et de poux mélangés à du vinaigre.*

• ***Au XIVe siècle*** *:* *Henri de Mondeville fait école avec son «linge imprégné avec du mercure battu dans du blanc d'œuf... qui, après séchage, est porté à même la peau».*

• ***Au XVIIe siècle*** *:* *On continue à utiliser contre les morpions le mercure, qui rentre dans maintes compositions sous le nom de « vif argent ». Moulet revient à l'eau de mer tiède à laquelle il ajoute toutes les substances déjà utilisées par les Anciens dont le poivre, la myrrhe, l'absinthe, la cerise et l'axonge.*

• ***Au XVIIIe siècle*** *:* *On imite les Chinois et on combat les morpions avec des fumigations de vapeur de sulfure de mercure ou cinabre. On imite également les Japonais en appliquant sur les parties génitales et leurs poils un cataplasme d'extrait de tabac.*

• ***Au XIXe siècle*** *:* *On considère comme efficace du poivre écrasé dans de la salive. Se frotter les parties génitales avec de l'extrait de tabac devient très à la mode, mais le mercure reste la substance de base dans tous les traitements antimorpions, tels que « l'onguent gris » ou « l'onguent napolitain ». En ce siècle, on en tient aussi pour les pratiques magiques qui viennent des époques passées et subsistent jusqu'au début du XXe siècle. On considérait, par exemple, qu'on pouvait se débarrasser des morpions ou des poux en les perçant vivants avec une aiguille pour leur passer un cheveu à travers le corps, tous les morpions et poux s'enfuyant alors de la tête et des zones génitales.*

• ***Au XXe siècle*** *:* *La pharmacopée propose classiquement des pommades à l'oxyde de mercure pour les morpions des cils. Mais, d'une façon générale, le mercure a été abandonné en raison de son importante toxicité et remplacé par des insecticides de synthèse dont le très célèbre D.D.T. Mais celui-ci et ses successeurs ont fini par être proscrits à leur tour en raison, là encore, de leur toxicité chez les vertébrés. Le relais a été pris par les pyréthrines, d'origine naturelle végétale, et par les perméthrines et allothrines de synthèse. Mais leur efficacité se montrant aléatoire, on en revient peu à peu aux argonohalogues malgré leur toxicité. Outre les produits anti-parasitaires commercialisés sous forme de lotion, aérosol, shampooing, etc., existent les « peignes à poux et à morpions» dont l'usage remonte à l'Antiquité, mais qui restent très efficaces, surtout le modèle de 1994 muni d'une pile électrique qui grille chaque pou ou morpion qui passe entre ses dents.*

Contrairement aux idées reçues, il n'existe pas de traitement préventif satisfaisant des pédiculoses du cuir chevelu. Il est nécessaire d'ôter le maximum de lentes après le traitement pour pouvoir détecter rapidement une recontamination. La surveillance régulière des cheveux des écoliers par les parents est la meilleure des protections.

MORPIONS : DES LOCATAIRES GÉNITAUX

Intentionnellement, nous avons dissocié les poux de la tête et du corps des poux du pubis car ceux-ci sont des parasites des poils d'un genre zoologique différent.

C'est le microscope inventé en 1590 par le lunetier hollandais Zacharie Jansen, selon les uns, ou par Cornélius Drebbel, en 1610, selon les autres, qui va permettre d'examiner précisément les insectes et d'obtenir, en 1619, les premières descriptions différenciées des poux et des morpions. Mais il faut attendre le début du XIXe siècle pour que le morpion perde son nom de pou « *pediculus pubis* » pour celui de « *phtirius* ». Selon le professeur de parasitologie J.M. Duby, ce nouveau nom de genre, tiré du grec, fut proposé par le scientifique Leach dans sa *Grande Encyclopédie* publiée en 1815 à Édimbourg. Par la suite, d'autres savants y accolèrent le mot pubis pour mieux individualiser l'insecte.

Grâce au microscope, on put observer la morphologie particulière du « *phtirius pubis* » et constater qu'elle était très différente de celle des poux de tête et de corps. J.M. Duby le décrit comme suit : « Insecte hématophage, c'est-à-dire se nourrissant de sang, de 1 à 3 mm, de forme trapézoïdale, aplati "dorso-ventralement", sans ailes, aux pattes puissamment armées de griffes [...]. » Plus petit que le pou de tête, plus trapu, le corps moins allongé, sa forme générale et ses griffes puissantes l'ont fait dénommer « pou crabe » par les Anglais.

Indéniablement lié aux poils de la zone génitale et de la région péri-anale, le pou du pubis prend dans le langage courant le nom de « *plattlaus* » chez les Allemands, de « *piattola* » ou « *piatone* » chez les Italiens, de « *ladilla* » chez les Espagnols, de « *piolholadro* » chez les Portugais, de « *pachio-tzé* » chez les Chinois, de « *pertlouse* » ou « *crab-louse* » chez les Anglais, et de « *morbac* » ou « *morpion* » chez les Français.

Il est difficile de dater l'apparition du mot morpion dans la langue française. Y. Cellard et A. Rey, dans leur *Dictionnaire du français non conventionnel*, disent que le mot aurait été introduit dans notre langage vers 1530 après qu'il eut été ramené d'Italie par les troupes françaises. Il résulterait de la réunion de « mord » et de « pion », c'est-à-dire de soldat fantassin mordeur. Le mot pion désignait déjà, rappelons-le, un simple soldat dans le jeu d'échecs.

Au XVIIe siècle, le morpion est connu en France sous le nom de « pou de l'Hôtel-Dieu » ou encore de « pou espagnol » car les Ibériques ont la réputation d'en être particulièrement infectés. Une gravure de Laignet, vers 1650, intitulée *Les Quatre Mendiants*, illustre pour les quatre nations européennes avec chacune le parasite qui lui est le plus spécifique. Le morpion est associé à l'Espagnol, le pou à l'Allemand, la punaise à l'Italie et la puce à la France.

La présence du morpion sur l'homme n'est pas, bien sûr, affaire de nationalité. Elle est non seulement universelle, comme celle du pou de la chevelure, mais elle remonte aux premiers temps de l'humanité. La présence de morpions chez les Égyptiens est confirmée par leur découverte dans les poils pubiens d'un très grand nombre de momies.

La spécificité zoologique du morpion ayant été très tardivement constatée, comme nous l'avons déjà signalé, les premières mentions de ce parasite se font sous le mot « pou ». Lorsque Hérodote dit que les prêtres se rasent tous les poils du corps, il n'emploie que cette dénomination. De même chez les Grecs où le même mot désigne pou et morpion. Toutefois, certains anciens constatent que les poux se différencient entre eux selon les régions du corps. Aristote, par exemple, souligne que les poux de la chevelure se distinguent de ceux de la région pubienne, « poux sauvages, d'une espèce plus dure et dont il est plus difficile de se débarrasser ». Celse, l'Hippocrate

Épouillage à la chaîne. Gravure de B. Pinelli. Vers 1815. Coll. part. D.R.

Peigne à poux en ivoire. Vers le VIIe siècle avant J.C. Florence. D.R.

Anthroponymie

L'anthroponymie, comme on nomme la science qui recherche l'origine historique des noms patronymes, donne un grand nombre de noms de famille dont la formation a pour origine la rousseur d'un lointain ancêtre. Il en est ainsi, par exemple, des noms ayant pour racine *Rufina*, *Risfe*, *Ruff*, *Rufinus*, *Russus*, tous dérivés du latin « rufus » signifiant roux, et qui finiront par donner Le Roux, Roux, Rousseaux, Rousset, Rousselet, Roussel, Riou, etc.

La Chercheuse de poux de De Pape. XVIIᵉ siècle. Compiègne. D.R.

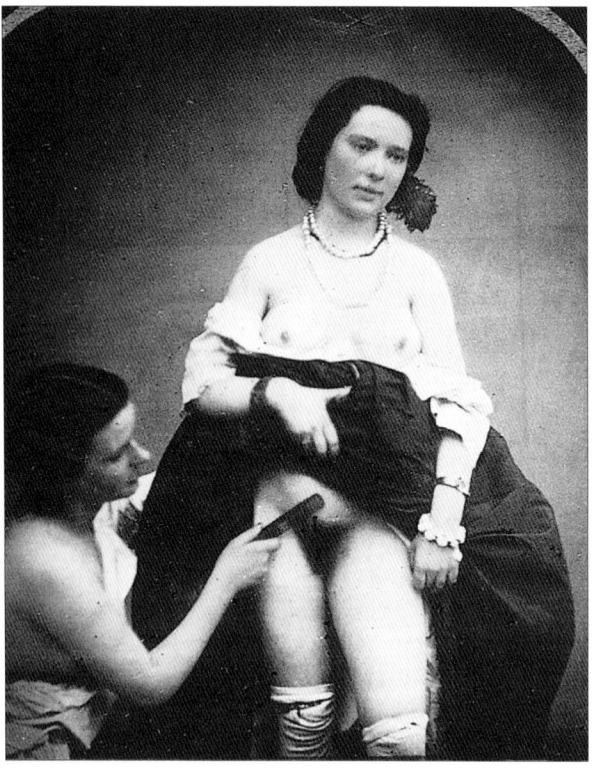

Scène d'épouillage du pubis dans un bordel parisien. Vers 1880. Coll. part. D.R.

latin du temps d'Auguste, reconnaît lui aussi l'existence de poux à localisation particulière, sur la tête et sur la région génitale.

Galien, un des plus habiles médecins de l'Antiquité qui exerça son art à Pergame, à Alexandrie puis à Rome à la fin du IIᵉ siècle, fait lui aussi la distinction entre les poux de la tête et ceux des poils pubiens. Onze siècles plus tard, Albert Legrand, l'un des savants les plus illustres du Moyen Âge, se réfère à Galien lorsqu'il écrit : « Il est un pou que Galien appelle "pou de vautour", qui naît au bas-ventre de l'homme, dans les poils et sur les aisselles. »

Au XVIIᵉ siècle, on continue à bien différencier les poux entre eux, mais on persiste à les croire de même famille zoologique. Lorsqu'en 1634, Mouflet publie son *Theatrum Insectorien*, qui réunit toutes les connaissances de l'époque sur les parasites, il continue à citer les morpions sous le terme de poux. « Ces poux sauvages, localisés dans la région de la barbe, des paupières, des aisselles et du bas-ventre, ont le corps plus dense, mais un rostre plus aigu. » En Asie, en Chine précisément, les textes médicaux du XVIᵉ siècle recommandent de distinguer poux de la chevelure et poux de pubis.

Il faut attendre la fin du XVIIIᵉ siècle pour que soit enfin clairement distinguée la différence entre poux et morpions. Ce qui ne freine en rien la majorité des savants de l'époque, qui continuent à nommer « poux » les morpions. Charles Linné, par exemple, naturaliste et médecin suédois de réputation européenne, signale encore, en 1746, le morpion comme « un *pediculus pubis*, pou de pubis, qui habite les poils et les cils des hommes très sales ».

Confondu avec son cousin le pou, le morpion est censé comme lui naître par génération spontanée à partir des sécrétions du corps humain. C'est l'avis de Celse, aux premiers temps

Évocation poétique du mariage du poil et du morpion

Le morpion est évoqué dans d'innombrables œuvres littéraires et chansons du Moyen Âge et jusqu'au XIXᵉ siècle. On peut citer Rabelais, d'Esternod ou Saint-Amand.

Claude Esternod, dans un poème écrit en 1619 et dédié à sa belle Magdalena, rêve : « Il faudrait que la peluche, un peu devant, on épluche, pour en tirer le morpion. » D'une autre femme qu'il dit « exempte de tout mérite », il écrit : « Et la forêt des poils où sont dix mille escadres de géants affamés surnommés morpions. »

Pendant que des singes dressés l'épouillent, l'homme gratte ses morpions. Gravure du XVIIᵉ siècle. Coll. part. D.R.

de l'ère chrétienne, et encore celui d'Ambroise Paré au XVIᵉ siècle. « Les poux se peuvent engendrer sur toutes les parties du corps humain, même dans la masse du sang. » Croyance qui va subsister longtemps et aux quatre coins de la planète. Pour les médecins arabes des IXᵉ et Xᵉ siècles, tel le Persan Razès, Avicenne ou Sérapion cité par G. Penso dans *Parasites et microbes à travers les siècles*, « les poux du pubis se forment à cause d'une chaleur combinée à l'humidité putride rejetée par le corps ».

Plus de neuf siècles plus tard, en 1712, le grand médecin japonais Ryoan Terashima persiste dans cette idée : « Les poux des poils du pubis naissent de l'humidité et du mucus des organes sécrété et ils pénètrent ensuite dans la peau porteuse de poils. » En Chine, également célèbre pour sa tradition médicale, on peut lire dans des grimoires médicaux du XVIIIᵉ siècle traduits en 1940 par Ch'Iang J. Hung : « Ils sont le résultat de négligence dans le lavage des organes génitaux après le coït et de l'accumulation des saletés à cet endroit, ce qui produit les poux du pubis. »

Les pouvoirs pathogènes du morpion sont importants. Il est à l'origine d'un prurit intense et les zones de démangeaison peuvent, à la suite d'un grattage forcené, se surinfecter, aller jusqu'à l'ulcération, aux écoulements importants de pituite, c'est-à-dire d'une sorte de mucosité glaireuse. Le morpion se reproduit de façon incroyable. La femelle pond tous les jours plusieurs dizaines d'œufs à clapet (lentes), accrochés aux poils par un liquide gluant. L'éclosion survient 6 à 8 jours après la ponte et le cycle complet dure environ 21 jours. Les animaux adultes vivent un mois. La prolifération peut devenir si massive que ces parasites en arrivent à quitter le territoire pubien pour partir à la conquête de pilosités auxiliaires telles que celles des aisselles, des paupières et même quelquefois de la pilosité thoracique où ils se retrouvent en compétition avec les poux de corps. Curieusement, les morpions ne colonisent jamais la chevelure ni les sourcils, ce qui laisse supposer qu'ils tiennent compte du diamètre des poils et de leur densité d'implantation. T. Mouflet avait déjà noté, en 1634 : « Il est des poux sauvages nés dans les poils pubiens qui rendent l'âme lorsqu'ils habitent la région de la tête. »

L'infestation des cils par les morpions est mentionnée depuis l'Antiquité. Celse écrit vers 50 avant J.-C. : « Les poux peuvent attaquer les paupières. » Galien, au IIᵉ siècle, fait la même observation : « Ce mal se caractérise par la naissance de poux entre les cils. » Cette colonisation faciale est signalée comme très fréquente jusqu'au début du XXᵉ siècle chez les nouveau-nés des milieux populaires dont les mères ont très souvent la toison pubienne infestée. Mais aussi chez les adultes qui pratiquent le cunnilingus avec un partenaire porteur. Les personnes contaminées par les morpions au niveau des yeux se plaignent généralement d'un prurit au niveau des paupières. À l'examen, on reconnaît facilement les lentes, de 0,5 à 0,8 mm, collées sur les cils. On voit aussi des morpions adultes immobiles, eux aussi sur les cils et qu'il est très difficile d'enlever, même à la pince, car accrochés fermement grâce à leurs pinces.

Principalement localisés sur les poils pubiens, les morpions se transmettent d'un individu à l'autre, dans la majorité des cas, à l'occasion de rapports sexuels. Leur survie hors poil est de douze à vingt-quatre heures, selon les degrés d'humidité de l'air. Aussi, leur transmission est-elle également possible de façon indirecte, à travers les literies sales et parasitées et les sièges des salles d'attente et des toilettes publiques.

Vers 1900, la rumeur disait que les membres du clergé attrapaient leurs morpions dans les fiacres, sous les couvertures et sur les pots de chambre. En 1991, les risques restent assez semblables puisque sont signalés comme potentiellement dangereux les gares, les dispensaires, les hôpitaux, les casernes, tous les transports en commun et, bien sûr, les prisons. Souvenons-nous de la chanson de Pierre Perret, créée en 1966, et intitulée « Des poux et des sous » : « Je sors de prison, j'ai des petites bêtes plein mon culbutant / Il y a dix ans que je rêve / De les refiler un jour / Mes jolis petits papillons d'amour / À la femme du juge / Qui m'a condamné... »

Les morpions sont tellement redoutés qu'encore au début du XXᵉ siècle certaines cités étaient interdites aux populations à risque avant qu'elles ne se soient soumises au « démorpionnage ». Il en fut ainsi, par exemple, des prostituées professionnelles dans certaines grandes villes européennes, où elles étaient nommées « forêts à morpions ». Au Québec, rapporte le professeur de parasitologie J. P. Bourassa, une petite île située sur la rivière Saint-Maurice, face à la ville de Saint-Roch de Mékinac, porte le nom d' « Île aux morpions ». Les bûcherons qui avaient passé tout l'hiver en forêt sur les chantiers de coupe ne pouvaient rentrer en ville qu'après avoir séjourné sur cette île pour se nettoyer de leurs morpions.

Et la chose n'est pas aisée. Très « accrocheur », le morpion est devenu le symbole de la ténacité dans de nombreux proverbes de la plupart des pays du monde. Image si ancrée dans les esprits qu'elle inspira le maréchal Joffre durant la

Grande Guerre. « Le fantassin français, dira-t-il, est comme le morpion, cet animal sublime qui meurt sur place et ne décroche jamais ! »

C'est également l'opinion des Trotskistes. Vers 1920, écrit le professeur J. B. Duby qui rapporte l'anecdote, Karl Radek, par plaisanterie, suggère à Trotski qui s'inquiète d'une épidémie de morpions à Moscou et que l'on n'arrive pas à réduire : « Il faut les collectiviser, comme cela la moitié mourra et l'autre moitié prendra la fuite. » La ténacité et la valeur de nuisance du morpion est également prise en considération dans la fameuse formule de Pouget : « Le jour n'est pas loin où les socialistes foutront dans les tinettes les morpions capitalistes qui nous sucent et nous rongent. »

Au début du XIXe siècle, les Japonais ont encore gardé l'habitude de se brûler les poils du pubis pour essayer de se débarrasser de leurs morpions. R. Blanchaud, dans ses notes de *Parasitologie sino-japonaise* publiées en 1903, écrit que « la démangeaison leur était tellement insupportable que la brûlure ne leur causait pas une douleur plus vive ».

À partir des années 1950, par suite de l'augmentation notable de l'hygiène individuelle et l'apparition sur le marché d'insecticides chimiques plus actifs, les morpions commencèrent à se faire plus rares, conservant néanmoins quelques foyers de contamination, notamment dans l'univers carcéral et celui de l'armée et de la prostitution.

En 1991, les morpions contre-attaquaient à Londres. La *British Medical Review* lance un vibrant avertissement : « Ils sont de retour ! Ne vous asseyez plus, mesdames et mesdemoiselles, sur les sièges des W.-C. publics londoniens. » En 1995, une journaliste du *Figaro* nous avouera avoir attrapé des « totos » dans le métro parisien sur la ligne Vincennes-Neuilly. Depuis, elle ne voyage plus en minijupe et ne pose plus ses fesses sur aucun siège des transports en commun. Telle autre dame a attrapé ses morpions au Racing Club de France et telle autre dans le TGV.

Ce retour du « morbac » dans les toisons pubiennes européennes s'accompagne curieusement d'une nouvelle image de cet envahisseur : il a perdu une grande partie de sa répulsion au point que la « Française des Jeux », entreprise d'État, n'a pas hésité à donner son nom à un jeu populaire basé sur le grattage. Dorénavant, on court chez le buraliste s'acheter des morpions et « on se les gratte sur le comptoir ». Le succès de ce jeu a engendré une nouvelle expression *a contrario* chez les jeunes Maghrébins des cités. Lorsqu'une fille se trouve infestée de morpions, elle devient « une Française des jeux ». On voit même en librairie des livres pour enfants intitulés *Chouette, y a des poux* ou *Rendez-moi mes poux*.

Poils, poux et sagesse populaire

C'est parce qu'ils sont les hôtes du crâne et se multiplient à foison dans les chevelures et intimités de l'homme que les poux sont prétexte à maints proverbes, axiomes, aphorismes, maximes et autres adages.

- **Chercher des poux dans la tête de quelqu'un** : *Chercher noise sous un mauvais prétexte.*
- **Trouver des poux sur la tête d'un chauve** : *Trouver à redire là où il n'y a rien à dire.*
- **Tu vois le pou sur ton voisin et rien sur toi** : *Ne voir que les défauts des autres.*
- **Laid comme un pou** : *On ne peut pas faire plus repoussant.*
- **Se laisser manger à poux** : *Être très sale.*
- **Chercher des poux dans la paille** : *Faire des critiques pour des raisons mineures.*
- **Bicher comme un pou** : *Jubiler, être comblé.*
- **Il écorcherait un pou pour avoir la peau** : *Veut tirer bénéfice de tout.*
- **C'est un pou habité** : *Homme prétentieux.*
- **Un pou en habit de cérémonie** : *Un parvenu.*
- **Être pouilleux comme une gare** : *Être couvert de parasites.*
- **Être comme un pou sur une grange** : *Homme vaniteux, présomptueux.*
- **Faire comme un pou sur un chignon** : *Vouloir une place qui n'est pas la sienne.*
- **Peu importe le pou sur la barbe, il est des gens à suivre** : *Ne pas se fier aux apparences.*
- **Se faire taper sur le pou** : *Recevoir un coup sur la tête.*
- **Être gonflé comme un pou** : *Être repu.*
- **Châtrer les poux** : *Passer son temps à des choses sans intérêt.*
- **Il court déjà alors que les poux de sa femme ne sont pas encore morts** : *Le veuf joyeux.*
- **Écraser les poux de quelqu'un** : *Corriger quelqu'un.*
- **Mettre en justice et n'obtenir que des poux** : *Procédure inutile.*
- **Mieux vaut un pou dans la musette que rien du tout** : *Se contenter de ce que l'on a.*
- **Poux et enfants, il y en a tous les ans** : *C'est dans la logique des choses.*
- **Il ne sait pas seller un pou** : *Ne rien savoir faire.*
- **Ses poux ne vont pas s'égarer** : *Se dit d'un chauve.*
- **Il chasserait un pou jusqu'à Paris** : *Être très avare.*
- **Le pou ne pique pas sa tête pour rien** : *Être très impliqué.*
- **Il est comme pou en cheveux** : *Être très à l'aise.*
- **Il est œuf de pou en chevelure** : *Être très indécis.*
- **On ne doit pas dégainer l'épée contre le pou** : *L'effort doit être proportionné à l'entreprise.*
- **On ne peut attraper un pou avec un seul doigt** : *Il faut se donner les moyens de son entreprise.*

Dictons :
- *Les poux entretiennent la santé.*
- *Les poux, c'est noble, les puces, c'est chieuses.*
- *Moines et poux ne sont jamais rassasiés.*

26
Les femmes à barbe

« Grossesse, ménopause, chasteté, émotion font pousser les poils au menton »

Annie Jones à l'âge de 6 ans. Coll. part. D.R.

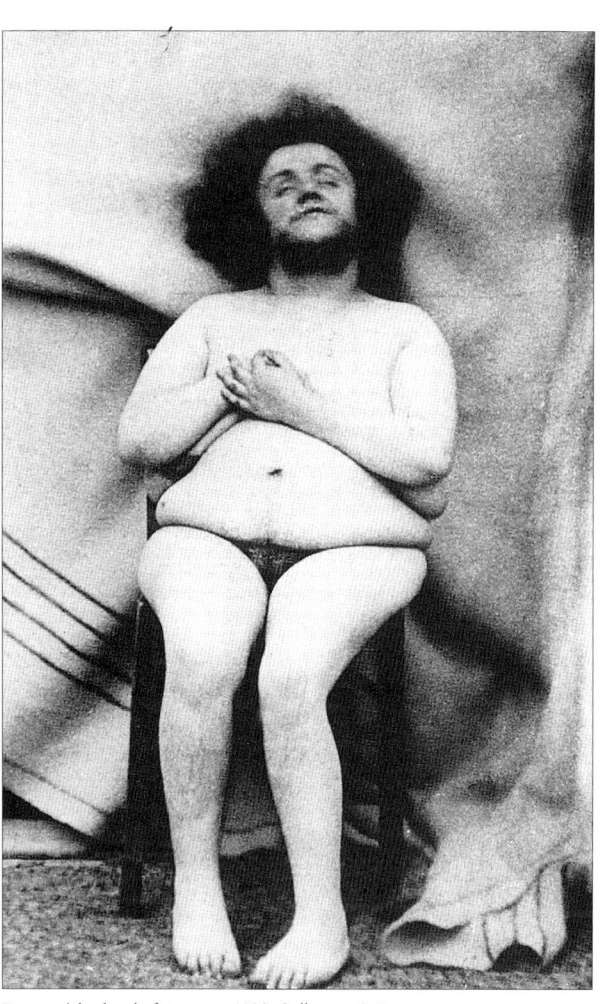

Femme à barbe de foire, vers 1930. Coll. part. D.R.

La barbe féminine peut offrir toutes les couleurs, les formes, les dimensions et l'épaisseur des barbes masculines. Elle peut se manifester sous tous les aspects : moustache, favoris, bouc, collier, fer à cheval ou longue barbe complète. Mais la barbe étant le propre de l'homme, son port chez une femme est formellement contre-indiqué, « sauf, bien sûr, pour faire carrière dans un cirque aux États-Unis ou remplir le rôle de dominante dans une relation homosexuelle », nous dira Gérard Lacarrige qui présenta jusqu'en 1966 un numéro de canards dressés sous un petit chapiteau de province et dont l'épouse, Jacqueline, est un remarquable cas de femme à moustache.

Pourquoi ça pousse ?

Cette anomalie semble apparemment ne répondre à aucun critère particulier. À travers les milliers de cas consignés par les annales médicales européennes, on constate que barbes et moustaches apparaissent intempestivement aussi bien chez l'adulte que chez l'adolescente ou l'enfant. On peut citer, par exemple, cette fillette âgée de 8 ans, en 1991, et qui dut quitter l'école parce que ses jeunes camarades passaient leur temps à lui tirer la barbe. On peut citer également le cas d'Eva S., signalé par le professeur A. F. Le Double, qui exerçait la profession de jongleuse vers 1900. Elle présenta sa première pousse précoce de poils vers 6 ans ; à 13 ans, barbe et moustache commencent vraiment à pousser, mais ce n'est qu'à 18 ans que son visage fut réellement recouvert de poils courts et frisés. Entre-temps, sa pilosité pubienne s'était très fortement développée.

Depuis Hippocrate, les médecins semblent fascinés par les femmes à barbe, mais on peut difficilement imaginer le niveau qu'atteignit cet intérêt tout au long du XIXe siècle et durant la première moitié du XXe siècle.

Toutes les pistes furent explorées, imaginées, extrapolées et bien évidemment certifiées. Les médecins se réunissaient en « équipes de chercheurs » pour mieux percer « cette énigme de la nature ». Ainsi, les docteurs Dupré et Duflor voulurent démontrer que les femmes à barbe se rencontraient de préférence chez les démentes et les folles, tandis que les docteurs Scholt et Pariset penchaient pour les femmes strictement chastes, et les docteurs Bulloch et Sequeira pour l'influence de la puberté. Les docteurs Guinon et Barson, de la Société de Pédiatrie, affirment, en 1906, que la barbe apparaît chez les petites filles à la suite d'injections mal supportées de sérum antidiphtérique. Le fameux anthropologue et criminologue Lombroso, et plus tard son ancien élève Marro, se joignirent au débat en affirmant que si les barbes étaient fréquentes chez les délinquants, les femmes à barbe étaient proportionnellement moins criminelles que le reste de la gent féminine.

Le docteur espagnol Zoja, puis le professeur français Haberda, empruntèrent la piste ethnique : « Les femmes de type caucasien sont plus susceptibles que celles de type asiatique ou négroïde de développer une hypertrichose faciale. » Le docteur Zoja précisant : « Le soleil de l'Ibérie donne au système pileux une vigueur incomparable. Un bon Espagnol se rase deux fois par jour et c'est en Espagne et au Portugal qu'on rencontre le plus de femmes à barbe. » Et le praticien de rappeler qu'elles sont si présentes en Espagne que Cervantès n'a pas manqué d'en faire mention dans son histoire de Don Quichotte.

Dans toute l'Europe, mais aussi aux États-Unis, des centaines de médecins et scientifiques de haut niveau et de grande notoriété se lancèrent dans « l'étude de la femme à barbe ». On peut citer des sommités telles que Hirschfeld, Durhing, Berillon, Eker, Harris-Tiston, Oudin, Hills, Meyer, de Crecchio, Fibiger, Thumin. Impossible de tous les évoquer. Les uns et les autres attribuèrent l'apparition d'une barbe chez les femmes tantôt à l'action de la grossesse, aux menstrues, à la chasteté, tantôt au milieu social, aux vives émotions, à l'état génital, aux convalescences trop longues, etc., etc. Quelques-unes de ces théories rencontrèrent un succès certain et méritent d'être évoquées.

Grossesse et barbe

Les tenants de cette théorie faisaient remarquer que la barbe chez la femme enceinte est observée depuis la haute Antiquité et que même Hippocrate en fait mention : « À Abdères, Phaetusa, femme de Pythéas, était enceinte depuis un certain temps et ses règles supprimées depuis longtemps quand son mari partit en exil. Ensuite, des rougeurs et des douleurs parurent aux articulations... son corps devint tout velu... il lui poussa une barbe dure et sa voix devint virile. »

André Vésale, le plus grand anatomiste du XVIe siècle, qui fut condamné à mort par l'Inquisition pour avoir, selon l'accusation ecclésiastique, disséqué un homme vivant, s'intéressa beaucoup à la barbe des femmes enceintes. Gracié par Charles-Quint, il partit les étudier à Jérusalem sous prétexte de faire pénitence. Ses études sur le sujet furent reprises et complétées au XIXe siècle par l'Américain Cloam et les Allemands Halban et Neugebauer qui constatèrent que « la barbe des femmes enceintes commençait à se montrer dans les trois premiers mois de la grossesse ». D'autres médecins, tels Bovin à Paris ou Zaroubine, médecin accoucheur à Nyni-Novgorod, en Russie, soutenaient une thèse selon laquelle « certains accouchements difficiles font se garnir les mentons ».

Menstrues et barbe

Le dérèglement ou la suppression inexpliquée des menstrues féminines est une autre cause largement défendue par le corps médical de la fin du XIXe siècle. Là encore, les Anciens sont pris à témoin. Hippocrate a effectivement écrit que « Namysia, l'épouse de Gorgippus de Thos, vit coïncider la suppression de ses règles avec la poussée d'une longue barbe ». Il est vrai aussi que Pline l'Ancien a souligné que « la barbe se montre parfois chez les femmes dont les règles sont supprimées avant l'heure ». De surcroît, l'auteur latin faisait souvent référence « aux femmes de certaines régions de l'Éthiopie qui ont des règles peu abondantes et qui possèdent presque toutes une barbe plus ou moins épaisse ». Près de quinze siècles plus tard, en 1859, le docteur Leblond reprend à son compte la légende en affirmant : « Certaines femmes d'Éthiopie ou d'Amérique du Sud ont des barbes et peu ou pas de menstruation. » Ainsi s'établit jusqu'entre les deux guerres l'idée d'une corrélation constante entre la faiblesse ou la cessation des règles et la crue de la barbe.

Ménopause et barbe

« Il est un fait reconnu que les femmes, après la ménopause, deviennent plus velues et que la même chose se produit lorsqu'on leur fait l'ablation de l'un des éléments de leur appareil génital », affirme le docteur Houssay en 1912. Il ne fait qu'exprimer le diagnostic général des praticiens de l'époque. Avis exprimé sous cette autre formulation, quinze ans auparavant, par le professeur Le Double : « Quand une femme a cessé d'être apte à faire des enfants, sa peau perd ordinairement sa blancheur, ses formes sont plus durement prononcées, sa voix devient et plus forte et plus grave, ses seins, désormais inutiles, finissent par s'affaisser, et souvent alors son visage, dont l'expression a beaucoup perdu de sa douceur, se couvre de poils. » Et pour faire bonne mesure : « Les femmes chez lesquelles le clitoris est très développé ont aussi de la barbe. »

Miss Annie Goult, une des vedettes du cirque Barnum Bailey. Vers 1888. Coll. part. D.R.

Barbe et chasteté féminine

Pendant des siècles, on a aussi fermement cru que la chasteté, quelle que soit sa cause, religion ou veuvage, influait sur l'apparition de la barbe. Des ouvrages des plus sérieux du début du XXe siècle assurent que le duvet soyeux qui ombre la lèvre supérieure et les poils follets qui volètent sur les joues des femmes qui ont dépassé la trentaine « sont chose fréquente chez celles qui vivent dans l'espoir d'un mari introuvable ou introuvé ».

« Il est notoire que les femmes stériles ont ordinairement du poil au menton » constatait, en 1812, le docteur Étienne Pariset, médecin-chef de la Salpêtrière. L'année suivante, il affirmait : « L'excès de chasteté détermine parfois l'éruption de barbe [...] Ça peut être le cas de jeunes filles qui se sont condamnées au cloître. »

À la fin du VIe siècle, le pape Grégoire le Grand parle de la fille d'un consul romain, nommée Gaela, devenue veuve très jeune et qui, malgré son tempérament ardent, préféra continuer à vivre chaste plutôt que de commettre à nouveau l'œuvre de chair. « Comme prévenue par les médecins, elle devint barbue comme un homme. » Et le souverain pontife de conclure : « C'est Dieu qui changea ses ruisseaux de larmes en cette barbe longue et épaisse. »

En fait, on sait aujourd'hui que l'abstinence sexuelle est la source de déséquilibres hormonaux importants qui peuvent entraîner la pousse de poils inopportuns. Dernièrement, le poilophile J.M. Ribodeau, marié en premières noces avec une femme « poilue », déclarait dans une interview : « Un excès de chasteté n'est pas innocent dans l'éruption de la barbe chez les femmes. »

Fille jeune et belle d'un roi païen du Portugal, Wildgeforthe s'opposait au projet de son père de la marier à un prince voisin. Elle en ressentait une si profonde émotion qu'elle se plongea dans la prière, suppliant Dieu de la sauver. La nuit suivante, le Créateur lui accorda une volumineuse barbe qui écarta le prétendant.

Dans une seconde version, de tradition française, c'est sur le point d'être violentée dans une forêt que la princesse invoque le Ciel qui la sauve par ce don du cavalier trop pressé. Cependant, dans les deux cas, le père fit supplicier sa fille, croyant voir dans cette pousse de poils soudaine la colère de Dieu.

La « Vierge à barbe » n'en avait pas fini avec les vivants. Successivement en Espagne et au Portugal comme en France, on la nomma Liberate puis Liberata, ce qui donna par extension sainte Debaras. À Beauvais, au début du XXe siècle, les femmes de la ville, pensant que la sainte avait un nom en rapport avec ses pouvoirs, n'hésitaient pas à l'invoquer pour se débarrasser des époux gênants.

Le curé de la paroisse Saint-Étienne de Beauvais, excédé de ces prières incongrues, manda un menuisier pour raboter la barbe de la sainte. Il fallut toute l'autorité de l'évêque du diocèse pour que la chose ne se fît pas. Wildgeforthe est représentée quelquefois pieds nus car la légende veut qu'elle donnât ses chaussures à un violoniste qui jouait pour elle au pied de la croix. À croire que le désir de bien faire de cette « sainte à barbe » n'entraînait que des catastrophes. Quand le joueur de violon raconta que la statue lui avait lancé son escarpin, il fut accusé de vol et de sacrilège et n'échappa que de peu à la potence.

Barbe et émotions

C'est sous le nom d'hypertrichose émotive que les scientifiques et les tératologues du XIXe siècle ont classé les cas de pilosité exagérée de la face, soi-disant produite sous l'influence d'une émotion violente ou d'une frayeur subite.

D'après certains chercheurs de l'université de New York, dont le docteur Lloyds, il n'est pas rare qu'un chagrin d'amour ait de telles conséquences. Et de citer le cas relevé en 1954 d'une jeune fille effondrée par le départ de son amoureux vers d'autres bras et qui se réveilla un jour avec de la barbe au menton. Cinq années plus tard, en Angleterre, une rupture fut aussi la cause du développement extraordinaire du système pileux d'une jeune inconsolable.

En fait, les cas d'hypertrichose émotive sont très rares, mais ils ont servi de base à plusieurs légendes et récits religieux, tel celui de sainte Paula d'Avila qui, poursuivie par un homme qui voulait la violenter, se jeta en priant au pied du crucifix d'une chapelle consacrée à saint Laurent. Aussitôt lui poussa une barbe et son poursuivant passa à côté d'elle sans la reconnaître.

Un épisode de même nature concerne sainte Agnès, expédiée dans une maison de prostitution. À peine arrivée, sur sa

Barbara Urstein à l'âge de 27 ans. Vers 1654. Coll. part. D.R.

Madame Joséphine Fortune Clofulic. Vers 1865. Coll. part. D.R.

prière, son visage puis son corps se couvrirent de poils épais ; saint épisode immortalisé par Dominiquin. Mais c'est sans conteste la légende de sainte Wildgeforthe qui reste l'exemple type de l'hypertrichose émotive du menton.

Barbe et accidents médicamenteux

Avec l'apparition de la pharmacopée moderne, les premiers poils au menton féminins ne sont plus considérés comme le signe d'une prometteuse notoriété, mais comme une possible promesse de fortune. Ainsi, en juin 1997, une New-yorkaise de 73 ans a-t-elle réclamé devant un tribunal la somme de 1,5 million de dollars à un laboratoire pharmaceutique dont elle accusait une lotion, censée favoriser la repousse des cheveux, de l'avoir transformée en femme à barbe.

La porteuse de ces poils disgracieux, nommée Gloria Mosesson, présente, selon le texte de la plainte déposée devant la Cour Suprême de Manhattan, « une pilosité fournie semblable à une barbe qui descend des sourcils jusqu'au menton ». Et, comble de trouble, l'arrêt de la lotion n'a pas stoppé la pousse de la barbe.

De tels cas sont relativement fréquents devant les tribunaux des États-Unis. Mais pas seulement. En 1999, pour avoir prescrit et administré, sans l'informer des effets secondaires, des stéroïdes à une patiente dont le visage s'est ensuite couvert de poils, un médecin de Hong Kong a été condamné à un an de suspension. La jeune femme avait consulté le docteur Hui Yat-ming pour un problème d'allergie en juin 1999. Après quelques mois de traitement, son visage a enflé et des poils y ont poussé, notamment sur le front.

Quelques célèbres femmes à barbe

La fameuse phrase de Molière, « Du côté de la barbe est la toute-puissance », prend toute sa dimension avec Hatshepsout, reine d'Égypte de la 18e dynastie, vers le début du XVIe siècle avant J.-C. Ce personnage historique est la première femme à barbe à l'existence avérée grâce aux hiéroglyphes et peintures qui narrent son existence et montrent ses traits. Les égyptologues disent que lorsqu'elle prit en main les rênes du pouvoir, elle tint à conserver la barbe qu'elle portait depuis son plus jeune âge et qui ne pouvait qu'accroître son autorité.

Peut-être est-ce en partie par « référence à l'autorité » que, par la suite, les hommes et les femmes de sang royal portèrent de fausses barbes stylisées au cours des cérémonies. Bouclé, parfumé, parfois tressé d'or, ce postiche symbolisait le lien avec les dieux ou les rois du passé d'origine divine. Lorsqu'une femme le portait, elle était considérée comme l'égale des hommes. Il est vrai que ces dernières n'ont que rarement accédé au trône, « à peine quatre ou cinq souveraines en trois mille ans tandis que deux à trois cents hommes ont exercé la fonction suprême durant la même période », nous dit Gaultier Laurent dans *Scènes de coiffure dans l'ancienne Égypte*, publié en 1938.

Madame Augeard à l'âge de 47 ans. Vers 1890. Coll. part. D.R.

Madame Olga. Vers 1892. Coll. part. D.R.

La virilisation des femmes a souvent joué un rôle mythique ou religieux. Aussi certains auteurs veulent-ils faire de Sémiramis, la légendaire reine d'Assyrie, « une femme à barbe ». L'Antiquité la plus reculée s'est plu à donner aux divinités créatrices des caractères androgynes dont l'attribut masculin a presque toujours été la barbe. Isis est souvent représentée barbue, tenant Horus dans ses bras. Il en est de même quelquefois pour Cybèle, mère des dieux et des hommes, ou de l'Astate phénicien, et de quelques autres encore, toutes aux seins proéminents et à la barbe accentuée. Hérodote raconte que certaines prêtresses d'Athènes avaient une barbe qui leur poussait chaque fois que la patrie se trouvait en danger. À Rome, on disait que si un homme s'approchait des prêtresses de Minerve, celles-ci se voyaient immédiatement pourvues d'une barbe et d'une paire de moustaches.

Bien que Napoléon ait virtuellement prêté du poil au menton à Catherine II en déclarant « qu'elle était digne d'avoir de la barbe », la seule princesse régnante, après Hatshepsout, à porter pareil attribut, fut Marguerite d'Autriche, duchesse de Parme et fille naturelle de Charles Quint. Gracieuse, élégante, fine d'esprit, cette souveraine des Pays-Bas possédait une barbe et des favoris qui imposaient le respect et pour lesquels les médecins de la Cour préparaient quantité de lotions spéciales.

Les cours royales et princières abritèrent souvent des femmes à barbe. Elles se les attachaient au même titre que les nains et les géants, « comme une chose précieuse, curieuse et rare ». Helena Anthonia se tenait, par exemple, à la Cour du duc de Bavière, vers 1549, et Maigrette Halseber ne quittait pas l'entourage du roi Philippe V d'Espagne, aux alentours de 1560. Rosina Margarita Mullerin appartint longtemps à la suite de Georges III, électeur de Saxe, qui en fit une des plus célèbres femmes à barbe du XVIIIe siècle. Sa fin n'en fut pas moins misérable. Tombée malade à l'âge de 64 ans, elle fut hospitalisée à l'hôpital de Dresde où elle mourut le 4 mars 1732. Les médecins de l'hôpital firent son autopsie et en envoyèrent la conclusion à la Société Anthropologique de Berlin. La question de son hermaphrodisme, régulièrement posée tout au long de son existence, est enfin résolue : « En dehors de sa toison pubienne fort épaisse, il n'existe chez cette femme, qu'on eût volontiers prise pour un homme, aucune trace de double sexualité. » De surcroît, selon le docteur Fiedel, conseiller d'État et directeur du muséum de Leipzig, « la dame Mullerin a eu dans sa jeunesse un enfant, fait qui suffit à détruire toute idée d'hermaphrodisme que la présence d'une si étrange barbe pouvait suggérer ».

À sa mort, Rosina Margarita Mullerin présentait une barbe de 50 cm de long et de belles moustaches sombres sur la lèvre supérieure, tandis que les poils des joues étaient d'un blanc absolu.

C'est surprenant

• *Haro sur le poil à Tokyo*

Oh Calcutta !, spectacle constitué de treize histoires courtes centrées sur le sexe, avait fait sensation lors de sa première représentation, en 1969, à New York. Depuis, le show a été présenté plus de 15 000 fois dans 15 pays. Il est resté à l'affiche à Broadway de 1971 à 1992.

En avril 1993, les acteurs et actrices d'une troupe de Broadway qui eurent à interpréter le célèbre show dénudé au Japon, durent se raser les poils pubiens et dissimuler leurs organes génitaux pour répondre aux strictes lois de la censure japonaise, qui sanctionnent toute vision de poils ou systèmes pileux.

• *Les tifs et le moral*

La société l'Oréal a interrogé 357 femmes à l'entrée et à la sortie de huit salons de coiffure situés en région parisienne, à Lille et à Nancy. Conclusion : « Quand on est triste, déprimée ou en convalescence, aller chez le coiffeur, s'occuper de ses cheveux, changer de coupe ou de couleur redonne du tonus. »

• *Des lauriers mammaires*

L'hypertrichose ou hirsutisme a quelquefois de curieux effets. Il arrive qu'une profusion de longs poils envahisse l'espace intermammaire et entoure l'aréole des seins d'une épaisse couronne pileuse.

• *Poils sur les jambes*

La sexualité féminine et ses poils attirent souvent des regards désapprobateurs et des accusations de « paysanne malpropre » ou de « singe à odeur bestiale ». Mais les avis diffèrent selon les peuples. Si au Japon, le moindre poil est traqué, dans les pays de l'Est, on apprécie les poils sur les jambes comme signe de féminité, de femme « chaude ».

• *Les poils de bébé*

L'apparition la plus précoce de poils pubiens a été observée par un médecin britannique, le docteur Hugh Jolly, sur un sujet de Sa Gracieuse Majesté âgé de moins d'un mois.

• *Les poils voleurs*

Au début du XXe siècle, barbiers et coiffeurs sont toujours intimement convaincus que la barbe « vole » le sang des cheveux qui, naturellement, s'affaiblissent et finissent par tomber.

• *Xénophobie !*

Les Latins ont généralement la peau délicate et la barbe dure, alors que les Anglo-saxons ont, au contraire, la peau dure et la barbe très souple.

Madame Taylor à l'âge de 58 ans. Coll. part. D.R.

Femmes à barbe de foire

La plupart des femmes à barbe ont profité de leur singularité pour s'exhiber en public, dans les théâtres, les music-halls, les foires et les baraques foraines itinérantes. Exhibitions précédées d'affichage qui les annoncent comme des phénomènes uniques au monde, sous le nom de « la merveille des merveilles », « la femme ours », « la femme singe », « l'étoile barbue », ou encore « Lady Esaü », voire tout simplement « la femme à barbe ».

Parmi les célèbres femmes à barbe qui s'exhibèrent, il faut citer, vers 1620, la Suissesse Elisabeth Knecklein, qui trouva en la jeune personne d'Augusta Urstein, surnommée Barbara, une grande rivale qui finira d'ailleurs par l'éclipser totalement. Barbara, née en 1633 à Augsbourg, possédait déjà sa barbe à l'âge de 14 ans, et à 18 ans elle était célèbre dans toute l'Europe. Blonde comme les blés, excellente musicienne, charmante, elle se laissa séduire par un certain Michael Vanbeck. S'il l'épousa en 1654, ce n'est certes pas par amour, mais pour ses longues tresses qui jaillissaient de ses oreilles velues, pour ses grandes boucles poussant sur son nez et qui tombaient en cascade sur sa magnifique barbe. Un mari, mieux qu'un manager, peut s'attacher une lucrative attraction pour la vie. Ce procédé a été maintes fois employé par quantité d'individus sans scrupule. Le couple eut un enfant, et après sa grossesse, Augusta Urstein, *alias* Barbara, se présenta au public sous le simple qualitatif de « chien irlandais ».

Le XVIIe siècle consacra également deux vieilles sœurs, figures populaires de Leipzig, et vit Cleria Touriela, comme Maria Pelegrina, faire d'honorables carrières.

Pas de véritables vedettes durant le siècle suivant. En revanche, durant la deuxième partie du XIXe siècle et le début du XXe, il y eut tellement de femmes à barbe que l'intérêt qu'elles suscitaient déclina dangereusement. Quelques-unes cependant accédèrent à la notoriété populaire, telle Cendrina, originaire de Poitiers, qui commença à s'exhiber à l'âge de 15 ans et qui, à 28 ans, montrait une barbe noire, touffue, qui lui descendait jusqu'au-dessous de la ceinture. C'est cette jeune femme qui inspira à la chanteuse Theresa la célèbre chanson de « La femme à barbe ».

Madame Clémentine Delait. Vers 1920. Coll. part. D.R.

Madame Adrienne, célèbre femme à barbe durant les « années folles » et vedette incontestée de la très fameuse fête de Neuilly, se fit connaître par son élégance. Elle ne se montrait que dans des robes de Paul Poiret, le plus grand couturier de l'époque.

Marie-Madeleine Lefort, une autre très fameuse femme à barbe française, s'exhiba avec un succès considérable dans toute l'Europe, mais hélas ! sans s'enrichir car continuellement volée par ses mentors. Elle sollicita son admission à l'Hôtel-Dieu et y mourut en 1865 d'une pneumonie qui l'emporta en quelques jours. Elle avait 65 ans.

Le docteur Holmes, qui l'autopsia, note que « sa taille de 1,50 m, sa tête chauve, sa barbe grise longue de 35 centimètres, la partie antérieure de sa poitrine et ses membres inférieurs revêtus de poils nombreux et grisonnants, donnaient à son cadavre l'apparence d'un homme ». Mais l'autopsie fut formelle, Marie-Madeleine Lefort était bien une femme. Elle reste néanmoins dans l'Histoire comme la femme à barbe dont le sexe fut le plus discuté bien qu'elle se fût fait remettre en février 1815, par la Faculté de médecine de Paris, un certificat attestant la réalité de sa féminité, document indispensable pour se produire en public sans être accusé de supercherie.

Elle y fut examinée par trois médecins, les docteurs Chaussier, Petit-Radel et Béclard. Le compte rendu de ce dernier, rapporteur de la commission d'examen, précise entre autres choses que « Marie-Madeleine Lefort, âgée de 15 ans, est de petite taille, avec un large bassin ; le col grêle ; le larynx et la voix d'un adolescent ; les seins d'un volume moyen surmontés d'un mamelon érectile, entouré d'une aréole brune garnie de quelques poils ; la lèvre supérieure, le menton et la région parotidienne sont protégés par une barbe brune naissante ; les membres inférieurs sont recouverts de poils longs, bruns et nombreux, de même que le mont de Vénus et le pourtour de l'anus ».

À la même époque se produisait en Angleterre, avec un succès considérable, Madame Taylor qui, orpheline et sans ressources, commença à s'exhiber en 1862 à l'âge de 18 ans. Elle se maria à 32 ans, se retira des planches, mais y revint après quelques années suite à la faillite commerciale de son mari. Elle se vantait d'être la seule femme à barbe blanche.

Citons l'étonnante Grâce Gilbert qui, à sa naissance, en 1880, était déjà couverte sur tout le corps de poils roux. Surnommée « la femme aux favoris d'or », elle s'embarqua en 1899 pour les États-Unis où elle fit une remarquable carrière.

Citons encore Madame Krich qui non seulement était barbue et moustachue, mais naine. Elle partagea la vedette aux USA avec « Viola », dont la barbe avait commencé à pousser dès l'âge de 3 ans et qui, à 18 ans, offrait déjà une barbe complète. Elle était très féminine et n'avait pas, ailleurs, de poils en excès, son nez et son front étant singulièrement lisses. Sa voix était très douce. Elle se maria à 17 ans et demi, eut deux enfants normaux, ce qui ne l'empêcha guère de poursuivre sa carrière de phénomène.

La concurrence est rude entre les « phénomènes » et notamment entre les femmes à barbe. Tous les moyens sont bons pour tenter de prendre l'ascendant sur ses concurrentes. Ainsi, vers 1860, une certaine Joséphine Clofulia, bien barbue mais totalement inconnue, passa devant un tribunal de New York, poursuivie par un spectateur qui l'accusait de supercherie. Autrement dit de porter une fausse barbe.

Napoléon III veut la rencontrer

Les journaux du monde entier se firent l'écho de l'audience, racontant comment trois des plus grands médecins new-yorkais avaient certifié que Joséphine, présente sur le banc de justice avec son mari et ses enfants, était un des plus beaux spécimens de femme à barbe qu'il leur ait été permis de rencontrer. Elle était lancée. Bravo, Barnum !

Tout cela n'était qu'une manœuvre publicitaire du célèbre entrepreneur de spectacle, qui avait payé le plaignant, un certain William Char, pour tenir ce rôle. Née à Genève, en Suisse, en mars 1811, Joséphine Boisdechêne devint Clofulia par un mariage d'amour avec son professeur de dessin. Son père l'avait exhibée, son mari continua.

Quand Barnum la présenta dans son fameux muséum de New York, elle se tenait à côté de son fils, le « petit Albert », âgé d'un an et déjà couvert de poils et présentant une barbe de 1 centimètre de long.

La réputation de Clofulia après son faux procès devint si grande que Barnum organisa pour elle une tournée en Europe. D'abord Paris où toute l'aristocratie se précipita pour la voir, le prince Louis Napoléon, futur Napoléon III, en tête. À Londres, son succès dépassa les espérances les plus optimistes et Barnum assurera, dans ses *Mémoires*, que 800 000 personnes payèrent le droit de la contempler.

Femmes à barbe et faits divers

Régulièrement, les journaux mentionnent dans la rubrique des faits divers l'apparition ou les mésaventures d'une femme à barbe. L'intérêt de la presse pour ces phénomènes n'est pas nouveau. Lors de la révision de l'affaire Dreyfus, les différents titres de la presse populaire s'intéressèrent à une jeune femme élégante et fort barbue, citée comme témoin et qui dut s'enfuir du palais de justice pour échapper à la curiosité trop pressante des journalistes et du public.

En 1909, le *Journal* raconte dans le détail l'évasion spectaculaire et particulièrement audacieuse, de la prison de Hazelbrouck, d'une certaine Emma Degraeve, repérée, puis arrêtée à nouveau quelques jours plus tard grâce à son abondante barbe qu'elle n'avait pas voulu sacrifier.

La même année, une jeune femme de 22 ans ayant une forte moustache et qui servait de souteneur à une prostituée de 17 ans, est arrêtée sur un des boulevards extérieurs par la police des mœurs. En 1911, le *Petit Parisien* rapporte l'arrestation mouvementée, rue Cavalotti, à Paris, d'une femme à barbe prise pour un ivrogne déguisé. La dame, une certaine Mary Ferry, âgée de 45 ans, est une marchande de poisson, de Clichy, déjà condamnée quatre fois pour ivresse sur la voie publique et outrage à agent.

Vers 1912, la presse se fait l'écho de l'existence dans la forêt de Neuville, dans l'Oise, d'un ménage de bûcherons dont la femme, qui mesure plus de 1,90 m de haut, « possède une superbe et blanche barbe qu'elle étale majestueusement sur sa forte poitrine ».

Pour avoir omis de se raser de près ou par impossibilité pratique de le faire, des femmes à barbe mirent leur existence en jeu. Dans la première moitié du XIXe siècle, lors de troubles opposant Républicains et Royalistes, « un fonctionnaire, observant à l'Arsenal un groupe de religieuses prisonnières, remarqua que l'une d'elles avait le menton bleu et une moustache indiscutable. La foule se rua aussitôt sur ce "père jésuite", qui, après avoir fait le coup de feu, cherchait à fuir sous un déguisement. Vérification faite, on reconnut que le prisonnier soupçonné, femme de Dieu, n'en était pas moins une infortunée femme à barbe, qui, depuis le début de la période révolutionnaire, s'était trouvée dans l'impossibilité de se raser ».

Cette religieuse portugaise s'en tire mieux que la femme du maréchal-ferrant de Sully-les-Bordes, dans le Loiret. Celle-ci avait une forte barbe. Un jour, au cours de la guerre de 1870, elle fut prise pour un franc-tireur déguisé et conduite à l'état-major prussien sous l'inculpation d'espionnage. Afin de vérifier ses allégations, elle fut couchée sur un billard, retroussée, déculottée, et dut prouver à son corps défendant la réalité de son sexe. Tous les Prussiens qui participèrent à ce viol collectif inventèrent une décoration commémorative, « le poil noir », destinée à tous les auteurs de « l'assaut de la femme à barbe ».

Ce fait divers nous offre la meilleure transition pour évoquer les femmes à barbe et l'armée, car elles furent relativement nombreuses à travestir leur véritable nature féminine et à vivre selon les règles du sexe opposé en choisissant la carrière militaire.

Sous le règne de l'archiduchesse d'Autriche Marie-Thérèse, impératrice d'Allemagne et reine de Hongrie, servit longtemps dans les hussards une femme barbue qui, pour sa bravoure et sa valeur, parvint au grade de colonel. Ce ne fut qu'accidentellement, en 1775, que son vrai sexe fut découvert. L'Impératrice, mère de seize enfants et très à cheval sur les principes, lui assigna une pension de 600 florins en l'obligeant par serment à porter uniquement des vêtements féminins.

On peut lire dans *Le Dictionnaire des femmes célèbres* que, précédemment, au XVIIe siècle, « une paysanne flamande des environs de Lille, Anne de Vaux, avait une telle barbe que, grâce à son apparence masculine, elle put prendre du service, fit des prodiges de valeur et gagna une lieutenance dans le régiment de Mercy ». Et P. Oudin rapporte, dans le *Mercure Français* de mars 1765, l'odyssée d'un grenadier femme dont la barbe avait « une aune et demie » et qui participa à toutes les campagnes de Charles XII de Suède. Prisonnière à Poltava, elle fut présentée, en 1709, au tsar Pierre le Grand qui en fit une de ses favorites.

Le docteur Arnould raconte qu'une femme à barbe accoucha sur le champ de bataille, le soir d'Iéna, après avoir sabré les Prussiens avec les deux cents cavaliers de Lannes. « Profitant d'un physique trompeur, écrit l'auteur, et emportée par ce sublime élan patriotique qui avait fait affluer à la circonscription toute l'élite de la France, l'héroïne avait jusqu'ici réussi à cacher son sexe. »

Le tsar et le roi d'Italie sont séduits

Autre fait divers, non militaire mais véritablement tragique, qui met en scène une petite fille de 4 ans, Jane Barnelli, de Willington en Caroline du Nord. La fillette était déjà barbue en naissant et, à 2 ans, il fallait déjà peigner et entretenir sa barbe. Un jour, sa mère, une Irlando-indienne, profita de l'absence prolongée du père, un Russe employé dans les chemins de fer, pour céder sa fille à un petit cirque de passage. Elle avait 4 ans. De retour, le père mit toute la police américaine sur les traces de sa fille, mais en vain. Il finira pourtant, un an plus tard, par la retrouver dans un orphelinat de Berlin où la direction du cirque l'avait abandonnée.

En 1892, Jane, alors âgée de 21 ans, de son plein gré cette fois, repart en tournée avec un cirque. Dès lors, sous le nom de Lady Olga Ruderick, elle va se produire jusqu'à sa mort, en 1940, sous tous les grands chapiteaux américains. Entre-temps, elle aura connu quatre maris qui l'auront successivement rendue veuve, et sur ses conseils, des millions d'Américains se mettront à entretenir leurs favoris et leur barbe avec du lait tiède.

Une aventure assez semblable concerne une autre petite fille barbue, Annie Jones Elliot, non pas vendue par sa mère, mais kidnappée par un malfrat. Annie Jones naquit en 1865 à Marion, en Virginie. À l'âge de 4 ans, ses parents la cèdent par contrat au cirque Barnum où elle connaît un succès immédiat sous le nom de Mademoiselle Absolon. Quelques mois après le début de ses exhibitions, elle est kidnappée par un certain Wilks, de New York, qui entreprend de la montrer pour son propre compte en prétendant qu'elle est sa fille.

Toutes les polices des États-Unis sont mises sur l'affaire, mais elles mettront plus de six mois pour retrouver la petite fille et la rendre à sa mère. De retour sur scène, Annie Jones devient en quelques années une idole des shows américains, ce qui lui vaut d'être victime de trois nouvelles tentatives de kidnapping. À l'âge de 23 ans, elle s'embarque pour l'Europe où sa barbe, ses moustaches, ses sourcils épais et ses cheveux qui descendent jusqu'à terre font merveille auprès du public. En France, elle est auscultée par le docteur Bérillon qui écrit : « Tout chez elle indique une disposition essentiellement féminine. Elle est bien réglée, et sa génitalité normale n'est interrompue que par une affection utéro-ovarique survenue au cours de sa tournée artistique. » Annie Jones aimait beaucoup les hommes et eut de nombreuses aventures. Mariée deux fois, elle mourut en 1902 après avoir rencontré le tsar de Russie, l'empereur d'Allemagne et le roi d'Italie qui, tous, se déclarèrent séduits et impressionnés, non seulement par sa barbe d'une rare finesse, mais surtout par l'étendue de sa culture.

Barbes et sentiments

Tous les observateurs attentifs reconnaissent que les femmes à barbe, loin d'être un motif de répulsion de la part des hommes, sont tout au contraire l'objet d'intérêts soutenus. Les cas de femmes barbues célibataires sont quasiment inexistants et toutes celles qui se sont retrouvées prématurément veuves se sont très vite remariées. Un dicton italien prétend même que « femme moustachue a toujours plu ». Allusion à leur libido.

C'est d'ailleurs un Italien, Félix de Amici, qui, au début du XVIe siècle, épousa, par amour, Magdalena Ventura, née dans les Abruzzes, et dont la barbe fut promise à la postérité par une toile de Joseph Ribera qui la montre, âgée de 52 ans, à côté de son mari et allaitant le dernier de ses trois enfants. Portrait qui porte l'annotation suivante : « Portrait d'après nature pour l'admiration des vivants. »

Non seulement la barbe n'est pas un bouclier contre l'amour, mais elle peut se révéler l'élément primordial de la séduction. Un chroniqueur du XVIIIe siècle, Christian Ebelin, rapporte le cas de la fille d'un tavernier de Hambourg, Lisa Schopfer, qui portait un collier de barbe soyeuse et qui croulait sous les demandes en mariage. Elle choisit un des prétendants et lui donna quatre filles. Un autre cas parmi mille, celui de Miss Hernandez, Américaine du Kentucky, qui s'exhiba à Paris en 1886. Forte de nombreux certificats médicaux émanant de médecins d'outre-Atlantique, attestant sa féminité, qui contrastait fortement avec l'aspect viril de son visage, elle déclencha des passions et repoussa une demi-douzaine de demandes en mariage de la part de Parisiens émoustillés.

En 1901, la célèbre Mademoiselle Eva écrira à propos de cet engouement masculin pour les femmes à barbe : « Si je l'avais voulu, j'aurais acquis une fortune rapide. Beaucoup d'hommes me trouvaient intéressante à cause de ma barbe et m'ont fait de nombreuses propositions. Ils m'offraient de fortes sommes et des bijoux de prix, et il n'eût tenu qu'à moi de devenir la maîtresse de jeunes gens très riches. »

Barbues certes, mais femmes tout de même, les femmes à barbe, comme toutes les amoureuses du monde, recherchent avant tout la légitimation de leur amour. Mais passer devant Monsieur le maire ou recevoir une bénédiction nuptiale n'est pas toujours simple pour elles, comme le prouve l'aventure de Jeanne B., jeune Suissesse originaire de Vaux et qui, en 1850, abandonna la couture pour se produire à l'Egyptian Hall de Londres. En 1853, elle décide d'échanger sa vie publique pour la vie conjugale en épousant un jeune homme bien sous tous les rapports. Le mariage allait être religieusement scellé lorsque l'honorable clergyman londonien, qui s'apprêtait à officier, s'aperçut que le barbu était la mariée. Pensant plonger dans la complicité d'un crime contre nature en unissant pour la vie deux individus de même sexe, il remit à plus tard ce qu'il aurait pu faire le jour même.

L'attrait des femmes à barbe

Le couple revint le surlendemain vers l'homme d'Église en brandissant un certificat du docteur Chown, de l'hôpital de Charring Cross, précisant que « le barbu » était dans un état de grossesse avancée. Le clergyman ne perdit alors plus une minute.

On pense avec raison que c'est cette jeune femme qui resurgit quelques années plus tard dans les fêtes foraines sous le nom de Madame Fortuna.

Femme à barbe de chez Barnum, vedette du film *Freaks* de Ted Browning. 1929. Coll. part. D.R.

Même mésaventure pour Mademoiselle Meyer, originaire de Fort Wayne aux États-Unis, et qui fit fortune en se produisant dans un cirque. À l'âge de 35 ans, une barbe brun foncé légèrement frisée encadrait complètement son visage et descendait jusqu'en dessous de sa poitrine. Aussi, pour se marier, dut-elle fournir à l'officier d'état civil un document signé par deux médecins, « assurant la bonne normalité de son appareil génital ».

« Tout plein de gens préfèrent pour la jouissance une femme vieille, laide et même puante à une jeune fille fraîche et jolie », constatait le marquis de Sade. Est-ce pour cette raison que l'homme-alligator du cirque Barnum épousa Percilla Center, dont la barbe de 40 centimètres avait déjà ému plus d'un homme ?

Des psychologues et des sexologues se sont penchés sur cet attrait qu'exercent les femmes à barbe.

Leur conclusion est simple : la bouche d'une femme à barbe, avec ses deux bourrelets labiaux entourés de poils, offre une frappante image de sexe féminin. En haut comme en bas, les lèvres et les nymphes se serrent ou se desserrent dans la jouissance et beaucoup « déclosent en même temps bouche et sexe au moment de l'orgasme ». Comme son sexe, la bouche de la femme à barbe peut être béante, laide, baveuse et tremblante, charnue, etc.

Les femmes sont conscientes de cette correspondance et elles y sont assez sensibles pour que les publicitaires utilisent à tout bout de champ l'allégorie sexuelle de leur bouche entrouverte. « J'ai ma langue dans ma bouche et je ne parle jamais ! Qui suis-je ? » interroge une énigme que l'on prête à Madame de Fontanges, qui désigne ainsi le sexe et son clitoris, également nommés par Sartre « grande bouche barbare ». De même, dans la 841e nuit des *Mille et une nuits*, le sexe féminin est qualifié de « mordeur enragé » et « d'éloquent sans parole ». Une croyance populaire ancestrale veut que des dents garnissent le sexe des femmes laides, des sorcières et des belles-mères, et en général de toutes les femmes que la morale et le bon goût interdisent. N'oublions pas non plus que « gouine » vient de « gousser », qui veut dire manger, que l'on retrouve dans « gougnotte », « celle qui mange le sexe ». D'après les statistiques américaines, les caresses orales sont pratiquées par 60 % de la population et les psychanalystes assurent qu'une grande partie de la population concentre toute sa sexualité sur la bouche. On peut résumer en disant : « Le succès des femmes à barbe vient du fait qu'elles portent un second sexe apparent sur le visage. »

Femmes à barbe et fin de carrière

Les destins des femmes à barbe furent très divers. Les plus chanceuses sortirent de leur carrière de phénomène de foire et de music-hall assez riches pour se fabriquer une vieillesse heureuse. Beaucoup plus nombreuses sont celles qui, escroquées par leur agent et usées par leur vie de nomade perpétuelle, subirent les conséquences cumulées de la pauvreté, de la solitude et de la maladie, et moururent à l'hôpital ou à l'hospice, ou encore se suicidèrent. Dans tous les cas, elles finirent sur les tables de dissection des amphithéâtres des instituts anatomiques européens.

D'autres enfin eurent l'intelligence de s'exploiter elles-mêmes en ouvrant des commerces conventionnels, leur barbe attirant puis fidélisant une clientèle curieuse. On peut citer la femme à barbe de Béthune, Madame Lestienne, qui, en 1905, vendait du pain d'épice ; Madame Dallun, installée en 1918 rue Colbert, à Tours et qui vendait du fromage. La plupart des femmes à barbe qui ouvraient commerce préféraient tenir des débits de boissons, qu'elles appelaient généralement « le café de la femme à barbe » et dans la vitrine duquel elles plaçaient leur portrait. Ce fut le cas à Lille, par exemple, rue de Tournai, ou à Château-Renault, en Indre-et-Loire, où la tenancière, madame Rose Piquet, était selon le colonel des troupes coloniales installées à proximité, « pourvue d'une barbe d'une longueur insolite ».

Mais la plus célèbre de toutes les cafetières fut sans conteste Clémentine Delait, née Clatteau. Sa popularité fut telle que lorsqu'elle meurt, le 21 avril 1939, sa disparition fait, dans *Paris-Soir*, un plus gros titre que celui annonçant les fêtes commémorant le 50e anniversaire d'Hitler.

C'est la guerre de 1914 qui fait sa célébrité. Des régiments entiers s'arrêtent au *Café de la femme à barbe*. Clémentine sert l'absinthe et vend ses cartes postales – des portraits de la femme à barbe, bien sûr – que les soldats expédient dans la France entière.

Celle qui allait devenir la plus célèbre de toutes les femmes à barbe de France et de Navarre vint au monde le 5 mars 1865, au bord de la Moselle, dans un village auquel elle allait apporter notoriété, honneur et gloire, Thaon-les-Vosges. En mars 1969, la commune, enfin reconnaissante, décidait, à l'occasion du 30e anniversaire de sa mort, la création du musée de « la femme à barbe ». Les milliers de personnes qui le visitent annuellement apprennent ainsi qu'elle était belle et brune, et qu'à 18 ans, ses lèvres s'agrémentaient déjà d'un duvet prometteur. En 1885, elle fête ses 20 ans et son mariage avec le sieur Joseph Delait, boulanger de son état. Ils achètent un petit café dont le destin est confié à Clémentine. Depuis déjà plusieurs années, Clémentine se rend chaque matin chez le coiffeur dont l'échoppe est attenante à son commerce. De son rasoir, il la rend fraîche et rose, ne lui laissant que sa moustache dont elle est très fière.

Clémentine Delait devant son *Café de la femme à barbe*.
Vers 1896. Coll. part. D.R.

Un jour, dans son café, des clients revenant de la foire de Nancy parlent avec admiration d'une femme à barbe qui s'y montre. Clémentine ne peut s'empêcher de leur dire : « Si je laissais pousser la mienne, vous verriez ce que c'est qu'une barbe. » C'est alors qu'un encaisseur du nom d'Oscar Péron devient le héros du jour en pariant vingt-cinq louis sur l'impossibilité qu'elle a de le faire. Si Clémentine, comme nous le savons, tient et gagne le pari, l'encaisseur Péron jette la honte sur sa famille pour plusieurs générations en ne s'acquittant pas de la dette consécutive à son pari perdu. Le coiffeur perd sa cliente matinale et la barbe pousse, pousse, même si bien que Clémentine en tombe amoureuse. Elle la brosse, la lave, la taille, la cajole sans cesse. Sa clientèle du café décuple et on vient voir de toute la région cette madame Delait qui a l'air maintenant d'un bel homme. Devenue gloire nationale, Clémentine Delait reçoit du ministre de l'Intérieur, monsieur Émile Combes lui-même, l'autorisation officielle de porter le costume masculin.

En plus de l'acte officiel, le ministre, anticlérical farouche, dit à ses collègues du gouvernement : « De cette citoyenne qui n'a pas droit au vote, faisons une femme qui porte culotte et que sa barbe serve d'exemple à toutes ces bigotes rétrogrades qui se battent autour des bénitiers. » La France aime Clémentine. Le célèbre docteur Bertillon, créateur de l'anthropométrie judiciaire, fait des rapports médicaux et psychologiques élogieux sur Clémentine dans la presse, alors qu'un certain nombre d'individus se font tatouer en couleur son visage sur la poitrine. En 1933, Léon Vollera crée en pleine saison hippique, à Vichy, le « Grand Prix de la femme à barbe ». Clémentine est adorée de ses concitoyens qui la surnomment « la fée à barbe ».

Ne pouvant avoir d'enfant, elle adopte une petite fille, Fernande, dont l'amour va transformer la vie de Clémentine.

En 1923, en raison de la maladie de son mari, elle vend son célèbre café. Le 3 avril 1928, le compagnon de sa vie disparaît. Du vivant de Paul Delait, les envoyés du cirque Barnum étaient repartis en remportant leurs millions avec eux. Vu les circonstances, Clémentine accepte enfin de partir en tournée. Mais c'est surtout pour faire connaître le monde à sa Fernande bien-aimée. Partout, bien sûr, le succès, et en Hollande, la rencontre avec l'homme qui allait épouser Fernande. Bientôt, Clémentine se retire auprès du couple, à Épinal, où elle s'éteint dans la consternation générale.

Femmes à barbe et monde moderne

L'époque contemporaine n'a pas amélioré le sort des femmes à barbe, bien au contraire. Peu à peu, avant même les nains, les géants et les obèses, les femmes à barbe se sont évanouies des baraques de phénomènes et des fêtes foraines. La magie qui enveloppait leur insolite et irrésistible attrait s'est dissipée, et leur excès de pilosité n'est plus qu'un handicap social et professionnel. Dans des sociétés où se sont imposés des stéréotypes féminins et où le poil est devenu « l'ennemi à abattre, quoi qu'il en coûte », elles sont devenues les victimes expiatoires du « correctement paraître ».

Les licenciements pour motif de « poils inopportuns » se comptent par dizaines dans le monde occidental. Quelques-uns seraient irrésistibles de drôlerie s'ils n'étaient pas tragiques pour celles qui en sont les involontaires victimes.

C'est le cas de Beverly Bonnel, âgée de 23 ans, renvoyée de son poste de réceptionniste pour avoir refusé de se raser la barbe. La jeune fille, qui a commencé à avoir de la barbe à l'âge de 16 ans, s'est régulièrement rasée jusqu'à ce jour d'avril 1983 où elle décide de renoncer à cette petite liturgie quotidienne. « Si Dieu m'a donné la barbe, pourquoi la raserais-je ? » La question est d'autant plus pertinente que Beverly Bonnel travaille pour une association chrétienne de Seattle qui anime notamment des maisons de jeunes et des clubs sportifs. Son supérieur hiérarchique n'a pas hésité à motiver clairement son renvoi : « Pilosité excessive et barbe inacceptable. » Argument accepté par le tribunal.

Tandis que les poils poussent, les juges, les mentalités et les lois ont-ils changé ? Dix ans plus tard, en mars 1994, Lydia Galinsky, une jeune femme à moustache qui a porté plainte pour licenciement abusif, obtient gain de cause et le tribunal ordonne sa réintégration au sein de l'entreprise qui l'a renvoyée sous le prétexte « d'une pilosité faciale développée ». Pour son employeur, une société audiovisuelle travaillant pour l'hôtel Ritz-Carlton de Tysons-Corner, dans la banlieue de Washington, « l'aspect physique de mademoiselle Galinsky était incompatible avec les critères de présentation du personnel ».

Une « barbe » dans les toilettes pour dames

Les avatars des femmes à barbe dans le monde moderne sont innombrables, mais ceux rencontrés par l'Américaine Stella Mac Gregor sont édifiants à plus d'un titre.

Dans les années 1960, Stella Mac Gregor se fait connaître du monde scientifique en publiant une thèse remarquable consacrée aux enfants surdoués.

Enseignante dans une petite ville américaine, elle connaît son sujet de l'intérieur. Elle sait aussi que les enfants peuvent être particulièrement méchants. Stella Mac Gregor est une femme à barbe à qui la science médicale n'a été d'aucun secours. Pas un des nombreux traitements mis en œuvre n'a pu contrer ni même ralentir sa pousse anormale de poils sur le visage. Les meilleurs spécialistes ont fini par avouer leur incapacité devant ce cas irréductible.

Résignée, la pédagogue en est réduite à se raser cinq fois par jour, c'est-à-dire toutes les deux heures, pour offrir à ses élèves un visage d'apparence féminine. Manquer à cette règle lui vaut les mésaventures les plus diverses. Un jour, par exemple, le vigile d'une banque, la prenant pour un voyou déguisé en femme et se préparant à un mauvais coup, l'immobilise par une brutale clef de bras. Un autre jour, elle se fait copieusement insulter dans les toilettes publiques par un monsieur attendant son épouse et qui s'oppose énergiquement à ce qu'un barbu, même en jupe et hauts talons, pénètre dans les toilettes pour femmes.

Fatiguée des mille vicissitudes et des restrictions que lui vaut son état, Stella Mac Gregor décide un jour de jeter au loin rasoir et lames et d'assumer totalement son statut de femme à barbe. Elle quitte l'enseignement au cours de la décennie 1970 et se tourne vers le show-business où sa splendide barbe noire et frisée lui vaut un franc succès jusqu'à la fin des années 1980.

C'est incroyable !

• **Entrave à la conversation**
Un ouvrage de Michèle Serra révèle l'existence d'une étrange pratique : pour tendre la peau des joues et en parfaire le rasage, les barbiers de l'entre-deux-guerres introduisaient dans la bouche de leurs clients une boule en ivoire. La boule servait en moyenne à vingt personnes chaque jour sans qu'elle fût jamais désinfectée.

• **La solitude des édentés**
Les Papous considèrent notre « bouche-à-bouche » comme un passe-temps insipide et absurde. Ils lui préfèrent le mitataku, c'est-à-dire la taille des cils avec les dents. Une technique aussi bien pratiquée au cours des préliminaires qu'au paroxysme de l'amour.

• **Bonne tenue du poil ouvrier**
Les fatigues cérébrales, les excitations nerveuses de toutes sortes, particulièrement lorsqu'elles sont précoces, ont un rôle important sur la peau et notamment sur le cuir chevelu. Les intellectuels perdent leurs cheveux plus hâtivement que les ouvriers.

• **Fausse note**
Selon des affirmations de la fin du XIXe siècle, les musiciens, c'est-à-dire les exécutants, ont des chevelures plus luxuriantes que les compositeurs.

• **De la fiente sur les lèvres**
Encore vers 1930, les adolescents en mal de bacchantes s'enduisaient volontiers la lèvre supérieure avec de la fiente de pigeon. Beaucoup juraient que l'effet était extraordinaire.

• **Les sprays humains**
Chez les Romains, des esclaves étaient désignés pour pulvériser avec la bouche des mixtures, parfois toxiques, sur la chevelure de leur maîtresse.

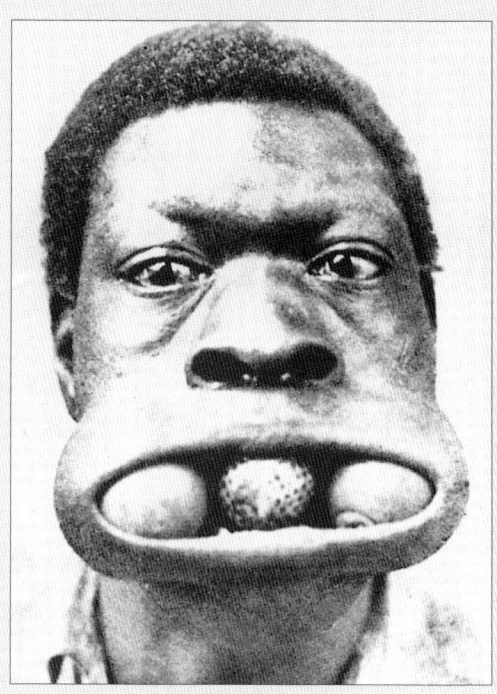

Des joues bien tendues facilitent le rasage. Coll. part. D.R.

Fantaisies

• **Fantaisie médicale**
Certaines corporations se sont pendant des siècles rasé la tête. C'est le cas, par exemple, des médecins. Aristote, s'il faut en croire Laërce, le fit toujours, pour le bien de sa santé. Au livre VI de ses Épidémies, Galien rapporte que les médecins de son temps, pour conserver la leur, ont toujours les cheveux coupés au ras de la peau. Rhazès et Avicenne recommandent pour rendre la vue plus perçante de raser sa tête au plus près.

• **Fantaisie mathématique**
La longueur moyenne d'une tresse chinoise était de 90 centimètres. Un chercheur avait calculé, en 1950, que toutes les tresses de 600 millions de Chinois mises bout à bout formeraient un cordon de 550 000 kilomètres de long qui pourrait entourer treize fois et demie la Terre.

• **Fantaisie superstitieuse**
Une tradition des premiers temps de l'Islam veut que le général de Mohamet, Khalid Ibn Walid, ait porté dans son turban, en guise de précieux talisman, un cheveu du Prophète.

• **Fantaisie religieuse**
Sous la domination romaine, les coiffures des femmes juives en arrivèrent à un tel degré de sophistication que les grands prêtres interdisaient aux femmes de toucher à leur chevelure le jour de Shabbat afin, disaient-ils, « de ne pas transgresser l'interdiction de démolir » imposée ce jour de prière.

• **Fantaisie psycho-morphologique**
En 1928, dans une communication de la société de morphologie, Pierre Abraham analyse la couleur des cheveux des 2 130 personnages de la Comédie humaine de Balzac. Des 400 portraits brossés par l'auteur, 273 sont retenus pour l'étude des cheveux en parallèle avec l'âge, la condition sociale et le caractère.

• **Fantaisie romantique**
En 1957, sous le titre Autour du romantisme : sur le thème obsédant de Lamartine, la chevelure, l'universitaire Jacques Gaulmier recherche le sens profond de la chevelure chez les différents personnages créés par le poète.

27
Lucifer et Darwin
Un duel indécis

Lionel, « l'homme-lion ». Vers 1915. Coll. part. D.R.

S'il arrive que certaines femmes aient des barbes et des moustaches, il existe plus extraordinaire encore : des cas où le système pileux de l'homme ou de la femme est exagéré au point de recouvrir tout leur corps, y compris le visage. Le premier exemple d'une telle profusion est donné par la Bible avec le personnage d'Esaü, le fils de Job.

Cette singularité très spectaculaire nommée hypertrichose généralisée est assez rare. Le docteur Bartels, le plus grand spécialiste mondial en la matière, dans ses statistiques publiées en 1896 et couvrant trois siècles, du début du XVIe à la fin du XIXe siècle, a réuni vingt-quatre cas, Asie et Afrique comprises. Au XXe siècle, sept naissances supplémentaires sont enregistrées dont deux en Inde et trois en Chine. Ce sont ces phénomènes que les publics occidentaux contemplent médusés, entre les deux guerres mondiales, sous les noms d'homme-chien, homme-lion, femme-gorille, etc.

On peut difficilement imaginer ce que fut leur popularité tant en Europe qu'aux États-Unis !

Ces naissances d'hommes et de femmes aux corps et aux visages recouverts de poils ont toujours à la fois fasciné et perturbé les imaginations. Pour tenter d'expliquer ces naissances extraordinaires, scientifiques, théologiens, inquisiteurs, astrologues et bien d'autres « savants » ont formulé au cours des siècles quantité d'explications toutes plus folles ou plus aberrantes les unes que les autres.

Parmi les réponses qui ont été apportées aux mystères de la « production des poilus et des velus », certaines se sont ancrées dans les esprits au point de traverser les siècles et d'avoir aujourd'hui encore une certaine résonance dans bien des régions de la planète. On peut notamment citer « l'impression psychique », « la volonté du diable », l'influence des astres, les effets de la bestialité et le système évolutif des espèces.

POILS ET COSMOS

Astronomes et astrologues de l'Antiquité et du Moyen Âge entretiennent sans distinction, pendant des siècles, l'idée d'une influence cosmique sur la naissance des velus et particulièrement celle des comètes et des étoiles. Ils imaginent de surcroît l'existence de grandes masses célestes régies par des influences astrales mystérieuses qui se convertiraient à leur arrivée sur terre en phénomènes humains. Des groupes d'étoiles forment des figures caractéristiques qui auraient ainsi des influences directes sur ces naissances. Les gémeaux agissent sur les monstres doubles, le capricorne sur la production des satyres et la constellation du lion sur celle des velus.

La Renaissance élargit plus encore cette croyance en mettant en avant des théories selon lesquelles existe même une interférence entre le monde astral et chacune des différentes parties de l'organisme. Au XIXe siècle, le philosophe allemand Arthur Schopenhauer fut un des derniers fins esprits à admettre encore les influences telluriques et astrales sur la formation des espèces.

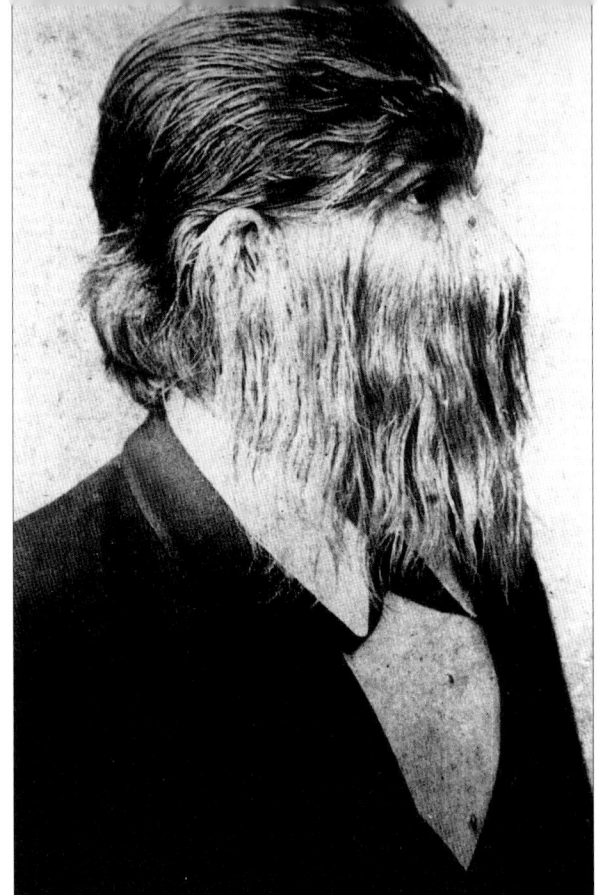

Portrait de Jojo « l'homme-chien ». Vers 1902. Coll. part. D.R.

POILS ET DIABLERIES

Autre tentative d'explication de la « production » de velus, l'action du diable, lui aussi poilu à l'excès. L'apparition du christianisme et de sa notion binaire du bien et du mal fit qu'on attribua plus que jamais aux velus, comme à tous les phénomènes inexpliqués de la nature, des causes magico-religieuses où intervenait le diable. Durant tout le Moyen Âge, on demeura en plein délire mystique. Le bien et le mal étaient en lutte constante l'un contre l'autre. Le premier créait les êtres conformes et le second les difformes. Dieu n'avait-il pas dit : « Faisons l'homme à notre image » ? Une naissance monstrueuse établissait donc une rupture avec son reflet. Les malheureux, ainsi que ceux qui les avaient engendrés, étaient accusés de sorcellerie, soumis à la question pour leur faire avouer leur commerce démoniaque, puis livrés au bûcher. Même les tares ordinaires étaient dangereuses. Le sourd était considéré comme sensible aux rumeurs infernales ; le boiteux signalait le déséquilibre de son âme ; le bossu portait à coup sûr la malédiction divine dans sa bosse ; l'aveugle avait les yeux brûlés par le feu de l'enfer, et le muet n'avait pas la parole afin qu'il ne trahisse pas le secret du monde infernal.

Quant aux velus, leur cas est plus grave encore car on les donne le plus généralement comme produits par l'accouplement d'une femme et d'un démon. Ajouté au fœtus à demi formé de la mère, le fœtus à demi formé provenant du ventre d'une bête donne au fruit humain une constitution velue.

Les autorités ecclésiastiques appuient de toutes leurs forces ces croyances populaires qui sont si fortement ancrées dans les esprits que la science d'alors classifie les pouvoirs du démon et ses formes d'intervention. Le démon peut affaiblir l'utérus, la semence reproductrice et remplacer par sortilège l'enfant à naître par une entité démoniaque, ou encore, comme dans le cas des « velus », introduire dans la matrice la semence fécondante d'un animal. Tous les auteurs médiévaux évoquent des enfantements insolites de cette nature, ayant jeté la terreur dans telle ou telle ville.

Durant toute la Renaissance et jusqu'au XVIIIe siècle, les superstitions liées au diable continuent d'être accréditées. Même le grand Ambroise Paré, qui étudia les causes susceptibles d'entraîner un dérèglement physique important chez les humains, en dénombre treize, qui relèvent presque toutes de grossières superstitions religieuses où interviennent le diable ou la colère de Dieu. Au XVIIIe siècle, on reste persuadé que le diable se sert des sorciers et des sorcières pour jeter des sorts et engendrer des enfants velus, notamment par l'intervention des incubes et des succubes. Un des plus célèbres médecins de ce temps, Palfyn de Leyde, chirurgien et anatomiste de surcroît, tout en assignant à la maternité des causes matérielles réelles, n'en continue pas moins de donner crédit à l'influence de l'imagination comme à l'intervention satanique.

Au XIXe siècle, alors que la science s'éveille et commence à emprunter les chemins de la découverte et de la vérité scientifiques, la croyance populaire n'en continue pas moins à attribuer aux velus une origine surnaturelle, notamment l'intervention des démons.

Vedette parmi les vedettes, Adrian Jefticheff est de ceux-là. Après avoir débuté dans les baraques foraines munichoises, il est un des premiers hommes-gorilles à s'exhiber à Paris, en 1873, sous le sobriquet d'« homme-chien du Caucase ». Les Parisiens accourent en masse, admirer ce paysan russe de 50 ans dont le visage et tout le corps sont couverts d'un pelage marron et laineux long de plusieurs centimètres. L'année suivante, on le voit avec un enfant velu de 4 ans, véritable miniature de lui-même, prénommé Théodore et que l'on donne pour son fils. Les deux velus connaissent la gloire dans toutes les capitales du monde. Mais ils se croient maudits et « œuvres » du diable. Adrian Jefticheff va consacrer son immense fortune à faire célébrer, pour lui et son fils, des milliers de messes destinées à sauver leurs âmes de la mainmise démoniaque et leur éviter ainsi les douleurs éternelles de l'enfer.

POILS ET IMPRESSIONS PSYCHIQUES

Depuis l'Antiquité, on croit que l'impression psychique, autrement dit l'influence de l'imaginaire sur le fœtus de l'enfant à naître, joue un rôle considérable. On peut même remarquer, à la lecture de la littérature concernée, que cette influence émotionnelle sur la gestation fut à toutes les époques la cause la plus universellement acceptée pour expliquer la naissance des velus. Encore au milieu du XIXe siècle, cette croyance est répandue dans les couches populaires qui la jugent déterminante. Il en était déjà ainsi dans l'Antiquité. Aristote, Pythagore, Platon, Pline le naturaliste et la quasi-totalité des sages et savants latins et grecs, y compris Socrate, le père de la médecine, tous partageaient cette opinion de l' « imprégnation » : « Dans l'île de Tapobrane, écrit Pline, il est des Indiens qui s'accouplent avec les animaux sauvages et de là résultent des êtres mixtes, moitié hommes, moitié bêtes et velus comme ces dernières. » On se souvient que Socrate évita le supplice pour adultère à une femme d'Athènes qui avait mis au monde un enfant noir et crépu en faisant observer aux juges que « le portrait d'un prince noir et crépu se trouvait au pied de son lit et qu'il avait frappé l'imagination de l'accusée et par suite donné lieu à cette naissance anormale ».

L'exemple contraire nous est offert par Persine, reine d'Éthiopie qui, noire comme l'ébène, enfante de son mari Hystaspès, tout aussi sombre de peau, une petite fille remarquable par la blancheur de sa peau. Héliodore, qui rapporte l'anecdote, nous dit que les médecins royaux avancent comme explication que la reine, au moment de la conception, a porté le regard sur une statue grecque en marbre. Les exemples antiques sont innombrables et l'on en trouve même dans la Bible avec Jacob cherchant à impressionner les brebis de son père pour les faire accoucher d'agneaux tachetés lui revenant de droit.

Tous ceux qui, au cours des siècles, adhérèrent à la thèse de l'impression psychique pour expliquer l'existence des velus, prenaient appui sur une simple idée naturaliste, fausse, mais qui présente toutefois l'avantage, contrairement aux croyances superstitieuses, de s'appuyer sur une observation directe à l'aspect rationnel. Puisqu'il est indubitable que la pensée peut instantanément accroître la sécrétion des nombreuses glandes, les battements du cœur tout autant que le rythme de la circulation sanguine, pourquoi un choc psychologique n'aurait-il pas, dans les tout premiers temps une influence sur la conception ? C'était ainsi, par exemple, qu'au IIe siècle de l'ère chrétienne, le médecin grec Claudios Galenos, plus connu sous le nom de Galien, présentait son opinion. Ses diverses thèses médicales servirent de fondement à toute la médecine médiévale.

Les annales judiciaires offrent elles aussi, tout au long du Moyen Âge, quelques jugements se référant à cette même opinion. Elles gardent, par exemple, le souvenir d'une jeune paysanne qui ayant accouché d'un enfant couvert de poils, risquait d'être conduite au bûcher pour bestialité. Son défenseur argua que cette malheureuse, bonne chrétienne, avait chaque jour, au moment de la conception, regardé à l'église une sculpture représentant saint Jean-Baptiste revêtu d'une peau de mouton. Cet indice entraîna la relaxe de l'accusée.

Autre exemple significatif. À Rome, en 1284, sous le pontificat de Martin IV, une femme de très grande naissance accoucha d'une petite fille entièrement velue. Après en avoir référé au souverain pontife, il fut convenu de détruire les nombreuses représentations d'ours qui ornaient le palais familial.

La Renaissance va conserver intacte la thèse de l'impression psychique. Ambroise Paré admet que non seulement les velus, comme les autres phénomènes, sont dus à la colère de Dieu, à l'influence de Satan, à la bestialité, mais également à ce qu'il nomme « les bélistres de l'hostière », autrement dit aux chimères qui hantent l'imagination des mères.

Durant tout le XVIe siècle, la véhémente imagination des mères ne perd pas ses droits. Fortuno Liceti, qui reste dans l'Histoire pour avoir rassemblé toutes les croyances de son

Portrait de Lionel « l'homme-lion ». Vers 1907. Coll. part. D.R.

Jojo « l'homme-chien » posant en costume de chasseur.
Vers 1887. Coll. part. D.R.

Adrian Jefticheff « le velu du Caucase ».
Vers 1873. Coll. part. D.R.

temps relatives aux productions phénoménales, écrit : « Il est très facile de supposer que sous la pression ou la vigueur du spectre imaginé, la forme de quelques membres se torde et dévie facilement de sa constitution ordinaire [...] L'imagination, profondément frappée par une figure, imprime cette image d'abord dans les esprits, puis dans les vertus formatrices, pour atteindre enfin les parties mêmes de l'embryon... »

Il était courant au XVIe siècle que les autorités des villes et des villages expulsent des mendiants difformes susceptibles d'être dangereux pour les femmes enceintes.

Non seulement la population inculte et superstitieuse est convaincue de la possibilité de formes accidentelles par le biais de l'imagination, mais aussi les hommes les plus intelligents, les plus éclairés de leur temps et on peut citer Locke, Van Helmont, Voltaire, Perrault, Goethe ou Descartes qui écrit : « Il ne serait pas difficile de démontrer de quelle manière la figure d'un objet donné est parfois transmise par les artères d'une femme jusqu'au fœtus. » Montaigne, Malebranche, Buffon et des centaines d'autres érudits partagent ce point de vue et affirment leurs convictions en citant un grand nombre d'exemples. Montaigne cite à son tour l'intervention miraculeuse de saint Jean-Baptiste : « Nous voyons, dit-il, par expérience que les femmes envoyent au corps des enfants qu'elles portent au ventre des images de leur fantaisie. Il fut présenté à Charles, roi de Bohême et empereur, une fille d'auprès de Pise, toute velue et hérissée, ainsi conçue à cause d'une image de saint Jean-Baptiste, pendue à son lit. »

Le philosophe Pierre Sylvain Régis, dont les cours connaissent à Paris, dans la seconde moitié du XVIIe siècle, un succès considérable, va plus loin encore en affirmant qu' « une mère qui éprouve une passion platonique pour une bête peut engendrer un enfant ressemblant à cet animal ». Et de citer plusieurs cas de femmes ayant accouché d'enfants velus pour avoir porté un « sentiment immodéré » à un chien ou à un singe.

Au XIXe siècle, survivent ces mêmes diagnostics erronés. Le célèbre docteur Hermann Beagle, en 1869, parle d'une « femme grosse qui, terrifiée par l'entrée inattendue dans sa chambre, le rasoir à la main, le menton couvert de savon, de son mari, en train de se raser, mit au monde une fille pourvue ultérieurement d'une barbe soyeuse ». Quarante ans plus tard, en février 1909 : « Un vieillard se suicide en se coupant la gorge avec un rasoir. Cette mort produit une impression profonde sur une femme enceinte qui en a été le témoin. Or, cette femme accouche d'un enfant mort-né qui, chose étrange, porte sur la gorge une cicatrice profonde, linéaire, semblable en un mot à celle que laisse la section d'un instrument tranchant très affilé. Le médecin, appelé à statuer sur cette anomalie, déclare que l'impression de la mère à la vue du suicide a été si forte que le système nerveux de l'enfant en a été lui-même profondément impressionné. De là cette cicatrice qui s'est produite sur la face antérieure du cou de l'enfant. »

Ce même XIXe siècle voit enfin un savant de très haute stature scientifique, Geoffroy Saint-Hilaire, le père de la tératologie moderne, refuser toute action physiologique aux impressions mentales sur les naissances. Plus tard, vers 1830, le plus célèbre physiologiste de son temps, l'Allemand Jean Muller, exprimera la même opinion.

L'Anglais Charles Darwin, lui, ne croit qu'à la force expérimentale. Il interroge un nombre considérable de femmes enceintes avant leur accouchement pour détecter si quelque

Malphoon la Birmane. La nature a produit un de ses chefs-d'œuvre.
Coll. part. D.R.

Stéphane Bibrowsky : le chaînon manquant de Darwin.
Coll. part. D.R.

événement ou choc violent est advenu durant leur grossesse. L'illustre savant déclarera qu'« à une exception près, ni lui ni son équipe n'ont trouvé trace d'une quelconque concordance entre les réponses de ces femmes et les anomalies qu'offrent leurs enfants nouveau-nés ».

Le XXe siècle ne semble pas vouloir se séparer de cette théorie archaïque et invraisemblable. Au contraire, elle ne cesse d'être mise en avant pour présenter des phénomènes de foire. Vers 1910, un chirurgien en renom raconte à qui veut l'entendre qu'une de ses patientes, qui a vivement été impressionnée par un écureuil, a accouché d'un enfant qui offre tout le long de sa colonne vertébrale une rangée de poils semblables à ceux de cet animal.

C'est aussi l'impression psychique qui aurait présidé à l'exceptionnelle naissance de Stéphane Bibrowsky, alias Lionel « l'homme-lion », le plus fameux velu de l'Histoire. Selon les attestations scientifiques produites par ses mentors, il est né velu, en 1890, parce que sa mère, une paysanne de Wilezoro, au milieu de la Russie polonaise, a vu sous ses yeux un lion devenir son mari alors qu'elle était en état de grossesse. Obnubilée par cette vision qu'elle ne parvient pas à chasser, elle imprime son obsession prénatale dans la chair de l'enfant à naître. Personne jusqu'à sa mort, en 1930, ne contestera cette explication physiologique de son origine.

Avec Stéphane Bibrowsky, la nature a produit son chef-d'œuvre. Déjà à sa naissance, tout son petit corps, y compris le visage, est recouvert de longs poils, à l'exception de la plante des pieds et des paumes des mains. Devenu adulte, cette toison soyeuse atteindra les vingt-cinq centimètres de long et il devint inévitable qu'il fût comparé au roi des animaux.

Très vite, sa naissance exceptionnelle est connue en dehors des frontières de sa province natale et tous les entrepreneurs de spectacle européens et américains se précipitent à Wilezoro pour négocier avec sa mère son entrée dans le monde des shows et des cirques. C'est un producteur allemand, un certain Karl Seldmayer qui, fort de la caution de l'association d'Anthropologie de Berlin, se montre le meilleur négociateur. Il fait venir l'enfant à Berlin après avoir fait signer des documents d'abandon à la mère. Celle-ci, qui avait d'abord voulu tuer son merveilleux rejeton, ne fit aucune difficulté.

Karl Seldmayer n'est pas un simple « rabatteur » de phénomènes, impatient de rentabiliser ses découvertes. Il sait investir pour les rendre plus attrayantes, donc plus rentables. Spéculant sur un capital futur, il décide d'instruire sa future vedette. Il l'envoie durant sept ans à l'école d'un petit village, près d'Aix-la-Chapelle, tout en lui faisant donner des cours particuliers de langues étrangères.

Lorsque l'enfant atteint ses 11 ans, Karl Seldmayer pense qu'il est temps de commencer son exploitation et il signe un contrat d'association avec l'Américain Barnum. C'est d'un commun accord que les deux hommes décident d'exhiber le jeune adolescent sous le surnom de « Lionel l'homme-lion » et de bonimenter sa présentation avec « l'impression psychique de la mère ».

Le succès de « Lionel l'homme-lion » est foudroyant et va en s'amplifiant plus il avance en âge. Une fois adulte, le pelage qui lui recouvre tout le corps est devenu châtain clair avec des reflets cendrés. Cette toison soyeuse a vingt-cinq à trente centimètres de long. Sa fantastique carrière l'entraîne plusieurs fois en Europe et c'est au début des années 1930, en Italie, au cours d'une de ses tournées, qu'il meurt d'un infarctus en pleine exhibition.

La science contemporaine a largement démontré l'invraisemblance de la théorie de l'impression psychique. Mais en 1920, une équipe de chercheurs américains relance cette piste pour expliquer les naissances anormales. En 1936, Boris Karloff, inoubliable interprète du monstre dans *Frankenstein*, sortait des plateaux de tournage avec un voile sur la tête pour ne pas impressionner les futures mères.

Plus près de nous encore, en 1976, Brisset Saint-Macary, docteur en droit, membre du Conseil supérieur du Notariat, spécialiste international en économie rurale et président d'honneur de la première Association des Nains Français, affirmait qu'après le bombardement allié sur Dresde, durant la Seconde Guerre mondiale, la population rescapée avait été si fortement impressionnée que les femmes avaient accouché d'un très grand nombre de nains.

LE CHAÎNON MANQUANT

Le XIXe siècle est le théâtre d'une nouvelle hypothèse tentant d'expliquer la naissance de certains phénomènes humains, dont les plus énigmatiques, les velus : celle du « chaînon manquant ».

Depuis l'Antiquité déjà, quelques esprits judicieux avaient avancé la théorie de l'évolution permanente des êtres vivants. Mais il fallut l'essor de la paléontologie, science qui étudie les fossiles, pour qu'elle s'impose réellement grâce aux remarquables travaux de Geoffroy Saint-Hilaire, Lamarck, et surtout ceux, très approfondis, de l'illustre naturaliste anglais Charles Darwin.

La doctrine évolutionniste de ce dernier, le darwinisme, s'appuie sur la variabilité et la sélection des espèces, deux principes qu'il s'est forgés au cours d'un voyage d'études de cinq années autour du monde. Selon Darwin, les variations se produisent naturellement dans la nature et ce principe de sélection naturelle offre les moyens d'expliquer comment, de la production même de ces variations, résulte fatalement une adaptation progressive des espèces. En 1859, il publie son plus célèbre ouvrage, *De l'origine des espèces par voie de sélection naturelle*. Travail gigantesque et passionnant qui expose et fait revivre le transformisme sur des bases nouvelles. Bien que Darwin n'élimine pas le « doigt de Dieu » sur la matière inerte, ni les principes héréditaires ni le choix de la sélection sexuelle, la publication de son ouvrage fait scandale tout en marquant un nouveau départ pour la biologie. Peu de théories concernant le vivant furent autant discutées, bien que ses fondamentaux soient véritablement scientifiques. L'audace insupportable de Darwin est qu'il entend appliquer sa théorie évolutionniste à toutes les espèces, y compris l'Homme. Voilà qui nous ramène aux velus.

Les adversaires de Darwin ne manquent pas de souligner qu'entre le type spécifique humain abouti, tel qu'il est, et le ou les mammifères dont il serait issu, aucune trace ni élément, aussi minime soit-il, n'a jamais été mis en évidence. C'est cette absence qui prit l'appellation fameuse de « chaînon » ou « rameau manquant ». Pour la quasi-totalité des darwinistes, ce « grand absent », dont on ne désespérait pas de prouver un jour ou l'autre l'existence, est issu en ligne directe des grands singes

Les poils du yeti

En avril 2001, un des plus importants magazines européens, le très sérieux hebdomadaire allemand Spiegel, *fort de plusieurs millions de lecteurs, annonce : « On a retrouvé des poils du yeti ». Et de développer l'incroyable nouvelle :*

« Des scientifiques britanniques ont trouvé des poils appartenant à une espèce animale inconnue, dans une forêt du Bhoutan. Ces poils pourraient appartenir au légendaire yeti, l'abominable homme des neiges. Ils ont été analysés à l'Université d'Oxford et se sont révélés contenir un ADN qui ne correspond à aucune espèce recensée. Le fameux généticien Bryan Sykes a lui-même participé aux recherches. "Nous ne nous sommes jamais retrouvés en présence d'un ADN que nous ne pouvions identifier, a déclaré le scientifique. Il s'agit là d'un mystère que je n'aurais pas cru possible". Le professeur Sykes sait de quoi il parle. En 1999, il avait déjoué une mystification qui avait tenté de faire passer une fourrure d'ours pour une fourrure de yeti. »

« Ils ont vu le yeti. » Les témoignages s'accumulent. Doc. Radar. D.R.

anthropoïdes qui offrent des différences notoires avec les autres espèces de singes et des similitudes avec l'espèce humaine.

C'est dans ce contexte de passion scientifique que des phénomènes particulièrement velus, atteints par ce que l'on nomme une hypertrichose généralisée, se montrèrent au public comme le fameux chaînon manquant de Darwin qui, pour de mystérieuses raisons et circonstances, aurait réussi à traverser les siècles depuis les temps les plus reculés. Bien sûr, les mentors, les bonimenteurs, les agents, les présentateurs de foires et d'entreprises de spectacle insistent avec force détails sur cette origine préhistorique et post-humaine de leurs attractions.

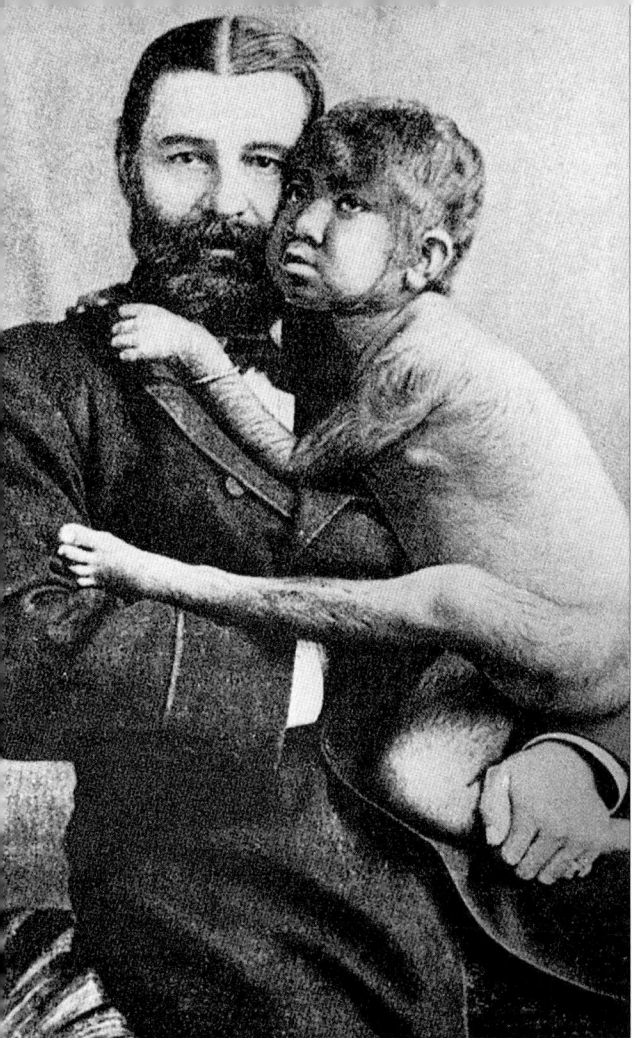

Krao à son arrivée à Londres en 1883, dans les bras de l'anthropologiste Keane. Coll. part. D.R.

Une seule fois, Charles Darwin se mêla directement des débats qui naissaient systématiquement à chaque découverte d'individus velus, atteints d'hypertrichose généralisée. C'est à l'occasion de l'arrivée à Londres de Juliana Pastrana, un « animal humain » que les affiches, les dépliants publicitaires et les journaux annoncent comme l'être le plus hideux de tous les temps, la première vraie et unique « femme-gorille ». On ne sut jamais rien de ses ascendants directs ou collatéraux et son présentateur disait qu'il l'avait trouvée enfant, en 1836, dans les gorges de la Sierra Madre, au Mexique.

Devant l'aspect bestial et simiesque du sujet, Darwin s'interroge. N'est-il pas cette fois face à son fameux chaînon manquant entre l'homme et le singe, selon sa théorie de l'évolution ? L'Académie des sciences décrit la « femme-gorille » comme suit : « Toute la figure est, comme le corps, couverte de poils noirs d'une inégale grosseur et qui, au niveau de chaque arcade sourcilière, forment un sourcil, dont les éléments constituants sont durs comme des soies. Le nez est énorme et boursouflé. Les narines sont élargies. La ligne d'insertion de chacune des ailes du nez est indiquée par de plus forts paquets de poils. La bouche est bordée par deux lèvres lippues ; le menton est court ; les oreilles extraordinairement grandes, les appendices pileux brunâtres qui recouvrent le visage s'épaississent aux joues, au détriment des favoris. Le menton porte un fort bouc. La moustache est assez faible. Les oreilles sont complètement poilues, surtout en avant, où pendent de longues touffes de poils. » Darwin, qui l'ausculte à plusieurs reprises, complète le trait en parlant d'« anomalie réversive des plus curieuses » et, ajoute-t-il : « Elle a une particularité intéressante, la présence d'une rangée double et irrégulière de dents, aux deux mâchoires, ce qui donne au sujet un fort prognathisme et un profil simien. »

Juliana Pastrana laisse surtout une trace dans l'histoire pour l'incroyable aventure de sa vie. Adolescente, elle consacre ses journées à la littérature et à l'apprentissage des langues étrangères. C'est un certain Théodore Lenz qui la persuade de se produire et devient son manager.

Il l'exhibe tant en Europe qu'aux États-Unis et chacune de ses apparitions sidère le public. Le jugement clair, elle souffre d'être montrée en tant que monstre, et Théodore Lenz, qui a peur de perdre l'objet de sa fortune, l'épouse. En 1860, Juliana Pastrana, au cours d'une tournée en Russie, accouche d'un fils dans une clinique de Kourtz. Mais l'enfant ne survit que trente-six heures et sa pauvre mère le suit dans la mort quelques jours plus tard des suites de son accouchement extrêmement laborieux. Elle a 26 ans.

Joignant l'affliction aux nécessités commerciales, Théodore Lenz fait embaumer les deux corps et peut ainsi continuer de présenter au public sa femme et son fils, allongés dans un cercueil de verre, dans son propre musée des curiosités, à Saint-Pétersbourg. Très vite, les corps, mal préparés, commencent à se décomposer. Très déçu, Théodore Lenz les fait empailler et les vend pour 300 tallers au bout de quelques mois d'exploitation. Ils échouent au « Musée populaire » de Preuscher, à Moscou. Puis, sans que l'on sache comment, on les retrouve au fameux parc d'attractions de Vienne, Juliana vêtue d'une robe de soie rouge, se tenant debout auprès de son fils vêtu pareillement et attaché tel un perroquet sur un perchoir de bois. En 1889, on retrouve les deux « empaillés » à Munich dans une exposition d'anthropologie.

On perd alors leur trace jusqu'en 1951, date à laquelle Félix Adanos, historien allemand des monstres, reconnaît le mannequin empaillé de Juliana Pastrana chez le metteur en scène norvégien Haakon Lund. Celui-ci n'a jamais soupçonné qu'il détenait la momie d'un véritable être humain et que derrière cette dépouille se cachaient tant de drames. Il l'avait achetée dans une vente publique avec d'autres objets et accessoires de spectacles. Depuis, vendue une nouvelle fois, elle enrichit une collection particulière en Amérique.

En fait, l'histoire ne s'arrête pas là. Théodore Lenz se met en quête d'une autre femme-singe et, chose extraordinaire, en trouve une à Leipzig. Elle s'appelle Maria Bariel et a 17 ans. Il l'épouse et quelques semaines à peine après la cérémonie, il commence à l'exhiber. Par impératif commercial, il lui donne le nom de sa première femme et un prénom aux mêmes consonances. Le nouveau phénomène de foire, Zenora Pastrana, est né. Théodore Lenz se dépêche de lui faire un enfant, priant le Ciel tous les jours pour qu'il soit à l'image de sa mère. Mais l'enfant est normal et Théodore, déçu, doit se contenter d'exploiter uniquement sa femme. Ce qu'il fait jusqu'à sa mort, en 1884.

Parmi tous les velus du XIXe siècle qui se produisent en Europe et aux États-Unis, c'est une petite Laotienne de 7 ans, nommée Krao, ramenée à Londres en 1881 par le chercheur de phénomènes Karl Bock, qui va relancer à un degré rarement atteint la polémique entre les tenants et les opposants du chaînon manquant. Le milieu scientifique se déchaîne. Pour les uns, Krao est simplement une anomalie de la nature, un simple accident sur la route des générations, mais pour les darwinistes, il y a matière à s'interroger. Pour eux, elle présente toutes les caractéristiques intermédiaires entre l'homme et l'animal. Outre le fait qu'elle est couverte sur tout le corps de poils noirs, raides et lisses, elle peut projeter ses lèvres en avant presque au même degré que les chimpanzés. En plus de son visage de type prognathe, elle possède des signes distinctifs propres aux singes dont des pieds préhensibles dont elle se sert pour ramasser et tenir des objets divers.

M. Kaulitz Jarlow, de la Société ethnographique britannique, en donne la description suivante : « [...] Comme chez le gorille, l'iris ne se distingue pas. Cette enfant présente d'ailleurs plus d'un trait de ressemblance avec cet animal. Son nez est plat avec de larges narines. Elle présente des bajoues larges, bien pendantes. À l'exemple de ses cousins de l'espèce simiesque, elle y emmagasine des provisions de bouche. Le système pileux est développé sur la nuque comme chez les anthropoïdes. Elle semble intelligente et l'expression de son sourire contraste avec la mimique des singes auxquels elle ressemble tant. Sa peau est jaune brun et seules la plante de ses pieds et les paumes de ses mains ne sont pas recouvertes de poils. » En 1886, Krao est amenée à Paris et présentée à la Société d'anthropologie française par le docteur Fauvelle qui « n'était pas insensible à sa taille étroite, sa large poitrine et ses épaules bien effacées ». On connaît peu sa carrière de phénomène si ce n'est que son mentor, Karl Bock, l'emmena se produire aux États-Unis où elle mourut en 1926, à l'âge de 52 ans, après avoir été une des stars du cirque Barnum le Bailey.

Indispensable à la notoriété des poilus, Jojo « l'homme-caniche » est, lui aussi, présenté comme le fameux chaînon manquant de Darwin. On ne sait pas grand-chose de sa jeunesse. On suppose que, fils d'une paysanne russe, il est peut-être ce petit garçon qui se présente avec Adrian Jefticheff cité plus haut. Selon d'autres biographes, il se serait appelé Fédor Petroff ou Peteroff et aurait été capturé avec son père dans la steppe russe. Son père, trop sauvage, n'aurait jamais pu être dompté et serait mort en captivité. De toute façon, ses origines restent obscures, malgré les assertions de son manager, Charles Reynolds qui, lors des tournées, affirme que Jojo, élevé par les loups, a été trouvé par des trappeurs dans la forêt russe de Kostrama. Avant Reynolds, un autre impresario américain, du nom de Foster, a entrepris de le montrer dans le monde entier dès l'âge de 8 ans. À l'âge de 14 ans, Jojo, « le chien humain à poils fins d'un blond cendré », est déjà une grande vedette. Telle semaine, le vice-président des États-Unis lui rend visite ; telle autre, c'est une actrice en vogue ou un scientifique de renom. Nom seulement tout New York accourt pour l'admirer, mais il connaît un identique succès en Europe et en Australie : « Le chien russe à face de garçon » ou le « Skye Terrier », comme le nomme le *New York Herald Tribune*, fait fureur et le public parisien, lors de sa venue en 1902, n'est pas le moins enthousiaste. Jojo meurt d'une pneumonie le 30 janvier 1903 à Salonique, à l'âge de 33 ans. Les autorités ecclésiastiques de la ville s'opposent à l'autopsie de son corps, au grand dam des scientifiques, et l'enterrent en grande pompe après avoir autorisé le reporter de *L'Illustration* à prendre un cliché de lui en costume russe et sur son lit de mort, qui sera publié en avril 1904.

POILS ET BESTIALITÉ

La bestialité est une autre des explications persistantes quant à la production des velus. L'hybridité, c'est-à-dire le produit d'un homme ou d'une femme avec un animal, bien qu'irréalisable, a reçu à différentes périodes de l'Histoire et jusqu'à la fin du XIXe siècle, l'appui de la science officielle.

Ce qui apparaît aujourd'hui comme une aberration ne fut pas toujours considéré comme tel. Au contraire, mis à part les Hittites et les Hébreux, le monde antique semble s'être adonné aux amours bestiales. La grande majorité des peuples primitifs n'établirent jamais un obstacle entre l'homme et l'animal. Pourquoi l'auraient-ils fait alors que les dieux eux-mêmes, dont on admire les actions, dont on envie les pouvoirs, sanctifient la bestialité ? Les résultats de leurs accouplements sous des formes animales encombrent toutes les mythologies.

À Rome, l'emploi des ânes à des fins érotiques est pratique courante. Juvénal peut écrire : « Les Romaines tendent leurs fesses aux ânes qui les grimpent. » En Grèce, le célèbre mathématicien Thalès conseille à Périandre, sur le ton de la conversation, comme une évidence, « de ne confier ses juments qu'à des pâtres mariés afin d'éviter de nouvelles naissances de centaures ». En Égypte, la copulation avec des animaux fait partie intégrante de certaines cérémonies dévolues au culte de la fécondité, ce qui fait écrire à Diodore « qu'on voit les boucs s'unir publiquement avec des femmes ».

Mieux, d'innombrables peuples ont, de par le monde, glorifié leur origine bestiale et des dizaines de dynasties se sont vantées de cette origine magique. Tous les Anciens, parmi lesquels Lucrèce, Virgile, Hippocrate, Ovide, Hérodote, Pline, Aristote et quantité d'autres, pensent que s'il est possible que des fruits naissent du mariage de plantes différentes, il peut bien naître des rejetons de l'union de différentes espèces animales.

Les Anciens en sont si convaincus que de nombreux hommes illustres pensent ajouter à leur gloire en se donnant comme issue d'un accouplement bestial. Alexandre le Grand, par exemple, se dit né de l'union de sa mère Olympia avec Jupiter, qui l'engrossa sous la forme d'un serpent. L'empereur Auguste affirme lui aussi qu'il est né des noces de sa mère avec un serpent. Suen, premier roi du Danemark, a un grand-père velu prénommé Ursus qui, disait-on, est né de l'accouplement d'une femme et d'un ours. Encore au XVIIIe siècle, les voyageurs affirment que l'on peut rencontrer beaucoup de velus dans ce pays, car les ours se plaisent toujours, en souvenir de leur aïeul, à engrosser les jeunes filles.

Les Aïnos du Japon se donnent eux aussi pour origine les amours bestiales entre un homme et une ourse. Les Malgaches

Juliana Pastrana, « la femme-gorille ». Intelligente et cultivée, elle fut présentée comme le monstre le plus laid de l'Univers. Coll. part. D.R.

certifient descendre du zèbre, les Dahoméens du léopard, les Tibétains du singe, les Siamois de l'accouplement d'une femme avec un chien et les Tartares et les Mongols avec un loup gris. Attila, par exemple, le « fléau de Dieu », soutenait que sa mère avait été fécondée par un loup.

Plus hardis encore, certains dogmes anciens donnent à des animaux des origines humaines. Il en est ainsi, par exemple, du *Bundebish*, livre sacré des Parsis, dont les doctrines remontent à la plus haute Antiquité, même si sa première rédaction connue ne date que du IIe siècle de notre ère. On y soutient que les singes et les ours sont nés de l'union de Yima et de Yimal, le premier homme et la première femme, avec des gènes mâles et femelles.

Durant toute l'époque médiévale, puis sous la Renaissance, de nombreux hommes et femmes sont accusés de s'accoupler avec des animaux, et cela malgré les interdits chrétiens et la sanglante répression.

Encore en 1956, le fameux rapport Kinsey délivre des pourcentages effarants de ruraux pratiquant ou ayant pratiqué des coïts bestiaux.

Ambroise Paré n'hésite guère à affirmer comme véridique la naissance à Vérone d'un enfant velu dont le père est un lion. À la même époque, plusieurs éminents anatomistes signalent la naissance de deux petites filles velues. La mère de la première, une Helvète, aurait été engrossée après un coït avec un lion, et la seconde, à Pavie, avec un chat sauvage. François Ier ordonna, à la suite de la naissance d'un enfant-chien, que « la mère, son chien lubrique, et l'enfant velu qu'ils avaient mis au monde expirent dans les flammes du bûcher ».

Encore en 1874, des théologiens catholiques, réunis pour amender certains détails la cérémonie du baptême, concluent leurs travaux par : « L'on peut baptiser à condition qu'il ne s'agisse pas de bestialité, tout monstre né d'une femme. » C'est pourquoi, en 1908, dans un petit village du Berry, un enfant velu ne fut jamais baptisé. Le professeur Le Double, qui rapporte le fait, écrit : « Sa mère, une bergère, prétendait avoir eu son enfant dix ans auparavant, qu'un chien en était le père et que celui-ci saluait de joyeux aboiements et léchait longuement l'enfant, d'une façon toute particulière, chaque fois qu'il le rencontrait, comme s'il avait reconnu en lui la chair de sa chair. »

Idée reçue si ancrée dans les esprits qu'un sondage réalisé en 1975 concluait que dans les pays occidentaux, une personne sur deux croyait encore à la possibilité qu'une femme soit fécondée par un animal et qu'un homme puisse engrosser des femelles d'animaux vertébrés.

Tous les entrepreneurs de spectacles du XIXe siècle et du début du XXe produisant des exhibitions de phénomènes humains accentuaient, par tous les moyens, la thèse de l'individu à mi-chemin entre l'homme et la bête. Les velus étaient le plus généralement présentés au public comme très difficilement capturés au filet dans une lointaine région inhospitalière. Ou bien encore élevés par une bande de loups, de lions ou d'ours à laquelle on les avait difficilement arrachés après un combat incertain. Le manager du célèbre Jojo, l'homme-chien, par exemple, affirmait qu'il avait été élevé par des loups et trouvé par des trappeurs, dans un de leurs pièges, dans une forêt de Russie centrale, au confluent du fleuve Volga et de la rivière Kostrona. Le velu français, qui fut pendant les ultimes années du XIXe siècle l'attraction la plus populaire de la foire de la Saint-Michel de Nîmes, avait été surnommé par son mentor Rhangasana, et soi-disant capturé dans l'Himalaya. On peut encore citer ce menuisier de Lyon que l'on présente comme un homme de la jungle brésilienne, monstre dehors autant que dedans et qui, malgré des gains considérables, laissa sa femme et ses trois enfants mourir dans l'indigence.

Généralement, leur exhibition publique a lieu dans une cage au sol couvert de paille et il est courant que les phénomènes velus participent eux-mêmes à leur descente de l'échelle humaine. Ainsi, Jojo, cité précédemment, une intelligence lucide derrière un masque animal et qui parle quatre langues avec ses lèvres de chien : Barnum exige qu'il grogne et aboie vers le public, comme on l'attend d'un homme-chien.

Quant à Lionel, l'homme-lion, il doit dévorer à pleines dents, quatre fois par jour, de la viande crue. La très belle et séduisante Bella Carter se produit en Europe vers 1890 sous le nom de « femme-jument » en raison de l'épaisse ligne de longs poils blonds qui lui poussent entre les épaules. Son contrat précise qu'elle doit, à intervalles réguliers, imiter le hennissement du cheval tout en secouant son buste à la manière des équidés, de façon à faire voler les 40 centimètres de sa crinière dorsale.

DES PEUPLES DE VELUS

On peut comprendre en partie le succès phénoménal des hommes et des femmes velus auprès du public du fait qu'ils matérialisent la possibilité mythique d'hybridité avec l'existence d'individus inter-espèces, offrant la bouleversante association entre un indéniable aspect humain et des caractéristiques spécifiquement animales. La seule vision d'un individu intégralement velu ramène ou entretient, consciemment ou de façon subconsciente, les terreurs ancestrales. Et si le public s'est toujours montré fasciné par cette surabondance de poils, c'est bien parce qu'elle rétrograde le « singe nu » à son animalité ancestrale.

L'hypertrichose est héréditaire, et les velus ont souvent transmis de génération en génération leur étonnante profusion de poils. Parmi les premières relations crédibles sur le sujet, un texte de 1642 fait mention de la famille Gonzalès, vivant précédemment aux îles Canaries auprès du gouverneur militaire. Le père et ses deux filles, velus à souhait, sont considérés par la population locale comme « les créatures du diable ».

Leur notoriété devient telle que Charles Quint demande à les rencontrer. Seul le père se rend à la Cour, et le roi est si subjugué qu'en 1557, il envoie le phénomène au roi de France Henri II, qui se l'attache de longs mois avant de l'autoriser à rejoindre sa famille.

Les velus restent relativement rares, tandis que de nombreux princes régnants cherchent à s'en attacher au même titre que les nains, comme une chose rare et précieuse. Certains de ces princes tentent alors d'en produire. L'archiduc Ferdinand II, régent du Tyrol, par exemple, s'y emploie ardemment. Il s'occupe personnellement de l'union d'une de ses naines barbues avec un homme-chien, qui offre sur tout le corps un magnifique pelage. Il obtient effectivement la naissance d'un rejeton velu à souhait. Enthousiasmé par ce premier résultat, il renouvelle sa tentative deux ans plus tard en unissant un autre homme-chien, nommé Horace Gonzalès, à une jeune fille velue nommée Tognina qui, à son tour, comble ses espérances en accouchant de deux enfants couverts de poils courts et noirs. Plus satisfait que jamais par cette intéressante progéniture dont il retire une grande fierté, Ferdinand fait portraiturer tous ses velus par G. Hufnagel, le peintre officiel de la cour du Kaiser Rudolph II. Ces toiles sont encore visibles à l'heure actuelle au château d'Ambras, près d'Innsbruck.

Un étonnant cas de pilosité héréditaire nous est donné par une famille birmane qui offre cette singularité sur trois générations. En 1829, un plénipotentiaire anglais, chargé d'une mission politique auprès du roi Hava, voulut s'attirer les bonnes grâces du souverain et lui fit envoyer en tant que curiosité, un nommé Schwe Maong. Cet homme, âgé d'environ 30 ans, avait été découvert dans le district de Mainong-ghi au Laos par le docteur Mallick. Non seulement tout son corps, mais sa face, ses oreilles, son nez disparaissaient sous un poil gris, fin comme de la soie, long d'environ quinze centimètres. Le roi Hava apprécia le cadeau du subtil Anglais et conserva le phénomène à la Cour après lui avoir offert une ravissante épouse. Celle-ci donna à Schwe Maong quatre enfants. Si les trois premiers ne présentaient rien d'anormal, le quatrième, une fille prénommée Malphoon, était, à l'image de son père, couverte de poils de la

Ulysse Aldrovanti, le célèbre naturaliste italien du XVIe siècle, affirme dans sa monumentale *Encyclopédie d'histoire naturelle*, l'existence de peuples velus tels les Cinnaminiens. Coll. part. D.R.

Le sacristain de Pie X

Josepho Mason n'est pas n'importe qui. Dans sa jeunesse, il servit souvent la messe au pape Pie X, lorsque celui-ci était encore un simple prêtre.

« Il s'agit d'un des cas d'hypertrichose les plus intéressants et les plus étonnants que l'on connaisse », écrit le professeur A. F. Le Double, de l'Académie des sciences et membre de l'école d'anthropologie de Paris.

En 1903, à l'âge de 67 ans, Josepho Mason est admis à l'hôpital de Padoue pour une « influenza », autrement dit une forte grippe. Laissons le professeur Le Double décrire la suite des événements : « Plusieurs mois s'écoulèrent avant sa guérison. Puis, sans aucune raison apparente, pendant la période de convalescence, son corps, et notamment sa tête, se couvrirent entièrement de poils. Comme le montre une seconde photographie faite un an après la première, en 1904, le malheureux sacristain, dont la calvitie ecclésiastique passait inaperçue, possède actuellement une tête qui n'a plus rien d'humain et le fait ressembler à une bête étrange.

« Son crâne, jadis presque entièrement chauve, est non seulement recouvert d'une chevelure épaisse et relativement longue, mais son visage disparaît en totalité sous une forêt de poils de plusieurs centimètres qui, s'insérant par touffes régulières autour des orbites, de la bouche et du nez, se croisent en tous sens et ne laissent pas même passer le regard, car il est obligé pour voir d'écarter ces poils malencontreux qui le font plus ressembler à un chien de berger qu'à un être humain. »

La famille velue de Birmanie. Vers 1885. Photo Shepherd. Coll. part. D.R.

Natif d'un village Aïno, petite tribu du nord du Japon, qui comptait encore, au début du siècle, plusieurs centaines d'individus velus. Ils furent une des premières attractions de l'Exposition de 1900, à Paris, amenés depuis les montagnes Hokkoïdo.

tête aux pieds. En 1855, un autre Anglais, le capitaine Henry Hyte, rencontra Malphoon. Il écrivit que, le premier choc passé, on la trouvait somme toute assez attirante, douce, aimable et intelligente. Toutes ces qualités firent que la jeune fille se maria avec un Birman normalement constitué qui lui fit deux enfants. Le premier, Mash-Me, ne présentait aucune anomalie ; mais le second, Moung-Phoset, comme sa mère et son grand-père, put prendre place dans la grande famille des poilus.

En 1875, le public européen apprit cette succession de naissances extraordinaires et tout le monde se prit à rêver d'approcher cette famille entière d'hommes-chiens. Les grandes revues illustrées de l'époque envoyèrent même en Birmanie leurs reporters et leurs photographes et reproduisirent abondamment de fantastiques clichés de la famille « Malphoon ». Son existence allait sombrer dans l'oubli lorsqu'une énorme campagne publicitaire, difficilement imaginable aujourd'hui, précéda leur arrivée à Paris. Présentée sous le nom des « Hirsutes de Birmanie », l'exhibition eut un succès tel, qu'elle resta toute l'année 1889 dans la capitale française avant que la famille entreprenne une grande tournée européenne.

Les Anciens affirmaient l'existence de races monstrueuses, sirènes, centaures, nains et également peuples de velus. Des familles de « velus » sont certainement à l'origine de cette dernière croyance. Dans *Périple*, on lit que le navigateur carthaginois Hannon, qui explora les côtes occidentales de l'Afrique au VIe siècle avant J.-C., attrapa trois hommes velus qui furent dépaussés et dont les dépouilles furent déposées dans un temple où les Romains les découvrirent.

Grecs et Romains croient aux peuples velus des faunes et des satyres, souvent confondus entre eux. S'il est vrai que des similitudes les rapprochent, notamment leur corps couvert de poils, leurs longues oreilles mobiles et leur tête cornue, de grandes distinctions les séparent. Les faunes ont des jambes d'homme et les satyres des jambes de bouc ainsi qu'une petite queue. Les faunes sont de petits dieux bienfaisants, une sorte de divinités champêtres, protecteurs des troupeaux, qui personnifient les fécondités de la nature et, plus généralement, toutes les forces génératrices.

Les satyres sont aussi de petites divinités champêtres et rustiques, mais de tout autre nature. Frères des nymphes, ils personnifient les instincts brutaux. Proches de Dionysos, ils passent leur temps à danser, à jouer de la flûte, à s'enivrer et à épouvanter les paysans, comme le fait le dieu Pan qui leur ressemble étrangement et est à l'origine du mot « panique ».

Hérodote, Ovide, Pline l'Ancien, Plutarque, Élien, chacun en son temps plaçait une nation entière de faunes au cœur des épaisses forêts de Scythie. Le saphiste grec Philostrate, encore au début du IIIe siècle de notre ère, écrit qu'on a pu amadouer un faune capturé en Éthiopie. Certaines traditions romaines donnent comme troisième roi d'Italie un faune, petit-fils de Jupiter, et Jules César prétendait avoir ce fameux Faunus parmi son ascendance. L'historien et moraliste Plutarque affirme qu'au temps de Scylla, roi de Mégare, un satyre fut pris au piège près d'Apollinopolis, ville de l'ancienne Égypte sur la rive gauche du Nil, et envoyé à Rome : « Velu, cornu, avec des pieds de bouc et des oreilles mobiles, il fut promené dans les différents cercles de l'aristocratie romaine. Il montrait une grande affection pour la compagnie des femmes et le beau sexe produisait sur lui une si violente impression qu'on était souvent obligé de le lier. »

Trois siècles plus tard, vers 410, saint Jérôme relate, à propos de la vie de saint Antoine, que le pieux ermite trouva dans le désert « un grand nombre d'individus de la race des satyres ». Quant à saint Augustin, il dit avoir trouvé à Carthage, sur les ruines de la ville où il bâtit Hippone, un satyre dont il donne une description précise.

L'entrée des satyres et des faunes dans les légendes chrétiennes du Moyen Âge les affuble d'obscénité et de lubricité. Les chrétiens les croient issus d'horribles accouplements inter-espèces et, très vite, ils prennent le bouc comme l'expression vivante de la luxure et admettent que sa forme est celle que le diable revêt très habituellement.

LES GORILLES AIMENT LES BLONDES

De tous les « produits monstrueux » issus de la bestialité, ceux issus de la femme ou de l'homme avec des primates ont, de tout temps, fasciné les esprits parce qu'ils apparaissent possibles. Notamment avec les grands singes anthropoïdes, comme l'on désigne les primates qui se rapprochent le plus de l'espèce humaine. Ils n'ont pas de queue, leurs doigts sont garnis d'ongles, ils peuvent se tenir debout et leurs femelles ont des mamelles pectorales.

Depuis l'origine des civilisations jusqu'au XXe siècle, la croyance en la possibilité d'unions fécondes entre humains et primates fut couramment admise, même par les plus fins esprits. Aristote, en son temps, disait que des animaux de diverses races s'accouplent et engendrent un produit semblable à eux deux, à condition que leur taille, leur temps de portée et leur nature n'offrent pas trop de différences entre elles.

Les singes semblent avoir offert toute satisfaction, au cours des siècles, à tous ceux qui en tenaient pour l'hybridation de l'espèce humaine. Voltaire se moque des dames qui accordent leurs bonnes grâces aux singes. Plusieurs voyageurs de son siècle narrent l'heureuse existence des hommes des hauts plateaux péruviens, qui prennent pour compagnes des femelles de grands singes. Il résulte de ces unions, disent les manuscrits, des monstres simiesques, « à l'exception du regard, de la tête et des parties honteuses qui restent à l'homme ».

Un aumônier français, qui se trouvait à bord d'un des navires de l'escadre de Duquesne se rendant aux Indes orientales, raconta au retour, en 1721, que dans la colonie hollandaise du Cap, « il se produisait des unions fréquentes entre l'homme et la guenon, entre la femme et le singe ; ces animaux auraient même l'esprit de donner certains rendez-vous, toujours dans un endroit écarté, comme s'ils avaient honte de cet étrange accouplement ». Ultérieurement, d'autres voyageurs se sont fait l'écho de racontars analogues.

Plus étonnant encore, à la fin du XIXe siècle, les explorateurs anglais connus jusqu'alors pour le sérieux de leurs explorations, certifient avoir découvert, au Congo, « des tribus où les négresses sont mariées avec des gorilles. Ces femmes ont appris à ces grands singes à faire du feu et mille autres choses indispensables à l'existence quotidienne. Leurs enfants, mi-hommes mi-singes, sont doués de la parole ».

En Europe, les relations intimes de plusieurs grandes dames de l'aristocratie avec des singes sont de notoriété publique. À la fin du XIXe siècle, la comtesse de Southampton a, pour sa « distraction », un singe sapajou, alors que la baronne Duillez se fait servir par un babouin richement habillé. La comtesse de Dorchester ne sort qu'avec ses singes en livrée, tandis qu'en Italie, une autre aristocrate ne se met au lit qu'après s'être fait retirer ses bas par son orang-outang.

À La Havane, une femme nommée Obrea, réputée pour sa fortune, vit dans une luxueuse maison, entourée de fossés et de hauts murs, sans autres compagnons qu'une multitude de grands singes. Lorsque, vers 1936, Percilla, une célèbre femme-singe qui se présente dans les shows en compagnie d'un chimpanzé, vient se produire à Cuba, la richissime Madame Obrea est fascinée. Après la dernière représentation, elle va trouver le manager de Percilla, un certain Carl Lauther, et lui propose d'acheter son attraction pour une somme considérable. L'affaire faillit aboutir et on peut penser que les intentions de Madame Obrea n'étaient pas des plus pures. L'idée d'une femme-singe offerte comme femelle à ses singes l'avait certainement séduite. Il est vrai qu'à Paris et dans toutes les autres capitales européennes, le contraire se pratique. Le professeur Le Double et le docteur Houssay écrivent, en 1942 : « On ne parle que de lupanars où des singes d'une certaine taille sont exercés à pratiquer le coït, soit à huis clos, sur des femmes lubriques en quête de stupres nouveaux et de jouissances ignorées, soit devant une galerie de curieux et de débauchés raffinés, sur des femmes qui se prêtent à ces rapprochements, aussi infâmes que répugnants, dans un but de lucre. »

Les relations inter-espèces ne sont pas pour choquer le philosophe allemand Schopenhauer qui, vers 1850, soutient encore son opinion de jeunesse, à savoir que les premiers hommes ont pu naître de chimpanzés en Afrique et d'orangs-outangs en Asie. Plus tard, vers 1920, Léon Daudet écrit qu'un célèbre neurologue de ses amis a ausculté en Allemagne une jeune fille qui a donné le jour à un enfant-singe. Et le polémiste, pourtant surnommé « le prince des sceptiques », conclut ses lignes en précisant : « Tout s'explique puisque la jeune femme a avoué sa faute avec un grand singe qu'un colonial de ses amis a ramené d'Afrique. »

En ce début du XXe siècle, même certains milieux scientifiques donnent leur caution, comme en plein Moyen Âge, à l'hypothèse d'êtres mi-humains, mi-animaux. C'est le retour de la théorie du transformisme des espèces et de la thèse du chaînon manquant. Certains savants en sont si persuadés qu'ils rêvent d'en apporter la preuve scientifique expérimentale.

C'est ainsi qu'en 1908, un Hollandais, le professeur Bernelot-Moens, botaniste et zoologiste de renom, faisait paraître dans la presse une série d'articles dévoilant au grand public le but de l'expédition qu'il préparait au Congo. En considérant certains fossiles, dont les fameux crânes de l'homme de Néandertal et du pithécanthrope, ce scientifique acquit la conviction qu'autrefois existaient des êtres intermédiaires entre le singe et l'homme.

Son programme expérimental africain consistait à essayer, en un premier temps, de croiser entre elles différentes variétés de singes anthropoïdes, en pratiquant des inséminations artificielles pour contourner la répugnance instinctive existant entre les différents animaux. Une fois obtenu un singe possédant certaines caractéristiques particulières, le dernier stade expérimental, non avoué dans la série d'articles, mais évident, devait amener le professeur Bernelot-Moens à lui inséminer des semences humaines. Serait-il le premier à pouvoir enfin présenter le fameux rameau manquant dans l'échelle évolutive de Darwin ?

Bien que l'homme de science ait reçu les crédits et l'assistance nécessaires, non seulement du gouvernement hollandais, de l'administration du Congo, mais également de l'Institut Pasteur de Paris, aucun résultat, pas la moindre information ne furent communiqués sur l'expédition et les expériences entreprises. Le fabuleux programme semblait avoir sombré dans l'oubli et l'indifférence générale puisque la seule information précise fut publiée en 1935 par un journal professionnel, *Le Siècle médical*, qui annonçait la mort du professeur Bernelot-Moens. Cette affligeante nouvelle était accompagnée d'un article nécrologique retraçant la carrière du scientifique. On y lisait entre autres : « Les résultats des expériences entreprises avec l'aide du gouvernement hollandais au Congo ne furent jamais publiés et ne paraissent pas avoir abouti. » L'affaire était close.

Le scientisme galopant de la première moitié du XXe siècle permet à toutes les folies de trouver audience et commandite.

En 1935, alors que Bernelot-Moens décède au Maroc, on apprend que le gouvernement soviétique qui, on le sait, est peu enclin aux rêveries et plutôt attaché à la réalité des choses, a entrepris une expédition identique. Au fond du Turkestan, des hommes cohabitent depuis des mois avec des singes anthropoïdes dans l'espoir de produire des êtres hybrides !

Cette mission est dirigée par le professeur Élie Yvanoff et les soviets suivent de très près ces expérimentations. L'Occident en apprend l'existence par l'exposé qu'en fait le docteur Howell à la séance d'ouverture du congrès annuel de la Société pour l'avancement des sciences. Howell précise qu'en l'état actuel du programme, l'expérimentation a déjà porté sur huit femelles singes dont trois sont mortes... Pourquoi mortes ? Nul ne le sait. Y avait-il eu un début de développement embryonnaire ayant entraîné des complications ? Personne ne peut répondre. Toujours est-il que certains milieux scientifiques considèrent que les premiers résultats ont dû entraîner une confiance grandissante de la part de l'équipe soviétique, puisqu'on apprend, par la suite, que Yvanoff a tenté une expérience de fécondation de la femme par le sperme du gorille. Puis l'étrange programme tombe lui aussi dans le plus profond silence. Déjà avares d'explications et de détails, les Soviétiques auraient été ulcérés que l'Occident ait dévoilé au grand jour la nature de leurs expériences, propres à choquer l'opinion publique.

Aujourd'hui, personne ne sait si des recherches furent poursuivies en secret par Yvanoff ou par d'autres savants et si d'autres pays ont tenté à leur tour de percer le mystère des origines à travers les monstres hybrides.

La science moderne, avec ses pouvoirs d'investigation et d'expérimentation, a prouvé de façon formelle qu'un spermatozoïde animal est incapable de féconder un œuf humain et vice-versa, ce qui réduit à néant les opinions qui, depuis plusieurs dizaines de siècles, et aujourd'hui encore, touchent à la procréation des monstres hybrides.

L'existence d'hommes-singes velus, ancêtres de l'homme, n'en est pas moins toujours persistante dans la seconde moitié du XXe siècle. Ainsi, en 1980, des « poilus sauvages » de plus de 2 mètres de haut, au corps entièrement recouvert de longs poils roux et à l'abondante chevelure sont traqués pendant plusieurs semaines par une expédition scientifique chinoise.

De retour de cette chasse au centre de la province de Hubei, les membres de l'expédition se réunissent avec les membres de la section wuhannaise de l'Académie des sciences de Chine et ceux de la Commission scientifique et technique de la province de Hubei, pour faire le point. L'expédition n'a ni rapporté, ni vu de velu sauvage, mais ils existent, le fait est certain. L'un des membres de l'expédition, Li Guohua, en a même précédemment approché un à moins de quarante mètres, en février 1980. De surcroît, le dossier contient de nombreux témoignages directs et des relevés d'empreintes. Les moulages réalisés montrent des pieds de 48 centimètres de long, larges de 23 centimètres à la base des orteils et de 16 centimètres au niveau du talon. Quant aux enjambées, elles mesurent jusqu'à plus de 2,5 mètres.

Il faut reconnaître que la région où les « velus sauvages » ont été aperçus n'est pas de celles que l'on traverse tous les jours. Le plateau du Shen Nung Jia culmine à 2 000 mètres avec des pics à 3 000 mètres et est couvert, dans sa majeure partie, par une forêt naturelle primaire qui n'a jamais été totalement explorée, mais où l'on sait que survivent les animaux mammifères les plus rares de la planète. Ce relief complexe difficilement accessible peut, selon les experts chinois, « assurer la subsistance d'êtres vivants totalement en marge de toute civilisation ».

N'allons pas croire que les « velus » sont des phénomènes du passé ou seulement des êtres sauvages peuplant des jungles inexpugnables. Leur nombre est, au XXe siècle, absolument identique à ce qu'il était au XIXe siècle, c'est-à-dire proportionnel à une population donnée. En Europe, de telles naissances extraordinaires restent cachées. En Asie, en Afrique, elles sont de notoriété publique et sidèrent les populations qui continuent, comme par le passé, à leur attribuer des causes magiques, bénéfiques ou maléfiques. Parmi les derniers cas relevés, la naissance, le 25 décembre 2000, en Guinée-Équatoriale, en pleine fête de Noël, d'un bébé mort-né dépeint comme le « sosie du diable » par la radio nationale. L'enfant, « recouvert

Le « fantasme de la bête ». Gravure. Coll. part. D.R.

de poils », fut considéré par la population majoritairement catholique, mais restée très superstitieuse, comme « un message céleste ». Peut-être infernal puisque « le nouveau-né avait à la place des yeux deux petits trous rouges ».

Après la saga du monstrueux homme-singe qui sema la panique dans différents quartiers de la capitale de l'Inde, New Delhi, en tuant plusieurs personnes et en blessant 50 autres au moins, la panique et l'hystérie collective renaissent, en mai 2001, avec l'apparition d'une nouvelle créature velue, baptisée « homme-ours ». Elle a opéré dans le nord-est du pays. « Au moins une vingtaine de personnes ont été griffées par cet être étrange couvert de fourrure "comme un ours", au cours d'attaques nocturnes qui se sont même produites à l'intérieur des habitations, dans les villages isolés de l'Assam », affirment témoins et police.

« Nous avons pris ces témoignages très au sérieux et nous avons demandé à l'administration du district et à la police de rester en alerte afin de prévenir des mouvements de panique » déclare Bhumidhar Barman, ministre de la Santé de l'Assam.

Depuis, les habitants des villages ont formé des groupes d'autodéfense, équipés d'arcs et de flèches, afin de capturer « l'homme-ours ».

Plus généralement, les velus ne surgissent pas de la nuit et du néant pour frapper les esprits, mais apparaissent au sein des sociétés à la suite d'une naissance inattendue. C'est ainsi que plusieurs bébés recouverts de poils ont été signalés, ces dernières décennies, en Chine, événement dont le bruit est remonté jusqu'en Occident. C'est le cas, par exemple, de Liu Xing, né en novembre 1985, dans le Jiangsu : « C'est un bébé tout à fait normal si ce n'est qu'il est entièrement recouvert de poils noirs. » Selon *Nongmin-ribao*, le *Quotidien des paysans*, le petit Liu Xing, âgé de 7 mois, est né de parents normaux et pesait 3 kg à sa naissance. « Nourri avec de la pâte de riz et non avec le lait de sa mère, le bébé a un appétit plus développé que celui des autres bébés de son âge », ajoute le quotidien, sans autre détail.

L'histoire des hommes-singes chinois n'est pas terminée. En 1985, des paysans chinois aidés de leur chien capturent un homme-singe près du village du district de Xinning, dans les montagnes de Hunan.

Le quotidien *Xinning Wanbao* en donne la description suivante : « Il a les yeux noirs et des doubles paupières, mesure 1,06 m, pèse 27 kilos et son corps se termine par une queue longue d'à peine 5 cm ; ses mains et ses pieds ont des ongles et il se tient très souvent dans la position debout. » Selon le même journal, « l'homme-singe sait rire, mais peut aussi se mettre en colère ; il se sert alors de pierres et de bâtons pour attaquer hommes ou animaux ». Les autorités chinoises prénomment leur prise Maogong et considèrent qu'il s'agit d'une sorte de petit « homme sauvage ». La population, elle, murmure qu'il s'agit à l'évidence d'un produit homme-singe. Il n'y a qu'à considérer sa taille, son poids et sa queue pour s'en convaincre. Coup de théâtre en 1985 : une équipe de scientifiques chinois, après un examen approfondi de Maogong, décrète qu'ils sont en présence en fait d'un « singe à queue courte de sexe masculin ». Toute précaution éthique était désormais inutile. Maogong est dès lors promené à travers toute la Chine en tant que rarissime exemplaire d'une variété de singe récemment découverte. En juillet 1987, lors d'une tournée, Maogong tombe malade, sans doute atteint de dysenterie. Il refuse toute la nourriture qui lui est lancée à travers les barreaux. Un jour, ses gardiens le retrouvent pendu dans sa cage. « Son grand âge et les tourments de la maladie lui ont fait perdre le moral », dira-t-on. Mais une question se pose désormais aux scientifiques chinois : un singe peut-il se suicider ? En attendant la réponse, Maogong poursuit sa tournée, plongé dans du formol.

Alain Jacob, commentant dans un article du *Monde*, l'expédition chinoise s'interroge : « Le plateau de Shen-Nung-Jia a précisément été formé à la même époque que l'Himalaya. Alors, tout cela peut paraître délirant, mais des sauvages velus au beau milieu de la Chine, en plein XXe siècle, pourquoi pas des cousins du yeti ? »

Les scientifiques du Hubei ne sont pas les seuls, en tout cas, à prendre l'affaire au sérieux. Les Japonais, en particulier, ont à plusieurs reprises sollicité l'autorisation d'envoyer au Shen-Nung-Jia une mission dont ils assumeraient tous les frais, offrant en outre de livrer à la Chine tout ce qu'ils pourraient en rapporter –y compris, naturellement, d'éventuels spécimens de « velus sauvages ». Ils attendent toujours la réponse. Le monde entier également.

Enfant-singe chinois. Vers 1980. Agence Chine Nouvelle. D.R.

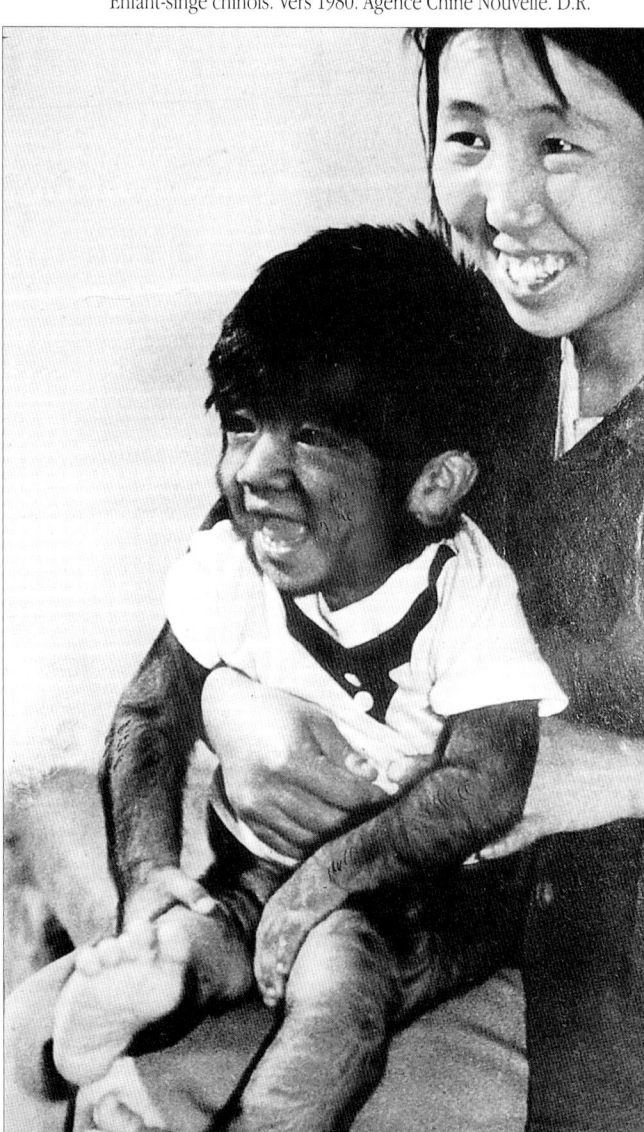

28
Poils et magie
Prophéties, sortilèges, superstitions et envoûtements

« L'oiseau ». huile de R. Bourigeaud. 1961. Coll. part. D.R.

Le poil a une singularité : il est imputrescible, ce qui lui confère une idée de force et de puissance. Puisqu'il est victorieux de la désagrégation et du pourrissement, il l'emporte donc sur « la mort ». Cette suprématie lui confère dès lors d'obscures et dangereuses vertus.

Qu'il pousse sur le corps ou sur la tête, le poil humain s'identifie à l'individu qui le porte. C'est pourquoi, même détaché, il continue d'exercer sur lui – et à son insu – une influence bénéfique ou maléfique, largement utilisée en sorcellerie par les envoûteurs et jeteurs de sort. Le poil humain est effectivement partie prenante d'un très grand nombre de recettes magiques, au même titre et avec la même importance ésotérique que le sang, l'urine, le sperme et les rognures d'ongles, tous ces éléments du corps humain symbolisant la ou les faces cachées de la vie, à un titre ou à un autre. L'histoire de la chevelure de Samson, celle des vampires buveurs de sang ou des vestales buveuses d'urine en sont des manifestations significatives.

Poils, sorcellerie et magie

En sorcellerie, les poils servent tout autant à la préparation d'élixirs, de baumes et d'onguents aux pouvoirs extraordinaires que dans les cérémonies dédiées aux esprits malins, que l'on sollicite et à qui l'on demande d'intervenir de telle ou telle manière, au bénéfice ou à l'encontre de tel ou tel individu.

Dans tous les procès en sorcellerie du Moyen Âge et de la Renaissance, les juges, laïcs ou ecclésiastiques, sont eux-mêmes intimement persuadés de l'importance du système pileux dans les affaires qu'ils traitent. Aussi pensent-ils que les sorciers et les sorcières interrogés gardent le silence sur leurs crimes grâce à des « secrets ancrés au plus profond de leur intimité et que ces charmes magiques se tiennent essentiellement dans les poils ». Ainsi, pour les faire avouer, devient-il naturel qu'avant de les « passer à la question », on les « dépoile comme de la volaille », c'est-à-dire qu'on leur rase la tête, les aisselles et le pubis. Toute question relative à la pudeur envers les parties génitales, surtout au Moyen Âge, est balayée car la lubricité est une des principales accusations portée dans les procès en sorcellerie, et les femmes qui s'y livrent « embrassent sans retenue, au cours de sabbats frénétiques, l'anus poilu du diable ».

Pour être juste, il faut préciser qu'à l'intérieur des tribunaux ecclésiastiques, l'unanimité ne s'est jamais faite quant au rasage des pubis, et les juges inquisiteurs n'ont cessé de débattre à ce sujet. En France, mais surtout en Espagne et au Portugal, la pratique est non seulement courante, mais les inquisiteurs ordonnent que « tout le corps soit rasé ». En Allemagne, les résistances sont fortes et dès le XVe siècle, un texte inquisitorial précise : « Le rasage autour des lieux secrets peut être jugé déshonorant, raison pour laquelle nous recommandons de ne pas en user ». En Italie, un document signé du Grand Inquisiteur de la ville de Côme fait mention d'un procès en sorcellerie qu'il présida, en 1485, dans le comté de Burdia, près de Milan, aux frontières de l'archiduché d'Autriche. On y lit « qu'il fit enduire de cire quarante et une sorcières pour les raser par tout le corps ».

Le poil, indispensable aux envoûteurs

On pourrait évoquer plusieurs centaines d'affaires criminelles liées à la superstition et dans lesquelles poils et cheveux sont retenus comme des pièces à conviction majeures. Citons simplement, comme significative entre toutes, l'affaire des lépreux du Languedoc qui se déroula en 1320. Dans plusieurs régions de cette province on aperçut dans quantité de puits et on trouva dans de nombreux bassins de fontaines publiques de petits paquets de substances inconnues, attachés par une pierre afin qu'ils se maintiennent au fond de l'eau. « De graves maladies s'étant déclenchées, dit la chronique, la justice enquêta. De multiples suspects provoquèrent de multiples aveux et l'on supposa que des lépreux, à l'instigation des juifs, avaient empoisonné puits et fontaines ». Des interrogatoires menés avec force écarteurs, resserreurs, chevalets et autres estrapades, il ressortit que le poison était composé, « selon une ancienne formule magique, d'urine de lépreux, de bave de crapaud et de cheveux et poils pubiens de femmes juives impures». Fable qui autorisa, cette fois encore, le massacre de nombreux juifs.

Aucune société, à aucune époque, sur aucun continent, n'a pu se passer de mages, de voyants, de sorciers, d'envoûteurs, de magiciens et autres marabouts. En Asie, en Chine comme en Inde, en Afrique noire comme en Afrique du Nord, en Amérique et dans toute l'Europe, on continue à craindre, selon les croyances ancestrales populaires, que les cheveux ne soient utilisés, dans un rituel de sorcellerie, à l'encontre de ceux à qui ils appartiennent. C'est pourquoi certaines personnes ne fréquentent jamais les coiffeurs chez qui les cheveux coupés traînent.

Dans de nombreux pays, les clients exigent des coiffeurs que les cheveux coupés soient ramassés et brûlés devant eux. Jocelyne Bonnet nous dit dans *Histoires des mœurs*, publiées dans la Pléiade, que pour éviter que les cheveux ne passent entre des mains malveillantes qui pourraient les utiliser à des fins maléfiques, « non seulement les femmes Kalash du Pakistan prennent soin de laisser aller dans le courant de la rivière leurs cheveux tombés, mais de plus, elles ne gardent jamais leur peigne à la maison ».

À l'heure actuelle, mages et sorciers de tous calibres exercent par dizaines de milliers en Europe. En France seulement, ils sont près de 4 000 qui satisfont à plus de vingt millions de consultations annuelles et génèrent un chiffre d'affaires « au noir » estimé par les services fiscaux, très frustrés, à plus de 2 milliards de francs, soit 300 millions d'euros.

Envoûteurs ou désenvoûteurs, selon les cas, ces individus font entrer poils pubiens et cheveux dans leurs pratiques dites magiques qui sont censées répondre à l'attente de leurs consultants : retour d'affection ou, au contraire, jet de sortilège, sans oublier la guérison de mille et une maladies et affections.

Pour satisfaire les esprits

Chaque année, plusieurs milliers de plaintes sont déposées par des clients crédules qui non seulement se sont fait délester de sommes souvent considérables, mais également de quantité de poils de toute nature, tantôt personnels, tantôt appartenant à des tiers et obtenus après mille difficultés, quelquefois de manière illicite.

La dernière affaire en date, qui les résume toutes, a été plaidée en 2002 devant le tribunal de Nantes. Ce jour-là, le professeur Moamadou, Mohamed de son vrai nom, petit bonhomme de 44 ans, en costume gris et tee-shirt rose, explique au président du tribunal les dessous secrets de ses activités, facturées de 1 000 à 6 500 francs, toujours en liquide. Sa dernière cliente, une femme de 45 ans, dépressive chronique, « voyait en lui la dernière chance de s'en sortir ». Conformément aux directives de Mohamed, elle s'est rendue au cimetière avec une bouteille, pour y chercher du gravier qu'elle a mélangé à du sable et à une mixture liquide secrète que l'accusé lui avait remise. Puis, selon les instructions de ce dernier, elle a introduit dans la bouteille des poils de pubis et des mèches de cheveux avant de boire, au goulot, une partie de cette mixture infecte et d'utiliser le reste pour des lavements vaginaux. Comme aucune amélioration de son état ne se faisait sentir, la malheureuse refit le rituel trois fois encore, avec à chaque fois un peu plus de poils pubiens et de cheveux, auxquels Moamadou lui conseilla d'ajouter des billets de 500, 100 et 50 francs, avant de lui apporter les bouteilles pour bénédiction et surtout, pour « satisfaire les esprits ». Ce n'est que lorsqu'elle eut le pubis plus dénudé qu'une tête de vautour que la victime se décida à porter plainte.

Poils et tératomancie

Les Assyriens sont parmi les premiers à avoir classifié méthodiquement les naissances monstrueuses, catégorie par catégorie, qui envisagent à peu près toutes les possibilités dont ils ont tiré des centaines d'interprétations.

Charles Foury a traduit ces écrits prophétiques qui font de la tératomancie une science codifiée et précise. Ainsi, on peut lire que si une femme appartenant à la famille royale accouche d'un enfant velu, les dieux abandonneront le pays. Et que si une femme appartenant à la famille royale accouche d'un nouveau-né qui porte trace de barbe, peste et invasions ennemies dévasteront le pays.

Une apparition incongrue de poils sur le corps reste aujourd'hui encore prétexte à interprétation. Des poils sur l'aréole ou sur le globe mammaire du sein d'une femme ont valeur de don médiumnique. Et si l'un d'eux se détache des autres par sa grosseur, sa longueur, sa couleur et si, de surcroît, il est frisé, il faut bien se garder de le couper ou de l'arracher car il est présage de bonheur intense. Cette croyance, ancrée aujourd'hui encore aussi bien dans certaines parties de l'Afrique que dans plusieurs provinces françaises, est bien ancienne puisque déjà au XVe siècle, Albertus d'Angers écrit dans *L'art de prédire le sort des femmes* : « La dame qui porte un grain de beauté entre les deux seins ne sera pas riche, à moins que l'un des seins ne soit orné de poils frisés. Il faut se garder de les couper, car ils sont présage de fortune ».

Lou Chaney junior dans « Homme-loup ». Corbis-Sygma. Underwood

La longueur du nez serait liée à la force sexuelle. Gravure. Coll. part. D.R.

Poils et accidents mortels

• **Ça pue !**

En 1694, le Mercure Galant rapporte que « trois personnes descendues dans un puits pour récupérer une perruque perdue par un enfant y meurent successivement, toutes saisies par des effluves méphitiques ».

• **Perte de mémoire**

« On voit encore dans le cimetière de Braunau, petite ville d'Allemagne, la tombe de Hans Steininger, qui, en 1572, pour avoir oublié en montant à cheval de soulever comme d'habitude sa barbe qui descendait jusqu'à terre, s'embarrassa le pied dans l'étrier, tomba de sa hauteur et se tua ».

• **Attention la marche !**

Vers 1902, le maire d'une bourgade de Hollande, en marchant sur l'extrémité libre et flottante de sa longue barbe, se fracassa le crâne en roulant du haut en bas d'un escalier dont il gravissait les marches.

Poils et rêves prémonitoires

La première trace d'un ouvrage publié sur l'interprétation des rêves date du IIe siècle avant J.-C. C'est l'œuvre d'Artemedose Dolidarius, aujourd'hui traduite dans presque toutes les langues. Mais bien avant, depuis des milliers d'années, se perpétue l'intérêt pour les rêves. Il en était ainsi chez les anciens Babyloniens et Chaldéens, il en est ainsi aujourd'hui après que les plus célèbres psychologues et psychanalystes, tels Jung, Rhine, Freud, Zener, Mac Dougall, aient consacré une partie de leur vie à ce sujet. La présence des poils et cheveux dans un rêve a une signification précise, qu'il faut interpréter comme suit :

les cheveux, éléments fondamentaux de la prémonition. D.R.

Cheveux - Vous rêvez que :
• Vous avez les cheveux roux : des difficultés se préparent.
• Vous portez des cheveux taillés en brosse : on vous trompe.
• Vous portez une queue de cheval : vous désirerez des choses futiles.
• Vos cheveux tombent : se préparer à un choc émotif.
• Vos cheveux grisonnent : séparation d'avec sa famille.
• Vous vous faites couper les cheveux : bénéfices prochains à prévoir.
• Vous vous teignez les cheveux : votre vanité va vous apporter un ennui.
• On vous tire les cheveux : des ennemis cherchent à vous faire du mal.
• Vous vous brossez les cheveux : vous allez au-devant de difficultés financières.
• Vous vous lavez les cheveux : attendez-vous à un chagrin.
• On vous coupe les cheveux au niveau des oreilles : période de malheur prochaine.
• Vos cheveux sont emmêlés : prochaine et longue action judiciaire.
• Vous mangez vos cheveux : une joie prochaine.
• Vous avez une permanente : vos amours vont mal aller.
• Vos cheveux vont jusqu'au sol : votre amant vous trompe.
• Vos cheveux sont bien peignés : vos mauvaises affaires vont s'arranger.
• Une femme devient chauve : attendez-vous à des pertes financières.
• Des cheveux brûlent : mort d'une connaissance.
• Vous vous ébouriffez les cheveux : disputes importantes dans la famille.
• Vous trouvez des poux dans vos cheveux : promesse de richesse rapide.
• Votre main tient une poignée de cheveux : des amis vous tourmenteront.
• Vous portez une perruque foncée (homme) : des femmes vous recherchent.
• Vous portez une perruque blonde (femme) : Vous épouserez un homme très riche.
• Vous portez une perruque brune (femme) : Vous épouserez un homme pauvre.

Barbe - Vous rêvez que :
• Vous avez une barbe : détresse financière probable.
• Vous avez une très longue barbe : vous recevrez beaucoup d'argent.
• Femme, vous rêvez d'un homme à barbe : vous allez quitter votre mari.
• Femme enceinte, vous rêvez d'un homme à barbe : vous aurez un fils.
• Vous arrachez votre propre barbe : signe de ruine et de pauvreté.

Le poil, la lune et le coiffeur

« Un jeune coiffeur de la Drôme, soucieux du bien-être de ses clients, décide de tenir compte de l'influence de la lune sur la pousse des cheveux. Il envoie donc à un astronome réputé, Pierre North, la question suivante pour laquelle il demande une réponse. "J'ai un projet, je souhaite ouvrir le salon de coiffure les nuits où la Lune agit sur la repousse du cheveu et sur le bien-être de la personne. Pouvez-vous me donner des renseignements ainsi que les dates des lunes ?" »

Réponse de l'astronome : « Le seul renseignement que nous puissions vous fournir à ce sujet vous décevra, puisqu'il n'existe pas la moindre preuve que la Lune exerce la moindre influence sur la pousse des cheveux ni sur quelque fonction physiologique que ce soit. La satisfaction esthétique ou les sentiments romantiques procurés par un beau clair de lune ont peut-être finalement des répercussions physiologiques, mais cela n'a pas grand-chose à voir avec l'influence directe mais légendaire qu'exercerait la Lune sur la fréquence des naissances, pour citer un autre exemple. On sait en effet que cette fréquence est totalement indépendante des phases de la Lune, en dépit des affirmations contraires de bien des sages-femmes.

« Par contre, la Lune a certainement joué un rôle dans l'histoire de la vie sur terre, à l'échelle des temps géologiques, mais cela est un autre sujet...

« Si vous tenez néanmoins à parler de Lune à vos clients, vous trouverez les dates des phases lunaires dans n'importe quel agenda. »

La réunion des sourcils serait le signe d'un déséquilibre de la personnalité. Huile de Pierre Férioli. Coll. part. D.R.

Fétiche en cheveux. Coll. part. D.R.

• **Des hommes s'arrachent la barbe** : vous êtes contraint de payer vos créanciers.
• **Vous vous rasez la barbe** : vous allez perdre de l'argent.
• **Quelqu'un vous lave la barbe** : vous allez éprouver une souffrance.
• **Vous vous lavez la barbe** : vous allez traverser une période d'angoisse.
• **Votre barbe est bouclée** : vous allez impressionner quelqu'un.
• **Vous raccourcissez votre barbe** : vous risquez des pertes financières.
• **Vous avez une barbe rousse** : vous commettrez une provocation.
• **Vous avez une barbe brune** : vous allez vers la misère.
• **Vous avez une barbe qui grisonne** : vous serez victime de ragots et de calomnies.
• **Vous avez une barbe clairsemée** : annonce d'une mort dans la famille.
• **Une femme enceinte rêve d'avoir une barbe** : promesse d'avortement.
• **Une veuve rêve d'avoir une barbe** : perte d'une propriété.
• **Une jeune fille rêve d'une barbe** : mariage prochain.

Calvitie - Vous rêvez que :
• **Vous devenez chauve** : une grave maladie se prépare.
• **Vous êtes totalement chauve** : on va vous aimer très profondément.
• **Vous êtes chauve sur le haut du front** : gros ennuis en perspective.
• **Vous êtes chauve derrière la tête** : vous allez vivre dans le dénuement.
• **Vous êtes chauve du seul côté droit** : un de vos amis va mourir.
• **Vous êtes chauve du seul côté gauche** : mort dans la famille.
• **Vient au monde un bébé chauve** : promesse d'amour pour lui.
• **Une femme devient chauve** : promesse de difficultés sentimentales.

Sourcils - vous rêvez :
• **De vos propres sourcils** : bénéfices financiers assurés.
• **De sourcils châtains** : grande chance à venir.
• **De sourcils noirs** : grande joie à venir.
• **De sourcils broussailleux** : bénéfices financiers envolés.
• **De sourcils minces** : grand chagrin à venir.
• **De sourcils très longs** : grand bonheur à venir en amour.
• **De sourcils tombants** : votre amant ou maîtresse est infidèle.
• **Des sourcils d'un membre de la famille** : vous encourrez l'estime générale.
• **Des sourcils de votre mari** : vos amours vont s'améliorer.
• **Des sourcils de votre femme** : vous allez vers une fortune considérable.
• **Des sourcils de vos ennemis** : quelqu'un de votre entourage vous trahit.

Poil et superstitions occidentales
Les poils et la mort
• Lorsqu'un être cher s'est pendu, il faut surveiller son cadavre avant sa mise en terre, car si un envoûteur arrive à lui couper les cheveux pour s'en faire une perruque et qu'il la trempe ensuite dans du sang de chouette, il acquiert le pouvoir de se rendre invisible.
• Lorsqu'une raie se forme au hasard sur les cheveux mouillés d'une femme, c'est signe qu'elle sera bientôt veuve.
• Si nos propres cheveux ne prennent pas feu dans la cheminée, c'est signe qu'on mourra noyé. S'ils s'enflamment facilement, c'est signe de longévité.
• Il ne faut pas se coiffer avant de se coucher car les cheveux restés sur le peigne attirent les forces nocturnes maléfiques.
• Un frisson dans les cheveux signale le passage de la mort ou du diable.
• Si une femme à la chevelure raide se réveille un matin avec deux boucles sur le front, c'est signe que son mari va mourir.
• Une femme dont les cheveux sont plantés bas sur le front est appelée à devenir veuve très rapidement.

Poils et coupes éphéméropyres
• Si l'on veut vivre longtemps, il faut se couper les cheveux le mardi et le jeudi.
• Qui se coupe les cheveux le vendredi ne sera jamais riche.

Femme à sa toilette. Huile de Degas. D.R.

• Qui se coupe les cheveux le lundi ou le dimanche s'attire la malchance.
• Il ne faut pas se couper soi-même les cheveux le matin, car cela peut être néfaste pour son proche entourage.
• Les cheveux deviennent ternes si on les coupe les jours de lune montante.
• Qui se coupe les cheveux à la lune décroissante perdra à coup sûr sa chevelure.

Poils et sentiments
• Si l'on trouve un cheveu qui n'est pas à soi sur son épaule, une lettre d'amour va arriver dans la journée.
• Un mari qui veut s'assurer de la fidélité de sa femme brûle une mèche de sa chevelure et dépose trois pincées de cendre dans le lit conjugal.
• Qui se coiffe avant de se coucher et constate qu'il perd beaucoup de cheveux perdra aussi amour, santé et fortune.

• Perdre une épingle ou un peigne à cheveux sans s'en rendre compte est signe qu'un amour va se transformer en inimitié.
• Si l'épingle ou le peigne tombe à terre et est ramassé, c'est signe que quelqu'un pense à vous avec amour.

Poils et circonstances particulières
• Qui se peigne les cheveux risque un jour de perdre la mémoire. C'est pourquoi certaines étudiantes de l'Europe de l'Est évitent de se coiffer avant de passer un examen.
• Si un marin se fait couper les cheveux à bord d'un navire juste avant une tempête, il connaîtra un grand bonheur en rentrant chez lui.
• Si un oiseau vous vole un cheveu pour faire son nid, vous aurez des migraines prolongées.
• Qui reste sous la pluie ne sera jamais chauve.
• Toucher ou embrasser un crâne chauve porte bonheur.
• Se frotter le crâne avec du jus d'oignon et de la fiente d'oie préserve de la calvitie.

Poils et chromatie
• Les cheveux très blancs désignent un homme malléable, avide d'honneurs et de gloire.
• Une chevelure brune caractérise une personne persévérante, laborieuse et serviable.
• Une personne rousse est diabolique et porte le mauvais œil. Elle est médisante, envieuse et perverse.
• Une personne à la « crinière blanche » est un être plein de jugement et d'expérience.
• Une personne avec des cheveux blancs apparaissant avant l'heure est hâbleuse et inconstante.

Poils et physiognomonie
• Un homme de caractère tranquille et honnête a une chevelure peu épaisse et d'une couleur indécise.
• Une poitrine velue est signe d'une puissance sexuelle particulière.
• Des poils sur le dos des mains expriment une vitalité heureuse et une chance assurée.
• Un homme à la poitrine entièrement lisse ne peut être qu'un voleur.
• Une chevelure masculine qui pousse sur le front et devant les oreilles est signe de longévité.
• L'homme dont la chevelure recouvre le front et les tempes est de nature grossière, vaniteuse, colérique et adepte du luxe.
• L'homme aux cheveux frisés, bien dégagés du front, est doté d'une âme simple et artistique.
• L'homme aux cheveux raides et fins a un tempérament timide, pacifique et est agréable à vivre.
• L'homme à la chevelure courte, épaisse et drue, dénote un caractère intrépide et inquiet, mais souvent fourbe.
• L'homme à cheveux crépus est un homme simple et lucide, mais une importante crinière frisée révèle un individu méchant et luxurieux.
• Une femme bouclée sera plutôt chaleureuse et amicale.
• Une femme avec des cheveux rares et ternes est à coup sûr sournoise et perverse.

29
Objets en cheveux
De la natte amoureuse à la mèche funéraire

Paysage réalisé en cheveux collés sur opaline. Composition en demi-relief, Coll. Andrée Chanlot. D.R.

En Occident, recevoir ou donner des cheveux participe du désir de posséder un précieux souvenir de l'être cher. Il s'agit d'abord, débité par mèches et nattes entières, de satisfaire à la dévotion des amants. La triste aventure de la Dame de Fayel, déjà évoquée dans cet ouvrage, en est un exemple du XIIIe siècle, assez semblable à beaucoup d'autres du Moyen Âge.

Couper une part de sa plus belle parure pour en faire don a la valeur d'un sacrifice dont on escompte bien quelque reconnaissance sentimentale. Théophile de Viau, poète du début du XVIIe siècle, écrit dans une ode ses regrets de ne pouvoir faire un bracelet avec les cheveux d'une bergère.

Mademoiselle Louise Roger de la Marbelière, fille d'un lieutenant général du présidial de Tours, se rase sa blonde toison géni-tale un jour de 1639 pour l'offrir à son amant, Jacques d'Espinai, seigneur de Vaux, premier veneur et gentilhomme de la chambre du duc d'Orléans. De ce très personnel gage d'amour, il se fait « un bracelet tressé qu'il ne cesse de couvrir de baisers ».

Plus classique est le bracelet de cheveux que Théodore d'Agrippa d'Aubigné, fameux historien littérateur et compagnon d'Henri IV, porte au poignet gauche. Il évoque dans ses Mémoires comment ce bijou, confectionné avec les cheveux d'une maîtresse aimée, prit feu au cours d'un corps à corps dans une bataille. Il salue au passage la noblesse de son adversaire qui arrêta ses assauts le temps qu'il éteigne ce malheureux incendie.

On pourrait multiplier les exemples démontrant que les cheveux ont, de tout temps, été les messagers des sentiments et l'emblème de la fidélité et de l'amour. À la fin du XVIIIe siècle et durant tout le XIXe, ils prennent une toute autre envergure symbolique. Désormais, les cheveux offrent tout le répertoire des petits symboles et des grands sentiments. L'échange de cheveux devient, par exemple, preuve d'amitié et de reconnaissance indéfectible. C'est pourquoi la reine Victoria offre à plusieurs reprises, avant de s'asseoir sur le trône d'Angleterre, des mèches de ses cheveux à la baronne Louise Litsen, sa dame de compagnie.

Les mères coupent et conservent des mèches de leur progéniture dès l'enfance. Fiançailles et mariages sont l'occasion d'échange de médaillons, de bijoux, de chiffres entrelacés, de nœuds, de fleurs symboliques, de tourterelles, d'autels, de mausolées, tous en cheveux, bien sûr, et fondés sur la vieille métaphore de la chaîne et du lien tressé indestructible qui unit, en principe pour toujours, les deux conjoints. Nombreuses sont les familles qui font réaliser des œuvres avec les cheveux de tous les membres de la famille pour matérialiser l'idée symbole de l'unité familiale.

Les cheveux du roi

Le XIXe siècle prétendument rationaliste va pousser la tendance fétichiste jusque dans le domaine du souvenir funéraire, faisant de la mèche un souvenir sacré, une relique même. Ce désir de garder une trace précieuse de l'être défunt est à l'origine de ce que l'on va appeler la « bijouterie de deuil » qui, d'abord réservée aux grands de ce monde, se répand très vite dans toutes les couches de la France profonde.

Au Temple, le matin même de son exécution, Louis XVI donne ses dernières directives à son fidèle valet de chambre Cléry, qui, en 1798, publie « Journal de ce qui s'est passé au Temple pendant la captivité de Louis XVI ». On y lit que le souverain déchu et sa famille adressent, depuis leur prison, leurs cheveux à leurs proches. « Vous remettrez ce cachet à mon fils, cet anneau à la reine. Ce petit paquet renferme des cheveux de toute ma famille, vous le lui remettrez aussi ». Après bien des vicissitudes, nous dit Andrée Chanlot, la seule experte qui fasse autorité dans le monde sur ce thème, ces divers objets parviendront au comte de Provence et à partir de ces reliques capillaires seront confectionnés bijoux et objets que conservent musées et collections privées. Et, précise-t-elle, « d'autres objets proviennent des cheveux du roi qu'un malin eut l'opportunité d'acheter devant l'échafaud à seule fin de les revendre un bon prix le moment venu ».

De la même façon, mais juste avant son incarcération au Temple, Marie-Antoinette avait donné des mèches de ses cheveux à quelques amies intimes telles que lady Abercrombie ou la princesse de Lamballe.

L'exemple de la famille royale est suivi par presque tous les futurs guillotinés qui distribuent touffes et mèches afin de mieux survivre dans l'esprit de leurs proches. Napoléon n'y échappe pas non plus. Dans son testament d'avril 1821, il charge Marchant, son premier valet de chambre, de faire réaliser après sa mort, avec sa chevelure, des bagues de deuil pour l'impératrice Marie-Louise, pour sa mère, ses frères et sœurs. Il lui confie aussi le soin de garder et de remettre au roi de Rome, lorsqu'il aura atteint l'âge de 16 ans, une chaîne qu'il a toujours gardée auprès de lui, faite avec les cheveux de l'impératrice.

« Bouquet de famille » par Florentin. 1878. Cheveux des 12 membres d'une même lignée. Collés sur verre. Coll. Andrée Chanlot. D.R.

Album de Chasleux. Modèles de tresses en cheveux. Cabinet des estampes. D.R.

« Le fleuve ». Paysage en cheveux collés sur carton.
Coll. Andrée Chanlot. D.R.

« Paysage ». Cheveux et poudre de cheveux collés sur verre.
Coll. Andrée Chanlot. D.R.

Médaillon-souvenir par Etne-Silva. 1885. Cheveux et photographie.
Coll. Andrée Chanlot. D.R.

Avec la Restauration, une sorte de sentimentalité renaît qui fait dire à Madame de Genlis, gouvernante des enfants du duc d'Orléans, Philippe Égalité : « Notre époque est si sentimentale qu'il n'y en a certainement pas de semblable où l'on a fait autant de bracelets, de bagues, de chiffres, de chaînes en cheveux. On voit des femmes porter des ceintures de cheveux de leurs amants [...] ».

Le cheveu est devenu la relique humaine privilégiée. On en fait des fleurs pour rehausser les toilettes, des porte-lorgnons, des ceintures, des éventails, des dessus de tabatière, des boutons, des genouillères, des tableautins, des tableaux et, bien sûr, quantité de bijoux tels que bracelets, colliers, cordons de montre, broches, bourses, pendants d'oreilles, et tout cela enrichi d'éléments d'orfèvrerie et de joaillerie tels que perles, pierres précieuses, fermoirs et attaches en or, etc. La diversité surprend et la profusion tout autant. Elles sont toutes deux à l'origine du développement d'un artisanat hautement qualifié. Non seulement femmes et jeunes filles s'exercent à l'art de l'arrangement du cheveu, mais d'autres artistes s'y spécialisent sous la dénomination de « dessinateurs en cheveux ». Des bijoutiers montent et enrichissent les divers éléments qu'ils reçoivent des tisseurs, tresseurs et passementiers qui traitent les cheveux. Ceux-ci fabriquent sur métier ou carreau des tresses, des nattes et des tissus, éléments de base des bijoux souples. Certains de ces cordons en cheveux sont réalisés avec des fuseaux à tresser ou à tisser dont le nombre minimum de deux peut monter jusqu'à quatre-vingt-un. Ainsi sont fabriqués des cordons en cheveux ronds, carrés, cannelés, à colonnes torsadées, octogonales, à bouillon, à feston, à câble, à queue de renard, etc.

Souvenir, souvenir !

Garder une mèche de cheveux, c'est bien ! Garder toute la chevelure, c'est mieux, mais garder toute la tête, c'est « grand » ! C'est ce que firent la duchesse de Nevers et Marguerite de Valois, folles d'amour, la première pour le comte Annibal Coconnas, et la seconde pour le sire de La Mole.

Les deux hommes, qui s'étaient distingués lors de la Saint-Barthélemy par une ardeur regrettable, prirent part à un complot visant à s'assurer de la personne du roi, alors très souffrant du mal qui devait l'emporter peu après, et à faire passer la couronne sur la tête du duc d'Alençon, au détriment de son frère Henri III, roi de Pologne depuis peu. La conspiration fut découverte et Coconnas et La Mole montèrent sur l'échafaud en avril 1574. La duchesse de Nevers et Marguerite de Valois obtinrent, après la décapitation, les deux têtes de leurs bien-aimés qu'elles firent embaumer puis coiffer pour pouvoir les conserver. Alexandre Dumas mit ces deux femmes en scène dans La Reine Margot, *et Stendhal se souvint de l'épisode de l'embaumement des têtes en écrivant* Le Rouge et le Noir.

Carte postale agrémentée de vrais cheveux. Coll. part. D.R.

Cheveux de famille conservés dans une bible. Corbis-Sygma. Michael Lervis.

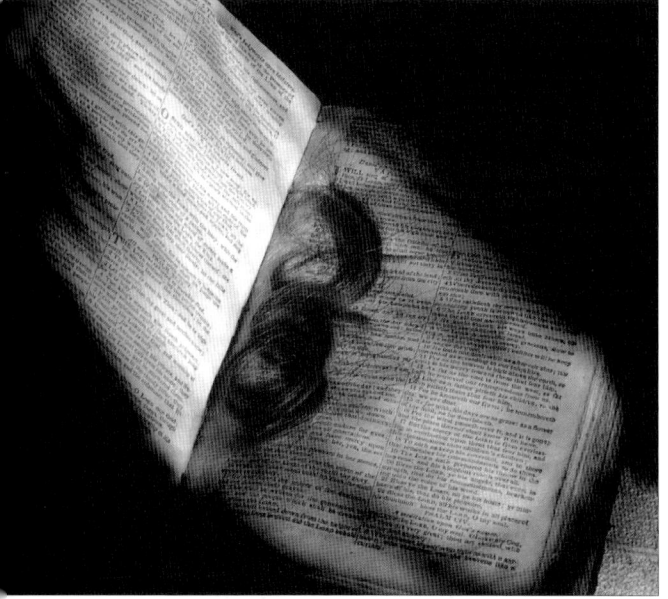

Les tissus en cheveux, quant à eux, sont travaillés comme s'il s'agissait de laine ou de soie, avec des points simples ou doubles ou plus sophistiqués tels le point de Paris ou le point de Bâle.

Les broderies en cheveux, déjà très à la mode à la fin du XVIIIe siècle, atteignent leur apogée sous la Restauration. Les cheveux sont utilisés comme un fil de soie après avoir été collés bout à bout avec de la gomme arabique ou adragante. Employés un à un sur un support de soie, ils permettent de réaliser des figures très délicates et complexes ou tout simplement d'orner ses mouchoirs de chiffres ou d'initiales.

Les tabletiers interviennent également dans la fabrication d'objets en cheveux. Ils réalisent les dessus des boîtes, les damiers des jeux de dames ou d'échecs, et ils se chargent généralement de réaliser les décors divers des tableaux et des miniatures, paysages, lieux de souvenir ou symbole des sentiments. Ce sont eux qui, reprenant une tradition du XVIIIe siècle, reproduisent en cheveux l'œil de l'être aimé, que l'on joindra à une photographie, au début du XXe siècle.

On se doit de citer les coiffeurs-perruquiers qui se veulent, abusivement, les seuls vrais « dessinateurs en cheveux ». Le grand coiffeur parisien contemporain Alexandre a entretenu la tradition en créant quelques œuvres à partir de cheveux de différentes personnalités fréquentant ses salons.

Selon Andrée Chanlot, si la maîtrise et le savoir-faire furent toujours français, de très nombreux pays eurent le goût des objets en cheveux et en fabriquèrent par milliers. On peut nommer l'Angleterre, l'Allemagne, les Pays-Bas, la Suisse, le Danemark, la Suède et, à partir de 1900, les États-Unis, gagnés eux aussi par cette vogue. D'une manière générale, les pays du sud, hormis l'Espagne un court temps, demeurèrent insensibles à ce type d'objet.

Les premières années du XXe siècle voient des séries de cartes postales agrémentées de vrais cheveux, mais il s'agit du chant du cygne de l'artisanat des objets en cheveux. Les bijoux en cheveux sont abandonnées dès la Belle Époque et ne survivent un temps que les médaillons commémoratifs renfermant les cheveux d'un disparu. Eux-mêmes perdent leur vogue entre les deux grandes guerres et on peut dire que les artistes en cheveux, amateurs et professionnels, n'œuvrent pratiquement plus à partir de 1930.

Cet abandon d'activité est principalement dû à l'essor extraordinaire de la photographie qui autorise elle aussi, et de façon beaucoup plus simple et bien moins chère, le grand fétichisme du souvenir.

Soyons justes, obtenir une boucle, une mèche de cheveux de sa ou de son bien-aimé et la conserver sur soi ou près de soi, n'est-ce pas aujourd'hui encore le plus beau signe d'un attachement amoureux ?

Le grand joaillier parisien Jean Vendôme perpétue la tradition du « cheveu-souvenir ». Il reste un des très rares, sinon le seul artiste, à créer des pièces d'orfèvrerie unique, spécifiquement destinées à recevoir le cheveu ou le poil de l'être ou de l'animal aimé. Seule également à pratiquer un art du cheveu étonnant, une certaine Odile Lefur fabrique des gilets en cheveux humains car, dit-elle, « vous ne pouvez pas soupçonner le bonheur de porter quelque chose venant de quelqu'un qu'on aime... en plus la veste est chaude et solide ! [...] ».

30
Poils et création

Considérations pileuses et approches velues des arts et des lettres

La Joconde moustachue et barbue par Marcel Duchamp. 1919.
D.R./L.H.O.O.Q.

Fameuse publicité OCB réalisée par Publicis Constellation.
Photographie de Alayde Rioche.

Une incommensurable littérature prend en considération les éléments essentiels du système pileux : la chevelure et la toison pubienne chez les femmes, la barbe et la moustache chez les hommes. Toutes les formes d'écriture ont sacrifié aux poils : savants traités techniques ; pamphlets ; polémiques ; fables ; opuscules politiques ; biographies de barbiers, perruquiers et coiffeurs ; pièces de théâtre ; poèmes ; romans et autres recueils de toutes natures.

POILS ET LITTÉRATURE

Poètes et romanciers surtout ne se sont pas privés d'utiliser les rasages masculins et les soins de coiffure féminine comme un moment idéal d'intimité, riche en passion et en rebondissements. Un poème persan du XVIIe siècle les résume ainsi : « Même si ta chevelure est devenue ce présage pour le cœur, et si tes tresses la retiennent captive, c'est un honneur pour ton esclave de porter de si douces chaînes et mon âme troublée se débat avec délice dans les filets de ta chevelure ».

Partie prenante de l'idéal féminin, poètes et romanciers en ont célébré les formes, les couleurs, chacun soucieux de flatter et de rendre irrésistible son héroïne ou sa bien-aimée.

Quoi qu'il en soit, poètes et romanciers n'ont cessé d'exalter la beauté des cheveux depuis la plus haute Antiquité. Homère, bien sûr, mais plus encore le romancier philosophe du IIe siècle, Apulée qui, dans ses *Métaphores*, écrit des lignes dont beaucoup seront reprises et « arrangées » par les poètes des générations suivantes. Pour Apulée, rien ne doit être autant prisé dans une femme que la tête et la chevelure, dont les boucles ondoyantes nous caressent dans les ébats amoureux : « En public, c'est ma plus vive admiration ; en privé, ma plus douce jouissance ». Certaines de ses lignes sur la chevelure des femmes restent de la plus totale pertinence : « Mais y a-t-il rien de plus charmant que des cheveux d'une belle couleur, qui brillent au soleil d'un lustre changeant dont l'œil est ébloui ; les uns d'un blond plus éclatant que l'or, les autres, d'un noir d'aile de corbeau et un peu changeants comme la gorge du pigeon [...] Quel charme encore de voir une grande quantité de cheveux relevés et ajustés sur le haut de la tête ou bien de les voir d'une grande longueur, épars et flottant sur les épaules. »

« Enfin, la chevelure a quelque chose de si beau que, quand une femme paraîtrait avec toutes sortes d'ajustements et avec des habits d'or chargés de pierreries, s'il se trouve quelque négligence dans ses cheveux ou quelque irrégularité dans sa coiffure, toute sa parure devient inutile ».

Sautons les siècles pour nous mêler aux poètes de la Pléiade qui, entre 1540 et 1590, plus que tous les autres, se sont penchés sur les poils. Pierre de Ronsard évoque des « ondes chatoyantes, libérées de toute coiffe ; des boucles un peu folles qui voltigent autour d'un frais et pimpant visage ». Rémi Belleau lui répond : « C'est ce poil frisé qui, flottant, se replie autour de son beau col qui tient serrée ma vie ». Pour Joachim Du Bellay, la belle chevelure est « mouvante comme la houle et vogue en liberté, s'adonnant aux souffles du zéphyr ou à un vent d'orage. Elle tombe sans art et flotte sans résistance ». Quant à Pontus de Thiard, il se dit « prisonnier des raies (rets) que des cheveux si blondement dorés ont su tisser et qui tiennent ses pensées étroitement serrées ».

Pas plus prisonnier certainement que le féroce Pierre de Loyer, grand brûleur de sorcières qui, en 1576, se déclare « esclave d'un cheveu » : « Celle dont mon cœur s'est épris, coupant du chef un poil qui à de l'or fin ressemble, m'en lie les deux mains étroitement ensemble, comme on fait à un captif qu'en la guerre on a pris ». Ou encore : « Étant étreint plus fort que d'un lien d'airain, je suis, pauvre chétif, comme d'une ficelle, entraîné par le poil de ma dame rebelle qui me fait aller où me tire sa main ».

L'assujettissement total aux poils d'une belle nous est également donné par Olivier de Magny, le maître d'hôtel de François Ier, amoureux de Louise Labé, qui se dit : « Séduit par un beau poil qui depuis lors me tient lié ». Même constatation pour Mellin de Saint-Gelais qui avoue crûment que la toison de sa maîtresse lui est plus chère que la maîtresse elle-même : « Si vous saviez, oh ! blonds cheveux, quel est le bien que je vous veux ! Le moindre de vous m'est plus cher qu'autre amie entière touchée ». François Rabelais met en garde contre les cheveux blonds qu'en ce milieu du XVIe siècle tout le monde sublime car, écrit-il, « troussés, courts, pendants, longs, ils servent à l'amoureuse rusée comme les serpents de la Méduse et auxquels sont attachés et pendus cent mille cœurs qui déjà se sont rendus ». Avertissement prémonitoire que l'on croirait écrit par Leca, ce jeune ouvrier probe, sérieux et pur qui, trois siècles plus tard, montera sur l'échafaud après qu'un « casque d'or flamboyant » eut fait de lui, sans le vouloir, un criminel envoûté.

Le siècle qui suit est celui d'Isaac de Benserade, un des grands poètes de son temps, qui souhaite que « de beaux cheveux fins et déliés enserrent son cœur à jamais, et que nul ne puisse rompre ce lien sacré ». Mais le XVIIe siècle est aussi celui de la rédaction, entre 1604 et 1615, de l'immortel chef-d'œuvre *Don Quichotte de la Manche*. Miguel de Cervantès l'écrivit après avoir perdu une main dans un combat et avoir été esclave des Barbaresques. Son héros charge un pauvre barbier qu'il prend pour un chevalier coiffé d'un casque d'or. « Le plat à barbe était resté par terre, à la grande satisfaction de don Quichotte ; il s'écria que le païen n'était pas sot, et qu'il avait imité le castor, qui, se voyant pressé par les chasseurs, coupe de ses propres dents ce que son instinct naturel lui apprend être l'objet de leurs poursuites. Il ordonna ensuite à Sancho de ramasser le casque, et celui-ci, le prenant dans la main s'écria : "Pardieu ! ce plat à barbe est bon, et vaut au moins une piastre" ; puis il le donna à son maître, qui le mit aussitôt sur sa tête, le tournant de tous côtés pour en trouver l'enchâssure... »

Les grands prêtres du poil

Comme Rabelais deux siècles auparavant, le poète Alexander Pope, au milieu du XVIIIe siècle, dans son texte célèbre *La Boucle volée* rappelle que bien des imprudents se sont laissés enchaîner par une chevelure. Il s'écrie : « Ah, malheureuse âme, tu cours à ta perte, ces cheveux dont l'éclat t'éblouit n'ont rien de ce qu'ils paraissent à tes yeux. Ce sont des liens, des fers, des chaînes, ce sont des filets dangereux. Si tu t'y laisses prendre, il faudra périr ». On est loin des banales lignes de son contemporain Jean-François La Harpe, auteur dramatique en renom, pour qui « les cheveux polis par les baisers de l'amour, tout au long du cou d'albâtre, incessamment descendent et se répandent en filets d'or ».

La littérature du XIXe siècle est auréolée par deux auteurs qui dépassent tous les autres dans leur transcendance des chevelures féminines, Baudelaire et Mallarmé. Le premier consacre tout un poème à la chevelure dans *Les Fleurs du mal* et affirme que dans une « toison moutonnant jusque sur l'encolure », il peut voir dans un rêve éveillé « la langoureuse Asie et la brûlante Afrique ». Son contemporain Maurice Rollinat va dans le même sens en écrivant : « Les chevelures des amants sont de luxurieux drapeaux, toujours flottants, toujours dispos, pour célébrer les chairs pâmantes ».

Stéphane Mallarmé est sans doute l'auteur du XIXe siècle qui a le plus célébré la chevelure en tant que fétiche érotique. On n'est pas désigné maître du symbolisme allusif sans raison. Pour le poète, la chevelure est tour à tour « le vol d'une flamme à l'extrême Occident des désirs ; un casque guerrier d'impératrice ;

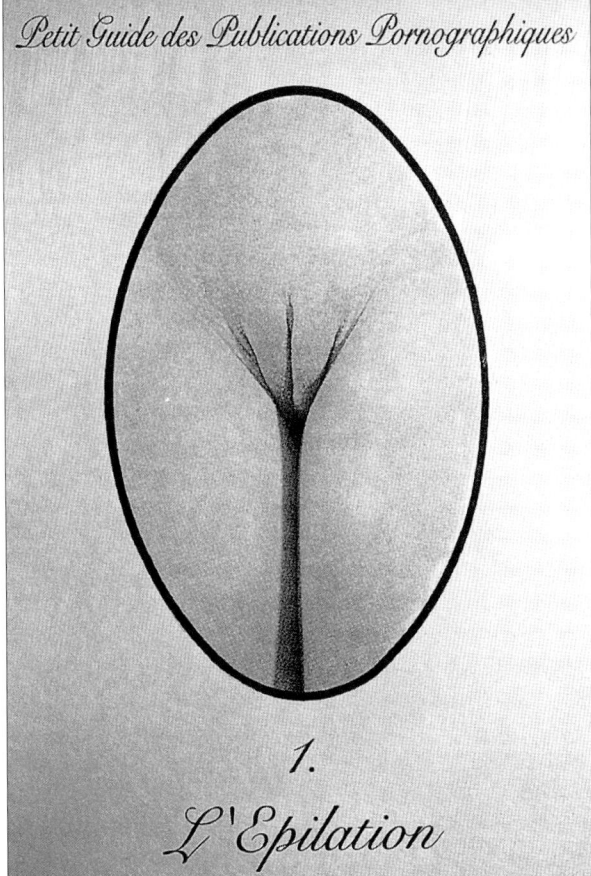

Petit guide de l'épilation sexuelle. Coll. part. D.R.

une rivière tiède où l'âme se noie ; une libératrice qui arrache au supplice de l'obscurité ; un tison de gloire ; une nuée nature comparable à une torche tutélaire qui flamboie dans la nuit », etc. Pour Stéphane Mallarmé, la chevelure est « par son mystère même emblématique de la recherche amoureuse, de la beauté parfaite et d'un enchantement indicible ». Et, affirme-t-il, « intégrée à l'univers, la chevelure se lie par sa teinte à l'or du soleil, et aux nuages par sa texture vaporeuse, et au ciel par ses mouvements [...] Sa dimension est à la fois intérieure et cosmique ».

Dans un même temps, un autre génie des lettres, Guy de Maupassant, s'intéresse aux poils masculins et plus précisément à la moustache qui, à ses yeux, est essentielle du fait qu'elle détermine la physionomie : « Donnant l'air doux, tendre, violent, croquemitaine, bambocheur, entreprenant [...] Et que d'aspects variés elles ont, ces moustaches ! Tantôt elles sont retournées, frisées, coquettes. Celles-là semblent aimer les femmes avant tout ! Tantôt elles sont pointues, aiguës comme des aiguilles, menaçantes. Celles-là préfèrent le vin, les chevaux et les batailles. Tantôt elles sont énormes, tombantes, effroyables. Ces grosses-là dissimulent généralement un caractère excellent, une bonté qui touche à la faiblesse et une douceur qui confine à la timidité. Et puis, ce que j'adore dans la moustache, c'est qu'elle est française, bien française [...] Elle est hâbleuse, galante et brave. Elle se mouille gentiment au vin et sait rire avec élégance [...] ».

Le XIXe et le XXe siècle sont une farandole de scènes de rasage. Toutes les grandes plumes en usent et en abusent avec plus ou moins de bonheur. Scènes très réussies dans *La Terre* d'Émile Zola, dans *Du Côté de Guermantes* de Marcel Proust, dans *Les Hommes de bonne volonté* de Jules Romain, dans *L'Amour conjugal* d'Alberto Moravia, ou encore dans *Les Buddenbrook* de Thomas Mann, prix Nobel en 1929. On pourrait en citer cent autres.

N'allons pas croire que les gloires de la barbe ont évincé la chevelure dans l'esprit fécond des gens de lettres. Loin de là. La chevelure continue d'être amoureusement magnifiée par des créateurs aussi éloignés les uns des autres que Paul Éluard qui, en 1938, prête à sa bien-aimée « une chevelure d'oranges dans le vide du monde », et Antonin Artaud qui voit dans les chevelures féminines « un cercle lumineux, à étages, dont les tremblements rythmiques répondent avec esprit, semble-t-il, aux tremblements du corps ».

Précédemment, le prix Nobel de littérature de 1921, Anatole France, écrit des lignes qui offrent une certaine similitude avec l'approche physiologique d'Artaud : « Ruisseaux d'or fauve, où trempent des doigts de lumière [...] Lorsqu'ils tombent en cascades molles et soyeuses, les cheveux dessinent comme un appel amoureux les ondulations du corps depuis la cime de la tête jusqu'à la chute des reins ».

En cette première moitié du XXe siècle, un homme, un seul règne en maître sur le poil dans la littérature, l'homme de lettres, poète, romancier, photographe, Pierre Louÿs : « Rivière infinie dans la plaine où le soir enflammé s'écoule, ou encore des masses d'or séparées en deux profondes vagues engloutissant les oreilles et se tordant en plusieurs tours sur la nuque ». Ou encore : « La chevelure souple, innombrable, animée, pleine de chaleur, s'enroule telle une toison précieuse aux reflets mordorés autour du corps de la jeune femme [...] ».

Ce « grand prêtre » du poil est l'auteur d'ouvrages fameux tels que *Les Chansons de Bilitis*, *Aphrodite*, ou encore *La Femme et le Pantin*. Esthète épris de l'amour libre dont il a souvent fait des peintures très osées, Pierre Louÿs est certainement un des auteurs de toute l'histoire de la littérature les plus passionnés par les poils.

Sa manie de tout mettre en fiches et de tout classer va même déboucher, en 1892, sur son célèbre *Catalogue chronologique et descriptif des femmes avec qui j'ai couché*. Il y consigne avec une remarquable curiosité, une minutie et une ordonnance chronologique parfaites, les moindres détails sur la morphologie, la physiologie, la psychologie et la sociologie des innombrables femmes qu'il a connues et le plus souvent photographiées nues, de façon érotique ou pornographique.

Dans les 267 questions du catalogue destinées à faire découvrir les moindres détails de chacune d'elles, on trouve des intérêts surprenants, sinon inattendus, tels que l'aptitude à la pitié, la sensualité cérébrale, la propreté de la culotte, l'intelligence, la forme de l'orifice vaginal, l'excitabilité de l'anus, l'intervalle entre les spasmes de l'orgasme, l'aspect du méat urinaire ; la date de la première communion, l'aptitude à la fellation, la santé générale, les vices habituels, les conditions de la défloration, l'inceste avec le père ou le frère, etc.

Et, bien sûr, quantité de questions sur les poils considérés de toutes les façons. Pierre Louÿs collectionne les poils et une nouvelle pièce trouvée est toujours une satisfaction. Ainsi se réjouit-il d'avoir prélevé sur la chanteuse Polaire « un poil de dimension considérable, arraché le 10 juin 1908, sur l'aréole du mamelon gauche ». Selon ses comptes, on sait par exemple que

28 % de ses maîtresses avaient la toison sexuelle blonde et que douze parmi celles-ci avaient les poils sexuels courts, neuf très fournis et dix, au contraire, très rares. Sur vingt-huit femmes « auscultées » par ses soins, Pierre Louÿs en donne huit comme crépues de la zone génitale et huit plutôt ondulées. Quant aux grandes lèvres, trois les ont très poilues et les poils remontant jusqu'au nombril pour deux. Enfin, vingt-huit ont l'anus glabre. Pareille comptabilité est tenue pour ses autres maîtresses, considérées là encore selon la couleur de leur toison sexuelle : brune, châtain, noire et rousse.

Impossible de citer les innombrables ouvrages de la seconde moitié du XXe siècle tellement y sont nombreuses les lignes consacrées aux poils, à la chevelure, aux soins pileux, au rasage, etc. Mais nous devons évoquer les femmes tondues car il s'agit véritablement d'une spécificité des deux ou trois dernières décennies du XXe siècle.

Longtemps oubliées par la mémoire officielle, elles sont devenues des personnages récurrents d'un nombre impressionnant de romans. Il vient immédiatement à l'esprit des œuvres telles que *Hiroshima mon amour* de Marguerite Duras, *Constance* de Lawrence Durrell, *Pour qui sonne le glas* d'Ernest Hemingway, *Seul avec tous* de Marcel Headrich, *La Source verte* de Robert Sabatier, *Allemands, Allemandes* de François Nourissier. Trop nombreux sont les romanciers qui ont tiré parti du pittoresque de la femme tondue. N'ont pas non plus résisté à la tentation Jean-Paul Sartre, Louis Guilloux, Marcel Jouhandeau, Paul Éluard, Paul Léautaud, Garcia Marquez. Et après eux, des dizaines d'autres dont François Maspero, Bernard Frirell, Joseph Joffo, Alphonse Boudard, Guy Croussy, et jusqu'à Régine Desforges qui nous propose, dans *La Bicyclette bleue*, une « romanesque description de tonte éculée jusqu'aux ciseaux ». « La tondue, c'est une mémoire pulvérisée toute agrémentée de romans, de films, de faits divers, de revues, de théâtre qui, selon l'expression d'Alain Brouet, développe un thème devenu une ficelle inlassablement déroulée ». Se fait jour également, depuis le début des années 1990, toute une littérature historique sur les tondues qui fait dire au même Alain Brouet qu'il s'agit « d'un antidote rêvé du geste héroïque du combat libérateur ». Si la poésie s'est particulièrement focalisée sur la chevelure, « la plus belle parure de la femme », elle n'a pas hésité non plus à descendre jusqu'à l'entrejambe où se tient, selon les poètes, la « seconde chevelure ».

Comme ils l'ont fait des cheveux, les auteurs de la Pléiade célèbrent avec autant de conviction le « blason » du corps féminin, « agrément invisible que l'amour fera trouver » écrira plus tard Charles Perrault. Selon les auteurs, la « chevelure d'en bas » est différemment considérée. « Les poils semblent croître sur le corps de la femme avec la même spontanéité que les algues sur les rochers côtiers », constate N. Athanassiades dans *Une jeune fille nue*. François Béroade de Verville raconte, au milieu du XVIe siècle, « l'effroi, au fond d'un couvent, d'une jeune novice qui, un jour, changeant de chemise, s'aperçoit qu'elle devient bête par le bas [...] Elle s'avise par mégarde que le poil lui a percé la peau de sa pauvre petite chose [...] ». Claude Simon entrevoit au creux des replis « cette bouche herbue, cette chose au nom de bête, moule, poulpe, pulpe velue, faisant penser à ces organismes marins carnivores, aveugles mais pourvus de lèvres et de cils ». Pas de long descriptif pour Georges Bataille : « Le plus joli nom du sexe velu, c'est le cul ».

Les rouquins parlent aux rouquins !

• **Jacques Lanzman**

« [...] À Groutel, j'avais souffert de mes cheveux rouges, j'étais un dépigmenté, un poil de brique, un maudit petit rouquin qui avait pris le soleil à travers une passoire. À Melun, j'eus à faire face à ceux qui me reprochaient, et c'était généralement les mêmes, ma rouquinerie et ma juiverie [...] La pire insulte, celle qui me mettait hors de moi, c'était : "Ta mère t'a pas retiré du four à temps". Des insultes pour les rouquins, il y en a des tas. Être rouquin, c'est pas normal, c'est comme être juif. Moi, j'étais les deux [...] ».

• **Sonia Rykel**

« [...] J'étais rousse. Rousse comme il n'est pas permis de l'être. Rousse sang. Pas d'une couleur orangée très vive, mais d'un rouge flamboyant, un rouge rubis, un rouge hurlant. J'étais extrême, couleur révolution. Rousse rouge, incandescente, chauffée au rouge, enflammée, écarlate, feu [...] Je vivais double. L'intérieur, ma chair et mes os de petite fille, et l'extérieur, vermillon ou carmin. Je ne pouvais les emmêler, j'étais en deux parties [...] si j'étais calme à l'intérieur, la provocation venait de l'extérieur, de ce rouge collé à ma peau, à ma tête, à ma vie [...] Le rouge de mes cheveux, la tache sur ma tête. Je ne pouvais pas me cacher, j'étais toujours découverte. »

• **Woody Allen**

Un jour, j'allais à mon cours de violon, quand j'étais gosse. Je passe devant la salle de billard et Floyd et tous ses amis sont dehors. Il m'a crié : "Hé, Poil-de-carotte !" J'étais un gamin un peu suffisant. J'ai posé mon violon, je suis allé vers lui et lui ai dit : "Je ne m'appelle pas Poil-de-carotte. Si tu veux t'adresser à moi, appelle-moi par mon nom normal. Je m'appelle maître Heywood Allen".

J'ai passé cet hiver-là dans un fauteuil roulant. L'équipe de médecins eut un mal fou à m'extraire le violon [...]»

• **Julien Green**

« Je suis roux. Le roux est un homme à part. Il attire les uns et répugne aux autres, pour des raisons qui me sont jusqu'à présent demeurées mystérieuses. J'ai connu des gens chez qui la couleur particulière de mes cheveux provoquait une antipathie subite. On m'aime ou on me hait sans tarder [...].

À cause de cette chevelure couleur de chaudron, mes rapports avec les hommes ont quelque chose de singulier ».

Chaque auteur voit dans la « seconde chevelure » ce qu'il y apporte. Pour Théophile Gautier, « c'est un gazon où s'assied Éros ». Pour André Breton, la partie génitale et poilue de sa femme ressemble à « un sexe d'ornithorynque, un sexe d'algue et de bonbon ancien, un sexe de miroir ». Pour d'autres, il s'agit d'un « soleil couchant », d'une « tempête », d'un « triste spectacle », de la « vie de saint Foutre », de la « vigilance » ou encore d'un « lapin écorché », ou, comme l'écrit Francis Picabia, « d'un gâteau de sucre rouge renflé en chignon ».

Le passage du « col de l'utérus »

Les visions poétiques et symboliques du passé semblent appartenir à un autre monde, si l'on en croit Georges Devereux qui, déjà en 1976, constate la mode grandissante des sexes « dépoilés ». « Feuilletant *Playboy*, je vis la photo d'une ravissante Noire qui, le ventre projeté en avant, étalait son poil pubien réduit à une sorte de crête verticale, phallique. Peu après, je vis une autre photo d'une telle toison phallique [...] Ce furent sans aucun doute ces deux photos montrant des toisons réduites à une sorte de crête verticale et ressemblant par conséquent à un phallus qui m'incitèrent à l'étude ». Il est vrai qu'une « bande pileuse minable et pelée » suffit lorsque des auteurs parlant de la toison écrivent qu'il s'agit « d'une fausse et étroite porte ondulée qui reste "ovaires" toute la nuit, pour permettre aux grimpeurs le passage du col de l'utérus et aux plongeurs l'immersion dans les abysses vaginales ».

On ne peut conclure ces aperçus sur le « poil et la littérature » sans consacrer quelques lignes supplémentaires à une spécificité corporative unique dans l'histoire, celle des « coiffeurs et barbiers littérateurs ».

Curieusement, un grand nombre de virtuoses du peigne et du rasoir tentèrent de tenir d'une même main plume et bigoudis. Leur ancêtre à tous est un célèbre barbier de la première moitié du XVe siècle, Domenico Burchiello. Ses sonnets burlesques, à la jovialité pittoresque, sont encore aujourd'hui considérés comme les plus beaux sonnets satiriques de la littérature italienne de l'époque, sont à l'origine du genre dit burchiellesque.

Son œuvre, éditée seulement après sa mort, l'a rendu célèbre de façon posthume. On y lit par exemple : « La plupart des barbiers sont de bons joueurs de guitare et de grands versificateurs ».

Paul Gerbod, dans son histoire de la coiffure, cite un certain nombre de coiffeurs poètes parmi lesquels Spale, auteur d'un recueil poétique intitulé *Croquignoles* ; Henri Seret, coiffeur pour dames et aussi l'auteur de *Chansons du lundi* ; Guy Porcher, qui publie *Églantines* entre deux coups de peigne ; Robert Benoît, Arthur Lefebvre et Édouard Person, tous coiffeurs poètes, font de même. Mais pas un n'atteindra le niveau de réputation littéraire du coiffeur perruquier Jacques Bol, qui connut la gloire capillaire et poétique sous le nom de Jasmin.

Né d'un père tailleur et d'une mère lavandière, Jasmin devient coiffeur à Agen, en 1816, après un passage au petit séminaire. Il publie ses premières poésies en 1822, à l'âge de 24 ans, en langue d'oc, qu'il veut réhabiliter. Après ce premier recueil intitulé *Les Papillotes*, il est lancé par Charles Nodier qui le surnomme le « Béranger gascon ». Il est chaudement félicité par Alfred de Musset et Jean-Jacques Ampère. Il entreprend alors des tournées au cours desquelles il récite et mime ses poèmes et ses pièces poétiques. Sainte-Beuve, qui l'encourage aussi, le compare à Horace. Lamartine le proclame « Homère des prolétaires », après la publication, en 1835, de son volume *Les Papillotes* et, en 1836, de son *Abuglo de Castel Culie*.

Sa notoriété est telle qu'en 1842, le roi Louis-Philippe demande à le rencontrer et le fait chevalier de la Légion d'Honneur. Il va entrer dans la légende littéraire en publiant en 1863, un an avant sa mort, son célèbre *L'Orphée des coiffeurs*.

Précédemment, bien d'autres « professionnels du poil » ont tenté de quitter leur simple statut de « fournisseurs » en se hissant, par le vers ou la prose, au rang glorieux d'artiste, auquel ils prétendent d'ailleurs appartenir par essence. Parmi les innombrables exemples, celui du perruquier coiffeur André est un des plus illustres. Surnommé le « perruquier amoureux de la littérature », il a une très haute opinion de lui-même. Après s'être avisé de faire une tragédie en cinq actes et en vers, il envoya son œuvre à Voltaire avec une épître dans laquelle il l'appelle « mon cher confrère, faites des perruques ». Excellent perruquier, André eut quand même la satisfaction de voir sa pièce jouée en 1805, pour 80 représentations, sur la scène d'un petit théâtre des boulevards. Beaumont, l'auteur de l'*Encyclopédie perruquière* de 1757, écrit de lui : « Alliant au bon sens l'état de tignasse, André s'est fait un nom parmi nos grands auteurs. Apollon l'a nommé perruquier du Parnasse, il y fait proprement le poil aux doctes sœurs ». Beaumont lui-même, qui se piquait de manier la plume aussi bien que le ciseau, relate ainsi l'apparition de sa vocation : « Je crois qu'on naît perruquier, comme on naît poète. Enfant, j'aimais assez à tondre un arbre, à peigner un parterre, à arroser une chicorée pourvu qu'elle fût frisée ».

La rime démange tout autant les coiffeurs du XXe siècle au point que, peu avant la Première Guerre mondiale, la revue professionnelle *Le Capillatériste* organise tous les ans un grand concours national de poésie, uniquement réservé aux as du peigne et du rasoir français. Cette épreuve durera quelques années et servira de tremplin à quelques talents qui se firent ainsi connaître.

Sacs de billes et d'embrouilles

« Les coiffeurs sont de ces corporations qui savent d'instinct conjuguer plusieurs talents » nous dira le journaliste Éric Marchandet en évoquant les ennuis judiciaires d'un des frères Joffo et l'énorme succès littéraire obtenu par un autre frère avec son ouvrage *Le Sac de billes*.

On accuse souvent les coiffeurs ayant atteint un certain degré de notoriété de manifester une grande vanité. Edmond Perrier, coiffeur et plumitif du début du XXe siècle, va jusqu'à se comparer à Dieu. « Oui, écrit-il, c'est à nous, à nous seuls qu'appartient la tête de l'homme. Tête que Dieu fit à son image et que nous avons le droit de retoucher après la création. Dieu et le coiffeur, deux infinis qui se complètent à travers les siècles ».

POILS ET THÉÂTRE

Coiffeurs et barbiers se sont également hissés sur les scènes des théâtres et des opéras comiques. En 1647, *La Coiffeuse à la mode* est jouée avec succès et, en 1663, l'homme de lettres Louis Boucher écrit une pièce intitulée *Le Coiffeur* qui et montée au théâtre du Marais. Sous la Monarchie de Juillet, vers 1830, Eugène Planard et Paul Dupont écrivent et font jouer un opéra comique intitulé *Fléchinel, perruquier de la Régence*. En 1930, la pièce de Paul Armont et Gabriel Gerbiton, *Coiffeur pour dame*, prend pour modèle Antoine, célèbre coiffeur à la mode et s'en moque ouvertement.

Hormis Figaro, il est vrai que les personnages de coiffeur, portés à la scène sont des caricatures habillées d'ironie et de ridicule. Il en est ainsi dans le spectacle de *L'Infâme Barbe*, joué par des chansonniers montmartrois vers 1895 ; ou encore dans *Le Cœur à barbe*, pièce de Tristan Tzara, représentée une unique fois au théâtre Michel en 1923. Spectacle interrompu par les amis d'André Breton. Sans oublier *Les Barbiers nobles*, comédie d'André Roussin jouée en 1953.

Les coiffeurs et barbiers qu'il a toujours été de bon ton et à la mode de brocarder littérairement vont être vengés pour les humiliations passées et pour les caricatures à venir par l'entrée en scène d'un barbier espagnol nommé Figaro. Augustin Caron de Beaumarchais, à travers trois pièces de théâtre, *Le Barbier de Séville*, créée en 1775, *Le Mariage de Figaro*, créée en 1784, et *Mère coupable*, créée en 1792, va conférer à son fils littéraire, comme à tous les barbiers et coiffeurs de la terre, d'éternelles lettres de noblesse.

Une autre « grande plume » d'alors, Sébastien Mercier, écrit : « Peignes et rasoirs en poche, ils inondent l'Europe. Cette horde de barbiers à la main lente, race menteuse, intrigante, effrontée, vicieuse, Provençaux et Gascons pour la plupart, a porté chez l'étranger une corruption qui lui a fait plus de tort que le fer de nos soldats ». C'est à cette même époque, donc, que Beaumarchais crédite son personnage de barbier de son propre pur esprit, il en fait un personnage vif, astucieux et audacieux

La Belle et la Bête. Thème récurrent du cinéma fantastique. Coll. part. D.R.

« Dans la rosée ». Huile de Charles Durant. 1873. Coll. part. D.R.

Vénus. Détail. Atelier de Botticelli. Musée de Berlin. D.R.

Naissance de Vénus. Détail. 1879. Huile de W. Bouguereau. Musée d'Orsay. D.R.

autant que spirituel, au ton alerte et insolent à l'égard des grands et des puissants dont il dénonce, avec esprit, les abus. Dénonciation assez incisive et directe pour que *Le Mariage de Figaro* soit, un temps, interdit de représentations publiques. Ce barbier qui incarne « la vive gaieté, l'esprit frondeur, primesautier, mais aussi un profond amour de l'égalité et une haine de tous les préjugés » est devenu une des plus belles figures littéraires, au point que son nom « Figaro » devient le non commun générique de tous les barbiers et de tous les coiffeurs. Il est de surcroît immortalisé, musicalement parlant, par Rossini qui en a tiré son célèbre opéra sur un livret de César Sterbini et par Mozart qui s'en est inspiré pour ses magnifiques *Noces de Figaro*.

En 1825, Maurice Alhoy crée un journal. Il le veut satirique, spirituel, batailleur et il le nomme *Le Figaro*, car le nom est devenu synonyme de sagacité, de révolte contre le sort, de refus des injustices sociales et de la dénonciation des sots et des hypocrites. Mais le journal est vite tué par les procès. Le 2 avril 1854, un nouveau journal, animé du même esprit, est fondé par Villemessant. Il reprend le titre de *Le Figaro* pour la même raison que Maurice Alhoy précédemment. Feuille à la fois agressive, mondaine et littéraire, *Le Figaro* compte un très grand nombre d'hommes d'esprit et de talent parmi ses rédacteurs et, en 1866, devient quotidien et, en 1867, politique. Avec toujours le même mot d'ordre de Villemessant : « Nous ne sommes pas le journal des coiffeurs, ne soyez ni rasant ni raseur ! ».

POILS, PEINTURE ET SCULPTURE

D'innombrables auteurs se sont livrés à des spéculations sur les chevelures du premier couple de l'histoire humaine. En 1667, par exemple, l'auteur du *Paradis perdu*, John Milton, écrit qu'Adam a « des cheveux de hyacinthe, partagés sur le devant, pendant en grappes, d'une manière mâle, au-dessus de ses fortes épaules ». Quant à Ève, « elle porte comme un voile sa chevelure d'or qui descend, épaisse et sans ornement, jusqu'à sa fine taille en se repliant en capricieux anneaux telle une vague ».

Prenant leurs modèles dans des textes religieux ou laïcs, qui donnent la blondeur comme couleur divine, la quasi-totalité des peintres médiévaux, puis ceux de la Renaissance, représentent Adam les cheveux blond roux et frisés, et Ève pourvue d'une abondante crinière blonde. Ceci étant, le couple originel change sans cesse de coiffure comme le montrent les quatre ou cinq mille tableaux recensés les figurant.

En ce qui concerne la chevelure, des peintres font preuve d'une certaine audace. Winterhalter fait délibérément scandale à la cour de Vienne après avoir représenté l'impératrice Elisabeth d'Autriche, la célèbre Sissi, ses longs cheveux dénoués et épais tombant jusqu'au niveau des genoux. Les peintres préraphaélites Rossetti ou Burnes Jones, n'hésitent pas à faire quantité de portraits de beautés rousses, littéralement détestées à une époque où une chevelure rousse signait la mort sociale d'une femme. Il n'en est pas de même avec la toison pubienne et il est amusant de constater le nombre d'artifices auxquels les artistes peintres ont eu recours pour « masquer la nature ». Les

Adam et Ève. Lucas Granach l'Ancien. XVIe siècle. Londres. D.R.

uns s'en tirent par la position des corps, présentés de trois quarts ; les autres s'ingénient à justifier un rameau ou une branche arraché à un buisson voisin, tenu à la main et savamment dirigé pour cacher ce qui ne saurait être vu. Certains sauvegardent les bonnes mœurs à l'aide d'une ceinture de feuillage, tandis que beaucoup optent pour la chevelure flottante d'Eve, rendant à Adam, tout près d'elle, le même service que le feuillage.

D'autres encore cachent leur pubis de leur main, à la manière des Vénus antiques. Certains, enfin, en arrivent aux solutions extrêmes, par exemple résolvant la difficulté en supprimant le corps du délit : ni Adam ni Ève n'ont de sexe. Jean Bourdichon, en 1510, prend le parti opposé et dissimule les organes mis à l'index en couvrant entièrement les corps de longs poils, sauf aux extrémités des membres et aux seins.

Pendant des siècles, peintres et statuaires, à quelques rares exceptions près, dont Titien et Goya, suivent la convention : chez la femme point de vulve ni de poils, et chez l'homme, point de poils et l'organe viril réduit à sa plus simple expression. Cette règle du pubis et du sexe toujours chauves est universelle en Occident, au point, disent certains spécialistes, « qu'elle conduit à reproduire le corps humain de façon erronée, exagérant le diamètre des hanches et des cuisses au détriment du ventre et des épaules ».

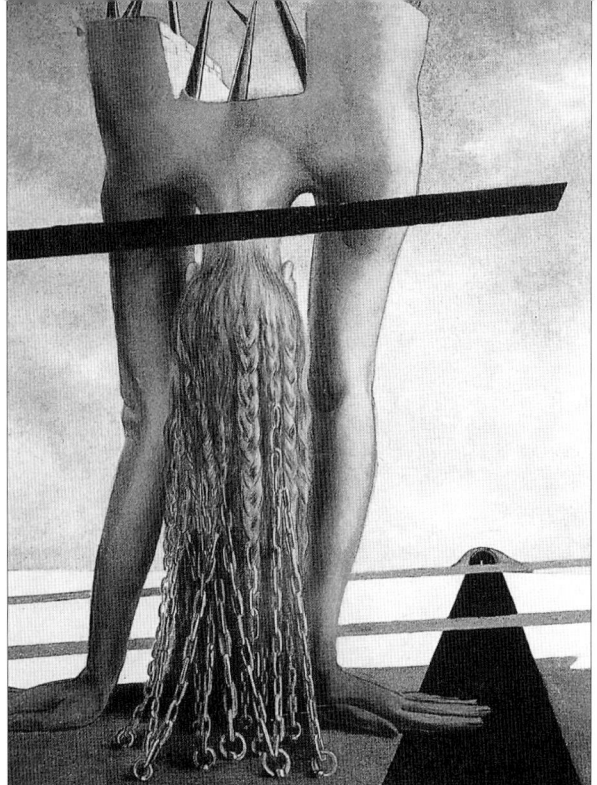

« Les cheveux de chaines ». Roland Penrose. « Octavia ». 1939.
Coll. part. D.R.

En ce qui concerne la sculpture, le mot d'ordre est le même. Les garnitures pileuses rebutent les ciseaux des sculpteurs tout autant que les pinceaux des peintres. De Phidias à Mayol, on pense comme saint Augustin : la femme idéale n'a ni poil ni fente.

Dans l'Antiquité, peut-être est-ce parce que les dames grecques et romaines ne « laissent point de poils à leur secrets appas », si l'on en croit Juvénal, Pline ou Claudien, qu'aucun indice pileux n'est visible sur les statuaires de cette époque.

Pierre Louÿs écrit, au début du XIXe siècle : « Ne crayonnez pas des boucles noires sur les pubis des Vénus nues. Si l'artiste représente la déesse sans poils, c'est que Vénus se rasait la motte ».

Peut-être, mais par la suite, les femmes ne se rasent plus la motte et l'art pictural et statuaire n'en continuent pas moins d'ignorer superbement les toisons. Philippe Perrot, dans *Le Corps féminin*, écrit avec justesse que « cette pilosité-là est le dernier carré de la pudeur blessée. Une vision trop violente, un signe trop fort pour être figuré et qui, comme l'excrétion des matières, nous ramène peut-être à notre plus ancienne animalité, à la fois menaçante et fascinante ». Pensons simplement au scandale provoqué par *L'Origine du monde* du réaliste Courbet, peinte en 1866, et premier « gros plan » descriptif d'une toison pubienne franche, fournie.

Tableaux ou sculptures, la toison pubienne fait tache au milieu du corps féminin ; elle l'enlaidit et il n'est qu'à considérer la multitude de qualificatifs injurieux qui la désignent. Le *Petit Glossaire du sexe de la femme* de Gérard Zwang compte 176 vocables dont 60 neutres ou indulgents, 46 mélioratifs et 70 péjoratifs.

L'exposition publique de la toison féminine présentée « au naturel » est encore un tabou absolu au milieu du XIXe siècle, époque où il est question, un moment, de couvrir de feuilles de vigne toutes les statues du Louvre. Dans le meilleur des cas, il arrive que certains artistes fassent preuve d'audace en représentant la fente féminine jointée, serrée sur toute sa longueur, en petit « abricot glabre et bombé ». Il s'agit encore d'une pruderie, car ce type de sexe n'existe que lors de la première enfance ou « chez les obèses, lorsque capuchon et nymphes sont noyés par l'adiposité excessive des grandes lèvres ». Mais même là, de poils, nenni !

Devant la tristesse que font naître les multitudes de ventres peints et sculptés surmontant une « plaine aride », des voix se font entendre. Des artistes, bien que tardivement, se rendent enfin à l'évidence : la femme a un sexe et il est velu. Ce n'est que garni, fendu et velu que le corps de la femme s'impose à l'admiration et au désir.

Parmi ceux qui réclament le « droit de cité » pour les toisons pelviennes et vulvaires, Théophile Gautier n'est pas des moins virulents. Dans des strophes fameuses, dont il reniera pourtant la paternité pour des raisons obscures, il écrit : « Des déesses et des mortelles / quand il faut voir leurs charmes nus / Les sculpteurs grecs leur plument le cul. / De la colombe de Vénus / Sous leurs ciseaux s'envole et tombe / Les doux manteaux qui la revêtent / Et sur son nid froid la colombe / Tremble sans plume et sans duvet ».

S'il comprend les Grecs, anciens adeptes de l'épilation, il n'excuse pas les modernes : « Mais nos peintres tondant leur toile / Comme des marbres de Paros / Fauchant sur les beaux corps sans voile / Le gazon où s'assied Éros ».

Avec le XXe siècle, la peinture et la sculpture prennent le parti des poils et, à l'heure actuelle, les artistes figurent tous les vagins possibles, habillés de toutes les toisons imaginables, tristes, pendouillantes, trempées, en tire-bouchon, etc. Mais un canon est né : « Les poils doivent foisonner sans excès ni bavure sur le mont et les grandes lèvres. Lorsque le pénil est aussi haut que la fente est longue, lorsque l'éminence du capuchon clitoridien et des nymphes reste discrète, les conditions sont réunies d'un canon externe, plastique, du sexe de la femme ».

« Autoportrait aux cheveux à terre ». 1940. Huile de Frida Kahlo.
Coll. part. D.R.

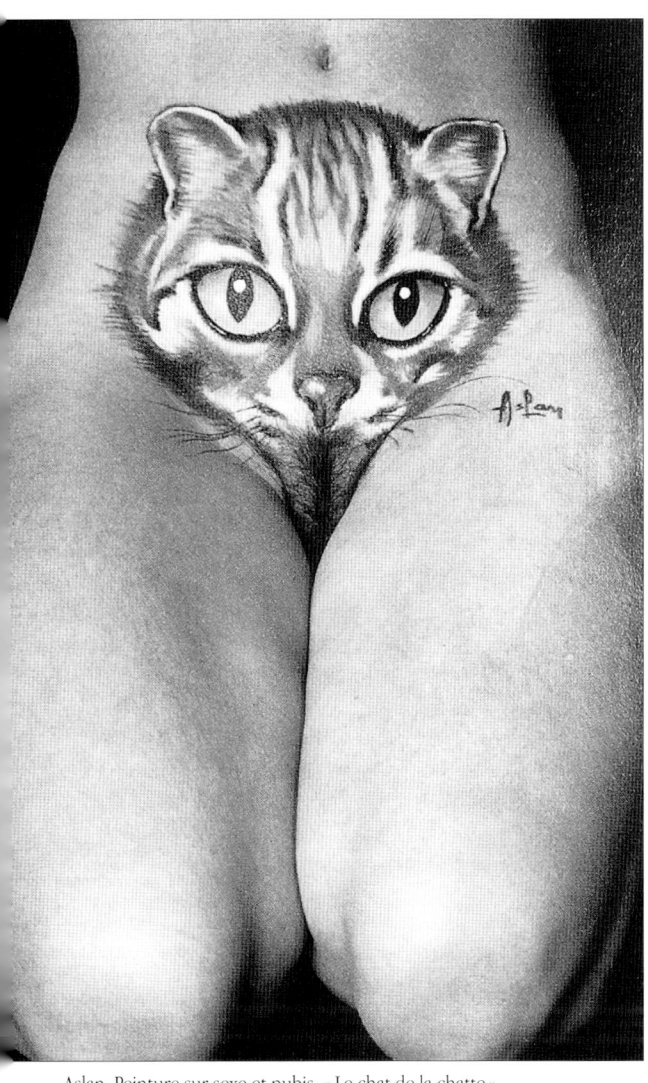

Aslan. Peinture sur sexe et pubis. « Le chat de la chatte ».
Réalisation pour le magasine « Lui ». D.R.

Aslan. Peinture sur pubis. « La nichée ».
Réalisation pour le magasine « Lui ». D.R.

Aslan. Peinture sur sexe et pubis. « Le papillon sexuel ».
Réalisation pour le magasine « Lui ». D.R.

Aslan. Le plus talentueux et créatif dessinateur
érotique français de l'Après-Guerre.

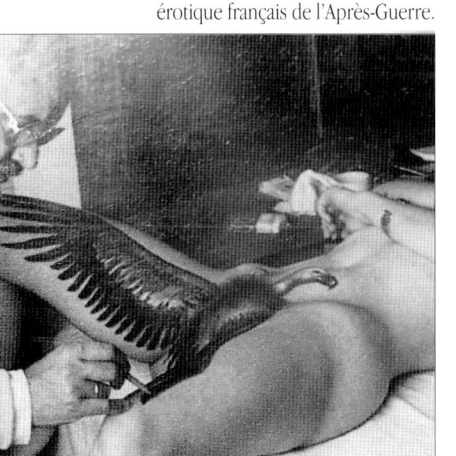

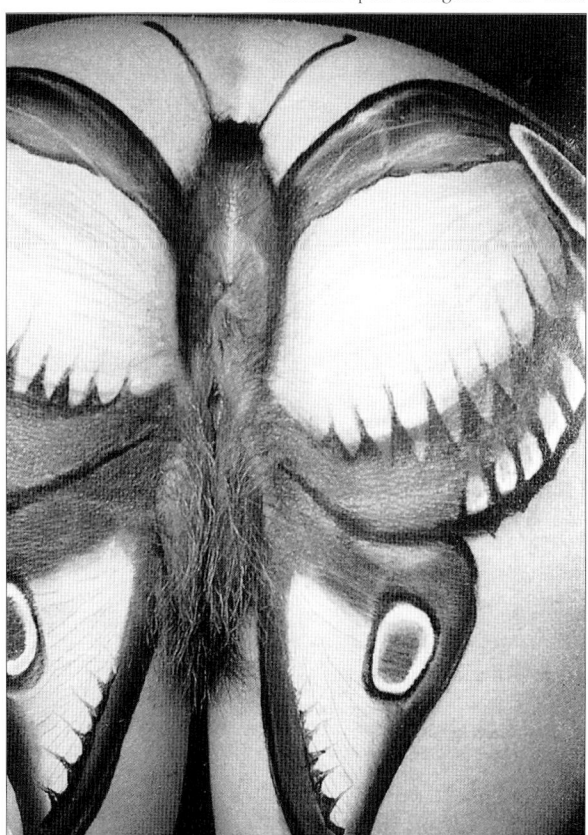

POILS ET ART MODERNE

Les artistes modernes, dans leur désir de brouiller les normes, d'investir les genres et d'en faire éclater les frontières, vont se servir des poils, moustaches et cheveux, en les détournant de leur fonction initiale, pour en faire des « signes ». C'est parce qu'il veut confirmer le caractère ambigu du portrait de Mona Lisa, que certains donnent pour celui de Léonard de Vinci lui-même, que Marcel Duchamp affuble la Joconde d'une moustache et d'une barbe.

En fait, le poil semble devenir un nouveau matériau de l'art contemporain grâce à ses possibilités de métaphores qui autorisent des remaniements de forme et de fonction sans le départir de son potentiel sensuel. Jona Sterbak accole une longue chevelure à une sorte de phallus en verre dans une œuvre intitulée « Hairwhip », créée en 1993.

Les objets eux-mêmes tendent à devenir poilus. Meret Oppenheim, après son « *Déjeuner en fourrure* », nous offre des objets poilus tel son *Couteau chevelu*, réalisé en 1975. Étonnantes également la tasse à café, la soucoupe et la cuillère, ensemble totalement velu imaginé par Man Ray en 1936. Mimi Parent, dès 1959, détourne le poil en transformant une chevelure en cravate avec épingle. D'autres grands artistes s'en tiennent aux seules catastrophes naturelles de la nature. Jean Duming fait des séries de portraits de ravissantes femmes moustachues et Zoé Léonard fait poser des femmes à barbe nues, à l'identique du calendrier de Marilyn Monroe. Robert Gober met un sein de femme sur un torse velu dans *Torso*, réalisé en 1991. Dana Wyse propose « des pilules pour devenir blonde ».

Dans *Le Viol*, peint par Magritte en 1934, le torse d'une jeune fille devient visage, les seins les yeux, le nez le nombril, et la toison pubienne la bouche, rejoignant là une des métaphores les plus traditionnelles qui fait du sexe la « bouche d'en bas » et de la bouche du haut « le sexe d'en bas ».

Le Désir attrapé par le poil, c'est surtout à l'artiste Annette Messager qu'on le doit. Mélangeant la peinture et la photographie, elle est, selon B. Marcade, « une taxidermiste du désir ». Son œuvre est le télescopage des matières, des valeurs et des genres qu'elle pousse quelquefois jusqu'à l'hybridation. Tout se confond, s'accumule, s'attire et s'annule pour Annette Messager qui dit : « Je prends le masque de la femme pour devenir artiste ».

Le déjeuner en fourrure de Meret Oppenheim.
par Man Ray. 1936. D.R.

Masculin-féminin, par Mimi Parent. 1959. D.R.

Une autre utilisation du poil nous est offerte par un jeune artiste crétois, Aspassio Haronitaki, qui habille les corps humains de poils, de plumes ou d'écailles afin, dit-il, de « rendre par ce geste enfantin la beauté sauvage du premier monde ». Pour ce faire, il travaille avec les outils du troisième millénaire, appareils macrophotographiques, ordinateurs sophistiqués, stylet graphique, et images numériques. Résultat probant. On a vraiment envie de caresser son homme-tigre.

Artistes du poil également la styliste Marion Chopineau, qui réalise des robes en cheveux humains et en bigoudis, et Jean-Charles de Castelbajac, dont une robe s'agrémente d'un bustier, auréolé d'une longue chevelure rouge.

Question : A-t-il également droit au qualificatif d'artiste, cet industriel allemand qui vend des petites culottes sur lesquelles sont collés à l'extérieur, au niveau de l'entrejambe, des poils imitant la toison pubienne, ce qui permet de rejouer « Basic instinct » tout en conservant intacte son intimité ?

« Ne pas éplucher la tête »

L. Verguet pour l'archipel des îles Salomon et R. Verneau pour la Nouvelle Calédonie nous donnent des descriptions similaires quant à la façon qu'ont les autochtones cannibales de préparer une tête humaine.

Que la tête coupée soit cuite séparément ou encore attachée au cadavre, une grande préoccupation : ne pas brûler la chevelure, car celle-ci, à la fin de la cuisson, doit être prélevée délicatement en même temps que la peau du crâne et celle de la face, pour recouvrir une noix de coco. L'ensemble est ensuite offert au chef en signe de considération.

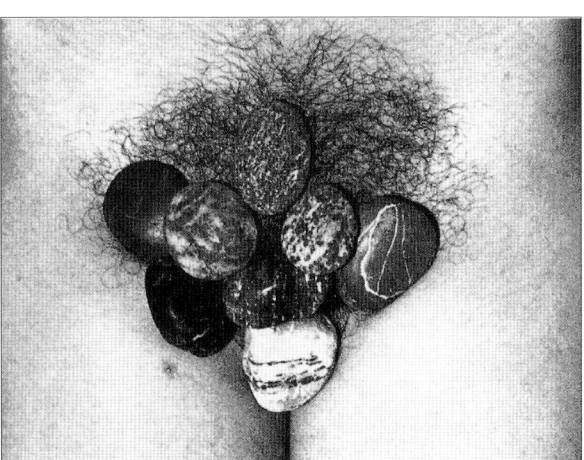

Le pubis de la déesse.
par Paul Armand-Gette. 1994. D.R.

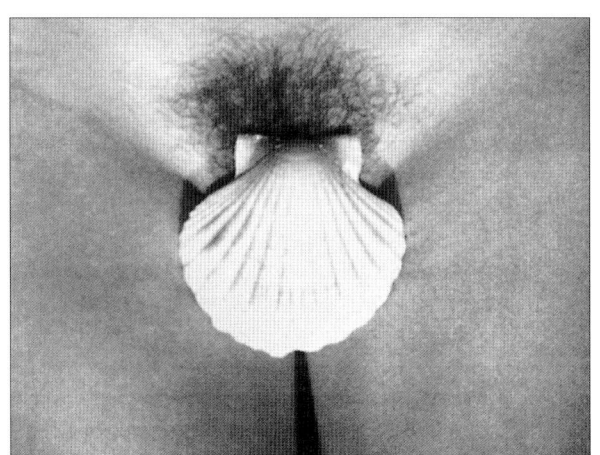

Le pubis de la déesse.
par Paul Armand-Gette. 1994. D.R.

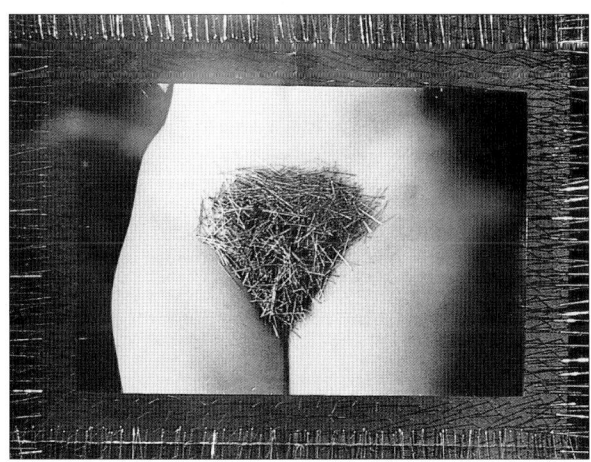

Le pubis épinglé.
par Lidzie Alvisa-Iman. 2000. Galerie Habana. D.R.

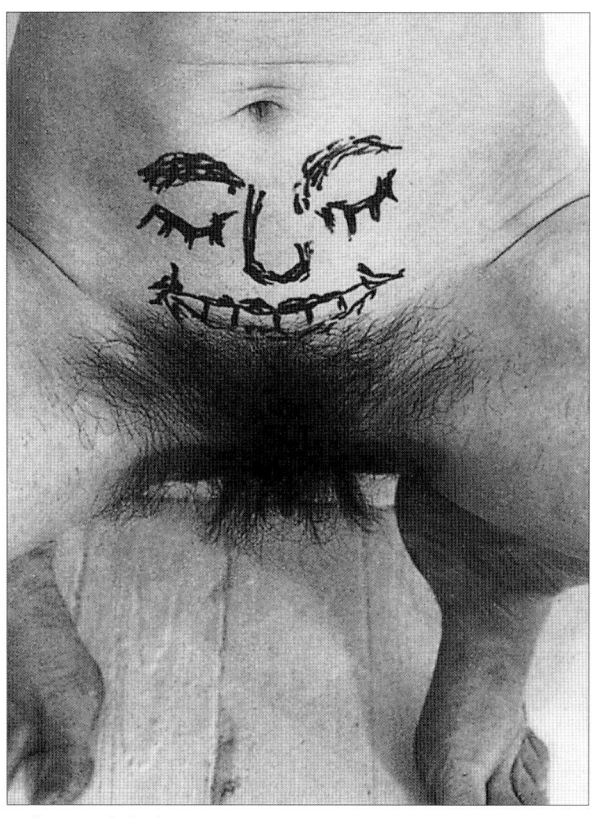

La femme et le barbu.
par Annette Messager. 1975. D.R. Coll. de l'artiste.

« La femme et le barbu ».
par Annette Messager. 1975. D.R. Coll. de l'artiste.

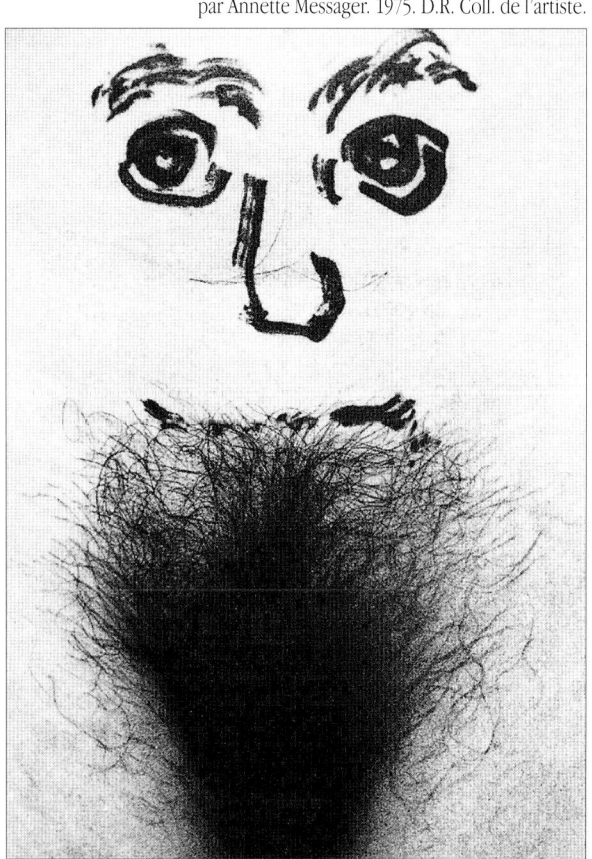

Couple. Polyester et poils.
John de Andrea. 1971. Beaubourg.
D.R.

Haienvhip.
Jana Stesbach. 1993.
Coll. part. D.R.

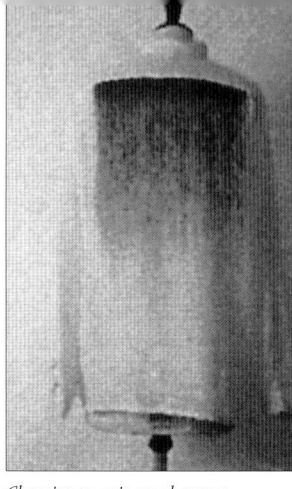

Roller-dress. Robe en cheveux et bigoudis par Marion Chopineau. D.R.

Chemise en soie en cheveux par Marion Chopineau. D.R.

Marion Chopineau fait sensation à la fin des années 1990 avec ses robes à coiffer. Cette jeune créatrice, diplômée d'études supérieures des arts appliqués, crée des vêtements et accessoires pour les défilés de prêt-à-porter et de haute-couture. Remarquée par la presse nationale et internationale, ses créations uniques et insolites propagent son nom sur la planète et l'encouragent plus encore dans son travail sur le corps et le contact.

POILS ET BANDES DESSINÉES

Barbes et moustaches se comptent par centaines dans les milliers de bandes dessinées disponibles sur le marché. Elles sont des attributs physiologiques destinés à caractériser les personnages. Un seul dessinateur a donné aux poils une dimension supplémentaire propre à influer sur le comportement et les avatars des personnages : Hergé. On peut citer la barbe du capitaine Haddock, coincée dans le casque d'un scaphandre, dans *Le Trésor de Rackman le Rouge* ou « bouffée » par un lama dans *Le Temple du soleil*, ou prise dans une fermeture à glissière dans *Tintin au Tibet*. Dans tels autres albums, Haddock y met le feu, tandis que Dupond et Dupont voient leur barbe et leur chevelure s'accroître sans fin. Quant à Tintin, rappelons-nous comme il s'accroche à la barbe du professeur Alambique pour vérifier si sa barbe est postiche.

Dans les bandes dessinées occidentales, point de limites aux fantasmes et obsessions érotiques des dessinateurs. Les héroïnes féminines ont tous les types possibles de comportements, liés à la séduction et aux pratiques les plus marginales de la sexualité.

Il est un type de bandes dessinées originaires du Japon, qui ont entamé depuis deux ou trois décennies la conquête de la planète, ce sont les mangas, avec des séries pour adultes, femmes ou hommes, des séries pour adolescents ou pour enfants, et des séries purement érotiques. Dans un pays où les personnes sont fort pudiques, la sexualité affichée dans tous les mangas peut paraître étrange. Dans les séries pour adolescents, et encore plus dans les séries pour adultes, commercialement exploitées en 2001, il y a des scènes de nudité. Sur 1 221 séries, 608 montrent des rapports sexuels. Le plus étonnant est que ce sont les magazines pour adolescentes et pour les femmes qui sont les plus audacieux. Ces scènes érotiques permettent à beaucoup d'adolescents de découvrir la sexualité et à beaucoup d'adultes d'assouvir leurs fantasmes.

Curiosité spécifiquement nippone, la pornographie commerciale et publique qui autorise les mangas à tout montrer (sperme, viol, urine, scatologie, homosexualité, sado-masochisme extrême, mutilation, torture, etc.) censure... le poil, au point que les douaniers ont des directives très précises pour repérer et confisquer tout document et périodique venant de l'étranger et offrant des représentations de poils pubiens. Reproduire ou vendre de telles publications peut valoir jusqu'à deux ans d'emprisonnement. Dernièrement, les dessinateurs japonais auraient trouvé une parade à cette censure. Les héroïnes ont souvent une rose tatouée à la place du pubis, une façon détournée et astucieuse de « meubler » cette zone de l'anatomie. Il n'est pas inintéressant de comprendre comment le « poil » est devenu le comble de l'abomination au « pays du soleil levant » alors qu'existe la licence la plus extrême dans la pornographie. En fait, le fameux article 175, souvent cité en Occident comme coercitif et archaïque, n'interdit pas expressément, comme d'ailleurs aucune loi japonaise, la représentation des poils pubiens. Tout juste s'efforce-t-il de déterminer une frontière entre « décence » et « obscénité ». Le mal vient d'une commission de censure créée en 1949, puis remodelée en 1956 sous le nom de Eirin Kanri Linkaï. C'est elle qui impose les mosaïques sur les scènes des films jugées choquantes. « La commission de censure de 1949, nous révèle Frédéric Bollet, a été créée, sur proposition du quartier général américain, sur le modèle du code Hays qui régissait le cinéma hollywoodien ».

Comme l'écrit Frédéric Bollet : « Le ridicule et le bon sens ont eu raison de la commission de censure américaine. Au fil des années, le code Hays s'est vidé de son contenu, pour finir par disparaître corps et âme dans les années 1960. Mais pas son avatar, la commission Eirin ! Le rejeton japonais, inexorable machine à gommer les poils, est toujours là, bien présent, et prêt à œuvrer dans ce nouveau millénaire ».

Ce qui est bon pour le public européen du début du XXIe siècle ne l'est apparemment pas pour le public japonais. N'ayons pas trop de condescendance toutefois envers les nippons qui pourraient nous rappeler que l'interdiction légale de vision des poils sexuel, n'est tombée en France qu'en 1972, avec un dessin « historique » d'Aslan dans le mensuel *Lui*. C'est seulement deux ans plus tard, en juin 1974, que Giscard d'Estaing décide de ne plus poursuivre systématiquement, mais de réglementer la pornographie, et de « libérer les poils ».

POILS ET PHOTOGRAPHIE

Les premières photographies de sexes et de poils féminins furent prises pour illustrer des traités médicaux, et encore fallait-il qu'ils soient malades, déformés, coulants et répugnants. Sains et plaisants, ils restaient tabous, à l'instar de ce qu'il en était dans la peinture et la sculpture.

Il en est ainsi jusqu'au lendemain de la Seconde Guerre mondiale, aussi bien à Madrid qu'à Paris, Londres ou Berlin. Pour contourner cette loi, les trafiquants vendent des clichés pornographiques sous le manteau ou mettent dans le commerce des reproductions et des clichés de nus, plus ou moins habilement retouchés au niveau du bas-ventre maladroitement rasé.

Les temps ont bien changé, mais encore à la fin du XIXe siècle et au début du XXe, la répression du photographe ne se limite pas à la seule exposition du triangle pileux, et la simple suggestion de celui-ci peut constituer un outrage aux bonnes mœurs.

Une jurisprudence très récente, de mai 1957, délimite encore la pudeur à la zone sexuelle poilue. À l'heure actuelle, les amateurs de poils ont à disposition près de 2 000 revues pornographiques qui leur proposent chaque mois entre 60 000 et 120 000 sexes poilus ou déplumés. Les sites Internet en offrent entre cent et deux cents fois plus chaque jour.

Photographie licencieuse. Vers 1900. Coll. part. D.R.

Pourtant, le sexologue Gérard Zwang regrette la non-existence d'une œuvre fondamentale à ses yeux : « l'atlas du sexe de la femme » qui, dit-il, « montrerait les différents aspects en fonction de l'angle de vue [...], les modifications qu'entraîne l'intumescence, les contours et nuances des chairs intimes, les vallonnements et recoins du vagin vus de l'intérieur sur des femmes de toutes tailles et de toutes ethnies, et puis, bien sûr, l'implantation des poils, leur longueur, leur croissance, les principales nuances de la pilosité... ».

La blonde platine

Dans les années 1925 fut mise au point une technique de coloration de la chevelure en deux temps qui allait enfin résoudre le problème séculaire de la blondeur et de la teinture.

On commence par dépigmenter les cheveux pour en faire des supports neutres. Après quoi seulement on applique le colorant de la nuance désirée. C'est cette pratique, par altération au bleu ou au violet de méthylène, qui va faire naître le très fameux « blond platine ». Cette « nouvelle teinte » va être immédiatement exploitée par les studios d'Hollywood.

Ainsi va naître la première des stars platines, la sculpturale Jane Harlow, qui assure son propre triomphe, en 1931, avec un film très opportunément appelé Blonde platine.

POILS ET CINÉMA

Dès ses débuts, l'art cinématographique a été confronté aux poils et ceux-ci sont rapidement devenus la « bête noire » de toutes les commissions de censure qui ont existé à travers la planète. À l'heure actuelle, hormis au Japon, comme nous l'avons déjà précisé à propos des mangas, et dans les pays islamiques, les poils sexuels sont libres d'images cinématographiques. Si l'on écarte les films purement pornographiques et les films de science-fiction remplis de personnages hirsutes et velus, le poil se décline, dans le cinéma grand public, sous tous les angles de la vie quotidienne.

Certains films ont comme décor principal, voire unique, un salon de coiffure ou un institut de beauté spécialisé dans l'épilation. On peut citer *Shampoo*, *Carnet de bal*, *Coiffeur pour dames*, *Vénus Beauté*, *Meilleur Espoir féminin*, *Le Mari de la coiffeuse*, films qui offrent à de grands comédiens, tels que Fernand Gravey, Fernandel, Warren Beatty, Gérard Jugnot, des rôles jubilatoires de coiffeurs. Des films dont le sujet n'a rien à voir avec le milieu de la coiffure abritent quelquefois une scène inoubliable qui entretient un lien avec « les poils ». On peut citer *Le Mari de la femme à barbe* de Marco Ferreri, avec Annie Girardot. Dans *Les Amants*, Jeanne Moreau contemple avec volupté les poils qui hérissent la peau de son partenaire. Dans *Une femme à abattre*, l'exécution au rasoir d'un gangster est un modèle du genre. Dans *Mon nom est personne*, Clint Eastwood immortalise une scène de « barberie ». Très récemment, un film portugais, « *Les Noces de Dieu* », du réalisateur João César Monteiro, offre un personnage qui se laisse guider par ses penchants lubriques, fruits du désir, de l'instinct et de la pulsion. Son attrait pour les femmes le pousse à réaliser une collection de poils pubiens féminins dont il retire d'immenses satisfactions.

Il est courant que certains acteurs doivent se laisser pousser les cheveux, la barbe ou les moustaches pour les besoins d'un film. Ce n'est pas toujours du plus heureux effet. Marlon Brando, pour jouer le rôle de Zapata, se laissa pousser de longues moustaches noires qui ne lui allaient pas du tout. En revanche, Douglas Fairbanks dans le rôle de Zorro, ou Errol Flynn dans celui de Robin des Bois sont pourvus de petites moustaches effilées et minces qui vont parfaitement à leur genre de physique.

En règle générale, à Hollywood, jusqu'à très récemment, les poils faciaux servaient à des distinctions ethno-socio-géographiques. Les traîtres, les méchants, les espions, les malfaiteurs, les révolutionnaires ont des barbes ou des moustaches. Les bons, les victimes, les justiciers, les redresseurs de torts et les Occidentaux sont glabres. Sont très généralement barbus ou moustachus à l'écran les personnages sud-américains, chinois, indiens, orientaux et tous les individus issus du pourtour de la Méditerranée. Il est vrai que certains acteurs occidentaux du passé portaient la moustache à la ville comme à l'écran. Errol Flynn et Douglas Fairbanks déjà cités, mais également Pedro Armendariz, John Barrymore et, bien sûr, Clark Gable, qui reçoit en 1936 le titre de porteur des « plus belles moustaches du cinéma ». Fameuses également à Londres les moustaches de Charlie Chaplin et de David Niven ; à Rome, celles de Gino Cervi, le Peppone communiste, adversaire de Don Camillo.

À l'opposé des chevelus et des moustachus se placent les « têtes rasées », initiées au cinéma par Eric Von Stroheim et poursuivies par Yul Brynner, Kojak, Bruce Willis et quelques autres. Des actrices n'ont pas hésité à suivre de si beaux exemples pour remplir un rôle. Emmanuelle Riva se rase le crâne pour jouer *Hiroshima mon amour*. Demie Moore fait de même pour interpréter un G.I. dans *À armes égales* de Ridley Scott. Et Sigourney Weaver a la même audace pour tenir son rôle dans « *Alien* ».

Cinéma et imitation

En 1900, un grand journal affirme que « l'expérience montre que c'est du théâtre que viennent les modes, dont celle de se coiffer. » La direction décide dès lors de publier chaque mois la description des coiffures des personnes des pièces à succès pour que le grand public puisse les imiter.

Il est vrai que « l'imitation » règne, depuis la seconde moitié du siècle précédent. Le coiffeur Marcel écrit : « Les humbles femmes imitent les biches et les cocottes ». Les hommes de la plus haute noblesse et les plus riches personnages n'en ont que pour les théâtreuses, les chanteuses, les danseuses et autres

---

Le retour du poil

En octobre 2001, la journaliste française Delphine Le Goff, dans un amusant article intitulé « Merci d'être velu », observe que le poil est de retour. Tout au moins au cinéma. Elle y voit « une réaction contre les archétypes des années 1990, top models anorexiques et boy's bands imberbes ». Et de citer quelques films offrant cette nouvelle réalité. La Planète des singes revisitée par Tim Burton, notamment, raconte l'histoire d'amour entre Mark Whalberg et une femelle chimpanzé sexy campée par Helena Bonham Carter.

La femme est replongée dans la pilosité ancestrale de l'espèce humaine et dans sa nature animale intrinsèque.

Michel Gondry, dans son long métrage Human Nature*, met en scène Patricia Arquette dans le rôle de Leyla, une naturaliste au corps couvert de poils et obsédée par une question : « Combien de poils une femme doit-elle se raser avant de sortir de chez elle ? »*

Obligée de se raser consciencieusement tous les matins pour séduire un scientifique obsessionnel occupé par ses travaux sur un « homme-singe », elle finira par poser son rasoir et partir vivre dans la nature avec ledit homme sauvage. Vivre à poil, bien sûr.

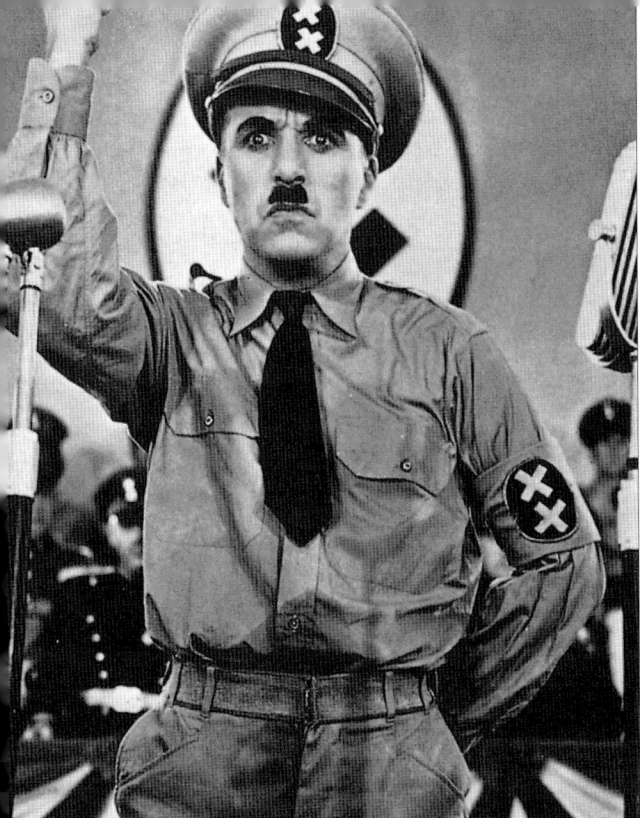

Une des moustaches les plus fameuses de l'histoire du cinéma.
Charlie Chaplin dans « Le Dictateur ». D.R.

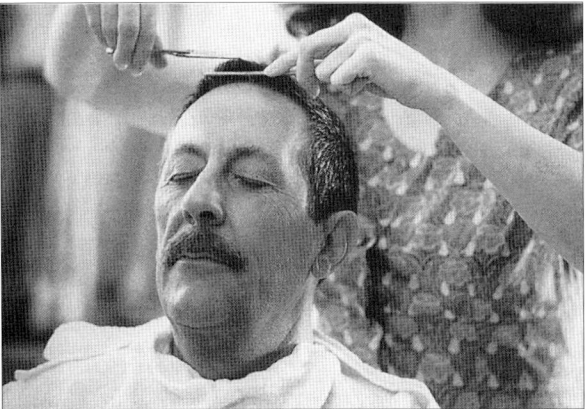

Jean Rochefort dans « Le mari de la coiffeuse ». 1990.
Film de Patrice Leconte. D.R.

femmes de scène. Le sociologue Tarde écrit, vers 1890, à propos des personnes qui imitent les gloires incontestées de la scène : « C'est une empreinte de photographie interspirituelle ».

L'invention puis le foudroyant développement du cinéma va faire soupirer des générations de jeunes gens et de moins jeunes qui, dans l'intimité des salles obscures, s'identifient non seulement aux personnages incarnés, mais plus souvent encore à l'acteur ou à l'actrice idolâtrés. De là va se développer de façon inouïe le phénomène d'imitation qui consiste à être volontairement la copie totale ou partielle d'un modèle.

L'imitation serait inhérente à la nature humaine. Les évolutionnistes affirment même que « si l'homme est plus avancé du point de vue du progrès social que les animaux, c'est qu'il imite mieux et plus profondément ». Nous voilà rassurés sur le lien étrange qui unit depuis toujours le cinéma et la coiffure féminine. Des générations entières de jeunes femmes se sont coiffées, chacune en leur temps et pour des périodes plus ou moins longues, comme leurs vedettes cinématographiques préférées. En 1913, par exemple, Irène Caille devient la première « garçonne » célèbre des États-Unis et elle suscite chez les femmes un réel engouement pour les cheveux courts. Louise Brooks et son « casque » de cheveux noirs fait des milliers d'adeptes. Les femmes qui veulent lui ressembler forment de longues files d'attente chez les coiffeurs compétents. Vivian Leigh incite, en 1939, des milliers de femmes à relever leurs cheveux dans un filet comme elle les porte dans « Autant en emporte le vent ». Plus tard, les femmes seront légion à imiter la coiffure en chignon d'Audrey Hepburn ou la chevelure platine de Jean Harlow.

Tout ne se passe pas toujours très bien. Ainsi, aux États-Unis, l'église et le patronat se liguent, entre les deux guerres, contre les coiffures courtes mises à la mode par le cinéma hollywoodien et quelques-unes de ses stars. Certains groupes industriels et commerciaux se mettent à refuser d'engager des femmes aux cheveux coupés courts, tel le grand groupe Marshall de Chicago. À Paducash, dans le Kentucky, des infirmières en formation dans une école d'État seront renvoyées de l'hôpital après s'être fait couper les cheveux.

Encore en 1935, dans tout le pays, on peut lire régulièrement, à la une des journaux, des titres stigmatisant les cheveux courts : « Elle se coupe les cheveux, il se tue ! » ; « Hold-up : une garçonne abat un caissier » ; ou encore « les statistiques le prouvent, les cheveux courts mènent au divorce ! ». Scott Fitzgerald, sous le titre « Bérénice se fait couper les cheveux », décrit dans *Un diamant gros comme le Ritz* les désordres engendrés par une coupe à la garçonne. Il n'aurait certainement pas imaginé qu'en 1985, l'université de l'Arkansas reprendrait le thème et prétendrait, après études, que « les femmes aux cheveux longs sont toujours plus intelligentes ».

À l'heure actuelle, on imite plus que jamais les vedettes de l'actualité cinématographique et artistique ou de l'actualité tout court. Les Anglaises, par exemple, continuent de porter la coiffure de la jeune princesse de Galles dramatiquement disparue.

POILS ET PUBLICITÉ

Pendant très longtemps, il était convenu dans la publicité que le « poil » était viril. L'homme était représenté velu de torse et souvent moustachu. Aujourd'hui, les hommes donnent d'eux-mêmes une image nouvelle : épilation et rasage sont les nouveaux canons de l'esthétisme publicitaire masculin. Annonces presse et écran foisonnent de beaux jeunes premiers glabres et musclés qui rentrent ou sortent de sous la douche en délivrant tel ou tel conseil d'achat ou de comportement.

Le poil, « avec sa manie de garder la saleté et les odeurs », est devenu l'ennemi n° 1 pour ceux qui, sans complexes, veulent plaire et se plaire. De surcroît, le « poil », c'est l'attribut de « l'âge ». Moins on a de poils, plus on est jeune et moins on risque de sentir mauvais. L'hygiène, les soins, « l'image » auront finalement eu raison des poils virils, et la publicité a fait son credo de cette disparition : « À poil, oui ! les poils, non ! »

S'impose aujourd'hui l'idée que le corps est le miroir de la personnalité et que la forme physique est la garantie de la santé intellectuelle et morale.

Et si le « poil », à l'occasion d'une campagne publicitaire, fait un fugace retour, c'est pour créer la polémique, telle la campagne d'Yves Saint-Laurent dans la presse britannique en 2001, ou cette annonce qui montre une femme à barbe : « C'est ce qui vous guette si vous ne faites pas ceci ou cela ». Ou encore ce portrait d'une splendide fille nue – une marquise italienne, paraît-il – debout, jambes écartées et apparemment fière de son énorme toison pubienne. « Voilà la seule fourrure que je n'ai pas honte de porter », dit la légende. C'est une des annonces de la campagne du I.F.A.W. contre le massacre des animaux. Curieusement, contrairement à la photographie publicitaire, la photographie dite d'art « veut du poil », comme signe, selon les cas, d'audace, de naturalisme ou de racolage. Là où naguère l'on gommait le moindre soupçon de pilosité, on laisse désormais tout ce dont la nature a pourvu le modèle, sans doute en forme de réaction naturaliste à l'épilation « maillot » des pin-up de magazines.

POILS ET CHANSONS

Depuis longtemps, le poil est chanté par les carabins des salles de garde et les jeunes pré-pubères partant en autocar vers leurs colonies de vacances. Après « les filles de Camarée », chaque génération montante semble avoir un sentiment de prédilection pour « les morpions motocyclistes » qui, dans une bataille gigantesque, périssent ou presque, à l'exception « des plus trapus qui s'accrochent aux poils du cul ». On entend également des refrains fameux sur la nécessaire adaptation climatique tels que « Moi, j'ai du poil au cul, ça m'tient chaud l'hiver, j'ai du poil au cul, et l'été j'me les fais couper », etc. Précédemment, vers 1939, les jeunes gens bien élevés chantaient : « Ce qui donne à Hitler son air de dictateur, c'est son persil dans les narines », allusion maraîchère à sa moustache, attenante à la base de son nez.

Les chansons des artistes d'avant-guerre offrent une variation étonnante sur le thème du poil. Rien n'a changé depuis. Autrefois, Mistinguett chantait « Depuis que j'ai fait couper les ch'veux » et dans les années 1970, Antoine reprenait le thème avec « Ma mère m'a dit : va te faire couper les cheveux ». Sont également interprètes de « chansons poilantes » Anne Sylvestre avec « Les Blondes » ; Georges Brassens avec « La Tondue » ; Adamo avec « Une mèche de cheveux » ; Renaud avec « Cheveux blancs » ; Alex Métayer avec « La Nouvelle coiffure de Nicole » ; Charlelie Couture avec « Angélique Bigoudis » ; Frédéric Mey avec « Mon premier cheveu gris » ; Jacques Higelin avec « La rousse au chocolat » ; Jacques Dutailly avec « Une boucle blonde » ; Lio avec « Les Brunes ne comptent pas pour des prunes » ; Chris Long avec « Laisse-toi pousser les cheveux » ; Parisys avec « Pourvu que mes cheveux frisent » ; Mistinguett avec « Depuis que je me fais couper les cheveux », etc. sans oublier Brassens, avec « Les Trompettes de la renommée » ; Gainsbourg avec « Clara » et Mannick avec « Les Poux », qui mettent joliment en vers et en musique la présence de parasites, tandis que Claude François affirme que les cheveux demeurent

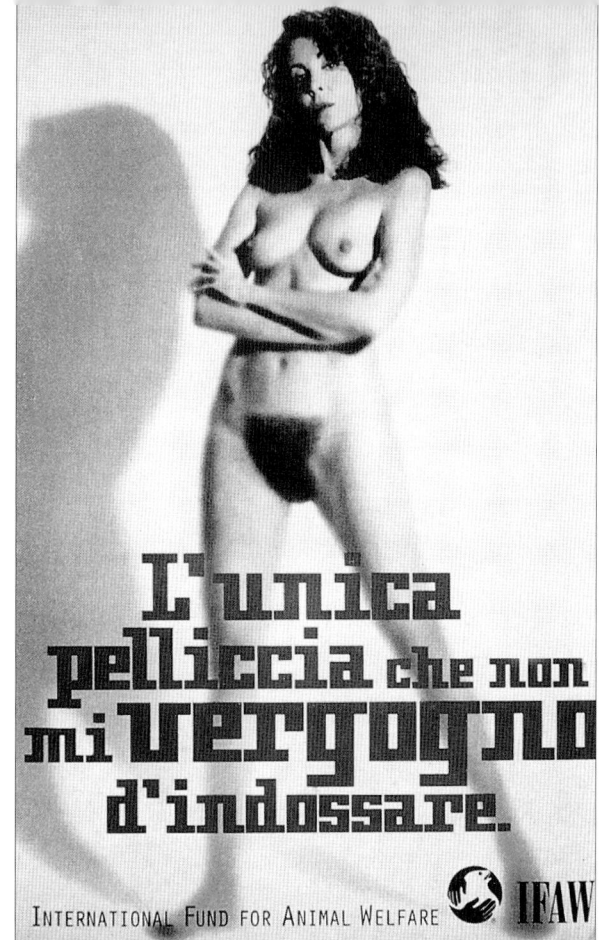

Marquise italienne posant nue pour aider le Fond international de sauvegarde des animaux, avec la légende : « La seule fourrure que je n'ai pas honte de porter, c'est la mienne ! » D.R.

Le comique américain Harold Llyod, prêtait sa notoriété à la lutte contre le cholestérol. D.R.

un des « matériaux de l'amour »: « Si tu m'aimes, donne-moi une petite mèche de tes cheveux, je serais fier si je portais contre moi un tout petit peu de toi. Elle sera le jour sous ma chemise cachée et la nuit enfin sous mon oreiller... », etc.

Toute la France a chantonné « J'ai de la barbe, tu as, il a, nous avons de la barbe » avec les Frères Jacques, tandis que « Les Quatre Barbus », autre groupe à succès, affichent leurs longs attributs pileux sur quantité de pochettes de disques.

31
Poils sur les langues

Aphorismes, maximes, proverbes, sentences, adages, axiomes et autres pensées

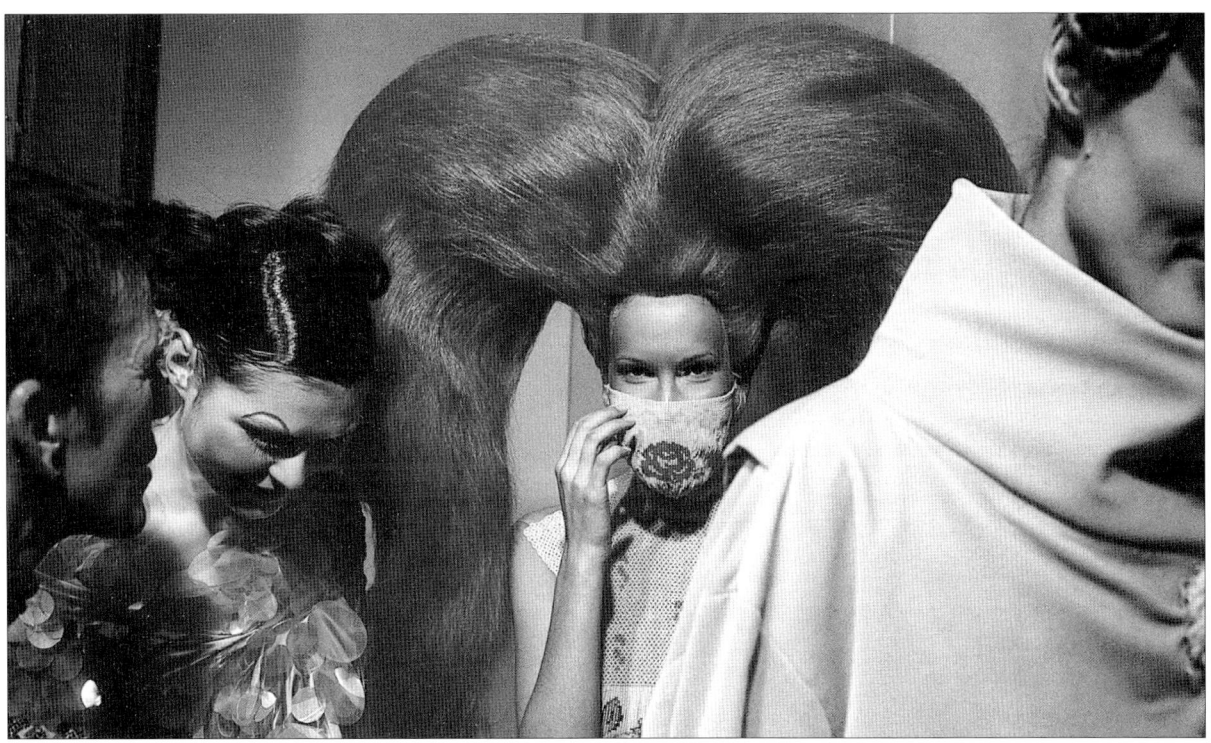

Coiffure extravagante créée pour les stylistes russes Vladimir Seredin et Sergueï Vasiliev. Photo Julien Chatelin. D.R.

Le langage courant reflète toute l'importance de la pilosité humaine. Avec le temps, il s'est créé, à partir des cheveux, de la barbe, de la moustache et des poils en général, quantité de maximes, sentences, métaphores et expressions proverbiales, parfois surprenantes, mais toujours suggestives.

Tous ces axiomes ont, bien sûr, des origines historiques dont les racines sont plantées dans les mœurs et les pratiques de la vie quotidienne. Ainsi, des supporters mécontents qui hurlent « à poil, l'arbitre » délivrent un relent de la punition ancestrale du pilori où les accusés étaient publiquement exposés nus. « Reprendre du poil de la bête », qui signifie recouvrer des forces et s'approcher à nouveau de l'objectif, est une allusion à la chasse où le chien, après avoir perdu la trace du gibier, le retrouve et le serre à nouveau « au plus près du poil ».

Il n'y a pas si longtemps encore, lorsque l'on faisait « barbe de paille » à quelqu'un, on se moquait de lui, ou on le grugeait, comme certains paysans autrefois qui payaient la dîme en barbe de paille au lieu de donner des gerbes de blé.

Tout aussi explicite, l'expression « être né bien coiffé ». Elle fait allusion à la crépine, membrane graisseuse qui couvre la tête de certains nouveau-nés, ce qui a toujours été considéré comme un présage de bonheur.

Terminons avec un dernier exemple, « coiffer sainte Catherine », expression connue par tout le monde mais dont personne ne sait généralement l'origine exacte. La formule date du XVIe siècle et vient de ce que, dans certaines églises, se trouvait une statue de sainte Catherine d'Alexandrie dont les fidèles renouvelaient autrefois la coiffure le 25 novembre, le jour de sa fête. C'étaient les jeunes filles de 25 à 30 ans, qui n'avaient pu ou voulu se marier, qui étaient chargées de cette cérémonie. « À 25 ans, on plaçait la première épingle à cheveux de la coiffure de la sainte, à 30 ans, une seconde, et à 35 ans, la coiffure était dite "achevée" ».

Jouant avec le mot « épingle », les couturiers se sont appropriés le rite, au début du XXe siècle au détriment des coiffeurs. Quoi qu'il en soit, rappelons que sainte Catherine n'est pas la patronne des coiffeurs, mais celle des couturiers, de la faculté de Théologie de l'université de Paris et des philosophes.

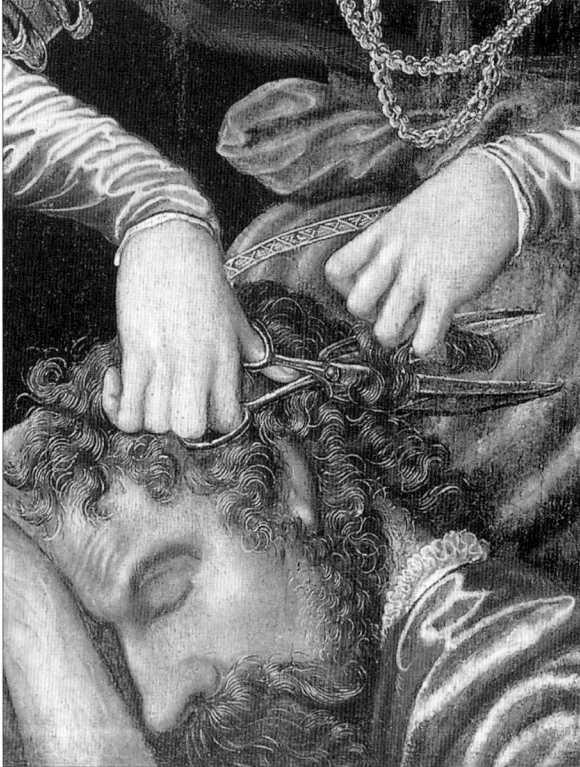

« Samson et Dalila », Détail, Huile par Hans Brosamer. XVIe siècle. Moulins. D.R.

POILS

Avoir du poil au cul : montrer du courage et du caractère.
Avoir un poil sur la langue : parler en zozotant.
Avoir le poil de faire : être assez courageux pour entreprendre.
Avoir un poil dans la main : être très paresseux.
N'avoir plus un poil de sec : éprouver une grande frayeur.
Être de bon ou de mauvais poil : être de bonne ou mauvaise humeur.
Tomber sur le poil de quelqu'un : l'attaquer à l'improviste.
Avoir quelqu'un sur le poil : être importuné par un tiers.
Refaire le poil de quelqu'un : le tromper, le duper.
Recevoir un poil : recevoir un coup ou une réprimande.
À poil ! : injonction de se mettre nu.
Au poil du cul près : d'une grande exactitude.
Ne pas bouger d'un poil : être imperturbable.
C'est poilant : c'est très drôle.
C'est poilu : c'est parfait.
Faire le poil court à quelqu'un : lui avoir gagné de l'argent.

Avoir le poil de quelqu'un : faire un affront à quelqu'un.
Reprendre du poil de la bête : reprendre l'avantage sur l'adversaire.
Pas un poil qui dépasse : être très propre et très ajusté.
Brave à quatre poils : homme qui se pique d'une grande bravoure.
Avoir le poil hérissé : être très en colère.
Gens de tous poils : de tout niveau social.
Avoir le poil follet : avoir la pilosité rare et légère.
Avoir les poils de justice : être un traître en puissance.
De quel poil est-il ? : à quoi ressemble-t-il ?
Avoir du poil aux yeux : posséder un caractère énergique.
Là où il y a du poil, il y a de la joie : les hommes sont plus enjoués que les femmes.
Quelque chose qui arrive au poil : ne peut mieux tomber, pleine opportunité.
Fait au poil : fait avec perfection ou minutie.
Se faire le poil : s'occuper de sa barbe.

CHEVEUX

Avoir de beaux cheveux : se dit ironiquement d'une personne laide.
S'arracher les cheveux : donner des marques de désespoir.
Faire dresser les cheveux sur la tête : nouvelle qui fait horreur.
Se pendre aux cheveux : entamer une querelle.
Saisir l'occasion par les cheveux : ne pas laisser échapper une occasion.
Être tiré par les cheveux : manquer de naturel ou de vérité.
Ne tenir qu'à un cheveu : dépendre de peu de chose.
Ne pas toucher à un cheveu : ne pas faire le moindre tort.
Couper un cheveu en quatre : faire de subtiles distinctions.
Avoir mal aux cheveux : avoir la tête lourde après une beuverie.
Se faire des cheveux : s'ennuyer.
Se faire du mouron : s'inquiéter.
Au cheveu près : de justesse, tout près de.
Être en cheveux : être nu, sans autre habit que sa chevelure.
Il y a un cheveu : il y a un embarras.
Avoir un cheveu pour une femme : avoir un penchant pour une femme.
Être à un cheveu de sa perte : frôler la catastrophe.
Se faire des cheveux blancs : s'inquiéter profondément.
Venir comme un cheveu sur la soupe : choquant ou très inapproprié.
Passer la main dans les cheveux : flatter quelqu'un.
Désigner le cheveu : désigner l'obstacle.
Même un cheveu a son ombre : tout a son importance.
Chercher des cheveux sur un œuf : chercher noise pour un motif inexistant.
Comme des cheveux sur la soupe : sans raison, à contretemps, choquant même.
La sagesse lui a fait perdre ses cheveux : personne chauve à la moralité suspecte.

MOUSTACHE

Donner sur la moustache de quelqu'un : le frapper au visage.
Brûler la moustache de quelqu'un : lui tirer un coup de feu à bout portant.
Se brûler la moustache : échouer dans son entreprise.
Sous ou sur la moustache de quelqu'un : au vu et au su de quelqu'un.
Avoir des moustaches de colonel : avoir des poils dépassant du maillot au niveau du pubis.
Sexe à moustache : poils qui dépassent sur les cuisses.
Une vieille moustache : un soldat qui a vieilli dans le service.

BARBE

Se faire arracher la barbe poil par poil : subir des affronts sans réagir.
Rire dans sa barbe : rire avec malignité ou en cachette.
Faire la barbe à quelqu'un : prendre un avantage sur quelqu'un.
Faire la barbe de : faire au vu, au su et en dépit de.
S'esquiver à la barbe de quelqu'un : disparaître sans qu'on s'en aperçoive.
Par la barbe de : promesse de vérité.
Être en barbe : être à peu de distance.
Agir ou penser dans la barbe : agir en cachette.
Être appelé en barbe : devenir un homme.
Faire barbe de paille à quelqu'un : gruger quelqu'un ; ne pas rendre ce que l'on doit.
Descendre au barbu : pratiquer un cunnilingus.
Avoir de la barbe au menton : appartenir au sexe masculin ; aller vers l'âge viril.
Une vieille barbe : personne d'une autre époque ; âgée.
Se faire la barbe : changer d'avis.
Donner l'étrenne de sa barbe : se faire embrasser immédiatement après le rasage.
Barbe bien étuvée, barbe à demi rasée : affaire bien préparée, affaire à moitié faite.
Un barbier rase l'autre : les gens de même profession s'aident mutuellement.
Être une fausse barbe : cacher sa véritable personnalité.
La barbe ! : exprime l'ennui ou le rejet.
La barbe ne fait pas le philosophe : ne pas se fier à l'apparence.
Le pape bénit d'abord sa barbe : se méfier des comportements trop religieux.
Qui a la barbe a le peigne : ne pas se fier à l'apparence.
La barbe ne fait pas le père : l'homme n'est pas toujours ce qu'il prétend être.
La longue barbe ne fait pas le curé : similaire de « l'habit ne fait pas le moine ».
La sainteté ne vient pas de la barbe : se méfier de l'apparence.
La barbe ne fait pas l'homme : les qualités et le courage se prouvent.
À barbe rousse et noirs cheveux ne te fie : défiance envers les roux.
En la grande barbe ne gît pas le savoir : se moquer des apparences.
Du côté de la barbe est la toute-puissance : rappel de leurs devoirs aux femmes mariées.
Prends garde aux femmes à barbe et hommes imberbes : se méfier de l'originalité.
La sagesse est dans la tête et non dans la barbe : la barbe n'est pas un attribut de sagesse.
Les gens allument les pipes à une barbe qui brûle : on est insensible au malheur des autres.
Barbe bien savonnée est à demi rasée : il faut bien préparer ses entreprises.
Si on juge les gens à la barbe, une chèvre pourrait prêcher : se méfier de l'allure.

PERRUQUES

C'est une minute de perruquier : temps plus long que celui annoncé.
Tête à perruque : personne qui tient absolument à ses préjugés.
Faire une perruque : faire un travail au noir non déclaré au fisc ou interdit par la déontologie.

COIFFURE

Coiffer sainte Catherine : dépasser l'âge de 25 ans pour une fille sans être mariée.
Un chien coiffé : homme au visage très désagréable.
Un chat coiffé : personne d'une extrême laideur.
Une chèvre coiffée : femme extrêmement mal faite.
Être né coiffé : avoir une chance persévérante, voire insolente.
Se coiffer le cerveau : boire jusqu'à s'enivrer.
Se coiffer de quelqu'un : s'enticher d'une personne.
Coiffer son mari : se dit d'une femme infidèle.
C'est à vous décoiffer : grande surprise, surprenante ou inattendue.
Coiffer quelqu'un d'une opinion : faire admettre une opinion à quelqu'un.
Un mal peigné : un individu à la propreté douteuse.
Donner une peignée à quelqu'un : lui donner des coups.
Se crêper le chignon : en venir aux mains.
On ne peut tondre un œuf : il faut savoir admettre certaines situations.
Sers-toi de ton peigne tant que tu as des cheveux : ne pas négliger ce que l'on risque de regretter.

PLANTES ET PLANTATIONS

Cheveux et barbes viennent également au secours de la botanique en désignant de nombreuses plantes comme :
La barbe de capucin : espèce de chicorée.
La barbe à bon Dieu : clématite des haies.
La barbe de maïs : enveloppe des épis de maïs.
Cheveux d'arbre : branches d'arbre imitant une chevelure.

Une chevelure peut supporter plus de dix tonnes de traction.
Gravure. Coll. part. D.R.

Cheveux d'ange : espèce de confiture.
Cheveux de la Vierge : nom vulgaire de plusieurs byssus.
Cheveux de mer : nom de quelques varechs filamenteux.
Cheveux de paysans : variété de chicorée.
Cheveux de Vénus : surnom de la nigelle de Damas et des capillaires de Montpellier.
Cheveux d'évêque : synonyme de raiponce.
Cheveux du diable : synonyme de cuscute.
Cheveux de roi : synonyme de Tillandsia ubnoïde.

SI TOUS LES POILS DU MONDE VOULAIENT SE DONNER LA MAIN

À l'instar de la langue française, la quasi-totalité des autres langues les plus parlées sur la planète ont l'usage de centaines de maximes et expressions proverbiales se référant au système pileux.

Certaines sont l'exacte équivalence d'expressions populaires françaises, d'autres apparaissent déconcertantes. Nous en avons relevé quelques-unes :

• **Algérie :**
- **Le crâne des chauves est proche de Dieu** : les plus démunis sont proches de Dieu.

• **Arabie Saoudite :**
- **Longs cheveux et courtes idées** : attention à l'arbre qui cache la forêt.

• **Allemagne :**
- **Avec peau et cheveux** : entreprendre avec conviction.
- **Il n'a même pas un bon cheveu** : individu qui n'a rien de bon.

• **Belgique :**
- **On ne saurait peigner un diable qui n'a pas de cheveu** : il existe des entreprises impossibles.
- **Les cheveux blancs sont une couronne d'honneur** : il faut respecter la vieillesse.

• **Brésil :**
- **Venir au poil** : venir à point.
- **Asseoir un cheveu** : mourir.

• **Canada :**
- **Avoir les cheveux fâchés** : avoir une chevelure rebelle.
- **Se faire jouer dans ses cheveux** : se laisser enjoler.

• **Chine :**
- **Sourire, c'est rajeunir de dix ans.**
- **Les conseils des autres sont des peignes pour chauves** : rien ne vaut l'expérience personnelle.

• **Écosse :**
- **Celui qui traite les autres de pouilleux doit avoir les cheveux propres** : il faut être irréprochable si l'on veut critiquer.

• **Espagne :**
- **Jeter les cheveux à la mer** : oublier, passer l'éponge.
- **Prendre les cheveux de quelqu'un** : se moquer de quelqu'un.
- **À un poil** : par miracle.
- **À cheveux moyens** : à moitié ivre.
- **Quand les grenouilles feront des cheveux** : impossible ou peu probable.

• **Grande-Bretagne :**
- **Boire les poils du chien qui t'a mordu** : combattre le mal par le mal.

- **Avoir des moments chevelus** : avoir des sueurs froides.
- **Avoir un cheveu qui s'échappe** : échapper de peu à un avatar.

• **Grèce :**
- **Quand les cheveux commencent à blanchir, laisser les femmes et prendre le vin** : à chaque âge ses plaisirs.
- **La force est la gloire des jeunes gens et les cheveux blancs l'ornement des vieillards** : à chaque âge ses attributs.

• **Italie :**
- **Il s'est manqué d'un cheveu** : de très peu, à très peu près.
- **Il n'a pas de cheveu sur la langue** : il ne mâche pas ses mots.
- **Il est de premier poil** : il est sans expérience.
- **Avoir le diable dans les cheveux** : avoir les nerfs en boule.

• **Japon :**
- **Etre le mari de la coiffeuse** : homme qui vit au crochet de sa femme.
- **Avoir des cheveux noirs de vert** : cheveux d'un noir très brillant.

Mexique :
- **Etre à un cheveu** : être sur le point de.
- **Se sauver d'un cheveu** : l'échapper belle.
- **Il n'a pas de cheveu sur la langue** : il ne ment jamais.
- **Pas un cheveu de grenouille chauve** : pour presque rien.

• **Madagascar :**
- **La richesse est comme les poils du nez, si on en arrache beaucoup, ça fait mal ; si on en arrache un peu, ça fait mal aussi.**

• **Pays-Bas :**
- **Perdre ses turbulents cheveux** : jeter sa gourme, s'assagir.

• **Portugal :**
- **Mettre les cheveux sur pied** : être saisi de frayeur.
- **Être au point du cheveu** : au stade du sucre caramélisé.
- **Avoir des cheveux dans les narines** : être récalcitrant.

• **Roumanie :**
- **Être en deux cheveux** : être entre deux âges.

• **Russie :**
- **Jamais homme n'entrera au Paradis avec sa barbe** : tout est vanité terrestre.
- **Ce ne sont pas les beaux cheveux qui font bouillir la marmite** : seul le travail compte.
- **Poil par poil toute la barbe viendra** : le temps passe inexorablement quoi que l'on fasse.
- **Avoir les cheveux tordus** : être de mauvaise humeur.
- **La femme a toujours la langue plus longue que ses cheveux** : les femmes sont bavardes.

• **Togo :**
- **Bien se coiffer s'apprend chez soi** : la bonne éducation ne se reçoit que de ses parents.

• **Turquie :**
- **Ne croyez pas que vos cheveux coupés paient le coiffeur** : ne vous surestimez pas.
- **Quand les chauves meurent, les regrets en font des têtes bouclées** : les souvenirs enjolivent les faits.
- **La peau n'est poilue que d'un côté** : on ne peut pas posséder tous les talents.

32
Poils et définition

Petit dictionnaire succinct touchant à la pilosité

« Salammbô ». Huile par A.H. Tanoux. Londres. D.R.

A

Affiquets : ensemble des menues parures des coiffures féminines.
Agamatophilie : éprouver des élans sexuels pour des statues.
Albinisme : dépigmentation de l'épiderme et des poils.
Alopécie : perte partielle ou totale de la chevelure.
Anagène : phase de croissance des cheveux.
Androgène : se dit des hormones mâles et de leur action.
Anglaises : boucles tombant le long des tempes.
Anilinctus : action de lécher les poils de l'anus.
Arcelet : arceau métallique maintenant les coiffures.
Asynchrone : cheveux qui ne sont pas synchrones entre eux.
Atours : coiffures de femme au bas Moyen Âge.
Atourneuse : coiffeuse libre à partir du XIe siècle.
Atrice : tubercule qui se forme autour de l'anus.
Atrichie : absence de cheveux ou de poils.
Atrichiasis : absence totale de cheveux et de poils.
Atrichose : affection du poil.
Attifet : petit bonnet placé en avant sur le front.
Aumusse : sorte de capuchon.

B

Bagomanie : l'art de faire des bijoux en cheveux.
Barbe : désigne les poils des joues et du menton.
Barbet : sobriquet désignant les calvinistes cévenols.
Barbiche : autrefois barbichette, barbe peu fournie.
Barbifier : verbe transitif signifiant se raser.
Barbitte : partie du casque militaire qui renferme la barbe.
Barbouseux : celui qui utilise une barbe pour se dissimuler.
Béguin : coiffe portée par les béguines, femmes se livrant à la dévotion religieuse.
Béquilles : longues boucles « cassées » garnissant les côtés du crâne.
Bibi : petit chapeau de femme en usage vers 1830.
Bichon : coiffure sous Henri III frisée et bouclée comme le chien bichon.
Bigotelle : qui sert à tenir les moustaches en forme durant la nuit.
Bigoudis : donnent leur forme aux mèches de cheveux.
Blépharite : inflammation des paupières avec chute des cils.
Boucles : anneaux formés par des mèches de cheveux au moyen de frisures. Selon la composition, la grandeur et le nombre, se nomment

« passagères », cruches, confidentes, favorites, sacré-cœur, anglaises, dragonnes, béquilles, marrons, tire-bouchon, etc.
Bouffons : boucles épaisses et frisées portées au XVIIe siècle de chaque côté du visage.
Brétauder : couper les cheveux de façon courte et irrégulière, comme ce fut la mode au XVIIe siècle.
Brisure : type particulier de boucles composées de plusieurs mèches.
Bromidrose : sueurs fétides et tenaces qui imprègnent la pilosité.
Bulbe pilaire : base de la racine des cheveux implantée dans la peau.

C

Cachectisant : qui provoque un état de dépérissement caractérisé par des altérations profondes de toutes les fonctions.
Cadenette : mèche pendant le long d'une joue et plus tard nattes, tresses des hussards.
Catogan : manière de réunir ses cheveux sur la nuque, lancée par un général anglais du XVIIIe siècle, lord Catogan.
Calamistrer : action de friser la chevelure ou de lui donner des ondulations.
Calvitie : état d'une tête plus ou moins dégarnie de cheveux.
Calvophobie : peur de la calvitie.
Canitie : état de blancheur plus ou moins complet de la chevelure.
Capilliculteur : spécialiste qui traite et soigne les cheveux.
Capillisculture : l'art de dessiner dans les cheveux.
Capote : sorte de petit chapeau à bride, en satin ou en velours, porté sous la Restauration.
Carcasse : élément métallique servant au maintien des hautes coiffures « au pouf » et qui supportait différentes pièces dont la commode, l'appui, la palissade, le monte là-haut, etc.
Cas : parties sexuelles de l'homme et de la femme.
Catagène : phase transitoire du cheveu entre croissance et repos.
Cellule mère : cellule capable de se diviser.
Cellule fille : cellule née de la division des cellules mères.
Cellule germinatrice : capable de se reproduire par divisions successives.
Cellule souche : donne naissance à des cellules spécialisées.
Chaitose pathogène : épaississement et dureté des poils et des cheveux.
Chambrelant : nom donné à une sorte de perruquier maison travaillant « en chambre », c'est-à-dire isolément et en cachette.
Chambrière : ancienne appellation des bonnes à tout faire qui devinrent par la suite femmes de chambre aidant à l'habillement et à la coiffure.
Chaperon : coiffure du Moyen Âge.
Chauve : qui n'a plus, ou presque, de cheveux.

Le poil sous les aisselles « Retour vers le futur ». D.R.

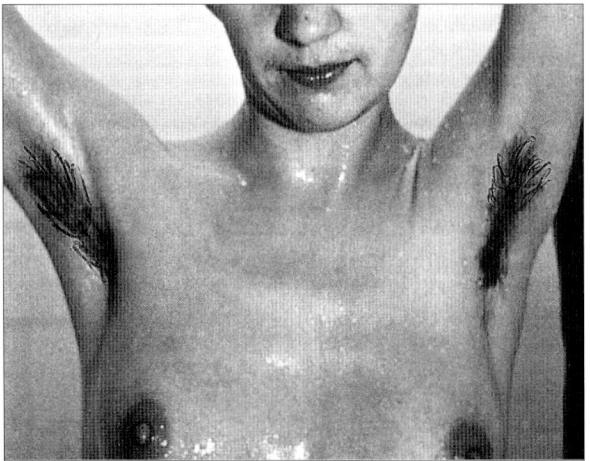

Cheveux : poils de la tête de l'espèce humaine.
Chevelure : ensemble des cheveux portés sur le crâne par les humains.
Chichis : petites grappes de boucles postiches portées vers 1900.
Chignon : partie de la coiffure rassemblée sur le dessus, le côté ou à l'arrière de la tête.
Chou : maigre chignon relevé au-dessus de la tête porté au début du Premier Empire.
Chromosexophile : qui aime les toisons féminines bicolores.
Ciel : petit morceau de ruban, spécifiquement placé dans la chevelure.
Clémentine : bonnet de nuit couvrant toute la tête, y compris les oreilles.
Coiffeur : équivalent de liffot, tiffier, tifmar, merlan, capillariste, râtisseur, figaro, thérapeute capillaire, capillartiste, bio-cosméticien, douilleur, capilliculteur, qui tous arrangent et soignent les chevelures.
Collagène : protéine fibreuse constituant l'essentiel du tissu conjonctif au niveau du derme.
Confidente : petite boucle pendant près des oreilles.
Coque : grand nœud de cheveux qui imite les nœuds de ruban.
Crépini : désignait au Moyen Âge une sorte de filet à cheveux.
Crève-cœur : petites boucles plaquées sur la nuque.
Crobyle : coiffure masculine grecque avec toupet ou chignon sur la nuque.
Cruche : petite boucle sur le front.
Cryptorchirde : anomalie des testicules.
Culbute : chignon rond placé sur le dessus de la tête, au milieu du XVIIe siècle.
Custine : moustache étonnante en référence à celle du génial Custine.
Cuticule : écaille de la surface des cheveux.
Cytokine : substance destinée à transmettre un message à une cellule pour orienter son fonctionnement.

D

Derme : couche de la peau entre épiderme et hypoderme.
Dermite : inflammation superficielle du cuir chevelu.
Désespoir : désigne un ruban de coiffe assorti à une robe, sous Louis XV.
Détirage : art de répartir les cheveux selon leur longueur.
Desquamation épithéliale : exfoliation de l'épiderme sous forme de squames.
Douillage : répartition des cheveux selon leur couleur.
Douille : les cheveux.
Dragonne : sorte de boucle longue.
Duvet : poils fins et courts de couleur claire.

E

Ébouriffé : chevelure en désordre.
Effluvium : perte brutale et excessive des cheveux.
Effrontée : coiffure dégageant les oreilles.
Éjaculatomanophanère : homme qui ne peut jouir que sur des cheveux.
Émarder : élaguer la chevelure, en retrancher le superflu.
Émonction : élimination organique des déchets.
Épilation : arracher les poils du corps.
Épithélium : tissu mince de cellule couvrant la surface du corps.
Escoffion : coiffure de femme avec bourse ou résille en usage aux XVIe et XVIIe siècles.
Étiologie pilaire : recherche des causes touchant aux maladies des poils.
Exfoliation : perte progressive et dépérissement des poils.

F

Favoris : touffes de poils sur les joues masculines.
Favorites : boucles pendant sur les joues dans certaines coiffures féminines.

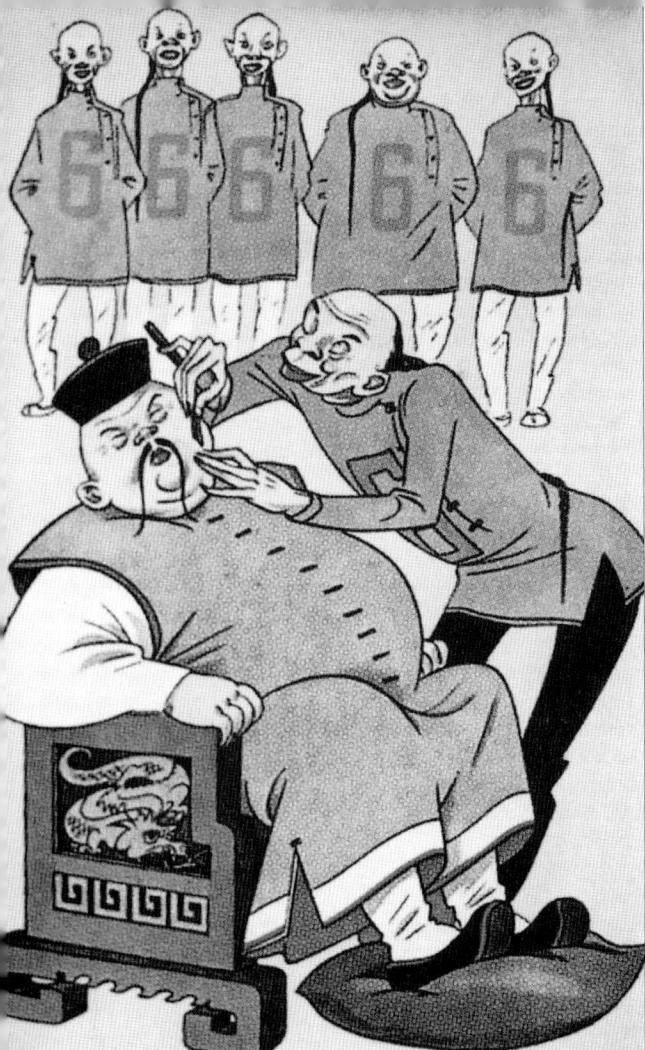

Barbier chinois. Dessin publicitaire. Coll. part. D.R.

Figaro : synonyme de coiffeur.
Firmaments : désigne les bijoux de coiffure.
Follicule : petite invagination de l'épiderme dans laquelle pousse le poil.
Forfex : ciseaux romains en forme de fer à cheval.
Frison : chacune des boucles d'une frisure.
Frisure : désigne une chevelure frisée.

G
Garcette : frange, sorte de petits frisons portés sous Louis XIII.
Gène : unité héréditaire portée par les chromosomes.
Girafe : armature de fer servant à tenir les hautes coiffures au XVIIIe siècle.
Glande sébacée : glande sécrétrice de sébum et qui lubrifie les poils.
Glabelle : espace nu compris entre les sourcils.
Gotti : étroite bande de poils qui part de la lèvre inférieure vers la pointe du menton.
Gousset : creux de l'aisselle.
Greffière : nom donné à la vulve, jeu de mots à partir de « chatte ».

H
Hennin : coiffure de femmes des XIVe et XVe siècles, formée d'un cône élevé.
Hirsutisme : poils en plus dans des zones déjà poilues.
Horripilateur : muscle qui dresse les poils en cas de forte frayeur.
Hormones androgènes : hormones responsables des caractères sexuels mâles.
Hormones œstrogènes : hormones sécrétées notamment par les ovaires de la femme et régulant la pilosité.

Hune : cornette empesée servant à cacher les cheveux en emboîtant toute la tête.
Hypertrichose : vice du développement du système pileux caractérisé par l'augmentation des surfaces pileuses et de la longueur des poils.
Hypertrophie des poils : synonyme de hypertrichose.

K
Kératine : protéine de nature fibreuse constituant principalement les cheveux et les ongles.
Kératinisation : processus de formation et de durcissement de la kératine à l'intérieur des cellules.

L
Lanugo : fin duvet incolore recouvrant le fœtus in-utéro.
Lambeau : bande de cuir chevelu déplacé sur une autre zone du crâne.
Leucopathie : albinisme partiel ou total.

M
Marron : mèche bouclée en vogue dans les coiffures du XVIIe siècle.
Matrice : emplacement de la genèse de la croissance du cheveu.
Mélanine : pigment de couleur chez les vertébrés qui donne leur couleur aux cheveux.
Mélanocyte : cellule pigmentaire à la base du bulbe.
Merlan : synonyme de coiffeur. Sobriquet datant du règne de Louis XV.
Misopogon : ennemi de la barbe.
Mouron : désigne à l'origine les poils et les cheveux.
Moustache : partie de la barbe située au-dessus de la lèvre supérieure.
Mucilage : synonyme d' « empois ». Sert à fixer la poudre sur les cheveux.

N
Nageoire : mèche de cheveux partant des tempes et qui devient peu à peu semblable aux favoris et aux rouflaquettes.
Novacula : rasoir romain.

O
Œil de biche : nom donné en Europe aux Zuiki japonais ; sorte d'anneau garni de poils que l'on glisse sur le pénis pour augmenter le plaisir de sa partenaire.
Osphrésie : faculté de sentir les odeurs.

P
Papille : petite éminence charnue à la surface de la peau et des muqueuses.
Papillote : a précédé les bigoudis ; morceau de papier sur lequel on enroule une mèche de cheveux pour la faire boucler.
Passagères : touffes de cheveux bouclés portées près des tempes au XVIIe siècle.
Pattes : vient de pattes de lapin. Synonyme de « favoris » et de « rouflaquettes », mais moins longues.
Peau de fesse : désigne un chauve.
Pédiculose : maladie provoquée par les poux.
Pector : sorte de peigne chez les Romains.
Perruque : chevelure artificielle.
Perrucomanie : manie de porter la perruque.
Pelade : chute des cheveux par plaques.
Périproctée : se dit d'une pilosité bordant la zone de l'anus.
Pétard poilu : désigne un rectum poilu, se dit aussi oignon poilu.
Phanères : production épidermique tels que les poils, les cheveux et les ongles.
Phtirias : synonyme de « pédiculose ».
Pilolacrymophile : se lamenter lorsqu'on vous coupe les poils ou les cheveux.

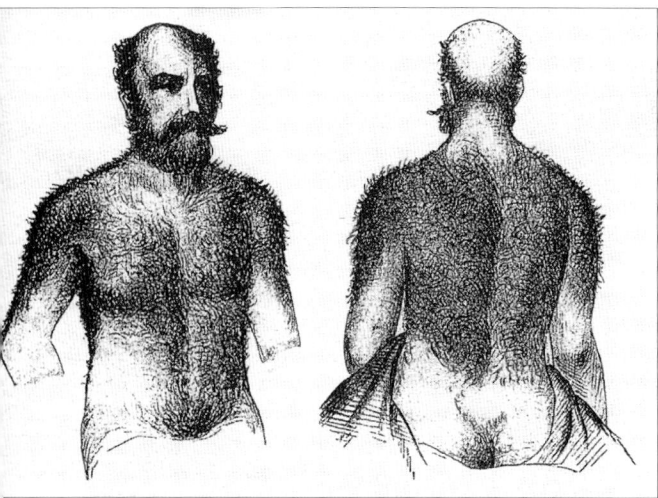

Hypertrichose-thoracique et brachiale.
« Du côté du poil est la virilité ». Coll. part. D.R.

Pogotome : synonyme de barbier.
Pogonophobie : la peur maladive des poils.
Poilant : propre à provoquer le rire.
Poil-de-carotte : se dit de la couleur rousse des cheveux, par référence au récit de Jules Renard.
Poileux : synonyme de poilu.
Polycomie : pluralité de chevelure chez un même individu.
Postiche : élément artificiel destiné à compléter une chevelure.
Pouf : petit coussin dissimulé dans une chevelure au XVIIIe siècle et destiné à fixer les éléments de la coiffure.
Pubescence : état d'une surface garnie de poils fins et courts.
Pubiflore : qui est garni d'un léger duvet.
Pubigène : qui est garni d'un duvet.
Psecas : patron des coiffeurs dans l'Antiquité.
Psécade : esclave féminine chargée des cheveux d'une patricienne romaine.

R
Raie : ligne de partage des cheveux.
Réduction du cuir : technique permettant d'enlever une partie de la tonsure dégarnie en rapprochant les bordures par suture.
Résille : réinventée par le coiffeur Sergent en 1835. Tissu de maille formant une poche.
Rouflaquettes : à l'origine, cœur formé par les cheveux sur les tempes. Puis synonyme de favoris, nageoires, mais plus agressives, plus viriles.

S
Sacré-cœur : petites boucles plaquées sur la nuque dans certaines coiffures du XVIIe siècle.
Séborrhée : production exagérée de sébum.
Sébum : matière sécrétée par les glandes sébacées pour lubrifier les poils et la peau.
Serpentaux : longues boucles de cheveux portées par les Incroyables du Directoire.
Serpentes : longues boucles de cheveux torsadés nommées également anglaises.
Shampouineuse : prostituée pratiquant la fellation.
Souris : petite houppe grise fixée au milieu des boucles dans les coiffures du XVIIe siècle.
Squame : petite lame d'épiderme qui se détache de la peau dans le cas de certaines maladies.

T
Taconnet : coiffure militaire.
Talpak : coiffure des chasseurs à cheval sous le Second Empire.
Tapé : haut diadème de cheveux crêpés sur le dessus de la tête.
Tégument : ce qui couvre la peau, c'est-à-dire les écailles, les plumes et les poils.
Teigne : terme général désignant toutes les affections du cuir chevelu.
Télogène : phase de repos de la pousse du cheveu.
Templettes : nattes roulées de chaque côté des tempes.
Terminal : se dit des cheveux épais et bien pigmentés par opposition au duvet et aux poils fins des enfants.
Testostérone : hormone sexuelle mâle.
Tête à poux : surnom donné aux Bretons à la fin du XIXe siècle.
Tiffes : cheveux en langage populaire.
Tiffier : synonyme de coiffeur en langage populaire.
Tige pilaire : partie visible du cheveu.
Tignons : boucles torsadées encadrant le visage au XVIIe siècle.
Torsade : mèche de cheveux tordus en hélice.
Toupet : touffe de cheveux en haut du front.
Trychophytie : affection cutanée localisée au cuir chevelu.
Trychotillomanie : compulsion à s'arracher les poils et les cheveux.
Tripe-poux : coiffeur au XIXe siècle.
Truffeaux : gros bourrelets recourbés en U de la coiffure des femmes du XVe siècle. Désigne aussi les cheveux nattés relevés à la verticale.

V
Vertex : sommet de la tête ; partie du crâne comprise entre les oreilles.
Vibrines : poils poussant dans le nez et les oreilles des hommes.
Virago : désigne dans le langage courant une femme ayant la taille et l'allure d'un homme.
Volsella : pince à épiler romaine.

« Après le bain ». Pastel par Renoir.
Vers 1905. Coll. part. D.R.

33
Ils l'ont dit

Quelques citations propres à vous faire briller en société

Femme et satyres batifolant. Huile de M. Lenz. Vers 1906. Coll. part. D.R.

Il existe des milliers de citations se rapportant aux différents poils. Nous en avons choisi quelques-unes en raison de l'idée qu'elles véhiculent ou de la résonance que lui donne celui ou celle qui l'a délivrée.

Abril, Victoria (actrice, XXᵉ siècle)
- Il vaut mieux être à poil dans un chef-d'œuvre qu'habillée dans un navet.

Allen, Woody (metteur en scène et comédien, XXᵉ siècle)
- Je suis roux et j'ai la peau claire. Quand je vais à la plage, j'attrape des insolations.

Allais, Alphonse (auteur, humoriste, 1854-1905)
- On sait que les cheveux considérés au microscope sont creux, ce qui explique l'expression : tuyau de poil.
- Le comble de la ressemblance : pouvoir se faire la barbe devant son portrait.

Anonyme (XXᵉ siècle)
- La production élevée d'hormones mâles qui est, avec la production industrielle de spermatozoïdes, un indice de virilité, se trouve être un facteur calvogène.

- Zinédine Zidane a plus fait pour décomplexer les chauves que tous les « psy » réunis.
- Noirs et Jaunes qui mettent de longues perruques blondes ont l'air aussi ridicules que des guerriers mau-mau ou des samouraïs qui porteraient des bonnets de nuit.
- Il n'y a pas plus grande torture que languir pour des poils et devoir se contenter d'une femme tout entière.

Apollinaire, Guillaume (poète, 1880-1918)
- Dans une femme, je ne prise rien tant que la tête et la chevelure. En public, c'est ma plus vive admiration ; dans l'intimité, ma plus douce jouissance.

Aristophane (poète comique, IVᵉ siècle avant J.-C.)
- J'ai jeté le rasoir à la porte pour être toute velue et ne plus ressembler en rien à une femme.

Balzac, Honoré de (romancier, 1799-1850)
- Les idées d'un auteur qui s'est fait la barbe diffèrent de celles qu'il avait auparavant.

Bardot, Brigitte (actrice, XXᵉ siècle)
- Un chien, un chat, c'est un cœur avec du poil autour.

Baudelaire, Charles (poète, 1821-1867)
- Laisse-moi mordre longtemps tes tresses lourdes et noires. Quand je mordille tes cheveux élastiques et rebelles, il me semble que je mange des souvenirs.

Berg, Charles (psychiatre, 1936)
- Si les chauves sont si malheureux, c'est que la calvitie involontaire est dans leur inconscient l'équivalent d'une calvitie forcée.
- Des cheveux dressés en brosse sont la traduction visible d'un pénis en érection, réputé antisocial.
- Plaquer ses cheveux sur son crâne, c'est une façon de refouler des pulsions génitales.

Blanc, François (publicitaire, XXᵉ siècle)
- Le poil ralentit considérablement le sportif. Ce n'est plus une valeur de succès, bien au contraire.

Bodin, Paul (littérateur, XXᵉ siècle)
- En France, tout poil frisé est immanquablement qualifié de poil du cul, quelle que soit sa provenance.

Boudeau, Louis (journaliste, 1895)
- Il a fallu s'élever à un niveau supérieur de la civilisation pour reconnaître que le plus beau lustre était de s'appliquer à éliminer de la peau toute trace de souillure.

Bouhanna, Jean-Pierre (dermatologue, XXᵉ siècle)
- Une chevelure, c'est une vie, c'est comme un jardin ; on plante des cheveux définitifs et on rajoute de l'engrais pour renforcer les cheveux disséminés entre les implants.

Bourget, Paul (romancier, 1852-1935)
- Dans la limite d'une croissance raisonnable, un duvet peut recouvrir le corps entier d'une femme et en faire un velours.

Breillat, Catherine (écrivain et cinéaste féministe, XXᵉ siècle)
- Le regard de l'homme ne retient que le fanion noir et abominablement crépu du sexe, servile comme la nuque courbée de l'esclave.

Burns, Georges (auteur, XXᵉ siècle)
- C'est dommage, tous les gens qui savent comment diriger un pays sont occupés à conduire un taxi ou à couper les cheveux.

Caraccioli, Louis-Antoine (écrivain, 1721-1803)
- La barbe, comme les moustaches, était autrefois le fard de l'homme, et maintenant il est charmé d'avoir un visage efféminé.

Casimir-Perier, Auguste (politicien, 1811-1876)
- Il y a des gens auxquels il semble que la nature ait dégénéré parce qu'ils ont des cheveux blancs.

Castel-Ribaudaud, Jean-Michel (journaliste, XXᵉ siècle)
- Je propose souvent aux femmes qui n'arrêtent pas de me chercher des poux dans la tête d'aller voir ce qui se passe du côté des morpions.
- On ne m'enlèvera pas de l'idée qu'un homme qui se laisse pousser les cheveux jusqu'aux fesses essaie de compenser son manque de poils au cul.
- Un poil « frisé » n'appartient pas forcément à un Allemand.

Cesbron, Gilbert (auteur, XXᵉ siècle)
- L'ange, parfois, reprend du poil de la bête !

Chevers, Armand (colonel de cavalerie, 1742)
- Au siège de Prague : « Mes amis, vous êtes braves, mais aujourd'hui il me faut des braves à trois poils ! »

Cicéron (écrivain et politicien, Iᵉʳ siècle avant J.-C.)
- À un chauve : « Loués soient tes cheveux qui se sont séparés d'une tête aussi vide ».

Cohen-Boulakia, Jean (chef d'entreprise, XXᵉ siècle)
- Les hommes ne voient que la quantité de cheveux qu'il leur reste et les femmes ne voient que ceux qu'ils ont perdus.
- L'homme qui rase les poils de sa femme n'est rien d'autre qu'un blaireau.

Coluche (humoriste, XXᵉ siècle)
- Les femmes seront l'égale de l'homme le jour où elles accepteront d'être chauves et de trouver ça distingué.

Coppola, Francis Ford (cinéaste, XXᵉ siècle)
- En vieillissant, les hommes ne deviennent pas plus sages, ils perdent leurs cheveux, c'est tout !

Cyrano de Bergerac, Savinien de (homme de lettres satirique, 1619-1655)
- Une belle tête sous une chevelure rousse n'est autre chose que le soleil au milieu de ses rayons.

Dali, Salvador (peintre, 1905-1989)
- La peinture comme l'amour rentre par les yeux et ressort par les poils.

Dalmas, Louis (journaliste, XXᵉ siècle)
- Chez la bourgeoise, la chasse aux poils pubiens est «ovaire» toute la nuit.

Dante, Alighieri (poète, 1265-1321)
- Il est bon pour la virilité d'être bien barbu et pour la féminité d'être vierge de barbe sur tout le visage.

Delisle, Roland (homme de lettres, XXᵉ siècle)
- Cheveux au vent, comme le coq matinal, le rassembleur chante sa victoire sur le fainéantisme contributeur.

Deneuve, Catherine (actrice, XXᵉ siècle)
- Ce que je trouve le plus séduisant en moi, ce sont mes cheveux.

Derème, Philippe dit Tristan (poète, 1889-1941)
- Le temps sur mes cheveux jette du sucre en poudre.

Desbordes-Valmore, Marceline (poète, 1786-1859)
- Seigneur, un cheveu de moi-même, et si vivant à la douleur !

Després, Ronald (homme de lettres, XXᵉ siècle)
- La littérature, c'est une manière subtile de mettre l'homme à poil, à son insu.

Desproges, Pierre (humoriste, XXᵉ siècle)
- On reconnaît le rouquin aux cheveux du père et le requin aux dents de la mer.
- Les coiffeurs sont les éléments les plus totalement inutiles d'une nation, avec les militaires, les académiciens et les crottes sur les trottoirs.
- Maintenant, on ne se fait plus couper les tifs après la bouffe ; on se rend en consultation de capilliculture bio-cosméticienne, en nocturne.

Dorat, Frédéric (homme de lettres, XXᵉ siècle)
- Chez les femmes, c'est comme les artichauts : le cœur est sous le poil.

Drackline, Pierre (écrivain et éditeur, XXᵉ siècle)
- Certains hommes politiques mériteraient d'être chauves.

Duchamp, Marcel (peintre, 1887-1968)
- Faut-il mettre la moelle de l'épée dans le poil de l'aimée ?

Dumas, Alexandre (écrivain, 1803-1870)
- L'homme naît sans dents, sans cheveux et sans illusion. Il meurt de même.

Épictète (philosophe, IIᵉ siècle)
- La providence a mis du poil au menton des hommes pour qu'on puisse de loin les distinguer des femmes.

Feuillet, Octave (écrivain dramaturge, 1821-1890)
- La bonté est le seul charme permis aux vieillards, elle est la coquetterie des cheveux blancs.

Flaubert, Gustave (romancier, 1821-1880)
- La barbe, c'est utile pour protéger les cravates.

Frexinos, Jacques (professeur en médecine, XXᵉ siècle)
  La brune est à la blonde ce que la Guiness est au demi pression.
- Pris à la Racine, « il flotte, il résiste, en un mot il est poil ».

Frisoni, Claude (écrivain, XXᵉ siècle)
- Heureux les chauves qui sont les seuls à ne plus perdre leurs cheveux.

Gibran, Khalil (poète, XIXᵉ siècle)
- La terre se réjouit de sentir les pieds nus, et les vents de jouer volontiers avec les cheveux.

Gilofrist, Peter (coiffeur, XVIIIᵉ siècle)
- D'aucuns croient bénéfique de couper les cheveux à un moment donné de la lune. Je n'ai jamais perçu de différence.

Giono, Jean (écrivain, XXᵉ siècle)
- Le garçon aux cheveux rouges nous tient au cœur, comme le miel à la ruche.

Glynn, Thomas (homme de lettres, XXᵉ siècle)
- La taille des poils est spécifique à l'espèce humaine, comme la religion, la cuisine, le langage.

Goethe, Johann Wolfgang von (écrivain, 1749-1832)
- Châtie le chien, fouette le loup si tu veux, mais ne provoque pas les cheveux gris.

Gourio, Jean-Marie (humoriste, XXᵉ siècle)
- La lune serait habitée, on n'oserait plus bronzer à poil sur les balcons.

Grillon, Véronique (directrice commerciale, XXᵉ siècle)
- Moins j'ai de poils, et mieux je me porte.
Groucho Marx (acteur humoriste, XXᵉ siècle)
- L'objet de mon désir s'avérait être une dame d'âge mûr, dotée d'une moustache de sapeur espagnol. Un conseil : ne flirtez jamais avec des lunettes noires.
Henri II le Magnifique (roi de Castille, 1333-1379)
- Personne ne doit dans mon royaume porter ou fabriquer une fausse barbe.
Henri IV (roi de France, 1553-1610)
- L'appréhension des maux que je redoute pour mon pays est telle qu'elle me blanchit la moitié de la moustache.
Héraclès, Philippe (éditeur, XXᵉ siècle)
- La preuve que la langue anglaise manque de nuance, essayez de traduire : Une femme à poil avec de beaux cheveux, vous obtiendrez littéralement : Une femme à poil avec de beaux poils. Ce qui n'est pas du tout la même chose.
Heston, Charlton (acteur, XXᵉ siècle)
- Ça fait triste les cheveux courts pour un homme.
Hugbalde (poète, IXᵉ siècle)
- Raser souvent ses cheveux signifie qu'il faut toujours rechercher les mauvaises pensées.
Hugo, Victor (poète et romancier, 1802-1885)
- Toujours la barbe grise aime la tête blanche.
- Le faux flatte et l'on peut aisément faire croire que le blanc est noir à celui qui a des cheveux blancs.
Jacquemin, Marine (journaliste, XXᵉ siècle)
- Si vous voulez en savoir plus sur la féminité, adressez-vous au poète. Si vous voulez en savoir plus sur une femme, adressez-vous à ses poils.
Jouy, Jules (humaniste, XXᵉ siècle)
- À quoi cela sert-il de se faire couper les cheveux puisqu'ils repoussent ?
Kaouk, Majdi (médecin, XXᵉ siècle)
- Je n'aimerai pas les brunes tant que cette qualification servira à désigner vulgairement le sulfate de chaux.
Karr, Alphonse (journaliste et romancier, 1808-1890)
- On blâme la frisure quand on n'a plus de cheveux et on maudit les pommes quand on n'a plus de dents.
Kingsley, Charles (thérapeute capillaire, XXᵉ siècle)
- À travers les siècles, les cheveux n'ont cessé de refléter le degré de répression de la liberté sexuelle de toute société.
Koestler, Arthur (littérateur, 1905-1983)
- Il est plus facile de trancher les têtes que de fendre les cheveux en quatre.
Korniloff, Dimitri (penseur, XXᵉ siècle)
- Dans le jambon, on mange le maigre et on laisse le gras. Alors qu'avec une femme maigre qui a des cheveux gras, on laisse tout !
Lacassagne, Gérard (chef de gare, XXᵉ siècle)
- Les cheveux sont donnés aux femmes pour leur offrir une occupation constante.
Lamy, André (auteur, XXᵉ siècle)
- Dieu est amour, avec du poil autour.
La Bruyère, Jean de (écrivain et moraliste, 1645-1696)
- Il faut juger les femmes depuis la chaussure jusqu'à la coiffure, à peu près comme on mesure le poisson entre queue et tête.
Léautaud, Paul (écrivain, 1872-1956)
- Quand on n'a plus de cheveux, on trouve les cheveux longs ridicules.
- Pour plaire à une femme, il faut du coiffeur et du commis voyageur dans l'esprit et dans les manières.
Leca, Victor (homme de lettres, XXᵉ siècle)
- Etre femme à barbe n'est pas une chose souhaitée par beaucoup de nos chères amies.
Lembeille, Pierre (psychiatre, XXᵉ siècle)
- Certains ne vont aux prostituées que pour leur piquer des poils.
Lemercier, Népomucène (écrivain, 1771-1840)
- Oui ! je sens sur mon front mes cheveux se dresser.
Lemery, Nicolas (apothicaire et médecin, 1645-1715)
- *Capilli hominis* : espèce de plante qui croît sur la tête de l'homme et dans d'autres endroits.

Lorho, Robert (poète, XXᵉ siècle)
- La mort avait un goût de longue chevelure.
Loyola, Ignace de (jésuite, 1491-1556)
- La fortune est comme les femmes, elle prodigue ses faveurs à la jeunesse et méprise les cheveux blancs.
Lucien de Samosate (écrivain satirique, 125-192)
- Si la barbe suffisait à l'intelligence, un bouc vaudrait Platon.
Macé (médecin, XIXᵉ siècle)
- Les cheveux très bouclés excitent certaines femmes en leur rappelant les poils de la région pubienne.
Mallarmé, Stéphane (écrivain, poète, 1842-1898)
- Entre ses jambes s'avance le palais de cette étrange bouche.
Martin, Samy (chirurgien-dentiste, XXᵉ siècle)
- Les poils plus que tout autre chose éveillent le désir des vieillards.
- Tout ce qu'elles ont gagné avec leur campagne absurde, les féministes, c'est que maintenant on leur rase le con.
Maupassant, Guy de (écrivain, 1850-1893)
- Le poil, s'il fait l'homme, évoque immédiatement son animalité.
Mirande, Yves (dramaturge, XXᵉ siècle)
- Les femmes sont comme les cheveux. Quand elles ont décidé de vous quitter, rien ne peut les retenir.
Moïse (guide, temps biblique)
- Lorsqu'un homme a la tête dépouillée de cheveux, c'est un chauve et il est pur.
Molière, Jean-Baptiste Poquelin dit (auteur et comédien, 1622-1673)
- Du côté de la barbe est la toute-puissance.
Molinier, Pierre (photographe, XXᵉ siècle)
- J'ai la phobie des poils et de tout ce qui est pileux. Des jambes de femme poilues, c'est une atteinte à ma virilité.
Montaigne, Michel (écrivain et moraliste, 1533-1592)
- Mieux vaut une tête bien faite que tête bien chevelue.
Mormasson, B. (femme de lettres, XVIIIᵉ siècle)
- Les poils sur le crâne sont la végétation de la tête.
Naïm, Victoria (assistante de réalisation, XXᵉ siècle)
- En coiffure, la fantaisie est redoutable. On voit beaucoup de clowns sortir des « grands salons ».
Napoléon Bonaparte (empereur des Français, 1769-1821)
- Cette maîtresse femme (Catherine II) est digne d'avoir du poil au menton.
Nash, Graham (musicien, XXᵉ siècle)
- En 1950, en voyant passer quelqu'un dans la rue, on regardait ses cheveux et on connaissait ses idées. On savait aussi s'il aimait la bonne musique et s'il était contre le gouvernement.
Nietzsche, Friedrich (philosophe, 1844-1900)
- Ce qui sépare profondément les hommes, c'est des degrés différents de propreté.
Perez, Jacques (industriel, XXᵉ siècle)
- Quand une femme épilée a ses poils qui repoussent, on comprend mieux l'expression « la chatte sort ses griffes ».
Pinto, Linda (décoratrice, XXᵉ siècle)
  Une femme sans poils, c'est comme une langouste sans son vélo.
Pisanti, Odette (créatrice de mode, XXᵉ siècle)
- Le poil est une religion, avec ses fidèles, ses prêtres et son temple : le cul.
Plaute, Maccius Plautus dit (poète comique, 254-184 avant J.-C.)
- Pour attifer une femme, il faut un attirail aussi important que pour équiper une galère à trois rangs de rames.
Poe, Edgar Allan (écrivain et poète, 1809-1849)
- Les cheveux gris sont les archives du passé.
Pope, Alexander (écrivain, 1688-1744)
- Une belle chevelure peut faire trébucher l'homme et même le traîner avec un simple cheveu.
Proust, Marcel (romancier, 1871-1922)
- C'est si beau une belle barbe.
Queneau, Raymond (homme de lettres, 1903-1976)
- Loin du temps et de l'espace, un homme est égaré, mince comme un cheveu, ample comme l'aurore.

Renard, Jules (écrivain, 1864-1910)
- Le cerveau qui s'en va, impossible de le retenir. C'est comme si un pissenlit voulait rattraper ses poils.
- J'écoute pousser ma barbe.
- La femme est un animal sans fourrure dont la peau est extrêmement recherchée.
- Mes cheveux tombent, mes pauvres poux n'ont plus rien pour se tenir.

Robert, Claude (écrivain, XXᵉ siècle)
- Une jeune fille réussit mieux dans la vie en sortant de chez le coiffeur qu'en sortant de Normal'-Sup'.

Rotil-Trefenbach, Sandrine (attachée de direction, XXᵉ siècle)
- Dès que j'ai cinq minutes, je sors ma pince à épiler.

Roumanoff, Anne (humoriste, XXᵉ siècle)
- Les cheveux rares, ça donne l'air intellectuel à défaut d'être intelligent.

Rousseau, Jean-Jacques (écrivain et philosophe, 1712-1778)
- Depuis que le monde existe, on n'a jamais vu deux amants en cheveux blancs soupirer l'un pour l'autre.

Ruquier, Laurent (rigolo, XXᵉ siècle)
- S'il faut accorder à tous les Français la même chose qu'aux routiers, on va tous se retrouver avec un calendrier de gonzesses à poil.

Sade, Marquis de, Alphonse François (écrivain luxurieux, 1740-1814)
- Le plaisir n'a pas de limites, on peut l'éprouver même dans les actes les plus douloureux et ennuyeux, sauf en se rasant le visage.

Sagono, Bernardo (poilophile, XXᵉ siècle)
- Avoir un cheveu sur la langue vaut mieux qu'avoir un poil dans la main. Mais la main dans ses cheveux et ses poils sur la langue, quel bonheur !
- J'ai une chance inouïe, toutes les femmes qui me plaisent sont poilues.

Sabatier, Robert (écrivain, XXᵉ siècle)
- Pour rajeunir, se teindre les cheveux. Autre recette : ne pas les teindre.

San Antonio (écrivain, XXᵉ siècle)
- Une femme aux cheveux châtains est une blonde modeste.
- Chez les femmes, le cœur est sous le poil, c'est comme les artichauts.

Schopenhauer, Arthur (philosophe, 1788-1860)
- La femme est un animal à cheveux longs et idées courtes.
- La barbe donne un aspect brutal au visage. Il faut en interdire le port car, en masquant la physionomie de l'individu, elle protège le criminel.

Sénèque (philosophe, 4 avant J.-C.-65 après J.-C.)
- Qui n'aime pas mieux être bien peigné que vertueux ?

Sévigné, Madame de, Marie (écrivain, 1626-1696)
- Les coupes aux cheveux courts sont accusées de donner trop de prise à l'air froid.

Shakespeare, William (poète dramatique, 1564-1616)
- Celui qui a de la barbe est plus qu'un enfant et s'il n'en a pas, il est moins qu'un homme.

Sie T'iau (écrivain, XXᵉ siècle)
- Quels sont les cheveux noirs qui ne changent jamais ?

Sixte, Martin (écrivain et journaliste, XXᵉ siècle)
- Pour un vrai collectionneur, un poil a toujours un visage !
- Moustache et barbe sont formellement déconseillées chez la femme ordinaire, c'est-à-dire qui ne travaille pas chez Barnum ou chez Bouglione et qui ne joue pas la dominatrice dans un couple de gouines.
- Le poil, c'est le seul vrai ennemi du retour vers la bonne et vraie cuisine cannibale.
- Un ministère du développement durable ! Et pourquoi pas un ministre du poil ?
- La « moule » de l'adolescente est un des rares coquillages poilus où, si on colle l'oreille, on entend les cris de la mère.
- Si on disséquait certaines cervelles, on y trouverait forcément des poils.

Stendhal, Henri Beyle dit (romancier, 1783-1842)
- L'occasion est chauve et il est difficile de la saisir.

Suétone, Caius (polygraphe, 75-160)
- Un renard change de poil, non de caractère.

Tolstoï, Alexis (écrivain, 1882-1945)
- Les cheveux et les ongles sont donnés aux femmes pour leur procurer une occupation constante.

Topor, Roland (dessinateur, XXᵉ siècle)
- J'aime les montagnes poilues, surtout entre les cuisses.

Tournier, Michel (écrivain, XXᵉ siècle)
- C'est un des pièges de la coquetterie : soigner ses cheveux, c'est se préoccuper de l'aspect qu'on a dans le dos.

Tran, Nguyen-Dan (poète, XXᵉ siècle)
- À quoi peut servir d'avoir lu trois mille livres quand, les cheveux blanchis, on reste indigne de l'amour du peuple ?

Twain, Mark (écrivain humoristique, 1835-1910)
- Au-delà d'un certain niveau social, on n'est plus rouquin mais auburn.

Van Esner, Carl (éditeur, XXᵉ siècle)
- Les poils sous les aisselles ont une odeur. Les poils sur le pubis ont un parfum.

Vénus, Aziadé (artiste, XXᵉ siècle)
- Chez le merlan, il est déconseillé à la morue de parler avec sa raie.

Verdon, Michel (directeur commercial, XXᵉ siècle)
- Rasé, un sexe peut offrir un air de nouveauté même s'il a beaucoup servi.

Virey, Paul (médecin, XIXᵉ siècle)
- L'aspect du poil témoigne de la saine et virile robustesse, de la belle conformation masculine.

Voltaire (écrivain, 1694-1778)
- Je n'ai pas dans ce monde-ci cent cinquante mille moustaches à mon service.

Willis, Bruce (acteur, XXᵉ siècle)
- Dieu est impitoyable : il vous enlève les poils de la tête pour vous les replanter dans les oreilles.
- J'aimerais revenir suffisamment loin dans le passé, pas pour rencontrer le Christ, mais pour revoir cette époque lointaine où j'avais des cheveux.

Winter, Ophélie (chanteuse, XXᵉ siècle)
- La moustache, ça chatouille lorsqu'on fait des bisous.

Xénophane de Colophon (philosophe, VIᵉ siècle avant J.-C.)
- Les Éthiopiens font des dieux noirs ; les Thraces disent que les leurs ont les yeux bleus et les cheveux rouges.

Yanne, Jean (humoriste, XXᵉ siècle)
- La barbe, ça autorise à être gros et à s'habiller n'importe comment.

Zola, Émile (romancier, 1840-1902)
- Tout le visage est dans la chevelure.

Zweig, Stefan (écrivain, XXᵉ siècle)
- Si la lune était habitée, on ne pourrait plus bronzer à poil sur les balcons.